Otto Stockmayer

Die Gnade ist erschienen

Tägliche Andachten

Bearbeitet und herausgegeben
von Alfred Roth

BRUNNEN
VERLAG GIESSEN

ABCteam-Bücher erscheinen in folgenden Verlagen:
Aussaat-Verlag Neukirchen-Vluyn
R. Brockhaus Verlag Wuppertal
Brunnen Verlag Gießen und Basel
Christliches Verlagshaus Stuttgart
(und Evangelischer Missionsverlag)
Oncken Verlag Wuppertal und Kassel

12. Auflage 1994

Umschlagfoto: Marc Neufeld
Umschlaggestaltung: Helmut Pfindel
Druck: Ueberreuter, Wien
ISBN 3-7655-2597-9

Es ist erschienen die Gnade Gottes
zur Errettung für alle Menschen,
und sie erzieht uns,
daß wir verleugnen die Gottlosigkeit
und die weltlichen Begierden
und züchtig, gerecht und fromm leben
in der gegenwärtigen Weltzeit
und warten auf die selige Hoffnung
und Erscheinung der Herrlichkeit
unseres großen Gottes und Erretters
CHRISTUS JESUS,
der sich selbst für uns hingegeben hat,
auf daß er uns erlösete
von jeglicher Ungesetzlichkeit
und für sich reinigte ein Eigentumsvolk,
das eifrig sich bemühte um gute Werke.

Titus 2, 11–14

Inhalt

Die Gnade ist erschienen

1. Januar

Denn es ist erschienen die heilsame Gnade Gottes allen Menschen und züchtigt uns, daß wir sollen verleugnen das ungöttliche Wesen und die weltlichen Lüste und züchtig, gerecht und gottselig leben in dieser Welt und warten auf die selige Hoffnung und Erscheinung der Herrlichkeit des großen Gottes und unsers Heilandes, Jesu Christi, der sich selbst für uns gegeben hat, auf daß er uns erlösete von aller Ungerechtigkeit und reinigte ihm selbst ein Volk zum Eigentum, das fleißig wäre zu guten Werken. Tit. 2, 11—14

Zu Beginn des neuen Jahres wollen wir uns und unser inneres und äußeres Leben unter das große Zentralwort der Heiligen Schrift stellen, das in den obigen Versen enthalten ist. In diesem Wort liegt das ganze Evangelium: Christus für uns und wir für Christus. Wir haben hier die allen Menschen Heil und Rettung bringende Gnade, die Gnade, die den einzelnen unterweist und erzieht, heiligt und für die Erscheinung Jesu Christi vollendet, die Gnade in ihrer Fülle und Herrlichkeit.

„Die Gnade ist erschienen." Sie ist die Offenbarung der unverdienten, freien Barmherzigkeit Gottes (Eph. 2, 4), die den gefallenen Menschen nicht in seiner Verlorenheit lassen kann. Sie steigt hinab in die Tiefen der Sünde und Gottlosigkeit des Menschen, um ihn wieder emporzuheben zu Gott. Diese *rettende Gnade* ist verheißen und vorgebildet durch das ganze Alte Testament; sie erschien auf der Erde mit der Geburt des Kindleins Jesus in der Krippe zu Bethlehem. Das war der Aufgang aus der Höhe, um denen zu leuchten, die da saßen in Finsternis und Todesschatten, und ihre Füße zu richten auf den Weg des Friedens (Luk. 1, 78. 79). Solches hatte das Gesetz nicht zustande bringen können; die Gnade hat's ausgerichtet.

Wie der Himmel die ganze Erde überwölbt, so umfaßt die Gnade die ganze Menschheit. Es ist ein köstlich Ding, ein Evangelium predigen zu dürfen, das für alle Menschen ist und das volle Genüge bringt für jeden, welches auch sein Stand und seine Verhältnisse seien, seine Art und Anlage oder seine Sünde und Gebundenheit. Die Gnade faßt einen jeden da an, wo er gerade ist; sie setzt da ein, wo keine Menschenhand mehr helfen kann, ja wo der Sünder an sich selbst verzweifelt. Die Gnade bringt Heilung und Hilfe für alle Schwachheiten und alle Mängel, sie hat Vergebung und Tilgung für jede Schuldenlast, und wäre sie seit Jahrzehnten angehäuft, zurückgehend bis in die Kindheit, bis zum Erwachen des ersten Bewußtseins. Er hat sich selbst für uns alle gegeben (V. 14), um unsere Schulden zu bezahlen, um uns loszukaufen von aller Gottlosigkeit.

2. Januar **Tit. 2, 11; Luk. 19, 1—10***

In Zachäus tritt uns ein Mann entgegen, an dem die erschienene Gnade wirksam gewesen ist. Er war weder blind noch aussätzig noch arm wie die anderen, die Jesus heilte, als er umherzog (Apg. 10, 38). Von einem viel tieferen Schaden mußte Jesus ihm helfen: er konnte von seinem Reichtum nicht loswerden. Liest man die kurze Geschichte des Zachäus, so merkt man, daß es bei ihm durch harte innere Kämpfe gegangen sein muß. Sein mit Unrecht erworbenes Gut hat ihn gedrückt. Wie manches Mal mag er sich gefragt haben: Wieviel muß ich drangeben, bis Gott zufrieden ist?, und er hat es nicht fertiggebracht. Es kommt eine Stunde im Leben, und wäre es auf dem Sterbebett, wo dich alles drückt, was dir Gott nicht zugedacht hat, was du mit Unrecht an dich gerissen — und das ist nicht immer bloß Geld.

Zachäus, als er von Jesus hörte, mag sich gefragt haben: wer weiß, ob dies nicht der Mann ist, der auch mir helfen, der mir von meinem Reichtum helfen könnte! Als nun Jesus nach Jericho zog, wollte er ihn sehen und suchte sich einen geeigneten Platz, wo er ihn ungestört beobachten konnte. Es kommt jetzt noch mancher in Versammlungen, um zu beobachten, und schon manchem wurde in einer solchen Stunde eine für die Ewigkeit entscheidende Begegnung mit dem Herrn zuteil. So ging es dem Zachäus.

Jesus steht still unter dem Baum und ruft ihn. Sein Vater wollte ihm diese Seele geben auf seinem letzten Gang durch Jericho. Er zeigte und nannte ihm den Mann. „Ich muß heute in deinem Hause einkehren." Wenn Jesus durch eine Tür in ein Haus einkehrt, so muß die Sünde zur anderen hinaus. Jesus und die Sünde können nicht unter einem Dache wohnen. Seine Anwesenheit im Hause des Zachäus zerreißt in einem Augenblick die Kette, die den Mann gebunden hatte. Er ordnete alles in königlicher Weise und ist frei, seinem Gott zu dienen, „eifrig in guten Werken" (Tit. 2, 14). Die *Gnade* bringt Lösung, Licht und Freiheit; sie bringt frische Himmelsluft in ein ganzes Haus.

Und du, der du vielleicht noch nicht gewagt hast, mit deinem Schaden ans Licht zu kommen, und dich noch vor der suchenden Gnade deines Heilands versteckt hältst, wie Zachäus im Baum, komm und öffne ihm Herz und Haus! Er löst dich von der Vergangenheit und ihren Banden, von eingewurzelten Gewohnheiten, hebt dich aus tief gegrabenen Geleisen; er macht alles neu. Er schafft einen Weg für dich, unbefleckt hindurchzukommen durch die Ungerechtigkeit dieser Welt; er schafft einen Boden, auf dem du mit deinem Gott leben und ihm dienen kannst — und das „in der gegenwärtigen Weltzeit", in einer Welt, in welcher der Faden des Betrugs und der Ungerechtigkeit sich durch allen Verkehr hindurchzieht.

* Die nicht wörtlich angegebenen Bibelabschnitte bitte nachzulesen.

3. Januar

Lasset uns mit Freimütigkeit hinzutreten zu dem Thron der Gnade, auf daß wir Barmherzigkeit empfangen und Gnade finden zur rechtzeitigen Hilfe! Hebr. 4, 16

Luther übersetzt hier so schön: „Auf die Zeit, da uns Hilfe not sein wird." Wie der Vater die Sünde aller Geschlechter auf seinen Sohn legte, so legt er auf den Heiligen Geist den Lebensgang und die Lebensführung jedes einzelnen Erkauften, zur Ausgestaltung dessen, was Jesus für uns erwarb. Der Heilige Geist ist es, der uns „unterweist, daß wir, die Gottlosigkeit und die weltlichen Lüste verleugnend, besonnen und gerecht und gottselig leben in dem jetzigen Zeitlauf" (Tit. 2, 12). „Das ist nicht möglich, das bringe ich nicht fertig", sagt das eigene, schwache Herz. Vergiß nicht, daß du ein Kind der *Gnade* bist! Es ist Gnade vorhanden für dein inneres Leben, genügend für jede Gebundenheit, mächtig, in die Zucht zu nehmen, was aller Zucht von deiner Seite gespottet hatte, Zunge und Auge, Phantasie und Gedanken, Stimmung und Eindrücke. „Die Gnade züchtigt uns", übersetzt Luther.

Und ebenso ist Gnade vorhanden für dein äußeres Leben, genügend für jeden Tages Last und Aufgabe. Dein Gott ist kein harter Herr; er weiß, was für ein Gemächte du bist, und er verrechnet sich nicht in dem, was er von dir fordert. Vielleicht bist du von hemmenden und lähmenden Einflüssen umgeben; du brauchst, um in solcher Stickluft nicht zu verkümmern, einen ganzen Heiland, brauchst fortwährend Luft- und Lebenszufluß aus Gottes Wort. Da erfährst du auf Schritt und Tritt, was du an der Gnade hast. Die Gnade ist erschienen und scheint, Heil bringend, allen Menschen, aber nirgends heller als im Dunkel, auf einsamem Pfade. Sie füllt alle Lücken aus und deckt alle Mängel, auch unverschuldeten Mangel an brüderlicher Gemeinschaft, die doch an sich so unentbehrlich ist für die Reifung eines gesunden Geisteslebens. Wer in einer laodizäischen Gemeinde steht, nicht durch eigene Wahl (im Geiste Lots), sondern durch göttliche Führung — und gewiß dann auch mit entsprechender göttlicher Ausrüstung —, der lernt da seinen Gott kennen wie kaum woanders. Da heißt es: „Täglich (ja stündlich) harre ich deiner", und den auf ihn Harrenden führt der Herr von Gnade zu Gnade in die Fülle seines Lebens hinein.

Die Gnade führt das Regiment,
sie macht der Sklaverei ein End', besiegt Gesetz und Sünden.
Drum, willst du frei und fröhlich sein,
laß Jesum und die Gnade ein, so kannst du überwinden.
Seelen-Quälen, Sündenkräfte,
Nachtgeschäfte, all desgleichen
muß der starken Gnade weichen.

4. Januar

Die da halten über dem Nichtigen, verlassen ihre Gnade. Jona 2, 9

Dies überaus ernste Wort ist dem Gebet entnommen, das der Prophet Jona aus unheimlicher Tiefe, aus dem Bauche des Fisches, zu Gott emporsandte. Die englische Bibel übersetzt: „Die da schauen auf lügnerische Eitelkeiten, verlassen *ihre* Gnade." Wie dem Propheten Jona eine besondere Gnade zugedacht war für seine Aufgabe, so hat der Herr für jedes Kind Gottes eine *besondere Gnade* „nach dem Maß der Gabe Christi" (Eph. 4, 7 ff.) für seine besondere Aufgabe und Stellung am Leibe Christi.

Das Wort des Jona scheint mir sehr bedeutsam. In tiefster Abgeschlossenheit und Stille wacht das Bewußtsein in ihm auf: Ich habe meine Gnade verleugnet, habe sie weggeworfen, als ich mich erschrecken ließ durch die Botschaft meines Gottes an die große Stadt. Was ist Ninive mit all seinem Glanz vor dem lebendigen Gott? mußte sich Jona nun sagen.

Auf „Nichtiges", auf „lügnerische Eitelkeiten" achtet, wer sich beeinflussen, erschrecken oder anziehen läßt von Dingen, die nicht wirklich und wesenhaft bestehen, die, wenn man ihnen nähertritt, in Schatten sich auflösen, Scheinfiguren, Scheinmächte, die uns weder helfen noch schaden können. Auf allem Sichtbaren ruht ein falsches Licht. Jona hatte in diesem Licht gesehen, nun sieht er in göttlichem Licht, und er erkennt die „lügnerische Nichtigkeit", durch die er sich hat betören lassen, *seine* Gnade zu verlassen. Jedes Glied am Leibe Christi ist, wie oben gesagt, Verwalter einer besonderen Gnade Gottes (1. Petr. 4, 10), ob sie aus einem oder aus zehn Pfunden bestehe, und da gilt es, treu zu sein (1. Kor. 4, 1. 2) und auszuharren. Unser Gott ist ein Gott *aller* Gnade (1. Petr. 5, 10). Paulus sagt: „Ich vermag *alles* durch den, der mich mächtig macht, Christus" (Phil. 4, 13). Eine überwundene Welt liegt vor dir (Joh. 16, 33); aber ohne „Verleugnung" kommst du nicht hindurch. Entweder du verleugnest dich selbst und die eitlen Nichtigkeiten, die sündlichen Lüste und Verzagtheiten, oder du verleugnest *deine Gnade.*

5. Januar

Die da halten über dem Nichtigen, verlassen ihre Gnade. Jona 2, 9

Was für besondere Dienstleistungen im Reiche Gottes gilt, das gilt auch für besondere Lebenslagen und Aufgaben, bis ins kleinste hinein. Wo Gott ruft, da ebnet er auch den Weg, sei es für eine wichtige Entscheidung oder für eine schwere Krankenpflege, für ein Examen, für besondere Haushaltungsarbeiten, für eine beschwerliche Reise oder für eine Zeit der Anfechtung. Vielleicht steht Erdrückendes vor dir, und du blickst mit Bangen auf kommende Tage? Kannst du nicht glauben, daß dein Gott dir außerordentliche Gnade für deine außerordentlichen Aufgaben bereithält? Bist du nicht karg in deinem Vertrauen, so ist er nicht karg mit deiner Versorgung. Dies gilt von den Dingen, die erschrecken, und gilt von denen, die anziehen und locken können. Mose ließ sich nicht locken von der Herrlichkeit des ägyptischen Königshofes, wie mancher junge Mann sich davon hätte blenden lassen. Er wählte lieber die Schmach des Volkes Gottes. Das war eine ausnahmsweise Probe und Aufgabe; aber dafür hatte Gott auch ausnahmsweise Gnade. Wie in dem Leben eines Mose Gnade und Aufgabe sich decken, so wirst du es in deinem Leben finden. Der leichteste, sicherste Weg, der lieblichste Dienst ist immer der, welchen der Herr dir anweist; denn dafür hat er immer Gnade. Es sind schon manche ins Gefängnis der Schwermut gekommen, wie Jona in den Bauch des Fisches, und haben dann klagen müssen: Ich habe um nichtiger Eitelkeiten willen meine mir anvertraute Gnade verlassen! Wie manche haben, um einer ihnen lästigen Zucht im Elternhaus oder einer schweren Stellung im Geschäft zu entgehen, eigenwillig sich einen „leichteren" Weg gesucht und haben nachher mit Schmerz und Scham ihre Torheit erkennen müssen! Aber für die alles gutmachende und zum Ziele führende Gnade ist es nie zu spät, wenn nur erst Erkenntnis und gründliche Beugung vorhanden ist.

Sprüche 16, 17: „Wer seinen Weg bewahrt, der erhält sein Leben" (Luther) oder (nach anderer Übersetzung): „der behütet seine Seele". In dem von Gott uns vorgezeichneten und geordneten Wege, für den entsprechende Gnade uns zugesichert ist, bleibt unsere Seele bewahrt; da kommen wir durch, auch in der Versuchung. Wer aber seinen Weg nicht bewahrt, weil er ihm zu schwer dünkt, dessen Seele wird auch nicht bewahrt; es fehlt ihm Glaube und Geduld der Heiligen. Auf selbstgewähltem Wege treten Versuchungen an dich heran, denen du nicht standhalten kannst, für die Gott keine Gnade hat. Da hat dann Verzagtheit und Schwermut eine offene Tür, bis du zur Erkenntnis kommst, Buße tust und dich wieder unter Gottes Leitung stellst, sei es, um in deine frühere Stellung zurückzukehren, sei es, um die Leiden, die du dir auf selbstgewähltem Wege zugezogen, still zu tragen.

6. Januar

Denn es ist erschienen die heilsame Gnade Gottes allen Menschen. Tit. 2, 11

Wir wollen uns nun noch einer Wirksamkeit der erschienenen Gnade zuwenden, die ganz speziell der Letztzeit angehört und auf Titus 2, 13 uns hinweist: „Erwartend die glückselige Hoffnung und Erscheinung der Herrlichkeit unseres großen Gottes und Heilandes Jesu Christi." Von dieser „glückseligen Hoffnung" redet 1. Petr. 1, 13: „Die Lenden eurer Gesinnung umgürtet habend und nüchtern seiend, hoffet völlig auf die Gnade, die euch gebracht wird bei der Offenbarung Jesu Christi!" Es gibt eine „Seligkeit, die in der letzten Zeit offenbar wird" (1. Petr. 1, 5), die aber nur denen zuteil wird, welche Kinder der Gnade geworden sind und sich haben unterweisen lassen. Und geradeso gibt es eine *Gnade der Endzeit,* eine Gnade für das letzte, steile Stück Wegs derer, die entschlossen sind, dem Lamm nachzufolgen, wohin es geht, eine Gnade, die mit dem Näherrücken der Wiederkunft Jesu Christi ihnen nähergebracht wird.

Wann er kommt, dann werden die Toten auferweckt werden unverweslich, und wir werden verwandelt werden. Denn dieses Verwesliche muß Unverweslichkeit anziehen und dieses Sterbliche Unsterblichkeit anziehen . . ., dann wird das Wort erfüllt werden, das geschrieben steht: „Verschlungen ist der Tod in Sieg" (1. Kor. 15, 51—55). Dem geschlachteten Lamm nachzufolgen bis zu seiner Erscheinung in Herrlichkeit, das ist die Aufgabe und Gnade der Stunde, in welcher wir stehen. Schon der Apostel Johannes schreibt (1. Joh. 2, 18): „Kindlein, es ist die letzte Stunde." Daß dieses Wort nicht allgemein zu nehmen ist, sondern den sehr bestimmten Sinn hat, daß nach der Überzeugung des Apostels die Gemeinde bereits am Vorabend der Erscheinung ihres Hauptes angelangt ist, geht aus den weiteren Worten dieses Verses klar hervor. Der Apostel sagt nämlich: „Wie ihr gehört habt, daß der Antichrist kommt, so sind auch jetzt viele Antichristen geworden; daher wissen wir, daß es die letzte Stunde ist." Und Paulus sagt: „Die Nacht ist weit vorgerückt, und der Tag hat sich genaht" (Röm. 13, 12). Unmittelbar vor diesem Vers heißt es Vers 11: „Die Zeit erkennend, daß die Stunde schon da ist, daß wir aus dem Schlaf aufwachen sollen; denn jetzt ist uns die Errettung näher, als da wir geglaubt haben." Wir sind dem Endziel nahegekommen. Für die Aufgabe des Überwindens und *Durchdringens* bis zu der Erscheinung Jesu Christi, wann er kommen wird „ohne Sünde für die, welche auf ihn warten zur Seligkeit" (Hebr. 9, 28), *gibt es eine entsprechende Gnade.* Wer aber nicht völlig eingegangen ist in die *rettende Gnade,* in Rechtfertigung und Heiligung, wer nicht ausharrt in der *besonderen* Gnade, durch die wir Gott da dienen, wo er uns hingestellt hat, der kann die *Gnade der Letztzeit* nicht erlangen.

7. Januar

Gott aber kann machen, daß allerlei Gnade unter euch reichlich sei, daß ihr in allen Dingen volle Genüge habt und reich seid zu allerlei guten Werken. 2. Kor. 9, 8

In Christus ist uns *alles* geschenkt, auch die Bereitschaft auf sein Kommen; es kommt aber darauf an, ob du deinerseits wirklich auf dieses

„alles“ eingehen *willst,* ob du *ergreifst* die dargebotene Gnade, die Krone des Lebens. „Es ward ihr (der Braut) gegeben, sich anzuziehen mit feinem weißem Linnen“ (Offb. 19, 8), das kann nach dem Grundtext nicht zugerechnete, sondern nur *ausgestaltete Gerechtigkeit* bedeuten. Die Braut muß das Empfangene ergreifen und anziehen, Stück um Stück; sie muß sich bereiten und fortfahren in der Heiligung bis zu der Stunde, da er kommt und auch den Leib der Nichtigkeit umwandelt in die Ähnlichkeit seines Lichtleibes, ohne Tod. „Er hat den Tod für alle geschmeckt“ (Hebr. 2, 9). Sind wir eins geworden mit dem geschlachteten Lamm, so sind wir auch eins mit dem Auferstandenen, über den der Tod keine Macht hat (Röm. 6, 9. 10). Der Tod ist der letzte Feind, der ihm zu Füßen gelegt wird (1. Kor. 15, 25. 26). Es gilt jetzt, „die Lenden der Gesinnung zu umgürten“, um nicht in die Sünden Israels zu verfallen, von denen 4. Mose 13, 32—14, 3 geschrieben steht, um mit keinem Blick auf die eigene Schwachheit oder auf die Unmöglichkeit des Weges zu sehen und so die Gnade der Letztzeit zu verlassen. Es gilt jetzt, „nüchtern“ (1. Petr. 1, 13) und „besonnen“ (Tit. 2, 12) die Dinge zu sehen, wie sie in Wahrheit sind. Der Herr braucht solche, die an das von ihm ans Licht gebrachte Leben (2. Tim. 1, 10) glauben, die weder in Stumpfsinn oder Verzagtheit noch in seelischem Heimweh der Todesnacht weichen, sondern an ihrem Posten bleiben, bis er selber sie ruft. Jedes Überwinden bringt den Tag seiner Ankunft näher.

Die vorhandene Gnade genügt fürs Überwinden, der neue und lebendige Weg ist da (Hebr. 10, 19. 20), die Tür ist geöffnet (Offb. 3, 8), Fußstapfen sind vorhanden (1. Petr. 2, 21—24), in die wir eintreten können und in denen wir bewahrt werden durch Gottes Gnade zu der Seligkeit, die in der letzten Zeit offenbar wird (1. Petr. 1, 5). Dieser Gnade rückhaltlos vertrauend, ermatten wir nicht; und „wenn auch unser äußerer Mensch verfällt (oder aufgerieben wird), so wird doch der innere Tag für Tag erneuert. Denn das schnell vorübergehende Leichte unserer Drangsal bewirkt uns ein über die Maßen überschwengliches, ewiges Gewicht von Herrlichkeit, indem wir nicht das anschauen, was man sieht, sondern das, was man nicht sieht“ (2. Kor. 4, 16—18).

Durch Gericht zum Frieden

8. Januar

Samuel aber sprach zum ganzen Hause Israel: So ihr euch mit ganzem Herzen bekehret zu dem Herrn, so tut von euch die fremden Götter und die Astharoth und dienet dem Herrn allein! 1. Sam. 7, 3

Dieses Kapitel, mit dem wir uns heute und die folgenden Tage beschäftigen wollen, führt uns besonders eingehend, anschaulich und nachdrücklich vor Augen, wie langsam und schwer man wieder in die Freiheit gelangt, wenn man in Knechtschaft der Sünde geraten, wie das Erwachen nur ein allmähliches ist. Ein Lichtstrahl macht einem zweiten Bahn; eine Stellung, eine Begegnung, eine Bewegung des Herzens, die ganz ins Licht kommt, ist ein von Gott vorbereiteter Punkt, von dem aus er weiter operiert in seinem heiligen Krieg gegen die Sünde, gegen seine Feinde. Leider gibt es aber nur wenige, die dem Herrn folgen, das von ihm ererbte Gebiet achten und nicht mehr zurückgehen. Diese führt der Herr der Vollendung entgegen, während die anderen zurückbleiben.

Das Volk Israel war mürbe geworden. Die Sünde ist ein grausamer Herr. Bekehrung ist Sinnesänderung; sie besteht darin, daß man seine Erwartungen wieder auf Gott richtet, anstatt auf seine Gefühle und Empfindungen — darin, daß Gott wieder der Mittelpunkt unseres Denkens wird. „Dient ihm, und er wird euch erretten" — nicht *vielleicht* — dient ihm *allein!* Er wird euch retten, und wenn dann andere Feinde kommen, wird er euch auch aus ihrer Hand erretten. Er wird nicht stehenbleiben, sondern mit seinem Siegeswagen weit über allen Schutt dahinfahren, der sich vielleicht im Laufe von Jahrzehnten in einem Menschenleben angehäuft hat.

„Tut weg die fremden Götter . . .", sagte Samuel. Sie taten die Hauptgötter — Sonne und Mond — hinweg und hatten es nur noch mit dem Herrn zu tun. O die Einfachheit eines Lebens, wo man es mit Gott allein zu tun hat! Sind wir mit Gott versöhnt, so macht er auch unsere Feinde zu seiner Zeit mit uns zufrieden und wendet uns Herzen zu, die uns vorher feindlich gesinnt waren und von denen uns immer ein kalter Luftzug entgegenkam. Das erste ist, daß man eine lautere Stellung zu Gott einnimmt. „Dient dem Herrn allein!" Von dort aus, vom Mittelpunkt aus, kann der Herr Schritt für Schritt, wie ein Feldherr, erobernd in alle Gebiete unseres äußeren und inneren Lebens gehen. Er zieht aus mit dem Schwert seines Geistes, um zu siegen, und er siegt und führt Sinne und Gedanken gefangen in seinen Gehorsam; aber du mußt dabei sein und darfst nicht mehr mit deinem Gott spielen — nicht mehr doppelherzig und doppelzüngig sein.

9. Januar

Samuel aber sprach: Versammelt das ganze Israel gen Mizpa, daß ich für euch bitte zum Herrn! Und sie kamen zusammen gen Mizpa und schöpften Wasser und gossen's aus vor dem Herrn und fasteten denselben Tag und sprachen daselbst: Wir haben an dem Herrn gesündigt. 1. Sam. 7, 5. 6

Man könnte meinen, es sei mit Vers 3 und 4 alles getan, aber die wahrhafte Buße führt tiefer und tiefer; ein Bekenntnis allein, und wenn es das beste ist, kann aus der Oberflächlichkeit und den Eindrücken einer

Situation herausgeboren sein. Es führt zu nichts und bedeutet nichts vor Gott. Das Volk wird gestellt vor die Heiligkeit Gottes. Der erste Schritt ist, daß sich ganz Israel nach Mizpa versammelt. „Ich will den Herrn für euch bitten", sagt der Prophet, und dann fängt das Gericht erst recht an. Sie kommen nach Mizpa zusammen — zitternd, angsterfüllt — eine andere Bedeutung kann dem Wasserschöpfen und Ausgießen nicht beigelegt werden. „Zerflossen wie Wasser", heißt es da und dort in der Schrift. Es bezeichnet dieser Ausdruck ein Schmelzen der Herzen — ein wie Wachs Zusammenschmelzen vor dem Flammenauge Gottes, wo einem kein Mut, keine Kraft bleibt. In dieser Verfassung bekennen die Kinder Israel: „Wir haben gesündigt." Es hat viel vorausgehen müssen, bis Israel endlich zu diesem Bekenntnis kam. „Vater", sagt der verlorene, wiedergefundene Sohn im Evangelium, „Vater, ich habe gesündigt im Himmel und vor dir, meinem leiblichen Vater." Spielen mit der Sünde hat seine Folgen, bringt Verwüstung in die Wurzelgebiete des sittlichen Menschen; aber wie wenige wachen auf für den Ernst des Lebens, für die Bedeutung des Gehorsams oder Ungehorsams einem ihnen gewordenen Lichtstrahl gegenüber! Es ist ein *ewiges Tändeln mit dem Wort Gottes.* Eine Beleidigung, ein Unglücks-, Krankheits- oder Trauerfall geht den meisten mehr zu Herzen als ein Ungehorsam gegen Gott, und daher kommt die Schwäche und Charakterlosigkeit ihrem Bundesgott gegenüber. Wir haben eine viel größere Verantwortung als die Juden, denn wir haben hinter uns das ewige Schlachtopfer, und wenn wir danach bewußt in irgendeiner Sünde beharren, so wiegt das unendlich viel schwerer. „Wir haben gesündigt gegen den Herrn", haben über den Druck der Philister geklagt, aber nicht über unsere Entfremdung von Gott, der uns hätte lösen und reinigen können. „Wir haben gesündigt" — und unmittelbar darauf heißt es merkwürdigerweise: „Samuel richtete." Geschmolzene, Gedemütigte, in den Staub Gelegte, vor Gott Zitternde sind reif fürs Gericht; bei ihnen findet der Prophet mit dem Wort des Lebens Eingang bis in die *Tiefen,* die Fundamente und Wurzelgebiete des Herzens.

O Gott, o Geist, o Licht des Lebens,
das uns im Todesschatten scheint,
du scheinst und lockst so lang vergebens,
weil Finsternis dem Lichte feind;
o Geist, dem keiner kann entgehen,
ich laß dich gern den Jammer sehen

10. Januar

Da aber die Philister hörten, daß die Kinder Israel zusammengekommen waren gen Mizpa, zogen die Fürsten der Philister hinauf wider Israel. Da das die Kinder Israel hörten, fürchteten sie sich vor den Philistern.
1. Sam. 7, 7

Ist Gott auf den Plan getreten, sein Volk zu richten und zu reinigen, so rührt sich natürlich der Feind um so mehr. Kann Gott einmal so weit gehen, so sagt sich der Feind: „Da will ich auch dabei sein" und macht sich erst recht auf. Aber nur keine Angst! Du bist auf der rechten Spur; gerade daß der Kampf heißer wird, ist ein Beweis, daß du auf der rechten Spur bist. Ich weiß nicht, ob der Teufel gewußt hat, wozu sie sich versammelt hatten. Der Feind weiß nicht alles, was zwischen Gott und seinen Kindern vorgeht; er hat kein Verständnis für göttliche Dinge; aber er merkt, wenn ihm ein Opfer zu entgehen droht, und macht sich dann schnell auf. Die Philister meinen, die Kinder Israel versammeln sich, um gegen sie in den Krieg zu ziehen. Nein, das ist nicht ihre Absicht, sondern sie wollen Frieden machen mit ihrem Gott — sich selbst den Krieg erklären — den Stab über sich brechen und sagen: „Hier sind wir in unserer Schande und Schmach; o Gott, erbarme dich; sei mir armseligem Heiligen gnädig — ich habe unheilig gelebt, ungöttlich gedacht."

Nun könnte man denken, es sei alles gewonnen; aber es hebt eine neue Not an. Die Philister ziehen herauf. Volk Gottes, Kind Gottes, bist du einmal mit Gott in Ordnung, so brauchst du nichts mehr zu fürchten. — bleibe als Gerichteter zu seinen Füßen, so wird er dich decken, und das nie sicherer, als wenn die Fundamente deines Wesens vor ihm bloß liegen. Ist Gott mit dir fertig geworden, so ist es ihm eine Kleinigkeit, mit deinen Feinden fertig zu werden. Ist es mit einem Menschenkind so weit, daß es ihm völlig Ernst ist mit seiner Auslieferung an Gott, so widersetzt sich die ganze Hölle und tut ihr möglichstes, um es zu verhindern, indem sie *alles* hervorsucht, was im Leben nicht in Ordnung ist. Es muß eben alles bis ins kleinste hinein in Ordnung gebracht werden, damit Gott dann sein gedemütigtes Volk von Gnade zu Gnade führen kann. Fürchte dich nicht vor den Philistern, fürchte dich vor dir selbst und halte dich an deinen Heiland! Er schützt dich vor dir selbst und vor dem Feinde. Gott ist größer als unser Herz. Er wird seine Gerichte zum vollen Siege hinausführen auf den Tag Jesu Christi

11. Januar

Also richtete Samuel die Kinder Israel zu Mizpa. 1. Sam. 7, 6

Mizpa ist der Ort des Gerichts, und darum ist es auch die Stätte, von der der Sieg ausgeht, und das ist tief bedeutungsvoll. Verlangst du nach einem Siegesleben, so tritt erst auf den Boden des Gerichts, liefere dich der Heiligkeit Gottes aus, habe den Mut, dich ihm ganz zu überlassen! Nicht durch Heeresmacht, nicht durch Sammlung von Hilfstruppen und Aufbietung unserer letzten Kräfte erlangen wir Sieg, sondern wenn wir uns durchrichten lassen. Insoweit wir uns richten lassen und als Gerichtete unseren Weg gehen — als Verfluchte, die nichts können und an denen nichts Gutes ist — insoweit haben wir Sieg und sind wir nach allen Seiten hin gedeckt. Daß das den Feind reizt, liegt nur in der Natur der Dinge; denn er weiß, daß wir nur dadurch siegen, daß wir unsere Sache mit Gott in Ordnung bringen und er uns dann nichts anhaben kann. Aber er tut sein möglichstes. Die Philister machen sich auf, und die Kinder Israel verstehen noch nicht die Bedeutung von Mizpa. Ein wirkliches Durchgerichtetwerden gibt es eben nur zu den Füßen des Kreuzes Christi. — Wie nun die Philister gegen die Kinder Israel heraufziehen, fürchten sich letztere. Fürchte dich vor deinem Gott, so brauchst du dich vor Riesen dieser Welt nicht zu fürchten. Vor Gott gibt es nichts Großes und nichts Kleines. Was in den Augen der Welt für stark gilt, hat in seinen Augen keinen Wert. Er siegt in denen, die zerschlagenen Herzens sind. Das Volk kommt nun zu Samuel und fleht: „Laß nicht ab, für uns zu schreien zu dem Herrn, unserem Gott, daß er uns helfe aus der Philister Hand!“ Wir können sagen: „Hier ist mehr denn Samuel“ — wir haben einen Hohenpriester, der nie müde ist, einzuschreiten —, er ist auf dem Plan, und wir sind seiner hohenpriesterlichen Fürbitte allezeit sicher. Wohl uns, wenn wir uns auf ihn verlassen! Dann laufen wir auch nicht so viel zu Menschen. Der Herr schenkt uns freilich oft auch Priesterseelen, die für uns einstehen, und deren zuweilen mehr, als wir erwartet hätten, ohne daß wir sie suchen. Seine Kinder dürfen Mitarbeiter sein; aber wir sollen unsere Hoffnung nicht auf die Fürbitte der Menschen, sondern auf den Herrn allein setzen.

12. Januar

Samuel nahm ein Milchlamm und opferte dem Herrn ein ganzes Brandopfer und schrie zum Herrn für Israel; und der Herr erhörte ihn.
1. Sam. 7, 9

Die Brandopfer wurden ganz auf dem Brandopferaltar verbrannt, und Zeiten der Gefahr müssen uns auf dem Brandopferaltar liegend finden als dem Herrn völlig ausgelieferte Leute, die sich mit allem, was sie sind, als sein Eigentum betrachten. Dann mögen die Philister kommen und uns einschließen — der Herr sichert unsere Grenzen. Erst opfert Samuel ein Brandopfer, und dann wartet er des Priestertums. Das geschieht auf zweierlei Weise — durch Opfern und durch Beten. Ersteres aber muß vorausgehen. Er opferte das Lämmlein und brachte damit das ganze Volk seinem Gott dar — dieses unbeständige Volk, auf das man sich nicht verlassen konnte. Danach betete er, und Jehova konnte ihn erhören. Wir müssen die Sache aus der Hand geben, müssen auch unsere Liebsten dem Herrn anvertrauen, sonst können wir ihm unsere Sorgen und Bekümmernisse nicht überlassen. Es gibt Zeiten, wo die Wasser so hoch steigen, daß wir nicht anders können als schreien, wie ja unser Herr und Meister in Gethsemane Gebet und Flehen mit starkem Geschrei Gott geopfert hat.

Das sind Durchbruchszeiten, in denen die Gefahr aufs höchste steigt, der Herr aber auch näher ist denn je. „Es geschah . . .“ Die Philister haben recht gehabt, wenn sie sagten: „Jetzt gilt es“, aber sie kommen zu spät. Stehst du als Brandopfer recht zu deinem Gott, hast du ihm wirklich alles ausgeliefert, so kommen die Philister zu spät. Dann ist der Kampf in der Tat nicht unser, sondern *des Herrn.* Liegen wir auf dem Altar, so bewegt der Herr eher Himmel und Erde, als daß er uns preisgäbe.

Herr, wir wollen dir in der Stille dieser Stunde aus unserem Herzen heraus sagen, was wir schon so oft gesungen haben:

Da liegt unser Wille,
Seele, Leib und Leben,
dir zum Eigentum ergeben.
Du allein sollst es sein,
unser Gott und Herre;
dir gebührt die Ehre.

Du allein sollst es sein! Sei du auch an diesem Tage der Herr, der Leitende und Regierende unseres inneren und äußeren Lebens, der alles mit deiner Gegenwart Durchwaltende! Nimm unsere Sinne und Gedanken gefangen in den Gehorsam des Kreuzes und in die Zucht deines Geistes, auf daß wir wahrhaft auf dem Brandopferaltar und im Geist zu deinen Füßen liegen! Amen.

13. Januar

Und indem Samuel das Brandopfer opferte, kamen die Philister herzu, zu streiten wider Israel. Aber der Herr ließ donnern einen großen Donner über die Philister desselben Tages und schreckte sie, daß sie vor Israel geschlagen wurden. Da zogen die Männer Israels aus von Mizpa und jagten die Philister und schlugen sie bis unter Beth-Kar. Da nahm Samuel einen Stein und setzte ihn zwischen Mizpa und Sen und hieß ihn Eben-Ezer und sprach: Bis hierher hat uns der Herr geholfen. Also wurden die Philister gedämpft und kamen nicht mehr in die Grenze Israels. 1. Sam. 7, 10—13

Es war ein unheimlicher Augenblick, als die Heeresmacht der Philister sich näherte. Aber was erreichen diese durch ihr Heranrücken? *Nichts, als daß auch Gott heranrückt.* Sie sollen nur nicht meinen, es werde ihnen gelingen. „Und Gott verwirrte sie." Wir sind lange genug verwirrt gewesen, furchtsam und aus allen Fugen. Warum wollen wir uns nicht auf den Altar legen und dort liegenbleiben? Dort ist die Heimat der Geister, und ein Mensch, dessen Geist nicht in Gott ruht, nicht in der Ewigkeit wurzelt, ist wie ein Federchen, das vom Winde hin- und hergeweht wird. *Festigkeit bekommt man erst auf dem Brandopferaltar.* Liegen wir nicht auf dem Altar, so kommt Verwirrung in uns. Wir haben es mit überwundenen Feinden zu tun, seit der Herr unser Herz, die Sünde und die Welt überwunden hat.

„Die Kinder Israel zogen aus von Mizpa" — vom Gerichtsplatz zur Verfolgung der Philister, die sie nun zu Boden strecken. „Und Samuel nahm einen Stein" . . . und sprach: „Bis hierher hat der Herr geholfen." Heißt das: Ob er weiter helfen wird, ist noch eine Frage? Nein, im Hebräerbrief steht: „Jesus Christus, derselbe gestern und heute (wo die Philister uns auf dem Rücken sind) und in Ewigkeit." Der große Hohepriester, der jedem Feind gewachsen ist, bleibt derselbe, bis hier unten jeder Kampf und Streit aufgehört hat und die Gemeinde in der oberen Heimat angelangt ist.

Wenn „Eben-Ezer" bedeutet: „Bis hierher hat der Herr geholfen", so liegt darin nicht die Frage: Wird er weiter helfen? Nein, in Eben-Ezer — im „Stein der Hilfe" — liegt eine Ermutigung für alle Zeiten. Eben-Ezer ist ein Denkmal der Treue eines Gottes, der sich gleichbleibt, auch wenn neue Gefahren kommen — ein Stein, der zeigt, daß Gott in einem Kampf, wo die Not am höchsten gestiegen war, eingegriffen hat — unseren Feinden selbst entgegengerückt ist. Wer die Vergangenheit recht versteht und seine eigene Geschichte im Lichte Gottes liest, fürchtet sich nicht mehr vor der Zukunft, weil der, der gestern treu war, treu bleibt und allem gewachsen ist.

14. Januar

Und die Hand des Herrn war wider die Philister, solange Samuel lebte. Also wurden Israel die Städte wieder, die die Philister ihnen genommen hatten, von Ekron an bis gen Gath, samt ihrem Gebiet; die errettete Israel von der Hand der Philister; und Israel hatte Frieden mit den Amoritern. 1. Sam. 7, 13b. 14

Samuel richtete Israel, darum konnten die Philister nicht mehr aufkommen, und auch die Städte, welche sie genommen hatten, kamen wieder an Israel zurück und mit den Städten deren ganzes Gebiet. Jede Stadt hat ihr Gebiet — das Land, das dazu gehört—, und jeder Mensch hat sein Lebens-, sein Arbeitsgebiet — sein Gebiet von Versuchungen und Aufgaben. Damit aber, daß unser Herz in Gottes Hand kommt, wird ein Gebiet ums andere dem Feind entrissen — nicht nur das Gebiet des äußeren Handelns, sondern das der inneren Bewegungen, des Ehe- und Familienlebens, die Stellung zu Mann und Frau, zu Untergebenen, zum Staate, die Steuerfrage — kurz, alles kehrt zurück zu Gott. Ist das nicht der Fall, kann sich irgendein Gebiet ihm noch entziehen, so ist der Sieg kein dauernder. Wenn nicht alles zu Gott zurückkehrt, können auch gewonnene Siege wieder in Frage gestellt werden. *Entweder du dringst in die Herrlichkeit durch oder du fällst in die Sünde zurück.* Nicht nur die Philister samt ihrem Gebiet kamen unter die Herrschaft Israels, sondern auch die Amoriter, von denen weit und breit keine Rede war, waren durch das Eingreifen des Herrn in Schrecken versetzt worden. Wo durchschlagende Siege stattfinden, sind die Leute auf ihrer Hut, und wo wir auf einem Gebiet einen durchschlagenden Sieg erlangen, wird Raum gemacht für Siege auf anderen Gebieten. Da geht es mit einem Male vorwärts; gewisse Gebiete von Sünde und Versuchung fallen weg. Die Amoriter sind still — rühren sich nicht mehr.

„Und es war Friede zwischen Israel und den Amoritern." Das Gericht führt zum Frieden. Durch die letzte Gerichtszeit über die Völkerwelt bereitet Gott sein Friedensreich auf Erden vor. Der Friede kann unter Umständen gefährlicher sein als der Krieg. Der Krieg hält die Leute wach; in Kriegszeiten nimmt sich jeder zusammen, bringt seine Opfer; im Frieden hingegen ist Raum fürs Genießen. Da richten sich die Leute gern häuslich und bequem ein, jeder nach seiner Weise. Im Frieden riskiert man einzuschlafen, in ein schläfriges Wesen hineinzukommen, so daß der Herr oft durch Krieg, Krankheit, Heimsuchungen aller Art die Sturmglocke läuten muß. Damit also, daß nun Friede zwischen Israel und den Philistern und den anderen Stämmen herrschte, war Samuel keineswegs seines Amtes enthoben.

15. Januar

Samuel aber richtete Israel sein Leben lang und zog jährlich umher zu Beth-El und Gilgal und Mizpa. 1. Sam. 7, 15. 16

Es ist tief bedeutungsvoll, daß das Richten Samuels nach dem herrlichen Siege noch keinen Abschluß fand. Er richtete Israel alle Tage seines Lebens. Alle Tage gab es etwas zu richten, alle Tage wollte das Unkraut aufschießen oder Wurzel fassen; alle Tage setzte sich neuer Staub an; allezeit gab es Brüder oder Schwestern, die nicht mehr auskamen, während über dem gemeinsamen Feinde die persönlichen Feindschaften vergessen worden waren. Nun man Frieden mit den Philistern hatte, erhoben sich andere Schwierigkeiten: in den Haushaltungen, zwischen Nachbarn usw. O wie not tut es, daß wir wachen, wenn wir gereinigt worden sind, damit sich nicht wieder Staub ansetzt im Dienste des Herrn! Auf einmal kann ganz unerwartet ein Mißverständnis auftauchen.

Es herrscht nicht mehr die frühere Geduld und Verträglichkeit; wir stehen nicht mehr über den Dingen des Alltagslebens, und zwar einfach, weil man nicht unter dem Richterstuhl geblieben ist. Der Richterstuhl ist das Wort Gottes; es ist ein Richter der Absichten und der Hintergedanken des Herzens. Es gibt Dinge, deren sich der Mensch, der nicht unter dem Wort Gottes, sondern unter Menschenwort steht, gar nicht bewußt ist. Alle Tage wird Gericht gehalten, und es gilt in Friedenszeiten nie auf Lorbeeren auszuruhen. Die Friedenszeit unter Salomo nach der Kriegszeit unter David hatte ihre großen Gefahren. Es war zu viel Herrlichkeit da, und der Herr muß uns Herrlichkeit mit viel Vorsicht zumessen, damit wir sie ertragen können. Wir können anderen nur zur Orientierung dienen, wenn wir selbst als Gerichtete dastehen, die nichts Gutes in sich suchen, sondern vor dem Herrn wandeln. Jeder Tag hat seine eigene Plage und Physiognomie. An jedem neuen Tag sollen wir uns darum in neuer Weise unters Wort beugen, das richtende Wort, das dadurch zugleich der Leitstern auf unserem Wege wird. Soweit wir uns vom Wort durchrichten lassen, erleuchtet es unsere Herzen, unsere Häuser und alle unsere Bewegungen. Auf diese Weise werden wir Lichtkinder, während wir sonst leicht Stickluft um uns verbreiten, so daß die Leute nicht mehr atmen können in unserer Nähe.

Jahr für Jahr zog Samuel umher nach Bethel, Gilgal und Mizpa. Das waren geweihte Stätten. In Bethel war Gott dem Jakob erschienen, als er vor seinem Bruder floh; zu Gilgal war die Schmach, die Schande Ägyptens von Israel weggewandt worden. Dort hatten sich alle Gott geweiht, und die Stätte war ein guter Boden, wo das Volk durch das Gericht der Beschneidung gegangen, ehe Gott es als sein Volk annehmen konnte, und wo eine Grenze aufgerichtet wurde zwischen ihm und Ägypten. Israel konnte nur als ein Gott geweihtes Volk wandeln, wenn Gott als Führer vor ihm herging und die Riesenstädte unter seine Füße beugte. Bethel, Gilgal, Mizpa waren Mittelpunkte, und jede von ihnen hatte ihre eigene Gestalt, ihren Charakter. Großstädte sind einander nicht gleich; es konzentriert sich da der Geist eines Stammes, eines Volkes.

16. Januar

Und wenn Samuel Israel an allen diesen Orten gerichtet hatte, kam er wieder gen Rama (denn da war sein Haus) und richtete Israel daselbst und baute dem Herrn daselbst einen Altar. 1. Sam. 7, 16. 17

Das Gericht fing immer von neuem an, wie man in einem Hause immer von neuem mit Putzen anfangen muß — in Rama Tag für Tag — in Bethel, Gilgal und Mizpa Jahr für Jahr. Er wurde des Richtens, der Arbeit nicht müde, und dieses fortwährende Richten brachte ihn selbst Gott immer näher. Man kann nicht andere im Geist richten, ohne sich selbst zu richten, und wäre es nur über Dinge der Vergangenheit. Unsere eigene Vergangenheit wird viel schwärzer, wenn wir sie in anderen wiederfinden. Gott dreht das Schwert dann um und läßt uns in den schrecklichsten Verirrungen anderer erkennen, wo wir hätten hinkommen können und was wir geworden wären, wenn Gott sich nicht unser erbarmt hätte. Wer weiß, ob nicht das eine oder andere unter uns weiter gegangen wäre in der Verirrung als dieser und jener, wenn Gott nicht alles mögliche als Wall aufgerichtet hätte! Der Herr schenkt uns Gelegenheit, in den schlimmsten Verfehlungen anderer heilig Gericht an uns selbst zu üben. Wenn Gott heiliges Gericht an uns übt, den Kopf hinuntertut, sehen wir nur noch, wie wir anderen dienen können. Wer schmerzliche Erfahrungen gemacht hat, darf sie nicht einfach einstecken; der Herr demütigt uns, damit wir lernen, andere zu lieben, sie zu tragen und ihnen zu dienen, und zwar nicht von oben herab, sondern von unten herauf.

„Und dann kehrte Samuel zurück nach Rama.“ Abgesehen von den Rundreisen, die er machte, kam das Volk von allen Seiten, um sich zu orientieren, wieder den rechten Boden, den rechten Weg durch ihre Schwierigkeiten hindurch zu finden. „Und er baute dem Herrn daselbst einen Altar.“ Gerichtsstätten werden Stätten der Anbetung. Wo Gott auf den Grund gehen kann, wird Raum für Anbetung. Im Gericht werden wir zerbrochen, und es wird dadurch Raum für die Heiligkeit, für größere Herrlichkeit Gottes. Lösung von der Sünde macht uns frei für den Dienst Gottes — wir bauen dann nicht nur einen Altar, sondern legen uns als Opfer darauf, ein Süßgeruch dem Vater durch Jesus Christus, der seinem Vater gegenüber immer im Geist der Anbetung lebte und in uns Raum machte fürs Gericht.

17. Januar

Der Herr ist ein Gott des Gerichts. Wohl allen, die sein harren! Jes. 30, 18

Was wir in der Geschichte Israels in den zurückliegenden Tagen gefunden haben, tritt uns immer wieder in der Heiligen Schrift entgegen. Es wiederholt sich im Leben aller, mit denen Gott fertig wird, die er in seine Hände bekommt.

Man darf nur die Geschichte der Samariterin lesen (Joh. 4, 4—26). Das erste, was der Herr bei ihr getan hat, war, daß er Raum fürs Messer, fürs Gericht machte. Gerichtete, von der Vergangenheit Gelöste können im Geist und in der Wahrheit anbeten, wo es auch sei. Sie machen Gott Raum und werden dadurch fruchtbar für ihn. Nichtgerichtete leben im Schlamm des eigenen Lebens, in der Eigenliebe, der Selbstsucht, sie drehen sich im Kreis um sich selbst. Die einen genießen geistlich, die anderen leiblich, und ihr Leben wirft nichts für andere ab. Die arme, in

Schande gebundene, noch nicht gerichtete Samariterin hat der Herr mit einem Schlag umgewandelt in eine Evangelistin. Kaum war sie am Jakobsbrunnen gerichtet, so konnte sie in die Stadt hineingehen und für Jesus zeugen, obwohl sie dort ihre Vergangenheit kannten. Nachdem der Herr sie gelöst und mit seinem Geist angehaucht hatte, lag eine Weihe auf ihr, und sie brachte die Leute auf die Füße, daß sie selbst zu Jesus kommen und danach sagen konnten: „Nun glauben wir nicht mehr um deines Wortes willen, sondern wir haben ihn selbst kennengelernt." Jesus kann sie nun packen, fest an sich binden, wie er das Weib an sich gebunden hatte. Die Folge aber ist, daß die Häuser, die Verhältnisse der Nachbarn, die Luft in den Häusern umgewandelt werden durch die persönliche Begegnung mit dem lebendigen Heiland.

O Durchbrecher aller Bande,
der du immer bei uns bist,
bei dem Schaden, Spott und Schande
lauter Lust und Himmel ist,
übe ferner dein Gerichte
wider unsern Adamssinn,
bis uns dein so treu Gesichte
führet aus dem Kerker hin!

Herrscher, herrsche; Sieger, siege;
König, brauch dein Regiment!
Führe deines Reiches Kriege,
mach der Sklaverei ein End'!
Aus dem Kerker laß die Seelen
durch des Neuen Bundes Blut,
daß wir länger uns nicht quälen;
denn du meinst's mit uns ja gut!

Durch Gericht zur Gnade

18. Januar

Es ist noch eine Ruhe vorhanden dem Volke Gottes. **Hebr. 4, 9**

Es ist von einer Sabbatruhe die Rede, anknüpfend an die Erfahrung des Volkes Israel, das unter Mose nicht zur Ruhe eingegangen ist, und das äußerlich allerdings Josua, das Vorbild auf Jesus, in das Heilige Land eingeführt hat. Aber es war damit noch kein wirkliches Gottesvolk geworden, das im Geist und in der Wahrheit in der Stille des Heiligtums und in der Sabbatruhe seinem Gott gedient hätte. Es mußte ein anderer Josua kommen, um das zu verwirklichen, was Gott im israelitischen Volk nicht verwirklichen konnte. Da knüpft unsere Schriftstelle an jene traurige Tatsache an, daß Gott das Volk nicht hineinbringen konnte ins Gelobte Land. Warum nicht? Um ihres Unglaubens willen, weil sie sich ihrem Gott nicht anvertrauten und dem Mose, der ein Vorbild Jesu war. Und nun, sagt das Wort Gottes, ist heute noch für alle nicht zur Ruhe des Volkes Gottes Eingegangenen diese Verheißung da, dieses „Heute, so ihr seine Stimme höret, verstocket eure Herzen nicht!" Es gibt eine Sabbatruhe; eilt, einzugehen in diese Ruhe, zu ruhen von eigenen Werken, eigenem Leben, eigenem Treiben, zur Ruhe zu kommen in Gott!

Was hat denn aber unmittelbar darauf das in Vers 12 und 13 Gesagte damit zu tun? „Das Wort Gottes ist lebendig und kräftig, durchdringend, scharf, ein zweischneidiges Schwert, eindringend nach rechts und nach links bis in die Wurzeln unseres Lebens und in die Quellgebiete unseres Daseins." Was hat dieses Wort Gottes da zu tun?

Das Wort Logos, welches im Grundtext für Wort gebraucht ist, ist kein anderes als das, welches Johannes am Anfang seines Evangeliums gebraucht: „Im Anfang war das Wort, und das Wort war bei Gott, und Gott war das Wort." Und wie alle Dinge durch ihn, das lebendige Wort Gottes, gemacht sind, so ist er mit dem Geistesschwert seines Wortes auch der Urheber des neuen Lebens. Das lebendige Wort und das geschriebene Wort können nicht voneinander getrennt werden, und es ist unmöglich, auch grammatikalisch, im 12. und 13. Vers dieselben zu trennen. Der Logos, die zweite Person in der Gottheit, von dem Mose und Josua Vorbilder waren, ist es, der jetzt auf dem Plane steht und uns Sabbatruhe anbietet, uns unruhigen, gehetzten, aufgeregten Menschenkindern des zwanzigsten Jahrhunderts. Darum verstocket eure Herzen nicht und gebt euer Denken, Schaffen und Lieben nicht preis der Unruhe, von der das ganze gegenwärtige Geschlecht verzehrt wird, sei es, daß es etwas schaffen, sei es, daß es genießen will, ohne je zur Ruhe zu kommen, bis die Unruhe dieser Erde mündet in der ande en Unruhe der Hölle. Wer hier im Laufe seiner irdischen Existenz nicht zur Ruhe kommt, der denke nicht, daß der Tod ihn in diese R ihe hinüberführt. Für Kinder Gottes ist alles, was sie hier schon emp angen, nur Vorgeschmack der ewigen Seligkeit. So ist auch für die, die hier nicht zur Ruhe kommen, aller Jammer und alles Elend nur ein Vorgeschmack von jener Unruhe und dem nagenden Wurm, der drüben ihrer wartet, wo dann die äußere Welt nicht mehr stillend, in Vergessenheit einsenkend da ist, und wo der menschliche Geist, der sich hier unten anderen Einflüssen überlassen kann, nicht mehr gedeckt ist durch eine leibliche Hülle.

19. Januar

So lasset uns nun Fleiß tun, einzukommen zu dieser Ruhe! Hebr. 4, 11

Jetzt, solange ein Heute noch da ist, ehe die Wehen der Letztzeit losbrechen, jetzt geh zu deiner Ruhe; denn das lebendige Wort ist lebendig, mächtig, scharf eindringend in die Wurzeln deiner Unruhe und deines ruhelosen Wesens. Denn Unruhe ist, wo du nicht mit Gott verbunden bist. Du brauchst kein Mörder zu sein wie Kain, der den Stempel seiner Unruhe mit sich trug — es tragen ihn doch alle Nachkommen des ersten Adam. Die Kinder des zweiten Adam gehen ein in die Ruhe, aber auf welchem Weg? — Durch den Glauben, sich dem Worte Gottes anvertrauend, das vielen nur Unruhe zu bieten scheint, und dem sie ausweichen, weil es sie aus einer gewissen fleischlichen Ruhe aufschreckt. Es gibt eine Kirchhofsruhe, die Ruhe der Toten, die Ruhe derjenigen, die sich mit diesem armseligen Leben zurechtgefunden. Aber im Wort kommt der Geist des neuen Josua zu ihnen, der sie aus dieser Kirchhofsruhe auftreibt, bis sie schließlich in die Sabbatruhe kommen. Sie wollen die Leerheit und Nacktheit und Haltlosigkeit ihres Lebens sich nicht eingestehen, sie wollen mit ihrem Innersten nicht in das Licht des Wortes Gottes kommen, sie haben Angst. Es geht nur durch Unruhe in die Ruhe des Volkes Gottes hinein. Es heißt hier wörtlich: „Und ist durch die Himmel gegangen“ (V. 14). Ehe er durch die Himmel gegangen ist, ist er nach Epheser 4 durch die Hölle, durch die tiefsten Tiefen gegangen. Ehe der große Josua uns aus der Totenruhe oder aus der Unruhe des Jagens und Schaffens in die Ruhe des Himmels einführt und uns als seine Gebundenen, seine Siegestrophäe mit sich durch die Himmel führt zum Throne hinauf, muß er vorher mit seinem Schwert, der schneidenden Macht des lebendigen Logos, da, wo wir Himmel und Hölle, Fleisch und Geist vermischt haben, bis in die untersten Gründe unseres Wesens hinabsteigen und Licht schaffen. Nur da, wo Christi Geist und Wort hinunterdringt, nur da wird es licht, und das geht nicht anders als durch Scheidung. Da gibt es keine Gebiete unserer Gedanken und Sinne und Absichten, die er nicht durchforscht. (Die französische Übersetzung sagt: „Hintergedanken.“ Das sind die untersten Orte, die hintersten Winkel, wo sich das Eigene versteckt, das Genießenwollen, der Wurm, der immer wieder Unruhe schafft.) Dort hinunter, in diese untersten Orte, diese hintersten Winkel dringt der Logos mit seinem Schwert und scheidet. Es kommt nichts in unserem Leben zustande, es wird zur Last, zu einer Befleckung des Gewissens. Man muß gereinigt werden von toten Werken, von allem, was man zustande gebracht hat, ehe man den Logos in die untersten Orte hat steigen lassen, in die Quellen unseres Lebens, in Fleisch und Geist.

So fährt dieses Schwert daher und scheidet, damit wir stille werden vor Gott, und unser Wirken im tiefsten Grunde ist ein „Gott Raum geben“, eine Anbetung im Geist und in der Wahrheit. Deswegen braucht der Logos das Schwert für diejenigen, die zur Ruhe kommen wollen und die nicht durch das Getriebe des Tages in Unruhe kommen sollen, weil Gott dann die innersten Fäden ihres Geistes besitzt und im Zentrum des Menschengeistes thront. Da kann dann etwas Neues entstehen.

20. Januar

Das Wort Gottes ist lebendig und kräftig und schärfer denn kein zweischneidig Schwert und dringt durch, bis daß es scheidet Seele und Geist, auch Mark und Bein, und ist ein Richter der Gedanken und Sinne des Herzens. Und keine Kreatur ist vor ihm unsichtbar; es ist aber alles bloß und entdeckt vor seinen Augen. Von dem reden wir. Hebr. 4, 12. 13

Es ist kein Geschöpf vor ihm unsichtbar, sondern alles ist bloß und ganz aufgedeckt vor den Augen dessen, mit dem wir es zu tun haben. Und wenn du es nicht mit ihm zu tun haben willst, so bekommst du doch mit ihm zu tun, der richten will alles, was aus dem alten adamitischen Leben ist, der etwas aus dir machen will zum Lob der Gnade Gottes. Du bekommst doch mit ihm zu tun! Und wenn dann die Inseln und die Berge weichen werden vor ihm, dem Lamm Gottes, das wird noch eine ganz andere Unruhe sein, wo uns dann kein Berg decken kann. Darum laß dich lieber jetzt aufdecken und richten, komm vor ihn und laß dich bloßlegen vor seinen Augen, mit dem du es zu tun hast! Ja natürlich, das war kein leichter Augenblick, als das Weib bei Samaria, von dem wir vor einigen Tagen lasen, so ganz unschuldig, würden wir sagen, mit dem Mann redet: „Nun gut, gib mir zu trinken von dem Wasser, damit ich nicht alle Tage hierher kommen muß, zu schöpfen“, und wie dieser Mann ihr mit einem Wort das Schwert in die Brust stieß und ihr Leben bloßlegte. Sie wußte wohl, was er gesagt hatte, es war ihr nichts Neues, wenn er ihr mit einem Wort alles sagt: „Rufe deinen Mann!“ Sie antwortet ihm zwar: „Ich habe keinen“; aber der Herr sagt ihr: Du hast recht gesagt: Ich habe keinen Mann; denn fünf Männer hast du gehabt, und der, den du jetzt hast, ist nicht dein Mann; dies hast du wahr geredet. Und sie muß sagen: „Herr, ich sehe, du bist ein Prophet.“ Und nachher sagte sie von ihm: „Er hat mir alles gesagt.“

So ist es! Du bist in Unruhe und willst dir das Schwert nicht in die Brust stecken lassen, arme, irrende Seele! Von dem Augenblick an, wo du dich dem Schwert auslieferst, ist kein Prophet mehr da, sondern nur ein *Hoherpriester*. Deine stinkenden Wunden sind dann nicht mehr da, alle Fäulnis wie bei Lazarus muß schwinden, wenn du nur mit deinem natürlichen Wesen ans Licht kommst. Von dem Tage an, wo du deiner nicht schonst, schont dich der Herr und behandelt dich, einen jahrelang Geknechteten und vom Teufel Betrogenen, mit unaussprechlicher Zartheit und Schonung.

21. Januar

Denn wir müssen alle offenbar werden vor dem Richtstuhl Christi, auf daß ein jeglicher empfange, was er in dem Leibe getan, es sei Gutes oder Böses. 2. Kor. 5, 10

Es erhebt sich die Frage und fällt je und je manchen Christen schwer aufs Herz: „Haben wir als Gläubige noch vor einem Richterstuhl zu erscheinen?" Eine Übersetzung sagt: „geoffenbart werden", die lutherische „erscheinen". Die Ausdrücke bedeuten nicht das gleiche. *Erscheinst* du vor einem Richterstuhl, so magst du durch einen Ankläger vor denselben gefordert sein; wirst du hingegen vor einem Richterstuhl *offenbar,* so braucht keine Anklage vorzuliegen. Es ist das gleiche Wort wie in Kolosser 3, 4: „Wenn Christus, unser Leben, geoffenbart wird, dann werdet auch ihr mit ihm geoffenbart werden in Herrlichkeit." Das Wort „geoffenbart werden" ist ein sehr starker Ausdruck, und Gott bewahre uns in Gnaden davor, ein Wort Heiliger Schrift abzuschwächen! Wir lassen es in seiner ganzen Kraft stehen, so sehr es auch anderen Stellen zu widersprechen scheinen mag. Die einzige Regel für ein richtiges Verständnis des Wortes Gottes ist, daß wir uns vom Geist Gottes Schrift durch Schrift erklären lassen. Da merken wir, wie ein Wort das andere näher bestimmt und ins rechte Licht stellt.

Gestattet mir ein Beispiel! Wenn ich die Grenze des Auslands überschreite, so muß ich den Zoll passieren. Führe ich etwas Verzollbares bei mir, so halte ich es bereit und gebe es an. So kann die Behörde nichts Strafbares an mir finden. Ich bin vor diesem Gerichtsstuhl offenbar geworden und kann unangefochten die Grenze überschreiten.

Wenn Christus, unser Leben, geoffenbart wird, so wird nichts wider ihn zeugen; denn in seinem irdischen Leben hat er sich auch nicht in einem einzigen Stück verfehlt. Ja, der Fürst dieser Welt wird kommen; aber er wird nichts an ihm finden (Joh. 14, 30), absolut nichts. Der Messias, den die Menschen verwarfen, dessen göttliche Berufung und Ansprüche sie nicht anerkannten, der während seines ganzen Erdenlebens nie etwas zu verheimlichen hatte — wird vor dem gesamten Weltall in seiner Herrlichkeit offenbar werden, und diejenigen, die auf Erden ein mit Christus in Gott verborgenes Leben geführt haben, werden mit ihm offenbar werden, und weder der Teufel noch irgendein Wesen im Himmel oder auf Erden wird eine Anklage gegen sie erheben können. Nicht nur um ein Offenbarwerden unserer Werke handelt es sich, „auf daß ein jeglicher empfange, was er im Leibe getan hat, nachdem er gehandelt hat, es sei Gutes oder Böses", sondern um ein Offenbarwerden dessen, was wir in Wirklichkeit vor Gott sind.

22. Januar

Denn wir müssen alle offenbar werden vor dem Richtstuhl Christi.
2. Kor. 5, 10

Wollen wir, wenn wir die Grenze des Jenseits überschreiten, wenn wir vor dem Heiligen erscheinen sollen, der Augen hat wie Feuerflammen, nichts mehr zu deklarieren haben, so müssen wir uns mit allem, was wir sind und was wir haben, dem Gericht oder Urteilsspruch ausliefern; wir müssen alles vor unserem Herrn und Heiland ausbreiten, uns jetzt, heute von ihm durchrichten lassen. Durch den Gerichtshof geht es zum Gnadenthron (Hebr. 4, 16). Macht es nicht wie gewisse Leute, die wohl zum Rauchaltar und ins Allerheiligste vorzudringen suchen, aber dem Brandopferaltar aus dem Wege gehen! Indem Christus seinen Leib als lebendiges Opfer darbrachte, hat er uns den Weg gebahnt, daß auch wir uns nun als lebendiges Opfer Gott darstellen können.

In dem Maße, als sich eure Augen öffnen, werdet ihr auch niegeahnte Möglichkeiten in der Heiligen Schrift entdecken, ihr werdet euch schämen, daß ihr euch begnügt habt mit einer euch von Menschen aufgedrungenen Karikatur der Heiligkeit. So nur konnte es dem Feind gelingen, euch dem Gesichtskreis wahrer Heiligkeit, die niemand selbst erlangen kann, und deren Möglichkeit euch auch nicht im Traum eingefallen wäre, zu entrücken. Gott aber hat uns in seiner Gnade wiedergeboren zu einer lebendigen Hoffnung, der Wiederkunft Christi, und deshalb führt er uns durch immer tiefer gehende Reinigung zur Umgestaltung in die völlige Gleichförmigkeit mit der Lammesnatur.

Äußere Formen und Systeme können kein Menschenherz reinigen. Wird aber die Wiederkunft Christi zur lebendigen Hoffnung in dir, so daß sie dich völlig in Besitz nimmt, so wirst du nicht mehr versuchen, dem Urteil des Wortes Gottes, diesem Schwert des Geistes, zu entrinnen; du wirst dein Innerstes ausliefern, daß es gerichtet, verurteilt und dem Siegesfürsten unter die Füße gelegt werde. Bist du einmal fest davon überzeugt, daß es dem Heiligen Geist gelingen wird, Christus eine Gemeinde darzustellen, an der er, der Heilige, weder Flecken oder Runzeln oder des etwas finden kann, so wird diese Hoffnung zur treibenden Macht in dir werden. Nie stellt dir der Geist Gottes ein Stück Unreinigkeit vor Augen, ohne dir zugleich im Blut und im Geist Christi, jener entsprechend, neues Leben und umgestaltende Macht zu zeigen. Dann kann uns der Heilige Geist von Reinigung zu Reinigung führen. Und scheint es dir ganz unmöglich, von gewissen Dingen frei zu werden, wohlan, so lerne durch diese tiefe Demütigung in Römer 8, 2 einzudringen und deinem Gott zu bekennen: In den Wunden Jesu allein finde ich Heilung und nicht in meiner eigenen Heiligungsarbeit. Gott sei Dank daß er sein Schwert nicht zurückziehen kann, bis es durchs innerste Mark hindurchgedrungen ist, und daß sich keine Spur eigenen Lebens in uns regen kann, für die es nicht nur Vergebung, sondern auch Reinigung und Heilung im Blut Jesu gäbe, die über unsere bisherige Erfahrung geht!

23. Januar

Darum sind auch viele Schwache und Kranke unter euch, und ein gut Teil schlafen. Denn so wir uns selber richteten, so würden wir nicht gerichtet. Wenn wir aber gerichtet werden, so werden wir von dem Herrn gezüchtigt, auf daß wir nicht samt der Welt verdammt werden. 1. Kor. 11, 30—32

Die Korinther unterschieden den Leib des Herrn nicht. Sie waren auf einem Wege, der zu ihrer Verdammung hätte führen können (Vers 32). Das wollte Gott aber nicht und schickte Krankheit und frühzeitigen Tod unter sie, daß sie zur Besinnung kämen und auch andere durch diese Gerichte geweckt würden. So wir uns selber richteten, so würden wir nicht gerichtet. Dieses Wort stimmt ganz mit dem, was wir bisher besprachen. Dem lebendigen Wort Raum geben, auf die Stimme des Logos hören (Hebr. 4, 12. 13) oder sich selbst richten, ist ein und dasselbe; es sind überall die gleichen Linien. Und ist nicht das Erlösungswerk zunächst ein Akt des Gerichts? Damit, daß Gott seinen Eingeborenen, den für uns Fleisch Gewordenen in der Sünder Hände dahingab, hat er das Todesurteil gesprochen über die Menschheit, deren Vertreter Jesus war, und für die er sich opferte. Erst damit, daß du dich als Gerichteten erkennst, als einen Verworfenen, reif für die Hölle, fängst du an, die Bedeutung des Kreuzes zu verstehen, und öffnet sich dein Ohr für die Stimme Jehovas. Der am Kreuz Gehenkte, das bist du, das bin ich; für uns ist der Heilige zum Fluch geworden. Dort im zerrissenen Fleisch Christi ist der Neue Bund gegründet worden; dort hat Gott einen neuen und lebendigen Weg erfunden hinein in die Welt des ewigen Bundes (Hebr. 10). Bist du schon durch diese Tür hindurchgegangen aus dem Tode in das Leben? O laß dir doch einmal die Lumpen deiner christlichen Erfahrungen herunterreißen! Vielleicht steckt der üble Geruch geistlichen Hochmuts dahinter, etwas sein zu wollen. Welch entsetzliche Mischung von Seelischem und Geistlichem, von Teuflischem und Göttlichem! Bist du noch nicht gründlich durch das Abc des Dich-selber-Richtens hindurchgegangen, sind dir die vier Wände deiner eigenen Frömmigkeit noch nicht zu eng geworden, so kommst du auch in Gottes Führungen nicht durch, ohne dich an ihm zu ärgern. Solange ein Mensch noch daran denkt, etwas von seinen Errungenschaften vor Gott geltend zu machen, ist er im Gnadenboden des Neuen Bundes noch nicht eingewurzelt.

24. Januar

Denn so wir uns selber richteten, so würden wir nicht gerichtet.

1. Kor. 11, 31

Aber, sagst du, ich habe ja Vergebung meiner Sünden bekommen! Die will ich dir nicht streitig machen; aber bist du *gerichtet?* Vergebung und Vergebung können zwei ganz verschiedene Dinge sein. O laß dir daran nicht genügen, daß dir gewisse Dinge vergeben worden sind! Der Schlamm und die Hefe sind in deinem Wesen zurückgeblieben; weder dein Leib noch dein Seelenleben noch deine Phantasie sind gereinigt; die alten Sünden kommen immer wieder. Oder kennst du schon eine Reinigung? Kennst du die Macht des Blutes Jesu Christi nicht, das nicht nur die Sünde vergibt, sondern das da reinigt von aller Sünde? Wahre neutestamentliche Sündenvergebung ist unzertrennlich verbunden mit Reinigung. Für uns ist jetzt schon der freie, offene Born von Sacharja 13, 1 eröffnet. O wenn einmal der Herr seine Wasser über Leib, Seele und Geist fließen läßt, da erfährt man, was Reinigung ist. Die bei der Vergebung stehenbleiben, mögen viel vom Heiland reden, auch manches von ihm erfahren haben; aber man spürt ihnen an, daß sie noch im Schmutz leben. Das sind arme Leute, unmündig und unter dem Gesetz, ihren Gott nicht kennend, die um möglichst billigen Preis ins Reich Gottes hineinschlüpfen möchten, aber sich fürchten, Gott nahe zu kommen; sie wollen ihre Freiheit behalten. Solche kann das Wort nicht durchrichten, und daher gehören sie auch nicht im engsten Sinne zum Hause Gottes; sie haben noch Sklavensinn. Die eigentlichen Hausgenossen, d. h. solche, die in die inneren Gemächer des Hauses eingedrungen sind, die wahren Söhne und Töchter, die richtet der Herr (Vers 32).

Ich frage dich: Willst du nicht Ernst machen mit dem Selbstgericht? Willst du dir nicht den Schleier vom Kreuz deines Erlösers hinwegtun lassen? Willst du nicht endlich einmal deine Hand zurückziehen und das jämmerliche Christentum, das du so lange mühsam und krampfhaft festgehalten, und mit dem du eigenes Leben aufgebaut hast, zusammenfallen lassen? Nie wird der Herr seine Arbeit mit deinem Bauwerk vermischen. Es gilt still werden, daß der Herr deine Ohren auftun und dich durchrichten kann, bis die Sprache des Kreuzes dir deutlich wird und das Wort Gottes für seine Arbeit freien Raum in dir bekommt.

25. Januar

Dieweil wir denn einen großen Hohenpriester haben, Jesum, den Sohn Gottes, der gen Himmel gefahren ist, so lasset uns halten an dem Bekenntnis! Denn wir haben nicht einen Hohenpriester, der nicht könnte Mitleiden haben mit unseren Schwachheiten, sondern der versucht ist allenthalben gleichwie wir, doch ohne Sünde. Hebr. 4, 14. 15

Man kann hier bei Vers 14 und 15 fragen, ob diese Verse nicht zu Kapitel 5 des Hebräerbriefes hinüberzunehmen sind; doch nein, sie gehören zu Kapitel 4, zum Trost derer, die den Mut gehabt haben, alles bloßzulegen vor unserem Hohenpriester; denn es kann bei unserem Leben noch etwas herauskommen zur Ehre Gottes. Er bekümmert sich um unser armseliges Leben, damit noch etwas herauskomme zum Lob der Gnade Gottes. Was der Herr aus einem Menschen machen kann das lernen wir an uns selbst, wenn wir den Grund unseres Wesens kennenlernen. Wir werden geboren als Zerrbilder. Was der Mensch eigentlich sein sollte, das müssen wir erst wieder an Jesus lernen, und dann merken wir erst, was der Teufel aus einem gemacht hat. Danach erfahren wir, was Jesus aus Ruinen, aus in Knechtschaft und Blindheit versunkenen Wesen machen kann. Er, der Prophet, der Hohepriester, wartet mit unaussprechlichem Erbarmen und mit Geduld, wenn mit einem ersten Gericht noch nicht alle Einzelheiten ans Licht gekommen, wenn er im Laufe unseres neuen Lebens immer wieder noch etwas zu richten hat. Wie fest und ernst in seiner männlichen Treue, aber auch wie geduldig wartet er auf den Augenblick, wo er uns tiefer und völliger erlösen kann, uns Blicke schenken kann in unser Verderben hinein und dann in die Herrlichkeit seines Wesens, wie wir es, weder das eine noch das andere, vor einem Jahrzehnt ertragen hätten! O wie herrlich, sich auszuliefern einem Propheten, der zugleich Hoherpriester ist, der durchdringt und uns zu Hilfe kommt aus dem Heiligtum! Weiß er doch, wie einem zumute ist im Menschenleben; er hat es durchgemacht im gehorsamen Leben bis zum Tode am Kreuz, und nun ist der Gnadenstuhl offen, die Jakobsleiter steht, und niemand kann sie umreißen. Und zwischen allem Erdenleben und aller Fülle und allem Reichtum der ewigen Heimat ist eine völlige Verbindung für den Gewaschenen, für den, welchem der Heiland Hoherpriester geworden ist. Er findet rechtzeitige Hilfe. Jesus ist gekommen, um seine Herrlichkeit jedem einzelnen zu bringen und zu bewahren. So lernen wir ihn kennen, so führt der Prophet uns unter den Gnadenstuhl des Hohenpriesters, und der Hohepriester führt uns unter den Hirtenstab des Königs, wo uns der Tisch gedeckt ist gegen alle Feinde. Wenn wir nur fürchten, ihn zu betrüben, dann muß alles dahin arbeiten, uns zu dem großen Ziele zu führen, wo wir ihn schauen werden, wie er ist. —

Wie bist du mir so innig gut,
mein Hoherpriester du!
Wie teu'r und kräftig ist dein Blut!
Das bringt mich stets zur Ruh'.

Wenn mein Gewissen zagen will
vor meiner Sündenschuld,
so macht dein Blut mich wieder still,
setzt mich bei Gott in Huld.

Es gibet dem bedrückten Sinn
Freimütigkeit zu dir,
daß ich in dir zufrieden bin,
wie arm ich bin in mir.

26. Januar

Wir haben nicht einen Hohenpriester, der nicht Mitleiden zu haben vermag mit unseren Schwachheiten, sondern der in allem versucht worden ist in gleicher Weise wie wir, ausgenommen die Sünde. Laßt uns nun mit Freimütigkeit hinzutreten zu dem Thron der Gnade, auf daß wir Barmherzigkeit empfangen und Gnade finden zur rechtzeitigen Hilfe! Hebr. 4, 15. 16

Der Thron der Gnade! Du kannst gar nicht wissen, was Gnade ist, noch wie zart und rücksichtsvoll Gott mit den Seinen umgeht, bis du dich ganz seinem Richtschwert ausgeliefert und dich als Verbrecher erkannt hast, bis du mit deinem Willen völlig auf Gottes Seite übergegangen bist und nichts mehr ertragen kannst, was nicht aus Gott ist. Wir haben es mit den rechtmäßigsten und heiligsten Anforderungen Gottes an unser Leben zu tun; sein Flammenauge durchforscht uns. Er wird nicht ruhen, aber auch wir können nicht ruhen, bis alles vor ihm bloßgelegt ist; dann kann aber auch sein Leben ebenso tief eindringen. wie das Schwert des Geistes in uns eingedrungen ist. Und weil der Geist Gottes einen Durst, ein brennendes Verlangen nach göttlichem Leben und nach Heiligkeit in uns geweckt hat, liefern wir uns dem Gerichte aus; wir lassen uns von dem Schwert des Geistes, dem Wort Gottes, zubereiten für die Innewohnung Gottes und für das Wirken des Heiligen Geistes. Der Geist ist es, der uns zu Kindern des Neuen Bundes macht, die in Gnade und Erbarmen leben und weben und sich bewußt sind, daß sie alles Christus verdanken, die ihm alles übergeben haben und keinen Schritt mehr ohne ihn tun können. Dann ist unser alles in ihm, durch ihn und für ihn. Alles ist Christus untertan; du brauchst dich ihm nur zu überlassen. Anstatt in eigenen Anstrengungen dich zu erschöpfen und Luftstreiche zu tun, richte deinen Blick auf ihn! Er ist lebendig und übt ein lebendiges Priestertum. Als Hoherpriester steht er für jede geängstete und beladene Seele ein und hält rechtzeitige Hilfe für sie bereit.

Mögen die Wasser der Trübsal noch so hoch gehen: sie werden nur das hinwegschwemmen, und die Flammen werden nur das verzehren, was von Menschen stammt, d. h. was fleischlich und sündlich ist; was von Christus ist, können sie nicht antasten. Du hast nichts für deine Seele zu fürchten; sie gehört Christus; dein Heil hängt an ihm und ist seine Sache.

Freue dich, Seele, daß dein Erlöser einen Namen hat, der über alle Namen ist; freue dich, daß ihm, deinem treuen und barmherzigen Hohenpriester, alle Macht gegeben ist im Himmel und auf Erden, in der sichtbaren und unsichtbaren Welt, und daß er stark genug ist, alle Fäden deines äußeren Lebens sowohl als deines verborgensten Innenlebens in seiner königlichen Hand zu halten und zu leiten! Freue dich, daß du immerdar zu ihm kommen darfst, wie du bist, trocken, kalt und tot, daß du nicht erst in dir etwas am Leben erwecken mußt, sondern daß du am Thron der Gnade immerdar findest, was dir gebricht! Fürchte dich nicht, glaube nur!

In dein Erbarmen hülle mein schwaches Herz
und mach es gänzlich stille in Freud und Schmerz!
Laß ruhn zu deinen Füßen dein armes Kind!
Es wird die Augen schließen und glauben blind.

Alles in Christus

27. Januar *27. Januar*

Von ihm kommt auch ihr her in Christus Jesus, welcher uns gemacht ist von Gott zur Weisheit und zur Gerechtigkeit und zur Heiligung und zur Erlösung. 1. Kor. 1, 30

Es ist der vorletzte Vers in diesem Kapitel, auf den ich eure Aufmerksamkeit richten möchte. Jesus ist uns von Gott gemacht, er ist uns geworden von Gott zur *Weisheit*. Man kann, wenn man will, hinter „Weisheit" einen Doppelpunkt machen und lesen: gemacht von Gott zur Weisheit, und zwar: zur *Gerechtigkeit*, zur *Heiligung* und zur *Erlösung*. Die Weisheit läßt sich zerlegen in Gerechtigkeit, Heiligung und Erlösung. Von Weisheit hat der Apostel zunächst gesprochen. Das geht durchs ganze erste Kapitel hindurch. Es ist vielleicht zunächst die Weisheit eines Apollos, seine Beredsamkeit und seine besondere menschlich reiche Begabung, die die erste Veranlassung gewesen war, nicht die Korinther auf fleischliche Wege zu bringen, aber zu offenbaren, was noch Unreifes in diesen jungen Christen, in diesen neugeborenen Kindlein war. Es können auch von Gott gesalbte oder von Gott reich ausgestattete Knechte für solche junge, unerfahrene Kinder Gottes eine Versuchung werden, ohne daß sie es wollen. Da stellt nun Paulus gleich von Anfang an in die Mitte seiner Gemeinde hinein Jesus Christus, den Gekreuzigten. In den Augen der Welt ist es die größte Torheit, Menschen retten zu wollen durch einen Verbrecher, durch jemand, der vor den Augen der Welt als ein Gerichteter und Gehenkter dasteht, der einen Weg gegangen ist, an dem seine eigenen Jünger irre wurden und sagten: Wir hatten gehofft, er würde Israel erlösen; aber nun ist es vorbei. Ein Weg, an den kein Engel, kein Geschöpf gedacht hatte, war der Weg, auf dem Gott den in Sünde gefallenen Menschen rettete von seiner eigenen Weisheit, von seiner eigenen Herrlichkeit, seinem eigenen Adel. Durch törichte Predigt, durch die Predigt des Kreuzes rettet Gott diejenigen, welche bereit sind, über ihre Weisheit und über ihre Wege den Stab zu brechen. Aber sobald man sich an Menschen hängt und sich durch Gaben verblenden läßt, wird einem das Evangelium verdunkelt, und einer macht etwas aus Paulus, der andere aus Apollos, der dritte aus Kephas, ein anderer will sich über diese und jene hinwegsetzen und sagt: wir sind die wahren Christen. Wo unser eigener Verstand, unsere Sympathien, wo die Natur eine Rolle spielen und sich nicht gefangen geben unter das Kreuz, da gibt es Trennung. Es will keiner herunter. Nur tief unten im Staube begegnet man sich als Gerichtete. Das erste, was dieser Gekreuzigte uns sagt, das ist: „Gerichtet". Und wenn einmal der Stab über uns gebrochen ist, dann haben wir die Hand auf den Mund zu legen. Gerichtete, die sich empören gegen das Kreuz, wenn sie etwas gelten wollen in sich oder in anderen, oder wenn sie sich oder andere in den Vordergrund stellen, da wo vor Gott nur einer gilt: der Gekreuzigte, und alles andere in den Hintergrund und in den Schatten tritt. Alles aber, was nicht Christus in uns ist, verfällt dem Richterspruch dessen, der seinen geliebten Sohn, an dem er nicht aufhörte Wohlgefallen zu haben, zum Fluch machte für uns.

28. Januar

Christus unsere Weisheit. **1. Kor. 1, 30**

Dem unweisen, törichten, Trennung anrichtenden Treiben in Korinth gegenüber faßt der Apostel alles, was er gesagt hat, in diesem Kapitel zusammen in dem großen Wort: *Jesus* ist uns gemacht zur *Weisheit.* Nicht nur führt er uns auf die Spur der wahren Weisheit, nein, sondern in ihm sind alle Schätze der Weisheit verborgen und zusammengeschlossen. Außer ihm gibt's keine Weisheit, und alles, was außer ihm, neben ihm, los von ihm Weisheit sein will, das offenbart sich früher oder später als Torheit. Er ist uns von Gott geworden zur Weisheit, und wenn Gott die Weisheit, die Fleisch gewordene Weisheit, in die Welt hineingesandt hat, welch ein Wahn, welch eine Verkehrtheit, neben dieser Weisheit noch eine andere aufrichten zu wollen!

Da ist nun die erste Frage: Was sagst du zu diesem Christus? Was deucht dir von Christus? Bist du bereit, in deinen Anschauungen, in deinem Disputieren, vielleicht in deinem konfessionellen Christentum dir ein Fragezeichen zu setzen und dich zu fragen, ob alles weise ist, ob nicht viel Menschliches hineingekommen ist, was deine Entwicklung aufhält, was dich von anderen Gotteskindern scheidet? Alles, was uns von anderen Kindern Gottes, was uns von unseren Brüdern trennt, ist nicht von Gott gegeben, mag es noch so himmlisch weise aussehen. Alles, was nicht Christus ist, scheidet. Christus bindet zusammen. Der Apostel spricht da gegen die Weisheit der Schriftgelehrten, der Hohen und Gewaltigen. Wie weit haben sie es denn gebracht, diese Führer des Volkes? — So weit, daß sie ihn hinausschafften! Er taugte ihnen nicht. Er war ein Stein, der ihnen nicht hineinpaßte in ihren eigenen Bau, und diesen wollten sie nicht zusammenstürzen lassen; sie wollten nicht abdanken. Blinde Blindenleiter! Da meinten diese Leute in ihrer Weisheit: Wenn wir den machen lassen, dann kommen die Römer, und es wird immer schlimmer. Namentlich nach der Auferweckung des Lazarus erhoben sie dieses Gerede. Wenn das so fortgeht, sagten sie, hört alles auf. Ja, eben die Menschenweisheit und die Menschenherrschaft hört auf. Ja, sie sind fortgenommen, die Juden, und das Volk hat aufgehört als Nation, aber nicht, weil man ihre Herrlichkeit hinweggenommen, sondern weil man Jesus hinweggenommen hat*.

Und was damals die Juden getan haben, das war im Großen wie eine Weissagung, ein Typus, was jeder Mensch tut, der sein Dasein und seine Lebenshoffnungen nicht gefangengeben will unter das Kreuz. Wenn ich Jesus machen lasse, dann höre ich auf zu existieren. Ja, sagt man, da würde mein eigenes Leben zur Öde und Wüstenei, da hätte man keine Freude, keine Freiheit mehr. Das ist die Weisheit der Welt. Da sucht sich jeder nun zu waffnen und zu wahren und setzt seine Grenzen. Aber diese Weisheit ist eine Torheit; es ist nichts törichter, als um seine Zukunft besorgt zu sein, wenn man sie etwa Jesus ausliefern würde. O Menschenkind, wer hat es denn jemals verstanden, sein Leben zu regieren? Gib dich einmal gefangen unter die Predigt des Kreuzes und merke, du kannst aus deinem adamitischen Leben keinen Garten Eden machen; es nagt ein Wurm an dir, und willst du, daß bei deinem Leben etwas herauskomme, so beuge dich unter Jesus und werde sein Gefangener und lerne bei ihm die Weisheit der oberen Welt!

29. Januar

Christus unsere Weisheit. **1. Kor. 1, 30**

Alles endet in der Verwirrung, was nicht Christus seine Weisheit sein läßt. Beugen wir uns unter das Gericht, das von seinem Kreuz

* Anmerkung des Verlegers: Die Meinung von Stockmayer ist, daß dies vorübergehend geschehen werde. Inzwischen ist es ja auch wieder zur Bildung des Staates Israel gekommen (Lukas 21, 24).

herab uns trifft, und geben wir endlich all unser Denken, unsere Weisheit, unser Planen unter *seine* Weisheit! Er versteht es auch, unsere Haushaltungen einzurichten; er kann Fischerleuten Weisung geben, wo man das Netz auswerfen muß, erprobten Fischern, die eine ganze Nacht gefischt und nichts gefangen haben. Mit einem Wink verschafft er ihnen ein volles Netz. Er versteht alles. Das Christentum ist kein Luftgebäude, es ist etwas Praktisches, das in alle Gebiete des Lebens hineingreift, wo wir keine Ordnung hineinschaffen könnten mit unserer Einrichtung. Er ist uns gemacht zur Weisheit, und da werden die törichten und ungeschicktesten Leute weise und weiser als viele Weise, weil sie, ihrer Torheit und Schwachheit bewußt, leichter dazu kommen, den Herrn herrschen zu lassen, und leichter merken, was ihnen der Herr in Christus gegeben hat; sie können nichts tun ohne seine Leitung. Viele andere dagegen, Reiche und Starke, müssen erst durch viel Zerbrechung gehen, ehe sie lernen, den Herrn besser zu verstehen; sie dachten, sie könnten es weit bringen durch ihre eigene Weisheit. Aber *Christus* ist uns gemacht zur Weisheit.

Nun ja, den mir mein Gott zur Weisheit gemacht hat, den will ich nicht in die Ecke stellen, wie die Heiden ihre Götzenbilder in eine Ecke stellen. Er hat ja gesagt: „Ich bin der Weg, die Wahrheit und das Leben." Und es hat keinen großen Wert, in die Kirchen und Versammlungen zu gehen, wenn ihr nicht mit diesem Anfang angefangen habt: Er ist meine Weisheit, und ihn hat mein Gott mir zur Weisheit gegeben und zum Führer.

„Jesus Christus ist der Mittelpunkt von allem und das Ziel von allem; und wer ihn nicht erkennt, kennt nichts in der Weltordnung noch in sich selbst. Denn wir erkennen nicht nur Gott allein durch Jesus Christus, sondern wir erkennen auch uns selbst allein durch Jesus Christus. In ihm ist all unser Licht, unsere Hoffnung; außer ihm ist nur Finsternis, Verzweiflung, und wir erblicken nichts als Dunkelheit und Verwirrung in der Natur Gottes und in unserer eigenen Natur." (Pascal.)

Aller Weisheit höchste Fülle
in dir ja verborgen liegt.
Gib nur, daß sich auch mein Wille
fein in solche Schranken fügt.
worinnen die Demut und Einfalt regieret
und mich zu der Weisheit, die himmlisch ist, führet!
Ach, wenn ich nur Jesus recht kenne und weiß,
so hab' ich die Weisheit vollkommenen Preis.

30. Januar

Christus unsere Weisheit. **1. Kor. 1, 30**

Die Welt sieht, wie gesagt, nichts als Torheit im Kreuze Christi und in der Predigt des Evangeliums. Wie könnte es auch anders sein? Steht doch diese göttliche Torheit im schärfsten Gegensatz zu allem, was als Gelehrsamkeit und als Errungenschaft wissenschaftlichen Forschens sich brüstet und Weisheit zu sein sich dünkt. Wir wissen aus dem göttlichen Wort, daß jede Höhe und alles Fleisch noch einmal sich wird beugen müssen vor dieser Weisheit von Gott, Christus, dem Gekreuzigten. „Daß in dem Namen Jesu sich beugen sollen alle derer Knie, die im Himmel und auf Erden und unter der Erde sind, und alle Zungen bekennen sollen, daß Jesus Christus der Herr sei, zur Ehre Gottes, des Vaters" (Phil. 2, 10. 11). Und wer jetzt vor ihm sich beugt, wäre er auch der Geringste und Törichteste, der ist weiser als die Weisen dieser Welt; dem werden Herz und Augen geöffnet für die Dinge, die kein Auge gesehen, kein Ohr gehört und in keines Menschen Herz gekommen sind, die Gott bereitet hat denen, die ihn lieben, d. h. solchen, die sich selber, und was sie bisher als ihr Recht betrachtet und was bisher ihre Weisheit gewesen, haben zuschanden machen lassen.

Das sehen wir an Paulus, der uns diese ewigen Wahrheiten aufgezeichnet hat. Alle Weisheit, zu Gamaliels Füßen gelernt, hat er sich zerbrechen lassen auf dem Wege nach Damaskus; als ein Wurm ist er niedergesunken zu den Füßen des Gekreuzigten, der ihm als Auferstandener erschien. Solche Leute kann der Herr gebrauchen, und aus solchen kann er sich Glieder seiner Gemeinde zubereiten. Was aber nicht von oben geboren ist, was noch weise, mächtig und edel ist nach dem Fleisch, das muß in die Brüche gehen. Sehet an, liebe Brüder, eure Berufung: nicht viel Weise nach dem Fleisch, nicht viel Gewaltige, nicht viel Edle sind berufen. Sondern was töricht ist vor der Welt, das hat Gott erwählt, daß er die Weisen zuschanden mache; und was schwach ist vor der Welt, das hat Gott erwählt, daß er zuschanden mache, was stark ist; und das Unedle vor der Welt und das Verachtete hat Gott erwählt und das da nichts ist, daß er zunichte mache, was etwas ist, auf daß sich vor ihm kein Fleisch rühme (1. Kor. 1, 26—29). Alles aus der Verlorenheit und aus der Selbstherrlichkeit in die Weisheit Gottes Hineingerettete rühmt sich des Herrn allein. „Auf daß, wie geschrieben steht, wer sich rühmt, der rühme sich des Herrn."

31. Januar

Christus unsere Weisheit. **1. Kor. 1, 30**

Die Furcht des Herrn ist der Weisheit Anfang (Ps. 111, 10). Sie ist die Grundlage oder Vorschule der Weisheit. Da ist keine „Furcht des

Herrn", wo man bleibt in seiner Unlauterkeit und Finsternis. Wer noch nie vor seinem Gott gezittert hat (Jes. 65, 2) und wer jetzt nicht vor ihm zittern will, d. h. nicht zugeben will, daß die Furcht des Herrn der Weisheit Anfang ist, dem kann die Fülle des Heils im Neuen Bund nicht aufgeschlossen werden. Als Jakob auf der Flucht vor seinem Bruder Esau in Haran übernachtete und der Herr ihm im Traumgesicht erschien, da fürchtete er sich und sprach: „Fürwahr, der Herr ist an diesem Ort, und ich wußte es nicht . . . wie furchtbar ist dieser Ort!" O wie wenige werden sich heutzutage der Gegenwart des Herrn bewußt, sogar im Heiligtum, sogar in Versammlungen, wo man vielleicht noch das Lied gesungen: „Gott ist gegenwärtig".! Wie wurde dem Johannes, dem Jünger, welchen der Herr liebte, und der an seiner Brust gelegen hatte, zumute, als in noch ganz anderer Weise wie dem Jakobus der Himmel vor ihm sich öffnete und er die Gestalt seines geliebten Meisters in Herrlichkeit schaute! Er fiel wie ein Toter zu seinen Füßen, lag da wie ein Wurm am Boden. Und der Herr mußte seine Rechte auf ihn legen und ihn stärken, daß er hören konnte, was er ihm und den sieben Gemeinden zu sagen hatte (Offb. 1, 17).

Auf solche besonderen Gottesoffenbarungen haben wir ja nicht zu warten; aber wir sollen stillhalten und nicht ausweichen, wenn der Herr uns begegnen will und mit uns zu reden hat, selbst wenn seine heilige Gegenwart uns zu Boden wirft und alles Eigene in Trümmer zusammenbricht. O wie lange Zeit braucht es oft, bis ein Mensch weiß, daß die Furcht Gottes der Weisheit Anfang ist! Welch tiefes Weh kann man oft lesen im Blick eines Sterbenden, der schon hinüberschaut in die andere Welt, für die er sich nicht bereitet hat! Das heutige Geschlecht will nichts mehr wissen von der Furcht Gottes und von der unsichtbaren Welt, noch weniger als im Heidentum, weniger als damals ein Nebukadnezar mit seinen Räten und Amtsleuten. Man baut das Völkerglück auf ohne Furcht Gottes. „Lasset uns zerreißen ihre Bande und von uns werfen ihre Seile" (Ps. 2, 3)! Gehorsam gegen Gott und gegen die Obrigkeit, Familienbande und gegenseitige Unterordnungen werden mißachtet, alles wankt und stürzt zusammen. In diesen Geist, der die Welt jetzt erfüllt, werden auch Kinder Gottes wie in einen Strudel hineingezogen, wenn sie nicht gründlich mit dem alten Schlendrian aufgeräumt haben und nicht zuschanden geworden sind in sich selber. Oberflächlichkeit ist die Schwäche unserer Zeit und öffnet dem Antichristentum Tor und Tür.

1. Februar

Christus unsere Gerechtigkeit. **1. Kor. 1, 30**

Das erste nun von den drei Stücken, in die die Weisheit, welche Jesus in uns ist, sich zerlegt, ist Gerechtigkeit. „Trachtet am ersten nach dem Reich Gottes und nach seiner Gerechtigkeit, so wird euch alles übrige zufallen." Das ist göttliche Weisheit, die nur durch Christus uns zukommen kann, Gerechtigkeit, nicht bloß Rechtfertigung, sondern Gerechtigkeit im weitesten Sinne, Gott Gott sein lassen; vor Gott uns fürchten und Gott die Ehre geben. Es gilt, unsere Rechnung vor Gott in Ordnung zu bringen. Auch in die Gnade, auch in die Vergebung der Sünden, in den Gnadenstand und in die Kindschaft hinein kann man einen nagenden Wurm, kann man fremdes Siechtum schleppen, wenn es einem noch nicht ernstlich darum zu tun war, es Gott, nicht den Menschen, um jeden Preis recht zu machen. In diesem allen auflösenden Mächten verfallenen Geschlecht, wo jeder etwas sein will, wo Gleichheit und Freiheit und Gemeinschaftlichkeit, Güter und Interessen oft nur begehrt werden, damit einer über den anderen sich erhebe, in dieser Zeit müssen die Kinder Gottes ihren Gott wieder etwas gelten lassen und wissen, sie stehen in der Gerechtigkeit und auf dem Boden, wo sie es Gott recht machen wollen und nicht den Menschen.

Woher kommen die Sorgen: Was werden wir essen, was werden wir trinken, womit werden wir uns kleiden? Woher? Weil man nicht nach der Gerechtigkeit trachtet, nach dem Reich Gottes und nach seiner Gerechtigkeit. Als ob Gott, der Vater im Himmel, der da weiß, was uns fehlt, uns etwas fehlen lassen könnte, wenn es uns darum zu tun ist, es *ihm* recht zu machen und *ihm* die Ehre zu geben. — Gerechtigkeit! O wie groß wird Christus dann denen, die angefangen haben, es ihrem Gott recht zu machen! O wie treten da die Kreaturen, die kleinen Dinge des Lebens in den Hintergrund! Wenn nur mein Gott mir das Lächeln seines Angesichts schenken kann, wenn er mir nur bezeugen kann, daß er zufrieden ist; wenn ich noch so vieles ungeschickt mache, wenn er, der Herzenskündiger, nur einmal sieht: es ist mir darum zu tun, es meinem Gott recht zu machen, dann kann er uns auf die Spur von allem bringen. Erst wenn man es Gott in allem recht machen will, geht einem das Licht auf, wieviel Unlauterkeit, Feigheit, Gleichgültigkeit und Kreaturenliebe in uns verborgen war; das alles kommt jetzt an die Oberfläche. Mit allem wird aufgeräumt, wenn Gott wieder auf den Plan treten kann in Christus Jesus, der uns gemacht ist zur Gerechtigkeit, dessen Kreuz uns sagt, daß kein Mensch vor Gott gerecht ist, daß keine menschliche Tugend vor Gott tugendhaft und daß keine menschliche Keuschheit vor Gott keusch ist. Alles menschliche Edle und Gute, so hoch wir es gestellt haben und soviel es wahrhaft wert sein mag in einer zerrütteten Gesellschaft, kommt da ins Gericht. Es kommt zu kurz. Wir kommen zu kurz, auch die Besten unter uns, wenn wir uns unter diesen Maßstab stellen. Nur *einer* hat es Gott recht machen können in *allem*, nur in *einem* hat Gott keinen Makel gefunden, nur über *einen* konnte Gott wiederholt das Wort ausrufen Das ist mein geliebter Sohn, an dem ich Wohlgefallen habe. Das war *Jesus Christus*. Da haben wir die Gerechtigkeit.

2. Februar

Christus unsere Gerechtigkeit. **1. Kor. 1, 30**

Für einen, der am Ende seiner Gerechtigkeit angekommen, ist der Weg nicht weit zu dem, der uns gemacht ist zur Gerechtigkeit. Einem solchen hebt der Heilige Geist den Schleier, der ihm bisher Jesaja 53 verdeckte, und im Morgenrot des neuen ihm aufgehenden Tages versteht er Römer 6, 6: „Mitgekreuzigt, mitverflucht!" Ein Gekreuzigter macht keinerlei Ansprüche mehr, weder an die Welt noch an seine Familie, noch erwartet er irgend etwas von sich selber. Die Lumpen seiner eigenen Gerechtigkeit hat er abgestreift, er findet keinen Wert und keine Schöne mehr in sich selber. Diese Offenbarung über das, was Fleisch ist, kann Gott keinem unter uns ersparen; damit hängt aber jene andere Offenbarung zusammen, wie durch alle Jahrhunderte hindurch seit Pfingsten alle am Kreuz *Mit*gerichteten Bergung und Heilung gefunden haben in dem Gekreuzigten. — Fürwahr, er hat unsere Leiden getragen, und unsere Schmerzen hat er auf sich geladen. Wir gingen alle in der Irre wie Schafe, wir machten uns selber unseren Weg und unsere Frömmigkeit und unsere Gemeinschaft — aber der Herr warf unser aller Sünde auf ihn (Jes. 53). Alle die Dinge aus deiner Vergangenheit, aus deiner Kindheit oder von gestern und vorgestern her, die dich gequält haben, die du nie bleibend vergessen konntest, die immer wieder als Gewappnete vor dir standen, alles, was du fürchtest mit hinübernehmen zu müssen in die Ewigkeit — das hat Gott auf ihn geworfen, das alles hat Christus ans Kreuz getragen (1. Petr. 2, 24). Und nun, wenn dein Gott dich gefunden hat, wenn du bereit bist, ihm alles zu bekennen, wo nötig, auch vor Menschen zu bekennen — aber nicht, als ob das etwas Verdienstliches wäre —, dann zeigt er dir, daß du in der Person deines Stellvertreters am Kreuze angenagelt bist, dann reinigt er dein Gewissen von jedem dunklen Fleck, dann tilgt er deine Sünde und wäscht dich rein in seinem Blute und macht dich hell in seinen Wundenmalen. In Offenbarung 1, 5 können wir statt „gewaschen von unsern Sünden" ebensogut lesen: „losgelöst von unsern Sünden", d. h. die Dinge werden von uns abgelöst wie ein toter Körper, und was wir nicht ungeschehen machen konnten, das ertrinkt in dem Meer der unergründlichen Gnade. Die Gnade schafft nicht bloß Neues, sie vertilgt auch das Alte, sie wirft die ganze Vergangenheit in das Nichts zurück. Er hat dem, das nicht ist, gerufen, *auf daß er zunichte mache*, was etwas ist (1. Kor. 1, 28; Jes. 44, 22).

3. Februar

Christus unsere Gerechtigkeit. **1. Kor. 1, 30**

Wer noch nicht zunichte geworden ist, der lebt noch in der Sünde, nach seinen eigenen Gelüsten (1. Kor. 1, 30). Er kann sich wohl Mühe geben, den alten Menschen mit seinen Gaben und Anlagen zu veredeln und zu schmücken, und es kann ihm auch gelingen, etwas zustande zu bringen, das ihn befriedigt, und dessen er glaubt sich rühmen zu dürfen. Aber wehe einem solchen! Jesus Christus ist nur für diejenigen zur Gerechtigkeit gemacht, die selbst keine haben, die über alles eigene Tun und Ringen den Stab gebrochen haben, die sich selber sehen in dem, der für uns zur Sünde gemacht ist (2. Kor. 5, 21). Vor ihm sind wir allzumal Sünder; „denn alle haben gesündigt und erreichen nicht die Herrlichkeit Gottes" (Röm. 3, 23). Auch wenn wir durch Gottes Gnade von Kindheit auf vor sogenannten groben Sünden und Lastern bewahrt wurden, so brauchen wir den Gekreuzigten gerade ebenso wie ein Hurer oder Trunkenbold. Für Gottlose ist Christus gestorben, und sehen wir uns selber in göttlichem Licht, so stellen wir uns auch mit allem, was wir sind, unter das Verdammungsurteil über die Gottlosen. So kann der Herr über uns triumphieren, und wir können uns seiner rühmen.

Dann wird aber auch die Welt für uns eine überwundene. Wer nicht gelöst ist von seinen Sünden und von seiner Vergangenheit, der hat keinen Weg, hier unten ungeschlagen durchzukommen, sei es in Haus oder Familie, in Geschäft oder Gesellschaft. Wir können nicht eher überwinden, als bis alles in uns überwunden ist und wir dem Gekreuzigten zu Füßen liegen. „Seid getrost, ich habe die Welt überwunden!" Dieses Wort Jesu sagt dir, daß deine Welt, in der du dich zu bewegen hast, überwunden ist, solange du im Glauben stehst; denn der gleiche Apostel Johannes sagt auch: „Unser Glaube ist der Sieg, der die Welt überwunden hat." Dein Glaube erhält dich in der Stellung, in welche Christus, der Gekreuzigte, dich gebracht hat, und da kommt es nur darauf an, daß der Herr seinen Sieg in dir immer tiefer durchführen, dich immer völliger überwinden kann, damit die Welt für dich eine überwundene werde.

4. Februar

Christus unsere Gerechtigkeit. **1. Kor. 1, 30**

Die Geschichte des Syrers Naeman (2. Kön. 5) veranschaulicht das, was wir in den letzten Tagen gelesen haben. Solche, welchen der Herr begegnet ist und die er gewaschen hat, können keinem anderen Gott mehr dienen; aber der Teufel will sie erschrecken, als gäbe es keinen Weg dafür. Auf Naemans Bitte (Vers 18 und 19) antwortete Elisa mit dem königlichen Wort: „Ziehe hin mit Frieden!" Der Herr sagt zu seinen Jüngern: „Ihr glaubet an Gott, glaubet auch an mich . . ." „Ich habe die Welt überwunden." Er ist unser Weg, unser Führer, unser Licht. Laß dich nicht erschrecken vom Widersacher, wenn er dir vorspiegeln will, du müssest noch in das Haus Rimmons gehen! Du siehst keinen Weg, deinem Gott zu dienen? Natürlich nicht, sonst wäre er kein Glaubensweg. Die Witwe in 2. Könige 4 bekam, als sie glaubte, nicht nur Öl genug, um ihren Schuldherrn zu bezahlen, sondern genug, um auch davon zu leben. Ist Jesus unser Hirte, so brauchen wir uns nicht selber weiterzuhelfen. Je unbeholfener wir in uns sind und damit abhängiger von ihm, desto sicherer kann er uns führen. Wie verwickelt deine Verhältnisse auch sein mögen, stützest du dich nur auf ihn und sein Wort, so wirst du es erfahren, wie er vor Engeln und Menschen ausweisen wird, daß er die Welt, deine Welt, überwunden hat, und so brauchst du ihr kein Zugeständnis zu machen; du brauchst keine Stunde mehr unter dem Stecken des Treibers zu bleiben, es gibt für dich eine Freistatt und einen Ruheort: Jesus, den Gekreuzigten. Ein jeder darf kommen, aus jedem kann er noch etwas machen zum Preise seiner herrlichen Gnade, indem er auf den Ruinen unseres Bauwerks sein eigenes Leben aufbaut und an der Stelle unseres Todes die Macht seiner Rechtfertigung, Heiligung und Erlösung offenbart.

Auf dem Lamm ruht meine Seele,
betet voll Bewundrung an.
Alle, alle meine Sünden
hat sein Blut hinweggetan.

Sel'ger Ruhort! Süßer Friede
füllet meine Seele jetzt;
da, wo Gott mit Wonne ruhet,
bin auch ich in Ruh' gesetzt.

Ruhe fand hier mein Gewissen;
denn sein Blut — o reicher Quell! —
hat von allen meinen Sünden
mich gewaschen rein und hell.

5. Februar

Christus unsere Heiligung. **1. Kor. 1, 30**

Die Furcht Gottes, haben wir früher gelesen, ist der Weisheit Anfang. Das ist Gerechtigkeit, und der Weisheit weiterer Teil ist Heiligung. Wenn wir heute von Heiligung reden wollen, so müssen wir gleich bemerken, daß heilig in einem doppelten Sinn gebraucht wird im Neuen

Testament. Heiligung ist vor allem eine neue, durch das Opfer Christi uns gewordene Stellung Gott gegenüber, und zweitens eine Durchführung dieser Stellung im praktischen, und zwar sowohl im äußeren als auch im inneren Leben. Sie ist die fortgesetzte Stellung Gott gegenüber, wie wir sie aus dem Wort Gottes durch den Heiligen Geist erkannt haben und wie wir dazu in unserer Bekehrung einmal Stellung genommen haben und damit vor Gott gerechtfertigt worden sind. Wir haben Gott die Macht über uns gegeben und das Todesurteil über uns unterzeichnet; aber wir haben in diesem Todesurteil auch unseren am Kreuz zerrissenen Schuldbrief erkannt und damit Gott gegenüber eine neue Stellung eingenommen.

Es gibt eine Heiligung, in der wir stufenweise fortschreiten (2. Kor. 7, 1). Es gibt aber auch eine Heiligung, eine Stellung des Geheiligtseins, von der wir nichts wegtun dürfen und auch nichts hinzutun können, die ein für allemal gegeben ist als Grundlage, Fundament und Ausgangspunkt aller wahren, praktischen Heiligung. So heißt es Hebräer 10, 10: „Durch welchen Willen wir geheiligt sind durch das ein für allemal geschehene Opfer des Leibes Jesu Christi", nachdem von dem Ungenügsamen, was das Gesetz gebracht hat, die Rede war, wie es nichts zur Vollendung bringen konnte; da ist von Ewigkeit her der Bürge eingetreten. Es ist ein in die Ewigkeit zurückreichendes Wort im Hebräerbrief (Kap. 10, 9). Gott sind alle seine Werke von Ewigkeit her bekannt. Der ganze Zusammenhang gipfelt dann im 10. Vers: „Wir sind geheiligt." — Wir haben in 1. Korinther 1 gelesen, daß der Brief gerichtet ist nicht nur an berufene Heilige, sondern gleich im 2. Vers, ehe von Heiligen die Rede ist, redet der Apostel „die Gemeinde" zu Korinth an. (Es sind die gleichen Personen, an die er sich wendet als Geheiligte in Christus.) Das ist das gleiche Wort im Grundtext wie in Hebräer 10, 10. Wieviel bei den Korinthern noch zu heiligen war, mehr als bei einer anderen Gemeinde, das weiß jeder, der den 1. Korintherbrief aufmerksam gelesen hat; trotzdem waren sie Geheiligte in Christus Jesus. Die Korinther waren nicht Geheiligte in dem Sinne, daß die praktische Heiligung schon in besonders hohem Grade bei ihnen durchgeführt worden wäre, sondern sie waren es, wie andere Kinder Gottes es sind, die es einmal gewagt haben, der Vergebung der Sünden sich zu getrösten, unabhängig von dem, was sie an sich spüren, indem sie sich allein verlassen auf das, was Gott getan hat durch das Lamm.

6. Februar

Christus unsere Heiligung. **1. Kor. 1, 30**

Jeder macht sich so leicht seinen eigenen Weg über Rechtfertigung und Heiligung zurecht. Wir gehen allesamt, soweit wir nicht vom Geist

Gottes geleitet sind und Jesus Christus für uns A und O ist, in der Irre, auch noch in diesem Punkt. Man hat einmal etwas gespürt und will dann noch mehr spüren. Aber solange wir noch nicht bekehrt sind, gehen wir in der Irre im Suchen nach Vergebung der Sünden. Dasjenige, worauf sich ein neues Leben aufbauen kann, ist das am Kreuz vollbrachte Versöhnungsopfer; das Opfer Christi ist unabhängig von uns. Wir müssen es einmal wagen, uns an das zu halten, was zwischen dem Vater und dem Sohn geschehen ist. Diejenigen, die es gewagt haben, sich zu stellen auf die von Christus vollbrachte Gerechtigkeit, die sind geheiligt, geheiligt mit der Rechtfertigung von der ersten Stunde an. Sie sind ja auch schon vorher gerechtfertigt gewesen, aber sie haben es nicht erkannt. Durch das ein für allemal geschehene Opfer Christi sind wir geheiligt worden und sind Geheiligte. Dadurch, daß Gott seinen Sohn geopfert hat, hat er wieder an sich gebracht, was Teufel, Sünde und Abfall der Menschen ihm aus der Hand gerissen hatten. Wir gehören ihm von Anfang her, er hat uns geschaffen für sich und nicht für uns; wir gehören ihm, und aus dieser Stellung sind wir herausgekommen dadurch, daß wir etwas sein wollten nicht in den Linien des Gehorsams, sondern daß wir uns verleiten ließen durch die Schlange, also nicht wie Gott es uns vorgezeichnet hatte. Denn wir waren angelegt zu Gottes Bild, und dieses sollte sich in uns ausgestalten, wie es sich im zweiten Adam ausgestaltet hat. Die Frage war nur, wie dies geschehen solle. Es war ein Stück Wahrheit in dem, was die Schlange zu den ersten Menschen sagte: „Ihr werdet sein wie Gott." Wir *sind* göttlichen Geschlechts, göttlichen Ursprungs. Diese Worte fand Paulus geschrieben auf Tafeln in Athen. Wir gehören Gott, und Jesus Christus kam, um uns wieder zu Gott zurückzubringen, für Gott zu gewinnen und zu erobern das, was ein Usurpator, ein Lügner, ein Mörder, eine Schlange Gott aus den Händen nahm. Jesus Christus kam, nicht *ein* Mensch, sondern *der* Mensch, in dem und zu dem alle Dinge geschaffen sind; der hat sich am Kreuz geopfert und dadurch die ganze Menschheit wieder zurückgebracht zu Gott, für Gott, losgekauft von Sünde, Schande, Gefangenschaft und Verderben und hat uns Gott geheiligt. Der Heilige Geist schafft selbst nicht die Heiligkeit, sondern er weckt ein neues Organ. Er weckt den Blick für das, was Christus am Kreuz für uns vollbracht hat. Da sind wir für Gott geheiligt worden. Alles, was Gott für sich in Beschlag nimmt, was Gott wieder zukommt, das ist eben damit heilig; es gehört Gott. Heilig ist alles, was Gott gehört, was wieder in Gottes Hände zurückgebracht ist, worüber er wieder die Verfügung hat. Beute wurde dem Herrn geheiligt, indem die Geräte im Tempel aufgehängt und zum Gottesdienst gebraucht wurden. Geheiligte Gefäße sind solche, die dem profanen Gebrauch entnommen, aus denen kein Mensch, der nicht Priester ist, trinken soll, die nicht für die natürlichen Bedürfnisse gebraucht werden sollen, sondern nur für Gott.

7. Februar

Christus unsere Heiligung. **1. Kor. 1, 30**

Wir verstehen das Wesen der biblischen Heiligung besser, wenn wir einen Blick auf die alttestamentlichen Vorbilder, besonders auf Josua 6, 7—25 werfen. „Und die Stadt, sie und alles, was darin ist, soll dem Herrn ein Bann sein. Ihr aber hütet euch nur vor dem Verbannten, daß ihr nicht verbannet und doch von dem Verbannten nehmt." (Für „Bann", „verbannt", „zum Fluch gemacht" steht im Hebräischen das gleiche Wort.) „Und alles Silber und Gold samt den ehernen und eisernen Geräten soll dem Herrn heilig sein; in den Schatz des Herrn soll es kommen . . . Und sie verbannten (vertilgten) alles, was in der Stadt war. Und die Stadt verbrannten sie mit Feuer und alles, was darinnen war; nur das Silber und das Gold und die ehernen und eisernen Geräte gaben sie in den Schatz des Hauses des Herrn."

In 3. Mose 27, 28 heißt es: „Alles Verbannte, das ist hochheilig dem Herrn", und in 5. Mose 20, 16. 17: „Von den Städten dieser Völker sollst du nichts leben lassen, was Odem hat, sondern du sollst sie gänzlich verbannen (heiligen)." Der hebräische Ausdruck bedeutet eigentlich: abschneiden, ausschließen. Daher kann es sowohl „aussondern, weihen, heiligen" heißen, als auch „dem Fluch anheimgeben, vertilgen".

Wunderbar, diese verbannten, verfluchten Dinge, sie sind „hochheilig dem Herrn". Was heißt das? „Die ganze Erde ist mein", spricht der Herr (2. Mose 19, 5); Er ist frei, sie zu geben, wem er will. Der Teufel, der Usurpator (Thronräuber), hatte über die Völker in Kanaan geherrscht; er hatte kein Recht an dieses Land. Israel mußte 40 Jahre in der Wüste umherwandeln wegen seines Unglaubens, aber auch weil das Maß der Sünde der Amoriter noch nicht voll war. Der Herr wartete, bis diese Völker reif waren, verbannt, d. h. der Vertilgung preisgegeben zu werden. Die ganze Erde, die dem Herrn gehört, muß auf die eine oder die andere Weise ihm geheiligt werden, sei es zu seinem eigenen Besitz, sei es zur Vernichtung durch seinen Zorn. *Alles Geschaffene ist für ihn allein* und hat seine Herrlichkeit und Majestät zu verkündigen. Aber die ganze Kreatur kam unter fremde Herrschaft. Wie rettet nun Jesus Christus die Welt daheraus? Er heiligt sich Gott, indem er sich selber unter den Fluch gibt. Er hat uns losgekauft von dem Fluch des Gesetzes, indem er ein Fluch für uns geworden ist; denn es steht geschrieben: Verflucht ist jeder, der am Holze hängt (Gal. 3, 13)!

8. Februar

Christus unsere Heiligung. **1. Kor. 1, 30**

In Josua 6 finden wir, wie wir gesehen haben, das Doppelte, das in dem Wort verbannen liegt: Erstens, was das Feuer zerstören konnte, mußte vernichtet werden, Menschen, Vieh und Habe. Wer aber etwas von dem Verbannten für sich behielt, kam selber unter den Fluch, wie wir das aus der Geschichte Achans wissen. Zweitens, was das Feuer nicht verzehren konnte, wie Silber und Gold und alle ehernen und eisernen Geräte, das sollte in den Schatz des Hauses Gottes gebracht werden zum ausschließlichen Gebrauch im Heiligtum, nicht mehr vorhanden für menschliche, irdische, weltliche Zwecke. Sie sind „hochheilig dem Herrn" Belsazars Verbrechen in jener letzten schrecklichen Nacht seines Lebens war, daß er befahl, goldene und silberne Gefäße aus dem Heiligtum zu bringen, und er, seine Gewaltigen und seine Weiber aus dem tranken, das dem Herrn geheiligt war.

Die Kanaaniter waren die Erstlingsfrucht einer sündigen Menschheit und erfuhren das Gericht, welches alle erwartet, die in der Sünde verharren. Sie mußten gänzlich zerstört, verbannt (geheiligt) werden, damit das Volk Gottes das Land für den Herrn einnehmen und seinen Zwecken darin dienen konnte. Die goldenen und silbernen Gefäße und was dem Feuer widerstand, sollten dem Volk ein Wahrzeichen davon sein, daß alles im Lande des Herrn Eigentum war. Wäre nicht Jesus Christus das Lamm gewesen, „zuvor erkannt vor Grundlegung der Welt" (1. Petr. 1, 20). so wäre Adam verflucht worden, wie die Erde verflucht wurde, wie die Kanaaniter unter den Fluch kamen. Die Sünde wirkt Fluch und Vertilgung.

Was die Zerstörung Jerichos vorbildlich nach beiden Seiten darstellt, das hat Jesus erfüllt durch sein „Sich-selber-Heiligen". Schon seine Fleischwerdung war ein Akt der Weihung und Aussonderung für Gott. Es war Darbietung seines Menschenlebens in der Demütigung und Entleerung seiner selbst. Wir werden nie ausfinden können, in welchem Moment seines Lebens er am völligsten Gott geheiligt war. Nichts war für ihn selbst, alles für seinen Vater, in der Kraft Gottes seinem Gott dienend, in jeder Faser seines Wesens, in jeder Bewegung seiner Seele „hochheilig dem Herrn".

Zuletzt kam das Größte, der Durchgang durchs Feuer in Gethsemane und am Kreuz. Das letzte Wort seines Opferlebens war: „Es ist vollbracht!" Er wurde zum Fluch für uns, sonst hätten wir alle den Weg der Kanaaniter und ihrer Städte gehen müssen, wären dahingegangen in das ewige Feuer. Und nun *sind* wir geheiligt nach beiden Seiten hin, erstens völlig durch das Feuer des Fluchs gegangen, weil er für *jeden* den Tod schmeckte (Hebr. 2, 9), zweitens Gott hochheilig, sein Eigentumsvolk. Wahre Heiligung wird nur auf dem Boden des Verfluchtseins erreicht.

9. Februar

Christus unsere Heiligung. **1. Kor. 1, 30**

Wenn der Heilige Geist an uns herantritt, da wird uns Gefangenen und Geknechteten offenbar: es hat keiner mehr Macht an uns, die wir uns freuen über die Tilgung unserer Schuld, die wir aufatmeten, als wir hörten: Die Schulden sind bezahlt! Da wird uns klar, wir gehören nun *Gott!* Nicht wir haben es dahin gebracht, unsere sündlichen Phantasien und Neigungen und Gewohnheiten zu tilgen, nicht auf uns sind wir geworfen, sondern dieser Leib ist nun wieder Gott geheiligt, Tempel des Heiligen Geistes. Es hat kein fremder Trieb länger ein Recht, sich dort zu behaupten, weil wir mit Christus gekreuzigt worden sind, auf daß der sündliche Leib *aufhöre.* Kämpfe du gegen deine sündliche Neigung; du reizest nur damit die Sünde; einen wirklichen Sieg wirst du nicht davontragen. Zu einer Lösung von gewissen sündlichen Trieben und Gewohnheiten des Leibes oder des Geistes kommt es nur, soweit du dir in deiner Bibel Licht geben läßt über deine Stellung durch das Blut Jesu. Der Herr läßt sich vom Lohn seiner Schmerzen nichts nehmen, und wir können durch unser Ringen nach Heiligung nichts erreichen als das, was uns umsonst zuteil werden kann durch das, was auf Golgatha vollbracht ist. Und wenn du, der du vielleicht 20—30 Jahre schon ein Christ bist, dich noch so gebunden fühlst wie in den ersten Tagen, bedenke doch einmal, ob es nicht daran liegt, daß du selbst kämpfen wolltest! Der Glaubenskampf besteht darin, daß man, wo man etwas entdeckt, was noch nicht stimmt mit der Stellung, die uns durch Christi Tod geworden ist, was noch nicht Gottes Stempel trägt, sondern den Stempel unseres alten adamitischen Wesens, daß man nicht darauf losgeht, sondern daß man von diesen Dingen wegsieht zum Kreuz, zum Herrn, zu dem Gekreuzigten, der uns von Gott gemacht ist zur Gerechtigkeit und Heiligung. Es gibt kein Stück praktischer Heiligung, in das du eintreten könntest anders, als daß dir in diesem besonderen Punkt, wo sich deine Gebundenheit befindet, Christus offenbar wird zur Heiligung; er ist dir von Gott längst gemacht zur Heiligung, da, wo du immer wieder zu kurz kommst. Ja, wir sollen zu kurz kommen, wo wir vorwärtskommen wollen, wo wir es Gott recht machen wollen. Aber wir sollen nicht zu kurz kommen, um zu verzweifeln, sondern nur um zuschanden zu werden an uns selbst, auf daß wir in allen Dingen merken: *Christus* ist uns gemacht zur Heiligung.

10. Februar

Christus unsere Heiligung. **1. Kor. 1, 30**

Dieweil wir nun solche Verheißungen haben, meine Liebsten, so lasset uns von aller Befleckung des Fleisches und des Geistes uns reinigen und fortfahren mit der Heiligung in der Furcht Gottes (2. Kor. 7, 1)! Wo du ein Stück unreinen Fleisches oder Geistes in dir entdeckst, sollst du wieder zurückgehen auf 1. Korinther 1 und Hebräer 10: Herr, hast du mich nicht geheiligt, reicht dein Blut nicht auch in meine Phantasie, vielleicht in meine Traumbilder hinein? Los von etwas werden wir nur, soweit wir uns an Jesus hängen und von ihm erwarten, daß er, die Sonne der Gerechtigkeit, uns in jedem einzelnen Punkt wieder aufgehe in seiner Herrlichkeit und Erlösungskraft in dem, was er längst für uns vollbracht hat und was der Heilige Geist stufenweise für uns aufschließt. Es geht oft in die Gebiete des Stimmungs- und Seelenlebens hinein. Wenn man einmal in der Gerechtigkeit steht und darin fest geworden ist, es Gott um jeden Preis recht zu machen, da läßt man dem Herrn die Macht und hat unter Umständen in jedem einzelnen Departement, in das der Geist uns führt, sein Pniel, sein „Ich lasse dich nicht, du segnest mich denn". Jeder Durchbruch bedingt ein völligeres Zerschlagenwerden, ein völligeres Dastehen in seiner Nacktheit. Und doch heißt es von den Gewohnheiten, die wir nicht überwinden können, immer wieder: *Bring sie her zu mir!* Wenn wir den Gürtel nehmen und die Lenden unserer Gedankenwelt gürten, und sie flattern immer wieder auseinander, und wir bringen sie nicht in Gebundenheit und Zucht, da heißt es: ihn nicht lassen, bis er uns wieder ein Stücklein seiner Herrlichkeit geoffenbart hat: „Setze dich zu meiner Rechten, bis ich deine Feinde zum Schemel deiner Füße lege!"

Und das ist unser Vorrecht, die wir Glieder Christi sind. Er hat über alles gesiegt. *So nehmen wir ab.* Es ist alles Eindringen in praktische Heiligung, alles Umgestaltetwerden in Jesu Bild, alle stufenweise Loslösung von Unsauberkeit — stufenweises Abnehmen unser selbst und zugleich ein stufenweises Zunehmen im Herrn Jesus. Der Horizont füllt sich mit seiner Gestalt, und wir, auf allen Linien zu kurz gekommen, wir treten ab vom Schauplatz und sind froh in dem Herrn, der uns gefunden hat, der immerdar über uns triumphiert, der mit uns fertig wird, der auf den Trümmern unserer bisherigen, scheinbaren Erfolge unsere Heiligung schafft. Das ist praktisch durchgeführte Heiligung auf Grund des einmal geschehenen Opfers Jesu, eine Heiligung, von der es Hebräer 10, 14 heißt: „Mit *einem* Opfer hat er die, welche geheiligt werden, für immerdar vollkommen gemacht." Man hat nur Jesus Raum zu machen, daß er es ausgestalte, was er vollendet hat am Kreuze; ihn Gestalt in uns gewinnen lassen, bis zum Mannesalter hin — das ist Heiligung, das ist der Weg zur — *Erlösung.*

11. Februar

Christus unsere Erlösung. **1. Kor. 1, 30**

Christus ist uns gemacht zur Weisheit: nämlich zur Gerechtigkeit, zur Heiligung und zur Erlösung. Wenn wir das erste Kapitel im Epheserbrief aufschlagen, so finden wir, daß dort das Wort „Erlösung" im doppelten Sinne gebraucht ist; Epheser 1, 7 zuerst: „In dem Geliebten haben wir die Erlösung durch sein Blut, die Vergebung der Sünden." Das ist

Rechtfertigung. Das kommt *vor* der Heiligung, und Heiligung können wir nur kennen, erfahren und verstehen als die Erlösten, erlöst in dem Sinne, daß sie Vergebung der Sünden haben. Aber dann kommt später eine andere Erlösung: Vers 13. 14, auf welche auch ihr gehofft, nachdem ihr usw. Da sagt nun allerdings Luther Vers 14: welcher ist das Pfand unseres Erbes zu unserer Erlösung, „daß wir sein Eigentum würden zum Lob seiner Herrlichkeit". Es steht aber nichts davon da, daß wir sein Eigentum würden, sondern „welcher das Pfand unseres Erbes ist zur Erlösung des erworbenen Besitzes, zum Preise seiner Herrlichkeit". Wir sind versiegelt zur Erlösung, wir sind Gottes erworbenes Eigentum, sein Besitz, und er hat uns das Angeld der Erbschaft gegeben: die Erbschaft droben; und er hat uns das Unterpfand, den Heiligen Geist, gegeben.

Dasselbe sagt Römer 8. Dort haben wir gelesen von einem Geist der Knechtschaft und von einem, wie Luther sagt, „kindlichen Geist"; es heißt aber „Geist der Sohnschaft" (Vers 15), in welchem wir rufen: „Abba, Vater!" Und die diesen Geist empfangen haben, die haben in sich das Zeugnis, daß sie Gottes Kinder sind, versiegelt durch den Heiligen Geist, ein Siegel, das niemand brechen kann. So sind die Söhne Gottes erlöst von der Furcht und Verdammung und zu Gottes Kindern gemacht aus Gnade, sie warten auf die Erlösung, nicht *vom* Leibe, sondern *des* Leibes, und das ist die *Sohnschaft*. Vers 15 ist noch nicht gesagt: Wir haben die Sohnschaft, es ist erst ein Angeld, ein *Geist* der Sohnschaft. Sie sind Söhne und Töchter, das ist gesagt; aber in den Vollbesitz der Sohnschaft, in das, was mit Söhnen bezeichnet ist, sind sie noch nicht eingetreten. Den Geist der Sohnschaft haben sie voll und ganz, aber sie sind noch an diesen nichtigen Leib gebunden, und sie warten auf die Sohnschaft im vollen Sinne des Wortes, die dann noch in sich schließt: Erlösung des Leibes. Damit, daß die Kinder Gottes immer wieder durch den Tod gehen und durch den Tod in die Herrlichkeit, damit ist der Schöpfung nicht geholfen. Die ganze Schöpfung wartet auf die Offenbarung der Söhne Gottes, und Söhne Gottes werden nicht geoffenbart, solange der Herr nicht geoffenbart ist in Herrlichkeit, und wenn der Herr geoffenbart wird in Herrlichkeit, führt er die Söhne Gottes, die Überwinder, ohne Tod hinein in die Erlösung. Die Erlösung des Leibes ist der erste Schritt der Söhne Gottes, derer, die Gott für das Ebenbild Jesu Christi bestimmt hat, in die Erlangung der vollen Sohnschaft hinein; ihre Erlösung ist ein dem Leibe nach Hinaufgehen zu ihm, ohne durch den Tod zu müssen.

12. Februar

Christus unsere Erlösung. **1. Kor. 1, 30**

Unser Bürgertum ist im Himmel, von welchem wir auch den Herrn Jesus als Heiland erwarten (Phil. 3, 20). Das ist die Seligkeit der Kinder

Gottes, nämlich die kommende Seligkeit zu erwarten, die schon lange geoffenbart ist; da muß man die Rechtfertigung und Heiligung hinter sich haben. Wie die Rechtfertigung mündet in die Heiligung — oder es ist ein krüppelhafter Anfang —, ebenso ist die Heiligung krüppelhaft, wenn sie nicht mündet in die Erlösung. Philipper 3, 20: „Unser Bürgertum ist im Himmel" — im Gegensatz zu Christen, die auf Irdisches denken, denen der Bauch ihr Gott ist, die noch sinnen auf Irdisches (Vers 19) —, „von woher wir auch erwarten (nicht eine neue Geistesausgießung, sondern) den Herrn Jesus als Heiland." Gleich am Pfingsttag sagte Petrus: „Tut Buße, bekehret euch, daß *Zeiten der Erquickung* kommen!" Das sind Zeiten der Erfrischung, auf die die Apostel hinausgeschaut haben. Die Geretteten haben einen Heiland, sie warten auf die Erlösung des Leibes, sie warten auf die Sohnschaft, sie erwarten ihn als Heiland, als Retter vom Verderben. Wie viele sind es, die ihn erwarten? Für wie viele ist das noch ein verschlossenes Gebiet, und wie viele sind in der Lage wie jene Spötter (2. Petr. 3,8), und diese Spötter vergessen und wollen es nicht wissen, daß es zur Zeit des Noah auch so war und alles seinen Gang ging, und plötzlich kam der Herr mit der Flut herein. Und dieser Spottgeist hat sich überall da eingenistet, wo man sich leichtfertig auf den Unglauben vergangener Geschlechter stützt oder auf den Unglauben derer, die um uns her sind, und die da schlafen, um dem Wort Gottes nicht seine ganze Ehre zu geben. Wir haben so viel Angst vor der Offenbarung Johannes, und warum ist so viel Mißbrauch getrieben worden mit dem Buch, auf dessen Lesen (siehe erstes und letztes Kapitel) Gott ganz besondere Verheißungen gelegt hat? Das Buch galt als ein versiegeltes, das noch nicht verstanden werden konnte, wo doch Gott es gegeben hat als ein entsiegeltes, aufgeschlossenes (Kap. 22. 10). Warum scheint es versiegelt zu sein? — Weil man nicht mit dem Z anfangen kann, sondern mit dem A anfangen muß. In allen Wissenschaften fängt man mit dem A an; du kannst das letzte Buch der Schrift nicht verstehen, wenn du die anderen nicht ins Leben umgesetzt hast. — Der Heilige Geist ist uns gegeben, um alles ins Leben umzusetzen, Buch für Buch, Kapitel für Kapitel, und wenn du ins Letzte hinein willst und stehst nicht in der Heiligung und wandelst nicht darin und glaubst nicht an eine Heiligung, die münden muß in die Erlösung, dann hast du den Schlüssel für die Offenbarung nicht. —

13. Februar

Christus unsere Erlösung. **1. Kor. 1, 30**

Wie die Heiligung in die Erlösung münden muß, das sieht man ganz besonders 1. Johannes 3, 1—3. Vers 3 heißt es: „Ein jeder, der diese Hoffnung hat (daß ihr Jesus als einen Bürgen des Himmels erwartet), der reinigt sich, gleichwie er rein ist." Da hört die *Ermahnung* auf, wo Heiligung in Erlösung mündet. Bei dem, bei welchem diese Hoffnung, die Erwartung Christi, eine lebendige ist, wo sie ins innerste Lebensmark aufgenommen ist, da braucht man nicht zu ermahnen, er kann nicht anders, so wenig wie eine Braut anders kann als nach ihrem Bräutigam ausschauen. So wenig, wie in der Offenbarung etwas davon steht, daß die Braut ermahnt werden müsse, nach Jesus auszuschauen und zu rufen: „Komm!", so wenig brauchen die, die sich gewöhnt haben, nach Jesus auszuschauen, und denen Jesus alles geworden ist, ermahnt zu werden, sich zu reinigen. Sie sind Himmelsbürger, und sie wachsen jeden Tag mehr in den Himmel hinein; sie können nicht anders, sie reinigen sich. — Wie das geschehen muß, haben wir gesehen in den letzten Tagen. Wo der Geist ihnen etwas aufdeckt in ihren Gedanken, in ihren Bewegungen und Stimmungen, da lassen sie sich reinigen im Blut des Lammes, und sie sehen immer wieder in den Spiegel des Worts. Nicht ihre äußere Gestalt, aber ihre innere wollten sie sehen in diesem Spiegel. Sie haben hindurchgesehen in das innere Gesetz der Freiheit (Jak. 1, 23—25). Wenn jemand in den Spiegel geschaut hat und einen Flecken entdeckt, dann wird er so lange reiben, bis er frei davon ist. Wenn er aber etwas findet, das er nicht fortbringen kann, dann wird er es stehenlassen, weil es ihm von Geburt anhaftet. Wer in das vollkommene Gesetz der Freiheit hindurchgeschaut hat, der vergißt nicht, wie er gestaltet war, sondern wenn er einmal im Wort Gottes etwas entdeckt hat, dann läßt er dem Herrn keine Ruhe, bis der Herr tiefer gräbt, in Tiefen hinein, wo er die Reinigung des Blutes Christi noch gründlicher erfährt. Wer diese Hoffnung hat, verwandelt zu werden in das Bild des Herrn der Herrlichkeit, der läßt diesem Herrn keine Ruhe, bis er aufgedeckt hat und es fortgebracht ist.

1. Thessalonicher 5, 23 heißt es: „Er selbst aber, der Gott des Friedens, heilige euch ganz und gar (oder auch ‚völlig')! Treu ist er, der euch ruft; er wird's auch tun!" Denn welche er zuvor ersehen hat, die hat er auch zuvor bestimmt zu Erben seiner Herrlichkeit. Das ist uns sicher, er ist so treu und so mächtig, daß er das, was für uns in der Erfahrung noch nicht verwirklicht ist, was in der äußeren Erfahrung erst vollendet werden muß, auch tun wird. „Mit *einem Opfer* hat er in Ewigkeit vollendet, die geheiligt werden."

14. Februar

Christus unsere Erlösung. **1. Kor. 1, 30**

Geliebte, es gilt ganzen Ernst machen mit den Wahrheiten, die der Heilige Geist in diesem Schriftwort uns aufschließt. Ist es nicht eine merkwürdige Zeit, in der wir leben? Blicken wir zurück auf die ganze

Kirchengeschichte, so müssen wir sagen, daß wohl nie Christus so gepredigt worden ist wie jetzt. Wohl hat die Reformation das Wort Gottes aus dem Staube hervorgeholt, daß nicht mehr bloß die Gelehrten, sondern alle Menschen ohne Unterschied es lesen können. Rechtfertigung durch den Glauben — das war das Licht, das die Reformation wiederum auf den Leuchter setzten. Aber es wurde wieder verdunkelt. Erst in der ersten Hälfte des vorigen Jahrhunderts ist das Licht der Seligkeit durch Gnade, der Rechtfertigung durch Glauben allgemeiner durchgedrungen.

In der zweiten Hälfte des vorigen Jahrhunderts hat der Geist abermals die Schrift in die Hand genommen und hat die Gemeinde des Herrn weitergeführt von der Gerechtigkeit zur Heiligung durch den Glauben. Es war dies wie eine neue Entdeckung auf dem großen Gebiet der Gnade Gottes. Auch dieses Stück der göttlichen Weisheit hat viel Widerspruch erfahren, aber der Heilige Geist weiß zu seiner Zeit und in seiner Weise Gottes Wort empfänglichen Herzen darzubieten, daß sie es durch ihre Annahme, d. h. ihren Glauben, versiegeln (Joh. 3, 31—36).

Und hat nicht in der letzten Zeit der Herr begonnen, seinen Finger auf das letzte Stück in 1. Korinther 1, 30 zu legen — Christus uns gemacht zur Erlösung? Vorbereitend hierfür hatte Gott bereits Licht darüber aufgehen lassen, daß das erlöste Kind Gottes seinen für ihn erkauften Leib dem Herrn anvertrauen darf (Jes. 53; 1. Kor. 6, 13). Auf diese Weise offenbart uns der Heilige Geist den Erlöser, der unseren Leib der Niedrigkeit umgestalten wird zur Gleichförmigkeit seines Leibes. Wer seinen Leib dem Herrn übergibt, der darf erfahren, daß die Macht seines Auferstehungslebens die Kräfte der Finsternis und des Todes, die in dem Leben wirken, überschattet und verdrängt.

Der erste Akt des Wiederkommens unseres Herrn Jesu Christi wird sein, die Erlösung, dieses Amen der Weisheit, buchstäblich zu erfüllen. Er wird als Sieger über den Tod erscheinen denen, die auf ihn warten zur Seligkeit (Hebr. 9, 28), in denen die Heiligung vollendet ist in dem Moment, da sie ihn erblicken. Und dann wird das Wort erfüllt sein: „Wir werden ihm gleich sein; denn wir werden ihn sehen, wie er ist." Dann wird es offenbar werden, welche die Söhne Gottes sind, die als Erstlinge der Menschen die ganze Weisheit Gottes angenommen und im Glauben ausgelebt und besiegelt haben.

Sendschreiben an die Gemeinde zu Laodizea

15. Februar

Und dem Engel der Gemeinde zu Laodizea schreibe: Das sagt, der Amen heißt, der treue und wahrhaftige Zeuge, der Anfang der Kreatur Gottes: Ich weiß deine Werke, daß du weder kalt noch warm bist. Ach, daß du kalt oder warm wärest! Weil du aber lau bist und weder kalt noch warm, werde ich dich ausspeien aus meinem Munde. Du sprichst: Ich bin reich und habe gar satt und bedarf nichts! und weißt nicht, daß du bist elend und jämmerlich, arm, blind und bloß. Offb. 3, 14—17

Dies Sendschreiben hat eine eigentümliche Bedeutung in der Heiligen Schrift: es ist das letzte Wort des Herrn an seine Gemeinde. Wenn er auch am Schluß der Offenbarung noch ein kurzes Wort sagt, so ist dies doch die letzte ausführliche Botschaft des Auferstandenen aus der Herrlichkeit an seine Gemeinde. Die ganze Offenbarung hat ihre einzigartige Bedeutung als Jesu letztes Wort, um so mehr, wenn wir uns Rechenschaft geben über den Ursprung. Die sieben Sendschreiben sagen uns, daß ein tiefer Abfall durch die meisten Gemeinden geht. Als Paulus, das auserwählte Rüstzeug, gestorben und Johannes, der Jünger, der an der Brust des Herrn gelegen, auf der Insel Patmos verbannt war um dessentwillen, was er zu sehen bekommen sollte, da denken wir uns den Johannes auf der Felseninsel, den Blick nach Osten gerichtet, ob ein Boot ihm Kunde brächte von dem Zustand der Gemeinden, für welche er lebte um seines Herrn willen. Da mag er vor seinem Gott gelegen haben und gefragt: „Gibt es keine Hilfe mehr für die Gemeinden?" Da kam die Stunde, wo der Herr seinen Himmel öffnete, wo Jesus, der Sohn Gottes, noch einmal auf den Plan tritt. Er ist es, der da steht in den sieben Sendschreiben, er ist es, der da redet: „Wer Ohren hat, der höre, was der Geist den Gemeinden sagt!" Jesus ist selbst der Sprechende. Das ist es, was diese Botschaft aus dem sich noch einmal öffnenden Himmel so feierlich und ernst macht, was geeignet ist, uns zu wecken, wenn wir noch sündigen durch Lauheit oder durch Abfall von der ersten Liebe. — Welch furchtbares Wort aus dem Munde Jesu Christi: „Es ekelt mich", wörtlich: „Ich bin versucht, dich anzuspeien"! Du hattest Leben, dein Leben aber ist gesunken. Du bist nicht tot, sondern lau, nicht heiß oder kalt, sondern *lau.* Was soll ich machen? Ich will dich ausspeien. Was einem widerlich ist, speit man aus. Christus sagt: „Ich bin im Begriff, dich auszuspeien", d. h. es ist noch nicht ganz so weit, aber ich bin auf dem Punkt, es zu tun.

Vers 15. Auch hier heißt es: „Ich weiß deine Werke." Aber während er in Kapitel 2 von den Werken redet: „Ich weiß deine Werke und deine Arbeit und deine Geduld, deine Mühe und deinen Eifer", so geht er hier nur kurz darüber hinweg: Was sollen mir deine Werke, dein Eifer für die Innere und Äußere Mission, wenn ich dein Herz nicht mehr habe, wenn dein Herz nicht mehr warm pulsiert an meinem Herzen, wenn du, elektrisiert und geschoben nur infolge eines früheren Impulses, noch deinen Weg gehst? Aber das ist nicht mehr mein eigen Blut und Leben, mein Auferstehungsleben, das dich durchhaucht.

Lauheit tritt ein, wo Irdisches und Göttliches sich vermählen, wo sie wieder zurückkehren in die Natur und wo Gnade und Geist nicht mehr über die Natur siegen können. Es ist also noch Göttliches da, aber das Menschliche hat es durchwuchert und durchsäuert; es ist eine Mischung von Natur und Gnade, Fleisch und Geist. So hat es Gott nicht gemeint; sondern wir sollen sein wie ein an seinen Siegeswagen Gebundener, den Gott im Triumph mit sich führt, um den Süßgeruch des Namens Christi durch die Lande zu tragen. Laue tragen das Geschmäcklein ihres eigenen Namens, ihres Christentums durch die Gemeinde, so daß man suchen muß, was Christus ist und was der Mensch. Sie zeugen Kinder, welche den Stempel der Verkommenheit, Lauheit und Schwachheit an sich tragen, die nicht mehr die Macht haben, die Welt zu überwinden.

16. Februar

Ich rate dir, daß du Gold von mir kaufest, das mit Feuer durchläutert ist, daß du reich werdest, und weiße Kleider, daß du dich antust und nicht offenbart werde die Schande deiner Blöße; und salbe deine Augen mit Augensalbe, daß du sehen mögest! Offb. 3, 18

Jesus spricht: „Ich frage dich, willst du geläutertes Gold von mir kaufen?" Glaubensleben aus dem Heiligen Geist. Wie Jesaja 55, 1. Auf Erden muß man darreichen, um zu kaufen; im Himmelreich muß man wegwerfen, um zu kaufen, alles wegwerfen, worauf man sich gestützt hat.

„Willst du weiße Kleider kaufen?" Blöße, Nacktheit, Schande ist alles, was nicht Christus in uns ist und wirkt, alles, wo *wir* auf dem Plan sind; alles, was nicht aus seinem in uns pulsierenden Leben hervorgeht, wovor die Engel zurückschrecken mit ihrem reinen, heiligen Blick. Alles, was nicht Gnade ist, was nicht von oben kommt, das ist Böses, ist dem Fluch verfallen. Zertretend und versengend schreitet Christus mit seinen glühenden Füßen hin über alles, was aus der Erde stammt und aus dem Gesetz. Alle solche Werke sind keine Früchte für die Ewigkeit, keine umgestaltenden, vom Herrn gewirkten. „Die Schande deiner Blöße", dies Wort hat uns allen etwas überaus Ernstes zu sagen. Wie weit du auch von Christus besiegt worden sein magst, es gibt doch noch etwas, das bedeckt werden muß. Der „neue Mensch" soll nicht über den „alten Menschen" angezogen werden. Ziehet erst den alten Menschen aus, dann ziehet den neuen Menschen an! Der Herr will „Wahrheit im Inwendigen" haben, nicht Pharisäerkleider, die das Innere mit einem wundervollen Schein bedecken, ohne Wahrheit im Innersten.

Und trotzdem mag noch „die Schande deiner Blöße“ vorhanden sein. Es ist beinahe unmöglich, es zu erklären, aber alles, was nicht Christus in uns ist, ist Schande, indessen Schande, welche bedeckt werden kann. So du im Geist lebst und wandelst, bist du bedeckt, nicht nur durch Christi zugerechnete Gerechtigkeit (das ist der Anfang), sondern auch in den tiefsten innersten Teilen, in den verborgenen Quellen des inneren Lebens, bist du bedeckt mit den schönen, weißen, reinen Kleidern, mit dem Leben Christi, das in dir ausgelebt wird. Verlassen wir morgens früh unser Zimmer, verborgen mit Christus in Gott, bei jedem Schritt tief bewußt, daß wir der Bedeckung bedürfen! Wie oft haben wir uns selbst in Versammlungen produziert oder wenn wir mit anderen redeten, selbst wenn wir keine Selbstbefriedigung suchten oder erwarteten! Wir waren nicht bedeckt, die alte Schande unseres Selbstbewußtseins war nicht bedeckt. Alles in uns, das nicht Christus ist, ist unrein; die kleinste Kundgebung des Ichlebens im Innersten, von Menschen ungesehen, uns aber durch den Heiligen Geist klargemacht, ist im tiefsten Sinne des Wortes *Sünde.* —

Der Sieger muß zu siegen fortfahren, bis kein Ausdruck des Auges, kein Händedruck mehr da ist, der die Aufmerksamkeit auf uns selbst zieht.

17. Februar

Welche ich liebhabe, die strafe und züchtige ich. So sei nun fleißig und tue Buße! Offb. 3, 19

Neben dem furchtbaren Wort „Ich will dich ausspeien“ steht das andere: „Welche ich liebhabe, die strafe und züchtige ich.“ Lieben, mitten durch die Versuchung zum Ekel, das kann nur er. Tue Buße, kaufe dir Augensalbe, um zu sehen, was dein Heiland ist! Gib alles andere daran, damit dir die Augen aufgehen; dann wirst du nicht mehr lau sein, dann wirst du sieden, kochen wie übersprudelndes Wasser. Möge meine Liebe dich wieder entzünden, damit du aufwachst aus deiner Lauheit und die Liebe dich durchglühe!

Wenn der Herr Jesus auf den Plan tritt, so will er die Gemeinde offenbar zurückführen unter Johannes 16, unter den Lebenshauch und die Unterweisung des Heiligen Geistes. Wenn der kommen wird, der wird die Welt überzeugen von der Sünde ihres Unglaubens, daß sie den Herrn nicht als den Herrn der Herrlichkeit erkannt haben. „Ändert euren Sinn, tut Buße, gebt ihm die Stellung, die Gott ihm gegeben hat! Laßt ihn euren Herrn sein! Seid sorgsam, ihn nicht zu verschleiern! Laßt euer Wesen von ihm durchleuchten! Glaubt an ihn, vertraut ihm, krönt ihn, faßt ihn, den ihr verworfen habt!“

Der Herr hat uns lieb, er hat ein Herz für die Lauen, er hat Erbarmen mit unserer Erbärmlichkeit und unserem Elend, Erbarmen mit denen, die noch Geschmack haben an sich selbst, sich selbst noch liebhaben, sich selbst noch hochstellen. Unsere Natur ist voll versteckter Gemeinheit (Ichliebe). Es muß nun seine Herrlichkeit triumphieren und das Gemeine gefangennehmen in dem Gehorsam des Kreuzes. Der ganze Mensch gehört ans Kreuz, nicht nur seine einzelnen Sünden. Wer noch nicht weiß, was „mit Christus gekreuzigt sein" heißt, der ist noch in der Lauheit, weiß auch nicht, wie man aus der Lauheit herauskommt. Tue Buße und glaube! Du bist nicht erkauft, um lau zu bleiben. Die Buße hat keinen Wert, die uns nicht *aus* der Sünde herausführt. Sie ist nicht ein Trauern darüber, daß man so ist, wie man ist, heute so wie gestern und morgen so wie heute; sondern Buße ist Raum machen und Christus hineinlassen in diesen Raum. Je mehr wir aus uns herauskommen, desto größer ist der Ekel, den wir über uns empfinden, desto tiefer der Abscheu über jeden Schatten von eigenem Wesen. Jeder Schatten muß schwinden bis hinein in das Bild Jesu Christi. Wo dann der Geist uns Sünde offenbart, da ist das Blut auf dem Platz, es wegzunehmen. Und wenn, was jahrzehntelang gepflegt, nicht gleich weichen will, halte aus, bleibe fest, schau in den Spiegel, schau hindurch, bis der Geist das Gesetz der Freiheit in dir offenbart! Wenn heute nicht alles geht, schau hinein, tiefer und tiefer, und du wirst im Blute Jesu Christi noch andere Tiefen und Kräfte der Reinigung finden, als du bisher geahnt hast. Tue Buße über jede Bewegung deiner Phantasie, jeden Eindruck, jede Wolke, die deine Gemeinschaft mit dem Heiligen Geist stört! Das ist Buße im biblischen Sinn. Vertraue ihm, daß er auch da noch triumphieren wird! Sein Blut ist nicht nur vergebendes, sondern auch reinigendes, erlösendes Blut. Richte deinen Blick auf die Gestalt des Herrn und beuge dich in Scham, daß Christus dir noch nicht größer geworden ist und noch nicht mehr über deine Natur, dein laues Wesen triumphiert, und er wird seine durchgrabenen Hände auf dein müdes und nach Reinheit sich sehnendes Haupt legen und sprechen: „Es ist noch Balsam für dich da, noch Hilfe."

18. Februar

Siehe, ich stehe vor der Tür und klopfe an! So jemand meine Stimme hören wird und die Tür auftun, zu dem werde ich eingehen und das Abendmahl mit ihm halten und er mit mir. Wer überwindet, dem will ich geben, mit mir auf meinem Stuhl zu sitzen, wie ich überwunden habe und mich gesetzt mit meinem Vater auf seinen Stuhl. Wer Ohren hat, der höre, was der Geist den Gemeinden sagt! Offb. 3, 20—22

Wenn wir einen werten Freund erwarten und haben sein Klopfen an der Tür gehört, so ist nur noch Zeit, einen letzten Handgriff bei der Bereitung des Gastzimmers oder an unserer eigenen Toilette zu tun. Wir können ihn nicht an der Tür stehenlassen; es ist der Moment da, wo wir alles andere lassen müssen, was getan werden sollte. damit ein solcher Gast eintreten könne. Wie lange hat nicht schon unser Bräutigam Zeit gegeben, daß wir uns fertigmachen! Soll er uns nicht auf sein Klopfen aufmerksam finden? Und ist das Zimmer, ist das Herz nicht bereit — ist noch irdischer Sinn darinnen oder irdische Knechtschaft, sollten wir dann nicht bei der Hand sein, alles dahinten zu lassen, damit er endlich seinen Zweck erreiche?

„So jemand meine Stimme hören wird." Dies ist sowohl eine Botschaft an die Gemeinden als an die einzelne Seele. In jedem der Sendschreiben an die Gemeinden findet sich die Wiederholung gewisser Worte, an den einzelnen gerichtet. „Wer Ohren hat zu hören, der höre, was der Geist den Gemeinden sagt", abermals: Wer überwindet usw. Hier aber, nachdem er den Engel der Gemeinde zu Laodizea angeredet hat, bricht er in seiner Botschaft an die Gemeinde ab, bevor er die Ermahnung an die einzelne Seele wiederholt, und sagt: „Siehe, ich stehe vor der Tür und klopfe an. So jemand meine Stimme hören wird und die Tür auftun, zu dem will ich eingehen", „der Lebendige, der treue und wahrhaftige Zeuge".

Wenn wir alle Sendschreiben durchlesen, kann es keine größere Verheißung geben als die, womit das Sendschreiben an Laodizea schließt: „unzertrennlich von dem Sohn", der unzertrennlich ist von dem Vater. Nirgends ist solche Fülle von Christusleben gegeben. Warum bekommen die Lauen die höchste Verheißung? Weil es nirgends so nötig ist wie da, wo man unter dem Hochdruck lauer Christen lebt, die viele Werke tun und keine Ahnung davon haben, welch ein Defizit in ihren Herzensbeziehungen zu der Person Jesu Christi ist. Durch diese laue Luft müssen sie sich Bahn brechen und sich jeden Morgen tiefer einhüllen in den Mantel seiner Person, damit — nicht die kalte, sondern die viel gefährlichere, schwächende Luft der Lauheit ihr Geistesleben nicht mehr beeinträchtige und ihr Leben immer wärmer und heißer pulsiere. Man wehrt sich nicht anders, als daß man tiefer eindringt in ihn. Manche wissen etwas davon, was das ist, unter lauen Christen zu leben, die kaum ein Loblied für das Lamm in ihrem Herzen finden können. Und da sich nicht erkälten und beflecken, daß keine Lauheit einziehe, das braucht den ganzen Heiland, das ganze Wort, alle Kräfte der himmlischen Welt.

Das ist wahre Buße! O nur Buße tun, wo einer nicht mehr auf dem direkten Wege ist, vorwärts in die Demut und Sanftmut, aufwärts in die Kräfte der zukünftigen Welt, hinein in die Liebe mit allen Kindern Gottes! Näher, mein Gott, zu dir! Darum laßt uns uns zusammenschließen, daß wir durch Gottes Gnade immer wärmer werden! Näher zu Gott und damit auch näher zu allen Brüdern in ungefärbter Bruderliebe!

Pharisäische und wirkliche Gerechtigkeit

19. Februar

Denn ich sage euch: Es sei denn eure Gerechtigkeit besser denn der Schriftgelehrten und Pharisäer, so werdet ihr nicht in das Himmelreich kommen.
Matth. 5, 20

Man möchte sich manchmal wundern, daß der Herr Jesus zu Anfang seiner Laufbahn es wagte, mit den Pharisäern in so majestätischer Unabhängigkeit und mit solcher Autorität zu reden. Von Anfang an nahm er eine königliche Stellung gegen die Leiter des Volkes ein. Auch in der Bergpredigt redete er (Matth. 7, 29) „mit Autorität"; das Volk erkannte, daß er „nicht sei wie die Schriftgelehrten". Er ist der einzige, der es immer wieder darf: „Ich sage euch." Er kann sich selbst gegenüber jedem anderen Ich behaupten und bleibt, bis jeder irdische Name verschwunden ist und der seinige allein bleibt. Und bedenke, der du ein Glied der Gemeinde Jesu bist, daß, so deine Gerechtigkeit nicht besser ist denn der Schriftgelehrten und Pharisäer, du nicht bereit sein kannst für die Zukunft des Herrn und nicht eingehen kannst zu dem Abendmahl des Lammes!

Ich will nur einen Charakterzug der pharisäischen Gerechtigkeit vor eure Augen stellen. „Weh euch, Schriftgelehrte und Pharisäer, ihr Heuchler, die ihr Becher und Schüsseln auswendig reinlich haltet, aber inwendig sind sie voll Raubes und Fraßes! Du blinder Pharisäer, reinige zuerst das Inwendige am Becher und an der Schüssel, auf daß auch das Auswendige rein werde! Weh euch, Schriftgelehrte und Pharisäer, ihr Heuchler, die ihr gleich seid wie die übertünchten Gräber, welche auswendig hübsch scheinen, aber inwendig sind sie voller Totengebeine und alles Unflats!" (Matth. 23, 25—27).

Wünschest du zu scheinen, was du nicht bist, einen Eindruck zu machen, der mit der inneren Realität nicht übereinstimmt, durch eine Bewegung, ein Lächeln, einen Händedruck vor anderen zu erscheinen, was du nicht bist, und zu verbergen, was du wirklich bist — das ist *pharisäische Gerechtigkeit.* Es ist dies dem, was der Herr von seiner Braut erwartet, geradezu entgegengesetzt. „Der Gott des Friedens heilige euch durch und durch", auf daß das ganze Wesen makellos bei seiner Zukunft dargestellt werde! Durch und durch! Wisset ihr, was das heißt? Ach, daß das eine Hauptfrucht dieser Andachten sei, daß wir erkennen und begreifen lernen, nicht nur mit dem Verstand, sondern mit der ganzen Tiefe unseres moralischen und geistlichen Wesens wie nie zuvor, was das heißt: durch und durch geheiligt sein!

20. Februar

Des Königs Tochter ist ganz herrlich inwendig; sie ist mit goldenen Gewändern gekleidet. Ps. 45, 14

Ganz herrlich inwendig! Unser Leben ist verborgen mit Christus in Gott. „Die Herrlichkeit, die du mir gegeben hast", sagte der Herr Jesus zu seinem Vater in seinem letzten wunderbaren Gebet, „habe ich ihnen gegeben." Das Leben Christi ist ein herrliches Leben, und es ist unser. Das Leben Christi, der da wiederkommt, zirkuliert in seinen wahrhaftigen Nachfolgern, seinen Gliedern ebenso real, wie der Saft des Weinstocks in den Reben zirkuliert. Es soll noch eine Herrlichkeit, eine verborgene Herrlichkeit, wunderbare göttliche Kraft in seinem Volk geoffenbart werden, das samt Christus in Gott verborgen ist. Ganz herrlich inwendig! Nichts Unreines!

Psalm 51, 8 findet ihr dieselbe Wahrheit: „Du hast Lust zur Wahrheit, die im Verborgenen liegt (Wahrheit im Inwendigen), du lässest mich wissen die heimliche Weisheit" (du wirst mich im Verborgenen Weisheit lernen lassen). Manchmal muß der Herr seine Heiligen in seiner Erbarmung durch schreckliche Erfahrungen aufwecken, wenn sie vergessen, daß Gott der Herr Wahrheit im Inwendigen sucht, wenn sie auf irgendwelche Weise in „pharisäische Gerechtigkeit" kommen, wenn ihr inneres Leben nicht mehr in Übereinstimmung mit dem äußeren Anschein, wenn im Inneren nicht mehr Wahrheit, Einfalt und Demut herrschen. In seiner ihm eigenen Erbarmung ist er oft genötigt, sie dem Teufel zu übergeben, auf daß sie, wie David, versucht werden. So etwas geschieht nie aus Zufall; es ist stets durch einen Mangel an Wahrheit im Inwendigen vorbereitet; darum wird Davids Gewissen bei seinem tiefen Fall aufgerüttelt, und er sieht da, wo Gott Wahrheit sucht, nichts als Sündhaftigkeit. Sollte einer von uns in offenbare Sünde fallen so helft ihm nicht nur zu seiner früheren Stellung zurück, sondern höher, als er stand, da er fiel; denn es fehlte bereits an der Wahrheit im Innern, ehe er fiel; er war schon nicht mehr demütig und einfach, der wahre göttliche Ton war schon in ihm getrübt. Daher steht 1. Johannes 1, 9 geschrieben: „So wir unsere Sünden bekennen, so ist er treu und gerecht, daß er uns die Sünden vergibt und reinigt uns von aller Untugend." Er ist treu, nicht nur zu vergeben, sondern auch treu, uns zu reinigen von unserer Ungerechtigkeit, von jeder Spur von Doppelwesen — uns zur Wahrheit und Echtheit unserem Gott gegenüber herzustellen.

Der Knecht des Herrn

21. Februar

So spricht der Herr: Wo ist der Scheidebrief eurer Mutter, mit dem ich sie entlassen hätte? Oder wer ist mein Gläubiger, mit dem ich euch verkauft hätte? Siehe, ihr seid um eurer Sünden willen verkauft, und eure Mutter ist um eures Übertretens willen entlassen. Warum kam ich, und war niemand da? Ich rief, und niemand antwortete. Ist meine Hand nun so kurz geworden, daß sie nicht erlösen kann, oder ist bei mir keine Kraft, zu retten? Jes. 50, 1. 2

Es ist ein großer, herzbewegender Jammer, der uns in diesem Kapitel in den ersten Versen entgegentritt: Knechtschaft, die Hand der übermächtigen Feinde über Erschöpften, Müden — Sklaverei mit allem ihrem namenlosen Elend. Das ist der Zustand, in dem sich oft die Kinder Gottes befinden und der ihnen die bittersten Tränen auspreßt, wenn ein Lichtstrahl von oben sie trifft. Es wird viel gebetet, geschrien, geklagt, gejammert: „Ach daß doch endlich ein Geisteswehen über uns komme!" Und trotzdem haben die armen Kinder Gottes mehr Ohr für Zuflüsterungen des Feindes, für den Betrug der Sinne, für die Einflüsse der täglichen Welt, und wenn dann Gott rufen will, trifft er unser Ohr nicht. Ihr braucht nicht zu tun wie die Heiden und Baalspriester, und wenn ihr wirklich beten werdet, wird Gott auch euch hören. Er will erst euer Ohr, und dann — neigt er gern sein Ohr auf euer Flehen. Aber oft muß er rufen: „Adam, wo bist du?" Wie weit hast du dich schon seit diesem Morgen verlaufen, weg von deinem Gott, den du frühe gesucht hast? *Gott muß unser Ohr haben,* und er hat unser Ohr, wenn er unser Herz hat. „Wo euer Schatz ist, da ist euer Herz, und wo euer Herz ist, da ist euer Ohr, und wo euer Ohr ist, da sind eure Augen. Ihr tut, als hätte ich euch davongejagt und verkauft. *Ihr* habt euch verkauft durch eure Missetat, und die Missetat aller Missetaten ist, wenn man *ihn* nicht mehr *hört."* Sie sind alle davongelaufen, keiner war bei der Hand, als Gott rief. Das ist Missetat. Das hätte ich meinen Kindern nie erlaubt, davonzulaufen, wenn ich sie rief, und das erlaubt kein Vater und keine Mutter, daß ihr Kind davonläuft, wenn es gerufen wird. Kann Gott nicht sagen: Bin ich nicht Gott? Gehört nicht alles mir, die Erde und was darinnen ist? Bin ich nicht euer Vater? Wo ist die Ehre, die ihr mir erweist? Sollt ihr nicht bei der Hand sein, wenn der Vater euch ruft? Ich habe gerufen, und *niemand hat geantwortet,* und dann wundert ihr euch, wenn euer Himmel schwarz geworden ist wie ein Sacktuch, und wie es dann weiter heißt (Vers 2), wenn keine Lebenswasser mehr fließen und keine Geisteswinde mehr wehen.

Gebt Gott erst wieder die Ehre und seid nicht wie Adam, den Gott erst suchen mußte, bis er ihn irgendwo versteckt fand! Woher kommt alles Dunkel (Vers 3)? Daher, daß niemand seinem Gott das Ohr öffnet und man ihn nicht ehrt. Dann wird alles schwarz auf dem Lande sein. Da fragt Gott im 2. Vers: „Ist etwa meine Hand zu kurz zur Erlösung, bin ich wie ein Vater, der alt geworden ist und seinen Kindern nicht mehr helfen kann? Ist in mir keine Kraft zur Erlösung? Bin ich schwach geworden?" Nein, Jesus Christus gestern und heute und in alle Ewigkeit!

22. Februar

Ich kleide den Himmel mit Dunkel und mache seine Decke gleich einem Sack. — Der Herr Herr hat mir eine gelehrte Zunge gegeben, daß ich wisse mit dem Müden zu rechter Zeit zu reden. Er weckt mich alle Morgen; er weckt mir das Ohr, daß ich höre wie ein Jünger. Der Herr Herr hat mir das Ohr geöffnet, und ich bin nicht ungehorsam und gehe nicht zurück. **Jes. 50, 3—5**

Der 3. Vers ist die Schilderung der Zustände, die eintreten, wenn man nicht mehr hört: Verfinsterung, das Erlöschen jedes Heilslichtes, ein verhängter Horizont, eine Höhle, in der man sitzt und sich fürchtet. Es ist schwarz geworden in der Menschheit, nachdem in der Geschichte des Alten Bundes der letzte Prophet Maleachi strafend seinem Volk im Namen Gottes gesagt hat: „Bin ich euer Vater, wo ist die Ehre, die ihr mir gebt?" Da ist es immer dunkler geworden und immer schwärzer; und was hat da Gott tun müssen? Der Menschheit konnte nicht mehr geholfen werden. Und weil Gott unser Ohr nicht mehr hatte und auch nicht das Ohr seines auserwählten Volkes, so hat er dies Volk seine eigenen Wege gehen lassen. Und diese sind wie die der Heiden geworden. Es hat Gott sein Ohr nicht mehr gegeben, und was mußte da geschehen? Es mußte *einer* kommen, dessen *Ohr Gott immer hatte* (Vers 4 und 5), den er nicht lange zu rufen brauchte, der da seit seinem ersten Auftreten wie Elia sagen konnte: *„Der Gott, vor dem ich stehe"*, aber der in ganz anderer Weise es sagen konnte als Elia; denn als dieser davonlief in die Wüste, um sein Leben zu retten, da stand er nicht mehr vor dem Herrn, da hatte er nicht mehr sagen können: „Der Gott, vor dem ich stehe." Da hat Elia sich erschrecken lassen von einem Weib, das allerdings mehr als ein Weib war; es war eine Prophetin der Hölle, eine finstere Gestalt, eine Gestalt, die unbeweglich blieb, auch wenn Hunderte von Baalspriestern geschlachtet wurden. Jene Isebel, sie stand unbewegt da und hat getrotzt und hat's gewonnen für den Augenblick. Die Hölle weicht nur vor dem einen, dessen Ohr Gott immer gehabt hat. Von seiner Geburt an, von dem ersten Erwachen seines Bewußtseins in Nazareth an bis zum letzten Odem am Kreuze hat er für seinen Vater gehandelt, wie ein Jünger, wie ein Lehrling, wie ein Schüler, damit wir uns unserer eigenen Gelehrsamkeit schämen sollten, etwas wissen zu wollen, da, wo er immer nur *gehört* und gemerkt und gehorcht hat auf seinen Gott wie *ein Jünger.* Er ist zum Jünger geworden, der nie etwas getan hat, als was sein Vater ihm gezeigt hat (Vers 5), der nie etwas selber geredet hat. Was der Vater ihm zeigte, das tat er, und was der Vater ihm gab, das sprach er. Er lebte so mit seinem Vater zusammen in der Abhängigkeit von ihm, daß er sagen konnte: „Philippus, wer mich sieht, der sieht den Vater."

Herr, durch deine Güte führe uns je länger, je mehr in die Stellung ein, die du dem Vater gegenüber innegehabt und durchgeführt hast, bis in den Tod hinein: „Mein Wollen hängt an deinem Mund, mein Tun an deinem Sagen!" — Öffne unsere Herzen und unser Ohr für *dich* und nur für dich allein! Amen.

23. Februar

Da sprach ich: Siehe, ich komme (im Buch steht von mir geschrieben), daß ich tue, Gott, deinen Willen. Hebr. 10, 7

Vor seiner Menschwerdung, ja sogar schon vor der Schöpfung folgte Jesus, der Sohn Gottes, dem leisesten Wink seines Vaters und war stets zu dessen Verfügung. In ihm erschuf Gott die Welt, und als die Zeit erfüllt war, „entäußerte er sich selbst" und nahm Menschengestalt an, damit der Vater einen Mann in dieser Welt habe, ein Glied des Menschengeschlechts, dessen Ohr allezeit offen war für Gott, der mit Freuden den Willen seines Gottes tat von seiner Kindheit an bis zum Tod am Kreuz. Nie hat es einen Augenblick in seinem Leben gegeben, in dem Gott nicht sein Ohr hatte. Er war der Knecht des Herrn. Gott hatte ihm zur Vermittlung seiner Gedanken eine Jüngerzunge gegeben, und von seinem ersten bis zu seinem letzten Atemzug redete er nie eigene Worte, sondern immer nur durch den Geist Gottes, niemals als *Ge*lehrter, sondern in beständiger Abhängigkeit vom Heiligen Geist als ein *Be*lehrter, der seine Befehle und Weisungen von Gott direkt empfing. Es hungerte und dürstete ihn schon als Kind nach der Milch des Wortes Gottes, und sobald sich ihm Gelegenheit bot, andere Lehrer als die seiner Vaterstadt das Wort Gottes erklären zu hören, benützte er sie und vertiefte sich im Tempel dermaßen in die Heilige Schrift, daß er alles andere darüber vergaß. Er war Joseph und seiner Mutter jederzeit untertan; aber dort im Tempel hatte Gott sein Ohr, und der Gedanke, ob sich seine Mutter Sorge um ihn machen werde, durfte nicht störend auf den Verkehr mit seinem himmlischen Vater einwirken (Luk. 2, 49). — Und wie schon als zwölfjähriges Kind, so folgte er während seiner ganzen Amtstätigkeit, ohne auf Freunde oder Feinde Rücksicht zu nehmen, der Leitung seines Vaters. Er konnte den Jairus mit seinem Jammer um sein sterbendes Töchterlein stehen lassen und zuerst einer anderen Seele, die seiner bedurfte, Hilfe spenden. Er war nie in Eile, sondern lauschte in steter Abhängigkeit von seinem Vater auf dessen Leitung und tat oder sagte nie etwas, ehe er die Weisung von oben empfangen hatte. Dieser Mann war unser Heiland, mein Heiland, und er kam in unser Fleisch hernieder und machte eine Menschenexistenz durch, um den Beweis zu liefern, daß es nicht nur möglich ist, sogar als ein mit dem Heiligen Geist Getaufter in völliger Abhängigkeit von Gott auf Erden zu *leben,* sondern auch zu *sterben.*

24. Februar

Der Herr hat mir eine Jüngerzunge gegeben, daß ich wisse mit dem Müden zu rechter Zeit zu reden. Jes. 50, 4

Wir haben gesehen, daß der Herr Jesus nicht mit einer Gelehrtenzunge, sondern mit einer Jüngerzunge gesprochen hat. Er hat nie aus sich geschöpft wie wir; wenn wir viel gelernt haben, vielleicht auf einer Universität waren oder geschickte Redner sind, dann verlassen wir uns auf unsere Geschicklichkeit. Er hat sich nie auf sich selbst verlassen. Er ist Jünger und Lehrling geworden. Weil wir aus der Schule gelaufen waren und gelehrt und fromm sein wollten in eigener Frömmigkeit, darum war es schwarz geworden über der Menschheit; da ist ein neuer Stern aufgegangen aus Jakob, der ein Schüler der Schrift war und sich nur immer darum gekümmert hat, daß die Schrift erfüllt wird, der unter das Wort sich gebeugt hat: „Die Schrift kann nicht gebrochen werden." Und so hat er wieder Licht hineingebracht in die Menschheit, und so hat er uns, die wir unserem Gott fremd geworden waren, mit Gott versöhnt und uns Gott so nahe gebracht, daß er nun wieder mit uns durch den Sohn und durch den Geist und durch das Evangelium reden kann.

„Der Herr Herr hat mir eine *Jünger*zunge gegeben, damit ich wisse, den Müden durch ein Wort aufzurichten, dem Müden durch ein Wort beizustehen, dem Müden das rechte Wort zur rechten Zeit zu geben" (Vers 4). Das ist ein Wort für Zeugen Gottes, für Missionare, für Evangelisten, für Frauen, die Kranke besuchen, für Eltern ihren Kindern gegenüber. Das ist immer der Unterschied von der eigenen Weisheit, wo man aus *seinem* Vorrat und *seiner* Erfahrung schöpft. „Er weckt mich *alle Morgen;* er weckt mir das Ohr, daß ich höre wie ein Jünger" (Vers 4). — Da hat gestern der Herr wunderbar ein Wort gesegnet, und heute will man das gleiche Wort wieder sagen; man hat's genommen aus der gestrigen Erfahrung. Fruchtlos! Du hast heute nicht mit Jüngerzunge geredet, nicht mit der Zunge eines Jüngers, der auf seinen Vater merkt und nicht von gestern her das Wort nimmt, andere zu trösten, sondern aus dem Vaterherzen es sich schenken läßt, durch den Geist es sich schenken läßt! Harret des Herrn! Und merket auf Gott, und tut nicht so, als ob das, was gestern gedient hat, auch heute den Seelen gebracht werden müßte. Du hast gestern eine herrliche Erfahrung gemacht und willst sie heute verwenden? Das kann man nicht. Du mußt, wenn du den Müden helfen willst, ans Quellwasser gehen und nicht an Wasser, das seit gestern in dir sich gelagert hat und nicht mehr frisch ist. Gestern war es frisch, und da hat es den Seelen geholfen. Müde, Angefochtene, Bekümmerte wollen Quellwasser, und Quellwasser ist das Wort, das eine Jüngerzunge bietet. Die Jüngerzunge ist eine Zunge, die das bietet, was von oben kommt, was der Geist einem zuteilt, was man *heute* von Gott bekommt und nicht von *gestern,* frisches Wasser und nicht Wasser, das sich in uns abgelagert hat. Also hier stehen vor dem Herrn, harren, merken auf ihn!

25. Februar

Der Herr Herr hat mir das Ohr geöffnet; und ich bin nicht ungehorsam und gehe nicht zurück. Jes. 50, 5

„Ohne mich könnt ihr nichts tun“, sagt der Herr. Nicht mit eigener Gelehrsamkeit, Frömmigkeit und Erfahrung Werke tun und helfen wollen, macht es. Du weißt ja gar nicht, was dieser Seele taugt, an die du herantrittst; du weißt nicht, was deinem Kind heute taugt. Der Herr Jesus war als Mensch nicht allwissend, er lebte aber stets in der Abhängigkeit von Gott, und Gott gab ihm, was er brauchte. Und so kann uns Gott gebrauchen und uns ein Wort geben; es ist uns gestern gut gegangen, als wir ihm dienten, und soll uns heute gut gehen. Wenn wir *still wurden* und warteten auf den Herrn in der Abhängigkeit, dann haben sich die Türen geöffnet. Was von oben kommt, hilft. Was von uns kommt, hilft nicht. Jünger, Lehrlinge, Schüler, Werkzeuge müssen wir werden. Und mit einem Schüler kann ein Lehrer nichts anfangen, wenn er sein Ohr nicht hat. Wer unterrichtet wird, muß hören, ein *hörendes* Herz haben. Wer kein Herz hat für Gott, der hört ihn nicht. Wer aber ein Herz für ihn hat, dem kann Gott auch die Ohren auftun. Er weckt mir das Ohr, damit ich höre gleich einem Jünger, gleich einem solchen, der belebt, ernährt, unterrichtet, instruiert wird, nicht schon ein Gelehrter ist, sondern der unterrichtet zu werden braucht. Da ist der Herr Jesus oft frühmorgens oder spätabends hinausgegangen und hat sich zurückgezogen auf einen Berg, um mit seinem Vater allein zu sein, eine neue Ausrüstung, neue Instruktionen von seinem Vater zu bekommen.

Der, der hier redet, ist der Herr Jesus, der nachher in Jesaja 53 dasteht als der Leidende, der sich nicht zurückzieht vor Speichel, Schmach und Schande; und da hat Gott seinem Sohn jeden Morgen neu das Ohr geweckt. Wenn wir Jünger des großen Jüngers des Herrn werden, Knechte des großen Knechtes des Herrn, dann tut der Herr Jesus uns, was der Vater ihm jeden Morgen getan hat. Wenn wir uns die Zeit nehmen, unserem Gott in der Stille zu begegnen, dann öffnet Gott uns das Ohr und küßt uns und begegnet uns mit neuem Licht. Wenn wir abends nicht eingeschlafen sind, Kopf und Herz voll von den Gesprächen und Erfahrungen des Tages, sondern wenn es uns abends zurückgetrieben hat, allein zu sein mit unserem Gott, und alles andere dann zurückgesunken ist in Dunkel und Nacht, dann kann uns mit dem Morgengrauen, mit dem ersten Erwachen der Herr nahen und grüßen in der Stille, ehe die Bilder, die Aufgaben und die Nöte des Tages an uns herantreten. Dann kommt Gott und weckt unser Ohr, daß wir hören wie ein Jünger, daß er unser Ohr versiegeln kann, zu hören auf ihn und zu harren auf ihn.

26. Februar

Der Herr Herr hat mir das Ohr geöffnet; und ich bin nicht ungehorsam und gehe nicht zurück. Jes. 50, 5

Da kommt nun eben diese Sache mit dem *durchbohrten Ohr* herein. Eins der ersten Statuten, die Gott bei der Gesetzgebung seiner zehn Gebote hat verkündigen lassen vom Berge Sinai, ist in 2. Mose 21, 2—6. Da führt uns die Schrift das Gesetz für hebräische Knechte vor. Wenn ein Hebräer einen Hebräerknecht kaufte, so galt folgendes Gesetz: Sein Herr könne ihn nur sechs Jahre haben, mit dem siebenten ging der Knecht frei aus. Wenn nun mit Beginn des siebenten Jahres der Knecht sagte: „Ich gehe nicht fort, ich habe meinen Herrn lieb, ich bleibe", dann wurde er für immer der Knecht des Herrn. Da kam kein sechstes und siebentes Jahr mehr, da war's geschehen um seine Freiheit. Und dann wurde dieser Knecht vor die Türpfosten des Hauses gebracht, und in der Gegenwart der Richter wurde ihm von seinem Herrn das Ohr mit einem Pfriemen durchbohrt zum Zeichen, daß er nun sein Knecht sei für ewig, für immer, für sein ganzes Leben. Es gibt Leute, die jedem und jedem Herrn dienen wollen und die dann wieder sich selbst dienen, und Menschen, die der Eitelkeit dienen, ihren eigenen Gedanken und Zielen nachgehen. Es ist ihnen das Ohr nicht durchbohrt worden. Ihr Herz ist noch nie ganz gewonnen worden für den Herrn, und es verlangt sie immer wieder nach Freiheit. Es wird ihnen zu viel, ihrem Herrn mit allem, was sie sind und haben, angehören zu müssen. Es ist ihnen ein Müssen. Nun, sie können wieder gehen; der Herr will keine gezwungenen Knechte. Aber es gibt andere, die haben sich dem Herrn zur Verfügung gestellt auf Grund des vom Herrn dargebrachten Opfers. Sie haben ihren Herrn kennengelernt und lernen ihn jeden Tag mehr kennen. Die haben ihren Herrn erprobt als treu und herrlich. Die wollen um keinen Preis mehr frei werden und würden beben und erzittern bei dem Gedanken, der Herr würde sie fortjagen. Die verlangt es nicht mehr nach Freiheit des Fleisches. Sie wissen, jeder Moment, der nicht Gott geweiht ist, ist verloren. Sie haben lange genug die Welt gekostet und falsche Freuden; und dann haben sie erkannt, daß es nur Gebundenheit ist und Knechtschaft, wenn man sich an die Menschen, an sein eigenes Bild, an den Betrug der Sinne verkauft, und sie haben sich die Ohren durchbohren lassen, und sie sind auf Grund des am Kreuz geflossenen Blutes eingetreten in den Neuen Bund, der sie zu Leibeigenen des Herrn macht für Zeit und Ewigkeit.

27. Februar

Ich hielt meinen Rücken dar denen, die mich schlugen, und meine Wangen denen, die mich rauften; mein Angesicht verbarg ich nicht vor Schmach und Speichel. Jes. 50, 6

Das, was wir gestern gelesen haben, kann mit uns nur geschehen auf Grund des am Kreuz vollbrachten Opfers. Wäre er nicht gekommen, so wäre es nie dazu gekommen, daß je ein Menschenkind den Dienst seines Gottes, seinen Herrn und Heiland liebgewonnen und sich ihm fürs Leben und Sterben zur Verfügung gestellt hätte. Er hat's getan! Der Herr Jesus hat's getan! Vor ihm lebte keiner mit durchbohrtem Ohr, keiner mehr, dem Gott jeden Morgen das Ohr öffnen konnte, keiner, der sich ganz und gar seinem Gott zur Verfügung gestellt hat. Da kam er: Hier bin ich! Es steht von mir geschrieben in der Rolle des Buches. Schlachtopfer sind genug geschlachtet worden und haben keine Sünde hinweggenommen und haben das Menschenherz nicht zurückbringen können zu seinem Gott und haben den Menschen nicht überwinden können; das Schielen nach der Welt und das Verlangen nach falscher Freiheit haben sie nicht überwinden können. Dann kam er, der eigentliche Gottesknecht, der große Jünger und Schüler, der immer nur auf seinen Gott gemerkt und nichts Höheres, keine andere Speise kannte, als zu tun den Willen dessen, der ihn gesandt hat. Und was war das für ein Wille? Daß er sich selbst zum Opfer brächte für eine sündige Welt, daß er sich einen Leib zubereiten ließ, im Leib der Maria durch den Heiligen Geist erzeugt, und daß er dann diesen Leib, diese Glieder seinem Gott opferte. Durch die Opferung seines Leibes sind wir Gott geheiligt, ein für allemal für Gott wiedergewonnen.

Wir haben im 50. Kapitel des Jesaja gelesen: „Ich hielt meinen Rükken dar denen, die mich schlugen, und meine Wangen denen, die mich rauften; mein Angesicht verbarg ich nicht vor Schmach und Speichel." Wenn dieser Knecht des Herrn sich seinem Gott zur Verfügung stellt, so ist es für Leiden, Schmach und Demütigungen aller Art. Jesus hat seinen Rücken, sein Angesicht nicht entzogen dem Streich, dem Speichel und der Schmach. Er hat sich Gott geheiligt, daß auch wir geheiligt werden in Wahrheit. Durch die Opferung seines Leibes sind wir wieder für Gott gewonnen und ist unser Herz überwunden, durch nichts anderes.

„Brandopfer und Sündopfer gefallen dir nicht. Da sprach ich: Siehe, ich komme (im Buch steht von mir geschrieben), daß ich tue, Gott, deinen Willen“ (Hebr. 10, 7).

Du nimmst auf deinen Rücken
die Lasten, die mich drücken
viel schwerer als ein Stein.
Du wirst ein Fluch, dagegen
verehrst du mir den Segen;
dein' Schmerzen muß mein Labsal sein.

28. Februar

In diesem Willen sind wir geheiligt auf einmal durch das Opfer des Leibes Jesu Christi. Hebr. 10, 10

Wir sind Gott Geheiligte. Das ist die wörtliche Übersetzung dieser Stelle. Durch das von ihm dargebrachte Opfer, durch seinen göttlichen Willen sind wir Gott Geheiligte, mit anderen Worten: Wir gehören nicht mehr uns selbst; Gott hat wieder Beschlag von uns genommen. Daß Jesus für *uns* starb, das starb er, auf daß alle, die da leben, nicht mehr ihnen selber leben, sondern dem, der für sie gestorben und auferstanden ist (2. Kor. 5, 15). *Karfreitag und Abendmahl feiern und für sich selber leben, ist eine Lüge!* Wer den Tod des Herrn feiert und sich dazu bekennt, bekennt zu gleicher Zeit, daß er nicht mehr sich selber gehört; denn Christus starb ja dafür, daß alle, die leben, dem leben, der für sie gestorben und auferstanden ist. Durch sein Todesleiden sind uns nun die Ohren durchbohrt, soweit wir wirklich da eingehen. Da hat uns Gott durch das Blut des Lammes losgekauft von der Eitelkeit, vom eigenen Wandel nach väterlicher Weise; und hinter dem eitlen Wandel steckt eitles Denken, eine ganze Welt voll Eitelkeit im Herzen! Und wißt ihr, worin die Eitelkeit im Grunde besteht? *Daß man sich um sich selber dreht, sich selber gefällt, sich selber sucht, sein Interesse, seine Art, seine Anerkennung sucht, an seinen Weg sich hinsetzt und bettelt um ein Almosen, um einen freundlichen Blick, bettelt um einen Händedruck bei den Kreaturen am Wege und ein schwarzes Herz hat, wo man auch hinkommt. Das ist Eitelkeit,* wenn man sein Fleisch und seine Natur pflegt und hätschelt und fern davon ist, daß man mit Christus gekreuzigt werde. Die mit ihm Gekreuzigten sind der Welt Gekreuzigte, und die sich selber gekreuzigt sind, die sind Gott geheiligt. Nicht durch ihre Anstrengungen, nicht durch langes Arbeiten, sondern durch das Todesleiden Christi sind sie losgekauft vom Dienst der Welt und gehören nun ihm, der sich die Ohren hat für uns durchbohren lassen und der leidend und sterbend und wirkend durch diese Welt ging als der große Knecht des Herrn.

Mache mich ganz frei für dich,
nichts, nichts Eignes binde mich;
all mein Leben um und an
sei dir, Jesus, untertan!

Löse alles von mir ab,
was ich Liebres als dich hab';
das bleib meine Lust allein:
dir, dem Heiland, dienstbar sein!

Wenn dann meine Zeit vollbracht
und du fertig mich gemacht,
wenn mein Tagewerk geschehn,
dann laß mich dein Antlitz sehn!

29. Februar

Ich heilige mich selbst für sie, auf daß auch sie geheiligt seien in der Wahrheit. Joh. 17, 19

Jesus betet: „Ich stelle mich dir, mein Gott, zur Verfügung für Leiden und Sterben, auf daß nun auch sie dein Eigentum werden. Ich sterbe, auf daß sie nicht mehr ihnen selbst leben, sondern mir und mit mir für dich, den Vater." O wie viele mögen diese Andacht lesen, die noch nicht an die Türpfosten gegangen sind, deren Ohr noch nie durchbohrt worden ist, deren Auge sich noch nie geöffnet hat für die Herrlichkeit eines Lebens, wo man *nur für Gott lebt* und nicht mehr zwei Herren zu dienen sucht, dem Mammon und dem lebendigen Gott, dem lebendigen Gott und dem Menschen und den Kreaturen und sich selber! Noch nie ist ihnen ein Licht aufgegangen für die Schande und den Schmutz ihres Lebens und Wesens, eines *geteilten Herzens,* im Gegensatz zu einem *hörenden Herzen.* Und da hat ihnen Gott auch noch nie das Geheimnis des Kreuzes aufschließen können, und da haben sie noch nie erkannt, daß sie dort im vergossenen Blut einen Freibrief haben, daß sie nun können für Gott leben, durch den sie losgekauft sind von der Eitelkeit eines geteilten Lebens, daß sie nun wirklich und wahrhaftig leben können für den, der sie erkauft hat nicht mit Gold oder Silber, sondern mit seinem eignen, teuren, unschuldigen, reinen Leibesblut, erkauft, Knechte des Herrn zu werden, wie er ein Knecht des Herrn war.

Bitte, denkt einmal darüber nach und sagt's und bekennt's, ob nicht wirklich nur *die* Tage und *die* Stunden des Lebens Wert haben, wo man für Gott lebt! Wie der Fisch nur im Wasser gedeihen kann und der Vogel nur in der Luft, so ist für uns kein Heil und kein Gedeihen anders möglich als in der Erfüllung des göttlichen Willens, in einem Leben der Knechtesstellung mit durchbohrtem Ohr. *Das ist Adel; alles andere ist gemein.* Und mag einer, menschlich gesprochen, noch so hoch geboren sein, *sein Leben ist gemein, wenn er für sich selber lebt, wenn er sein Eigenes sucht,* und er wird vom Fleisch ewiges Verderben haben. Wer, sei es in der Hütte oder auf dem Thron, für sich selber lebt, lebt ein verlorenes Leben, und es ist jeder Tag verloren, welchen du nicht für Gott lebst; denn ein Leben für Gott ist nur möglich auf Grund des am Kreuz vollbrachten Opfers, des Blutes, das für unsere Eitelkeit geflossen und durch das ihr vom eitlen Wandel, von eitlem Denken, von aller Eitelkeit losgekauft werdet, durch das ihr Gott geheiligt werdet. Durch die Opferung seines Leibes (Hebr. 10, 10) sind wir wieder für Gott gewonnen, Gott geheiligt, Gott zugesprochen, und nun haben wir wieder Macht, für Gott zu leben.

1. März

Er ist darum für alle gestorben, auf daß die, so da leben, hinfort nicht sich selbst leben, sondern dem, der für sie gestorben und auferstanden ist.
2. Kor. 5, 15

Es gibt keine Macht, die uns hätte loskaufen können von dem stinkenden Leichnam unseres eigenen Ichs, keine Macht als das *Blut des Leibes Jesu.* Wenn wir uns da reinigen lassen und wieder dieses Blut trinken, das Fleisch des Menschensohnes essen, ihn durch den Glauben in uns aufnehmen, dann wird seine Natur unsre Natur, und da nimmt er unsere eigene Natur wieder an sein Kreuz, und dann gibt er uns seinen Sinn und seinen Geist. Wir aber, sagt Paulus, haben Christi Sinn, und Christi Sinn ist nur auf das eine gerichtet: „Deinen Willen tue ich!" *Das* war seine Speise. Ich habe eine Speise, sagt er, die ihr nicht kennt. Kennt ihr die Speise? Habt ihr eure Ohren geöffnet? Eure ganze Herrlichkeit ist zerfressen von Eitelkeit, Geiz, Wollust, Sünden aller Art; ein gefallenes Geschöpf bist du, reif für die Hölle. *Fortan nur leben dürfen für Gott,* nachdem er uns aufgelesen am Wege und seinen Mantel über uns geworfen hat und uns von unserem schmutzigen Blut gewaschen in seinem Blut, uns die Wunden ausgewaschen, Öl und Wein hineingegossen und seinen Geist uns mitgeteilt hat, uns Kindern des Staubes, die wir mit kotigen Füßen im kotigen Schlamm gestanden und nirgends einen Felsboden finden konnten, auf den wir hätten treten können — wir, du, ich sollen leben dürfen für Gott mit allem Sinnen, Dichten und Trachten! Wie die Planeten sich um die Sonne bewegen müssen, der Fisch nur im Wasser leben kann, so müssen auch wir, die wir für Gott geschaffen sind, in unser Element hinein, und unser Element ist *Gott!* Sonst sind wir unglückliche, verkaufte, elende, betrogene Leute, die sich vom Teufel am Tisch der Welt bedienen und Sand in die Augen streuen lassen, der Fleischeslust, dem Reichtum, dem Ansehen und der Macht zu frönen.

Wir sollen leben dürfen wieder für unseren Gott in unserem *inner-*

sten Grund, nicht *äußerlich.* Jeden Tag sollen wir unseren Gott und Herrn *lieber gewinnen.* Jeden Tag sei unser Gedanke: Ich gehe nicht mehr fort, ich habe meinen Herrn lieb, er hat mir das Herz gewonnen! Wenn aber noch Augenblicke kommen, in denen man sich zurücksehnt in die Welt und die beneidet, welche die Sinnenlust genießen, so paßt das nicht für dich, das darfst du nicht mehr, und der Geist läßt es nicht zu. O blicke tiefer hinein in den Spiegel des göttlichen Wortes, daß du in diesen Worten Gottes die Herrlichkeit eines Erlösers sehest und hineinblickst in die ungeahnte Herrlichkeit eines Lebens, wo man nur für Gott lebt! Meint ihr wirklich, Gott könne ein Menschenherz nicht befriedigen? Nichts Geschaffenes kann ein Herz befriedigen, das nach Gottes Bild geschaffen ist. *Kehre heim, verlorener Sohn, verlorene Tochter, aus der Irre! Was die Welt dir bieten kann, Kunst und Wissenschaft, Bildung und Erziehung, Stand und Herrlichkeit, alles ist eitel,* was nicht für Gott und in Gottes Dienst gestellt ist.

2. März

Er ist darum für alle gestorben, auf daß die, so da leben, hinfort nicht sich selbst leben, sondern dem, der für sie gestorben und auferstanden ist.
2. Kor. 5, 15

Du bist für Gott geschaffen. In dem tiefsten Grund deines Wesens ist ein *Schrei nach dem lebendigen Gott.* Im tiefsten Grund, vielleicht schon in deiner Jugend, bricht etwas durch von Ekel und Sinnenlust und Kreaturenknechtschaft, Menschenlob und Anerkennung. Ein Strahl des Kreuzes, ein Strahl von der Herrlichkeit Jesu Christi ist in dein Herz gefallen. Jetzt ist's fertig. Jetzt kann dich die Hölle nicht mehr befriedigen. Konzert, Ball, Tanz, Theater, Roman, dein eigenes treues Weib, das dir Gott geschenkt, dein eigenes Kind, dein Mann, nichts kann dich befriedigen. Es ist etwas aufgewacht, das geht weit hinaus über alles Geschaffene. Der Geist hat selber etwas aufgedeckt von der Herrlichkeit des Lebens dessen, der sich für uns geopfert und uns für Gott erkauft und ihm geheiligt hat. *Du gehörst Gott.* Du gehörst nicht mehr dir selbst, und du kannst dich nicht mehr verkaufen. Du machst dich nur unglücklich, wenn du dich an etwas anderes hingibst, an irgend etwas Geschaffenes, als an Gott, und wenn du eine Weile deinen Durst stillen willst; denn du gehörst Gott. Der Knecht des Herrn ist auf diese Erde gekommen, um Seelen zu werben für Gott; er hat Leiden, Schmach und Jammer auf sich genommen, uns zu erkaufen für Gott.

Liebe Seele, wenn dir einmal der Blick in diese geistliche Herrlichkeit aufgegangen ist, dann rechnest du nicht mehr schmählich mit den Kosten. Dann fragst du nicht mehr schmählich: Wie weit darf man gehen, ohne zu sündigen? Was ist erlaubt? Du möchtest soviel als möglich noch mitnehmen und mitschleppen. Wenn einmal ein Strahl der Herrlichkeit deinen Weg erleuchtet hat, achtest du es für eine Ehre, Schmach zu erleiden mit dem Volk Gottes, und wirst dich nicht entziehen und achtest es als keine Schmach, aufnehmen zu wollen, was unser Herr gelitten hat. Wer noch nicht erlöst ist, wer noch nicht mit Christus gekreuzigt ist, wer sich darüber noch nicht klar ist, daß er ein Gott Geheiligter ist, hat Angst vor dem Tod und Leiden. Jesus hat sich dem Leiden nicht entzogen, und wer eins ist mit ihm, entzieht sich nicht, wie wir Jesaja 50, 5 gelesen haben: „Der Herr Herr hat mir das Ohr geöffnet, und *ich bin nicht ungehorsam und gehe nicht zurück.* Ich hielt meinen Rücken dar denen, die mich schlugen.“ Deinen Willen tue ich gern, es koste, was es wolle. Durch den ewigen Geist hat sich der Herr geopfert, und die, die den Geist haben, den Jesus hatte, die sind ewigen Geistes. Es ist der Geist des vollendeten Gottmenschen, den hat er ausgegossen an Pfingsten, und dieser Geist führt uns stracks durch Tod zur Herrlichkeit.

3. März

Aber der Herr Herr hilft mir; darum werde ich nicht zuschanden. Darum habe ich mein Angesicht dargeboten wie einen Kieselstein; denn ich weiß, daß ich nicht zuschanden werde. Jes. 50, 7

„Ich bin nicht zurückgewichen“, sagte der Herr Jesus. „Ich bot meinen Rücken den Schlagenden und meine Wangen den Raufenden; mein Angesicht verbarg ich nicht vor Schmach und Speichel.“ Tat er das etwa aus eigener Kraft, weil er der Sohn Gottes war? O nein, in äußerster Schwachheit rechnete er auf die Hilfe seines Vaters. „Siehe, der Herr Herr wird mir helfen“, sagte er. Er hatte nicht in sich selbst die Kraft (Joh. 5, 30), seinen Rücken den Schlagenden und seine Wangen den Raufenden darzubieten. Er tat es in der Kraft Gottes, durch den ewigen Geist. „Der Herr wird mir helfen“ (Vers 7 und 9), sagte mein Heiland, als er nach Jerusalem hinaufging, als er vor Pilatus stand, auf dem Weg zum Kreuz. „Mein Gott wird mir helfen.“ Er vertraute Gott, er tat nichts in eigener Kraft, er schonte nicht seines eignen Lebens. Und er hat nun seinen Geist auf uns herniedergesandt, den Geist bereitwilligen Hörens, den Geist der Selbsthingabe, der unbedingt auf Gottes Treue vertraut. Er wird uns nie über Vermögen versucht werden lassen, wird nie vergessen, was für ein Gemächte wir sind, daß wir, wie der Psalmist von unserem Heiland sagt, „elend und arm“ sind (Ps. 40, 18). Er ging nach Gethsemane und Golgatha, mit seinem Vater Schritt haltend und ihm vertrauend, auch in der dunkelsten Nacht, auch als der Vater sein Angesicht vor dem Bürgen verbergen mußte, da dieser der Welt Sünde trug, einem viel schrecklicheren Augenblick, als der war, da er seinen

Geist in des Vaters Hände befahl; denn weit furchtbarer als der Tod war für ihn das Gefühl der Gottverlassenheit.

„Gott rette ihn jetzt, wenn er wirklich Gottes Sohn ist", sagten die Leute, die um das Kreuz herumstanden — und Gott der Herr half ihm — zu schweigen. „Bist du Gottes Sohn, so steige herab vom Kreuz!" riefen sie ihm zu. Aber er schwieg und brach uns damit Bahn, dahin zu gehen, wohin wir nun und nimmer gehen könnten ohne die Hilfe des Mächtigen, dessen Kraft vollkommen ist in menschlicher Schwachheit, in Elenden und Armen, die ihrem Gott vertrauen und sich auf sein Wort stützen.

Stark ist meines Jesu Hand,
und er wird mich ewig fassen,
hat zu viel an mich gewandt,
um mich wieder loszulassen;
mein Erbarmer läßt mich nicht,
das ist meine Zuversicht!

Würd' es Nacht vor meinem Schritt,
daß ich keinen Ausgang wüßte
und mit ungewissem Tritt
ohne Licht verzagen müßte:
Christus ist mein Stab und Licht,
das ist meine Zuversicht!

4. März

Nachdem nun die Kinder Fleisch und Blut haben, ist er dessen gleichermaßen teilhaftig geworden, auf daß er durch den Tod die Macht nehme dem, der des Todes Gewalt hatte, das ist dem Teufel. Hebr. 2, 14

Dadurch, daß der Herr stracks nach Jerusalem ging und hinunterstieg in die Hölle und hinauf zur Rechten Gottes und den ganzen Willen Gottes leidend und sorgend erfüllte, dadurch hat er den zunichte gemacht, der des Todes Gewalt hat, das ist den Teufel, und hat erlöst, losgebetet, freigemacht alle, die durch Todesfurcht, Sterbensfurcht, Leidensfurcht ihr Leben hindurch Knechte waren, versklavt an ihre Wehleidigkeit, an ihre Neigungen und Abneigungen, an ihre Stimmungen und ihre Lebensverhältnisse. Ich bin bankrott geworden. Aber mein Heiland hat für die bankrott Gewordenen alles, was not tut. Du brauchst keine Kraft erst zu verspüren. Vertraue deinem Heiland! und dann — in ihn gehüllt, kannst du stracks nach Jerusalem gehen, den Weg, den du nicht gegangen bist und gegangen wärest, wenn dich der

Herr nicht losgewunden hätte von Wehleidigkeit. Das ist die Erlösung, und das ist Heil. Ich habe meinen Herrn lieb und vertraue ihm, sagt der Knecht mit durchbohrtem Ohr, daß, wenn er einen schweren Gang mich führt und Schweres von mir verlangt, er mir ein doppeltes Maß seiner Gnade gibt, und dann trägt er mich durch, und dann lerne ich ihn im Todestal kennen, im dunklen Tal, wie ich ihn sonst nie gekannt hätte. Da ist frisches Wasser, Quellwasser, das ist Erlösung.

Willst du, liebe Seele, die du vielleicht bis auf die heutige Stunde überall der Welt und dir selber gelebt hast, willst du dich einschreiben unter die Fahne des Gekreuzigten: „Jesus, dir leb' ich, Jesus, dir sterb' ich, Jesus, dein bin ich, tot oder lebendig!"? Willst du dir auch dein Ohr durchbohren lassen, wenn du einen Blick getan hast in die Herrlichkeit eines Lebens, wo man *nur für Gott lebt?* Und wenn du einen Blick getan hast in die Tiefen der Erlösung, in die Macht des Blutes Jesu Christi, und anfängst zu merken, daß dieses Blut dich freimacht von aller Eitelkeit, von deinem Eigenwillen, von deiner Lust, so wirst du gar nicht mehr anders leben wollen und es als eine Ehre erachten, als Ruhm und Herrlichkeit, mit ihm leben und leiden zu dürfen in der Kraft seines unauflöslichen Lebens und mit ihm zu herrschen von Ewigkeit zu Ewigkeit.

5. März

Wer ist unter euch, der den Herrn fürchtet, der seines Knechtes Stimme gehorche? Der im Finstern wandelt und scheint ihm kein Licht, der hoffe auf den Namen des Herrn und verlasse sich auf seinen Gott. Jes. 50, 10

Und nun zum letzten Teil des Kapitels. Ich frage: „Wer unter euch fürchtet den Herrn?" Wer gehorcht der Stimme seines Knechtes, die euch herausruft aus der zweideutigen Stellung, in die euch die Welt oder eure Angehörigen zuweilen gebracht haben, in der ihr bald Gott, bald letzteren euer Ohr geliehen habt? Er beruft euch zu einem Leben, in dem ihr taub und blind seid für alles, außer für euren Gott, ohne Rücksicht auf Menschen (Jes. 42, 18). Wer unter euch fürchtet den Herrn, und wer ist bereit, ins verheißene Land einzugehen?

Soll er nicht Samen haben? „Wer in Finsternis wandelt und welchem kein Licht glänzt, vertraue auf den Namen des Herrn und stütze sich auf seinen Gott." Weshalb konnte Jesus Christus und weshalb können alle, die seines Namens sind, getrost vorwärtsgehen und mit Freuden seinen Willen tun, ohne irgendwelcher Furcht Raum zu geben? O einzig und allein, weil sie wissen, mit wem sie es zu tun haben; vertrauend auf die Weisheit und Zartheit ihres Gottes, können sie nicht zurückgehen. Lebend oder sterbend können sie nicht anders als dem Lamme nachfolgen und dessen Willen tun, weil sein Wille der des Vaters ist.

„Wer im Dunkeln wandelt und scheint ihm kein Licht, der stütze sich auf den Herrn“, damit er durch solche Tunnelgänge auf reineren Glaubensboden zu stehen kommt. Es ist im Grund immer ein Stück fluchwürdiger Selbstgerechtigkeit, daß man in sich erst etwas fühlen will, während der Glaube das Vertrauen ist auf den, der den Gottlosen gerecht macht, das Sichstützen auf ihn auch im tiefsten Dunkel, nicht mehr auf den Schlamm eigener Gefühle. Es ist dem Heiland viel teurer als unsere Gefühle, wenn wir uns auf ihn stützen, den einen Arm, der nicht fehlen kann; sonst kommst du nie aus dem Schlamm auf den Felsenboden. Nichts von sich erwarten, von nichts etwas fürchten, ihm vertrauen, in ihm Deckung suchen, Bergung unter seinen Fittichen: das heißt glauben. „Ich glaube, darum rede ich.“ Ich rede nicht von meinen Erfahrungen, ich verkündige die Treue meines Herrn. Wie sollte ich einem solchen Herrn nicht trauen! Mag sein, daß ich viel geplagt und viel gedemütigt werde; das tut nichts, ich vertraue ihm nur um so mehr. Er ist allem gewachsen.

6. März

Siehe, ihr alle, die ihr ein Feuer anzündet, mit Flammen gerüstet, gehet hin in das Licht eures Feuers und in die Flammen, die ihr angezündet habt! Solches widerfährt euch von meiner Hand; in Schmerzen müßt ihr liegen. Jes. 50, 11

Siehe, ihr alle, die ihr ein Feuer anzündet, mit Brandpfeilen euch rüstet: hinweg in die Glut eures Feuers und in die Brandpfeile, die ihr angesteckt habt! Solches geschieht euch von meiner Hand; in Herzeleid sollt ihr daliegen. Ich bin es, der die Himmel in Schwarz kleidet, weil ich euer Ohr nicht mehr habe. Meine Hand war es, die euch Kummer und Herzeleid schickte, weil ihr, anstatt auf meinen Trost und meine Hilfe zu warten, mir vorgegriffen und euch selbst geholfen habt. Nun „sollt ihr in Herzeleid daliegen“. Fassen wir wieder Vertrauen zu dem Herrn, unserem Gott, und weisen wir Menschentrost und Menschenhilfe zurück, solange Gott sie uns nicht schickt! Kannst du deinem Vater nicht vertrauen? Ist er nicht der Gott, der seinen Sohn gab, und sollte er uns mit ihm nicht alles schenken? Was auch geschehen mag, das wird nur zu der von ihm bestimmten Zeit und in der von ihm verordneten Weise geschehen: Gott schickt es und paßt es meiner jeweiligen Tragkraft an. Ich bin in meines Vaters Hand, was sollte ich fürchten? Wieviel besser ist es, so vorwärtszugehen, als durch unzeitiges eigenes Eingreifen die Zeit der Dunkelheit abzukürzen!

Ist Gott für uns, wer mag wider uns sein? Welcher auch seines eigenen Sohnes nicht verschont hat, sondern hat ihn für uns alle dahingegeben, wie sollte er uns mit ihm nicht alles schenken? Wer will die

Auserwählten Gottes beschuldigen? Gott ist hier, der da gerecht macht. Wer will verdammen? Christus ist hier, der gestorben ist, ja vielmehr, der auch auferweckt ist, welcher ist zur Rechten Gottes und vertritt uns. Wer will uns scheiden von der Liebe Gottes? Trübsal oder Angst oder Verfolgung oder Hunger oder Blöße oder Fährlichkeit oder Schwert? Wie geschrieben steht: „Um deinetwillen werden wir getötet den ganzen Tag; wir sind geachtet wie Schlachtschafe." Aber in dem allen überwinden wir weit um deswillen, der uns geliebt hat. Denn ich bin gewiß, daß weder Tod noch Leben, weder Engel noch Fürstentümer noch Gewalten, weder Gegenwärtiges noch Zukünftiges, weder Hohes noch Tiefes noch keine andere Kreatur mag uns scheiden von der Liebe Gottes, die in Christus Jesus ist, unserem Herrn (Röm. 8, 31—39).

Die eherne Schlange

7. März

Und wie Mose in der Wüste eine Schlange erhöht hat, also muß des Menschen Sohn erhöht werden, auf daß alle, die an ihn glauben, nicht verloren werden, sondern das ewige Leben haben. Joh. 3, 14. 15

So alt die Menschheit und die Christenheit geworden ist seit 1900 Jahren, sie kann es noch heute brauchen, das alte Evangelium, in welchem der Herr zu uns redet als zu Kindern, damit wir endlich aufwachen von unserem Tappen nach Glauben und aufschauen, nicht auf unseren Glauben, sondern auf den, der erhöht worden ist ans Kreuz und der, wie Gottes Wort verbürgt, unsere Sünden hinaufgetragen hat auf das Holz und unseren Schuldbrief — ob wir nun Selbstgerechte oder Verbrecher sind, die von der Gesellschaft verworfen wurden — genagelt hat ans Kreuz. Und von dort tönt die Botschaft, die alte, die im Vorbild durch das Lager geklungen bei den aufrührerischen Israeliten: Wer die eherne Schlange ansieht, nicht wer sich mit seinen Wunden abgibt und seinen Puls fühlt, ob das Gift weicht und die Gesundheit kommt, sondern wer von seinem hoffnungslosen oder hoffnungsreichen Zustand absieht und sich's gefallen läßt, sich als einen von Christus Erlösten anzusehen, der kann nicht verlorengehen, weil er sich unter Gottes Liebesgebot gebeugt hat. Es soll nur *eine* Rettung geben für den einen wie für den anderen: den Blick auf das Lamm.

In ihm, dem Gekreuzigten, reichen wir uns die Hände, in ihm stärken wir uns, haben wir Fühlung im Geist, um neu angetan mit Kraft aus der Höhe weiterzugehen in einer Wüste, wo Schlangen beißen, aber wo überall das Blut des Lammes uns deckt, uns schützt, uns reinigt, uns löst, uns heiligt, wie geschrieben steht: „Durch seine Wunden sind wir geheilt", so sicher und so gründlich, als die Israeliten durch den Blick auf die eherne Schlange von dem Biß der giftigen Schlangen geheilt wurden.

„Auf daß alle, die an ihn glauben, nicht verloren werden.“ Glaube ist nicht etwas, was wir uns suchen dürfen, als ob es mit Gefühl und Bewußtsein etwas zu tun hätte oder eine Stimmung wäre; er ist niemals herrlicher als in gedrückter Stimmung; wenn es rings um uns dunkel ist, dann schauen wir auf ihn, der gestern und heute allem gewachsen ist. Mit ihm geht es, wo es auch sei; es geht mit ihm auch dort vorwärts, wo die größten Schwierigkeiten uns umgeben.

Wir schauen auf zu ihm, nicht nur, um Vergebung der Sünden zu finden, sondern auch, um Kraft zu haben, auszuharren auf unserem Posten, liebend, leidend, wartend, bis daß er kommt.

8. März

Wenn jemand eine Schlange biß, so sah er die eherne Schlange an und blieb leben. 4. Mose 21, 9

Es ist etwas Schreckliches, daß es dem Teufel gelungen ist, aus dem Glauben, dem allereinfachsten Ding, etwas Kompliziertes zu machen; daß er uns da, wo die Schrift sagt, wir sollen alles vom Herrn erwarten, dahin bringt, auf uns zu blicken und etwas von uns zu erwarten und dabei wegzusehen vom Herrn. Du kannst dich nicht mit dir selbst beschäftigen und dir den Puls fühlen und dabei aufsehen auf den Herrn. Wir danken ihm im Staube, daß er uns gewürdigt hat, auf ihn zu blicken und ihn zu kennen und in seiner Gemeinschaft zu stehen, erkauft und gelöst durchs Blut, uns rühmend nicht des Fleisches, nicht unserer selbst, sondern: wer sich rühmt, der rühme sich des Herrn, des Lammes Gottes.

Darauf also kommt es an, zum ersten, daß wir aufschauen, und zum zweiten, daß wir aufmerken, nicht auf das, was in uns vorgeht, sondern auf das, was geschrieben steht. Daß das geschriebene Wort zu gewissen Stunden (Gott Lob und Dank, daß das geschieht) in ganz besonderer Klarheit vor uns steht, etwa in gesegneten Versammlungen, wenn Kinder Gottes zusammen sind, darauf kommt es nicht in erster Linie an. sondern es kommt darauf an, und unser Wachstum hängt davon ab, daß wir uns ganz einfach halten an das Wort, ob es lebendig in uns ist oder nicht, weil es geschrieben steht.

Das ist die Majestät des Volkes Gottes, das nur einen Retter kennt und nur ein Heil, das nicht vor Menschennamen sich beugt, sondern vor dem einen fleischgewordenen Worte Gottes, unserem hochgelobten Herrn und Heiland, Jesus Christus, gestern und heute und derselbe in Ewigkeit. Er selbst unveränderlich, aber viel größer und herrlicher steht er heute vor uns als vor Jahren, da wir zum erstenmal zu ihm aufblicken lernten. Alles, was andere Namen mit Staub bedeckt und was sonst die

Dinge, die uns als hohe und herrliche vorgeschwebt, herunterdrückt, trägt ihn wie die Wolken des Himmels. Je kleiner wir werden, je mehr alles Hohe und Herrliche im Menschen, das wir angestaunt, sich uns aufschließt als Fleisch, als stinkendes, verwesendes Fleisch, desto herrlicher wird er, der Einzige, Ewige, Große, „Welt ohne Ende", Ozean ohne Grund, Weite und Höhe und Breite der Liebe Gottes.

Blicke nur auf Jesus, Seele, eil ihm zu!
Der für dich gelitten, gibt dir Fried' und Ruh.
Er trug deine Schmerzen, alle deine Schuld;
blicke nur auf Jesus, traue seiner Huld!

Blicke nur auf Jesus, mitten in dem Streit!
Wird der Kampf auch heißer, Hilfe ist bereit.
Ist der Feind gleich mächtig, deine Kraft nur klein,
blicke nur auf Jesus! Sein Sieg ist auch dein.

9. März

Denn er ist unser Friede, der aus beiden eins gemacht und abgebrochen hat die Zwischenwand der Umzäunung, nachdem er in seinem Fleisch die Feindschaft, das Gesetz der Gebote in Satzungen, hinweggetan hatte, auf daß er die zwei, Frieden stiftend, in sich selbst zu einem neuen Menschen schüfe. Eph. 2, 14. 15

Gebote, Forderungen, Lehrsätze, Menschensatzungen, alles, was Schriftgelehrte der einfachen Wahrheit entgegengesetzt haben, mit dem ist der Herr Jesus am Kreuz fertig geworden und hat es angenagelt ans Holz, Frieden verkündigend allen denen, die im Glauben sich stellen auf den Grund der Apostel und Propheten, da Jesus Christus der Eckstein ist. Auch hiernach ist der einfache, nackte Glaube, der sich gründet auf das Wort und auf den im Wort gegenwärtigen Erlöser, das Entscheidende.

Römer 10, 17: „So kommt nun der Glaube aus dem Hören (Hören des Wortes und Aufsehen auf Jesus sind eins), das Hören aber durch das Wort Christi." Zwei Dinge sind erforderlich, um uns heil werden zu lassen: 1. das Werk Christi als des Gekreuzigten und 2. das Wort Christi, das uns das Verständnis seines Werkes aufschließt und uns tüchtig macht, zu trinken von der Quelle. — Bruder, der du noch nicht zur Bruderschaft durchgedrungen bist, der du sagst: Ich wage noch nicht, mich in euren Kreis zu stellen, mich als einen Menschen anzusehen, den der Heiland angenommen hat, ich fühle nichts in mir, es ist alles so dunkel, so kalt und leer in mir — komm, teure Seele, ich gehe mit dir unter das Kreuz und reiche dir die Bruderhand. Suche nichts mehr in dir selbst! Der Glaube quillt, wo jemand die Botschaft hört von dem Gekreuzigten. Jesus A und O, Anfang und Ende, der unteilbare Christus, der für uns gekreuzigt. „O das Kreuz, das Kreuz, an dem mein Heiland gehangen!" Dieses Kreuz macht das Kreuz über mich.

Da, wo ich meine Gerechtigkeit aufgerichtet, macht Gott mit dem Kreuz einen Strich hindurch. In jedem Geretteten wird das Kreuz aufgerichtet über unseren Unglauben, aber auch über dem Schwelgen in selbstgemachten Gefühlen, bis unser Geist anfängt, zur Ruhe zu kommen in dem Kindesglauben an das einfache Evangelium. — Das Evangelium ist nicht eine Sache, sondern eine Person, das fleischgewordene Wort, mein wahres Ich, in dem jedes unter uns sich selbst wieder findet, in dem jeder zu seinem Ursprung zurückkehrt, trinkend das Wort und wegschauend auf Jesus. Der Glaube fängt damit an und kommt dadurch zur Vollendung, daß man wegschaut von sich, auch von allem, was Menschen herumgetiftelt haben am Evangelium, auf die einfache Wahrheit, die geschrieben ist für Kinder.

10. März

Und wie Mose in der Wüste eine Schlange erhöht hat, also muß des Menschen Sohn erhöht werden, auf daß alle, die an ihn glauben, nicht verloren werden, sondern das ewige Leben haben. Joh. 3, 14. 15

Wir haben gesprochen von dem Schauen auf Jesus, von dem gläubigen Aufnehmen des Wortes vom Kreuz; und nun müssen wir noch ein Wort sagen von jenem anderen, was im Blick auf das Kreuz Christi liegt. Er hat sich durch den ewigen Geist geopfert. — Er hätte nimmermehr in sich selbst Kraft gehabt, es zu tun. Und wenn du erst in den Elementen des Christentums — von allem wegblicken auf ihn (Hebr. 12, 2) und gläubig aufnehmen das Wort — fest geworden und erstarkt bist, dann wird dir Christus so groß und dein Blick so an ihn gebunden, daß du nicht mehr Zeit hast, auf das Schwere deines Weges zu blicken, daß dir alles ein Dürfen wird: *Ich muß, ich kann, ich darf leiden.* Es stehen wunderbare Worte im Hebräerbrief gerade über diesen Punkt. In Kapitel 2, 9: „Er hat für alle den Tod geschmeckt" — dann brauche ich ihn nicht mehr zu schmecken. Und Vers 14: „Er starb, auf daß er durch den Tod die Macht nehme dem, der des Todes Gewalt hatte, das ist dem Teufel, und erlöste die, so durch Furcht des Todes im ganzen Leben Knechte sein mußten" — die Furcht zu sterben, die Leidensfurcht ist schrecklicher als das Leiden selbst. Er nun hat für uns alle den Tod gekostet und nimmt dem Tod seinen Stachel, und er nimmt jedem Leiden und jedem Abdankungsweg die Bitterkeit. Es ist ein Hinnehmen und ein Hineinleben in die Gemeinschaft des Kreuzes, des lebendigen Heilands. Je lebendiger mir mein Heiland wird, desto weniger kann ich zurückschrecken vor irgendeinem Engpaß, nicht weil ich ein Held bin, sondern vielmehr weil ich mich selbst wundern muß, daß ich so schwach, so kraft- und mutlos bin. Ich bin stark in ihm, in dem ewigen Geist, durch den Christus sich geopfert hat und durch den ich mich opfern kann, den Sterbensweg gehen kann. — Dann muß man sich aber geübt haben, von allem wegzusehen auf ihn.

Wir sind stark, nicht weil wir etwas vermögen, sondern weil er in den dunkelsten Passagen uns Stecken und Stab ist, und wenn wir nicht mehr weiter können, nimmt er uns in die Arme und trägt uns hinüber.

Er hat den Tod geschmeckt für alle, und was von Tod und Sterben in ein Menschenleben hineingelegt werden kann, durch das trägt er hindurch, Jesus Christus, der Gekreuzigte, der des Todes Bitterkeit geschmeckt. Wo er durchgebrochen, da ist eine Passage für die Memmen, Feiglinge, Wehleidigen — und jeder von uns weiß etwas davon, was es ist, wehleidig sein.

Das ist der Triumph des Herrn, und diesen Triumph feiern wir in dieser Passionszeit, und wir bitten füreinander, daß alle, die noch nicht wagen, in diese Herrlichkeit hineinzuschauen, dem Heiland näherkommen und hineinkommen in die Wesenheit seines Todes, seiner Auferstehung und seines ewigen Lebens.

Kreuzesherrlichkeit

11. März

Die Braut steht zu deiner Rechten in eitel köstlichem Gold. Höre, Tochter, sieh und neige deine Ohren; vergiß deines Volks und deines Vaterhauses, so wird der König Lust haben an deiner Schöne. Er ist dein Herr; und du sollst ihn anbeten. Ps. 45, 10—12

Der Allerverachtetste — „der Schönste unter den Menschenkindern", welch ein Gegensatz in diesen beiden Kapiteln, die doch von ein und derselben Person handeln!

In der Hälfte von Psalm 45 wird uns der König in seiner Schönheit und seiner Majestät vorgeführt, in der zweiten Hälfte die Königin in ihrer Schönheit und Majestät. Diesen zweiten Teil wollen wir in dieser Passionszeit heute und die nächsten Tage betrachten und stehenbleiben bei dem, was in Vers 10 und 11 von der Königin gesagt ist. — Die beiden Verse führen uns auf die Vergangenheit der Königin; nicht immer war sie Königin, nicht immer schön. Sie war eine arme Tochter niedriger Herkunft, so tief gefallen, wie ein Fall nur denkbar ist. An eine solche ergeht der Ruf: „Höre, siehe, neige dein Ohr, vergiß deiner Vergangenheit!"

Es ist der Ruf an die Braut, an jede einzelne Seele, die ein Glied der Gemeinde Jesu werden soll. Nicht aus den Reihen der Erzengel wählt der König der Könige diejenige, die durch alle Ewigkeiten hindurch seine Gefährtin sein soll; er sucht sie aus einem Geschlecht, so geschändet durch tiefen Fall, daß wohl kein Erzengel dessen Wiederherstellung für möglich gehalten hätte. Das gerade ist die Herrlichkeit dieses Königs, so hoch erhaben in seiner Majestät, daß er imstande ist, so tief herabzusteigen. Er hat sich verbindlich gemacht, das gefallene Menschengeschlecht wiederherzustellen, ja es zu höherer Vollendung zu führen, als es in seinem ersten sündlosen Zustand war. Das ist seine Ehre und Herrlichkeit.

Eins nur verlangt er: Ohr, Auge und Sinn dieser Tochter. Sie hat ihr Ohr geneigt, sie hat ihr Auge hergegeben, aber — der Schlange, und sie fiel. Da steigt der König herab in ihre Niedrigkeit, er wird des „Menschen Sohn", er läßt sich das Ohr „durchbohren" (Jes. 50), damit *ihr* Ohr sich *seiner* Stimme wieder öffnen könne.

Und nun, Tochter, höre! Es ist die Stimme des Gekreuzigten und Begrabenen, die Stimme des Auferstandenen, des Königs der Herrlichkeit: Höre mir zu, Tochter, *deine,* nicht der Engel Natur habe ich angenommen, bin Fleisch geworden von deinem Fleisch, dich zu heilen von dem großen Fall, in vollkommene Schönheit dich zu gestalten. Wie bist du so befleckt, arme, gesunkene Tochter, wie bist du so erniedrigt, wie bist du betrogen durch die Sünde, geknechtet, mit Füßen getreten, verlassen von allem, worauf du deine Hoffnung setzest! Schau mich an, mich, den Mann mit der Dornenkrone!

12. März

Höre, Tochter, sieh und neige deine Ohren! **Ps. 45, 11**

Willst du Jesus in seiner Herrlichkeit schauen, so findest du keine Schönheit, wie Menschen sie begehren oder sich ausmalen. Er ist der Mann der Schmerzen; bei ihm ist „keine Gestalt und keine Pracht, kein Ansehen, daß wir seiner begehrt hätten"; er ist „wie einer, vor dem man das Angesicht verbirgt" (Jes. 53, 2. 3). Aber höre weiter Vers 4 und 5: „Fürwahr, er trug unsere Krankheit und lud auf sich unsere Schmerzen. Wir aber hielten ihn für den, der geplagt und von Gott geschlagen und gemartert wäre. Aber er ist um unserer Missetat willen verwundet und um unserer Sünde willen zerschlagen. Die Strafe liegt auf ihm, auf daß wir Frieden hätten, und durch seine Wunden sind wir geheilt." Dir, o Tochter, gebührt die Dornenkrone, die er trägt; dein ist der Fluch, den er auf sich geladen; dir gelten die Schläge, die ihn niederbeugen, statt deiner empfängt er die Wunden. Seinen heiligen Leib bietet er dar als Opfer für dich, für dein ganzes Geschlecht; verbirg nicht dein Angesicht vor ihm, bleibe stehen und betrachte ihn, sein Auge ist auf dich gerichtet — ihn anzuschauen ist dein Leben.

Es ist ein schauerliches Etwas in der menschlichen Natur, das gegen den Gekreuzigten sich auflehnt: „Hinweg mit diesem!" Weißt du auch, daß, wenn du zurückweichst vor dem Gekreuzigten, du dein eigenes Verdammungsurteil besiegelst? Schaue besser hin, betrachte aufmerksamer den um deiner Eitelkeit, um deines Hochmuts willen Zerschlagenen! Hast du ihn einmal recht betrachtet, so kannst du nicht mehr von ihm weggehen. Sein Anblick verdrängt alles, was bisher dein Herz erfüllte, und wandelt dein ganzes Leben um. Wie wenige haben es doch gelernt, betrachtend stillzustehen vor ihrem Gott, seinem Wort und seinem Geist Raum zu geben! Die meisten haben zu viel zu tun im Dienst des vergänglichen Wesens, andere sind zu viel beschäftigt im Dienst des Reiches Gottes, als daß sie ihre kostbare Zeit fürs Anschauen des Gekreuzigten selbst, fürs Verstehenlernen dessen, was Erlösung ist, hergeben könnten. Darum sind sie unbefriedigt geblieben von aller Frucht ihrer Arbeit, sie haben ihren hohen Beruf nicht erkannt; sie haben keine Zeit, der Stimme des Bräutigams zu lauschen.

Ewig soll er mir vor Augen stehen,
wie er als ein stilles Lamm
dort so blutig und so bleich zu sehen,
hängend an des Kreuzes Stamm,
wie er dürstend rang um meine Seele,
daß sie ihm zu seinem Lohn nicht fehle,
und dann auch an mich gedacht,
als er rief: „Es ist vollbracht!“

13. März

Vergiß deines Volks und deines Vaterhauses! Ps. 45, 11

„Vergiß!“ heißt es. Im Anschauen vergiß alles andere, jeden anderen Namen, auch deinen eigenen! Königin wirst du nur, wenn du deinen Namen und den deines Geschlechts beiseite setzest, vergißt. Verläßt du deine vorigen Wege und deine alte Heimat, so macht der König dich seiner Natur teilhaftig; du erfährst, was leben heißt. Dann erst kannst du auch den vollen Sinn deiner Taufe ausleben. Der biblische Sinn von Getauftwerden ist: sich in den Tod Christi hineinpflanzen lassen, allen Ehrgeiz, alle Hoffnungen, alle Wünsche und Neigungen, die ganze Welt, in der man bisher gelebt, in sein Grab mit hinunternehmen, des Vaters Haus und den „eitlen Wandel nach väterlicher Weise“ (1. Petr. 1, 18) verlassen; was man war, was man liebte, wofür man arbeitete, ehe man Christus kannte, vergessen. Dieses aber empfangen wir durch den Heiligen Geist. Durch die mächtige Wirkung Gottes werden wir mit Christus eins gemacht in der Gleichheit seines Todes und ebenso in der Gleichheit seiner Auferstehung (Röm. 6, 5). So werden wir gelöst von der alten Schmach. Wenn sich eine Jungfrau dem Mann, der um sie wirbt und dem ihr Herz gehört, verlobt, so bricht sie mit ihrer Vergangenheit: schon seine Anfrage, sobald sie eine Stätte findet, löst sie aus den alten Verhältnissen.

Darum noch einmal: Stehe still und lausche dem, was er dir zu sagen haben mag! Vielleicht kannst du schon jetzt unter der Gestalt des Verachteten einen Schein seiner Herrlichkeit und Majestät erblicken, wie er bisher noch nicht in dein Herz gekommen war. Ertönt dir des Bräutigams Stimme, so gehörst du dir selber nicht mehr an; er wirbt um dich, und du hast ihm eine Antwort zu geben.

Da hat er sich vor mich gestellt,
der wunderbare Siegesheld;
da hat er mich im Geist erschaut
als seine ihm verlobte Braut;
da schrieb er mir das Wort hinein
in meines Herzens tiefsten Schrein.
Mein Heiland rief am Kreuz mit Macht:
Es ist vollbracht! Es ist vollbracht!

14. März

Du bist der Schönste unter den Menschenkindern, holdselig sind deine Lippen. Ps. 45, 3

Keiner der Jünger Jesu konnte seine Schönheit und Herrlichkeit verstehen, ehe er gekreuzigt war. Auch auf dem Berg der Verklärung verstanden sie nicht die Herrlichkeit des Kreuzes. Wie tief wir auch gefallen, wie fest unsere Augen noch gehalten sein mögen — dennoch steht das Verlangen des Herrn der Herrlichkeit nach uns. In dem Augenblick, da wir unsere Augen zu ihm aufheben, ihn zu betrachten, beginnt die Umwandlung in unserem innersten Wesen, da bekommen wir eine Ahnung von dem ewigen Vorsatz Gottes, nach welchem er Menschen schuf. „Wir alle aber, mit aufgedecktem Angesicht die Herrlichkeit des Herrn anschauend, werden verwandelt in dasselbe Bild von Herrlichkeit zu Herrlichkeit, als durch den Geist" (2. Kor. 3, 18), nicht wie Mose, der, nachdem er Gott geschaut, sein Angesicht verhüllen mußte, weil das Volk den Widerschein der Herrlichkeit Gottes auf diesem nicht ertragen konnte. Vom Gekreuzigten geht neues Licht auf unseren Weg, in unser Herz, über unser Angesicht, wenn wir seine wunderbare Person recht betrachten; und je treuer wir uns versenken in sein Wort, in seine Gedanken, in die Arbeit seiner Seele, in das Opfer, das er brachte, desto sicherer und tiefer werden wir von uns selber gelöst, desto höher zieht er uns hinauf zu sich und teilt uns mit von seinem unaufhörlichen Leben.

Erkauft, erkauft mit seinem Blut,
es bebt mein Herz in sel'ger Glut.
Ich weiß nicht, was mit mir geschah,
als ich am Kreuz den Sieger sah.
Er füllt mit Herrlichkeit den Sinn,
er hat mein Leben ganz dahin.
Mein Heiland rief am Kreuz mit Macht:
Es ist vollbracht! Es ist vollbracht!

15. März

Denn er ist dein Herr; und du sollst ihn anbeten. **Ps. 45, 12**

Der Herr will keine Sklaven sklavischen Sinnes, er nimmt nur Brautseelen, die ihm auf den Knien danken, daß er sie gerufen, und die wenigsten ahnen etwas von der Herrlichkeit, niemand mehr zu gehören als ihm, wegzugehen wie Rebekka (1. Mose 24), los von der Heimat. In den Evangelien heißt es überall: Wer nicht allem absagt, was er hat, kann mein Jünger nicht sein; wer Vater oder Mutter, Sohn oder Tochter mehr liebhat als mich, ist mein nicht wert. Der Herr will Leute, die da wissen, wer die Hand nach ihnen ausstreckt, wer sie erkauft mit seinem Blut, wer um sie wirbt, und die ihm nicht genug danken können, daß er sie nicht auf den Hefen ihrer natürlichen Frömmigkeit und ihrer Gemütsbewegungen und ihres seelischen Lebens gelassen hat, sondern sie herausgerufen aus der Löwenhöhle, in der sie bisher zu Hause waren, und gebunden an sich, wo der Herr der Herrlichkeit über sie verfügt und somit kein anderer mehr die Hand auf sie legen kann. Eigentum, Juwelen seiner Majestät! „Ich habe euch zu diesem Berg gebracht, mein Eigentum, meine Juwelen" — übersetzt die englische Bibel. Juwelen, aufgelesen im Kot! Aus einer Welt der Schande herausgerufen, wo man bis in die Frömmigkeit sich selber gesucht und an sich selber herumgemacht und keine Ahnung hatte von dem Gestank, den man verbreitet. Und dann im Triumph geführt! Und dabei, je länger er uns herumgeführt, je mehr den Geruch und Geschmack des eigenen Wesens und Namens — nicht der Eigentümlichkeiten, die hat Gott geschaffen — verlierend und etwas von dem Süßgeruch der Erkenntnis Jesu Christi verbreitend. So eng mit ihm zusammengebunden sein, daß die, die mit uns verkehren, ganz natürlich dadurch etwas vom Herrn kennenlernen, und das immer mehr, je fester wir an ihn gebunden sind. Willst du? Du hättest sonst nie die göttliche Offenbarung verstanden, nie wäre es durch deine Seele geflammt: Mein Isaak, mein Bräutigam verlangt nach mir.

Und du kannst dich nicht losmachen von den Freuden der Kindheit und allem, was dein Leben ausmacht? O Seele, wenn es bei dir zu einer durchschlagenden Entscheidung kommen soll, dann mußt du nicht mit einer Laterne in der Hand nach Glauben suchen in dem Dunkel deiner Empfindungen und Gefühle, sondern du mußt dir den Herrn in seiner Herrlichkeit vorstellen und dich von ihm binden lassen an sein Liebesjoch.

Für dich ist ewig Herz und Leben,
Erlöser du, mein einzig Gut!
Du hast für mich dich hingegeben
zum Heil durch dein Erlösungsblut.
O Heil des schweren, tiefen Falles,
für dich ist ewig Herz und alles!

16. März

Der uns berufen hat mit einem heiligen Ruf. **2. Tim. 1, 9**
Höre, Tochter, sieh und neige deine Ohren! **Ps. 45, 11**

Berufen mit heiligem Ruf! Seele, hast du den Ruf des Königs in den Tiefen deines Wesens gehört? Bist du willig, zu folgen? Oder sprichst du: Wie kann ich? Er weiß, was er sagt, und fordert nicht von Ohnmächtigen, was sie nicht leisten können. Das ist Glaube, nicht auf seine gelähmten Glieder zu sehen und auf seinen Tod, sondern auf den Herrn der Herrlichkeit, der mit dem Wort „Komm!" uns Kräfte gibt, zu kommen, aufzustehen. — Schaue ihn an! — Dazu sind diese stillen Minuten da. Und während du ihn anschaust, nimmt er dich bei der Hand und führt dich an sein Kreuz, in sein Grab, nach Gethsemane und sagt: Sieh, dort habe ich für dich geblutet und blutigen Schweiß geschwitzt und bin durch Todesnacht gegangen und habe Tod und Macht der Hölle und Sünde hinweggeführt, damit du mein würdest.

Es ist Unglaube, Glauben in sich zu suchen. Der wahre Glaube fängt gerade da an, wo man keinen Glauben in sich sucht und anfängt, auf ihn zu blicken und alles von ihm zu erwarten, gerade weil wir im heillos verderbten Zustand sind, nichts mehr von uns erwarten und alles von *ihm!* Wenn er mich haben will, muß er sich Bahn brechen bis zu mir und muß Mittel und Wege finden, dem Lahmen, dem Blinden, dem Toten Leben einzuhauchen. Und das tut er, wenn er mich zu sich ruft. Das tut er heute noch. Willst du? Und dann schließt er dir sein ganzes vollbrachtes Werk auf und führt dich aus den erstickenden Horizonten deiner Anstrengungen, wenn du halb gelähmt bist wie Jakob am Jabbok, einem neuen Morgenrot entgegen, es geht am Horizont eine neue Sonne auf. Du bist gelähmt, kannst nicht mehr ringen, und nun bekommt dich dein Heiland in seine Hand, und nun haucht er dir sein Leben ein, und du wirst sein Gnadenkind — und das ist ein Kind, das für alles nichts mehr in sich sucht, weder schwachen noch starken Glauben, sondern alles von *ihm* erwartet und dann sich nie verrechnet; denn er verrechnet sich nie. Das ist Glaube. Bankrottgewordenen geht diese neue Sonne auf, denen, die sich entschlossen haben: Ich will nicht mehr mir selber leben, ich finde dabei nichts als Gestank und Modergeruch und Fluch um und um! Und dann findest du, was dir der Gekreuzigte längst hat sagen wollen. Da warst ja du und war ich gemeint, als er am Fluchholz starb — und du wirst schließlich vernünftig und suchst nichts als Gnade. Wohl denen, die nicht mehr Jahrzehnte verlieren, sondern endlich aufwachen und Ernst machen, eine Abmachung mit ihrem Heiland: Von heute an kannst du über mich verfügen!

17. März

Und der Geist und die Braut sprechen: Komm! Und wer es hört, der spreche: Komm! Und wen dürstet, der komme; und wer da will, der nehme das Wasser des Lebens umsonst! Offb. 22, 17

Vier Kategorien werden hier genannt: *die Braut,* die eines Sinnes mit dem *Geist* ist. *Wer es aber hört,* dem befiehlt der Herr auch zu sprechen: „Komm!" Und dann noch eine Klasse: Wer da will, der nehme! Wen dürstet, der komme! Wacht etwas von Durst in dir auf, so komme! Und kannst du nicht einmal von Durst sagen und weißt nur von Kälte in dir, so heißt es für den, der gar nichts von Durst empfindet: Wer da will, der nehme das Wasser des Lebens umsonst! Psalm 45, 8 ist von dem König gesagt: „Darum hat Gott, dein Gott, dich gesalbt mit Freudenöl mehr als deine Genossen." Wenn dich dürstet nach Freude und Lebensgenuß, gehe zu ihm, der mit Freudenöl gesalbt war wie kein anderer, und laß von seinem gesalbten Haupt Öl herabträufeln auf dein armes Leben, das du nach deiner verkehrten Weise mit vergeblicher Mühe zu einem Gärtlein zu machen gesucht, und hast's nur immer öder und leerer gemacht! Geh zu deinem Heiland, und sein Freudenöl wird auch heute auf dich herabträufeln, wenn du nach Freude dürstest, aber nicht seelische, sondern verherrlichte Freude im Heiligen Geist, in der nichts Verwesendes mehr ist, die über alles triumphiert, was sie irgendwie antasten könnte. Er hat noch nichts von seinem Salböl verloren: Freude die Fülle vor seinem Angesicht. Nein, wahrhaftig, er mißbraucht keine Hingabe, keine Übergabe, er geht so zart mit einem jeden um, und dir wird nur umgeknickt, was dem Verderben angehörte, aber nichts von ihm Gepflanztes und von ihm Gewolltes und uns ursprünglich Bestimmtes. Da entfaltet sich alles, ob du es auch nicht siehst, du mußt's ihm zutrauen, und das ist Glauben, daß er recht mit dir umgeht, wenn du dich ihm überlieferst; er ist der Eine im Weltall, der jedes einzelne ganz versteht und in allem versteht. Und unsere Seele dürstet nach jemand, der uns ganz versteht, der für alles, was aus ihm ist, ein Echo hat und für alles, was nicht von ihm ist, Befreiung und Lösung und Heilung hat. Und wir wollen nur sein, wozu Gott uns von Ewigkeit bestimmt, aus ihm und zu ihm geschaffen, daheim in unserem Element: der Vogel in der Luft, der Fisch im Wasser, die Seele, die er sich erkoren, erkauft, erlöst hat, auf ihrem Platz zu seiner Rechten: Verlorenes Kind, geh heim, sag deinem Heiland: *Ich will!*

Ich bin dein! Sprich du darauf dein Amen!
Treuster Jesu, du bist mein!
Drücke deinen süßen Jesusnamen
brennend in mein Herz hinein!

Mit dir alles tun und alles lassen,
in dir leben und in dir erblassen,
das sei bis zur letzten Stund'
unser Wandel, unser Bund.

Siehe, das ist Gottes Lamm!

18. März

Und ich weinte sehr, daß niemand würdig erfunden ward, das Buch aufzutun und zu lesen noch hineinzusehen. Und einer von den Ältesten spricht zu mir: Weine nicht! Siehe, es hat überwunden der Löwe, der da ist vom Geschlecht Juda, die Wurzel Davids, aufzutun das Buch und zu brechen seine sieben Siegel. Offb. 5, 4. 5

Es ist eine einzigartige Stelle in der Offenbarung, wo dem Seher die Tränen aus den Augen hervorbrechen. Jahre-, vielleicht jahrzehntelang hat er gewartet auf der Insel Patmos und Gott gefragt: Ist keine Rettung mehr für die Gemeinden Kleinasiens? Und da öffnet sich noch einmal der Himmel, und Jesus Christus tritt noch einmal auf den Plan, er, der sein Amt in die Hände des Heiligen Geistes niedergelegt hatte, damit dieser hinfort die Gemeinde unterrichte und ihr das Zukünftige sage (Joh. 16, 13). Aber wir lesen in den Sendschreiben (Offb. 2 und 3), daß in den meisten Gemeinden der Heilige Geist betrübt worden war und sein Amt nicht mehr weiterführen konnte. Alles ist in Frage gestellt. Da scheint es wieder licht werden zu wollen, wie es dort licht wurde. als Daniel wochenlang vor Gott lag, da Israel im trostlosesten Zustand sich befand, so daß er den Herrn fragte: „Wann wird es licht?“ Aber es regt sich in den himmlischen Behausungen noch niemand, der das versiegelte Buch auftun könnte. Niemand wagte es, vor den Vater zu treten und aus seiner Hand das Buch zu nehmen.

Da treten dem Seher die Tränen in die Augen. So ist es doch alles nichts, nichts als Rätsel, alles versiegelt; da ist keiner, der Licht bringen könnte! Und er weint. Da kommt die Antwort: „Weine nicht! Siehe, es hat überwunden der Löwe, der aus dem Stamm Juda ist, die Wurzel Davids, das Buch zu öffnen und seine sieben Siegel!“ Nun schaut er auf, der Weinende, und sucht nach dem Löwen. Aber es war weit und breit keiner zu sehen. Doch was sieht er da? Ein geschlachtetes Lamm! Nicht mit Löwenmut und natürlichem Heldenmut, sondern durch Lammesweise und Lammesnatur hat der Herr, unser Heiland, die Welt erlöst, durch Leiden und Schweigen. Mit all unserem Mannesmut und all unserem eisernen Widerstand gegen die Sünde und gegen die Welt bringen wir nichts, gar nichts zustande, wir müssen trinken des Lammes Blut, und Überwinder werden zu Überwindern durch des Lammes Blut.

19. März

Und ich sah, und siehe, mitten zwischen dem Stuhl und den vier Tieren und zwischen den Ältesten stand ein Lamm, wie wenn es erwürgt wäre. Offb. 5, 6

In der ganzen Offenbarung ist das Lamm der Mittelpunkt, nicht nur in der neutestamentlichen; denn wenn wir aus dieser zurückgehen auf den Höhepunkt der Weissagung des Alten Bundes, so steht Jesaja 53 das Lamm im Zentrum. Und wenn wir zwischen beiden Offenbarungen stehenbleiben an dem Punkt, wo der Herr in seinen Beruf eingeführt wird von seinem Vorläufer, in welcher Gestalt und Autorität ist es? Als das Lamm Gottes führt ihn der Täufer ein. Johannes 1,29: „Siehe, das ist Gottes Lamm, welches der Welt Sünde trägt!" — Warum denkt ihr wohl, Leser, daß an dem furchtbaren Tag des Falles, wo Adam Gott den Gehorsam und das Vertrauen kündigte und der Schlange das Ohr lieh, warum denkt ihr, daß damals nur der Erdboden verflucht worden ist und mit ihm zusammen die Schlange? Warum nicht der Mensch? Ist doch dem Fluch verfallen alles, was sich von Gott löst. Ganz gewiß aus keinem anderen Grund als aus dem, weil damals schon vor Gott das Lamm gestanden, das in Gottes Liebesabsicht geschlachtet war vor Grundlegung der Welt. Sonst wäre unbarmherzig und unwiderruflich der Fluch auch auf Adam und Eva gefallen. Und nur unter der Deckung fließenden Blutes von Abels Opfer an hindurch durch alle folgenden Geschlechter bis auf den Tag, an dem das Lamm sein Leben lassen mußte, waren die Menschen bewahrt vor dem Zorn Gottes und vor dem Gericht. Alle die Millionen von Lämmern, alles geflossene Blut, alle Weissagungen, aller Tempeldienst und alles Priestertum, alles wäre in die Nacht zurückgefallen, wenn jetzt, wo die Zeit erfüllt war, er, der Eine, sich hätte aufhalten lassen, und wäre es von einem Petrus gewesen, den er soeben zum Grundpfeiler der Gemeinde eingesetzt hatte (Matth. 16,18.19). Von allen Seiten her tönte es dem Lamm entgegen: Nur das nicht, schone deiner selbst! Und darauf öffnet sich auf dem Berg der Verklärung die andere Welt, und Gottes Stimme ruft in den Personen der himmlischen Gesandtschaft, Mose und Elia, herab: *Gerade das und nur das!*

20. März

Mose und Elia redeten mit ihm von seinem Ausgang. Luk. 9, 31

Mose und Elia redeten mit Jesus von dem *Ausgang*, den er erfüllen sollte zu Jerusalem (Luk. 9,31). Der Teufel hatte auch schon mit ihm geredet und ihm die Herrschaft der Welt angeboten, hatte ihn aufgefordert, er solle sich selber helfen und sich Brot aus Steinen schaffen, wie er es am Kreuze ihm entgegenraunte: „Bist du Christus, so hilf dir selbst und uns!" (Luk. 23,39.) So auch Petrus: „Nur das nicht! Schone deiner selbst und schone unser!" (Matth. 16,22.)

Und dies Gespräch dort droben auf dem Berge, dies Thema, das wurde versiegelt und unterschrieben von der allerhöchsten Majestät. Es bekamen diese drei Jünger ihren Verweis aus dem Mund des Vaters. Sie hatten dem Sohn den Mund stopfen wollen, als er ihnen gegenüber

(Matth. 16, 22) vom Kreuz gesprochen. Jetzt tritt der Vater für ihn ein und gebietet den Jüngern: „Den sollt ihr hören!" (Luk. 9, 35.) Den sollt ihr hören, wenn er mit euch von seinem Kreuze spricht. Er macht euch Bahn und überwindet in euch die Todesfurcht und das Hängen am eigenen Leben. Das *war* das Thema, das *ist* das Thema der Engelwelt und Geisterwelt, ihr Lobgesang durch das Buch der Offenbarung hindurch.

Davon sprachen die beiden Repräsentanten des Alten Bundes, die Gott der Vater seinem Sohn sandte zur Stärkung und zum Trost und zur Aufmunterung auf dem Weg, den er gehen sollte. Und das tat der Vater in dem Augenblick, in dem nicht einer seiner Jünger ihm, dem Sohn, zur Seite stand, sondern alle mit Petrus dachten: „Herr, schone dein selbst; das widerfahre dir nur nicht!" Da sandte Gott diese beiden Männer, die Vertreter des Alten Bundes, den Gründer (Mose) und Wiederhersteller (Elia) desselben. Sie traten ein für ihr Werk, für ihren Dienst, für das Schattenwerk, das in nichts zusammengefallen wäre, wenn kein Körper gekommen wäre, und der Körper war das Lamm.

21. März

Mose und Elia redeten mit ihm von seinem Ausgang. Luk. 9, 31

Es war nicht ein Mensch unter den Zwölfen (und die zwölf Jünger waren die Krone Israels), der den Herrn in der Zentralaufgabe seiner Sendung verstanden hätte. So war auch das ganze Alte Testament mit seinem fließenden Blut und seinem Opferdienst noch versiegelt. Da kommt Gott seinem Sohn zu Hilfe. Nach sechs Tagen schon ordnet er ihm jene denkwürdige himmlische Gesandtschaft ab, um mit ihm von dem zu reden, wovon selbst die Jünger nichts wissen wollten, und ihn zu ermutigen auf diesem schweren, entscheidungsvollen Wege. Ihr lag alles daran, daß der Herr auf diesem Weg beharrte, wie den Jüngern alles daran lag, ihn davon abzuziehen, denn alle Arbeit jener alttestamentlichen Bundeshelden wäre umsonst getan gewesen. Und was hatten doch diese Männer, gerade diese beiden, gearbeitet, gelitten und gestritten für des Herrn Sache, bis für Mose die Stunde kam, in der er zusammenbrach, ohne das Gelobte Land betreten zu haben, wie für Elia eine Stunde schlug, in der er in bitterer, schwermutsvoller Resignation unter dem Wacholderstrauch dahinsank und bat, daß seine Seele stürbe (1. Kön. 19, 1—4)! Gegen Isebel, die Vertreterin der Hölle, die Verkörperung der Unterwelt, gegen solche und ähnliche dämonische Mächte vermag weder ein Mose noch ein Elia den endgültigen Sieg zu erringen; das kann nur das Lamm. Da konnte die Reaktion nicht ausbleiben, es mußte vor dieser Teufelsgestalt ein Elia zittern wie Espenlaub, vor der Drohung der Hölle, die nur durch des Lammes Blut überwunden werden kann, aber fertig wird auch mit einem Elia, daß er flieht und für sein eigenes Leben fürchtet. Es ist das alte Lied! Nicht anders als nur durch des Lammes Blut und dadurch, daß wir es trinken (Joh. 6, 53), werden wir erlöst von der Angst dieser Welt und von der Liebe zu unserem Leben und der Sorge darum.

22. März

Mose und Elia redeten mit ihm von seinem Ausgang. Luk. 9, 31

Es liegt eine gewisse Wehmut über dem Abschluß der Wirksamkeit der beiden Männer, die mit Jesus auf dem Berge der Verklärung von seinem Ausgang reden. Wie mancher hat wohl schon gedacht: O wie schade, daß Mose am Ende der Wüstenwanderung, vor der Tür des verheißenen Landes noch wanken muß! Ja, er hat gewankt, dieser Mose, der vierzig Jahre lang die Last des halsstarrigen, wankelmütigen Volkes getragen, der Proben geliefert wie kaum ein anderer — der Mose, der nicht nur Satan widerstanden hat, als dieser ihm die Schätze und Reichtümer Ägyptens vorhielt (Hebr. 11, 26), sondern der auch in heiliger Stunde seinem Gott zu widerstehen wußte, daß er das widerspenstige Volk nicht ausrotte und ihn selber zum großen Volk mache. Dieser Mose, der so unerschütterlich dagestanden, der läßt sich jetzt fortreißen von der Strömung des Volkes und fragt: „Werden wir auch Wasser aus dem Felsen bringen?" (4. Mose 20, 10.)

Denkt ihr: Wie konnte Gott um des einen Mißtrauens, um der einen Verleugnung willen seinen treuen Diener so strafen, daß er ihn ausschließt von dem verheißenen Land? Liebe Freunde, lernen wir unseren Gott und die Heiligkeit seiner Gebote erst kennen! — Wer eins seiner Gebote übertritt, der ist des ganzen Gesetzes schuldig. — Nur wer gelernt hat, sich beugen unter Gottes Maßstab, kann verstehen, was das Blut des Lammes wert ist.

Wie bei Mose, so geht es auch bei Elia, dem zweiten Mose, dem Wiederhersteller des Alten Bundes in mitternächtiger Abfallzeit. Das Blut der Böcke und Kälber kann auf solchen einsamen und steilen Höhen, auf welchen Elia zu gehen hatte, nicht vor Schwindel bewahren. Das Alte Testament mit allen seinen Einrichtungen und Gnadengütern, mit seinen Opfern, seinem Priester- und Prophetendienst konnte durch die Jahrhunderte hindurch das Menschenherz nie endgültig überwinden, konnte es nie mit seinem Gott unverbrüchlich wieder verbinden. Es hätte ja auch sonst gar keines Neuen Bundes bedurft, des Bundes im Blut des unbefleckten Lammes. Das Blut des Lammes allein kann bewahren und decken gegen jeden Wiederaufbau der Bollwerke, die die vorbereitende Gesetzesarbeit niedergerissen; es kann bewahren vor dem Wiederhinabsteigen in die Täler und Tiefen fleischlicher Traurigkeit und Verzagtheit, nachdem der Herr sie ausgefüllt hatte. Das Blut des Lammes schützt vor krummen Wegen und vor Rückschlägen; es erhält auf gerader Linie, stracks gen Jerusalem. — Es liegt das in der Natur des Neuen Bundes im Gegensatz zum Alten.

23. März

Mose und Elia redeten mit ihm von seinem Ausgang. **Luk. 9, 31**

Es gibt im Alten Testament wohl auch Männer, in deren Leben, Gang und Dienst uns kein augenfälliger Flecken entgegentritt, wie z. B. ein Elia, ein Samuel. Warum sollte Gott nicht auch im Alten Bunde vermocht haben, seine Auserwählten, gesalbten Knechte tadellos hindurchzubringen? Aber bei den Gestalten, die die eigentlichen Repräsentanten des Alten Bundes waren, Mose und Elia, mußte es sich in entscheidender Stunde ausweisen, daß dieser Bund die Ausrüstung nicht geben konnte, auszuharren bis ans Ende. Es war nicht etwas *Zufälliges* bei ihnen; es konnte nicht anders sein!

Und du? Eine ganze Woche, einen ganzen Monat ist es vielleicht gut gegangen mit dir, und dann, o wie schade, gibt es einen Rückschlag. Hat der Alte Bund seine Aufgabe an dir nicht erfüllen können, liegst du noch nicht als Überwundener zu den Füßen Jesu, bist du mit den innersten Wurzeln deines Lebens noch nicht eingegangen ins Heiligtum, in die unauflösliche Verbindung mit ihm, so magst du noch so treu und aufrichtig dich hingeben, es kommt eine Stunde, vielleicht nur eine Viertelstunde, da sich's ausweisen wird, welches Bundes Kind du bist. Neutestamentlicher Glaube hält stand in der Feuerprobe. Nur das Blut des Lammes öffnet den Weg ins Heiligtum, in die unauflösliche Verbindung mit Gott. Der Dienst des Alten Bundes konnte gefallene, fleischlich gewordene Menschen nicht in die tiefste Lebensverbindung mit Gott bringen. So wenig als Israel im Bunde bleiben, so wenig als Mose und Elia den Bund tadellos durchführen konnten, ebensowenig kann ein Petrus im Augenblick, da ein neuer Bund aufgerichtet werden soll, dem Herrn nachfolgen in sein Sterben. In Gethsemane, wo der Finsternis Macht gegeben war wie nie sonst, da lernen die Jünger die Grenzen alttestamentlicher Bundestreue kennen. Aber in diese Geburtsschmerzen, in die Tiefen der Wunden, an denen ein Petrus geblutet hat, senkt Gott den Grundstein des Neuen Bundes ein, den Felsen Christus, unseren Bürgen, mit dem Gott den Bund geschlossen. Christus hat sich bei seinem Vater verbürgt, diejenigen, die ihm als neuem Bundesstifter vertrauen, durch ebendieses Todes Tür hindurch- und hineinzubringen ins innerste Heiligtum, dahin, wo sie nicht mehr angetastet werden können, wo sie ohne Straucheln bewahrt werden auf den Tag seines Wiederkommens. Kinder des Neuen Bundes können straucheln, aber sie müssen nicht mehr straucheln. Straucheln sie, so muß auch diese Erfahrung dazu dienen, sie tiefer und völliger einzuwurzeln in den Felsengrund Jesus Christus, und sie müssen lernen, sich zu nähren von dem Blut des Lammes (Joh. 6, 53).

24. März

Mose und Elia redeten mit ihm von seinem Ausgang. Luk. 9, 31

Jene Szene auf dem Berg der Verklärung wird uns nun in einem neuen Licht dastehen. Wie manchmal gegen das Ende ihrer Laufbahn mag auf das Herz eines Mose und Elia dunkel oder bestimmt das Bewußtsein eines tiefen Mangels gedrückt haben, trotz Sinai- und Horeboffenbarungen, ein Schmerz, den niemand ahnt, der vor der Majestät des heiligen Gottes noch nicht gezittert hat! Und nun ist er da, auf den sie gewartet haben, und sie reden mit ihm, aber nicht von den Wundertaten, von denen der Herr dem Johannes hatte sagen lassen. Wie es die Engel gelüstet, zu schauen in die Tiefen des Erlösungsgeheimnisses, und sie sich darüber bücken wie über einen tiefen Abgrund, so ist der Blick dieser Männer, jener größten Gestalten des Alten Bundes, auf *einen* Punkt gerichtet, auf den Ausgang, den der Herr erfüllen soll in Jerusalem (Luk. 9, 31). Dort am Kreuz ist die Hilfe; von da kommt, was der Alte Bund nicht geben konnte.

Ich weiß nur von einem einzigen Ort im ganzen Weltall, wo man vor der Bosheit der Hölle und vor der eigenen Schwachheit geborgen bleiben kann, und der ist das Kreuz Jesu Christi. Sein Schatten hat Macht, uns unbedingt zu decken; am Kreuz sind die Mächte der Finsternis überwältigt, sind „Fürstentümer und Gewaltige" zur Schau getragen öffentlich; am Kreuz sind die Schranken des Alten Bundes niedergerissen und ist der Neue Bund eröffnet worden, am Kreuz ist dir die Fernsicht erschlossen hinein in die Weiten und Tiefen der Herrlichkeit Gottes.

Wenn du noch Lücken fühlst in deinem Dienst, wenn dein Innerstes, wenn Gewissen und Herz nicht befriedigt sind, mach's wie Mose und Elia, geh und rede mit Jesus von dem Ausgang, den er erfüllt hat in Jerusalem, *laß dir aufschließen, was Golgatha dir gebracht hat! Laß dir den Vorhang zerreißen und gehe den neuen und lebendigen Weg* (Hebr. 10, 20), *auf dem allein deine Tritte fest werden können! Laß ihn reden mit dir von dem, was sein Kreuz in sich birgt!* Es ist ein Born, draus heil'ges Blut für arme Sünder quillt, und nicht nur für arme Sünder, auch für zurückgebliebene oder zurückgegangene Heilige.

Wie lang' hab' ich mühvoll gerungen,
geseufzt unter Sünde und Schmerz!
Doch als ich mich ihm überlassen,
da strömte sein Fried' in mein Herz.

Sein Kreuz bedeckt meine Schuld,
sein Blut macht hell mich und rein;
mein Wille gehört meinem Gott,
ich traue auf Jesus allein.

25. März

Nachfolgen seinen Fußstapfen. **1. Petr. 2, 21**

Das Lamm Gottes hat uns — und das ist eine neue Seite seines Leidens, Lebens und Sterbens — ein Vorbild gelassen, daß wir sollen nachfolgen seinen Fußstapfen. Der Herr hat uns Fußstapfen gelassen, in die wir unseren Fuß setzen können, und die wir nie von selbst gefunden hätten. Es war damit etwas durchaus Neues in diese gefallene Welt hineingekommen, wo jeder sich wie ein irrendes Schaf seinen eigenen Weg aussuchte und ihn ging, wo jeder sein eigenes Leben, seine eigene Ehre, seine eigene Bequemlichkeit, seinen eigenen Vorteil suchte. In diese gefallene Welt, die kaum mehr wußte, was Liebe und Hingabe ist, trat er ein mit diesem wunderbaren Neuen, daß er als Opferlamm durch die Welt ging, als einer, der alles jederzeit über sich ergehen ließ ohne Widerrede, ohne äußere oder innere Anklage. Die Welt ist so voll von Leuten, die sich beklagenswert und bemitleidenswert finden, die um Mitleid betteln und nie zufrieden sind, wenn man ihnen letzteres nicht gibt. Wir sollen Mitleid mit anderen haben und ihnen Liebe erweisen, wo wir können; aber es gilt sehr behutsam und zart sein, damit unsere Liebe in den Linien der göttlichen Liebe bleibe und nicht in das seelische, fleischliche Gebiet ausarte.

Nach 1. Petr.2, 21 tritt uns in dem Leiden Christi entgegen, daß er uns damit eine heilige Berufung hinterlassen, indem er sich dem Vater als Schlachtopfer hingegeben hat für unsere Sünden, und zwar freiwillig. Jedes freiwillige Opfer aber hat Samen, wenn man sich darin nicht selbst spiegelt und gefällt, sondern es aus reinem Gehorsam gegen den Vater bringt, der uns in die Nachfolge Jesu Christi ruft. Dieser Same durchbricht die Macht des Egoismus einer Christenheit, die die Herrlichkeit eines Lammeslebens nicht mehr ahnt, geschweige denn den Weg zu einem solchen Leben findet. Da ist der Herr Jesus durchgebrochen mit seinem „Hier bin ich, Vater, zu tun deinen Willen!“ In diesem „Hier bin ich“ unseres Heilandes haben wir eine durchbrochene Bahn, in der wir allezeit — selbst für besonders schwierige Aufgaben, wo es gilt auszuharren — Macht haben, uns zu opfern. Durch den ewigen Geist, durch den Jesus sich geopfert hat, haben wir Macht, in der Nachfolge Jesu zu leben, zu dienen, zu leiden, vollendet zu werden. Das ist das unantastbare Erbe, das unser Heiland am Kreuz erworben hat. Freiwilliges Sichopfern ist Gnade; es ist heilige Berufung zu einer Herrlichkeit, die kein Auge gesehen, kein Ohr gehört und die in keines Menschen Sinn gekommen ist. Er hat Fußstapfen hinterlassen, in die wir unseren zitternden Fuß stellen können und dürfen. Der ewige Geist, durch den er sich geopfert hat, ist der Geist der Herrlichkeit, und in ihm finden die allerschwächsten, leidensscheusten Charaktere Macht, still zu werden. Dein Fuß wird gewiß, dein Herz fest in der Nachfolge des schweigenden Lammes. Das ist Charakter, christlicher Charakter, und das Kennzeichen eines christlichen Charakters ist, leiden und schweigen zu können, Erbarmen mit anderen zu haben und sich nicht selbst zu bemitleiden. Wer sich selbst bemitleidet, hat kein Herz für die Nöte und Leiden anderer; er dreht sich um sich selbst und geht auf im Schmutz des eigenen Lebens. Dabei verkümmert man, wird zu einem Waschlappen, hat keine Widerstandskraft und bettelt vor der Tür anderer um Almosen. Wir wollen doch nicht vergessen, daß wir Königskinder sind und uns für eine Königskrone ausbilden lassen dürfen auf dem Weg, den unser Heiland gegangen ist. Wer mit ihm leidet, wird auch mit ihm verherrlicht werden und die Krone des Lebens davontragen, wenn er sich nicht mehr von Menschen krönen, ehren und bemitleiden läßt.

26. März

Nachfolgen seinen Fußstapfen. **1. Petr. 2, 21**

„Welcher keine Sünde tat." Auf dem Weg der Liebe sündigt man nicht. Da murrt man nicht, sondern da vertraut man und wird immer stiller, aber nicht mit verbissenen Zähnen, weil man gewaltsam unterdrücken muß, wenn es im Inneren kocht. Nein, in der Nachfolge Jesu wird es innerlich immer stiller; denn in der Nachfolge Jesu legt sich der Lammessinn auf uns. Da verklärt uns der Geist das Lamm, indem er uns den Sinn des Lammes einprägt, einen königlichen Sinn. „Welcher keine Sünde getan hat und ist kein Betrug in seinem Munde gefunden." Woher kommt alle Unlauterkeit im Reden? Aus dem Suchen der eigenen Ehre, aus dem Nichtleidenwollen, aus der Leidens- und Todesfurcht und dem unseligen Zug, eine Rolle auf der Erde spielen zu wollen, während doch unsere Namen im Himmel angeschrieben sind, wenn wir Kinder Gottes sind. Unser Heiland wurde unter die Missetäter gerechnet, und doch steht von ihm geschrieben: „Der nicht wiederschalt, da er gescholten ward", nicht innerlich rebellierte, „nicht drohte, da er litt, sondern sich dem übergab, der da recht richtet." Wo sind unsere Sünden? Am Kreuz angenagelt. „Er hat unsere Sünden hinaufgetragen aufs Fluchholz", hat das geheimnisvolle Band zerrissen, das uns infolge des Falles mit unserer Vergangenheit, unseren begangenen Sünden, mit dem Erbteil unserer Väter zusammenband. Das alles hat er gelöst, damit wir nun Macht hätten, der Gerechtigkeit zu leben. In ihm haben wir Gerechtigkeit, neues Leben, Loslösung von unserer natürlichen Erbschaft, unserem Temperament, Loslösung in der Gemeinschaft mit ihm, so daß wir, von der Sünde losgelöst, ihm leben, durch dessen Wunden wir geheilt wurden, in unserem innersten Lebensmark, unserer innersten Lebensrichtung, unserem Tun und Lassen, unserer Liebe zu anderen. — „Durch dessen Wunden ihr geheilt wurdet", — ihr, die ihr wie die irrenden Schafe waret. Man sucht aus seinen Gebundenheiten herauszukommen, und es geht nicht. Heilung für den inneren Menschen, neuen Aufbau für den sittlichen Menschen, Umgestaltung in das Bild Christi findet man nur in den Wunden Jesu, in der Sühnung für unsere Sünden, die Jesus am Kreuz vollbracht hat. Das ist eine Heiligung, die sich als stichhaltig erweist allen Proben gegenüber, durch welche die Liebe und der christliche Charakter zu gehen haben. Es ist etwas von Gott Geschaffenes, und was aus Gott geboren ist, das überwindet die Welt und das eitle, selbstsüchtige Wesen dieser Welt. „Wenn er sein Leben zum Schuldopfer gegeben haben wird, so wird er Samen haben." Da wachsen aus seinem Leben, Leiden und Sterben christliche Charaktere heraus. Ein Lamm zeugt Lämmer, keine Löwen. Was aus Christus gezeugt ist, weist sich aus als gottgezeugte Lammesnatur in allen Proben, weil man den Proben gegenüber nicht mit der alten Natur ins Feld rückt, sondern sich durch den ewigen Geist hineinführen läßt in die Proben, die Gott mißt nach Dauer und Stärke.

Nun habt ihr rechtsum kehrtgemacht, irrende Schafe, die ihr waret, im Suchen des eigenen Lebens verloren, „ihr habt euch umgewandt zum Hirten und Bischof eurer Seelen" (Vers 25). Es handelt sich nicht um äußere Nachfolge, sondern darum, daß wir mit den Wurzeln unseres Lebens in des Hirten Hand bleiben. Dann wird sich ganz natürlich Jesu Charakter in der verschiedenartigsten Weise und in den verschiedenartigsten Individualitäten ausgestalten.

Immer stiller — immer stiller
laß, o stilles Lamm, mich sein!
Still in Freuden, still in Leiden,
immer in die Still' hinein!
Wenig Worte und viel Kraft —
und ein sanftes, stilles Wesen
sei zu meinem Schmuck erlesen!

27. März

Und ich sah, und siehe, mitten zwischen dem Stuhl und den vier Tieren und zwischen den Ältesten stand ein Lamm, wie wenn es erwürgt wäre, und hatte sieben Hörner und sieben Augen, das sind die sieben Geister Gottes, gesandt in alle Lande. Offb. 5, 6

Das Lamm hat sieben Augen und sieben Hörner, *Allmacht* und *Allwissen.* Die dem Lamme nachgefolgt sind, werden mit ihm herrschen;

das Lammesvolk hat mit ihm, durch seine Augen sehend, klare Augen und sieht in die Natur der Dinge hinein, während andere ihre natürlichen Anschauungen und Berechnungen haben. Je tiefer wir aber hineindringen in das Lamm, desto heller sehen wir; und deshalb kam es bei den Jüngern in Gethsemane und auf Golgatha zu der furchtbaren Katastrophe, daß sie total zusammenbrachen und ihn verließen. Sie standen da und wußten nichts, wo sie hätten wissen sollen. Das Lamm wollte sie wissend machen. „Den sollt ihr hören!" heißt es in der Verklärungsgeschichte. Aber sie hörten nicht. Sie waren noch nicht imstande, wirkliche Nachfolger des Lammes zu werden, in den Sinn des Lammes einzugehen.

Wir finden darüber in Markus 9 Einzelheiten, die bedeutungsvoll sind. Da wird uns auch die Geschichte von der Verklärung Jesu erzählt. Es folgt zunächst die Szene mit dem Epileptischen; dann heißt es weiter von Vers 30 an: „Und sie gingen von dannen hinweg und zogen durch Galiläa, und er wollte nicht, daß es jemand erführe; denn er lehrte seine Jünger und sprach zu ihnen: Der Sohn des Menschen wird überliefert in der Menschen Hände, und sie werden ihn töten." Er konnte dies Kapitel. von dem sechs Tage vorher auch Petrus nichts hatte wissen wollen, nur mit den Zwölfen aufnehmen. Da mußte er sie ganz allein haben; darum erlaubt er nicht, daß irgend jemand erfahre, wohin sie gehen (Vers 30). Das ist Privatunterricht. Das lernt man nur im Privatunterricht: den Lammessinn, mit Jesus Auge in Auge, fern von der Menge. Dort schließt er ihnen auf, was das ist: ein Lamm werden unter Führung des geschlachteten Lammes, erlöst durch das Lamm und fähig gemacht durch den Heiligen Geist des Lammes, zu denken wie ein Lamm, zu leben wie ein Lamm. Da braucht es Privatunterricht. Darum nimmt er sie allein, nimmt die Lektion erst wieder auf, die sie vorher abgewiesen hatten, nachdem die ewige Majestät (2. Petr. 1, 16. 17) für ihn eingetreten war mit dem Zuruf: „Den sollt ihr hören" und die drei diese göttliche Stimme mit ihren Ohren auch vernommen hatten. Jetzt konnten sie dem göttlichen Willen nicht mehr ausweichen, nachdem der Vater selbst bezeugt hatte: Ihr sollt den Sohn hören, wenn er mit euch von Golgatha redet.

28. März

Das Lamm hatte sieben Augen und sieben Hörner. Offb. 5, 6

Wozu haben die Jünger den Nachmittagsgang, diesen Gang, auf dem sie allein mit dem Meister waren und der Herr es niemand erlaubt hatte, zugegen zu sein (Mark. 9, 30), weil er sie wissend machen wollte, benutzt? Um Streit darüber zu führen — den Herrn ließen sie stehen —, wer der Größte unter ihnen sei. „Sie aber schwiegen; denn sie hatten miteinander auf dem Wege gehandelt, welcher der Größte wäre"

(Vers 34). Natürlicher Lauf der Dinge! Sollst du den Leidensweg gehen in heiliger Stunde, wo der Herr mit Kräften der zukünftigen Welt an dich herantritt und dich zur Nachfolge in seinen Fußstapfen auffordert, und du weichst aus, so kannst du sicher sein, daß der Teufel dich packt und dich wieder in die Löwennatur hineinführt, in die Selbstgerechtigkeit und in den Höhenwahn, Großes sein zu können. Und da muß der Herr hinterdreinlaufen oder einsam vorausgehen (Vers 33). Er zwingt keinem das Hauptkapitel seines Lammeslebens auf. Das sind ernste Stunden, wo das Lamm Unterricht gibt; da gilt es aufzupassen, ob du willst oder nicht; er zwingt nicht. Und so tappen sie neben dem wissenden Lamm in der Unwissenheit weiter. Er hat sie nicht loslassen wollen, er hat sie noch öfter beiseite genommen, aber vergeblich. Und so kamen sie näher an Jerusalem, bis die Stunde der Gefangennahme Jesu schlug, die keiner erwartet hatte. Die brach über sie herein wie ein Wetter. —

Wir stehen auch vor furchtbaren Wettern. Der Direktor der Pariser Sternwarte hat am Anfang des neuen Jahrhunderts erklärt, daß das ganze vulkanische System in der neusten Zeit durch eine Veränderung hindurchgegangen ist, eine wirkliche Veränderung. Wer Augen hat zu sehen, der sieht manches, was sich geändert hat und noch ändert. Wer aber nicht in die ganze Schrift hinein will, der kann auch den schrecklichsten Zeiten entgegengeführt werden, ohne zu ahnen, was kommt. Den Seinen sagt's der Herr und hält sie nicht nur wach, sondern sie werden immer mehr wach. Wer wirklich wach im Ewigkeitslicht ist und wer durch Trinken des Lammesblutes und durch Essen seines Fleisches in des Lammes Gemeinschaft lebt, der sieht den Dingen bis auf den Grund und läßt sich nimmer täuschen. — Das Lamm hat sieben Augen und sieben Hörner. —

29. März

Siehe, es hat überwunden der Löwe, der da ist vom Geschlecht Juda, die Wurzel Davids, aufzutun das Buch und zu brechen seine sieben Siegel.
Offb. 5, 5

Auf der Höhe neutestamentlicher Offenbarung zeigen sich die beiden Bilder aus zwei Polen der Schöpfung — Löwe und Lamm — einander begegnend in Herrlichkeit. Der Löwe ist das stärkste Tier: das Symbol der Kraft und Stärke in der Tierwelt. — „Es hat überwunden der Löwe." Ja, es bedarf einer Löwenkraft zur Wiederbringung alles dessen, was die Sünde zerstört hat. „Und ich sah" — was? Einen Löwen, der andere zerriß? Nein, ein zerrissenes Schaf, ein geschlachtetes Lamm — ein Lamm wie geschlachtet, das an seinem ganzen Wesen noch die Spuren des Geschlachtetseins trägt, das aber jetzt sieben Hörner hat (Vers 6). Das Horn ist das Symbol der Kraft. Aus der Lammesnatur wachsen Hörner heraus. Das geht über die Natur. Lämmer haben keine Hörner, aber das geschlachtete Lamm hat deren sieben. Aus seinem Tod ist ihm die Macht erwachsen, alles wiederzubringen, alle Fürstentümer und Gewalten. Dadurch, daß er sein Leben nicht liebhatte bis zum Tod, ist er zum Löwen geworden, dem die ganze Geisteswelt huldigt, weil eine Kraft in ihm offenbar wurde, die Gott niemand geben konnte außer ihm. Gott hat dem Lamm für seinen Sterbensweg den ewigen Geist in seiner ganzen Fülle gegeben, und durch den ewigen Geist ist er den Lammesweg gegangen, hat er sich geopfert, ist er zum Lamm geworden und hat für seine Nachkommenschaft seinem Namen Bahn gebrochen. Wenn der Löwe als Lamm mehr denn Löwenkraft geoffenbart hat, dann wird er Samen haben — Leute, denen der Geist die Augen geöffnet hat für die Herrlichkeit des alles duldenden und nun über alles triumphierenden Lammes. „Herrlichkeit ohne Ende — die Herrlichkeit des Lammes."

Wohl dem, an dessen Horizont diese Herrlichkeit einmal aufgegangen ist; wohl dem, der sie so tief zu Herzen gefaßt hat, daß ihm das Stillesein des Vertrauens dem Löwen aus Juda gegenüber zur zweiten Natur wird! — Das ganze Weltall liegt zu seinen Füßen. Er ist das Haupt der Gemeinde, gebt ihm die Ehre!

Sollt' ich deinen Kelch nicht trinken,
da ich deine Klarheit seh'?
Sollt' mein Mut noch wollen sinken,
da ich deine Macht versteh'?

Meinem König will ich trauen,
nicht vor Welt und Teufel grauen,
nur in Jesu Namen mich
beugen hier und ewiglich.

30. März

Und ich sah wie ein gläsernes Meer, mit Feuer gemengt; und die den Sieg behalten hatten an dem Tier und seinem Bilde und seinem Malzeichen und seines Namens Zahl, standen an dem gläsernen Meer und hatten Harfen Gottes und sangen das Lied Moses, des Knechtes Gottes, und das Lied des Lammes und sprachen: Groß und wundersam sind deine Werke, Herr, allmächtiger Gott! Gerecht und wahrhaftig sind deine Wege, du König der Heiden! Offb. 15, 2. 3; Offb. 14, 1—5

Wer sind die vor Gottes Throne,
was ist das für eine Schar?
Jeder träget eine Krone,
glänzen gleich den Sternen klar;
Halleluja singen all',
loben Gott mit frohem Schall.

Die Sänger stehen am kristallenen Meer und haben einen anderen Auszug hinter sich als den der Kinder Israel aus Ägypten. Es sind Geschlachtete. Sie haben den Sieg über das Tier errungen, aber im Unterliegen; sie haben gesiegt, wie Jesus am Kreuz gesiegt hat. Sie haben ihr Leben nicht geliebt bis in den Tod. Nun singen sie das Lied des Lammes. Das Lied, von dem Offenbarung 14 redet, konnten nur von der Erde Erkaufte lernen, solche, in deren Mund keine Lüge erfunden war, die dem Lamm nachgefolgt waren überall, wo es hinging. Wer das Lied des Lammes lernen will, muß losgelöst sein von Sorgen und Befürchtungen, von den Eitelkeiten, die des Menschen Herz umspinnen und berücken.

Im fünften Kapitel der Offenbarung hören wir ein Stück vom Lied des Lammes. Da geben die Ältesten dem die Ehre, der uns erkauft hat mit seinem Blut, der uns unserem Gott zu Königen und Priestern gemacht hat; und gleich am Eingang der Offenbarung (1,5) wird Jesus als derjenige bezeichnet, der uns losgelöst hat von unseren Sünden in seinem Blut. Das Blut des Passahlamms in Ägypten konnte die Israeliten nicht loslösen von ihrer alten Natur, sie waren nicht im Bund mit Gott geblieben; wohl waren sie zuzeiten überschattet von seinem Wort, aber das alte Wesen wucherte fort. Deswegen konnten sie nur das Lied Moses singen. Wenn wir Orte, da die Herrlichkeit Gottes uns geoffenbart wurde, wieder verlassen und Tage der Stille vorüber sind, wenn wir wieder in den Kampf des Lebens hinein müssen, dann zeigt sich's, ob wir das Lamm wirklich kennengelernt und an unseren Herzen die lösende Kraft seines Blutes erfahren haben, ob wir durchdrungen oder im Alten steckengeblieben sind. Das Blut Jesu muß uns scheiden vom eigenen Wesen. Wer nicht losgelöst ist von Welt, Sünde und Fleisch, kann das Lied des Lammes nicht lernen. Es muß alles lauter und einfältig sein und ohne Betrug; unser Leben darf nur eine Richtung haben: dem Lamme nach, wohin es auch gehe. Es ist eine Schar, in deren innerstem Wesen kein Wechsel und keine Wandlung mehr ist, bei denen der Ton der Anbetung sich durch alles hindurchzieht. Die dem Lamme nachfolgen wollen, werden mit hoher Hand in Tiefen hineingeführt und wieder heraus; sie werden zubereitet für die Stunde, da Gott Harfen in die Hand gibt, das Lied des Lammes zu singen.

31. März

Sie sangen das Lied Moses, des Knechtes Gottes, und das Lied des Lammes und sprachen: Groß und wundersam sind deine Werke, Herr, allmächtiger Gott! Gerecht und wahrhaftig sind deine Wege, du König der Heiden! **Offb. 15, 3; 2. Mose 15, 1—21**

Was gab denn den Stoff zum Lied Moses, als die Kinder Israel jenseits des Roten Meeres niedersanken und anbeteten? Waren es nicht die Leichname jener Ägypter, die sie so sehr bedrängt hatten? Die dunkelsten Wege des irdischen Lebens geben den herrlichsten Stoff zur Anbetung für die Stunde, da wir an den Ufern des kristallenen Meeres anlangen, wo dann das Leben hinter uns liegt und wir überschauen, was uns hier unten Übung, Vorbereitung, Zubereitung für die Herrlichkeit war. Wer sollte dich nicht fürchten, Herr, und deinen Namen preisen? rufen sie dort am gläsernen Meer. Sie haben nicht gestrauchelt, nie das Tier und sein Bild angebetet; sie sind dem Lamme nachgefolgt. Das Bild hat den Geist des Tieres, und dieser Geist beherrscht und überflutet alles, was nicht den Geist Jesu hat (Offb. 13, 14—17).

Wir gehen mit Riesenschritten der Zeit entgegen, wo wir nur noch zwei Geister sein werden, der Geist des Lammes und der Geist des Tieres, wo die Brunnen des Abgrunds sich öffnen und alle, die nicht ein Geist mit Jesus sind, mit hineingerissen werden. — Bist du einmal von der Erde erkauft, sind deine Lebenswurzeln in Jesus eingesenkt, hast du Christi Geist, dann kannst du ihm auch nachfolgen. Die Dinge der Welt können dich drängen, aber sie übermögen dich nicht mehr; du kannst in Stunden des Sonnenscheins und in Stunden der Nacht Stoff sammeln für das Lied auf goldenen Harfen. Die in der Nachfolge Jesu den Berg Zion hinansteigen, haben ihre Haltepunkte; sie haben Augenblicke, wo sie unter einem durchbrechenden Strahl göttlichen Lichtes stillstehen dürfen, im Geist ein zurückgelegtes Stück Weg überschauend und ihren Gott preisend; ein neues Lied erfüllt ihr Herz, sie zu stärken für weitere Proben, für ernstere Gänge. Der uns aus Ägypten geführt, uns gewaschen im Blut des Lammes und uns befreit von den Fesseln der Sünde, der läßt uns nicht stecken in der Wüste, sondern führt sein Werk hinaus auf den Tag, da das Lied Moses und das Lied des Lammes zusammenklingen werden am gläsernen Meer.

Lamm, für unsre Schuld geschlachtet,
du bist würdig, du allein,
alles Ruhmes wert geachtet,
hoch, ja hochgelobt zu sein.

Zu empfangen Macht und Stärke,
Reichtum, Weisheit, Herrlichkeit,
Segnung, Ehre sei dem Lamme
Ewigkeit um Ewigkeit!

Das Lebensbuch des Lammes

1. April

Es wird nicht hineingehen irgendein Gemeines und das da Greuel tut und Lüge, sondern die geschrieben sind in dem Lebensbuch des Lammes. Offb. 21, 27

Was ist das für ein Buch, das Lebensbuch des Lammes? Und was sind das für Leute, die hineingeschrieben sind?

Jedes aus Gott gezeugte neue Leben ist das Leben des Lammes. Es möchte einem scheinen, als wisse der Apostel Johannes mehr von diesem Leben als die anderen Apostel. Von der Herrlichkeit her, die unser Herr und Heiland in Ewigkeit hatte, war in ihm das Leben (Joh. 1,4), und der Apostel Johannes sagt in bezug auf dieses Wort des Lebens: „Und das Leben ist erschienen, und wir haben gesehen und bezeugen und verkündigen euch das Leben, das ewig ist, welches war bei dem Vater und ist uns erschienen" (Joh. 1,2).

Es gibt für gefallene Menschen, wie wir sind, in dem ganzen Weltall nur *ein* Leben, das ist das Leben des Lammes, wie es offenbart ist durch seine Fleischwerdung, durch sein Wirken auf Erden und durch das Opfer seines Leibes am Kreuz. Niemand von uns, kein Glied des adamitischen Geschlechts, hätte sich je einen Weg an dem flammenden Schwert vorüber zu dem Baum des Lebens zu bahnen vermocht (1. Mose 3,24), wenn nicht der Herr Jesus am Kreuz sein Leben niedergelegt hätte, damit der Heilige Geist von diesem einen Leben nehmen und uns offenbaren und mitteilen könne, so daß es wahrhaftig unser Eigentum werde, das Leben des Lammes in uns.

In der merkwürdigen Einleitung der Apostelgeschichte schreibt der Evangelist Lukas an Theophilus: „Die erste Rede habe ich zwar getan, lieber Theophilus, von alle dem, da Jesus anfing, beides, zu tun und zu lehren, bis an den Tag, da er aufgenommen wurde" (Apg. 1,1). Was Jesus tat und lehrte, bis er aufgenommen ward, war nur der Anfang seines Tuns und Lehrens; daher das, was in unserer Bibel „Apostelgeschichte" (oder Taten der Apostel) genannt wird, tatsächlich die Fortsetzung dessen ist, was Jesus durch seine Apostel tat und lehrte. Was er auf Erden tat, war der Anfang, und zwar währte dieser Anfang bis zu dem Augenblick, da er wieder in der Herrlichkeit in seines Vaters Haus aufgenommen wurde.

Wenn wir uns das Buch der Apostelgeschichte näher betrachten, sehen wir, daß es tatsächlich das erste Kapitel des Berichts über die Zeichen und Wunder ist, die unser auferstandener Herr und Meister durch seine Apostel und Jünger wirkte, und die Fortsetzung davon ist die Geschichte der Gemeinde des Herrn, soweit diese nämlich aus wahren, lebendigen Gliedern des Leibes Christi zusammengesetzt und soweit das, was im Lauf der Jahrhunderte gelehrt und getan wurde, wirklich Christi Tun und Lehre ist durch den Heiligen Geist.

2. April

Es werden hineingehen, die geschrieben sind in dem Lebensbuch des Lammes. Offb. 21,27

Der Herr Jesus sagte: „Die Worte, die ich zu euch rede, die rede ich nicht von mir selbst. Der Vater aber, der in mir wohnt, derselbe tut die Werke" (Joh. 14, 10). Jesus Christus entäußerte sich in Wahrheit seiner selbst und saß sein Leben lang zu des Vaters Füßen. Er war der Mann mit dem durchbohrten Ohr, der sich zuerst von oben geben ließ, was er andere lehrte. Er sprach und tat, wie ihm der Vater zeigte, und was ihm der Vater gab, und führte von seiner frühsten Kindheit an bis zum Tod am Kreuz die Stellung der Abhängigkeit vom Vater durch.

Wir waren von Gott unabhängig geworden, und um uns vom Fall zu erretten, mußte Christus die Stellung eines solchen einnehmen der nie etwas aus sich selbst konnte und nie etwas redete, als was ihm der Vater gab. Und wie die Werke, die Jesus Christus tat, in Wahrheit die Werke des Vaters waren, so sind die Werke jedes wahren, geistgesalbten Jüngers, der wirklich in Lebensgemeinschaft mit Christus steht, nicht seine eigenen, sondern des Herrn Jesu Christi Werke.

Was wir, und wäre es auch in jahrelangem Wirken und Schaffen für den Herrn, aus uns selbst getan und uns nicht in beständiger Abhängigkeit von ihm haben schenken lassen, wird umkommen. Was nicht von oben kommt, kann nicht bestehen. Der Apostel Paulus z. B., der ein auserwähltes Rüstzeug war, hing dermaßen von Gott ab, daß er sagen konnte: „Durch Gottes Gnade bin ich, was ich bin, und seine Gnade ist nicht vergeblich an mir gewesen, sondern ich habe viel mehr gearbeitet denn sie alle; nicht aber ich, sondern Gottes Gnade, die mit mir ist" (1. Kor. 15, 10). Die Gnade Gottes, die mit dem Apostel war, war Christus selbst, wie aus den Worten erhellt: „Ich lebe, doch nun nicht ich, sondern Christus lebt in mir. Denn was ich jetzt lebe im Fleisch, das lebe ich in dem Glauben des Sohnes Gottes, der mich geliebt hat und sich selbst für mich dargegeben" (Gal. 2, 20). Weil nun Christi Leben auf Erden erst der Anfang seines Tuns und Lehrens war und er mit seiner Himmelfahrt nicht aufgehört hat, zu leben und zu wirken, so führt er sein unendliches Leben in seinen Kindern fort. Noch einmal: ein Leben ist nur so weit ein wiedergeborenes, neues Leben, als es das Leben des Lammes in uns ist, gezeugt durch den Heiligen Geist und durch Gottes Wort.

3. April

Er wird einen Samen haben, der ihm dient; vom Herrn wird man verkündigen zu Kindeskind. Ps. 22, 31

Als jener merkwürdige Mann, einer der Diener der Königin von Äthiopien, auf seinem Wagen den Propheten Jesaja las, kam er nach Apostelgeschichte 8, 32. 33 an die Stelle: „Er ist wie ein Lamm, das zur Schlachtbank geführt wird, und wie ein Schaf, das verstummt vor seinem Scherer und seinen Mund nicht auftut. In seiner Erniedrigung wurde sein Gericht weggenommen. Wer aber wird sein Geschlecht beschreiben?

Denn sein Leben wird von der Erde weggenommen." Obgleich sein Leben von der Erde weggenommen ist, ist es noch nicht beendigt. „Wenn er sein Leben zum Schuldopfer gestellt haben wird, so wird er Samen sehen." Obgleich sein Leben von der Erde weggenommen ist, wird er Samen sehen, er wird seine Tage — sein Leben verlängern, „und das Wohlgefallen des Herrn wird durch seine Hand fortgehen". Wie stimmt doch dieses überein mit dem, was der Herr Jesus Johannes 12, 24 sagt! Nur dadurch, daß das Weizenkorn in die Erde fiel und erstarb, nur durch das Opfer am Kreuz konnte das Lamm einen Samen bekommen. Ihr kennt die Bedeutung des Wortes „Samen". Wenn ihr von einem Baum den Samen nehmt und ihn in die Erde pflanzt, so wächst der gleiche Baum wieder hervor wie der, von welchem ihr den Samen genommen. „Er wird Samen haben und seine Tage verlängern." „Es sei denn, daß das Weizenkorn in die Erde falle und ersterbe, so bleibt es allein; wo es aber erstirbt, so bringt es viele Früchte." Das Leben Jesu Christi war in ihm selbst eingeschlossen vor seinem Tod. Es konnte sich nicht offenbaren. Wohl sah man Strahlen seiner Herrlichkeit, sein Leben selbst aber konnte nicht vor seinem Tod mitgeteilt werden. Der Heilige Geist nahm den Samen, um ihn zu vermehren, um aus den Wunden Christi eine Gemeinde zu schaffen, ein Volk, das nur durch Christi Leben lebt, ein Volk, in dem Christus seine Tage, seine Existenz verlängert. Wie er durch die Jünger weiter lehrt, so führt er sein Leben weiter in denen, die in Wahrheit sagen können: „Ich lebe, doch nun nicht ich, sondern Christus lebt in mir"; es ist das Leben des Lammes. Das Buch des Lebens des Lammes schließt das Leben jedes seiner Getreuen in sich; dieses ist allemal eine neue Seite in dem Buch des verlängerten Lebens unseres auferstandenen Heilandes, gerade wie die Apostelgeschichte eine neu aufgeschlagene Seite von Christi Tun und Lehre ist. Jede neue Seite in dem Buch seines Lebens hat ihren besonderen Wert von Ewigkeit zu Ewigkeit, weil sie eine Seite des Wesens Christi, einen Strahl seiner Herrlichkeit in einem seiner Jünger enthält. Er hat das ganze Leben der Liebe, des Glaubens und der Hoffnung gelebt; aber er sieht in jedem einzelnen seiner Jünger, die durch sein Blut von dem Verderben errettet sind, eine Seite in dem Buch seines Lebens erscheinen, die von dem Heiligen Geist ausgefüllt werden soll. Wie die Korinther ein vom Geist Gottes geschriebener, durch das Predigtamt Pauli zubereiteter Brief waren (2. Kor. 3, 2. 3), so schreibt der Heilige Geist durch den Dienst seiner Knechte die Biographie des Lammes durch alle Zeitalter hindurch.

4. April

Aber die Gottesfürchtigen trösten sich untereinander also: Der Herr merkt und hört es, und vor ihm ist ein Denkzettel geschrieben für die, so den Herrn fürchten und an seinen Namen gedenken. Mal. 3, 16
Ihr seid unser Brief, in unser Herz geschrieben, der erkannt und gelesen wird von allen Menschen; die ihr offenbar geworden seid, daß ihr ein Brief Christi seid, durch unsern Dienst zubereitet und geschrieben, nicht mit Tinte, sondern mit dem Geist des lebendigen Gottes, nicht in steinerne Tafeln, sondern in fleischerne Tafeln des Herzens. 2. Kor. 3, 2. 3

Es werden verschiedene Bücher im Himmel geschrieben. Jetzt ist ein neues Buch dort aufgetan; es ist das Gedenkbuch (Mal. 3, 16), geschrieben von Gott über die, so den Herrn fürchten, auf seinen Namen achten und miteinander von ihm reden in der kritischen Zeit, in der wir leben. Ein solches Gedenkbuch wird vor Gott geschrieben, sooft seine Kinder im Geist der Demut und Liebe zu seinen Füßen zusammenkommen. Je mehr Gleichgültigkeit und Gottlosigkeit zunehmen, je mehr die Bösen Gott versuchen, desto mehr fühlen die Gottesfürchtigen das Bedürfnis, sich zusammenzuschließen.

Während die Welt sich mehr und mehr zersplittert, lernen wir bei aller Treue in unserem irdischen Beruf oder im Dienst Christi das *eine* im Herzen bewegen, nämlich daß unser Leben sein Leben werden möge und daß andere, wenn sie die Seiten unseres Lebensbuches durchblättern, in ihm einen Brief Christi erkennen mögen, nicht mit Tinte, sondern mit dem Griffel des Heiligen Geistes geschrieben, eine Seite des herrlichen, unendlichen Lammeslebens, das in immer neuer Weise sich in jedem einzelnen ausprägt. Und ist die Zahl der Glieder voll, ist der Leib vollendet, dann, Geliebte, kann der vollkommene, herrliche Leib Christi sagen: „Wer mich sieht, der sieht Christus“ (1. Kor. 12, 12), wie Christus sagen konnte: „Wer mich sieht, der sieht den Vater.“ Die wahre Gemeinde, der Leib Christi, ist in der Vollzahl ihrer Glieder seine Fülle. Nicht ein Strahl seiner Herrlichkeit wird fehlen; denn sie ist die Fülle des, der alles in allen füllt (Eph. 1, 23).

Hüten wir uns daher, in diese göttliche Lebensbeschreibung störend einzuwirken! Jeder Tag bringt uns dem Augenblick näher, da Christus hervortreten und uns zurufen wird: „Kommt herauf!“ Seien wir bereit für diesen Ruf! Nur diejenigen aber werden bereit sein, deren Leben ein Teil des Lebens des Lammes gewesen ist, die geschrieben stehen „im Buche des Lebens des Lammes, das erwürgt ist“, die da sind des Lammes Same, in denen er sein Lammesleben verlängern kann. Golgatha ist darum der Ort, auf dem wir unser abscheuliches, gottloses Eigenleben loswerden, das selbst in der „Güte des Fleisches“ noch selbstsüchtig und verwerflich ist (Jes. 40, 6). Was nicht aus dem Lammesleben, was nicht aus Gott, sondern was aus dem ersten Adam stammt, ist unter dem Fluch. Jesus Christus ist nicht nur für den Schächer ein Fluch geworden, sondern für das ganze Menschengeschlecht. In seinem Dahingeschlachtetwerden haben wir das Geheimnis, wie wir unserem Eigenleben entrinnen und das Leben des Lammes führen können. Je mehr du dich in das Anschauen des Geistes des Lammes versenkst, desto heller wird sein Blick aus dir hervorleuchten. Ihn anschauend wie in einem Spiegel und ihn widerstrahlend, so werdet ihr täglich mehr des Lebens des Lammes teilhaftig. Die Zügel deines eigenen Lebens werden deinen Händen entfallen und in die Hände des Lammes kommen, das in dir seine Tage verlängert, bis alles unter seinen Füßen liegt.

Danksagung für das Werk der Erlösung

5. April

Danksaget dem Vater, der uns tüchtig gemacht hat zu dem Erbteil der Heiligen im Licht! Kol. 1, 12

Im Rückblick auf alles, was wir in den letzten Wochen täglich über die Erlösungstat ins Herz hineingefaßt haben, ziemt es uns, der obigen Schriftstelle eingedenk zu sein und nach ihr zu handeln. Dem Erlösten steht in allen seinen Gebeten die *Danksagung* obenan. Es ist nicht etwas Zufälliges — es ist ihm Herzensbedürfnis, weil ihm als Geistesmensch das Gnadenwerk Gottes obenan steht. Danksagung muß organisch herauswachsen und wächst organisch heraus aus einem Gottes würdigen Wandel, aus einem Wandel nach dem Wohlgefallen Gottes. Wenn Wachstum bei uns zu verzeichnen ist, so verdanken wir das dem Vater, der uns in Christus eingepflanzt und damit tüchtig gemacht hat, Anteil zu haben an dem Erbe der Heiligen im Licht.

Ein Erbe bekommt man durch Geburt; das kann man nicht erringen. Die Kinder erben von den Eltern. Das Erbteil der Heiligen im Licht wird den aus Christus Gezeugten zuteil. Als Gotteskinder sind wir Miterben mit allen Heiligen, die im Licht sind und im Licht wandeln — mit allen, die Lichteskinder sind, zum Lichtsvolke gehören. Obwohl wir inmitten einer Welt leben, die in Finsternis und von der Finsternis ist, sind wir vom Licht der Gnade und des Wortes Gottes erleuchtet. Wir sind herausgerettet aus einer Finsterniswelt und deren grauenhafter Herrschaft. Nimmermehr hätten wir uns selbst herausretten noch uns mit eigenen Anstrengungen ins Licht, in die Freiheit und Unabhängigkeit hineinarbeiten können, nachdem wir durch unsere Stammeltern unter den Einfluß der Finsternis gekommen waren. Der Sohn Gottes aber ist heruntergestiegen in unsere Menschheit, hat den Kampf aufgenommen mit dem, der uns knechtete, hat uns herausgerettet aus der Gewaltherrschaft des Fürsten der Finsternis und seinem Einfluß, dem wir auf Schritt und Tritt ausgesetzt sind. „Die Welt liegt im argen“, schreibt der Apostel Johannes. Sie ist gleichsam gebettet in den Armen des Argen. Sie bewegt sich nicht nur im Argen, sondern liegt in seinen Armen. Aus dieser grauenhaften Finsternis hat uns der Sohn Gottes errettet — er hat der Finsternis ihren Raub entrissen. Alle mit Christi Blut Besprengten und mit seinem Blut Losgekauften sind der Gewaltherrschaft der Finsternis enthoben. Sie sind verpflanzt in eine andere Welt. Wir leben als Losgekaufte wohl äußerlich noch in der Welt der Finsternis, aber unserem innersten Wesen nach sind wir verpflanzt. Ihm einverleibt sind wir in die Welt versetzt, in der er lebt, in der er regiert und deren Einflüsse uns fortwährend zuströmen durch den Heiligen Geist.

6. April

Welcher uns errettet hat von der Obrigkeit der Finsternis und hat uns versetzt in das Reich seines lieben Sohnes, an welchem wir haben die Erlösung durch sein Blut, die Vergebung der Sünden; welcher ist das Ebenbild des unsichtbaren Gottes, der Erstgeborene vor allen Kreaturen. Kol. 1, 13—15

Der uns errettet hat aus der Gewalt der Finsternis und versetzt in das Reich des Sohnes seiner Liebe. Liebe und Licht, Haß und Finsternis gehören zusammen. Im Reich der Finsternis haßt man einander und reibt sich gegenseitig auf. Im Reich des Sohnes der Liebe liebt und dient man, anstatt in sich selbst aufzugehen. Es hat da eine Versetzung, eine Verpflanzung stattgefunden; man ist aus dem alten Erdreich herausgehoben und in das Reich der Liebe eingepflanzt worden. Aus diesem neuen Boden, in den man versetzt ist, zieht man Macht heraus, um lieben zu können, auch wo die Liebe auf alle möglichen Hindernisse stößt und Kälte und Entfremdung zu überwinden hat. Die Liebe ist stärker als der Tod und überwindet alle Todeskälte.

„Der uns errettet hat ... und versetzt in das Reich des Sohnes seiner Liebe", des Sohnes, auf den des Vaters ganze Liebe sich konzentriert, in dem er auch die Welt geschaffen und die Welt liebhat.

In welchem wir die Erlösung haben, die Vergebung der Sünden — und zwar eine Vergebung der Sünden, mit der uns Gott loslöst aus dem Lebens- und Fluchzusammenhang mit der alten Welt, in der wir früher gelebt haben. Mit der Vergebung der Sünden werden wir von der alten Welt losgelöst und in eine neue Welt eingepflanzt und eingewurzelt, nämlich in das Reich des Sohnes seiner Liebe. Die Herrlichkeit des Sohnes seiner Liebe besteht darin, daß er das Abbild, das Ebenbild des unsichtbaren Gottes ist. „Niemand hat Gott je gesehen — der eingeborene Sohn, der in des Vaters Schoß ist, der hat ihn uns verkündigt."

Stückweise haben ihn uns ja schon die Propheten verkündigt, aber dargestellt hat ihn uns erst der Sohn. Er konnte gleichsam sagen: „Wer mich sieht, sieht den Vater in Menschengestalt." „Wie sagst du denn, Philippus: Zeige uns den Vater!? Wer mich sieht, sieht den Vater." — In Christus Jesus, in seiner Person, in seinem Werk, in seiner ganzen Erscheinung haben wir eine vollständig zutreffende Darstellung des Vaters in Menschengestalt. „Er ist das Bild des unsichtbaren Gottes, der Erstgeborene der Schöpfung."

7. April

Denn durch ihn ist alles geschaffen, was im Himmel und auf Erden ist, das Sichtbare und Unsichtbare, es seien Throne oder Herrschaften oder Fürstentümer oder Obrigkeiten; es ist alles durch ihn und zu ihm geschaffen. Kol. 1, 16

„Denn durch ihn sind alle Dinge erschaffen worden." Sind wir vom Schöpfer errettet, so kann uns keine der ebenfalls erschaffenen und gefallenen Welten zu Fall bringen. Wir sind im Schöpfer als in unserem Erretter geborgen. Der uns erlöst hat, ist derselbe, durch den alle Dinge geschaffen wurden. Ist das so, so sind wir nicht an die geschaffenen Dinge dahingegeben, sondern diese sind so in ihren Wirkungen begrenzt, daß keine feindliche Macht der Kontrolle unseres Erretters entgeht. Sind wir in ihm, so sind wir damit gedeckt gegen alle Einflüsse, die sich in der sichtbaren und unsichtbaren Welt geltend machen. Alle Dinge sind durch ihn geschaffen, und er behält sie in der Hand. Alle Dinge im Himmel und auf Erden, die ganze sichtbare Welt, die Menschen, die Häuser, die verschiedenen Länder — und die unsichtbare Welt — die Einflüsse der unsichtbaren Welt, der Luft und Luftzüge auf unseren Leib — ein schädliches oder unschädliches Klima, kurz, alles ist durch ihn geworden bis hinauf zu den Thronen und Gewalten, Herrschaften und Fürstentümern, denen die Dinge dieser Welt und die Reiche dieser Welt unterstellt sind. Aus dem Propheten Daniel sehen wir ja, daß über den sichtbaren Königreichen unsichtbare Häupter sind, daß also nicht alles bloß von den sichtbaren Gewalten regiert wird. Über ihnen stehen unsichtbare Gewalten, Mächte, Throne, Herrschaften, Fürstentümer; hoch über diesen allen aber waltet der Herr, der Erstgeborene der Schöpfung.

„Alle Dinge sind durch ihn und für ihn geschaffen." Er ist der Urheber und als solcher auch das Ziel, das heißt der Mittelpunkt, zu dem alles zurückkehrt, der alles kontrolliert und zum Dienst seiner Heiligen verwertet. Es muß ihnen alles zum Guten, zur inneren Ausbildung dienen.

Sind alle Dinge für Jesus, unseren Heiland, geschaffen, so sind sie auch für uns geschaffen. Sind wir unsererseits einig mit Gott, so dient uns alles, so wird uns alles tributpflichtig, so arbeitet alles mit an unserer ewigen Ausbildung und dient zu unserem Gebrauch.

8. April

Und er ist vor allem, und es besteht alles in ihm. Kol. 1, 17

„Er ist vor allem." Er ist nicht geschaffen. Die Gewalten — bis hinauf in den Himmel der Himmel und bis hinab in die Hölle sind geschaffen. Er aber ist der ewige Sohn — aus Gott gezeugt, ehe alle diese Dinge waren. Er ist es auch, der alles zusammenhält — die rechte Hand, der Gott alles übergeben hat.

„Mir ist gegeben alle Gewalt", sagt der Herr Jesus, und als allgewaltiger Herr sendet er die Seinen hinaus in alle Welt, und wo er uns auch hinsenden, welche Aufgaben er uns auch anvertrauen mag, wir sind doch niemals willkürlichen Gewalten, niemals irgendeinem Zufall oder irgendeiner Strömung in Menschengeistern und der Völkerwelt preisgegeben. Alles ist ihm untertänig, und alles arbeitet zusammen zum Guten denen, die Gott lieben, die er erwählt hat. Er hält alles zusammen als Herrscher und Regent. — „Mir ist gegeben alle Gewalt." Über uns Kinder Gottes, Glieder an seinem Leibe, ist er aber nicht in erster Linie Herrscher. Wir stehen in einem herrlicheren, tieferen Verhältnis zu ihm: wir sind Glieder an seinem Leib, und er ist das Haupt des Leibes — das ist noch etwas ganz anderes. Und wir alle, die wir Glieder sind an seinem Leib, stehen unter ihm, dem Haupt, in dem Sinn, daß wir organisch mit ihm verwachsen sind, gerade wie mein Haupt organisch mit meinen Gliedern verwachsen ist. Wir schöpfen fortwährend Leben aus ihm, gerade wie im leiblichen Organismus ein beständiger Lebensaustausch stattfindet. Nie bekämpft da ein Glied das andere. Nur Zornige und Geisteskranke fügen sich selbst Schaden zu, beißen sich in die Lippen oder dergleichen. In einem gesunden Organismus hingegen ist ein einheitliches Bestreben der verschiedenen Glieder, sich gegenseitig dienstbar zu sein.

Siegesfürste, Ehrenkönig,
hochverklärte Majestät,
alle Himmel sind zu wenig;
du bist drüber hoch erhöht.
Sollt' ich nicht zu Fuß dir fallen,
nicht mein Herz vor Freude wallen,
wenn mein Glaubensaug' betracht't
deine Herrlichkeit und Macht!

9. April

Und er ist das Haupt des Leibes, nämlich der Gemeinde; er, welcher ist der Anfang und der Erstgeborene von den Toten, auf daß er in allen Dingen den Vorrang habe. Kol. 1, 18

„Und er ist das Haupt des Leibes." Er hat als Jesus von Nazareth 33 Jahre lang auf Erden gelebt als Israelit; aber damit, daß er sein

Leben gelassen hat, ist er das Haupt einer neuen Menschheit geworden.

„Er ist das Haupt des Leibes, der Gemeinde, welcher der Anfang ist, der Erstgeborene aus den Toten, auf daß er in allen Dingen den Vorrang habe." Dieser Vorrang bleibt ihm, und ein wirkliches Glied am Leibe drängt sich nicht vor. Es dient dem Haupt — jedes an seinem Ort, unter seiner Oberleitung stehend.

„Denn es war das Wohlgefallen der ganzen Fülle, in ihm zu wohnen." Die ganze Fülle, das ist Gott, der Vater, von dem alles kommt und zu dem alles geht. Es ist nichts in Gott, was nicht im Sohn wieder in Erscheinung und in Offenbarung getreten wäre, was sich nicht im Sohn kundgetan hätte. Er ist nicht die Darstellung Gottes nach einer gewissen Seite der Vollkommenheit hin, sondern in ihm hat die ganze Fülle leibhaftig gewohnt. Die ganze unergründliche Herrlichkeit Gottes strahlt in ihm wider, hat sich in ihm verkörpert. „Wir sahen ihn als den eingeborenen Sohn des Vaters", schreibt Johannes.

„Und durch ihn alle Dinge mit sich versöhnend" — nicht nur einfach ruhend in ihm zu wohnen, sondern zu dem Zweck, in ihm zu wohnen, um durch ihn alle Dinge wieder mit sich zu versöhnen und zu sich zurückzubringen.

„Indem er Frieden gemacht hat durch das Blut seines Kreuzes ..." Er hat uns mit Gott versöhnt, er hat Frieden gemacht, hat das von Gott Losgetrennte unter die Herrschaft Gottes zurückgebracht. Als Zurückgebrachte sind wir wieder in den Dienst Gottes gestellt. Darin wolle uns Gott erhalten und uns stärken Tag für Tag, bis auf den Tag seiner Zukunft!

10. April

Und euch, die ihr weiland Fremde und Feinde waret durch die Vernunft in bösen Werken. Kol. 1, 21

Nachdem der Apostel gezeigt hat, daß allein durch das am Kreuz vergossene Blut unseres Herrn und Heilandes alles im Himmel und auf Erden mit Gott versöhnt und zu Gott zurückgebracht ist, zeigt er unseren früheren Zustand. Wir waren alle von Gott entfremdet. Unsere Heimat war uns fremd geworden. Wir waren nicht mehr zu Hause bei Gott, und wir fühlten uns wohl, fern von ihm. Wir sind ihm lange ausgewichen. Es war uns, wie man so sagt, nicht mehr heimelig bei unserem Gott, wir waren ihm mit einem Wort Fremde, Entfremdete geworden, hatten keine Heimat mehr bei ihm.

So geht es dem natürlichen Menschen. Es ist ihm unheimlich bei Gott, er will ihm ausweichen und weicht ihm auch aus, solange er kann. Wie haben wir Ursache, Gott noch in alle Ewigkeit zu danken, daß er über alle Entfremdung gesiegt hat durch seinen Heiligen Geist, durch die Beharrlichkeit seines Liebens, Suchens und Anklopfens! Wir waren Feinde unserer Gesinnung nach, und diese feindliche Gesinnung hat sich je länger je mehr ausgeprägt und fixiert, festgesetzt in uns in bösen Werken. Aus der Gesinnung heraus gestalten sich die Werke. Was aber aus einer gottentfremdeten Gesinnung herauskommt, das mag vor Menschenaugen noch so schön und edel aussehen, es sind böse Werke, welche Gift enthalten. Man mag sich noch so sehr vor Lastern hüten und über seinem Tun und Lassen wachen, es zieht sich dennoch — auch durch die vor Menschenaugen besten Werke — ein schwarzer oder grauer Faden hindurch. Das heißt, man sucht sich selbst, gefällt sich selbst, vermeidet, was einem unangenehm oder peinlich ist, sucht seine eigene Ehre, seinen eigenen Vorteil. Mit einem Wort, es ist eine ganz andere Linie als die göttliche. Gott ist die Liebe und hat aus Liebe seinen eingeborenen Sohn dahingegeben; wir hingegen sind bereit, denen, die uns Gutes getan haben, Gutes zu tun, weil man doch nicht undankbar erscheinen möchte; aber Feindlichgesinnten unser Liebstes opfern, das hätten wir nicht vermocht, das konnte nur Gott.

Diese seine Gesinnung teilt Christus den Seinen mit; Gott gibt uns Christi Sinn, so daß wir wie Christus, sein erstgeborener Sohn, dulden, schweigen, lieben können, daß wir uns für andere verzehren können, ohne etwas für uns selbst dabei zu suchen. Es tritt das bei uns nur in Erscheinung, wo der Geist Gottes über unseren Geist siegt und unsere Ehr-, Ruhm- und Selbstsucht gefangen wegführt in den Gehorsam des Kreuzes.

11. April

Er hat euch nun versöhnt mit dem Leibe seines Fleisches durch den Tod, auf daß er euch darstelle heilig und unsträflich und ohne Tadel vor ihm selbst. Kol. 1, 22

Christus trat in einen Menschenleib ein, um diesen Leib Gott opfern zu können, um uns durch seinen Tod im Leibe seines Fleisches mit Gott zu versöhnen und damit in unserer inneren Entwicklung ein Neues zu schaffen. Wie die Entfremdung stufenweise vor sich ging, so geht nun auch die Annäherung stufenweise vor sich, näher und immer näher zu Gott hin, der Welt und ihrer Lust ferner und immer ferner tretend Der natürliche Mensch ist Gott entfremdet, der neue Mensch hingegen ist der Welt, ihrer Lust, ihren Begierden, ihrem Hochmut, ihrer Selbstsucht entfremdet; und wie bei dem natürlichen Menschen die Gottentfremdung zunimmt, so daß er sich immer mehr verhärtet — so nimmt bei uns die Weltentfremdung stetig zu. Die Welt verliert je länger je mehr ihren Einfluß, ihre Macht, ihren Zauber in dem Maß, in dem die unsichtbare Welt in uns Wurzel faßt und mit ihren Kräften und Gaben Raum in uns gewinnt. Dazu mußte Christus sterben. Durch seinen Tod hat er uns mit Gott versöhnt und die Rechte des Teufels an uns so völlig annulliert, daß er uns loslassen mußte. Zugleich hat er damit dem Innewohnen des Heiligen Geistes in uns Raum gemacht. Er hat uns eine neue Welt geschaffen. Das Ziel, das Gott vorschwebte, ist dieses: er wollte uns früher vom Teufel Beherrschte, von Leidenschaften, Selbstsucht und allem möglichen Gebundenen zu heiligen, unsträflichen Gotteskindern machen, zu Leuten, die für Gott da sind, die alle ihre Kräfte wieder Gott zur Verfügung gestellt, die alle ihre Freuden und Leiden sowie all ihr Streben, Hoffen und Lieben Gott geweiht haben. In der Gottesnähe kommt einem dann immer mehr Tadelhaftes zum Bewußtsein, Linien, die geradegebogen, Ecken in unserem Sein und Wesen, unseren Gedanken und Gefühlen, die abgeschliffen werden müssen unter des Geistes heiliger Zucht. Es wird die verborgene Innenwelt immer mehr gereinigt von Furcht und Lust, von Kreaturenliebe und Kreaturenfurcht — mit einem Wort, es werden die Quellen und Triebfedern zu Gott zurückgebracht, ihm geweiht und fortan von ihm beherrscht und dirigiert.

12. April

So ihr anders bleibet im Glauben, gegründet und fest und unbeweglich von der Hoffnung des Evangeliums. Kol. 1, 23

„So ihr anders bleibet im Glauben" — also im Lebenszusammenhang mit Jesus, im Lebenszusammenhang mit unserem Heiland. Der Glaube bindet uns mit Jesus zusammen und hält uns mit ihm verbunden, so daß er unsere innersten Lebensquellen befruchten, unseren Gang leiten und auch unsere Zukunft beherrschen kann.

„Wer in ihm bleibt, der bringt viele Frucht" — wer in ihm bleibt, im Glauben gegründet. Die innerste Grundlage, das Fundament ist es. um das es sich hier handelt. Die innerste Grundlage muß ein Glaubensfundament sein. Wir dürfen nicht dann und wann wieder ins natürliche Leben hineingegründet werden, sondern es muß ein neues Fundament sein, auf dem der Glaube ruht. Dieses Fundament ist nun nicht mehr etwa in uns selbst, sondern es ist Christus. Er ist der Eckstein. In ihn sind wir eingesenkt; er dirigiert unser Leben, und als der Eckstein trägt er uns. Darum sind wir gegründet und stehen fest. Der Grund ist unbeweglich, und es ist ein Stein in diesen unbeweglichen Grund eingesenkt, so ist er selbst unbeweglich, weil er auf dem Grunde ruht, dem unbeweglichen Grunde in der Person Jesu Chrsti. In ihm haben wir für unsere ganze Lebenszeit und in alle Ewigkeit Grund unter den Füßen. Wenn der Grund wankt, so wankt alles — da gibt es dann Erdbeben.

Auf dem unbeweglichen Grunde der Person Jesu Christi werden wir aber fest und immer fester. Mögen dann die Strömungen kommen — das Haus wankt nicht! Ein Haus bewährt sich als ein auf Felsen gegründetes, wenn es trotz der Brandung der Wogen unbeweglich bleibt. Sind wir tief eingesenkt in unseren Heiland, so können wir allem widerstehen, was an uns rüttelt, was die durch das Evangelium in uns lebendig gewordene Hoffnung trüben, was uns schwächen und wegbewegen könnte, bewegen und damit verrücken von der Hoffnung des Evangeliums, hinein in die Gebiete irdischer Hoffnung, in die Gebiete der Menschenfurcht, der Sichtbarkeit und der Eitelkeit.

13. April

So ihr anders bleibet im Glauben, gegründet und fest und unbeweglich von der Hoffnung des Evangeliums, welches ihr gehört habt, welches gepredigt ist unter aller Kreatur, die unter dem Himmel ist, welches Diener ich, Paulus, geworden bin. Kol. 1, 23

Es gibt viele Leute, deren innerster Kernpunkt von der Einfalt des Evangeliums verrückt worden ist. Was man im allgemeinen unter dem Wort „verrückt" versteht, bezieht sich auf die intellektuelle Welt; hier aber gebraucht der Apostel das Wort in bezug auf die Geisteswelt. In der Geisteswelt gibt es viele „Verrückte", die hin und her schwanken zwischen Hoffnung und Furcht, die das Gleichgewicht verloren haben. Ein von der Einfalt des Evangeliums Verrückter öffnet sich allen möglichen Befürchtungen und Hoffnungen; heute gibt er sich zügellos der Freude hin, morgen dem Schmerz.

Aus dieser schwankenden Welt heraus hebt uns die Hoffnung des Evangeliums, von der sich leider so viele wegbewegen, wegrücken lassen. Hüten wir uns doch, daß wir uns nicht in irdische Aussichten und Hoffnungen verlieren, damit uns dadurch nicht die große, vom Evangelium auf den Leuchter gestellte Hoffnung verrückt werde! Wir müssen wachen über unser Geistesleben, über die Eindrücke, die an uns herantreten, über unsere geistliche Gesundheit, damit wir uns weder erkälten noch erhitzen.

„Wenn ihr anders im Glauben gegründet und fest bleibet und nicht wegbewegt werdet von der Hoffnung des Evangeliums, welches ihr gehört habt, das gepredigt worden in der ganzen Schöpfung, die unter dem Himmel ist ..." Dieses Evangelium ist auch in unser Leben hereingetreten, hat auch uns eine neue Welt geöffnet, eine neue Hoffnung in uns geschaffen, den Mittelpunkt unseres inneren und äußeren Lebens herausgerückt aus der alten Welt und in den Herrn Jesus hineingepflanzt. Von diesem Evangelium sagt der Apostel — allerdings in dem geographischen Gesichtskreis, den er hatte, und er sah eben im wesentlichen nur das große Römische Reich vor sich —, daß es in der ganzen

Schöpfung gepredigt worden ist. „Dieses Evangeliums Diener bin ich, Paulus, geworden", sagt er. Wir alle sollen lebendige Evangelien werden, das Evangelium in die ganze Schöpfung — wo immer Gott uns hinstellt — hineintragend durch Wort und Tat, durch unser ganzes Wesen — dadurch, daß wir Evangeliumsleute werden, daß wir uns vom Evangelium beherrschen und erneuern lassen. Ehre sei Gott und dem Lamm!

Mit Christus gestorben und auferstanden

14. April

So wir aber samt ihm gepflanzt werden zu gleichem Tode, so werden wir auch seiner Auferstehung gleich sein. Röm. 6, 5

Wie oberflächlich wird doch oft die Bekehrung aufgefaßt! Bekehrung ist nicht das Ablegen einiger schlimmer Gewohnheiten und Sünden, sondern Bekehrung ist ein Begrabenwerden, ein Sterben und Auferstehen mit Christus, eine totale Umgestaltung unseres Wesens, ein Hinausziehen aus der alten Welt. Das Kind der Welt lebt für sich selbst, das Kind Gottes lebt für Gott. Das ist ein gewaltiger Unterschied. Der Mensch hat, seitdem er gefallen ist, sein eigenes Ich zum Mittelpunkt gemacht, um den sich bei ihm alles dreht. Das Ideal, die Würde, die Poesie, die Herrlichkeit des bekehrten Menschen besteht darin, für seinen Gott zu leben. Nur durch den Glauben gelangt der Mensch zur Bekehrung und Rechtfertigung. Der Glaube macht, wie es in Vers 5 wörtlich heißt, den Menschen zu einer Pflanze mit Christus. Er (d. h. der Glaube) ist die Antwort von seiten des Menschen auf die Erlösungstat der Liebe Jesu Christi; das alte Wesen ist aufgehoben, und nie wieder wirst du der alte Mensch, denn der ist in Christus gekreuzigt. Nie, sage ich, wirst du der alte Mensch wieder, der du gewesen bist, selbst wenn du wieder zurückgehst. Aber wehe dir, wenn du deinen Glauben verleugnest!

Der Grund unserer Seligkeit liegt nicht in uns, weder in unseren Gedanken noch in unseren Empfindungen, sondern er liegt unantastbar für alle Ewigkeit in Christus Jesus, unserem Herrn, und in seinem vollbrachten Erlösungswerk auf Golgatha. Durch den Glauben haben wir unser Todesurteil anerkannt und unterzeichnet und unsere Sache zu der unseres Heilandes gemacht. Mit allen Fasern unseres Lebens sind wir herausgerissen aus dem alten Sündenboden und ins neue Leben versetzt worden. Unserem Sündenleib ist im Leib Jesu Christi der Prozeß gemacht worden, und er ist getötet. Wir aber sind nicht im Tod geblieben, wir haben den Sündenleib wieder aufleben lassen durch Unglauben; unsere Stellung zu Gott zeigte nicht immer die rechte Treue und das unbedingte Vertrauen, und deshalb sind wir wieder gefallen. Gestorben, begraben, getötet waren wir dem alten Wesen nach; aber wir sind wieder hinabgestiegen in die alte Welt, und der Sündenleib ist wieder lebendig geworden. Unsere Glaubensstellung, die wir in der Rechtfertigung einnahmen, muß konsequent durchgeführt werden durch unser ganzes Leben. Die Macht dazu ist vorhanden; sie liegt begründet in dem vergossenen Blut unseres Heilands. Wenn du unter diesem Blut einhergehst, dann schreckt die Hölle zurück, und der Teufel muß fliehen. Ja wahrlich, das Blut Christi ist keine Philosophie, die irgendwo eine Lücke hat und womit man nicht weiterkommt. Im Glauben an die Kraft dieses Blutes sind wir mit Christus am Kreuz gestorben, und in der Kraft unserer neuen Natur scheiden wir nun aus, was sich von der Eitelkeit der Welt bei uns einstellen will, und halten uns frei von Sünde. Es gibt eine Freiheit aus dem Gestank und dem Modergeruch der Sünde heraus, Gott sei Dank! Ich darf jetzt mit Jesus gehen, ich darf nur Jesus dienen und ihm leben. Das ist rechte, biblische Nüchternheit, das ist gesunde Lebensanschauung. Wir sind mit Jesus verbunden und er mit uns. Ohne Jesus wären wir Karikaturen.

15. April

Gott sei aber gedankt, daß ihr Knechte der Sünde gewesen seid, aber nun gehorsam geworden von Herzen dem Vorbild der Lehre, welchem ihr ergeben seid. Röm. 6, 17

„Gott aber sei Dank, daß ihr Sklaven der Sünde waret, nun aber von Herzen gehorsam geworden seid." Gott tut keinem Menschenherzen Zwang an, seine Gnade ist keine unwiderstehliche. Es ist seiner Liebe Macht, die das Menschenherz zum Heiland bringt. Wie dieses geschieht, wissen wir nicht. Aber es ist nun einmal geschehen, das Herz ist gewonnen für die Gnade, es atmet in seliger Freiheit auf und fühlt sich in der Tat frei von aller Gebundenheit. Es hat die Hand ausgestreckt inmitten der größten Not und Hilflosigkeit, wie ein Petrus auf dem Meer, und der Herr hat Macht bekommen und geholfen. Mit der Gnade tritt uns eine neue Welt entgegen. Wie war es früher, als wir uns noch unter dem Gesetz abarbeiteten, und wie ist es jetzt?

Wie lang' hab' ich mühvoll gerungen,
geseufzt unter Sünde und Schmerz!
Doch als ich mich ihm überlassen,
da strömte sein Fried' in mein Herz.

Die folgenden Verse von Römer 6 reden in ergreifender Weise vom Gesetz. Das Gesetz fordert und fordert und fordert, ich mag wollen und können oder nicht; es hat ein Recht, ein heiliges Recht, zu fordern. Der Heiland selber, der Sohn Gottes, konnte das Gesetz nicht umgehen, sondern mußte unbedingt seine gerechten Forderungen erfüllen. Ja, es hat ein heiliges, unantastbares Recht auf uns sündige Menschen; der heilige Gott hat einen unbeugsamen Willen und ein unbeugsames Gesetz. Er richtet sich nicht nach uns Menschenkindern mit unseren Vorschriften und Wünschen und nicht nach dem, was wir für recht und richtig halten. Gott hält unbedingt auf die Erfüllung seines Gesetzes, trotz unseres Widerstrebens. Jede Übertretung zieht ein Gericht nach sich.

Unter dem Gesetz stehst du noch, wenn du nicht alles, was du bist und hast, der Gnade unterstellt hast, deine Morgenstunden, deine Abendstunden, deine Lektüre, deine Korrespondenz, deinen Geldbeutel; gibst du nicht dein alles in die Zucht der Gnade, so kannst du nicht ihre Herrlichkeit erfahren. Die Gnade nimmt uns die elende Herrlichkeit der irdischen Dinge aus den Händen und macht sie zu Kot. Die Gnade ist keine tote Lehre, sondern sie ist göttliche Kraft und ist verkörpert in der Person Jesu Christi. Stehe still vor dem, der kein Ansehen, keine Gestalt und Schöne hatte (Jes. 53, 2), betrachte ihn mit Glaubensaugen, es ist der Heiland, der Retter, wie du ihn gerade brauchst! Wenn du es wagst, dich im Glauben mit ihm zu verbinden, dann kommt auch für dich die Stunde, wo du ihn erkennen wirst als den Schönsten der Menschenkinder und wo du es als das höchste Glück erachtest, sein Sklave zu sein, und deinem Gott dankst, daß er Macht über dich bekommen hat. Ja, laß fahren alles Irdische, gib dich selber preis, und du bist ein Überwundener. Dein ganzes Wesen wird sich immer mehr ausstrekken nach ihm, und du wirst dürsten nach dem lebendigen Wasser.

16. April

Seid ihr nun mit Christus auferstanden, so suchet, was droben ist, da Christus ist, sitzend zu der Rechten Gottes! Kol. 3, 1

„Das dritte Kapitel des Kolosserbriefes", sagt ein Gottesmann, „beginnt im Himmel und endigt in der Küche." Das ist das wahre Christentum und wahres Evangelium und der tiefste Unterschied zwischen katholisch und evangelisch. Der Katholik soll sich mit guten Werken und Gottesdiensten in den Himmel hineinarbeiten — der evangelische Weg ist: Glaube an Christus, der ans Kreuz erhöht, auferweckt und in den Himmel versetzt ist. Der Glaube macht uns zu einer Einheit mit Christus. Wer wirklich von ganzem Herzen glaubt, der wird eins mit Christus, mitgekreuzigt, mitbegraben, auf daß wir hier unten nicht mehr da sind, mitauferweckt und in die obere Welt verpflanzt und eingebürgert, so daß ein Kind des Neuen Bundes alle irdischen Dinge tun kann als Himmelsbürger: mitregierend von oben herunter bis in die Küche hinein.

Im ersten Vers heißt es: Seid ihr nun mitauferweckt worden — es ist ein Wort — mit Christus, durch den Lebenszusammenhang mit dem Gekreuzigten und Auferstandenen ... Wir sind entrückt mit dem Auferstandenen; denn er starb, und euer Leben ist (Vers 3) verborgen mit Christus in Gott. Ihr seid in einen ganz anderen Mittelpunkt und Lebensgrund versetzt worden, eingepflanzt in die obere Welt, mit Christus in Gott, in eine Einheit mit Gott. *Das sind Entrückte!* Der Katholik will dies erreichen durch Anstrengung. Wir werden *verpflanzt* in eine neue Welt. Aber man hat seine Mühe auch unter evangelischen Christen; man will sich auch da in den Himmel hineinarbeiten. Und doch kommst du nur durch Glauben dahinein. Und nur durch den Glauben an ihn kannst du dem Magnetismus von unten, der dich zurückziehen will, widerstehen. So ist unser Leben ein verborgenes, der Welt ein Geheimnis, und sie braucht es auch nicht zu verstehen. Uns gehört der Himmel und die obere Welt an. Aber „wenn einmal Christus, euer Leben, sich offenbaren wird, dann werdet ihr offenbar werden mit ihm in der Herrlichkeit“ (Kol. 3, 4). Wie kann es aber dann (Vers 5) weiter heißen: „So tötet nun eure Glieder, die auf Erden sind ...?“ Die griechische Zeitform hier und in den Parallelstellen bedeutet einen Akt, der „sofort und ein für allemal geschehen soll“. Schluß machen mit diesen Geschichten! Das wäre ja schrecklich, wenn man diese Dinge mit sich herumschleppen und notwendigerweise immer wieder hineinfallen müßte! Lebt in der oberen Welt und kehrt nicht mehr zur alten zurück!

17. April

Seid ihr nun mit Christus auferstanden, so suchet, was droben ist, da Christus ist, sitzend zu der Rechten Gottes! Kol. 3, 1

Im ersten Kapitel des Epheserbriefes zeigt der Apostel den Weg, den der Herr als das Haupt gegangen. Er redet Kapitel 1, 20 von der wunderbaren Macht, die Gott gewirkt hat in Christus, indem er ihn aus den Toten herausholte und ihn zu seiner Rechten in die himmlischen Örter setzte. Dieser Ausdruck „himmlisches Wesen“, wörtlich „himmlische Örter“, kommt im Epheserbrief fünfmal vor: Kapitel 1, 3: Gelobt sei Gott und der Vater unseres Herrn Jesu Christi, der uns gesegnet hat mit allerlei geistlichem Segen in himmlischen Gütern durch Christus — in einer neuen Welt, Himmelswelt! Dasselbe Wort steht in Eph. 1, 20. Das ist die Region, in der Jesus sitzt zur Rechten Gottes in dem Himmel. Im zweiten Kapitel zeigt Paulus die Erlösungsstellung aller Kinder Gottes. Sie waren (Vers 5) einst tot in Sünden, aber Gott hat sie lebendig gemacht, mitauferweckt und mit in die himmlischen Örter gesetzt. In Christus ist der Himmel. Wir sind durch Glauben in den Himmel hinaufversetzt und damit dort niedergelassen, wo Jesus niedergelassen ist, in den himmlischen Örtern, zur Rechten Gottes. Es ist zu herrlich! Welch eine gewaltige Stelle! Man hätte wirklich Stoff genug daran für Jahre. Dann kommt das Wort noch vor in Epheser 6,12: „Denn wir haben nicht mit Fleisch und Blut zu kämpfen, sondern mit Fürsten und Gewaltigen, nämlich mit den Herren der Welt, die in der Finsternis dieser Welt herrschen, mit den bösen Geistern unter dem Himmel." Es sind dort geistige Mächte, die noch nicht entthront sind.

Aber zurück zu Epheser 1,20: „Gott hat seinen Sohn auferweckt durch göttliche Kraftwirkung vom Tod und gesetzt *über* alle Herrschaft und Gewalt und Macht und alles, was genannt mag werden, nicht allein in dieser Welt, sondern auch in der zukünftigen." Also gibt es in den Himmeln Stufen, Welten, eine über der anderen. Aber Christus thront über allen diesen Fürstentümern, die noch in den Lüften sich befinden (Eph. 6,12), bis sie auf die Erde geworfen werden (Offb. 12,9). Soweit wir unser Reichsrecht, unser Sitzen mit Christus *über* diesen Mächten, die bereit sind, jeden Augenblick uns anzufassen, innerlich ausleben, so weit können wir „mit Christus als Könige herrschen im Leben" (Röm. 5,17). Solange aber noch irdischer Sinn da ist, die Erde uns anzieht und wir unser Sitzen mit Christus *über* diesen Mächten nicht ausleben, so lange hat der Teufel Angriffsflächen bei uns.

18. April

Da wir tot waren in den Sünden, hat er uns samt Christus lebendig gemacht (denn aus Gnade seid ihr selig geworden) und hat uns samt ihm auferweckt und samt ihm in das himmlische Wesen gesetzt in Christus Jesus. Eph. 2,5.6

Unsere Heimat, der Boden, in dem wir wurzeln, ist also nicht mehr die Erde, sondern der Himmel. Die obere Welt, da, wo Christus ist, sitzend zur Rechten des Vaters, dort ist unser Magnet. Wenn wir durch das Blut Erlöste sind, müssen wir vom Magnetismus der Erde gelöst sein. Wer einen revidierten griechischen Text des Neuen Testaments hat, der weiß, daß in dem „Triumphlied" (Offb. 1,5) zu lesen ist: Der uns geliebt hat und von unseren Sünden „gelöst in seinem Blut". Wer wirklich gewaschen ist, ist auch gelöst von seinen Sünden, gelöst vom irdischen Sinn. Wir haben es auszuweisen in unserem Leben, daß das Blut Jesu uns löst von der Scholle und versetzt in das himmlische Wesen. Der Erde und ihren Sinnen entrückt und in den Himmel versetzt, gehen die Jünger Jesu ein in ihre Heimat, wenn sie ausgereift sind. Dazu müssen wir aber erst *wesenhaft* mitgekreuzigt, mitbegraben, mit lebendig gemacht, mitauferstanden, mit ins himmlische Wesen verpflanzt sein, in himmlischer Welt leben. Der Formen spottet der Teufel, aber *Wesen,* ausgelebtes Christuswesen, ausgelebte Dogmatik, Glaubensstellung in

Ethik übersetzt, das ist der Tod für den Feind. Und das ist, was er unter allen Umständen auch in unserem Leben aufhalten, verpfuschen oder als Karikatur hervorbringen will.

Paulus spricht in Philipper 3, 19 von irdisch Gesinnten, d. h. solchen, deren Sinnesrichtung noch auf Irdisches geht. Sie gehören nicht wirklich zu den Überwindern, sie stehen noch unter dem Mondlicht (Offb. 12, 11), der Anziehungskraft der Erde. Das Schwergewicht, das an die Erde bindet, ist: nicht „gelöst sein durch das Kreuz Christi". Ihre Sinnesrichtung in Furcht und Hoffnung wird noch bestimmt von der Erde. Aber nur der Erde durch Christi Tod Entrückte können am Tage, wenn der Herr wiederkommt, entrückt werden. Nur Entrückte können entrückt werden. Solange die Erde, ihre Furcht oder ihre Hoffnungen, noch ihre Anziehungskraft auf uns ausübt und wir ihr nicht durchs Kreuz entrückt werden, so lange gehören wir nicht zu den Überwindern. Der Herr reißt uns nicht gewaltsam aus der Erde. Eine gewaltsame Umbildung des Leibes bei solchen, deren Sinn noch irdisch ist, ist nach der Lehre der Schrift nicht denkbar, sondern diese Umbildung wird still vorbereitet, „durch die wirksame Kraft, mit der er vermag auch alle Dinge sich untertänig zu machen" (Phil. 3, 21). Die Entrückung ist kein Gewaltakt Gottes. Gott greift nicht souverän ein, wo das Blut Christi noch nicht gelöst und umgestaltet hat. Damit wäre Gott nicht vor der Hölle gerechtfertigt, und daß Gott gerechtfertigt sein will auch vor der Geisterwelt, sieht man aus dem Buch Hiob.

19. April

Trachtet nach dem, das droben ist, nicht nach dem, das auf Erden ist!
Kol. 3, 2

„Unser Wandel — Bürgerrecht — ist im Himmel." Leider muß man sagen, daß die Gemeinde Jesu als Ganzes nie wesenhaft in die Gemeinschaft des Kreuzestodes Christi eingegangen und deshalb auch nie wesenhaft in die Gemeinschaft seines Auferstehungslebens eingetreten ist. Die Gemeinde will nicht auf ihr Heimatrecht auf der Erde Verzicht leisten. Sie macht noch Ansprüche auf die Erde und die Menschen geltend, denen sie gestorben sein sollte (Kol. 3, 1—3). Wir können nicht Heimatrecht in zwei Ländern haben, eines müssen wir aufgeben. Wir müssen uns in der Welt gefallen lassen, als „Schlachtschafe" (Röm. 8, 36) behandelt zu werden, als Leute, die kein Recht haben und doch beschützt sind von Gott dem Herrn, wissend, daß man uns nie mehr antun kann, als uns wieder einen Schritt tiefer in das himmlische Wesen und Bürgertum einzuführen. Aber vorwärts muß es gehen. Hat die Gemeinde als ein Ganzes im Augenblick ihr Heimatrecht auf Erden nicht aufgegeben, so muß sie noch eine Wüstenzeit durchmachen wie Israel. Können die Kinder Gottes nicht auf Erden leben als Fremdlinge und Pilger, so müssen sie solches dann in der Wüste lernen. Wie manchen nimmt der Herr Weib und Mann oder Kinder und anderes, weil sie mit dem Herzen noch an diesen Dingen gehangen, statt in ihnen Gott zu verherrlichen! Auch an Christus trat der Versucher heran und zeigte ihm alle Reiche der Welt und ihre Herrlichkeit. Willst du Herrscher der Welt sein, so falle mir nur zu Füßen! Ich gebe dir alles. Und gewiß, der Teufel ist sehr bereit zum Schenken. Er bietet viel, und als Fürst dieser Welt teilt er seine Schätze gar gern aus. Dem jungen Mann und der Jungfrau, dem nach Ehre dürstenden Mann gibt er Futter zum Fraß für ihren natürlichen Menschen, um ihn mit Erdenstaub zu nähren. Denn der Teufel will sich rächen. Die Schlange ist verflucht, auf dem Boden zu kriechen. Der Teufel will, daß auch wir im Staub kriechen sollen, damit wir Staub fressen. Alles, was uns die Erde an Herrlichkeit und Pracht und Reichtum bieten kann, ist Staub, und wir wollen nicht länger nach Schlangenart von dem Staub uns nähren. Wir dürsten nach Herrlichkeit. Doch eine andere Herrlichkeit für uns, nach dem Ebenbild Gottes geschaffene, aber von ihrer Höhe gefallene Menschen als das, was droben ist, gibt es nicht. O nur kein Erdenwurm mehr sein! Aus dem Staub empor, Kind Gottes! Durch Wüstenerziehung hineindringend in das, was droben ist, das ist Herrlichkeit für ein armes, dem Fluch der Erde verfallenes, aber im Blut des Lammes losgebundenes Leben!

20. April

Er hat uns samt ihm auferweckt und samt ihm in das himmlische Wesen gesetzt in Christus Jesus. **Eph. 2, 6**

Der Herr ist in unser sündiges Fleisch herabgestiegen (Röm 8, 3), um uns daraus durch den Tod zu befreien. In ihm, dem Auferstandenen, ist uns nun eine neue Welt geboten, diametral entgegengesetzt unserer natürlichen Fleischeswelt, und der Herr lehrt uns, in dieser neuen Welt zu leben. Er führt uns täglich tiefer hinein. Durch die Berührung mit den Brüdern lernen wir lieben, leiden und dienen, und so etwas aufwachen will aus unserer alten Natur, da bergen wir uns tiefer hinein in ihn, und Gott bekommt mehr Macht über uns. Er ist immer auf dem Plan, uns die Hand zu reichen, und er warnt uns, wenn irgend etwas uns herauslocken will aus dieser Stellung. Die da wachen in ihrer Seele, über die wacht der Herr. Wer sich daran gewöhnt, noch Dinge in sich zu dulden, und sei es auch nur in der Phantasie, die in Christi Tod gehören, der trägt eine ewige Dissonanz mit sich herum, der lebt noch stückweise im Fleisch. Ein solcher hat noch nicht gewagt, zu glauben an die Vollgültigkeit der Schrift, an die Macht des Todes und der Auferstehung Christi, und daß der Geist die Macht hat, uns in das himmlische Wesen hineinzuversetzen.

Es kommt alles darauf an, daß wir durch Glauben zielbewußt unser Sohnesrecht verfolgen, nämlich die Stellung mit Christus in Gott in der himmlischen Heimat, die uns das volle Erlösungswerk Christi erworben hat. Es gilt nie mehr einen Vertrag schließen mit irgend etwas Gemeinem, das wir entdecken, und wäre es nur schattenhaft, indem wir es vielleicht ansehen als etwas, was man nun eben haben muß. Wir sind Bürger der oberen Welt, und durch jeden Versuch, den der Teufel macht, uns auf die Erde zurückzuziehen, treten wir tiefer ein in die obere Heimat, und das tun wir kniend, anbetend, nicht mit Anstrengung. Die Schrift sagt: Wir sind „Mitsitzende"; dort ist also unsere Heimat. Von dort aus gewinnen wir Macht, den Anläufen des Feindes zu widerstehen, der gern möchte, daß wir wieder Wurzel faßten in Neid, Fleischeslust, Augenlust und Hochmut. Vielmehr schlagen wir durch alle Kämpfe und Leiden hindurch nur immer tiefere Wurzeln in der heimatlichen Welt. Die Ewigkeit tritt uns näher, der Himmel steigt allemal herunter, und wir steigen hinauf, nicht in einen Phantasiehimmel, sondern in die Lebensgemeinschaft mit Jesus, wo wir Macht bekommen mit ihm. Wir lernen unsere Ohnmacht kennen und vertrauen dem Blut des Herrn; wir stützen uns auf sein Wort.

Der auferstandene Heiland und seine Jünger

21. April

Es waren beieinander Simon Petrus und Thomas, der da heißt Zwilling, und Nathanael von Kana in Galiläa und die Söhne des Zebedäus und andere zwei seiner Jünger. Spricht Simon Petrus zu ihnen: Ich will hin fischen gehen. Sie sprechen zu ihm: So wollen wir mit dir gehen. Sie gingen hinaus und traten in das Schiff alsobald; und in derselben Nacht fingen sie nichts. **Joh. 21, 2. 3**

Ich will aus diesem Kapitel in der Zeit zwischen Ostern und Pfingsten, in der wir jetzt sind, eure Blicke richten auf einige Punkte in dieser lieblichen Geschichte. Sie haben einen eigentümlichen Reiz und tiefen Sinn, die Begegnungen des Herrn mit den Seinen nach seiner Auferstehung, und es liegt viel Bedeutungsvolles darin. Da tritt uns vor allem entgegen der alte Petrus, immer noch derselbe, den der Herr gewarnt hatte. „Der Geist ist willig" (nicht Gottes Geist, sondern des Petrus Geist), willig vorauseilend, mutig, feurig, „aber das Fleisch ist schwach." Es kommt nichts dabei heraus als bittere Tränen mit einer furchtbaren Katastrophe. Die Katastrophe lag nun hinter ihnen, und Petrus war noch immer der gleiche, rasch, sich selber gürtend und die anderen mitreißend in seine Arbeit hinein, wo immer erst wieder der Herr kommen und auf den Trümmern ihres Eiferns eingreifen und sich offenbaren mußte. „Ich will hin fischen gehen", sprach er Vers 2. Er war ja bestimmt, vorauszugehen in der Gemeinde; aber wie viel muß der Herr an seinen Werkzeugen arbeiten, bis das, wozu er sie bestimmt hat, in göttlicher Weise zum Ausdruck kommen kann! Er war ja bestimmt, Fischer zu bleiben und Menschenfischer zu werden; aber er versteht sich auf das Alte nicht mehr und kann das Neue auch noch nicht. Er ist noch der Alte und noch nicht neu geworden. Sie arbeiten eine lange Nacht, und als eine Stimme erschallt am Morgen: „Kinder, habt ihr nichts zu essen?", da müssen sie antworten: Nein, nichts. Ich weiß ja nicht bestimmt, aber wir können uns den Herrn kaum anders vorstellen als jeden Moment bereit, hervorzutreten und sichtbar zu werden; aber sie hatten noch nicht gelernt, ihn für ihr Fischerhandwerk, ihr Gehen und Stehen, Tun und Lassen anzurufen. Es war ihnen immer wieder eine Überraschung, wenn er kam; sie waren nicht gefaßt darauf und erkannten ihn nicht. Jetzt fragte er: Habt ihr nichts zu essen, mir nichts zu bieten? Was ist bei all eurer Arbeit herausgekommen für mich? Denn nicht wahr, liebe Leser, wenn wir Kinder Gottes sind, dann haben wir es doch darauf abgesehen, daß unsere Arbeit etwas abwerfe für ihn? Wir leben ja nicht mehr auf eigene Rechnung, für unser Interesse bei dem Fischen, auf dem Markt des Lebens; es soll etwas abwerfen für ihn, ein Zeugnis seines Wohlgeruchs werden für ihn; auch das Lesen dieser Andachten kann nur dann seine Bestimmung erfüllen, wenn wir im täglichen Leben das eine große Ziel haben: unser Tagewerk soll etwas abwerfen für ihn.

22. April

Spricht Jesus zu ihnen: Kinder, habt ihr nichts zu essen? Sie antworteten ihm: Nein. Er aber sprach zu ihnen: Werfet das Netz zur Rechten des Schiffes, so werdet ihr finden. Da warfen sie und konnten's nicht mehr ziehen vor der Menge der Fische. Joh. 21, 5. 6

Habt ihr etwas zu essen? fragte Jesus. Er brauchte sie ja nicht, er hatte den Tisch schon gedeckt, es war alles bereit: Kohlen, Fisch, Brot; und doch sollen sie auch ihren Teil beitragen zum gemeinsamen Mahl, zur Gemeinschaft. Aber wenn sie sollen etwas beitragen können, muß es gewirkt sein von ihm, und die Initiative darf doch nicht von dem feurigen Petrus kommen; das aber mußte er erst lernen, wie dort beim letzten Abendmahl. Da wußte er, zu wem er gehen konnte; als er den Herrn nicht selbst erreichen konnte, gab er dem Johannes einen Wink: Frage den Herrn! Aber jetzt hatte weder der eine noch der andere den Herrn gefragt über das Fischen; Petrus hatte gesagt: ich will hin, und da waren sie bereit zu kommen: wir wollen mit dir gehen, und da haben sie nichts gefischt. Erst als der Herr ihnen Wink und Richtung gab, da ward das Netz voll von Fischen. Die Katastrophe lag jetzt hinter ihnen; aber der Tod des Herrn war noch ein totes, versiegeltes Kapital, das erst der Heilige Geist flüssig machen sollte. O möge für uns Kinder der Auferstehung in diesen Tagen flüssig werden alles, was in Jesu Leiden und Tod niedergelegt ist, damit wir uns in all unserem Tun und Dienen, Schaffen und Arbeiten im gewöhnlichen irdischen Beruf oder in Reichgottesarbeit erst gefangen abführen lassen in den Gehorsam des Kreuzes und unter dem Kreuz über uns den Stab brechen lassen und das Kreuz machen lassen über unsere Initiativen, über unser Wirken und Schaffenwollen und da gründlich vor ihm zuschanden werden, damit wir nicht nächtelang arbeiten, bis am anbrechenden Morgen allmählich die Gestalt des Herrn sich enthüllt und einer, der dem Meister näher steht als die anderen, uns aufmerksam machen muß, daß es der Herr ist! Wir haben es mit dem Herrn zu tun. Er steht am Ufer und wartet, daß wir in Gemeinschaft mit ihm treten, ihm alles bringen, damit er uns reinige und in uns reich und hell hervorleuchten lasse zu seines Namens Lob und Preis, was er in uns gelegt hat.

23. April

Wahrlich, wahrlich ich sage dir: Da du jünger warest, gürtetest du dich selbst und wandeltest, wohin du wolltest; wenn du aber alt wirst, wirst du deine Hände ausstrecken, und ein anderer wird dich gürten und führen, wohin du nicht willst. Joh. 21, 18

Sobald Petrus hörte: „Es ist der Herr!", gürtete er sich und warf sich ins Meer, wie schon einmal, als er nicht im Schiff bleiben konnte.

Wenn wir in den zweiten Teil dieser Begegnung hinübergehen, so finden wir da wieder den aufgehobenen Finger des Herrn: „Da du jünger warst, gürtetest du dich selbst." Er hat nachher doch wieder ins Schiff hinein müssen, um den reichen Fischzug mit den anderen Jüngern hineinzuziehen. Wenn der Herr in heiliger Stunde, wo es gilt, daß die Gemeinde und jeder einzelne Gläubige seinen Mann stellt, nicht getäuscht werden soll in uns um die Frucht seiner langen Mühe, dann gilt es, daß wir ihm nicht vorauseilen und dahin stürzen, wohin er uns nicht gerufen hat, und wäre es in noch so feuriger Liebe. Die hat der Herr nicht angetastet; aber wie weit ist Petrus gekommen mit seiner Liebe? „Wenn du alt werden wirst, wird ein anderer dich gürten." Gürten lassen wollen wir uns in diesen stillen Minuten, er soll fertig werden mit uns.

So gebe der Herrn uns Gnade, daß wir durch alles hindurch — nicht dort in einer Ecke, nicht mit den leiblichen Augen — als Kinder des Neuen Bundes mit erleuchteten Geistesaugen den Herrn sehen und hören und uns unter seine durchgrabene Hand stellen! Dabei kommt mir immer die Tatsache in Erinnerung, daß der Herr mit aufgehobenen Händen gen Himmel aufgefahren ist, und ich sage mir: Diese Hände, die aufgehoben waren, hat er nie zurückgezogen. Sie sind auch über uns ausgebreitet und sind bereit, uns gefangen zu führen, unseren Gedanken und Sinnen, unseren Erwartungen und Hoffnungen, unserem natürlichen Sinn und Wesen Ketten anzulegen, daß wir stille werden. Es gehört dazu Macht von oben; des Menschen Geist und Gemüt in die Stille zu bringen, das muß er tun. Er soll deine Sache und auch dich selbst in die Hand bekommen, und dazu soll die Betrachtung dieses Wortes dienen, damit jeder einzelne dem Herrn näherkommt und daß wir alle miteinander im Geist der Liebe und der Wahrheit uns stärken für einen Dienst, der etwas abwirft für den Herrn, und wir nicht antworten müssen: „Ich habe nichts", daß wir vielmehr, nachdem wir zur Erkenntnis unseres Nichts gekommen sind, dann durch seinen Geist in dieser kurzen Erdenexistenz Frucht bringen, von ihm gezeugt, gereinigt, gereift zum Lobe seines Vaters auf den Tag seiner Zukunft.

Der Leib Christi

24. April

So ermahne nun euch ich Gefangener in dem Herrn, daß ihr wandelt, wie sich's gebührt eurem Beruf, darinnen ihr berufen seid. Eph. 4, 1

Wenn auch nicht im buchstäblichen Sinne des Apostels Paulus, so doch im geistlichen Sinn müssen wir des Herrn Gefangene sein und von ihm in Fesseln geschlagen sein, wenn wir andere ermahnen und dem Herrn dienen wollen — „daß ihr wandelt, wie sich's gebührt eurem Beruf, darinnen ihr berufen seid". Und wie nun? Gefangene des Herrn zu sein und Salz zu haben, das alle Fäulnis zurückhält, ist ein und dasselbe. Wie wird man ein solcher Gefangener des Herrn? Da habe ich für euch eine Stelle, die mir auf dem Herzen liegt (die aber leider nicht in unserer Lutherbibel steht, sondern in neueren Übersetzungen, dem Grundtext entsprechend): Psalm 118, 27: *Jehova ist Gott, und er hat uns Licht gegeben; bindet das Festopfer mit Stricken bis an die Hörner des Altars!* Je länger, je mehr ich auf diese Stelle zurückkomme — eine derer, die Gott mir unterstrichen hat —, ist es mir, als dürfte ich mir Gott vorstellen, in der einen Hand Licht, der Gott alles Lichts, und in der anderen Hand Stricke, zu binden das Festopfer, und das sind wir, an die Hörner des Altars: aus uns ein Festopfer zu machen; Leib, Seele und Geist auf den Altar unseres Gottes zu bringen als Sklaven Jesu Christi. Der Herr ist Gott, der uns Licht gibt oder gegeben hat. Licht und Wahrheit. Das Licht wird uns nicht gegeben, um damit zu spielen, auch nicht, damit wir unsere Finger verbrennen, sondern daß wir ein

Brandopfer werden auf dem Altar unseres Gottes und seine Gebundenen. Bindet das Festopfer mit Stricken bis an die Hörner des Altars! *Sein für immer!* Durch die Macht der Wahrheit, die auch heute noch zu Boden werfen kann, überwunden, und nun gebunden an ihn, den Herrn der Herrlichkeit. — Laßt vor unserem Geist aufs neue lebendig werden diese alte, klassische Gestalt, deren Lebensbeschreibung einen großen Teil der Apostelgeschichte füllt, und der die Kirche so viel verdankt: die Gestalt des Heidenapostels! In der Stunde, wo seine Majestät die Hand auf diesen Mann gelegt und ihm das Wort ins Gewissen geschleudert: „Saul, Saul, was verfolgst du mich?", da hat er seine Arme ausgestreckt, wie der Herr zu dem Petrus sagte in seiner letzten Unterredung (Joh. 21, 18), und hat sich gebunden auf der Stelle abführen lassen. Und er geht, und es ist Nacht geworden über ihm. Und diese Nacht ist symbolisch. Die Nacht, die auf seine Augen sich senkte, war nur ein Ausdruck seines ganzen vergangenen Lebens, über das ein Schleier fiel Es war ein Schiffbruch. Und der Mann, der wußte, was er wollte, sein ganzes Leben von Kindheit an, der hat nichts halb getan. Den hat sich der Herr Jesus auserwählt, einen solchen brauchte er, einen, der sich von ihm gebunden wegführen ließ und der je länger, je mehr — er beschreibt's in seinem Lebenslauf — keine höhere Autorität mehr kennt, als daß er von dem Herrn der Herrlichkeit direkt sein Apostelamt erhalten. „Ich, der Gefangene des Herrn Jesu Christi!" Wir haben so viel wahre Autorität, als wir die Gebundenen und Gefangenen seiner Majestät sind und wissen, wer uns sendet, wem wir dienen und wem wir uns verkauft haben — an den Herrn der Herrlichkeit, ein Erkauftsein — unterschrieben mit Blut! Und dieses Blutsiegel tasten wir nicht mehr an.

25. April

So ermahne nun euch ich Gefangener in dem Herrn, daß ihr wandelt, wie sich's gebührt. Eph. 4, 1
Jehova ist Gott, und er hat uns Licht gegeben; bindet das Festopfer mit Stricken bis an die Hörner des Altars! Ps. 118, 27

Paulus konnte, als er vor König Agrippa seine Bekehrung erzählte, sagen: „Und ich, König Agrippa, war nicht ungehorsam der himmlischen Erscheinung." Ungehorsam ist Mangel an Gottesfurcht. Die Furcht Gottes ist aller Weisheit und Wahrheit Anfang. Wer sich fürchtet vor seinem Wort, bricht zusammen. Paulus war nicht ungehorsam. Er stand sofort seinem Herrn zur Verfügung. Eine Damaskusstunde! Jeremia 48, 11 steht das merkwürdige Wort: „Sorglos war Moab von seiner Jugend an und still lag es auf seinen Hefen und wurde nicht ausgeleert von Faß zu Faß, und in die Gefangenschaft ist es nie gezogen: daher ist sein Geschmack ihm geblieben und sein Geruch nicht verändert." Auch heute liegt mancher auf den Hefen seiner Frömmigkeit und verbreitet einen bösen Geruch, den Gestank des natürlichen Wesens; er ist nie mit Stricken gefangen geführt und gebunden an die Hörner des Altars, nie Gefangener Jesu Christi geworden. Dabei ist sein Geschmack oder Geschmäcklein ihm geblieben und sein Geruch nicht verändert. 2. Korinther 2, 14 bedeutet in erster Linie: „der über uns siegt". Es ist ein Wort, das nur noch einmal vorkommt im Neuen Testament (Kol. 2, 15), wo der Herr triumphiert hat über diese Fürstentümer. Sieg kann der Herr uns geben und uns ausrüsten, den Geruch seines Namens und seiner Erkenntnis von Ort zu Ort tragen, nur so weit, als er über uns siegt, uns in die Gefangenschaft hat abführen können. Die noch nicht in Gefangenschaft geführt, tragen Geruch und Gestank ihres eigenen Wesens umher durch die Welt und Gemeinde, und wenn der Herr sie wegnehmen will von ihren Hefen, so schreien sie Ach und Weh. Sie haben nie seine Herrlichkeit erkannt und haben nie geahnt, daß es keine höhere gibt, als der Gefangene seiner Majestät zu sein und dann einen Herrn der Herrlichkeit zu haben, der über uns verfügt. Ich bin der Gefreite meines Gottes, und kein Menschenkind kann mehr über mich verfügen. Versuche es nur einmal, die Diener hoher Häuser für dich in Anspruch zu nehmen! Das aber ist höchster Adel: der Gefangene, der Gebundene des Herrn zu sein.

Das Zentral- und Elementarlicht ist das, daß dir Christus am Horizont erscheint. Alle Bekehrung gründet sich auf ein himmlisches Gesicht. Es braucht nicht genau so zuzugehen wie dort bei Damaskus; aber daß durch die Predigt des Wortes der Christus erscheint, lebendig in deinen Horizont tritt, während du bisher nur einen Gefühls-Christus hattest — und dann wachst du auf und merkst, daß du es mit ihm zu tun hast, nicht mit Schwärmerei oder Auffassung, sondern mit dem Herrn der Herrlichkeit. Willst du sein Gefangener sein? Du mußt wissen, was du willst.

Gott hat uns Licht gegeben: Stricke her! Wer sich noch nicht hat binden lassen, der hat das wahre Licht noch nie geschaut oder hat damit gespielt, und es hat sich wieder verzogen und verflüchtigt. Stricke her, zu binden das Festopfer, Gefangene des Herrn aus uns zu machen!

26. April

So ermahne nun euch ich Gefangener in dem Herrn, daß ihr wandelt, wie sich's gebührt eurem Beruf, darinnen ihr berufen seid. Eph. 4, 1

Von dem in Vers 1 gegebenen Gesichtspunkt aus laßt uns nun Epheser 4, 1—16 betrachten! Es ist ein Gefangener, der hier zu uns redet, ein Gefangener im Herrn, und zwar einer, der trotz seiner Bande nicht einen Moment die Gemeinde aus den Augen verliert. Sein persönliches Arbeitsfeld muß anderen überlassen bleiben, die in nicht gerade schöner

Weise davon Besitz nahmen, einige „um meinen Banden Trübsal zu erwecken“, wie er den Philippern schreibt (Kap. 1, 16), andere „verkündigen Christus aus Streitsucht, nicht lauter“. So traurig das alles war, konnte sich der Apostel dennoch freuen, daß Christus überhaupt verkündigt wurde. Er lag im Kerker, ausgeschlossen von dem bisherigen Feld seiner Wirksamkeit; die Leute, die in seine Arbeit getreten, waren durchaus nicht für diese geeignet, nicht lauter in ihren Beweggründen; und doch sagt er: „Ich freue mich“; es ist gut für mich; „es wird mir zur Seligkeit ausschlagen“, zum Heil gereichen (Vers 19). Der Herr verliert nie das Heil, die Seligkeit seiner Arbeiter aus den Augen.

Paulus ist wie auf einer hohen Warte in seinem Gefängnis und übersieht alles mit klarerem Blick als je zuvor. In dieser seiner Abgeschlossenheit ist er seinem Gott näher denn je und trägt auch die Gemeinde mehr denn je auf dem Herzen. Von jenem Kerker ging ein Strom des Lebens und der Liebe aus, und in diesem Geist ist sowohl das erste Kapitel des Philipperbriefes wie die Epistel an die Epheser geschrieben. „Ich ermahne euch nun, ich, Gefangener im Herrn“ — und er hatte als solcher ein Recht, zu ermahnen —, ich ermahne euch nun, daß ihr würdig wandelt der Berufung, mit welcher ihr berufen worden seid, und zwar zu der allerheiligsten Berufung, die weder Engeln noch Erzengeln in den Sinn gekommen wäre — ein Glied am Leibe Christi zu sein (1. Kor. 12, 12), ein Teil von Christus; denn Christus ist nicht nur das Haupt, sondern schließt auch den Leib in sich. Denn gleichwie der Leib einer ist und viele Glieder hat, alle Glieder des Leibes aber, obgleich viele, ein Leib sind, also auch Christus. „Christus wird vervollständigt durch alle seine Glieder. Christus braucht alle seine Glieder zu seiner Vervollständigung; er kann deren keins entbehren (Eph. 4, 10); sein Leib ist die Fülle dessen, der alles in allem erfüllt.“

27. April

Mit aller Demut und Sanftmut, mit Geduld, und vertraget einer den anderen in der Liebe, und seid fleißig, zu halten die Einigkeit im Geist durch das Band des Friedens! Eph. 4, 2. 3

Zu wandeln würdig der Berufung, mit welcher ihr berufen seid mit aller Demut. Du kannst nicht in die Linien des ewigen und geistigen Lebens eingegangen sein, wenn du nicht sehr niedrig in deinen eigenen Augen geworden bist. Demut verschafft dir Eingang zu jedem Christenherzen, während der Hochmut ihn verschließt. Magst du auch die beste Absicht haben, einem anderen Glied zu dienen, es geht nicht ohne Demut; aber bücke dich tief, nimm die dir gebührende Stellung ein, um die Füße waschen zu können (Joh. 13, 9—14) — nicht den Kopf —, so wird dein Dienst vor deinen Brüdern und Schwestern gern angenommen werden und ihnen Segen bringen. Kein Kind Gottes wird einen demütigen Sinnes verrichteten Dienst zurückweisen.

„Mit aller Demut und Sanftmut, mit Langmut." Nimmt dieses oder jenes Glied am Leib einen solchen „mit aller Demut und Sanftmut" verrichteten Dienst auch vielleicht heute und morgen nicht an, so wird doch früher oder später der Augenblick kommen, da es der Geist Gottes daran erinnert und es dann nachgibt und Buße tut. „Mit Langmut einander ertragend in Liebe", die Schwierigkeiten eines noch ungeheiligten Charakters, die dem anderen noch nicht zum Bewußtsein gekommenen natürlichen Anlagen in Rechnung bringend — und also in Liebe ertragend, in alles überwindender Liebe, sei es noch so lange und scheinbar ohne viel Erfolg.

„Euch befleißigend, die Einheit des Geistes zu bewahren in dem Band des Friedens." O hüten wir uns, uns irgendwie zu überheben, auch wenn wir wissen, daß wir vollständig im Recht sind, und bewahren wir die Einheit des Geistes im Band des Friedens, damit ja kein Bruch zwischen uns und einem anderen Glied entstehe! Lassen wir dem Geist Gottes Zeit, den Bruder oder die Schwester zu überführen, und nehmen wir uns Zeit, in Geduld und Liebe, in Demut den anderen verstehen zu lernen!

28. April

Ein Leib und ein Geist, wie ihr auch berufen seid auf einerlei Hoffnung eures Berufs. Ein Herr, ein Glaube, eine Taufe, ein Gott und Vater unser aller, der da ist über allen und durch euch alle und in euch allen.

Eph. 4, 4—6

Ehe der Apostel uns zum Mitwirken am Aufbau seines Leibes beruft, spricht er von dem, was bereits besteht. Es ist schon ein Leib vorhanden; *wir brauchen die Einheit nicht erst zu schaffen, sie ist da.* Wir haben sie nur in Erscheinung treten zu lassen, anzuerkennen, brauchen nur durch verständnisvolle Liebe diese herrliche Einheit in ihrer Siegesmacht über alles, was irgendeine Spaltung hervorrufen könnte, ans Licht zu bringen. „Ein Leib und ein Geist, wie ihr auch berufen worden seid in einer Hoffnung eurer Berufung. Ein Herr, ein Glaube, eine Taufe, ein Gott und Vater aller, der da ist über allen und durch alle und in uns allen" (Vers 4—6). Wie sollte ich mich nicht jedem mit Ehrerbietung nahen, in dem der uns allen innewohnende Gott ist! „Jedem einzelnen aber von uns ist die Gnade gegeben worden nach dem Maß der Gabe Christi" (Vers 7).

Wie die heilige Dreieinigkeit ein Geheimnis ist, so ist auch die wahre Kirche ein Geheimnis, das uns aber Gott dadurch zugänglich macht, daß er das Wunder des menschlichen Körperbaus vor unser Auge stellt. „Gleichwie ein Leib ist (1. Kor. 12, 12) und hat doch viele Glieder, alle Glieder aber eines Leibes, wiewohl ihrer viele sind, sind sie doch ein

Leib: also auch Christus" — und zwar Christus, an dieser Stelle nicht als Haupt gedacht, im Unterschied von den Gliedern, sondern Christus und seine Gemeinde als reine, in sich geschlossene Einheit. „Denn", fährt der Apostel Vers 13 weiter, „wir sind durch einen Geist alle zu einem Leib getauft, alle zu einem Geist getränkt. Der Leib ist nicht ein Glied, sondern viele." — Das Gesetz und die treibende Kraft des Leibes ist die Liebe. Jesus starb, um die zerstreuten Kinder Gottes in eins zusammenzubringen. Sein vergossenes Blut (Eph. 2) bringt nicht nur die in der Ferne Verlorenen ihrem Gott wieder nahe, es bringt auch eins nahe zum anderen. Es reißt alle Scheidewände nieder und tötet alle Feindschaft. Es schafft aus zweien und es schafft aus vielen vorher Getrennten *einen* neuen Menschen. „Auf daß sie alle", hat unser Herr in seinem hohepriesterlichen Gebet gesprochen. „auf daß sie alle eins seien, gleichwie du, Vater, in mir und ich in dir, daß auch sie in uns eins seien." Die Herrlichkeit, die der Vater dem Sohn gegeben, hat der Sohn seinen Jüngern gegeben. Die Liebe, mit der der Vater ihn liebte, soll in seinen Jüngern wohnen, auf daß sie alle vollendet seien in eins (Joh. 17).

29. April

Darum heißt es: Er ist aufgefahren in die Höhe und hat das Gefängnis gefangen geführt und hat den Menschen Gaben gegeben. Daß er aber aufgefahren ist, was ist's, denn daß er zuvor ist hinuntergefahren in die untersten Örter der Erde? Der hinuntergefahren ist, das ist derselbe, der aufgefahren ist über alle Himmel, auf daß er alles erfüllte. Und er hat etliche zu Aposteln gesetzt, etliche aber zu Propheten, etliche zu Evangelisten, etliche zu Hirten und Lehrern. Eph. 4, 8—11

Aus dem eben Gelesenen geht klar hervor, daß aller Aufbau des Leibes der Gemeinde bis zur Wiederkunft Christi Wirkung ist des zur Rechten Gottes, seines Vaters, erhöhten Herrn Jesus Christus. Alles wurzelt ja in der Hingabe des Sohnes. Wäre er nicht gestorben, am Kreuz hingesunken, so wäre nie Frucht geschaffen worden. Hätte Gott, der Vater, ihn fortleben lassen, so wäre nie eine Gemeinde hervorgekommen. Das Weizenkorn mußte in die Erde sinken, aber tiefer in die Erde. Ehe er über alle Himmel ging, mußte er tief hinunter, wie es hier heißt: Was ist's, wenn er ist hinaufgefahren, wenn er nicht in die untersten Örter der Erde hinabgefahren ist, bis in die Totenwelt, in die Welt der Qualen hinunter? Überall hat er Gefangene weggeführt, und dann ist er hinaufgefahren in die oberste Welt, damit er alles erfülle. Er ist's, der hinunter- und hinaufgefahren ist, der die Schlüssel des Todes und der Totenwelt mit hinaufgenommen hat, und deshalb erscheint er dem Seher auf der Insel Patmos als der Herrliche, der die Schlüssel des Todes und der Totenwelt in seiner Rechten hat; er ist's, der in Machtvollkommenheit seines Vaters nun die Gaben austeilt, die er von Gott erhalten hat. Er hat den Menschen Gaben gegeben und hat nun etliche zu Aposteln gesetzt, etliche aber zu Propheten, etliche zu Evangelisten, etliche zu Hirten und Lehrern. Die Gaben hat er ausgeteilt aus seiner Fülle, damit er durch seine Gefangenen, wie einen Paulus und andere, die er gefangen hat wegführen können, die er hat zu seinem Eigentum machen können, sein Reich ausbreite und andere gefangengenommen werden unter den Gehorsam des Kreuzes. Darum immer wieder zurück zum Grund, zum Stamm, zur Wurzel, zur Quelle, dorthin in den Gehorsam des Kreuzes, von wo aus alle fruchtbaren Reichgottesarbeiter ausgehen! Neues Leben muß aus dem Tod sprossen. Eine Reichgottesarbeit, die andere nicht gefangen weggeführt in den Gehorsam des Kreuzes und in die Gemeinschaft des Todes Christi und auf den Brandopferaltar, ist eine solche, die ihren Zweck verfehlt, deren Wirkung nicht in die Ewigkeit hineinreicht.

„Er hat ihn gesetzt zu seiner Rechten im Himmel, über alle Fürstentümer, Gewalt, Macht, Herrschaft und alles, was genannt mag werden, nicht allein in dieser Welt, sondern auch in der zukünftigen; und hat alle Dinge unter seine Füße getan und hat ihn gesetzt zum Haupt der Gemeinde über alles, welche da ist sein Leib, nämlich die Fülle des, der alles in allen erfüllt" (Eph. 1, 20—23). Jedes einzelne Glied am Leibe Christi ist ein Strahl seiner Herrlichkeit. Die Gemeinde als ein großes Ganzes stellt die Fülle der Herrlichkeit Christi dar, wie Christus die Fülle der Gottheit darstellt. Das Geheimnis ist groß, das Geheimnis von Christus und der Gemeinde (Eph. 5, 32). Bitte den Herrn, daß er deine staunenden Augen ob dieses wunderbaren Gnadenratschlusses auftue, und bete mit allen Engeln darüber an!

30. April

Daß die Heiligen zugerichtet werden zum Werk des Amtes, dadurch der Leib Christi erbaut werde. Eph. 4, 12

Nachdem Jesus in die untersten Örter hinuntergestiegen und zur höchsten Höhe hinaufgestiegen ist, hat er in der Allmacht vom Vater (Vers 11) etliche gegeben zu Aposteln, Propheten, Evangelisten, Hirten und Lehrern. Zu welchem Zweck? Nicht unmittelbar zum Aufbau seines Leibes, zum Werk des Dienstes, sondern daß die Heiligen zugerichtet würden zum Aufbau des Leibes Christi, zum Werk des Dienstes. Darin liegt der Schwerpunkt der evangelischen Kirche; Apostel und Propheten sind das Fundament, wo Christus der Eckstein ist, auf dem die Gemeinde sich aufbaut.

Aber die Apostel bauen nicht selbst den Leib, sie richten die Heiligen zu, damit die Heiligen, die Gläubigen den Leib bauen, wie es der Schluß (Vers 16) so klarlegt, daß der Leib Christi in dem Maß eines jeden

Gliedes das Wachstum des Leibes bewirkt zu seiner Selbstauferbauung in Liebe. Darum liegt dem Apostel so viel daran, es bei der Gemeinde nicht mehr zu tun zu haben mit Kindern, Unmündigen, die noch nicht wesentlich unterschieden sind von Knechten — die bleiben nicht ewiglich im Hause —, die noch unter Vormündern sind. Er will, sie sollen nicht länger Kinder sein, beeinflußt hin und her, sondern wahr sein in der Liebe, wachsend in *den* hinein, der das Haupt ist in allen Stücken. Die Heiligen bauen den Leib, und ihnen ist und wird heute noch durch den Dienst rechter Lehrer dargereicht, was sie bedürfen, nicht nur in dem Sinn, was man sonst auch „Erbauung" heißt: Anregung, Ermunterung, Strafe, sondern dazu, um an einem großen, wunderbaren Bau zu bauen. Alle Erbauung hat den Zweck, daß der Leib Christi kein Stümperwerk bleibe und schließlich auf Gott der Vorwurf falle.

Jesus redet einmal von einem Turmbau, wo die Kosten erst überschlagen werden müssen. Die Gemeinde soll ein solcher Turm werden, an dem man sich orientiert. Wird es da so gehen, daß man baut und baut und kein Ende sieht, weil die Bauleute kein Ziel haben? Wenn das fehlt, dann wird das Christentum eine fehlgeschlagene Sache, und der Teufel und die Welt triumphieren über den Mißerfolg. Damit es nicht so kommt, muß die Gemeinde Jesu aufwachen zu ihrer Aufgabe und darf nicht bei der Erbauung des einzelnen Christen in Versammlungen stehenbleiben, sondern muß zielbewußt auf jenen geheimnisvollen Bau hinarbeiten, dessen Baumeister der Heilige Geist ist, wozu aber der Heilige Geist Glieder braucht, denen er einen Blick dafür geben kann, daß er ein Leib ist durch alle Kontinente hindurch, daß die, die droben schon stehen, die Heimgegangenen, und die, die jetzt leben, ein Leib, eine große Einheit sind, die hineinleuchten wird ins Weltall als große Wunderschöpfung Gottes, so daß unser Leib nur ein Gleichnis und Schattenbild davon ist. Der Apostel und der Heilige Geist könnten uns nicht begreiflich machen, was die Gemeinde ist, wenn nicht der Leib mit Hand und Mund und Gliedern da wäre, wo ein Gedanke alles bewegt und alles dem Haupt gehorcht. Bei Tobsüchtigen, Epileptischen kann ein Glied das andere verletzen, aber wo der Organismus gesund ist, und es kommt ein Unglück vor, da ist der Arm bereit, den Kopf vor dem Zerschellen zu schützen. Der Arm läßt sich willig zerschmettern und wartet nicht, ob der linke Arm kommt und hilft. Und der andere Arm ist nicht neidisch, daß er die Ehre nicht hat, sich zu opfern. Alles hat nur *ein* Ziel: die Rettung des Hauptes. Da ist keine Eifersucht, kein Zögern. „Deinen Willen tue ich gern", spricht Christus und hat dadurch den Grund gelegt, daß der Leib, die Gemeinde, gebaut werde, wo nur der Wille des Hauptes, des Herrn und Königs gilt.

1. Mai

Bis daß wir alle hinankommen zu einerlei Glauben und Erkenntnis des Sohnes Gottes und ein vollkommener Mann werden, der da sei im Maß des vollkommenen Alters Christi. Eph. 4, 13

Wie lange Zeit nimmt die Vollendung dieses Baus in Anspruch? „Bis wir alle hingelangen zu der Einheit des Glaubens und der Erkenntnis des Sohnes Gottes." Verstehe ich den Apostel recht, so ist er der Meinung, daß die Einheit des Leibes durch die Erkenntnis des Sohnes Gottes und durch den Glauben gefördert wird. Was ist der Glaube aber? Es ist das Hangen an Christus, das Bleiben in ihm. In diesem Glauben zunehmend, „laßt uns hineinwachsen in allem zu ihm hin, der das Haupt ist, Christus!" Der Glaube entwickelt sich in dem Maß, als wir in Christus hineinwachsen, und letzteres geschieht nur durch „Erkenntnis des Sohnes Gottes".

So gelangen wir zu der praktischen, bewußten Einheit, zu der wirklichen Geistesgemeinschaft, die kein Mißtrauen mehr aufkommen läßt. Und sollten auch meine Brüder noch etwas gegen mich in ihren Herzen haben, wie seinerzeit Pauli Mitarbeiter etwas gegen den Apostel im Herzen hatten, so darf doch nichts in meinem Herzen gegen sie sein, so wenig wie im Herzen des Apostels etwas gegen jene Mitarbeiter war, obwohl sie „seinen Banden Trübsal zuzufügen gedachten", die Einigkeit in Liebe und Geduld festhaltend, in der Hoffnung, daß wir in der Kraft unseres Herrn und Meisters und mit seiner Hilfe das Böse schließlich mit Gutem überwinden werden. Unser persönliches Hineinwachsen in Christus wird dazu dienen, denselben Glauben und die Erkenntnis des Sohnes Gottes im Leibe zu fördern, bis wir alle hinzugelangen zu der Einheit des Glaubens. Es ist etwas noch nicht völlig bei uns in Erscheinung Getretenes; aber es ist unser seliges Vorrecht, fassen zu dürfen im Glauben, daß es tatsächlich auf der ganzen weiten Welt kein Kind Gottes gibt, das wir nicht lieben könnten. Das heißt zu der Einheit des Glaubens gelangen, nicht nur zur Einigkeit des Geistes, sondern zur Einheit eines durch die Erkenntnis des Sohnes geförderten Glaubens, und geförderter Glaube offenbart sich durch Liebe, Demut und Langmut. Dieser Glaube vereinigt und hilft hineinwachsen in Christus, „bis wir alle hinangelangen zu der Einheit des Glaubens und der Erkenntnis des Sohnes Gottes, zu dem erwachsenen Mann, zu dem Maß des vollen Wuchses der Fülle Christi".

2. Mai

Auf daß wir nicht mehr Kinder seien und uns wägen und wiegen lassen von allerlei Wind der Lehre durch Schalkheit der Menschen und Täuscherei, damit sie uns erschleichen, uns zu verführen. Eph. 4, 14

Hier geht der Apostel zurück und wiederholt das Gesagte im 14. Vers noch einmal auf andere Weise: „Auf daß wir nicht mehr Unmündige seien, hin und her geworfen und umhergetrieben von jedem Wind der Lehre, die da kommt durch die Betrügerei der Menschen, durch ihre Verschlagenheit zu listig ersonnenem Irrtum; sondern", heißt es nun, „die Wahrheit festhaltend in Liebe, oder wahr seiend in Liebe." „Du hast Lust an der Wahrheit im Innern des Herzens" (Ps. 51, 8), d. h. du willst nicht nur, daß wir einander die Wahrheit sagen, sondern daß wir unseren Brüdern im tiefsten Innern wahr gegenüberstehen. Und wirklich wahr ihnen gegenüber sind wir nur, insoweit wir in der Liebe bleiben.

Erinnert ihr euch der Stelle 1. Johannes 2, 10? „Wer seinen Bruder liebt, bleibt in dem Licht, und kein Ärgernis ist in ihm." Ihr seid nur so weit im Licht, als ihr liebt; das Licht ist Wahrheit, und die Wahrheit ist Licht. Wahr sein in seiner inneren Herzensstellung dem Bruder und der Schwester gegenüber heißt „im Licht Gottes sein". Der Geist der Wahrheit, der Geist des Lichts richtet und verurteilt alles, was nicht Liebe und Demut, Geduld und Langmut ist, nach dem Maß des vollen Wuchses der Fülle Christi. Der Geist des Lichts, der Geist der Wahrheit nimmt von den Dingen, die in Christus Jesus sind, und offenbart sie uns.

Christus war, was seine Demut und sein Wahrsein in der Liebe betraf, das Ebenbild des Vaters, und wir werden gestützt auf ihn, seinen Fußtapfen folgend, durch jedes Vorkommnis des Tages, durch jede Begegnung mit diesem oder jenem Bruder oder dieser oder jener Schwester zum Mannesalter heranreifen. Je mehr wir bezüglich des Aufbaus der Gemeinde in Gottes Absicht eingehen, um so mehr wird uns der Herr mit dem betreffenden Bruder oder der betreffenden Schwester zusammenführen, die wir noch nicht so recht von Herzen lieben können. Er bringt uns bei der Begegnung mit den Betreffenden auf irgendeine Weise zum Bewußtsein, daß etwas im Leib noch nicht in den rechten Fugen ist. Es fehlt vielleicht an der warmen Liebe dem Bruder oder der Schwester gegenüber, und das ist etwas Schreckliches, wenn es daran mangelt. In seiner wunderbaren Liebe und Zartheit schenkt nun der Herr eine Begegnung, damit man sich gegenseitig aussprechen und in die richtige Stellung zueinander kommen könne. Es darf keine Lücke im Leib sein, sondern ein Stein muß sorgfältig in den anderen eingefügt, gerade die einander fernstehenden Glieder müssen in einer Weise zusammengebracht werden, die niemand in den Sinn gekommen wäre, damit sich diese Steine aufeinander auferbauen.

Das ist Arbeit für die Ewigkeit, und so beschleunigen wir die Wiederkunft Christi.

3. Mai

Laßt uns aber rechtschaffen sein in der Liebe und wachsen in allen Stücken an dem, der das Haupt ist, Christus! Eph. 4, 15

„Wahr“ seiend in der Liebe, wachsen wir in allen Dingen hinein in seine Demut, Langmut und Geduld, hinein in sein Herz voll Liebe und Erbarmen, hinein in Christus, das Haupt des Leibes. Mit dem Heiligen Geist werden wir einen unerschöpflichen Vorrat haben, um einen Bruder zu lieben trotz aller seiner Fehler und seiner unangenehmen Seiten. Ihr werdet euch nicht mehr ärgern lassen durch die kleinen Vorkommnisse in eurem Haushalt; ihr werdet euch nicht mehr über euch selber und über euer Elend beklagen, sondern indem ihr die einfachen und geringsten Pflichten treulich im Blick auf Jesus und in der vom Heiligen Geist dargereichten Kraft erfüllt, werdet ihr vorwärtskommen. Wenn ihr dann liebend und dienend euren Platz in dem Leib Christi ausfüllt, werdet ihr auch eurem Bruder helfen, den seinigen einzunehmen.

Der Heilige Geist arbeitet mit göttlicher Energie, die das Fleisch weich macht, währenddem der Gebrauch unserer eigenen Energie dem Fleisch Nahrung gibt. Man muß das Liebesleben verwirklichen „mit Furcht“, d. h. nicht mit Nachlässigkeit. Es handelt sich darum, den geeigneten Moment nicht zu verfehlen; denn er wird nicht wiederkommen. Jede Seelenarbeit ist umsonst, wenn sie ohne Liebe getan ist; sie muß zu Hause angefangen werden. Was ist das für ein armseliger Christ, der zur Zeit der Not dem Bruder nicht helfen kann, ihm kein Brot reichen mag, wenn er solches bedürfte? Wir wollen gebückt stehenbleiben an der Tür des Heiligtums, um denen zu helfen, die daniederliegen, um ihnen einen lebendigen und liebenden Christus zu zeigen, und das alles nicht, weil wir meinen, erfahrene Christen zu sein, sondern weil wir Glieder sind an dem lebendigen Heiland voller Liebe.

Jesus wirkt das Wollen und das Vollbringen unter der einen Bedingung, daß wir dem Heiligen Geist Gehorsam leisten. Ist Christus euer Herr, euer König? Behaltet ihr euch jeden Tag einige stille Augenblicke vor, um sie in seiner Gegenwart zu verbringen? Wenn ihr bisher euer Tagewerk nicht habt regeln lassen durch ihn, so kommt jetzt und werft zu seinen Füßen alles, was sich in euch auflehnt gegen ihn! Er kann euch von euch selbst befreien. Laßt uns die Besiegten, die Untertanen, die Glieder Christi sein, die er wirklich regiert!

4. Mai

Von welchem aus der ganze Leib zusammengefügt ist und ein Glied am anderen hanget durch alle Gelenke, dadurch eins dem anderen Handreichung tut nach dem Werk eines jeglichen Gliedes in seinem Maß.
Eph. 4, 16

An unserem Leib ist bedeutsam, wie die verschiedenen Glieder durch die Gelenke einander Handreichung tun. So sind auch in der Gemeinde Gelenke; das sind Glieder, die mit anderen Gliedern verbinden, und Gelegenheiten, die Gott einem jeden gibt nach seinem Maß, am Bau des Leibes zu arbeiten. So arbeite ich an dem Bau des Leibes, sooft ich einem Bruder, der etwas gegen mich hat, das Böse mit Gutem, seine Schwierigkeiten, mich zu lieben, mit Liebe aus dem Haupt überwinde. Stelle ich da nicht die Gelenke her? Die Steine zum Tempel wurden behauen im Steinbruch für den Platz, den sie im Gebäude einzunehmen hatten. Heutzutage werden die Balken bearbeitet auf einem Platz und dann ineinandergefügt. So werden auch wir, z. B. durch Schwierigkeiten in der Familie, mit einer alten Tante, zugerichtet, geübt im Lieben, im Dulden, im Hochachten anderer im stillen, verborgenen Heim, daß wir hernach in der Berührung mit anderen Kindern Gottes ihnen begegnen können mit der Liebe und Geduld und Sanftmut, mit der Christus uns begegnet ist.

Wachsen wir durch die Schwierigkeiten mit den Brüdern, weil wir die Geduld nicht in uns haben, tiefer ins Haupt hinein, so bekommen wir auch aus dem Haupte heraus Leitung und Kraft; tauchen wir immer tiefer ins Blut Christi hinein, so bekommen wir immer mehr Macht, in Begegnung mit anderen Liebe zu üben, Demut zu beweisen, den Sinn des Hauptes, in das wir hineinwachsen, zu betätigen und zum Durchbruch zu bringen. Damit tun wir Handreichung den Gliedern des Leibes, die im Geistesleben des Hauptes noch zurückstehen. Anstatt uns an ihnen noch zu ärgern, danken wir Gott, daß wir ihnen Handreichung tun können, wahr seiend in der Liebe, nicht grob, sondern in der Sanftmut, unter der Leitung des Geistes. Wollen wir das erfolgreich treiben mit allen Geschwistern, mit denen wir zusammenkommen, dann müssen wir es vorher im Geist treiben und darauf bedacht sein, vor Gott und Menschen ein gutes Gewissen zu haben, was unsere Stellung im Leib Christi betrifft, daß wir nicht irgend etwas aufkommen lassen gegen ein Glied des Leibes. Ist dieses Glied noch fleischlich, so müssen wir ihm desto mehr im Geist begegnen, in der Wahrheit und in der Liebe, wo beides gleich ist, damit wir keine Fehler machen und die Schäden des Leibes nicht vermehren, sondern eingreifen in Übereinstimmung mit dem, der uns kein größeres Vorrecht anvertraut hat, als im Einverständnis mit ihm still und unermüdlich am Bau seines Leibes zu arbeiten.

5. Mai

Von welchem aus der ganze Leib zusammengefügt ist und ein Glied am anderen hanget durch alle Gelenke, dadurch eins dem anderen Handreichung tut nach dem Werk eines jeglichen Gliedes in seinem Maß.

Eph. 4, 16

Es wird gewiß vorkommen, daß der Herr dir gerade den Bruder und die Schwester auf den Weg führt oder in die Erinnerung bringt, denen gegenüber du ein Gefühl von Kälte hast. Was tust du dann? Ist dir's eine unangenehme Erinnerung, oder grüßt du da einen Wink Gottes, der dir Gelegenheit gibt, still zu bauen am Leib Christi in deinem Maß, daß du für ihn betest und ihn ins Auge faßt? Laßt uns die ins Auge fassen, die noch nicht recht stehen, und besonders die, gegen die wir noch nicht recht stehen! Da wollen wir keine Ruhe haben, bis die Liebe frei fließt. Sie müssen wieder spüren: da ist etwas gegangen, gewichen. Im Hause Gottes müssen alle Schäden sofort in Angriff genommen werden, da ist für Verschleppung kein Raum, am wenigsten, wenn es sich um Aufbau des Leibes handelt. Denke an Philipper 2, wo Paulus sagt: „Ist nun nicht in euch, sondern in Christus Erbarmen — und in ihm ist Erbarmen, er hat Geduld mit uns —, so erfüllet meine Freude, daß ihr *eines* Sinnes seid!" Es genügt nicht, daß ich dem Bruder vergebe, aber froh bin, wenn er mir nicht in den Weg kommt. Der Bruder muß merken: da ist nichts dazwischen, die Gelenke sind wiederhergestellt, es ist kein Knarren mehr. Wie ihr immer seid gehorsam gewesen, auch in meinem Abwesen (Phil. 2, 12), also schaffet eure Seligkeit, bauet den Leib mit peinlicher Gewissenhaftigkeit; denn Gott ist es, der da wirkt Wollen und Vollbringen, daß ich bereit bin, jedem in meinem Maß Handreichung zu tun. Der Leib soll gebaut werden; da laßt uns Glieder sein am Leibe, wo jedes Glied lebt für das Haupt! Der Eine starb, damit alle nicht mehr für sich selbst leben, sondern dem, der für sie gestorben und auferstanden ist, der diesen allen, jedem einzelnen seinen Dienst anweist und jedes Glied mit seiner Liebe durchströmt und jedem zeigt, wie er anderen zur Auferbauung des Leibes dienen kann. Wenn du in der Verborgenheit aufgeräumt hast, in deinem Horizont und Gesichtskreis, so daß du gegen jeden Liebe hast, dann kannst du auch da, wo einer dir hart begegnet, Handreichung tun, du kannst ihn schlagen, aber nicht ins Gesicht, sondern freundlich, du kannst feurige Kohlen auf sein Haupt sammeln, du kannst mit weiser Liebe, nicht mit vorgreifender Liebe dienen. Er kann vielleicht deinen Dienst nicht umgehen; erzeigst du ihm da demütige, weise, einfältige Liebe, so hast du einen überwundenen Feind; er jauchzt mit dir über den Sieg Jesu. So tut man Handreichung; da sterben die Seufzer widereinander, und wo ihr Grund habt zu seufzen, da gebraucht die Gelegenheit, an diesem Stück anzufangen, zu bauen am Leib des Herrn, wohlzutun, dem anderen zu begegnen im Geist Christi, nicht in eurem eigenen Geist.

6. Mai

Von welchem aus der ganze Leib zusammengefügt ist und ein Glied am anderen hanget durch allerlei Gelenke, dadurch eins dem anderen Handreichung tut nach dem Werk eines jeglichen Gliedes in seinem Maß.
Eph. 4, 16

Paulus schließt seine Worte über das Abendmahl in 1. Korinther 11, 33 mit der Mahnung: Einer warte auf den anderen! Das ist auch ein Hauptpunkt im Aufbauen des Leibes Christi. Paulus will sagen: Helft einer dem anderen, ein Glied ziehe das andere nach; bist du voraus, so hilf dem anderen nach! Einer warte auf den anderen! Alles andere ist Mißbrauch des Abendmahls. Zu Korinth kam der eine voraus, der andere kam zu spät. Es war ein Durcheinander am Heiligtum. Sie warteten nicht aufeinander. Laßt uns das Wort in der ganzen Wahrheit nehmen! Keiner lasse das andere Glied zurück! Habt Zeit füreinander, Geduld füreinander, ein Herz füreinander um Gottes willen, weil der Herr nicht weiter kann, solange der Leib nicht ausgebaut ist!

Im Abendmahl ist vom Leib im zweifachen Sinn die Rede: erstens zunächst der Leib, den Gott seinem Sohn bereitete, als der Sohn zu ihm sprach: Hier bin ich; bereite mir einen Leib, damit ich meinen Bruder rette! Dieser Leib Christi soll unterschieden werden von gewöhnlichem Essen. Aber zweitens, nach 1. Korinther 10, 16. 17, ist das Brot die Gemeinschaft des Leibes Christi: Wie viele sind ein Leib. Nicht nur die Kinder Gottes, die in einer einzelnen Stadt das Abendmahl genießen, bilden einen Leib, sondern alle Kinder Gottes. Der Herr hat nur *einen* Leib. Deswegen versündigen sich am Leib des Herrn die, denen nicht jedes Kind Gottes willkommen ist, was auch irgend seine Anschauungen sein mögen. Wandle es seiner Überzeugung treu! Niemand hat ein Recht, einen Abendmahlstisch aufzurichten, an dem nicht jedes Glied des Leibes willkommen wäre. Die Einheit des Leibes ist ein Heiligtum, da werden wir alle gerichtet und richten uns selbst. Also haben wir hier den Leib in einer zweiten Bedeutung, was die Theologen den mystischen Leib nennen, die Gemeinde Christi. Was Gott zusammengefügt hat — und nirgends mehr als im Heiligtum der Heiligtümer —, das unterstehe sich nicht ein Mensch zu trennen. Wenn er die Einheit und Heiligkeit des Leibes nicht mehr unterscheidet und eine Stellung zu einem Kind Gottes einnimmt, die dem widerspricht, so gewärtige er, daß der Herr ihn schlägt am eigenen Leib (1. Kor. 11, 29. 30). Er bekommt ein Gericht (nicht: „das" Gericht), eine Züchtigung, wenn er nicht unterscheidet den mystischen Leib, den der Heilige Geist dem Haupt baut, an dem wir Glieder sind. Sollen wir nicht mit tausend Freuden jedes Glied begrüßen, das der Herr anerkennt? Versündigen wir uns nicht am Leib! Wir werden am Leib geschlagen, wenn wir den Leib des Herrn nicht unterscheiden. Darum harre einer des anderen, wartet aufeinander! Anstatt einen hinauszudrücken oder scheel anzusehen, begrüßt ihn als einen, auf den ihr gewartet! Ist ein Zerwürfnis geschehen, und ihr habt es bereut und euch gedemütigt, so heißt ihn willkommen, wenn er kommt! Wartet, daß er seine Stellung im Leib wieder einnehme!

7. Mai

Machet, daß der Leib wächst zu seiner selbst Besserung, Auferbauung; und das alles in der Liebe! Eph. 4, 16
Bis daß wir alle hinankommen zu einerlei Glauben und Erkenntnis des Sohnes Gottes und ein vollkommener Mann werden, der da sei im Maß des vollkommenen Alters Christi. Eph. 4, 13

Bei eingehender Betrachtung des ganzen Abschnitts (Eph. 4, 1—16) finden wir hier wie in keiner anderen Stelle der Heiligen Schrift nicht nur die herrliche Tatsache ins Licht gestellt, daß ein Glied des Leibes des anderen bedarf und eins fürs andere Sorge trägt, sondern es kommt ein verborgenes und doch immer bewußtes Zusammenwirken der Glieder zu einem bestimmten Zweck zum Ausdruck, nämlich zum Aufbau des Leibes selbst in Liebe. Es genügt nicht, daß jedes einzelne Glied an seinem Platz ist; die Glieder müssen sich zu dem bestimmten Zweck zusammenschließen, daß jedes einzelne in der ihm angewiesenen speziellen Funktion zum Aufbau und zur Vollendung des Leibes mitwirke. Dazu gehört vor allem, daß es die Stelle ausfindig mache, wo es hingehört. Die Gelenke sind nicht nur zur Stütze des Ganzen da, sondern sollen dazu dienen, jedes einzelne Glied so in den Bau einzufügen, daß es rechts und links, oben und unten gestützt, für alle Ewigkeit in seinen richtigen, ihm von Gott bestimmten Platz eingepaßt sei.

Gottes Absicht ist nicht nur, daß wir einander in unseren persönlichen Bedürfnissen Handreichung tun, sondern daß eins dem anderen helfe, an den ihm bestimmten Platz im Leib zu kommen, damit die verschiedenen Ämter des Leibes richtig verteilt werden. Nachdem die Kirche Christi der Welt so lange das traurige Schauspiel einer unter ihren Gliedern herrschenden Verwirrung, ja sogar Feindschaft gegeben hat, will Gott, daß sich nun jedes einzelne Glied durch seinen Geist Rechenschaft gebe, zu welcher Funktion im Leib es berufen ist, damit es — soviel an ihm ist und soweit sein Horizont reicht — in vollster Harmonie mit anderen nur die Verherrlichung des Hauptes suche. Trotz aller bisherigen Widersprüche, ja vielleicht gar Zwistigkeiten, verbinden wir uns nun zu gemeinsamem Herausfinden des jedem einzelnen zugewiesenen Dienstes, des ihm bestimmten Platzes im Leibe, damit wir eins dem anderen Handreichung tun können zur Rechten und zur Linken zum Aufbau des Leibes im Einklang mit dem hohen, herrlichen Amte, das den Heiligen Geist im gegenwärtigen Äon beschäftigt. Dazu bedarf er, der Heilige

Geist, göttlich erleuchteter, in das Bild Christi umgestalteter Werkzeuge, und in der Heiligen Schrift hat er erklärt, welches seine Absichten für das jetzige Zeitalter sind.

8. Mai

Wachet, stehet im Glauben, seid männlich und seid stark! **1. Kor. 16, 13**
Bis wir ein vollkommener Mann werden, der da sei im Maß des vollkommenen Alters Christi. **Eph. 4, 13**

Wir werden dadurch männlich und kommen dadurch zum vollkommenen Mannesalter in Christus, daß wir die Abhängigkeits- (Vertrauens-) stellung Jesus gegenüber bis zur äußersten Grenze durchführen und gar nichts mehr tun können ohne ihn. „Außer mir könnt ihr nichts tun." Es geschieht dadurch, daß wir das Wort Galater 2, 20: „Nicht ich lebe, sondern Christus lebt in mir" durchführen bis in die Quellgebiete unseres Lebens hinein, daß unser ganzes Wesen vom Geist Gottes gänzlich in Beschlag genommen ist und der Herr thront in unserem Leben, bis in die Wurzeln unseres Daseins hinein. Ehe das Weltall ihm zu Füßen gelegt werden kann, muß in seiner Gemeinde diese Herrschaft bis zum letzten Grund durchgeführt werden (und zwar freiwillig, Psalm 110, 3), daß sich nichts mehr regt, was nicht Christi Herrlichkeit verkündigt, bis im Tausendjährigen Reich die Herrlichkeit des Herrn bis auf das Geschirr der Rosse und Wagen ausgedehnt ist; so muß jede Bewegung gefangen weggeführt werden zur Ehre Gottes.

Das heißt realisieren, durchführen, verwirklichen die Stellung der Abhängigkeit. Er ist der Herr; das ist stufenweise durchgeführte Heiligung in alle Wurzeln unseres Daseins hinein, in die Quellgebiete unseres Lebens hinein. Dadurch, daß der Herr Jesus uns alles wird und wir ein hilfloses Kind ihm gegenüber, dadurch werden wir männlich, unabhängig von aller Macht, unabhängig von Menschen (Autoritäten) und von Verhältnissen. Es kann mich nichts mehr verlocken, nichts mehr erschrekken, wenn Christus seine Herrschaft über mich verwirklicht hat. Kein Teufel kann mir etwas anhaben, wo Christus mich deckt. Soweit das Blut mich gereinigt hat und soweit der Geist mich hat salben können, bin ich gedeckt, werde unabhängig, unabhängig, soweit ich abhängig bleibe von ihm, durchgeführt in dem Maß, als ich die Abhängigkeit von ihm durchführe in allen Fällen des Lebens und in mir angeschrieben steht der neue Name, der Name Jesu und der Name jener Stadt, die nichts anderes ist als die Braut des Lammes.

Nur er! Das ist die Stellung des Vertrauens. Nicht daß wir etwas durchführen, uns heiligen und reinigen können, sondern: Herr, ich lasse dich nicht, bis du auch in diesem Gebiet meines Leibes- und Geisteslebens auf dem Thron sitzt und nichts mehr sich regt, was nicht dir Ehre gebe als dem Herrn der Herrlichkeit. Das ist das, was der Heilige Geist Jesus Christus, dem Herrn, zuführt: eine Gemeinde im vollkommenen Mannesalter, weil sie die Abhängigkeitsstellung durchgeführt hat bis zum äußersten Punkt.

Gott gebe uns Gnade, daß wir auch in dies Geheimnis und in diese Herrlichkeit neue Geistesblicke tun! Dann wird er uns zeigen, wie er den Leib auferbaut und wie wir da Handreichung tun können. Gott gebe Gnade, daß dies Meisterwerk der neuen Schöpfung, die Gemeinde Christi, der Krönung, der Gipfelung entgegenkomme und einst mit dem Herrn seinen Thron einnehme zur Ehre Gottes des Vaters!

Die Gabe des Heiligen Geistes

9. Mai

Aber ich sage euch die Wahrheit: Es ist euch gut, daß ich hingehe. Denn so ich nicht hingehe, so kommt der Tröster nicht zu euch; so ich aber gehe, will ich ihn zu euch senden. Und wenn derselbe kommt, der wird die Welt strafen um die Sünde und um die Gerechtigkeit und um das Gericht. Joh. 16, 7. 8

In dem Abschnitt, den wir im Evangelium Johannes gelesen haben, tritt uns das doppelte Amt des Heiligen Geistes entgegen, nämlich einerseits seine Mission der Welt und andererseits seine Mission der Gemeinde gegenüber. Das ganze Werk Christi war bahnbrechend für den Heiligen Geist: „So ich nicht hingehe, kommt der Tröster nicht zu euch; so ich aber hingehe, will ich ihn zu euch senden." Er hat durch seinen Kreuzestod die gefallene, abtrünnige Welt wieder mit Gott verbunden, wieder mit Gott ausgesühnt, den Vater und die Welt wieder zusammengebracht und damit Raum gemacht, daß der Heilige Geist wieder unter und in den Menschen wohnen konnte. Man kann das in Johannes 16, 7 im Urtext gebrachte Wort ebensogut wie mit „Tröster" mit „Sachwalter" übersetzen. Nach dem Amt, das in dieser Stellung dem Heiligen Geist zugeschrieben wird, ist er zunächst Sachwalter, ehe er Tröster wird; denn Vers 8 heißt es: „Wenn derselbe kommt, der wird die Welt strafen um die Sünde und um die Gerechtigkeit und um das Gericht." Er ist Gottes Sachwalter den Menschen gegenüber, wie Christus der Sachwalter der Menschen Gott gegenüber ist. Christus tritt vor dem Thron seines Vaters für die gefallene Menschheit ein. Sein Blut schreit nicht nach Rache, sondern nach Vergebung. Er vertritt unsere Sache bei Gott, und der Heilige Geist vertritt die Sache Gottes bei den Menschen und überzeugt die Welt von Sünde, besonders von der Sünde, daß sie den Sohn, der sie vor Gott vertritt, verworfen hat. In dieser seiner Eigenschaft als Sachwalter Gottes hat sich der Heilige Geist auch an Pfingsten sofort erwiesen und

Gottes Prozeß gewonnen. An jenem Tag ist es ihm gelungen, jenen Dreitausend die Augen über die Sünde des Unglaubens zu öffnen; da hat er den Prozeß im Herzen der Menschen siegreich durchgeführt. Sie waren geschlagen, und wo ein Mensch zusammenbricht, wo er, ohne sich irgendwie zu entschuldigen, bekennt: „Ich habe gesündigt", da kann der Geist Gottes den Geschlagenen in die Gefangenschaft Christi abführen, ihn beugen unter den Gehorsam des Kreuzes und den Sieg Gottes bis ins einzelne durchführen.

10. Mai

Der wird die Welt überzeugen von der Sünde und von der Gerechtigkeit und vom Gericht. Joh. 16, 8

Der Anfang des Werkes des Heiligen Geistes besteht darin, wie wir gesehen haben, die Welt zu „überzeugen von der Sünde, daß sie nicht glauben an mich". Ist das geschehen, so kann der überzeugte Sünder eingehen in die Gemeinde, und der Geist Gottes nimmt dann ein anderes Werk ihm gegenüber auf.

Die Jünger hatten an Jesus geglaubt, hatten alles verlassen und waren ihm nachgefolgt. Damit, daß man alles verläßt, tritt man aus der Welt heraus und in eine andere Stellung ein. Der Herr Jesus hat den Jüngern nicht widersprochen, als sie ihm sagten: „Herr, wir haben alles verlassen und sind dir nachgefolgt." Alles verlassen ist aber nur der Anfang. Wer nicht alles verlassen, sich nicht von seinen Interessen scheiden kann, bei dem muß der Heilige Geist noch des Amtes walten, ihn davon zu überzeugen, daß ihm sein Wille, seine Interessen lieber sind als Jesus. Da muß ihn der Heilige Geist davon überzeugen, daß er sich versündigt, wenn er an den Trebern dieser Welt, seiner eigenen Natur und seinem eigenen Willen hängenbleibt. In diesem Punkt fehlt es der Gemeinde Gottes noch sehr an Licht, weil ein Wurm an ihr nagt, indem sie den eigenen Willen, die eigenen Interessen in den Vordergrund stellt, anstatt sie preiszugeben. Ja, die Jünger hatten alles verlassen und waren Jesus nachgefolgt; aber nun mußte ein Zweites kommen. Der Heilige Geist mußte ihnen nun durch schmerzliche Erfahrungen zum Bewußtsein bringen, daß sie ihrem Meister gar nicht überall nachfolgen konnten. Er muß sie überzeugen von ihrem Unvermögen. So weit hatte er es mit ihnen gebracht, daß sie sich fest entschlossen hatten, ihm ins Gefängnis, ja bis in den Tod nachzufolgen. Sie glaubten an ihn, nun mußten sie aber auch noch glauben lernen, daß der Meister allein ihnen Kraft geben konnte, wirklich allem zu entsagen, ohne zurückzuschauen, und daß er ihnen die Kraft erst durch Mitteilung des Heiligen Geistes verleihen konnte. Da kam denn die schmerzliche Stunde, wo sie alle zurückblieben und wo gerade ein Petrus am tiefsten fiel, weil er sich selbst zutraute, seinem Herrn treu bleiben zu können, anstatt die Kraft zum Treubleiben von Jesus zu erwarten. Das erste Moment in der Bekehrung ist, daß man sich entschließt, sich angesichts des Kreuzes ihm auszuliefern, und das zweite ist, daß man sich von seiner Unfähigkeit, den gefaßten Entschluß auszuführen, überzeugen läßt. Das Wollen muß lauter und aufrichtig sein; aber dann muß die Erkenntnis hinzukommen, daß die Fähigkeit zum Vollbringen fehlt. Ist eine Seele dahin gelangt, so offenbart sich ihr der Heilige Geist als Tröster und Helfer. Ich muß wissen, was ich will, muß redlich mit allem brechen und dann Schritt für Schritt alles vom Herrn erwarten. Dann wirkt er durch seinen Geist das Wollen und Vollbringen. Er hat die Welt um uns und die Welt in uns überwunden, hat alles gefangen weggeführt ans Kreuz, und nun macht er alles neu, schafft zwischen uns und ihm eine Verbindung und Lebensbeziehung, wo wir aus ihm schöpfen Tag für Tag, an jedem neuen Wendepunkt unseres Weges, und wo jede neue Erfahrung von unserer Ohnmacht uns nur völliger an ihn bindet, der Welt und Sünde überwunden hat und größer ist als unser Herz, und der alle Dinge weiß. „Er wird die Welt überzeugen von der Sünde und von der Gerechtigkeit und vom Gericht."

11. Mai

Der Heilige Geist wird die Welt überzeugen von der Sünde und von der Gerechtigkeit und vom Gericht. Joh. 16, 8

So hat der Heilige Geist denn an Pfingsten ein Neues geschaffen in dieser Welt — ein Häuflein von Leuten, die an Jesus geglaubt hatten, die durch die furchtbare Erfahrung hindurchgegangen waren, daß sie tatsächlich ihrem Meister nicht nachfolgen konnten, und die nun am Pfingsttag in eine neue Welt eingeführt, auf einen neuen Boden verpflanzt wurden durch den tiefen Schmerz eines völligen Zusammenbruchs. Der Tröster hatte ihnen da erst die Kraft des Todes Jesu und seiner Auferstehung aufschließen und dadurch eine neue Welt gründen können, eine Welt von Heiligen, die aus ihm lebten. Wo es ihm gelingt, Leute zuschanden zu machen und sie zugleich zu dem Entschluß zu bringen, den Herrn nicht zu lassen, da schafft er bei ihnen eine neue Welt — da wird jede Niederlage der Ausgangspunkt für einen neuen Sieg, eine neue Offenbarung Jesu Christi im Kampf gegen irgendeine besondere Sünde, irgendeinen besonders schwierigen Charakterzug, Stimmungen und dgl. Jede Niederlage wird dann das Tor oder die Tür, durch die der Herr mehr Raum bekommt in uns und über uns, und wir sagen ihm: „Ich lasse dich nicht, du segnest mich denn!" in dem tiefen Bewußtsein, daß wir ihm keinen Schritt nachfolgen können, wenn er nicht mit allmächtiger Hand eingreift. Sind wir wirklich entschlossen, ihm nachzufolgen, so wird jede neue Erfahrung von unserer Ohnmacht und Gebundenheit ein neues Tor in tiefere Abhängigkeit, daß wir uns nicht mehr einbilden, wir brächten es mit seiner Hilfe fertig, sondern daß wir wissen, daß der Herr alles Wollen und Vollbringen in uns schaffen muß. Wir glauben an seinen Sieg und lassen ihn nicht, bis er auf den Trümmern des Alten ein Neues hat aufrichten können. Das ist das Evangelium. Glaubt an das Evangelium und laßt euch die Binde von den Augen tun, damit ihr erkennt, was Evangelium eigentlich bedeutet auf Grund von dem Doppelten, das wir zu tun haben:

1. unbedingte Auslieferung und gründliches Hassen des eigenen Lebens und
2. ein gänzliches Absehen von eigener Kraft und eigener Anstrengung, um fortan alles vom Herrn zu erwarten.

Das ist der Weg bis hinauf ins Vaterherz, und wo es nicht gehen will, da muß eben der Geist Gottes noch tiefer von Sünde überzeugen, damit keine Mischung mehr da sei, sondern alles ungeteilt zur Verherrlichung Gottes des Vaters diene.

12. Mai

Da sie aber das hörten, ging's ihnen durchs Herz und sprachen zu Petrus und zu den anderen Aposteln: Ihr Männer, liebe Brüder, was sollen wir tun? Apg. 2, 37

Am Pfingsttag wurde also dem Herrn in der Person der 120 eine erste Nachkommenschaft geboren. Christus war gehorsam gewesen bis zum Tod am Kreuz, hatte sich durch Tod und Grab hindurch den Weg gebahnt zum Thron Gottes und konnte nun als vollendeter Gott-Mensch seinen Geist und sein Leben denen mitteilen, die sein Tod mit Gott versöhnt hatte, die ihn als ihren Erlöser und Herrn anerkannten. So eng Christus sich durch seine Menschwerdung mit den Menschen verbunden hatte, so eng wurden die 120 durch die Ausgießung des Heiligen Geistes mit Gott verbunden. Sie wurden Tempel und Wohnstätten des dreieinigen Gottes (Joh. 14, 23).

Eben damit wurden sie aber auch Organe und Werkzeuge des Heiligen Geistes. Alles von Gott geschaffene Leben ist zeugungsfähig, in der Natur wie in der Gnadenwelt. Der zeugende Same an Pfingsten und von Pfingsten an war das Wort Gottes, das Wort vom Gekreuzigten und Auferstandenen. Hatte Christus dem Heiligen Geist Bahn gemacht, so macht nun der Heilige Geist Christus Bahn. Er verklärt Christus, indem er seine Person und sein Werk ins Licht stellt.

Dieses Licht am Pfingsttag war ein Flammenlicht. So gewaltig, die ganze Stadt bewegend die Erschütterungen waren, unter denen der Heilige Geist auf die 120 fiel, so hell war das Licht, das die Predigt des

Petrus auf die Gestalt Jesu Christi warf, hell, ja blendend wie jenes Licht, das später den Saulus auf dem Weg nach Damaskus zu Boden warf. Dreitausend fielen am Pfingsttag zu Boden. Zu sehen, was *Gott*, der Gott ihrer Väter, für sie getan, wenn er nach seiner ewigen Vorsehung und nach bedachtem Liebesrat seinen Sohn in der Sünder Hände dahingab, und zu sehen, was *sie* getan, als sie diesen nunmehr von Gott auferweckten und zum Herrn und Christ gemachten Jesus ans Kreuz geheftet hatten: dieses beides zu sehen im vollen Licht des neu aufgehenden Tages, brach ihnen das Herz. „Ihr Männer, liebe Brüder, was sollen wir tun?" riefen sie mit einem vom Schwert des Geistes durchbohrten Herzen (wörtlich übersetzt). Sie waren nicht sentimental gerührt, sondern durchstochen durch und durch, lagen angenagelt am Boden. Das Wort des Herrn war erfüllt. „Wenn der Tröster kommt, der Heilige Geist, der wird die Welt strafen um die Sünde" (Joh. 16, 8). Es war nicht die Sünde des Mordes im gewöhnlichen Sinn, von der der Heilige Geist an diesem Tag die Welt überzeugte. Es war die Sünde, vor der alle anderen Sünden, Verbrechen oder Missetaten in den Schatten treten, nämlich daß sie nicht geglaubt hatten an Jesus (Vers 9). Er war in sein Eigentum gekommen, und die Seinen hatten ihn erwürgt.

13. Mai

Da sie aber das hörten, ging's ihnen durchs Herz und sprachen zu Petrus und zu den andern Aposteln: Ihr Männer, liebe Brüder, was sollen wir tun? Apg. 2, 37

Und wir? Haben wir uns auch schon von der Sünde des Unglaubens Christus gegenüber überzeugen lassen? Oder wollen wir etwa sagen: „Wären wir zu unserer Väter Zeiten gewesen, so wollten wir nicht teilhaftig sein mit ihnen an der Propheten Blut" (Matth. 23, 30)? Von den dreitausend aus allen Weltteilen damals zusammengekommenen Juden waren gewiß nicht alle an Ostern zu Jerusalem gewesen und noch weniger persönlich beteiligt bei der Auslieferung Jesu Christi; aber sie waren alle gottesfürchtige Israeliten, und als solche beugten sie sich unter die Schuld ihres Volkes. Fürchte Gott und wolle auch du nicht besser sein als deine Väter! Die Juden haben unseren Herrn den Heiden und alle zusammen haben ihn dem Tode ausgeliefert. Das hat die Menschheit getan, und die Schuld der Menschheit ist die deine wie die meine. Was übrigens dich persönlich betrifft: bist du nie in früheren oder späteren Jahren deines Lebens einen eigenen Weg gegangen, Glück, Genuß, Bequemlichkeit und Ehre suchend? Und als die Gestalt Jesu dir quer in den Weg kam, dir mit ihren Ansprüchen entgegentrat, um in der Eitelkeit zu leben? Ist der Ruf, der am Karfreitag in den Straßen Jerusalems ertönte: „Weg mit ihm! Weg mit ihm!" nie von dir ausgestoßen worden, so ist doch in deinem Leben ein Augenblick, vielleicht eine Zeit gewesen, wo deine Herzensstellung Jesus gegenüber nichts anderes war als ein „Weg mit ihm! Weg mit ihm!" Oder hast du dich nie mit Verachtung von ihm abgewandt, nichts an ihm findend, was dir gefallen hätte? Oder, nachdem du bis in die Nähe von Gethsemane mit ihm gegangen, hast du dich nicht wieder von ihm zurückgezogen, weil du fandest, er verlange zu viel, er gehe zu weit?

Wir sind allzumal Sünder und schuldig am Blut des Herrn, und wenn uns noch kein Blitzstrahl des Wortes Gottes von dieser Schuld überführt und zu Boden geworfen hat, so fehlt es uns noch an den ersten Elementen der Gottesfurcht.

14. Mai

Da sie aber das hörten, ging's ihnen durchs Herz und sprachen zu Petrus und zu den andern Aposteln: Ihr Männer, liebe Brüder, was sollen wir tun? Apg 2, 37

Tut Buße! Was bedeutet das? Nach einer da und dort verbreiteten Anschauung hatte der Apostel damit sagen wollen: Laßt euch noch mehr leid sein, was ihr getan habt; laßt Reue, Schmerz und Trauer über eure Sünden noch tiefer gehen! — Wer weiß, wieviel vom Geist Gottes angefaßte, ja bereits fest gefaßte Seelen durch derartige Anleitung wieder zurückgeworfen worden wären in die Nebelwelt ihrer Empfindungen und Gefühle, ihrer inneren Erfahrungen und Seelenzustände oder zurückgeworfen ins Gesetz und ihre eigenen Anstrengungen? Ein Blick auf den Zusammenhang zeigt, daß dies nicht der Sinn des Wortes sein kann. Die Ermahnung des Apostels richtet sich nicht etwa an Leute, die durch das Wort Gottes verwundet, verletzt worden wären, sich dabei aber immer noch aufrecht halten können. Nein, sie richtet sich an Leute, die vom Wort Gottes durchbohrt waren und am Boden lagen. Von tödlich Verwundeten verlangt niemand, sie sollen warten, bis ihre Wunden noch schmerzlicher geworden.

Das griechische Wort für Buße bedeutet Sinnesänderung. „Tut Buße!" kann hier im Zusammenhang von Vers 35 und 36 nichts anderes bedeuten als: Ändert euren Sinn Jesus gegenüber, tretet zu seiner Person in eine der bisherigen entgegengesetzte Stellung!

Ihr hattet diesen Jesus als Übeltäter ans Kreuz geschlagen, so erkennt nun in ihm den, zu dem Gott ihn gemacht hat: euren Herrn und Gesalbten! Ihr hattet Jesus verworfen als einen Baustein, mit dem ihr nichts anzufangen wußtet, so verwerfe nun ein jeder sich selbst: er breche den Stab über sich. Ihr hattet euch losgesagt von Jesus und ihn für nichts geachtet: so sagt euch nun los von euch selbst und eurem eigenen Leben, von eurer Vergangenheit, von Freundschaft und Verwandtschaft!

Buße und Taufe gehören zusammen. Es lasse sich ein jeder taufen auf den Namen Jesu Christi — heißt: Christus, der ihm nichts gegolten, werde nun sein ein und alles, die Autorität, neben der alles andere Wert und Geltung verliert, Grund und Eckstein, nach dem alles sich richten muß.

15. Mai

Petrus sprach zu ihnen: Tut Buße und lasse sich ein jeglicher taufen auf den Namen Jesu Christi zur Vergebung der Sünden, so werdet ihr empfangen die Gabe des Heiligen Geistes. Apg. 2, 38

Die folgenden Andachten werden weiteres Licht geben über die Frage des Weges, auf dem wir zur Gabe des Heiligen Geistes gelangen. Hat dein Konfirmationsunterricht seinerzeit nicht ausgetragen, wozu er gegeben war, konnte sich Gott zu deiner Konfirmation und zu deinem ersten Gang zum Abendmahl nicht bekennen, so gehe jetzt als echter Protestant in Unterweisung beim Heiligen Geist! Nur der Heilige Geist kann dich zubereiten zum Empfang des Heiligen Geistes. Laß dir von ihm das Wort aufschließen, den Gekreuzigten und Auferstandenen ins Licht stellen, so wird Buße und Glauben bei dir nicht ausbleiben, und dann kannst du im Geist und in der Wahrheit Stellung nehmen zu deiner Taufe. Geschieht dies von deiner Seite, so wird es auf seiten Gottes nicht fehlen; er wird seine Verheißung an dir erfüllen. Du wirst die Gabe des Heiligen Geistes empfangen und kannst dann als ein vollbereitetes und vollberechtigtes Glied des Leibes Christi des Herrn Tod verkündigen am Tisch des Herrn.

Der Heilige Geist verweigert nie jemand den nötigen Vorbereitungsunterricht für den Empfang des Heiligen Geistes. Steht doch geschrieben: „Bittet, so wird euch gegeben; suchet, so werdet ihr finden; klopfet an, so wird euch aufgetan. Wer da bittet, der nimmt, und wer da sucht, der findet, und wer da anklopft, dem wird aufgetan“ (Luk. 11, 9. 10), und wiederum: „So denn ihr, die ihr arg seid, könnt euren Kindern gute Gaben geben, wieviel mehr wird der Vater im Himmel den Heiligen Geist geben denen, die ihn bitten!“ (Vers 13.) Er wird dich auch nicht zurückstellen und auf später vertrösten. Der irdische Vater, der uns in diesem Abschnitt von Lukas 11 als Beispiel vorgeführt ist, gibt seinen Kindern Brot, Fisch oder Ei, wann sie Hunger haben, nicht nachdem er sie erst 24 Stunden hat warten lassen. Um Mitternacht, von seinen Kindlein weg, muß der Vater aus seinem Bett heraus auf das Verlangen des Freundes, der für einen dritten, von der Reise Kommenden noch etwas braucht und nicht bis zum anderen Morgen warten kann. „Heute, so ihr hören werdet seine Stimme, so verstocket eure Herzen nicht!“ (Hebr. 3,

7. 8.) Heute bietet sich der Heilige Geist dir an; heute, so du willig und verlangend bist, nimmt er sich deiner an, dich zu leiten und dich zu bereiten, bis er seine Wohnung in dir aufschlagen kann.

16. Mai

Ihr werdet die Gabe des Heiligen Geistes empfangen. **Apg. 2, 38**

Zu Pfingsten empfingen die in Jerusalem versammelten 120 Jünger den Heiligen Geist in wesentlich anderer Weise als die 3000, die gleich hernach bekehrt wurden. Bei jeder Schöpfung stehen wir vor einem unmittelbaren, in die Augen fallenden Eingreifen Gottes; sie ist mit Umwälzungen und Erschütterungen verbunden, während bei der Weiterführung und Fortpflanzung des Erschaffenen Gottes Vorsehung in verborgener und stiller Weise waltet. Was hierfür in der Natur gilt, in der Pflanzen- und Tierwelt, das gilt auch auf dem Boden der Gnade und der Erlösung. Lag es zunächst auch im Wesen des Alten Bundes als Gesetzesbund, unter gewaltigen, erschrecklichen Erschütterungen geschlossen zu werden, und verhält sich die Gnade zum Gesetz wie das sanfte, stille Säuseln auf Horeb zu Sturmwind, Erdbeben und Feuer, so war auch der Gnadenbund eben doch eine neue Schöpfung. Es vollzog sich darin eine Verbindung Gottes mit dem Menschen, wie sie nie stattgefunden und erst möglich war, nachdem der vollendete Gottmensch zur Rechten Gottes erhoben war; und deshalb dürfen wir uns nicht wundern, daß diese neue Schöpfung in sichtbarer und hörbarer Weise geschah. Sichtbar war das neue Feuer, das die Jünger erfüllte; hörbar, durch ganz Jerusalem hindurch, der Sturmwind, der das Haus erschütterte, in dem die Jünger versammelt waren. Und als dann die mit Feuer getauften Zungen der Jünger sich öffneten zum Zeugnis vom Gekreuzigten und Auferstandenen, wurden nicht nur die Herzen erschüttert in ihren Tiefen, sondern unter der Machtwirkung der feurigen Zungen, die sich auf die Jünger gelegt hatten, war auch aller Unterschied menschlicher Zungen aufgehoben. Jeder hörte das Evangelium in seiner eigenen Sprache (Apg. 2, 6).

Von dem allen finden wir keine Spur bei der Aufnahme der 3000 in die Gemeinde. In aller Stille und ohne daß es auch nur erwähnt wäre, empfingen alle, die das Wort aufnahmen und sich taufen ließen, die Gabe des Heiligen Geistes, eine Tatsache, mit der Gottes Wort grundlegende und für alle Zeiten maßgebende Linien zeichnet. Wer das Wort aufnimmt und zu Jesus und für Jesus Stellung nimmt, der bekommt die Gabe des Heiligen Geistes, ohne daß etwas für andere Sichtbares oder Hörbares vorzugehen hätte. Ebensowenig braucht der neu Versiegelte sich Rechenschaft zu geben von der Bewegung, die in seinem Innern vorgegangen. Wenn er nur das eine weiß: Ich bin eine neue Kreatur; das Alte ist vergangen, siehe, es ist alles neu geworden!

17. Mai

Ihr werdet die Gabe des Heiligen Geistes empfangen. **Apg. 2, 38**

Nur zwei Grenzlinien sollte das Evangelium und die Mitteilung des Heiligen Geistes nicht unbemerkt überschreiten. Es sind die Grenzlinien, die der Herr selbst in seinem irdischen Wirken eingehalten und auf die er noch im Augenblick seiner Himmelfahrt hinwies, als er zu seinen Jüngern sagte: „Ihr werdet meine Zeugen sein zu Jerusalem und in ganz Judäa und Samaria und bis an das Ende der Erde“ (Apg. 1, 8).

Wir haben hier drei Kreise. Der innere Kreis ist Jerusalem und ganz Judäa, der nächste Samaria, der äußerste die Heiden („bis an das Ende der Erde“). Als der Herr zuerst seine Jünger mit dem Evangelium aussandte, hatte er zu ihnen gesagt: „Geht nicht auf der Heiden Straße und zieht nicht in der Samariter Städte, sondern geht hin zu den verlorenen Schafen aus dem Hause Israel!“ (Matth. 10, 5. 6), und zum kanaanäischen Weibe: „Ich bin nicht gesandt denn nur zu den verlorenen Schafen vom Hause Israel“ (Matth. 15, 24). Mit dem Tod Christi hatten diese Scheidewände ihren Grund und Boden verloren; aber ihre tatsächliche Aufhebung sollte nicht stillschweigend und unbemerkt vorübergehen.

Ehe samaritanische Gläubige in den Neuen Bund eingeführt und mit dem Heiligen Geist versiegelt wurden, sollte darum das Wort des Herrn: „Das Heil kommt von den Juden“ den Samaritern noch einmal vor Augen geführt und in handgreiflicher Weise erfüllt werden. Von Jerusalem war ihnen Philippus mit Predigt und Taufe gekommen, ein geisterfüllter Evangelist, zu dessen Wort sich Gott bekannte und das er mit seinem Siegel begleitete. Aus dem gleichen Jerusalem sollten nun Petrus und Johannes, die zwei Hauptsäulen der Gemeinde, nach Samaria herunterkommen, für die Gläubigen daselbst beten und ihnen die Hände auflegen, ehe diese den Heiligen Geist erhielten. Letzteres geschah dann auch in einer augenfälligen Weise. Auf diese Weise wurde Samaria mit der Muttergemeinde in Jerusalem zusammengebunden und jeder Keim alten Sauerteiges erstickt (Apg. 8, 5—17).

18. Mai

Ihr werdet die Gabe des Heiligen Geistes empfangen. **Apg. 2, 38**

Doch ganz anders lagen die Sachen, als es sich darum handelte, daß das Evangelium jene andere Grenzlinie überschreite: die zwischen Juden und Heiden. Bei der Aufnahme Samarias in den Neuen Bund kam das Wort zur Geltung: „Das Heil kommt von den Juden.“ Damit, daß Heiden den Heiligen Geist empfingen, ohne durch die Beschneidung zu gehen, war das Judentum aufgehoben. Einen gesalbten Diakon, den Philippus, konnte der Heilige Geist ohne Schwierigkeit bewegen, in Samaria Christus zu verkündigen und die Gläubiggewordenen zu taufen, und bereitwillig nahmen die Apostel sich der Sache an, als sie von diesem Werk des Herrn hörten; daß aber im Neuen Bund jeder Unterschied von Jude und Grieche aufgehoben sei und nur noch gelte eine neue Kreatur, das mußte damals Petrus erst noch lernen. Es bedurfte einer außerordentlichen göttlichen Offenbarung, ehe er es über sich gewinnen konnte, auch nur über die Schwelle eines heidnischen Hauses zu treten. Da mußte Gott schöpferisch eingreifen. Er mußte eine Tat tun — und er tat sie, allen Begriffen und Erwartungen des Apostels entgegen. Noch während dessen Predigt (Apg. 10) fiel der Geist auf die in Cäsarea versammelten Heiden, und zwar in einer so augenfälligen Weise, daß jeder Einwand oder Zweifel abgeschnitten war. Wir lesen: „Und die Gläubigen aus der Beschneidung, die mit Petrus gekommen waren, entsetzten sich, daß auch auf die Heiden die Gabe des Heiligen Geistes ausgegossen ward; denn sie hörten, daß sie mit Zungen redeten und Gott hoch priesen" (Apg. 10, 45. 46). Da blieb dem Petrus nur die sich selbst beantwortende Frage übrig: „Mag auch jemand das Wasser wehren, daß diese nicht getauft werden, die den Heiligen Geist empfangen haben gleichwie auch wir?" (Vers 47.) Durch diese Schöpfungstat Gottes ging dem ganzen Apostelkreis und den Jüngern überhaupt, vor denen Petrus nachher Rechenschaft ablegte, ein neues Licht auf (Apg. 11, 1—4). Nachdem sie den Bericht des Petrus gehört, schwiegen sie stille und lobten Gott und sprachen: „So hat Gott auch den Heiden Buße gegeben zum Leben" (Apg. 11, 18). Es wurde durch diese Schöpfungstat Gottes zugleich ein unantastbarer Grund gelegt für die Entscheidung von Fragen, wie sie am ersten großen Apostelkonzil zur Sprache kamen. Daß Gott auch der Heiden Herzen durch den Glauben reinigen kann und reinigt, war für die Gemeinde Jesu Christi fortan eine ausgemachte Tatsache (Apg. 15, 9).

Kornelius und sein ganzes Haus waren fromme, gottesfürchtige und nach ihrer Erkenntnis Gott dienende Leute. Wo der Same des Wortes, durch geistgesalbte Lippen ausgestreut, auf solchen Boden fällt, da kann der Herr zur Stunde Buße und Glauben wirken, die Herzen reinigen und seine Wohnung in ihnen aufschlagen. Es bedarf nicht einer kürzeren oder längeren Zeit, um den Heiligen Geist zu empfangen, sondern einzig und allein der rechten Herzensstellung.

19. Mai

Ihr werdet die Gabe des Heiligen Geistes empfangen. Apg. 2, 38

Wie Israel im Alten Bund, so ging die Gemeinde Jesu Christi im Lauf der Jahrhunderte durch Zeiten mehr oder minder tiefen Verfalls.

Sie geriet in Siechtum, und im gewöhnlichen Lauf der Dinge werden von siechen Eltern sieche Kinder geboren. Aus seines Schöpfers Händen hervorgehend, trug der Mensch Gottes Bild und Gleichnis an sich. Nachdem er aber gefallen war, zeugte er einen Sohn, der seinem Bilde ähnlich war (1. Mose 5, 3), dem Bilde des gefallenen Vaters. Auch in der Gemeinde Jesu Christi gehen aus dem Schoß der Mutterkirche, gezeugt durch den Samen des Wortes, Kinder Gottes hervor, die als solche wohl den Heiligen Geist haben, die aber zu gleicher Zeit das Gepräge ihrer heruntergekommenen, verkümmerten Mutter an sich tragen; sie sind kränklich und schwächlich, und ihre ganze Erscheinung bezeugt einen niederen Stand des Geisteslebens. Da greift dann Gott wieder ein wie zur Zeit des Elia. Er erzieht sich in eigentümlicher, oft schwerer Schule Männer, die er wieder ausrüsten kann mit einem besonderen Maß seines Heiligen Geistes, und bei denen es dann auch vorkommen kann, daß sie in einer bewußten, sogar körperlich fühlbaren Weise vom Heiligen Geist erfüllt und durchströmt werden in solchem Maß, daß es andere beim ersten Blick gewahr werden.

So wenig aber die Apostel, die den Geist in einer so außerordentlichen und die allgemeine Aufmerksamkeit erregenden Weise empfangen hatten, anderen ähnliche Erfahrungen in Aussicht stellten, so wenig darfst du Außerordentliches erwarten, weil Gott deinen Bruder neben dir in außerordentlicher Weise mit seinem Geist getauft und ausgerüstet hat. Ob solcher Erwartungen kommt mancher nie zum klaren Bewußtsein dessen, was Gott ihm schon gegeben hat. Er faßt keine Wurzel im Wort; er wird nie fest in den einfältigen biblischen Linien eines nackten Glaubens, eines Glaubens, der nicht nach Gefühlen fragt, nicht nach besonderen Seelenzuständen und Erfahrungen ausschaut, sondern sich hält ans Wort.

Durchaus Außerordentliches wollen, ist gefährlich und kann zu ungeheuerlichen Mischungen von Fleisch und Geist führen, zu Erscheinungen wie jene Riesen, die aus der Vermischung der Söhne Gottes mit den Töchtern der Menschen hervorgegangen waren, gewaltige Erscheinungen, aber nicht nach Gottes Herzen; sie reiften fürs Gericht. Halte dich ans Wort und gehorche dem Wort! Gott gibt seinen Heiligen Geist denen, die ihm gehorchen (Apg. 5, 32). Tue, was das Wort dich heißt, es koste, was es wolle! Bekenne, wo du zu bekennen hast; mache gut, was du gutzumachen hast! Den Aufrichtigen läßt es Gott gelingen; in Nebel und Finsternis läßt er ihnen Licht aufgehen.

20. Mai

Ihr werdet die Gabe des Heiligen Geistes empfangen. Apg. 2, 38

Also merken wir wohl auf und sorgen wir dafür, daß wir uns in unserer Stellung zum Heiligen Geist ganz genau in den Linien der Heiligen Schrift bewegen, sonst hemmen wir den Geist. Wort und Geist sind unzertrennbar. Durch das Wort muß gerade unsere Stellung zum Heiligen Geist geklärt und befestigt werden, damit er sich uns mitteilen kann.

„Meine Worte sind Geist und sind Leben." Durch Menschenworte zirkuliert Fleisch und Fleischesleben, durch die Worte Heiliger Schrift zirkuliert Geistesleben, sein eigenes Leben. Der Geist nimmt aus der Fülle Jesu und teilt uns das daraus Gewonnene mit. „Tut Buße!" sagt der Apostel auf die Frage der Leute: „Liebe Brüder, was sollen wir tun?" Buße heißt Sinnesänderung, haben wir gesehen. Nach welcher Richtung hin? Christus gegenüber. Der Geist Gottes verklärt Christus. Er arbeitet darauf hin, daß wir in die richtige Stellung Christus gegenüber kommen. Der Geist Gottes rückt uns Christus in den Mittelpunkt. „Von dem Meinen wird er es nehmen und euch verkündigen", sagte Jesus zu seinen Jüngern. Der Geist Gottes sagt uns, was wir in Christus haben: er zeigt uns, daß die ganze Fülle der Gottheit in Christus verborgen liegt. Er ist der Testamentsvollstrecker Jesu Christi. Er sagt uns, was in Jesu Testament niedergelegt ist, in welche Reichtümer wir da eintreten dürfen. Der Heilige Geist, der Geist Gottes, redet weder von sich selbst noch aus sich selbst; er richtet nicht unsere Aufmerksamkeit auf sich; denn er will nicht, daß wir mit ihm direkt in Verbindung treten.

Der Geist kommt nie völliger zur Ruhe, kann uns nie mehr erfüllen, als wenn unser Blick auf Jesus gerichtet ist. Dann ist er in der Ruhe, und dann schöpfen wir durch den Geist aus seiner Fülle jeweilig alles, was wir brauchen für die Bedürfnisse unseres geistlichen Alters, unserer Entwicklungsstufe. Wir schöpfen für die Bedürfnisse besonderer Tage und besonderer Versuchungen aus seiner unerschöpflichen Fülle, was wir gerade brauchen, um unserer Berufung treu zu sein und den Vater und den Sohn zu verherrlichen durch den Heiligen Geist. Es geht dann von Fülle zu Fülle — aber nicht, wenn man immer nach Geistestaufen ausschaut. Allerdings kann man da auch etwas erhalten; aber es kann auch viel Mischung dabei sein.

Dem Heiland sich anvertrauen am Kreuz und im Wort fußen und damit dem Geist Gottes Raum machen, aus der Fülle Christi zu schöpfen und uns mitteilen zu lassen Gnade um Gnade, je nach der Altersstufe, in der wir stehen, das ist der Weg, auf dem man sicher geht und vor gefährlichen Dingen bewahrt bleibt. Eine Gnade ruft der anderen, es ist ein beständiger Austausch. Anstatt der einen Gnade gibt es eine weitere, tiefere, ohne daß die erste damit aufgehoben würde. Jede Gnade ist zeugungsfähig und schließt in ihrem Schoß eine andere Gnade, die nicht durch Geistesmitteilung, sondern durch treues Auskaufen schon empfangener Gnade Raum macht für den Empfang weiterer Gnade.

Werdet voll Geistes!

21. Mai

Berauschet euch nicht mit Wein, in welchem Ausschweifung ist, sondern seid mit dem Geist erfüllt, redend zueinander in Psalmen und Lobliedern und geistlichen Liedern, singend und spielend dem Herrn in eurem Herzen, danksagend für alles Gott und dem Vater im Namen unseres Herrn Jesu Christi! Eph. 5, 18—20

Wenn wir mit der Epheser-Stelle beginnen und fragen: Was hat ein Kind Gottes, das den Geist bereits empfangen hat, zu tun, um *voll* Geistes zu werden?, so dürfen wir nur die drei folgenden Verse hinzunehmen.

Wir bekommen hier des Apostels Paulus eigene Antwort. In diesen drei Versen sind nach der lutherischen Übersetzung dem Gebot „Werdet voll Geistes!" weitere Gebote angereiht: „und redet untereinander ... singet und spielet ... und saget Dank ... und seid untereinander untertan!", während nach dem Grundtext und z. B. nach obiger Übersetzung diese drei Verse den Weg zeigen, um erfüllt zu werden mit dem Geist. Das erste: „Redend zueinander in Psalmen und Lobliedern und geistlichen Liedern" erinnert an zwei Artikel des apostolischen Glaubensbekenntnisses: „Ich glaube an den Heiligen Geist" und: „Ich glaube an die Gemeinschaft der Heiligen". Heiliger Geist und Gemeinschaft der Heiligen sind unzertrennlich. So auch hier. „Werdet voll Geistes, indem ihr untereinander redet in Psalmen und Lobgesängen und geistlichen Liedern!" Wenn Kinder Gottes und Diener Jesu Christi stundenlang zusammensein können, zwar ohne sich mit Wein zu berauschen, aber auch ohne zueinander zu reden in Psalmen und Lobgesängen, vielleicht eher ein Glas Bier nach dem anderen zu sich nehmend, so ist es nicht zu verwundern, wenn die ganze Gemeinde geistesschwach und geistesleer wird.

Man werfe auch hier einen Blick auf die Geschichte! Kaum waren am Pfingsttag (Apg. 2, 41) die Dreitausend zu den Hundertundzwanzig hinzugetan, so heißt es (Vers 42): „Sie blieben aber beständig in der Apostel Lehre und in der Gemeinschaft und im Brotbrechen und im Gebet." Und (Vers 44): „Alle aber, die gläubig waren geworden, waren beieinander." Vers 46: „Und sie waren täglich und stets beieinander einmütig im Tempel und brachen das Brot hin und her in den Häusern." Mit dem Heiligen Geist Versiegelte, die voll Geistes werden und bleiben wollen, die kommen zusammen und beten. Sie reden zueinander in Psalmen und geistlichen Liedern, je und je brechen sie das Brot untereinander, und wenn sie das alles nicht tun, wenn sie aus Schüchternheit oder Gebundenheit nicht wagen, sich einander zu nähern, so verarmen sie, hemmen und lähmen den Geist, mit dem sie versiegelt wurden.

22. Mai

Werdet voll Geistes! **Eph. 5, 18**

Ganz buchstäblich ist es natürlich nicht zu nehmen, wenn es in der gestern angeführten Stelle heißt (Apg. 2, 41): „Sie waren täglich und stets beieinander.“ Immer kann man nicht beieinander sein, und deswegen kommt in unserer Epheser-Stelle als zweitens: *„singend und spielend dem Herrn in euren Herzen, danksagend allezeit für alles.“* Das Geistesleben, das du empfangen, wird genährt, du wirst oder bleibst voll Geistes, wenn Lobgesang der Grundton deines Herzens bleibt, wenn du dich darin übst, Gott und dem Vater im Namen unseres Herrn Jesu Christi für alles zu danken, was dir zustößt, für lichte und für dunkle Stunden, für Süßes und Bittres, für Freude und Leid. Der Lobgesang, wie ihn David in Psalm 103 erhebt: „Lobe den Herrn, meine Seele, und vergiß nicht, was er dir Gutes getan hat; der dir alle deine Sünden vergibt und heilet alle deine Gebrechen“, darf durch keine Erfahrung des Erdenlebens geschwächt oder unterbrochen werden. Ein Herz, aus dem allezeit Anbetung und Danksagung zu Gott aufsteigt, kann der Heilige Geist ganz erfüllen. Da ist kein Raum mehr für fremde Geister, weder für Übermut noch für Schwermut. In den Psalmen haben wir sichere Anleitung, um den rechten Ton zu finden für unsere Lieder. Wir fliegen dann nicht zu hoch in falsche geistliche Höhen. Es kommt nichts Geschraubtes, nichts Gekünsteltes in unsere Zeugnisse und Lieder. Andererseits kommen wir dann auch nicht zu tief hinab in Schwermut und Zagen hinein.

Es gibt so viele verstimmte Leute. Wenn sie nur jemand nicht ganz freundlich ansieht oder wenn sie etwa einen Vermögensverlust erlitten haben oder dergleichen, sofort ist die Verstimmung da. Geh doch ins Heiligtum, zum Wort Gottes, liebe Seele! Lerne deine Harfe an der Harfe der Psalmensänger, z. B. Davids, stimmen! Du darfst wohl dann und wann einmal einen Trauerpsalm singen in Beugung und Buße, aber nicht Lieder wehleidiger Traurigkeit. Wenn wir unsere Lieder wirklich Gott singen, so hat der Heilige Geist Raum, frei zu zirkulieren. Wir besingen dann nicht unsere eigenen Taten — nicht Heldentaten, wir besingen weder uns selbst noch unsere Leistungen.

Groß ist unsres Gottes Güte;
seine Treu, täglich neu,
rühret mein Gemüte.
Sende, Herr, den Geist von oben,
daß mein Mund alle Stund'
werd' zu dir erhoben!

23. Mai

Werdet voll Geistes! **Eph. 5, 18**

Danksagend allezeit für alles Gott und dem Vater in dem Namen unsers Herrn Jesu Christi — ohne Unterschied, für Freude und Leid, für Erfreuliches und Bedrückendes, kurz, für alles! Alles kommt von oben. Kinder Gottes sehen nicht horizontal, sondern vertikal; sie rechnen nicht mit dem, was von der Seite an sie herantritt, sei es durch unsere Mitmenschen oder durch Umstände und Verhältnisse. Wir nehmen alles von oben, auch wenn es von Menschen, ja selbst wenn es von anderen Kindern Gottes kommt. Wir nehmen es unterschiedslos aus Gottes Hand, legen es vor den Thron nieder und lernen immer besser diejenigen lieben, die uns von oben her behandeln und nicht so würdigen, wie wir es zu verdienen meinen. Alles nehmen wir aus Gottes heiliger Hand zu unserer Erziehung, und das macht dem Geiste Raum. Die Kreatur tritt in den Hintergrund, alles von der Kreatur Stammende aber in direkte Beziehung zu Gott, uns inniger denn je mit Gott verbindend. So gewinnt der Geist stetig Raum. Die wahre Freiheit und Erlösung besteht darin, daß uns Gottes Treue in den Vordergrund tritt und unser eigenes Tun und Lassen in den Hintergrund. Auf diese Weise kommt unser ganzes Wesen in die richtige Tonart und in die richtige Harmonie, so daß alles einheitlich zusammenklingt zur Verherrlichung Gottes. Es soll Weihrauch aus uns emporsteigen zu Gott. Dazu hat uns Gott geschaffen, und dazu hat uns die Gnade ergriffen. Dann hören sowohl Hochmut wie Schwermut und Verzagtheit auf, und durch das Herz geht ein stiller Lobgesang. In Beugung bringen wir Gott unsere Lieder. Menschenlob darf uns nicht mehr erheben, und Menschentadel darf uns nicht mehr niederdrücken, sondern es muß alles dazu beitragen, geisterfüllte Leute aus uns zu machen.

„Werdet voll Geistes!“, indem ihr dem Geiste Raum macht, indem ihr alles, was von außen an euch herantritt oder aus der eigenen Gemütswelt in euch aufsteigt, beherrscht und in Schranken haltet. Dazu ist uns die Gnade gegeben. Selbstbeherrschung ist auch eine von den christlichen Tugenden. Es bedarf der Wachsamkeit nach innen und nach außen, damit keine Verstimmung einreißt, sonst klingt die Harfe natürlich sofort auch verstimmt. Auch die Schwärmerei hört dann auf; denn sie ist ebensowenig aus der Liebe wie der Hochmut. Hingegen entfalten sich Demut, Freimütigkeit und christliche Tapferkeit.

24. Mai

Werdet voll Geistes! **Eph. 5, 18**

Zur Pflege der Gemeinschaft, zum Loben und Danken kommt, wenn man des Geistes voll sein will, als Drittes hinzu: demütige *Liebe, „ein-*

ander untertan in der Furcht Christi" (Eph. 5, 21). Mit dem Empfang des Heiligen Geistes wird man Glied am Leib Christi und tritt damit unter das Gesetz der Liebe, das alle Glieder unter der Leitung des einen Hauptes zu gegenseitigem Dienst zusammenbindet. Wer in dieser Liebe sich übt, der macht dem Geiste Raum; wer in der Liebe bleibt und ausharrt auch der Ungerechtigkeit und Undankbarkeit, die er erfährt, gegenüber, da ausharrt, wo die meisten anderen in ihrer Liebe erkalten, der wird voll Geistes. Wir haben so viel Geist, als wir Liebe betätigen.

Sich unterordnend. Im bürgerlichen Leben muß einer über dem anderen stehen; da gibt es Leute, die befehlen, und diese Befehlenden stehen auch wieder unter Kontrolle bis hinauf zu den höchsten Stellen. Auch auf christlichem Boden gibt es Unterordnung. Das Wort Gottes hebt die natürlichen, von Gott geschaffenen Lebensbeziehungen nicht auf. Die Frauen haben ihren Männern untertan zu sein, die Kinder haben ihren Eltern zu gehorchen; über dem allen aber steht das Gesetz der freiwilligen gegenseitigen Unterordnung. So wird z. B. ein Vater, wenn anders er ein auf biblischem Boden stehender Mann ist, wohl den schuldigen Gehorsam verlangen, aber in zweifelhaften Fragen doch immer vor allen Dingen bedenken, was dem Kind frommt, in der festen Zuversicht, daß er nie sicherer sein Leben gewinnt, als indem er es läßt. Stellt er voran, was Weib und Kind gut ist, so wird er es sicherlich nie zu bereuen haben, sondern es wird ihm zum Segen gereichen. Es ist das nicht ein schwächliches Nachgeben, sondern eine Hintansetzung des persönlichen Interesses in der Kraft Gottes, wo die Pflicht es nicht anders erheischt und wo nicht wirklich klare, unabweisbare Bedürfnisse vorliegen. Das sind alles Linien, in denen sich der Geist gern bewegt.

25. Mai

Die Frucht aber des Geistes ist Liebe, Freude, Friede, Geduld, Freundlichkeit, Gütigkeit, Glaube, Sanftmut, Keuschheit. Wider solche ist das Gesetz nicht. Welche aber Christo angehören, die kreuzigen ihr Fleisch samt den Lüsten und Begierden. So wir im Geist leben, so lasset uns auch im Geist wandeln! Lasset uns nicht eitler Ehre geizig sein, einander zu entrüsten und zu hassen! Gal. 5, 22—26

Wenn der Apostel im Galaterbrief vom Wandel im Geist redet, so geht aus dem Zusammenhang hervor (Gal. 5, 13—26), daß er dabei wesentlich *„dienende Liebe"* im Auge hat. „Sehet zu", sagt er, „daß ihr durch die Freiheit dem Fleisch nicht Raum gebet, sondern durch die Liebe diene einer dem anderen." „Wandelt im Geist!" will sagen: Weist es in eurem Wandel aus, in den Begegnungen mit anderen, in allen Vorkommnissen des täglichen Lebens, daß aufopfernde, selbstverleugnende, sich unterordnende Liebe euch Lebensgesetz und Lebensbedürfnis geworden ist! Wenn wir im Geist wandeln, so verliert das Fleisch seine Macht, kommt nicht mehr zu Worte; denn wir werden dann vom Geist geleitet und stehen also nicht mehr unter dem Gesetz; da heißt's nicht mehr: „Du sollst", sondern: „Du darfst" und „Du kannst". Durch den Geist wird mir Gottesdienst ein Dürfen und ist dann auch ein Können. „Die Christus angehören" (Vers 24), die in Verbindung mit Christus leben und den Geist nicht betrüben, denen ist das Fleisch samt seinen Leidenschaften und Lüsten gekreuzigt und bleibt gekreuzigt. Solange sie ununterbrochen unter dem Geist bleiben und ihre Zugehörigkeit zu Christus ehren, solange sie ihm angehören mit den Quellen ihres Wesens nach Geist, Seele und Leib — so lange sind sie in Lebensgemeinschaft mit dem Gekreuzigten, und für die, die so stehen, ist eben damit die Welt der Leidenschaften und Lüste gekreuzigt. Die Welt der Leidenschaften und Lüste liegt ihnen zu Füßen, solange und soweit sie selbst Jesus zu Füßen liegen. Das sind die großen Grundlinien, über die sich ein Kind Gottes klar sein muß, wenn es nicht im praktischen Leben und Wandel Luftstreiche tun will.

Nirgends fließt das heilige Salböl reichlicher als da, wo man im gegenseitigen Lieben und Dienen, im Tragen des anderen dem Geist der Liebe Raum macht. Da weilt der Geist gern und teilt seine Schätze aus, wo Brüder einträchtig beieinander wohnen, wo sie das Fleisch so in Zucht haben, daß es die Einigkeit des Geistes nicht stören und beeinträchtigen kann.

26. Mai

Und da sie gebetet hatten, bewegte sich die Stätte, da sie versammelt waren; und sie wurden alle des Heiligen Geistes voll und redeten das Wort Gottes mit Freudigkeit. Apg. 4, 31

Diese Stelle redet von einer Erfahrung, und zwar von einer ungesuchten und unerwarteten Erfahrung des „Voll-Geistes-Werdens". Die oberste Behörde des jüdischen Volkes hatte Petrus und Johannes zur Rechenschaft gezogen über die wunderbare, an einem Lahmen vollbrachte Heilung. Der Hohe Rat hatte nicht gewagt, ein Urteil über sie zu fällen. und hatte sie unter Drohungen entlassen. Nach der Rückkehr der beiden Apostel erhob die im Hause versammelte Jüngerschar, die sich durch den Bericht ihrer Brüder vor die Drohung des Hohen Rats gestellt sah, ihr Herz zu dem allmächtigen Gott, Schöpfer Himmels und der Erde, in einem feierlichen Appell und betete um Freudigkeit zum Zeugnis von Jesus in dem Augenblick, wo das Gericht Schweigen geboten hatte. Sie erwarteten diese Freudigkeit davon, daß Gott (dies war ihre Bitte) seine Hand ausstreckte und neue Wundertaten geschehen lasse durch den Namen Jesu. Aber es gefiel Gott, ihr Gebet um Freudigkeit in anderer

Weise zu erhören. Die Stätte bewegte sich, und sie wurden mit dem Heiligen Geist erfüllt.

Schon Kapitel 4, 8 lesen wir von Petrus, daß er erfüllt wurde mit dem Heiligen Geist, als er vor Gericht stand; und in den folgenden Kapiteln zeigt das Beispiel des Stephanus noch ganz besonders, wie ein Mann voll Heiligen Geistes, wenn er vor Gericht die Sache des Herrn vertritt, in außerordentlicher und steigender Weise vom Heiligen Geist erfüllt werden kann. Haben wir in diesen Erfahrungen des Petrus, des Stephanus und der versammelten Jüngerschar nicht eine Erfüllung der Verheißung Christi (Mark. 13, 11): „Wenn sie euch nun führen und überantworten werden, so sorget nicht, was ihr reden sollt, und bedenkt euch nicht zuvor; sondern was euch zu derselben Stunde gegeben wird, das redet! Denn ihr seid's nicht, die da reden, sondern der Heilige Geist"? Gilt diese Verheißung nicht auch uns? Und dürfen wir aus diesen in der Apostelgeschichte niedergelegten Erfahrungen nicht den Schluß ziehen, daß uns der Herr für außerordentliche Zeiten und Lagen, für Stunden der Gefahr und Not auch außerordentliche Gnade geben wird? Aber auch die ernste Mahnung wollen wir daraus entnehmen, daß, wenn wir für Zeiten der Verfolgung auf eine besondere Ausrüstung, auf besondere Erfüllung mit dem Heiligen Geist rechnen wollen, wir erst im gewöhnlichen Leben voll sein müssen des Geistes nach Epheser 5, wandeln müssen im Geist nach Galater 5.

27. Mai

Und da sie gebetet hatten, bewegte sich die Stätte, da sie versammelt waren; und sie wurden alle des Heiligen Geistes voll und redeten das Wort Gottes mit Freudigkeit. Apg. 4, 31
Wie er (Stephanus) aber voll Heiligen Geistes war, sah er auf gen Himmel und sah die Herrlichkeit Gottes und Jesum stehen zur Rechten Gottes und sprach: Siehe, ich sehe den Himmel offen und des Menschen Sohn zur Rechten Gottes stehen. Apg. 7, 55

Worum war es dem Petrus und Stephanus und jener Schar, unter deren Gebet das Haus sich bewegte, einzig und allein zu tun? Um die Verherrlichung des Namens Jesu, um die Vertretung seiner Sache auf Erden. Es kommt nicht darauf an, ob und wieweit unser Leben außerordentliche Erfahrungen aufweist, ähnlich wie das Leben dieser Männer, sondern darauf kommt es an, daß es uns allezeit um die Sache Jesu, um die Ehre seines Namens zu tun ist. Wir weisen uns im gewöhnlichen täglichen Leben als Leute voll Geistes aus, als Leute, die im Geist wandeln, wenn Christus Ausgangspunkt und Mittelpunkt, Ziel und Zweck unseres Lebens ist. Er ist es geworden, als wir die Gabe des Heiligen Geistes empfingen, oder wir haben diese Gabe nie im vollen Sinn empfangen. Ist er es geblieben? Ist er es immer völliger geworden? Der

Geist ist auf dem Plan, wo Christus zu Ehren kommt; er wird gedämpft, wenn Persönlichkeiten und Kreaturen in den Vordergrund treten, wenn Geistgesalbte ihre Salbung verleugnen, indem sie von Menschen Ehre nehmen und sich selbst gefallen. O wie können wir Kinder Gottes anderen den Weg zum Empfang des Heiligen Geistes erschweren oder erleichtern! Man bekommt den Heiligen Geist durch gläubige Aufnahme der Botschaft vom Gekreuzigten und Auferstandenen, von Geisteslippen verkündigt. Wirklich geistgesalbte Lippen sind aber nur da, wo Herzen sind, die Gott hat reinigen können durch den Glauben (Apg. 15, 9), wo Leute sind, die ihr eigenes Leben nicht mehr suchen und nicht mehr lieben. Sobald die Boten sich selber lieben, wird die Botschaft vom Gekreuzigten und Lebenden in ihrem Mund ein leeres Geschwätz, wie ein Hohn, eine Verleugnung unserer durch Christus geschehenen Erlösung, eine Verleugnung der Kräfte seiner Auferstehung.

Teure Seelen! Laßt endlich den Geist, den ihr empfangen habt, frei werden zum vollen, durchgreifenden Wirken! Der Geist Gottes ist gelähmt, solange er uns nicht in persönliche, direkte Berührung mit Christus bringen kann. Denn die ganze Tendenz des Geistes ist es, Christus zu verherrlichen und ihn aus der Nebelwelt unserer Phantasie vor uns zu stellen, wie er ist. Das macht sonst niemand. Aber es gilt stillzuhalten dem Wirken des Geistes, und wir müssen darin den Leuten mit gutem Beispiel vorangehen, unter denen wir leben; wir müssen heilig umgehen mit unseren stillen Minuten und nichts davon verlieren; denn es braucht oft Zeit, gerade bis wir aus aller Arbeit und Verantwortlichkeit heraus, aus allem, was uns mit gewissem Recht belastet, es lernen Auge in Auge mit Christus zu tun zu haben und alles andere aus dem Horizont verschwinden zu lassen, um dann, von einem ganz anderen Standpunkt und Gesichtswinkel aus, an die alten Aufgaben heranzutreten. Christus durch uns! Und wir *ganz in ihm* lebend!

28. Mai

Werdet voll Geistes! **Eph. 5, 18**

Geistgesalbte leben für Christus. Ihr Leben ist ein Anschauungsunterricht für die Predigt vom Gekreuzigten und Auferstandenen, und Anschauungsunterricht brauchen suchende Seelen. Das hilft ihnen heraus aus dem Dämmerlicht, das sie umgibt, aus der schwülen Luft, die sie einatmen. Da merken sie: die Vergebung der Sünden, Christus für uns, war nur ein halbes Evangelium, halbe Erlösung. Die andere Hälfte ist: Wir für Christus. Was aber Gott zusammengeführt hat, das soll der Mensch nicht scheiden.

Es ist herrlich, im Heiligen Geist einen Tröster zu haben. Einen Tröster brauchten die Jünger, als ihr Meister sie allein ließ auf Erden.

Aber es ist noch etwas anderes, im Heiligen Geist Gottes Sachwalter zu finden, wie wir früher aus Johannes 16, 7 gesehen haben. Ist Christus unser Sachwalter vor dem Thron Gottes, uns deckend und vertretend mit seinem Blut, so ist der Heilige Geist Gottes Sachwalter in uns und uns gegenüber der Anwalt, der Gottes Rechte an uns geltend macht, unser Leben, Denken und Sein wieder für Gott in Anspruch nimmt im Namen Jesu und seines vergossenen Blutes. Erst wenn wir unsere Ansprüche abgeben und unser Leben aus dem Auge verlieren, wenn uns der Sinn dafür aufgeht, daß wir für Gott da sind, ihn zu offenbaren, seine Tugenden und sein Lob zu verkündigen, erst dann wissen wir, was Erlösung ist.

Zurückblickend von hier aus, würden wir eigentlich nicht mehr fragen: Wie bekommen wir die Gabe des Heiligen Geistes?, sondern besser: Wie gelangt der Heilige Geist zum Wohnen in uns? Nicht: Wie bekommen *wir* den Heiligen Geist?, sondern: Wie bekommt der Heilige Geist *uns?* Nicht: Wie erhalte ich die Fülle des Heiligen Geistes?, sondern: Wie kann der Heilige Geist mich als Gefäß, als Kanal, als Werkzeug benutzen? Nicht darum handelt es sich, daß wir zu etwas gelangen oder mit Hilfe des Heiligen Geistes etwas ausrichten, sondern um die Rechte und Ansprüche des Heiligen Geistes handelt es sich, daß er, in uns wohnend, uns brauchen kann, wie und wozu er will.

Jesus spricht: Wer an mich glaubt, wie die Schrift sagt, von des Leibe werden Ströme des lebendigen Wassers fließen. Das sagte er aber von dem Geist, welchen empfangen sollten, die an ihn glaubten (Joh. 7, 38. 39).

29. Mai

Werdet voll Geistes! **Eph. 5, 18**

Wisset ihr nicht, daß euer Leib ein Tempel des Heiligen Geistes ist, der in euch ist, welchen ihr habt von Gott, und seid nicht euer selbst? Denn ihr seid teuer erkauft. Darum so preiset Gott an eurem Leibe und in eurem Geiste, welche sind Gottes! **1. Kor. 6, 19. 20**

In Psalm 139 lesen wir: „Wo soll ich hingehen vor deinem Geist, wo soll ich hinfliehen vor deinem Angesicht?" Das steht in tiefem innerem Zusammenhang mit dem, was nachher in dem Psalm gesagt ist über den wunderbaren Bau des menschlichen Körpers. Wir wissen, daß der Mensch vor dem Geist Gottes flieht; aber warum verfolgt ihn der Geist? Um ihn zu strafen, unruhig zu machen, zu Christus zu führen und zu retten? — Ja! Aber über dem und hinter dem steht ein anderes, Höheres. Dieser wundervolle Bau eines Menschenleibes, wie ihn Psalm 139 nachher beschreibt, ist nicht für uns und unseren Gebrauch gemacht. Noch weniger soll er Sitz der Sünde und Behausung unreiner Geister bleiben. Er wurde für Gott gebaut und war von Anfang an bestimmt, ein Tempel des Heiligen Geistes zu sein. Deswegen läßt der Geist dem Menschen keine Ruhe, bis das geschändete, aber mit dem Blut des Lammes für Gott wieder eingelöste Heiligtum gesäubert ist, bis er, der Geist, in seine Wohnung wieder einziehen kann. Soll des Vaters Ratschluß zur Erfüllung kommen, soll Christus nicht nur im einzelnen, sondern im Weltall A und O werden, so muß der Heilige Geist erst Leiber erlöster Menschen zu seiner Wohnung haben, um von innen heraus ihr ganzes Sein, Leben und Denken in Christi Bild umgestalten und alle Kräfte ihres Wesens Christus zu Füßen legen zu können. Hat Christus auf diese Weise erst eine Gehilfin zu seiner Seite, die Fleisch von seinem Fleisch und Bein von seinem Gebein ist, so kann er in kommenden Weltzeiten seine Herrschaft ungehindert ausdehnen von Kreis zu Kreis, bis der letzte Feind aufgehoben und damit der Augenblick gekommen ist, wo Christus sich selbst seinem Vater zu Füßen legt und Gott ist alles in allen (1. Kor. 15, 28).

Erwecke, läutre und vereine
des ganzen Christenvolkes Schar
und mach in deinem Gnadenscheine
dein Heil doch jedem offenbar!
Schmelz alles, was sich trennt, zusammen
und baue deinen Tempel aus;
laß leuchten deine heil'gen Flammen
durch deines Vaters ganzes Haus!

Geistesleitung

30. Mai

Denn welche der Geist Gottes treibt, die sind Gottes Kinder. Röm. 8, 14

Wir müssen uns noch mit einer Aufgabe des Geistes Gottes an uns beschäftigen, die für unseren Lebenslauf von weittragender Bedeutung ist. Unser heutiges Schriftwort nennt diejenigen Gotteskinder, die vom Geist getrieben, besser „geleitet“ werden. Unter Geistesleitung verstehen Kinder Gottes die Möglichkeit und Notwendigkeit, daß der Heilige Geist sowohl ihren Lebensgang im allgemeinen als ihr tägliches Tun und Lassen in die Hand nehme, um es in die Bahn des göttlichen Willens zu bringen und darin zu bewahren.

Die Israeliten in ihrem Zug durch die Wüste standen unter der unmittelbaren Leitung ihres Gottes. Wo die Wolken- oder Feuersäule stillstand, da ließen sie sich nieder und blieben, solange die Wolke über der Stiftshütte ruhte, ob einen Tag, einen Monat oder ein Jahr. Wenn die Säule sich erhob, brachen sie auf und zogen ihr nach, wohin sie ging. Nach dem Befehl des Herrn lagerten sie sich, und nach dem Befehl des Herrn brachen sie auf.

Einen weiteren Wink für Geistesleitung gibt uns die alttestamentliche Geschichte dadurch, daß der Gottesdienst Israels sich in einer Hütte vollzog, die bis ins einzelne hinein nach göttlicher Anweisung gebaut war. Das Israel des Neuen Bundes betet nicht in einer Hütte an, die mit Menschenhänden gemacht ist; Gott erwartet von uns Anbetung im Geist und in der Wahrheit. Durfte aber Israel seine Opfer nur bringen in einem nach göttlichem Vorbild eingerichteten Heiligtum, so ist auch für Kinder Gottes des Neuen Bundes Anbetung im Geist nur möglich in einem unter Geistesleitung stehenden, bis ins einzelne von Gott geordneten Leben. Die Fäden unserer Arbeit, unser Ziehen, Stillstehen und Aufbrechen: es muß alles in Gottes Hand ruhen. Nur so wird unser Leben eine Offenbarungsstelle göttlichen Willens und göttlicher Gedanken; nur so erfüllen wir als Kinder Gottes unsere Aufgabe, das Licht der Welt und das Salz der Erde zu sein.

Fragen wir nun genauer nach den Bedingungen für Geistesleitung, so liegt es schon in dem eben Ausgesprochenen, daß nur Kinder Gottes von Geistesleitung wissen. Wen der Heilige Geist nicht von Sünde überzeugen darf, wem er Christus und sein Kreuz nicht verklären kann, dessen Lebensgang kann er auch nicht in die Hand nehmen. Wer nicht vom Heiligen Geist gezeugt ist, in wem der Heilige Geist nicht wohnt, den kann er auch nicht leiten.

31. Mai

Denn welche der Geist Gottes treibt (leitet), die sind Gottes Kinder.
Röm. 8, 14

Nicht alle Kinder Gottes kennen die Leitung des Geistes. Es genügt hierfür nicht, daß wir im Geist leben: wir müssen auch im Geist wandeln. „So wir im Geist leben, so lasset uns auch im Geist wandeln!" (Gal. 5, 25). Wir müssen treu seinem Licht folgen, wenn er uns die Schrift öffnet, wenn er uns tiefer in die Erkenntnis des Vaters und des Sohnes einführt. Wer dabei stehenbleibt, was er für sich in Christi Person und Werk findet, der hat nur halbes Licht. Einem gesund geborenen und normal gestalteten Kind Gottes genügt es nicht, unter dem Kreuz Christi Vergebung seiner Sünden gefunden zu haben. Es weiß: Christus starb, auf daß alle, die da leben, nicht mehr ihnen selber leben, sondern dem, der für sie gestorben und auferstanden ist; es weiß, daß wir durch die Opferung des Leibes Christi ein für allemal Gott geheiligt sind; und wer das weiß, der legt Herz und Leben mit Freuden zu den Füßen seines Herrn.

Klingt es nicht wie Hohn und verrät es nicht ein Stück Gottlosigkeit, wenn jemand von Geistesleitung wissen will, ohne das zu tun, wovon er weiß, daß es Gott gefällt, wenn er insbesondere sich weigert, Gott seinen Leib zum Opfer zu begeben, ihm seine Glieder zur Verfügung zu stellen zu Werkzeugen und Waffen der Gerechtigkeit? Wer das nicht tun will, wer das Seine sucht, sein Leben schont und so der Welt sich gleichstellt, bei dem kommt es nie zu einer Erneuerung der Gesinnung und Lebensanschauung, und damit fehlt ihm die Grundlage, um in irgendeinem Fall prüfen und unterscheiden zu können, welches da sei der gute und wohlgefällige und vollkommene Gotteswille. Erst wenn unsere Leiber als lebendige Opfer auf Gottes Altar liegen, erst dann kann uns der Heilige Geist unseren Platz im Leib Christi zuweisen und den damit verbundenen Dienst; erst dann kann er in zweiter Linie uns auch in den Einzelheiten unseres Dienstes leiten, uns Licht geben über Art und Weise, über Ort und Zeit, über Maß und Grenzen unserer Dienstverrichtungen. „Ich ermahne euch nun, liebe Brüder, durch die Barmherzigkeit Gottes, daß ihr eure Leiber begebet zum Opfer, das da lebendig, heilig und Gott wohlgefällig sei, welches sei euer vernünftiger Gottesdienst. Und stellet euch nicht dieser Welt gleich, sondern verändert euch durch Erneuerung eures Sinnes, auf daß ihr prüfen möget, welches da sei der gute, wohlgefällige und vollkommene Gotteswille (Röm. 12, 1. 2)!" Dieses Schriftwort gibt hierüber bestimmten und eingehenden Aufschluß.

1. Juni

Denn welche der Geist Gottes treibt (leitet), die sind Gottes Kinder.
Röm. 8, 14

Neben der rechten Stellung zu Gott dem Vater und dem Sohn ist die richtige Stellung zum Wort Gottes wesentliche Bedingung für Geistesleitung. Geist Gottes und Wort Gottes sind nicht zu trennen. Wer aus dem Geist gezeugt ist, ist gezeugt aus dem unverweslichen Samen des ihm verkündigten Wortes Gottes, das da bleibt in Ewigkeit (1. Petr. 1, 23—25). Das Wort Gottes ist das Schwert des Geistes, gegen das kein Irrgeist zu stehen vermag. Wer darum vom Geist Gottes geleitet werden, vor fremdem Geist bewahrt bleiben will, der muß im Wort Gottes zu Hause sein; was in der Bibel geschrieben steht, muß ihm unbedingte Autorität sein. Nährt sich ein aus dem Wort Gezeugter nicht aus dem Wort Gottes, wehrt er sich nicht damit und beugt er sich nicht darunter, so verleugnet er seine Herkunft, und dann kann ihn der Heilige Geist verleugnen im Augenblick, wo er der Geistesleitung am meisten bedürfte.

Der auch dem Leib nach aus dem Geist gezeugte Jesus hat seine göttliche Abstammung dadurch bekundet, daß er sich von Kindheit mit der unverfälschten Milch des Wortes Gottes nährte. Als Knabe schon war er daheim in dem, was seines Vaters war, noch wörtlicher: „in den Dingen seines Vaters", worunter in der Situation, die Lukas 2 uns vor Augen führt, nichts anderes verstanden werden kann als die Heilige Schrift, die im Tempel gelesen wurde. Mit der Fülle des Heiligen Geistes, die er bei seiner Taufe empfing, kam dann auch der Gang seines äußeren Lebens unter die unmittelbare und ununterbrochene Leitung des Geistes. Wie der Geist vom Jordan weg den Herrn in die Wüste geführt, so führte er ihn drei Jahre hindurch von Ort zu Ort, bis der Herr durch den gleichen ewigen Geist am Kreuz sich opferte. War aber mit der Wassertaufe Jesu am Jordan die Untertänigkeit im Elternhause aufgehoben, so wurde mit der daran sich anschließenden Geistestaufe seine Untertänigkeit unter die Heilige Schrift verklärt und versiegelt. Alles Zeugen und Leiden, alle prophetische und priesterliche Tätigkeit des Herrn hatte die Heilige Schrift zur Richtschnur. Das Verlangen, daß die Schrift erfüllt werde, begleitete den Gesalbten Gottes auf Schritt und Tritt; es war ihm tiefstes Lebensbedürfnis. Wollen wir Geistesleitung haben und unter Geistesleitung bleiben, so muß unser Tun und Lassen, unser Dichten und Trachten durchzogen sein von dem Verlangen, daß die Heilige Schrift auch in unserem Leben zu ihrem vollen Recht gelange, daß das Wort in uns Gestalt gewinne.

2. Juni

Denn welche der Geist Gottes treibt (leitet), die sind Gottes Kinder.
Röm. 8, 14

Neben der Stellung zu Gott dem Vater und dem Sohn, neben der Stellung zur Heiligen Schrift ist eine dritte Bedingung für Geistesleitung: richtige Stellung zu den Brüdern, zum Leib Christi. Wer seinen Bruder liebt, der wandelt im Licht; er weiß, wo er hingeht und hinzugehen hat. Wer seinen Bruder haßt, d. h. nicht liebt, dessen Augen sind von der Finsternis verblendet. Wo keine Liebe, da ist auch kein Licht, keine Geistesleitung. — Das gleiche sagt uns der Apostel Johannes im Anfang seines Briefes. Haben die, die im Licht wandeln, Gemeinschaft miteinander, so folgt daraus, daß die, die keine Gemeinschaft untereinander haben, in Finsternis wandeln.

Christus starb, auf daß er die Kinder Gottes, die zerstreut waren, nicht nur zusammenbrächte, sondern, wie der Grundtext sagt (Joh. 11, 52), in eins zusammenführte, also gliedlich zu einem Leib ineinanderfügte. Als Kinder Gottes sind wir alle durch den Heiligen Geist zu einem Leib getauft, zu einem Geist getränkt.

Es ist der Heilige Geist, der den Leib Christi baut, von Glied zu Glied ihn ausgestaltet und jedem Glied seine Stellung und Aufgabe gibt. Wo nun ein Glied zu einer Sonderstellung neigt, in der Rücksichtnahme auf andere nicht treu ist, wo es das Bedürfnis, durch andere ergänzt zu werden und von anderen zu lernen, verleugnet, da tritt es in Gegensatz zu den Zielen des Heiligen Geistes. Ein Glied, das in Ausübung seines Dienstes sein Eigenes sucht, steht in Widerspruch mit dem Heiligen Geist, der den Leib baut. Sind wir dagegen dem Beruf treu, darinnen wir berufen sind, ein Leib, ein Geist, sind wir fleißig zu halten die Einigkeit des Geistes durch das Band des Friedens, denken wir von keinem Glied des Leibes: „Ich brauche dich nicht" — so kann uns der Heilige Geist auch in der umgekehrten Richtung Licht geben, nämlich in der nicht immer leichten Frage, was wir in der Art und Handlungsweise anderer für uns verwerten dürfen und was wir liegenlassen müssen, was wir jetzt wenigstens noch nicht brauchen können. Wer in aller Demut, Sanftmut und Geduld seinen Bruder verträgt, wird damit nicht sein blinder Nachahmer. Wahre Bruderliebe, Liebe aus dem Geist, verbindet uns enger mit dem Haupt und schärft damit unser Geistesauge, daß wir im Licht Gottes, im Licht der Liebe und der Wahrheit, den Gang anderer vorurteilslos prüfen und dadurch unseres eigenen Ganges vor Gott um so gewisser und sicherer werden.

3. Juni

Denn welche der Geist Gottes treibt (leitet), die sind Gottes Kinder.
Röm. 8, 14

Wer in Jesus bleibt und dem Heiligen Geist ohne Widerstreben gehorcht, der erfährt, daß der Geist im eigentlichen Sinn weder treibt noch drängt. Römer 8, 14 übersetzt man, wie gesagt, richtiger: Die der Geist Gottes „führt" oder „leitet". Der Geist Gottes läßt uns in seinem Warnen, Mahnen und Auffordern immer die nötige Zeit für gründliche Erwägung, Zeit, uns im Angesicht des Herrn zurechtzufinden. Nur dürfen wir nicht fahrlässig und nicht träge sein. Mit dem Augenblick, wo eine Schwierigkeit, wo die Frage einer neuen Aufgabe in unseren Gesichtskreis tritt, müssen wir sie fest ins Auge fassen, um sie ruhig vor dem Herrn zu bewegen.

Ist jemand darin geübt und läßt er sich nicht mehr erschrecken, nicht aus der Fassung bringen, so kann der Geist je nach den Umständen auch einmal in sehr kurzem Zeitraum eine Entschließung in uns reifen lassen, von der wir uns bewußt sind, daß sie tiefgreifende Folgen haben kann.

Wenn es für Geistesleitung durch Gewohnheit geübte, sichere und geschärfte Sinne braucht, wie sie sich nur im reifen Mannesalter finden (Hebr. 5, 14), und wenn doch der Knabe erst zum Jüngling, der Jüngling erst zum Mann werden muß, so dürfen sich andererseits Knabe und Jüngling allezeit der rücksichtsvollen, zarten Treue eines Hirten getrösten, der nach Jesaja 40 die Lämmer im Busen trägt und mit den Schafmüttern ihren eigenen Schritt geht, der, um ohne Bild zu reden, auch in Fragen der Geistesleitung Übungen und Proben nach unserem jeweiligen geistlichen Alter bemißt. Er hat sich noch nie verrechnet.

Wichtiger als die Frage des Alters ist die Treue. Erkennen wir, an einem Scheideweg angekommen oder vor einer Frage stehend, nach der einen oder anderen Seite hin eine Pflicht, d. h. einen Willen unseres Gottes, so kommt alles darauf an, daß wir ohne Zögern den damit gewiesenen Weg betreten, was auch im Blick auf diesen Weg von Druck sich auf uns legen oder von Angst uns befallen möchte. Da gilt es sich bergen unter dem Kreuz Christi und an dem Vaterherzen seines Gottes. Unser Herr ist aus Angst und Gericht genommen, so brauchen auch wir unser Herz keiner Angst mehr zu öffnen, welcherart sie auch sei, ob unerklärlich oder durch äußere Verhältnisse veranlaßt. Ist durch die Gnade Gottes unser Herz darin fest geworden, allem erkannten Willen Gottes sofort zu folgen, üben wir uns dabei in Bewahrung innerer Ruhe und Stille, so wird der Herr uns nicht zu lange in Unklarheit lassen. Auch wo Verhältnisse des äußeren Lebens, Vorkommnisse oder Begegnungen mehr nach der einen, innerer Zug und Freudigkeit mehr nach der anderen Seite weisen, wird er die Aufrichtigen zu rechter Zeit seinen Weg wissen lassen.

4. Juni

Denn welche der Geist Gottes treibt (leitet), die sind Gottes Kinder.
Röm. 8, 14; Joh. 11

Wie die Geistesleitung im Leben Jesu sich so sicher und klar in allen Situationen vollzogen hat, zeigt sich in der Geschichte der Auferweckung des Lazarus im hellen Licht. Was meint der Herr, wenn er am Anfang von Johannes 11 sagt: „Wenn jemand am Tag wandelt, stößt er nicht an, weil er das Licht dieser Welt sieht"? Wir sehen in dem Abschnitt von Vers 1—11 zweierlei, das beides gleich bemerkens- und beherzigenswert für uns ist. Erstens, daß Christus in seiner Amtstätigkeit der Leitung des Geistes harrte, und zweitens, daß er sich durch nichts und durch niemand aufhalten ließ, wenn er wußte, daß er vorwärtszugehen hatte. Er richtete seine Bewegungen Tag und Nacht nach der Wolkensäule: erhob sich diese, so ging er vorwärts; lagerte sie sich, so blieb er, wo er war. Da hätte die Welt untergehen können, so hätte er ohne des Vaters Willen weder Hand noch Fuß gerührt. Er war stets in harrender Stellung, der Winke des Vaters gewärtig und diesem zur Verfügung stehend.

Kein noch so dringender Fall konnte ihn von der Stelle bewegen, solange ihn sein Vater warten ließ. Das war die Majestät des Knechtes des Herrn. Er predigte, heilte, weckte die Toten auf nur in den Linien des Gehorsams gegen den Vater. Ihr könnt nicht den Geist des Herrn empfangen und von ihm in die Herrlichkeit eingeführt werden, den Tod Christi zu verkündigen, ohne daß euch zum Bewußtsein komme, daß im

Reich Gottes das Gesetz gilt: „Die, welche leben, sollen hinfort nicht ihnen selbst leben.“ Nur wenn wir, unseres Gottes harrend und ihm zur Verfügung stehend, auf dem Altar liegen, können wir herausfinden, was Gott an jedem besonderen Tag und zu jeder besonderen Stunde unseres Lebens von uns will. O vergessen wir nicht in diesem herrlichen Dienst der Liebe, daß es Christus ist, der in uns wirkt durch den Heiligen Geist, wenn uns Gott für andere gebraucht, und daß es uns nie ziemt, uns vorzudrängen!

Wer in Lebensgemeinschaft mit dem Gekreuzigten sein Leben nicht mehr liebhat bis zum Tod, dessen Herz ist allezeit offen für die Leitung des Heiligen Geistes. Da sind alle Züge, Empfindungen, Wünsche aus dem Gebiet des natürlichen Lebens unter der Herrschaft und Kontrolle der höchsten Majestät.

5. Juni

Denn welche der Geist Gottes treibt (leitet), die sind Gottes Kinder.
Röm. 8, 14; Joh. 11, 1—16

Ist der Herr nach der von den Schwestern empfangenen Botschaft da, wo er war, noch zwei Tage geblieben, hat er der Stimme seines Herzens, die ihn ans Kranken- oder Sterbebett des Lazarus gezogen hatte, das Ohr verschlossen, um es der Stimme des Vaters zu öffnen und sich von seinem Geist leiten zu lassen, so hatte er auch kein Ohr für die Stimme seiner Jünger, als die Wolke sich über ihm erhob und der Geist ihn zum Aufbruch nach Judäa mahnte. „Meister“, sprachen zu ihm die Jünger, „jenes Mal wollten die Juden dich steinigen, und du willst wieder dorthin ziehen?“ Jesus antwortete: „Sind nicht des Tages zwölf Stunden? Wer des Tages wandelt, der stößt sich nicht; denn er sieht das Licht der Welt. Wer aber des Nachts wandelt, der stößt sich; denn es ist kein Licht in ihm.“

Nachtwandler sind nach dem ganzen Zusammenhang solche, die sich von ihrem natürlichen Herzen bestimmen lassen und heute dahin eilen, wo ihr liebend oder dürstend Herz sie hinzieht, zwei Tage nachher zurückschrecken und zurückweichen vor einem Gang, auf dem Steine ihrer warten, Gefahr und Leiden. In solchen ist kein Licht; der Geist kann sie nicht leiten. Sie vollbringen kein Tagewerk von zwölf, sondern nur eins von drei, von sechs oder von neun Stunden; sie stoßen an auf dem Weg und bleiben hängen, wenn sie nicht gar weggenommen werden in der Hälfte ihrer Tage. Nur die, die ihr Herz Lockungen sowohl als Befürchtungen verschließen, an ihres Herrn Wahlspruch sich haltend: „Hier bin ich, Gott, zu tun deinen Willen!“, nur sie sind Kinder des Tages, vom Geist geleitet. Im Licht wandelnd, bleiben sie in Gottes Bahnen und sind in diesen Bahnen sicher, nicht mit einem verstümmelten Tagewerk aus dieser Welt abgerufen zu werden. Sie haben Salböl aus dem Heiligtum auf dem Haupt, sie sind Nasiräer im neutestamentlichen Sinn, die nur für Gott da sind. Und die Welt, die Gemeinde braucht heutzutage Knechte Gottes, die seinen Geist haben als Tagwandler, die nur Gott, ihm aber auch rückhaltlos, zur Verfügung stehen. Nur solche, die sich ihm völlig hingeben, werden auch von Gott akzeptiert und als sein Eigentum mit dem Geist der Verheißung versiegelt.

Das ist die Freiwilligenschar, die sich freiwillig hat einschreiben lassen, unter der Fahne des Gekreuzigten zu dienen.

6. Juni

Denn welche der Geist Gottes treibt (leitet), die sind Gottes Kinder.
Röm. 8, 14; Joh. 11, 1—16

Die Warnung, die wir dieser Geschichte des Lebens Jesu entnehmen, ist um so ernster, als wir nicht nur unseren eigenen Weg, sondern auch den Weg anderer verkehren, wenn wir nicht unter Geistesleitung bleiben. Wir durchkreuzen Gottes Erziehung mit anderen, wenn wir ihrem Hilferuf folgen, ohne auf Gottes Stunde zu warten. Wir dürfen nie zwischen andere und Gott, zwischen eine Seele und ihren Heiland kommen.

Gewiß haben die zwei Schwestern keinen Augenblick gezweifelt, daß, sobald die Botschaft von der Erkrankung des Lazarus an den Herrn gelange, er dann sofort komme; aber er kam nicht, so wenig als er kam, als seine Mutter an der Tür klopfte, während er seinem Gott diente. Sie meinte, er würde alles unterbrechen, sobald sie ihn riefe. Er aber, der am Kreuze die zarteste Rücksicht auf seine Mutter und Johannes nahm, spricht: „Wer ist meine Mutter, wer sind meine Brüder und Schwestern?", wenn es dem Dienst galt, und solange Gott ihn rief; konsultierte er nicht den Nächsten, hatte er nicht andere um Rat zu fragen; denn er war ein Tagwandler. Daß die Schwestern in Bethanien das durchmachen mußten, das konnte er ihnen nicht ersparen. Es war keine Härte, es war einfach die Folge davon, daß er ein Tagwandler war und die Fäden der Leitung Gott nicht aus den Händen nahm. Die Schwestern mußten ihr Stück Erziehung durchmachen, und es wird auch gleich offenbar, wie er kam (es war kein direkter Vorwurf, aber man liest so etwas heraus): „Herr, wärest du hier gewesen, der Bruder wäre nicht gestorben", und dann korrigiert Martha sich bald und sagt: „Auch jetzt noch geben wir nicht alle Hoffnung auf." Also das ist eine beachtenswerte Grundlinie für Knechte Gottes, die im Reich Gottes etwas Bleibendes schaffen wollen: sein eigenes Leben nicht suchen in kritischen Stunden, sondern alles Gott überlassen. Dann hat man Licht. Man ist nicht irregeleitet von Wünschen. Das bringt gerade Linien in den Weg eines Knechtes Gottes, und dann kann scheinbare Unfruchtbarkeit nach außen die fruchtbarste Zeit sein. „Ich bin froh", sagt der Herr (Vers 15), „daß ich nicht dort war, auf daß ihr glaubet." — Wir können uns den Herrn vorstellen, und ich glaube nicht, daß wir darin irren, im Augenblick, wo die Botschaft kam: ein Blick zum Vater, ein Harren auf den Wink des Vaters, und es hieß: „Bleib!"

Das ist Einfachheit. Je treuer wir darin sind, aus dem Zug unseres Herzens herauszukommen, nicht ohne weiteres nach Bethanien hinabzugehen und unser Herz nicht zu öffnen der Furcht vor den Steinen, um so mehr Licht kommt auf unseren Weg, immer hellerer Tag wird es in uns und um uns. Tagwandler haben Licht, sie stehen unter der Wolkensäule; sie haben Geistesleitung und sind von allem los; nichts trübt ihren Horizont. Ihr Geist ist frei, und so können sie dienen, und ihr Dienst ist fruchtbar, ob alles schief geht und ein Lazarus darüber stirbt. Das Schlimmste wird Anlaß für neue Offenbarungen Gottes. Wir hören auf, die Fäden in der eigenen Hand zu halten; sie sind aus unserer Hand geglitten in die Hand der allwaltenden, sicheren Vorsehung und Liebe, die den einen dahin stellt und den anderen dorthin, und niemand sieht, warum; und dann kommt die Stunde, wo es sich herausstellt und jedermann sieht: Es durfte, es konnte nicht anders gehen.

7. *Juni*

Denn welche der Geist Gottes treibt (leitet), die sind Gottes Kinder.
Röm. 8, 14

Wer nach Jesaja 50, 10. 11 erst für sich selbst gelernt hat, im Dunkel auf den Namen des Herrn zu vertrauen und auf seinen Gott sich zu stützen, anstatt sich an selbst angezündetem Feuer zu wärmen, anstatt eigenmächtig und vor der Zeit Tröstung und Erquickung an sich zu reißen, der lernt auch andere, er lernt seine Liebsten Gott anvertrauen und auf Gottes Stunde warten, um ihnen Trost und Hilfe zu bringen.

Wer unter Geistesleitung mit seinem Gott wandelt, lernt seinen Gott kennen und in echtem Prophetengeist unterscheiden, was Gott ähnlich sieht und was nicht. Aber er wird von keinem Lazarus ohne weiteres sagen: den kannst du nicht sterben lassen; den darfst du seinen Schwestern, seiner Familie, den darfst du der Gemeinde nicht wegnehmen. Er vertraut seinem Gott und kann ihm auch nach Morija folgen; er kann einen Sohn der Verheißung opfern, ohne zur Stunde durchzusehen, wie das mit Gottes eigenem Wort stimmt.

Wie manche Kinder Gottes stehen noch geknechtet unter einem Geist der Furcht! Es kommt sie zuweilen eine Angst und Bangigkeit an, der Herr könnte, wenn sie sich ihm rückhaltlos überlassen, Abenteuerliches oder Widernatürliches von ihnen verlangen. Woher kommt das? Sie kennen Jesus nicht, wie er ist. Sie haben noch einen Fuß im Alten Testament und kommen leicht unter das Gesetz. Vor Entscheidungen und Aufgaben gestellt, heißt es je und je bei ihnen: „Ich sollte, aber ich vermag es nicht." Sie kommen schwer zu einem freudigen „Ich kann und ich darf; denn ich vermag alles durch den, der mich mächtig macht" Ganz unter der Gnade stehen wir erst, wenn wir nichts mehr aus uns selber vermögen, weder Leichtes noch Schweres, wenn wir nicht mehr uns selbst für klug halten. Kinder Gottes, die unter der Gnade stehen, vertrauen der sicheren Leitung ihres Hirten, der sie beim Namen nennt. Er weiß, wie weit er mit einem jeden gehen, was er von ihm erwarten und was er ihm anvertrauen darf. Das macht sicher und ruhig; das schafft Raum für Geistesleistung. Wer nicht unter der Gnade steht, der kann Jesu Joch nicht sanft finden; es deucht ihn hart, auf schmalem Pfad und in engen Schranken zu wandeln. Bei solcher Herzensstellung kann von einer Geistesleitung keine Rede sein.

8. Juni

Denn welche der Geist Gottes treibt (leitet), die sind Gottes Kinder.
Röm. 8, 14

Durch den Heiligen Geist nennen wir Jesus unseren Herrn; durch den Heiligen Geist lernen wir ihn kennen, sei es in der Schrift, sei es im täglichen Leben. Soweit wir nun diesem Jesus unser äußeres und inneres Leben anvertrauen, so weit kann der Heilige Geist unseren Lebensgang und unser Tagewerk unter seine Leitung nehmen. Der Geist ist frei, uns zu leiten, soweit Christus uns beherrscht. In Tiefen unseres Wesens, viel tiefer als das Gebiet des Gefühls, der Stimmungen oder Eindrücke, vernehmen wir nach der einen Seite hin ein „Halt", nach der anderen ein „Vorwärts". Hier geht die Tür auf, dort wird ein Riegel vorgeschoben. Es ist nichts anderes als Übertragung ins Kleine und Alltägliche von dem, was alle wirklichen Kinder Gottes in feierlichen Stunden erfahren, wenn sie in entscheidenden Lebensfragen zu einer klaren Überzeugung gelangen, wenn sie in ihrem Gott Freudigkeit gewinnen, einen Ruf anzunehmen oder auszuschlagen, vorwärtszugehen oder stillzustehen.

In den äußeren Lebensführungen werden die Kinder Gottes auf verschiedenen Stufen des geistlichen Alters verschiedene Erfahrungen auf dem Gebiet der Geistesleitung machen. Wir können hierin durch die gleiche Krisis zu gehen haben, die das Kindesalter vom Jünglings- und Mannesalter trennt. Als Paulus in seine Missionstätigkeit eintrat, unerfahren und ungeübt, da leitete ihn der Heilige Geist wie ein Kind, sagte ihm, wo er hinzugehen und wo er nicht hinzugehen habe, ohne jegliche Erklärung oder Begründung. Später in langjährigem, hingebendem Dienst und durch mannigfaltige Erfahrungen zum Mann gereift, hat

Paulus selbst Entscheidungen zu treffen (vgl. Tit. 3, 12 und Apg. 20, 16). Es wird aber kein Kind zum Jüngling und Mann, ohne daß es der Muttermilch entwöhnt wird (Ps. 131, 2); und jede Entwöhnung ist peinlich. Das Alte wird einem genommen, und was an dessen Stelle treten soll, sieht man noch nicht; man findet sich zunächst nicht mehr zurecht. Man unterscheidet Gottes Stimme nicht mehr so klar und so rasch wie früher und ist sich doch keiner Untreue bewußt. Der Herr aber ist treu und führt, die ihm vertrauen, an sicherer Hand durch die tiefsten Wasser, durch Wasser, in denen die bisher erkannten und befolgten Fußspuren sich verlieren (Ps. 77, 20).

Einem Knecht gibt man Weisungen. Eine zur Mitregentschaft berufene Braut muß sich in die Denkungsweise ihres königlichen Bräutigams einleben und sich mit seinen Zielen vertraut machen. Christi Braut muß in der Lebensgemeinschaft mit ihm und in der steten Abhängigkeit von ihm jetzt schon durch seinen Geist die ihr gestellte Aufgabe nach seinem Sinn beherrschen lernen, ohne für jede Einzelheit eine besondere, ausdrückliche Weisung zu beanspruchen. Durch die Übungen hier unten im Kleinen und Wenigen reifen wir für das Große, das uns droben auf dem Thron anvertraut werden soll.

Treue gegen den Heiligen Geist

9. Juni

Da sie aber dem Herrn dienten und fasteten, sprach der Heilige Geist: Sondert mir aus Barnabas und Saulus zu dem Werk, dazu ich sie berufen habe! Apg. 13, 2

In dieser eigenartigen Stelle finden wir, wie der Heilige Geist als Person auf den Plan tritt wie sonst nirgends. Nach 1. Korinther 12 teilt der Heilige Geist die Gaben aus, wie er will, aber hier tritt der Geist selbst auf den Plan und sagt: „Ich, der Heilige Geist." Der Vater sagt: „Ich, der Vater", und der Sohn: „Ich, der Sohn." So tritt hier auf den Plan: „Ich, der Heilige Geist." Ist der Heilige Geist der Baumeister der Gemeinde, so ist er auch der Gründer und Leiter von Jesu Missionswerk. Auch die Geschichte des Apostels Paulus zeigt das: „Ausgesandt vom Heiligen Geist" (Apg. 13, 4), das ist das Missionskomitee des Paulus. Ein solches konnte sich bilden aus einem Feuerherd, wie ihn der Heilige Geist in der Gemeinde von Antiochien fand, wo sich versammelten Propheten und Lehrer. Es ist merkwürdig, daß das nicht mehr in Jerusalem geschah. Der Heilige Geist ist sozusagen ausgezogen und hat eine neue Geburtsstätte gesucht für die zu gründende Gemeinde. Apostelgeschichte 13, 1. 2 sind ihre Namen genannt. Diese dienten dem Herrn (nach dem griechischen Ausdruck nicht „mit dem Wort dienen" sondern im Heiligtum Gottesdienst treiben) und fasteten. Fasten ist immer der Ausdruck des Trauerns. So standen sie im Heiligtum vor ihrem Gott, um sich zu orientieren über die große Frage der Evangelisierung der Welt. Gebeugt und trauernd (vielleicht im Blick auf Jerusalem) bringen sie ihre Klagen und Bitten vor Gott. Solche Zeiten hat es je und je gegeben, in denen heilige Menschen weinten über den Zustand Zions, während andere glückselig und befriedigt sind und kein Auge für den Jammer haben. Aber der Herr spricht: „Zeichne mit einem Zeichen an die Stirn der Leute, so da seufzen und jammern über alle Greuel, so drinnen geschehen!“ (Hes. 9, 4). Während dies in Antiochien geschah, sprach der Heilige Geist: Sondert mir aus Barnabas und Saulus zu dem Werk, dazu ich sie berufe — daß ich sie aussende, ich ihnen die Provinz anweise, ich ihnen sage, wo sie hingehen sollen. Und dann wurden sie ausgesandt — vom Heiligen Geist — nicht von einem Missionskomitee.

10. Juni

Da sie aber dem Herrn dienten und fasteten, sprach der Heilige Geist: Sondert mir aus Barnabas und Saulus zu dem Werk, dazu ich sie berufen habe! Apg. 13, 2

Wie der Herr Jesus, so sendet auch Gott der Heilige Geist seine Missionsarbeiter zu zweien und zweien. Da sind nun zwei Männer, die sind von keinem Komitee gewählt, sondern der Heilige Geist ist persönlich für sie eingetreten, indem er erklärte: Sondert mir die beiden aus zu dem Werk, dazu ich sie berufen habe! Und nun müssen wir sehen, daß sie es nicht weiter bringen als zu einer ersten Missionsreise, und beim Beginn der zweiten scheiden sich zwei Männer (Apg. 15, 37—41), von denen der Heilige Geist gesagt hatte: Die zwei gehören zusammen. Diese Situation ist mir aufs Herz gefallen. Wie wichtig ist es doch, daß der Heilige Geist Männer findet, die sich unbedingt vertragen und nicht wegen irgendeiner Frage auseinandergehen!

Die Frage tritt zurück, ob Paulus oder Barnabas recht hatte, gegen die andere: Warum ist man nicht zurückgegangen auf den Söller von Antiochien? Haben die anderen Geschwister sich wohl gebeugt und vor Gott gelegen, fastend und trauernd? Wie traurig, wenn da keine priesterliche Gemeinde ist, vor die man den Jammer legen kann und die da einsteht, bis Mitarbeiter wie Paulus und Barnabas wieder einig sind! Hier ist etwas, worüber wir noch heute traurig sein können.

Wie vorsichtig sollte uns das machen, wenn wir Männer sehen, die der Heilige Geist als Mitarbeiter zusammengejocht hat und die es nicht weiterbringen als zu einer ersten Missionsreise! Aber wie lieblich ist es, daß Markus, die Ursache jenes Streites, dem Paulus im Greisenalter noch dienen durfte (2. Tim. 4, 11)! Wenn wir in der Endzeit bewahrt bleiben wollen vor Versündigung gegen den Baumeister der Gemeinde, der allein Macht hat, Mission zu treiben, so müssen wir lernen, heilige Geschichte zu studieren und auf die Urkunden zurückzugehen. Es muß alles wieder zurück in die Hand dessen, von dem alles kommt, des Gründers aller Mission. Freuen wir uns über alles, was Gott tut, aber fastend, gebeugt und trauernd über den Schutt und über die Trümmer Zions! Der Herr hat Wohlgefallen an jedem, der da trauert, und schreibt auf, die da trauern und flehen, daß er ein Neues schaffe.

Möchten doch alle, die im Reich Gottes arbeiten, es nie vergessen, daß ein Söller, ein Oberstübchen da sein muß, in das man sich zurückzieht, wenn es zwischen zweien nicht mehr gehen will, in dem man still wird und den Heiligen Geist die Dinge ordnen läßt, um dann wieder Herz an Herz und Bruderhand an Bruderhand in den Dienst hinauszugehen.

O dies gesegnete Oberstübchen in Antiochien!

Betrübet nicht den Heiligen Geist!

11. Juni

Betrübet nicht den Heiligen Geist Gottes, mit dem ihr versiegelt seid auf den Tag der Erlösung! Eph. 4, 30

Gedenket, liebe Leser, nun noch vor dem Angesicht Gottes dieses Schriftwortes! Der Heilige Geist ist der Baumeister des Tempels Gottes, des Leibes Christi, der Gemeinde. Er soll sie führen zum vollkommenen Mannesalter in Christus. Er arbeitet zielbewußt auf den Tag der Erlösung. Hat der Heilige Geist immer bauen können? Ist die Gemeinde geblieben im Kontakt mit den Zielen des Geistes? Wie lange hat es gedauert, ehe die Kirche Christi von der Rechtfertigung zur Heiligung schritt! Und wie lange wird es dauern, bis sie von der Heiligung zur Erlösung (1. Kor. 1, 30) fortschreitet — wie lange, bis sie Buße darüber tut, daß sie den Heiligen Geist betrübt hat? Sobald er betrübt wird, stellt er seine Arbeit ein, kann er nicht weiterbauen. Der Geist wird eure Übertretung nicht vergeben (2. Mose 23, 21). Ihr möget sogar für die Sünde, den Heiligen Geist betrübt zu haben, Vergebung im Blut Christi finden, aber zu bauen fängt der Geist nicht wieder an, bis ihr tiefer in die eigentliche Bedeutung der Erlösung eingedrungen seid und erfaßt habt, daß letztere nicht nur „in Vergebung der Sünden“, sondern auch in „Macht über die Sünde“ besteht. Buchstabiert die Anfangsgründe (Grundwahrheiten) der Erlösung so lange, bis ihr bei jeglicher Sünde einen so unerträglichen Schmerz im tiefsten Innern empfindet, daß es euch je länger je mehr zur Unmöglichkeit wird, den Heiligen Geist

Gottes zu betrüben; dann wird er euch in ganz anderer Weise als bisher die Schrift öffnen.

O welche schreckliche Veränderung ist mit der Gemeinde Christi vorgegangen durch das Betrüben des Heiligen Geistes! Anstatt seines Amtes zur Auferbauung der Kirche walten zu können, sieht er sich genötigt, sein für diese Welt empfangenes Amt auf die Gläubigen zu übertragen. „Wenn er gekommen ist", sagte der Meister, „wird er die Welt überzeugen von der Sünde . . .; von der Sünde, weil sie nicht an mich glauben." Und nun muß er an den Gliedern der Gemeinde auch wieder seines Strafamts walten, um ihnen ihre Schuld Christus gegenüber zum Bewußtsein zu bringen. Kann man sich da wundern, daß ein Jahrhundert nach dem anderen vergeht, ohne daß die Gemeinde zu dem Maß des vollen Wuchses der Fülle Christi hingelangt?

12. Juni

Betrübet nicht den Heiligen Geist Gottes, mit dem ihr versiegelt seid auf den Tag der Erlösung! Eph. 4, 30

Man hört die Gläubigen in ihren Gebetsversammlungen offen von ihrem Unglauben und von ihrer Unfähigkeit, ihrem Herrn und Meister unbedingt für alles zu vertrauen, reden. Was würden die Heiden sagen, wenn sie in solche Versammlungen kämen und fänden, daß nicht einmal die Christen völliges Vertrauen zu ihrem Heiland haben? Erst in der Ewigkeit wird dereinst klar zutage treten, welcher wunderbaren Tiefe der Weisheit und Treue, Langmut und Liebe Gottes es bedurfte, um bei der grundlosen Verderbtheit des Menschen und ihrer natürlichen Untüchtigkeit zum Glauben von Gnadenoffenbarung zu Gnadenoffenbarung seinen ewigen Ratschluß hinausführen zu können. Herrlicher denn je wird das im Tausendjährigen Reich offenbar werden. In der Auferbauung der Gemeinde hat Gott der Heilige Geist mit den Menschen und den Zuständen, in denen sie stecken, zu rechnen. Und gibt es nicht Zeiten in dem geheimnisvollen Aufbau der Kirche Christi, da man mehr von menschlichem Zukurzkommen, menschlicher Untreue, Undankbarkeit und Schande sieht als von dem Werk des Schöpfers und dem Allmachtswillen Gottes?

Und wie steht es heutzutage? Wann wird die Gemeinde aufhören, den Heiligen Geist zu betrüben? Wie wir aus Jesu eigenen Worten und Verheißungen ersehen (Joh. 16), erhielt der Heilige Geist den Auftrag vom Vater und vom Sohn, das Amt Christi aufzunehmen und uns „alles" zu lehren, ja „uns sogar das Kommende zu verkündigen". Solange Christus auf Erden war, sprach der Geist durch ihn. In der Offenbarung mußte der Herr Jesus sozusagen dem ehemaligen Geist das Wort leihen, damit der Geist noch einmal durch ihn zu den sieben Gemeinden rede und wenigstens den einzelnen die Ohren aufgingen, nachdem die Gemeinde Laodizea als solche durch Betrübung des Heiligen Geistes die Fähigkeit zu hören verloren hatte. „Wer Ohren hat zu hören, der höre, was der Geist nun durch Christus den Gemeinden sagt."

13. Juni

Betrübet nicht den Heiligen Geist Gottes, mit dem ihr versiegelt seid auf den Tag der Erlösung! Eph. 4, 30

Nie hat die Gemeinde trotz ihrer Untreue eine solche Fülle von Licht und Erkenntnis der Wahrheit gehabt wie heutzutage, wenn sie diese auch nicht ins Leben überträgt. Doch gibt es zur Zeit, inmitten des allgemeinen Zukurzkommens, da und dort einzelne, die sich des Ernstes der Zeit und der Absichten Gottes bewußt sind, sich gegenseitig ermuntern und die in der Gemeinde herrschende Erkenntnis in ihrem Wandel betätigen. Einerlei, wie viele zu dieser Schar gehören; auf die Zahl kommt es in der ganzen Existenz der Kirche — und wo immer es sich um tiefe göttliche Dinge handelt — niemals an.

Es gibt Kinder Gottes, die nur noch den einen Wunsch haben, „vollendet zu werden"; durch das Blut und den Geist Christi haben diese Macht, das Wort Gottes in ihrem inneren und äußeren Leben zu betätigen, so daß sie Christus mit ihrem ganzen Wesen Tag für Tag so völlig ausgeliefert sind, daß es in ihrem Wandel klar zutage tritt, daß der Heilige Geist in den Kindern Gottes wirkt, die sich der Herrlichkeit ihrer Berufung bewußt sind. Der Herr hat endlich nicht nur einzelne gefunden, wie zur Zeit des Mittelalters, sondern eine wirklich „kleine Herde", die, da und dort zerstreut, an die Möglichkeit glaubt, alles auszuleben, was im Wort Gottes geschrieben steht, eben weil ihnen der Umstand, daß es Gottes Wort ist, dafür bürgt, daß es in der Gemeinde verwirklicht werden kann. Die Heilige Schrift ist ja eben dazu gegeben, daß das Leben danach gestaltet werde. Durch seinen Geist, den Geist des vollendeten Gottmenschen, habe ich nun in seinem Tod und in seiner Auferstehung Bürgschaft und Unterpfand, daß ich, ja sogar ich, trotz aller meiner Schwachheit das Wort Gottes wirklich ausleben kann. Und so finde ich, was ich auch in meinem inneren und äußeren Leben noch für Mängel entdecken mag, in dem Blut Jesu nicht nur Tilgung meiner Schuld, sondern Heilung durch seine Wunden, Läuterung und Reinigung von jedem Flecken oder Runzel, von allem, was nicht aus Christus ist.

Soll der göttliche Baumeister danach noch weiter dargestellt werden als einer, der fortwährend baut, aber nichts zu vollenden vermag? Es geziemt uns, unseren Gott in seinen heiligsten Absichten mit uns zu rechtfertigen. Möge er uns in Gnaden zu einem tieferen Verständnis des Amtes des Heiligen Geistes verhelfen!

Zu Jesu Füßen

14. Juni

Maria setzte sich zu Jesu Füßen und hörte seiner Rede zu. Martha aber machte sich viel zu schaffen, ihm zu dienen. Luk. 10, 39. 40

Nicht viele nehmen den Herrn in ihr Haus auf. Den einen fehlt es an Raum; sie schränken sich nicht gern ein und fürchten für ihre Bequemlichkeit. Andere fürchten für ihre Zeit und machen ihm lieber in einem Gotteshaus einen Besuch, grüßen ihn auch wohl, wenn sie ihm unterwegs begegnen, aber etwas flüchtig, damit er sie nicht frage: „Wo kommst du her? Wo gehst du hin?“ —

Martha hat den Herrn in ihr Haus aufgenommen, aber ohne zu wissen, was sie tat. Wohl wußte sie, daß sie es nicht mit einem gewöhnlichen Gast zu tun hatte, und setzte alles in Bewegung, um ihn zu ehren; aber den wirklichen Charakter ihres Gastes hatte sie nicht erkannt. Sie hatte keinen Begriff von der Stellung, die ihm im Hause zukam. Wenn jemand Gastfreundschaft genießt, verlangen es der gute Brauch und die Zartheit, daß er sich fernhält von allem, was dem engeren Kreis des Familienlebens angehört. Wo dagegen Jesus in einem Haus aufgenommen wird, verlangt er alles zu wissen, was darin vorgeht, bis auf die Gedanken und Regungen des Herzens. Man kann ihm nichts verbergen; man darf nicht mehr daran denken, sich irgendeinen Raum seiner Wohnung vorzubehalten. Er will überall Zutritt haben, und zwar in jeder Stunde bei Tag und bei Nacht. Man muß ihm mit einem Wort die Schlüssel des Hauses ausliefern. —

Vielleicht hast du das einigermaßen durchgeführt, und es wird dir eben deshalb schwer, einen so bedenklichen Gast an deinen häuslichen Herd zu lassen. Doch es geht noch weiter. Wenn ein gewöhnlicher Gast darauf bedacht ist, nicht zu belästigen und die Hausordnung so wenig wie möglich zu stören, so haben wir von Jesus zu gewärtigen, daß er bald hier, bald dort sein Mißfallen äußert, alle möglichen Änderungen verlangt und keine Ruhe hat, bis das Haus umgewälzt ist.

Es kam der Martha nicht in den Sinn, daß ein Haus, in das Jesus tritt, eben damit sein Eigentum wird und er mit allem im Hause als unumschränkter Gebieter schalten und walten kann. Einem solchen Gast hat man nichts mehr zu bieten; man ist im Gegenteil sein Gast, oder besser, sein Knecht geworden. Es steht einem auch nicht mehr zu, sich ihm gegenüber in allen möglichen Ehrenbezeigungen, Zuvorkommenheiten und Diensterweisungen zu gefallen. Wir haben fortan der Befehle unseres göttlichen Gastes gewärtig zu sein, wie der Sklave im Orient auf eine Handbewegung seines Herrn wartet.

15. Juni

Maria setzte sich zu Jesu Füßen und hörte seiner Rede zu. Martha aber machte sich viel zu schaffen, ihm zu dienen. Luk. 10, 39. 40

Offenbar hatten die zwei Schwestern des Lazarus mehr als einen Berührungspunkt untereinander, und alles berechtigt uns, in der einen wie in der anderen aufrichtige Jüngerinnen des Herrn Jesus zu sehen. Auch ist es bemerkenswert, daß es später (Joh. 12, 2) von Martha nicht mehr heißt: „Martha machte sich viel zu schaffen, ihm zu dienen“, sondern einfach: „Martha diente.“ Halten wir aber die grundverschiedene, wenn auch vielleicht ganz vorübergehende Stellung Jesus gegenüber fest, in der das zehnte Kapitel des Evangeliums Lukas uns die beiden Gestalten vorführt, so prägen sich darin zwei entgegengesetzte Geistesrichtungen aus. Diese beiden Geistesrichtungen, nicht den wirklichen Charakter der beiden Personen haben wir im Auge, wenn wir von Martha und Maria reden. So aufgefaßt, finden wir in der Haltung der Maria die Grundlinien evangelischen Sinnes ausgedrückt, wie sie der Apostel Paulus Römer 4, 5 zusammenfaßt in den Worten: „Dem, der nicht arbeitet (Luther: der nicht mit Werken umgeht), glaubt aber an den, der die Gottlosen gerecht macht, dem wird sein Glaube gerechnet zur Gerechtigkeit.“ Hat man alles zu Jesu Füßen niedergelegt, hat man ihm nichts mehr zu geben, so ist man glücklich und selig, sich alles schenken zu lassen; mit anderen Worten, man „lebt des Glaubens“. Die Seele setzt sich nicht mehr vor, was sie für Jesus tun möchte; sie setzt sich ihn vor, Jesus selber, den Herrn (Ps. 16, 8). Wie David begehrt sie „nur eins“, nämlich „die Lieblichkeit des Herrn schauen zu dürfen“ (Ps. 27, 4); wie Johannes der Täufer freut sie sich, die Stimme des Bräutigams zu hören (Joh. 3, 29). Sie ist dankbar für jeden Augenblick, den sie zu seinen Füßen bleiben darf, allein mit ihm, ihm mit dem Blick folgend, seinen Worten nachdenkend und auf die Stimme seines Geistes lauschend.

Einst bat ich voll Inbrunst um Segen,
jetzt such' ich ihn selbst nur, den Herrn;
einst sonnte ich mich in Gefühlen,
jetzt ist nur das Wort noch mein Stern.
Einst strebt' ich nach köstlichen Gaben,
jetzt seh' ich nur Jesus allein;
einst hab' ich gekämpft und gedürstet,
jetzt wohnt er in mir und ist mein.

16. Juni

Martha machte sich viel zu schaffen, ihm zu dienen. Luk. 10, 40

Martha dagegen muß arbeiten; ihre Seligkeit ist, zu wirken und zu schaffen. Freilich arbeitet sie für Jesus, ermüdet sich für ihn, reicht für ihn alles dar, was sie hat, Kraft und Zeit. Aber während sie sich von ihrer Arbeit hinreißen läßt, vergißt sie die Warnung des Meisters: „Freuet euch nicht darüber, daß euch die Geister untertan sind! Freuet euch vielmehr darüber, daß eure Namen im Himmel geschrieben sind!" (Luk. 10, 20). — Über den Werken, die sie für den Herrn tut, verliert sie seine Person aus den Augen, entfernt sich von der Quelle des Lebens, und wenn sie nicht beizeiten innehält, so läuft sie Gefahr, in der Ewigkeit anzulangen mit einem Leben hinter sich, in dem sie unermüdlich von ihm gesprochen und alles für ihn geopfert hat und nun doch nur gerettet ist wie durchs Feuer, nackt, ohne daß ihre Werke ihr nachgefolgt wären (1. Kor. 3, 15; Offb. 14, 13). Aller Marthadienst ist im Grund Gesetzeswerk; es sind Werke, mit denen man Gott zu gefallen gedenkt, durch die aber „kein Fleisch gerecht wird". Nicht dem Herrn, sondern sich selber zu gefallen, ist schließlich alles, was man damit erreicht; anstatt sich wirklich herzugeben und zu opfern, wie man gern glauben möchte, sucht man sich selbst, und es findet die eigene Gerechtigkeit ihre Rechnung.

Marthadienst kann ein Herz nimmermehr stillen. Man tut ihn mit Mietlingssinn, mit einem scheelen und eifersüchtigen Auge, unzufrieden murrend, daß Maria nichts tut. Maria wird schon auch arbeiten (sei ganz unbesorgt, Martha!), aber erst muß sie „zu den Füßen Jesu" die Kapitallektion lernen, daß sie „eine unbrauchbare Magd" ist, eine Magd, die ihrem Herrn nichts weniger als unentbehrlich ist. Sie wird auch arbeiten, aber sie ist zu demütig, um sich vorzudrängen. Wenn dann einmal ihr Meister sie einer Aufgabe würdigt, so wird sie diese um so freudiger und bereitwilliger vollbringen, ihn preisend für die Gnade, daß sie etwas für ihn tun darf.

Marthas inneres Glück ist an die Arbeit gebunden; es steigt und fällt mit dem wechselnden Erfolg, dem alle menschliche Arbeit unterworfen ist. Erst ist sie voll Freudigkeit und Eifer, aber bald läßt sie nach; es war Aufregung und Fieber dabei, und da kann Abspannung nicht ausbleiben. Wenn Hindernisse kommen, wird sie irre und verliert den Mut, sie läßt die Hände sinken.

> Einst trieb mich ein endloses Planen,
> jetzt leb' ich durch gläubig Gebet;
> einst seufzte ich, müde von Sorgen,
> nun sorgt er, und alles besteht.
> Einst stand ich in eigenem Wirken,
> nun wirkt er, und ruhen darf ich;
> einst wollt' ich für mich ihn gebrauchen,
> und nun — gebrauchet er mich.

17. Juni

Maria hat das gute Teil erwählt. **Luk. 10, 42**

Maria schöpft ihre Kraft und ihre Befriedigung aus dem, der da ist „derselbe gestern und heute und in alle Ewigkeit" (Hebr. 13, 8), und darum bleibt ihr Inneres unbewegt und ungetrübt, ob dem Anschein nach ihre Arbeit gelinge oder mißrate. Sie weiß, daß eine Arbeit, in der Liebe Jesu getan, „nie vergeblich ist", und darum bleibt sie „fest und unbeweglich" und kann „immerdar zunehmen im Werk des Herrn" (1. Kor. 15, 58). Wohl können sich Schwierigkeiten auf ihrem Weg anhäufen und wie Berge sich vor ihr auftürmen: sie weiß, „der Glaube versetzt auch Berge". Das hilft ihr, ruhig zu bleiben *während* der Arbeit, wie sie ruhig geblieben *angesichts* von Aufgaben, deren bloßer Gedanke Martha in Aufregung gebracht hätte. Die Schwierigkeiten können nur dazu dienen, sie im Bewußtsein ihrer gänzlichen Abhängigkeit vom Herrn zu befestigen, ihren inneren Menschen zu reifen und zu kräftigen und sie zu gleicher Zeit in Demut zu bewahren. Wenn sie in sich selbst keine Kraft fühlt, ist sie glücklich und selig darüber, daß „ihre Stärke in Gott ist" (Ps. 84, 6) und daß sie auf diese Kraft ihres Gottes rechnen kann für jede Aufgabe, zu der er sie ruft. In dieser Kraft läuft sie, ohne zu ermatten; sie kann müde werden, aber sie bricht nicht zusammen. Sie harrt auf den Herrn, der ihr „neue Kraft gibt", der ihre Jugend und Lebensfrische erneuert, „daß sie auffahren kann mit Flügeln wie Adler". So lebt sie, auch für ihre Arbeit, des Glaubens, nur auf das eine bedacht, treu erfunden zu werden auch im Kleinsten, das ihr anvertraut ist.

Und nun, meine Schwester, die du ein Hauswesen zu leiten hast und aus Erfahrung weißt, wieviel Schmerz und Weh die kleinen Widerwärtigkeiten des täglichen Lebens einem bereiten können, die du schon manches Jahr unter den Sorgen und Nöten, unter dem Druck und der Last einer Haushaltung einhergegangen bist, die du schon manchmal deine Seelenruhe und dein inneres Gleichgewicht verloren hast, weil dir die Arbeit über den Kopf wuchs, du nicht zur Zeit fertig wurdest, es deinem Mann und deiner Familie nie recht machen konntest — o suche doch besser als Martha zu verstehen, was es heißt: Jesus ins Haus aufzunehmen! Gib ihm deine Entlassung als Herrin und lege die Zügel allzumal in seine Hände, die allgemeine Leitung des Hauswesens sowohl als die Anordnungen und Einrichtungen im einzelnen und besonderen, um fortan seiner Weisungen und Anordnungen gewärtig zu sein! — Kommen Verwicklungen, so steht der Herr auf dem Plan und tritt ein; bleibe nur Maria, so übernimmt der Herr alle Verantwortung. Er versteht alle Knoten zu lösen, wird alles in den rechten Gang und auf den rechten Fuß bringen, ohne daß du dich abhärmst. —

Noch einmal: „Wähle das gute Teil, und es soll nimmermehr von dir genommen werden."

18. Juni

Eins ist not. **Luk. 10, 42**

Was von dem Dienst gesagt ist, mit dem Martha ihren Herrn zu ehren suchte, findet seine Anwendung auf allen Dienst, auf alle Arbeit im Weinberg des Herrn, die man im Geist der Martha vollbringt. Der Jünger wie der Sünder hat Mühe, zu erkennen, daß er Gott nur geben kann, was ihm Gott zuerst gegeben, daß er Gott nicht zu bieten wagen darf, was ihm nicht von Gott gekommen. — Der Sünder hat Mühe, zu verstehen, daß aller Kraftaufwand, um die Bande der Sünde zu zerreißen und seinem Gott näherzukommen, Vermessenheit von seiner Seite ist; er begreift nicht, daß er erst dann anfängt, Gott zu ehren, wenn er sich seine bodenlose Verderbtheit, seine Hilflosigkeit und Unfähigkeit, Gott zu gefallen, eingesteht und fernerhin alles von Gottes Gnade und Erbarmen erwartet. — Der Jünger hat Mühe, sich zu den Füßen des Meisters zu setzen, um ihm in Einfalt und Demut zuzuhören, um zu empfangen, anstatt geben und wirken zu wollen. Man sieht überall um sich her Werke, die zu gründen, Lücken, die auszufüllen, Bedürfnisse, die zu stillen wären. — O so denke doch ja niemand, er ehre Gott oder fördere Gottes Sache, wenn er sich in Aufregung stürzt!

Vielleicht sagst du, die Liebe Jesu Christi treibe dich. Aber was für eine Liebe denn? Du wirst doch nicht denken, den Herrn lieben zu wollen, wie man ein Wesen liebt, dessen Stütze und Versorger man ist? Kann die Liebe zu deinem Gott und Heiland etwas anderes sein als die Liebe eines schwachen Kindes, das alles von seinem Vater erwartet?

Oder ist es die Liebe zu den Seelen, die dir keine Ruhe läßt? Aber du bist ja unfähig, eine einzige zu retten, und du weißt recht wohl, daß Jesus die Seelen lieber hat als du, daß er nichts für sie gespart hat und daß er heute noch alles tut, was zu ihrer Rettung geschehen kann. Allerdings braucht er hierzu menschliche Werkzeuge; aber seine mächtigsten Werkzeuge sind die, die ein Priesterherz haben, die bei ihm lernen, die Last der Seelen auf sich zu nehmen und bei ihm niederzulegen. Wenn das Gebet deiner Liebe nicht genügt, wenn du das Bedürfnis empfindest — und du sollst es empfinden —, den Seelen von ihrem Heiland zu reden, deine Kraft und dein Leben für sie darzustrecken, so vergiß nicht, daß der Herr nur Maria-Seelen das Vorrecht anvertraut, seine Zeugen zu sein! Du mußt erst still „sitzen zu seinen Füßen", damit er dich bilde und unterweise. Eilst du in seinen Weinberg, ehe er dich gerufen und dich zubereitet hat, so kannst du sicher sein, Schaden anzurichten.

Oder wolltest du gar sagen, „der Eifer um sein Haus verzehre dich“? — Hat er denn auch schon deinen Stolz und Hochmut verzehrt, deine Eigenliebe und Eitelkeit, deine Trägheit und Feigheit, deine Aufregung und Ungeduld? Überwinde dich doch erst und habe die Kraft, „stillzuhalten“, bis der Meister dich ruft! Er läßt dich gewiß nicht zu lange warten. Und sollte es ihm gefallen, dreißig Jahre auf deine Zubereitung zu verwenden, so könntest du nachher um so sicherer sein, in drei Jahren mehr zu wirken, als es sonst in der ausgedehntesten Laufbahn geschehen wäre. Wolle doch niemand Frucht bringen vor der Zeit! Es wären sicherlich unreife Früchte und zur Unehre des Meisters, dem man zu dienen wähnt.

19. Juni

Eins ist not. **Luk. 10, 42**

Ehe jemand von Liebe und Eifer redet, frage er sich, ob Jesus schon Besitz ergriffen hat von seinem Herzen. Da, wo Jesus seine Wohnung aufgeschlagen, da wird alles still vor ihm, um ihn wirken und reden zu lassen; da ist, je länger, je mehr, friedliche und feierliche Sabbatruhe.

Was den Apostel Paulus trieb und drängte (2. Kor. 5, 14), war in erster Linie nicht die Liebe zu Jesus, sondern die Liebe, mit der Jesus ihn liebte. Wo aber einmal Jesus ein Herz mit seiner Liebe erfüllt und treibt, da leitet er dann auch und ordnet die Arbeit, die aus solcher Liebe hervorquillt.

Im Grund kommt man nie in Aufregung für Gott und seine Sache; das wäre gar zu einfältig. Seine Sache ist in guten Händen, und ihr Triumph ist verbürgt, wie du recht wohl weißt. Man kommt nur in Aufregung, wo das eigene Ich im Spiel ist, wo man unter dem Deckmantel des Wortes Gottes sein eigenes Werk treibt und seine eigene Ehre sucht. Setze dich doch zu Jesu Füßen und laß dich richten, in die Zucht nehmen und zur Ruhe bringen! Setze dich, oder noch besser, wirf dich in den Staub! Die Nationen, die Heiden, erheben sich und kommen in Aufregung (Ps. 2, 1); Kinder Gottes beugen sich und beten an.

Kommt dir etwa die Besorgnis, auf diesem Weg in ein träumerisches, beschauliches Christentum zu verfallen? Beruhige dich! Freilich, wenn es dir darum zu tun ist, Lärm zu machen in der Welt, so hast du dich nicht zu bedenken, du mußt der Martha Teil wählen; aber wisse, es ist das schlechte. So ausgefüllt ein Marthaleben dem Anschein nach ist, im Grund ist es ein verlorenes Leben. — Verlangt dich nach einem wahrhaft fruchtbaren Leben, so wähle der Maria Teil! Es ist das *gute*. Nirgends anders als zu Jesu Füßen entgeht man dem Gesetz der Eitelkeit, der Fruchtlosigkeit und des Todes, unter dem alle menschlichen

Anstrengungen leiden. Beim Herrn allein erwacht man zu wirklichem Leben; in ihm ist die Quelle des Lebens und die Triebkraft für alle fruchtbare Tätigkeit.

Fange damit an, zu den Füßen Jesu deinen Marthaeifer niederzulegen, deine Dienstfertigkeit, deinen Opfersinn und Edelmut! Bringe das alles ihm zum Opfer und bekenne damit deine Unfähigkeit, aus dir selber irgend etwas Lebensfähiges und Brauchbares hervorzubringen, so beugst du dich unter die Schrift, die da sagt: „Es sei denn, daß das Weizenkorn in die Erde falle und ersterbe, so bleibt es allein; wo es aber erstirbt, so bringt es viele Früchte" (Joh. 12, 24).

20. Juni

Eins ist not. **Luk. 10, 42**

Höre auf das Wort des Meisters und stelle dich unter die Zucht dieses Wortes; laß dich lehren und unterweisen! Tust du das in Aufrichtigkeit und mit Dahingabe alles eigenen Lebens, so darf dir nicht bange sein, du verlierst keine Zeit. Man bleibt nie zu lange zu Jesu Füßen. — Sein Geist, der über alle kommt, die auf seine Stimme hören, ist ein Geist, der da *wirkt* (Gal. 3, 2; Joh. 5, 17). Sobald Jesus dir gesagt hat, was du zunächst zu wissen brauchst, so schickt er dich hinaus, mitzuteilen und für andere zu verwerten, was du empfangen; manchmal freilich, nachdem er dich selbst erst in Versuchung und Leiden erprobt, aber nie ohne eine dem Auftrag entsprechende Ausrüstung von Gnaden- und Lebenskräften. Und wie er uns zu rechter Zeit hinausschickt, so führt er uns zu rechter Zeit auch wieder in die Stille, damit uns der Vorrat nicht ausgehe und wir nicht aus dem Eigenen schöpfen und ins Eitle arbeiten.

Der Herr lehrt dich weiter das Geheimnis, im Geist in Maria-Stellung zu bleiben, mitten im Drang der Geschäfte. Du mußt nur achthaben, dich von deiner Arbeit nicht hinreißen zu lassen, sondern mit deiner verborgensten Gedankenwelt im Licht seines Angesichts dich bewegen, mußt dein Reden und Schweigen unter die Zucht seines Geistes stellen, mit deinem Tun und Lassen auf seine Fußstapfen merken und ihm nie vorauseilen. Auf diesem Weg kommt es dann dazu, daß der Herr Jesus *in dir lebt.* Wo er aber lebt, da arbeitet er auch, und da kann man mit Paulus sagen: „So arbeite ich nun, nicht aber ich, sondern Gottes Gnade, die mit mir ist" (1. Kor. 15, 10).

Wer so sprechen kann, darf auf eine reichgesegnete Laufbahn rechnen. In einem solchen Leben wird jeder Augenblick fruchtbar, und es erfüllt sich das Wort des Herrn: „Wer an mich glaubt, von des Leibe werden Ströme des lebendigen Wassers fließen" (Joh. 7, 38). — Wie reifte Samuel zu dem großen Prophetenberuf heran, den ihm Gott geschenkt? Gewiß nicht anders, als indem er sein ganzes Leben einrichtete nach jenem Gebet, das ihn Eli in denkwürdiger Nacht gelehrt hatte: „Herr, rede, dein Knecht hört!“ (1. Sam. 3, 9. 10. 19.)

21. Juni

Maria setzte sich zu Jesu Füßen. **Luk. 10, 39; Apg. 1, 13—26**

Das Sitzen zu Jesu Füßen steht überhaupt in der engsten Verbindung mit der Frage: *Wie bekomme ich den Heiligen Geist?* Dies wird uns klar, wenn wir das letzte Kapitel des Lukas-Evangeliums nehmen und dort Vers 49 lesen: „Und siehe, ich will auf euch senden die Verheißung meines Vaters. Ihr aber sollt in der Stadt Jerusalem bleiben.“ Im Grundtext lautet diese Stelle: „Ihr aber setzet euch in der Stadt Jerusalem.“ Apostelgeschichte 2, 3 lesen wir: „Und man sah an ihnen Zungen, zerteilt, als wären sie feurig, und er (oder „es“, nämlich das Feuer des Heiligen Geistes) setzte sich auf einen jeglichen unter ihnen und wurden voll des Heiligen Geistes.“ Diese beiden Stellen zusammengenommen führen zu dem einfachen Schluß: Der Heilige Geist setzt sich auf Sitzende.

Das, was zwischen Himmelfahrt und Pfingsten unter den Jüngern im Lauf der zehn Tage vorging, ist bedeutsam. Es war die Zeit, da sie zum Sitzen kamen (Apg. 1, 14), die Zeit des Stillwerdens unter einmütigem Beten und Flehen. Wie schwer aber auch da den Jüngern das Niedersitzen geworden ist, geht aus dem 15. Vers hervor. Er heißt nämlich wörtlich übersetzt: „In den Tagen *stand* Petrus auf und sprach.“ Und was sprach er? „Wir müssen einen zwölften Apostel haben, einen Ersatz für Judas.“ Vierzig Tage war der Herr nach seiner Auferstehung mit den Seinigen gewesen und hatte kein Wort davon gesagt. Er hat gesagt: „Setzet euch!“ Und Petrus — ist aufgestanden. Welche Mühe hatte doch der Herr, diesen Mann zum Sitzen zu bringen! Da hieß es das eine Mal: „Das widerfahre dir nur nicht!“, das andere Mal: „Nimmermehr sollst du mir die Füße waschen!“ Immer wieder konnte er den Herrn nicht gewähren lassen und mußte noch bei der letzten Begegnung mit seinem Herrn das Wort hören: „Da du jünger warst, gürtetest du dich selbst.“ Aber auch Petrus sollte sein Pfingsten haben, das ihn aus seinem unruhigen Blut und dem Liebesfeuer seiner Natur in die Gefangenschaft des Geistes Jesu Christi führt.

Man kann ja über jene Wahl des Matthias verschieden denken; aber hatte nicht der große Meister da droben, der keinen Befehl hinterlassen hat über eine Ergänzungswahl, es seiner eigenen Wahl vorbehalten, sich einen zwölften Apostel auszuerlesen? Wenn wir einen Blick auf die Zeit der Vollendung werfen, so finden wir in Offenbarung 21, 14 eingegraben auf die Fundamente des neuen Jerusalems zwölf Apostel und keine dreizehn.

Es liegt viel in diesem Sitzen oder Aufstehen vor der Zeit. Es handelt sich ja beim Sitzen zu Jesu Füßen nicht um ein beschauliches Hinträumen über göttliche Dinge; wer das tut, ist nicht wahrhaft zu Jesu Füßen gesessen, hat nicht wirklich auf seine Rede gemerkt. Alle Rede des Herrn kommt von oben, vom Vater. Seine Worte führen heraus aus dem Mondlicht der Erde, aus allem träumerischen, seelischen Wesen. Sie stellen uns hinein in das Morgenlicht der Ewigkeit und Wahrheit und rüsten uns aus zu tatkräftigem Wirken, zu unermüdlichem Leiden und Lieben.

22. Juni

Maria setzte sich zu Jesu Füßen. **Luk. 10, 39**

Willst du zu *rechter* Zeit in Kraft aufstehen können, so mußt du dich zu Jesu Füßen setzen und im Geist sitzen bleiben, auf seine Rede hörend. Du mußt mit allen Fibern und Fasern deines Wesens sein Gefangener werden, mußt dich erst von Schule zu Schule führen lassen, bis du merkst: meine Sache ist nichts. Paulus, der „mehr gearbeitet hat als sie alle", hat gelernt, sitzend zu arbeiten sein Leben lang, wie wir aus 1. Korinther 15, 10 gelesen haben: „Nicht ich, sondern die Gnade Gottes, die mit mir ist." Das heiße ich sitzend arbeiten, wenn man sich bewußt ist, daß die Gnade in uns arbeitet. Was die Gnade nicht in uns wirkt, hat keinen Wert für die Ewigkeit, ist keine Frucht, die da bleibt. Bleibende Frucht findet sich nur, wo jemand Rebe geworden am göttlichen Weinstock, und das wird man nur, indem man sich setzt zu Jesu Füßen und auf ihn hört. Mit seinem Wort nehmen wir seinen Geist in uns auf, und so mit ihm zusammengebunden tun wir keine Reichgottesarbeit und keinerlei Tagewerk mehr aus dem eigenen Geist, sondern lassen uns von ihm unterweisen und ausrüsten für das, was er sich vorgenommen, für die Arbeit, die er uns bestimmt hat. Es gibt nur einen Baumeister im Reich Gottes, das ist der Heilige Geist. Seine Lehrlinge müssen wir werden, müssen sitzen und absitzen, mit all unserem Denken, Tun und Lassen die Gefangenen des Herrn werden. Sind wir das schon geworden? Sind wir es geblieben? Oder haben wir uns von den Wogen der Zeit und der Verhältnisse, vom Drang der Arbeit wieder wegreißen lassen von Jesu Füßen?

Gottes Führung fordert Stille.
Wo der Fuß noch selber rauscht,
wird des ew'gen Vaters Wille
mit der eignen Wahl vertauscht.

23. Juni

Maria setzte sich zu Jesu Füßen. **Luk. 10, 39**

Wenn wir nicht zu den Füßen Jesu niedersitzen und wollen an anderen arbeiten, so laufen wir Gefahr, daß wir die Unruhe unseres Wesens auf sie übertragen und sie ein Opfer unseres Eigenwirkens werden lassen. Wir bringen Verwirrung in ihren Gang und stören die Arbeit des Heiligen Geistes an ihnen; wir helfen ihnen nicht aus dem unfruchtbaren Gebiet des seelischen Wesens heraus und binden sie an Nerveneinflüsse, Stimmungen und Bewegungen von außen her. Man kann eine ganze Gesellschaft in Unruhe erhalten, wenn gewisse Leute sich nicht setzen wollen. Wie soll eine unruhige Welt zum Sitzen und zum Hören der Rede Jesu kommen, solange die Söhne Gottes selbst sich nicht setzen? Wie soll sie überzeugt werden von der Sünde ihrer Unruhe und ihres unruhigen Treibens, wenn die Versiegelten nicht zu ihrer Ruhe eingehen? Wie soll die Welt zur Buße und wie sollen die Erweckten zur Gabe des Heiligen Geistes kommen, wenn die Versiegelten nicht zur Ruhe kommen und im Geist wandeln, indem sie als Sitzende ihre Arbeit tun?

Der Sohn des Hauses hat nie etwas getan, als was er seinen Vater tun sah, und nur geredet, was sein Vater ihn reden hieß. Gott der Vater öffnete ihm jeden Morgen das Ohr. Solange du dein Tagewerk sitzend zu Jesu Füßen vollbringst, wird er auch dir mit jedem neuen Morgen, den er dir schenkt, neu das Ohr wecken, damit du für die Arbeit schlagfertig bist, und daß, wo du Müden begegnest, Hungrigen und Dürstenden, du ein Wort für sie hast „zur rechten Zeit", wie wir aus Jesaja 50 gehört haben, ein Wort aus dem Heiligtum, mit Prophetenohr entgegengenommen. Die gottentfremdete, dahinträumende Welt braucht Leute, die in Verbindung stehen mit dem Heiligtum. Müde wollen Worte von oben, frisch aus der Quelle kommendes Wasser, und solches ihnen zuzuführen, braucht es geöffnete Kanäle, ungetrübt von Einflüssen der Eitelkeit und der sichtbaren Welt, Leute, die wie die rechten Schafe taub sind für die Stimme der Fremden. Stehen wir in Verbindung mit der oberen Heimat, so führen wir den Kindern eines aufgeregten, nervenschwachen Geschlechts Zionsstille und damit Kräfte der oberen Welt zu. Solche Leute braucht die Welt, und wehe uns, wenn wir uns vom Herrn nicht zu dieser Aufgabe heranbilden lassen, damit er in uns verherrlicht werde und wir den Armen dienen, wo und wie sie es brauchen!

24 Juni

Maria setzte sich zu Jesu Füßen. **Luk. 10, 39**

Die letzte Absicht, der höchste Vorsatz des Heiligen Geistes für unsere gegenwärtige Weltzeit ist nach Epheser 5, 25—27, dem himmlischen Haupt eine Gemeinde zu bereiten. Wir wissen, wie die Kreatur seufzt und sich sehnt nach der Offenbarung der Söhne Gottes (Römer 8, 19). Geliebte, mag auch die Frucht eures Zeugnisses in Hunderten von Bekehrungen zu sehen sein — versteht ihr euren himmlischen Beruf nicht, so ist die Kreatur nicht befriedigt, und die Söhne Gottes kommen durch eure Arbeit dem Augenblick ihrer Offenbarung mit Christus in Herrlichkeit nicht näher. Um dieses Zieles willen, um dieser ewigen Absicht Gottes und seines Heiligen Geistes willen laßt uns, teure Seelen, doch endlich stillsitzen zu den Füßen Jesu, um seine Rede zu hören! Da zu seinen Füßen ist der Platz, wo uns sein ewiger Liebeswille mit uns kundgetan wird, wo sich unser Blick öffnet für die Tiefen und Weiten unserer ewigen Berufung.

Für einen Arbeiter des Herrn wird es in erster Linie darauf ankommen, wieviel er seinem Gott Raum läßt, in ihm zu wohnen und durch ihn zu wirken, und ob der Herr sich so mächtig durch ihn offenbaren kann, daß das Werkzeug übersehen wird. Nur er selber kann Werke wirken, die das Feuer überdauern, die da bleiben in Ewigkeit. O wieviel mehr Arbeit und unvergängliche Arbeit könnte getan werden, wenn die Wirkenden selbst für eine Zeit ihr Werk vergessen könnten, um ihr Ohr dem Ruf: Eins ist not! zuzuwenden!

Kehre wieder, wanderndes Kind Gottes, das du, vertieft in deinen Dienst, bisher Jesu Ruf an dich selbst überhört hast, komm und setze dich zu seinen Füßen! Bitte ihn, daß er dich beiseite nehme und zu deinem Herzen rede; tritt wieder ein in die Realitäten des unendlichen Lebens, damit er dich zu einem ihm ebenbürtigen Glied seiner Gemeinde heranbilde!

Findet erst der Herr die Seinen zubereitet, so kann er alles andere schnell vollenden. Alle Arbeit der Inneren und Äußeren Mission ist ja nur eine Vorbereitung auf die wunderbare Zeit, da die Braut erhöht sein wird zu seiner Rechten. Bis dahin liegt alles daran, daß „die kleine Herde" ihres Hirten Stimme verstehe. Aller Dienst des Evangeliums, den der Herr erlaubt oder verweigert, bereitet die Seinen auf vollkommeneren Dienst in einer anderen Weltzeit, wann wir regieren werden mit Jesus Christus, unserem König und Herrn, in die Zeitalter der Zeitalter (Offb. 11, 15; 22, 5).

Still und demütig sein

25. Juni

So spricht der Herr, der Heilige in Israel: Wenn ihr umkehrtet und stillebliebet, so würde euch geholfen; durch Stillesein und Hoffen würdet ihr stark sein. Aber ihr wollt nicht und sprecht: „Nein, sondern auf Rossen wollen wir fliehen" — darum werdet ihr flüchtig sein —, „und auf Rennern wollen wir reiten" — darum werden euch eure Verfolger übereilen —. Denn euer tausend werden fliehen vor eines einzigen Schelten; ja vor fünfen werdet ihr alle fliehen, bis daß ihr übrigbleibet wie ein Mastbaum oben auf einem Berg und wie ein Panier oben auf einem Hügel.
Jes. 30, 15—17

Der Prophet Jesaja schildert uns in Kapitel 30 das irregehende Israel, das seinem Gott nicht stillhalten kann und in der Not alles aufbietet, um Bündnisse anzuknüpfen mit Ägypten und Assyrien. Wenn der Herr es zur Buße, zur Umkehr ruft und es daran erinnert: „Durch Stillesein und Vertrauen werdet ihr stark sein", so antwortet es mit einem trotzigen: „Nein!" Nein, wir wollen auf Rossen fliehen, wir wollen auf Rennern reiten, sagt es. Nun ja, so rennt, bis ihr wie ein kahler Mastbaum weit hinaus verkündigt, wohin es mit allen denen kommt, die Gott nicht stillhalten können! Solche verlieren, was sie je gehabt haben, und verkündigen damit der ganzen Welt, daß Gott ein Gott des Gerichts ist. Wie mancher ist geschlagen durch Verluste infolge von Spekulationen oder eigenen Anstrengungen! Er hat nicht nüchtern werden wollen, er hat nicht zu Verhältnissen sich bequemen wollen, in die Gott ihn hineinbestimmt hatte. Nachdem er vor Menschen zuschanden geworden ist durch einen Bankrott, ist er innerlich gesundet und genesen. Und was man vom Vorhaben solcher Menschen, von Spekulationen sagen kann, das gilt alles auch vom gefallenen Menschen. Das Stillesein lernt man nur von Jesus. „Nehmet auf euch mein Joch und lernet von mir, denn ich bin sanftmütig und von Herzen demütig; so werdet ihr Ruhe finden für eure Seelen." In Babylonien unter der Schmach, durch die Gott euch gehen lassen mußte, da werdet ihr Ruhe finden, aber in Ägypten nicht Durch Verbindung und Bündnisse bei Nachbarn und einflußreichen Leuten und bei christlichen Autoritäten werdet ihr nichts erreichen. Werdet still und gebt Gott die Ehre! Er wird aus uns machen, was ihm wohlgefällt, wenn wir ganz einfach lernen, den Führungen Gottes in unserem inneren und äußeren Leben stillzuhalten. Er drückt uns in eine Ecke hinein und läßt uns zappeln, bis wir still werden, und versperrt uns die Wege, in die wir uns verrannt hatten; er nimmt uns eins nach dem anderen weg. O wenn ihr würdet still sein, so könnte euch geholfen werden! Und wenn der Mensch nicht warten will, dann muß Gott warten, bis sich der Mensch müde gerannt, bis ihn seine Renner, seine Feinde, überrannt haben und bis er mit all seinem Schaffen auf dem

Gebiet pekuniärer Spekulation oder auf dem Gebiet des Reiches Gottes zu einem entblätterten und entzweigten, nackt dastehenden Baum, einem nackten Mastbaum geworden ist, der, anstatt Früchte zu tragen zur Ehre Gottes, nun alles verloren hat, weil er sich nicht in Gottes Schule schicken wollte in Babylon oder sonst in einer Gefangenschaft.

Mein Heiland, mach mich stille
und demutsvoll und klein!
O möcht' dein heil'ger Wille
stets auch der meine sein!
Die Wünsche, die sich regen
in meinem Geist und Sinn,
ich will sie stille legen
zu deinen Füßen hin.

26. Juni

Darum harret der Herr, daß er euch gnädig sei, und hat sich aufgemacht, daß er sich euer erbarme; denn der Herr ist ein Gott des Gerichts. Wohl allen, die sein harren! Jes. 30, 18

Der Herr muß warten, er kann nichts für uns tun; wir müssen erst still werden. Da kann ein geübter Schwimmer auf der Brücke stehen, und ein anderer ist im Begriff, zu ertrinken; der Schwimmer auf der Brücke rührt sich nicht, trotz aller Entrüstung der Menge. Im Augenblick aber, wo der Ertrinkende sinkt und kein Glied mehr rührt, ist er mit einem Sprung unten im Wasser. Solange der noch zappeln kann, ist der Retter seines Rettungswerkes nicht gewiß; erst wenn er still ist, kann er den Hilflosen sicher retten. Der Herr kann das Werk an uns nicht tun, solange wir uns noch mit eigener Anstrengung zu retten suchen, solange wir nicht zum Tode müde, entblättert und zuschanden geworden sind, ein Panier auf kahlem Hügel, weit hinaus in die Gegend sichtbar, daß ein jedes Menschenkind es sehen kann, was aus Kindern Gottes wird, die nicht still werden wollen, die gerade den tiefsten, heiligsten Charakterzug der Kinder Gottes verleugnen. Sie wollen nicht klein werden, nicht Gott mit sich fertig werden lassen, und da muß Gott so weit mit ihnen gehen und ihnen widerstehen und verziehen.

Aber dies alles tut er aus Erbarmen. „Darum wird der Herr verziehen." Warum denn? — Vers 18: „Euch gnädig zu sein", euch aus dem Wasser zu ziehen, weil Gott eurem Ringen widerstehen muß, um euch zu retten von euch selbst, von dem Höhenwahn, von dem Sichrühmen eines Petrus, eines Kephas. Gott muß allem Rühmen ein Ende machen, und er tut's, er weiß es so zu führen, daß er darüber groß und daß der Berg Gottes über alle Berge erhaben ist und allen, die eines Kopfes höher sind denn alles Volk, der Kopf herunter muß. Er wird verziehen, warten, gnädig zu sein denen, die nicht warten können. *Gnade* ist es. Wie mancher junge Prediger wäre verdorben und dem Höhenwahn anheimgefallen, wenn Gott ihm nicht widerstanden hätte in seinen Erfolgen! Was ich aber von einem jungen Prediger sage, das gilt auch von manchem alten und von allen seinen Kindern. Das ist wichtig. Gott läßt es ihnen nicht gelingen und läßt sie auf schlüpfrigen Pfaden herunterfallen. Den Kindern Gottes, die es Gott recht machen wollen, gelingt es nicht; Gott widersteht ihnen aus Gnade, damit der natürliche Mensch in Gefangenschaft und in den Tod komme; da wartet er, daß er gnädig sei. Ja, der Herr ist uns nahe.

27. Juni

Darum wird der Herr verziehen, euch gnädig zu sein, und darum wird er sich hinweg erheben. Jes. 30, 18

Man kann für „verziehen" geradeso gut setzen: sich erheben, über alles erheben, über unser Rennen, immer höher, je höher wir hinauf wollen. Der Herr geht noch höher und überragt uns in unserem Schaffen und Spekulieren; wir können ihm nicht entgehen. „Und wollte ich Flügel nehmen und gehen bis an die äußerste Morgenröte . . ." Gott widersteht seinen Kindern, einen Zweig nach dem anderen herunterreißend, bis man zum kahlen Mastbaum und zur kahlen Stange auf kahler Höhe geworden ist. Aber wie es hier gesagt ist: „Er wird sich hoch erheben, *bis er sich euer aller erbarme.*" Wie erbarmungslos erscheint er uns, wenn einer, vom Krankenlager kaum aufgestanden, nun von einem Bad zum anderen reist und aus einer Kur in die andere und doch nicht die so heiß gesuchte Genesung findet! Was der Herr Hunderten gelingen ließ, läßt er dir nicht gelingen, gerade dir nicht. Du sollst lernen, still zu werden. Du sollst lernen, mit deinem Gott es zu tun zu haben. Du sollst in der Krankheit lernen, was du in gesunden Tagen nicht hast lernen wollen: Gott still werden und in den Führungen, die dir als Zeichen größter Schonungslosigkeit und Härte erschienen, das größte Erbarmen zu erkennen. Da gehen dir nachher die Augen auf. Es konnte nicht anders sein, als bis ich mich gefangen gab und Gott die Freude machte, sich über mich erbarmen und mir gnädig sein zu können. Denn der Herr ist ein Gott des Gerichts, und wer einmal zu seinem Hause gehören will, muß sich unter seine Gesetze stellen und es sich gefallen lassen, daß das Gericht Gottes an seinem Hause anfängt, und soweit Gott einen einführen kann in die Geheimnisse seines Hauses, so weit muß er seine Gerichte häufen, desto mehr den Schmelzofen heizen. Alles ist seinen Preis wert. Gott ist ein Gott des Gerichts.

„Glückselig", schließt der Vers, „alle, die auf ihn harren", und die jetzt endlich von dem Gott, der so lange hat warten müssen, seinen

Kindern gnädig zu sein, etwas gelernt haben und gelernt von der Glückseligkeit des Harrens; die nun auf immer seine Gebundenen sind und die mit dem Apostel sagen können: „Ich, der Gefangene des Herrn", ich, mit dem der Herr fertig geworden ist, mit dem es dem Herrn gelungen ist, ich schäme mich, daß der Herr so lange mit mir hat warten müssen; aber nun ist es ihm gelungen.

28. Juni

Moab ist von seiner Jugend auf sicher gewesen und auf seinen Hefen still gelegen und ist nie aus einem Faß ins andere gegossen und nie ins Gefängnis gezogen; darum ist sein Geschmack ihm geblieben und sein Geruch nicht verändert worden. Jer. 48, 11

Auf Kreuzeswegen, wo alles gegen unsere christliche und irdische Erfahrung geht, verlieren wir allmählich unser Geschmäcklein, unsere böse Art, die ihre Ausdünstung hat und die die Luft verderbt und die das Zeugnis trübt, das wir dem Herrn hier unten geben, das Licht verdunkelt und das Salz dumm macht, das der Herr brauchen wollte. In der Gefangenschaft wird man innerlich frei und los vom Höhenwahn, frei zum Denken, frei zum Lieben, frei, sich herabzulassen, nachdem man erst sich gewehrt hat: ich will alles, nur das nicht, ich will mich ja gern von *dir* demütigen lassen, aber nicht von Menschen, durch die Ungerechtigkeit der Menschen. Ich will alles mögliche tun, nur nicht stille sein. Und Gott widersteht uns und hat Geduld und wartet, bis man zum Mastbaum geworden ist und sich schämt, wenn man sieht, wo unsere Wege hinausgelaufen sind und unser Rennen und Schaffen. Aber erst, wo es ins Zuschandenwerden geht, da ist der Geist Gottes auf dem Plan, da ist der Geist Christi, der Geist seiner Jünger. Das sind keine verkehrten und gewundenen, das sind die geraden Linien des ewigen Lebens. Du möchtest von deinem üblen Geruch geheilt werden, von dem, was dir immer noch anhaftet und je und je herauskommt und was anderen so peinlich ist an dir. Laß den Herrn mit dir fertig werden, liefere dich aus! Gott aber sei Dank, der allezeit über uns triumphiert! „Aber Gott sei gedankt, der uns allezeit Sieg gibt in Christus und offenbart den Geruch seiner Erkenntnis durch uns an allen Orten!" (2. Kor. 2, 14). Diejenigen, über die der Herr hier triumphiert, tragen nicht überall den Gestank ihrer bösen Natur mit sich herum, die offenbaren den lieblichen Duft der Erkenntnis Jesu an jedem Ort, wo sie hinkommen. „Denn wir sind ein Wohlgeruch Christi", heißt es da. Das ist dann Evangelisation, durchgehende, gründliche, unantastbare, wenn man den Geruch der Erkenntnis Jesu Christi mit sich herumträgt, und der verbreitet sich, und der bekommt Raum, wo man dem Herrn Raum gemacht hat, daß er mit uns aufräume und mit uns fertig werde.

So wollen wir denn, nicht wahr, liebe Leser, aufs neue, oder wäre es das erstemal, uns untereinander verbinden oder vielmehr vor dem Herrn verbinden: er soll uns führen. Wer soll uns denn führen, was soll denn aus uns werden, wenn wir länger rennen und uns selbst führen wollen? „Ich will mich nicht mehr selber führen, du sollst als Hirte mich regieren; so geh denn mit mir aus und ein!" Mache mich zu deinem Überwundenen, ich will dir stillhalten in Zeiten des Bankrotts und der Krankheit. Ich habe es ja mit dir zu tun und nicht mit Menschen. Das wollen wir tun. Dann kommt unser Geist in Gefangenschaft; dann kommt unsere böse Art mit ihrem bösen Geruch ans Kreuz und ins Grab. Dann kann der Herr uns seinen Sinn geben und seinen Stempel aufdrücken. Er kann den Süßgeruch des Namens Christi und der Erkenntnis uns geben, so daß wir ein Licht der Welt sind und ein Salz zur Ehre des Herrn, dem es gelungen ist, fertig zu werden mit Leuten wie du und ich. Er ist der Herr!

29. Juni

Der Herr wird euch in Trübsal Brot und in Ängsten Wasser geben. Und deine Lehrer werden sich nicht mehr verbergen müssen, sondern deine Augen werden deine Lehrer sehen. Jes. 30, 20

Der Herr wird euch Brot der Bedrängnis geben und Wasser der Bedrückung, aber deine Lehrer werden nicht mehr verborgen sein, sondern deine Augen werden deine Lehrer sehen. Der Herr muß dich kurz halten, auf daß deine Augen aufgehen für das, was dein Gott von dir will, und deine Ohren sich öffnen für deinen großen Lehrer Jesus Christus und seinen Heiligen Geist und für diejenigen, die dir in seinem Namen sein Wort bringen. Der Herr gebraucht Bedrängnis, um dich zu festigen in der Stellung eines Erlösten, der seinem Gott lebt. — Vielleicht willst du deine Gesundheit schnell wiederhaben, um in der Welt oder im Reich Gottes eine Stellung auszufüllen. Setze dich still zu deines Meisters Füßen, da wirst du deinen Lehrer sehen, und deine Ohren werden hören: „Dies ist der Weg" (Vers 21). In dieser Grundstellung eines Erlösten, in diesen heiligen, göttlichen Linien laß dich befestigen! Stehst du in körperlicher Schwachheit und Not und sollst ein neues Tagewerk beginnen, ein neues Jahr antreten, eine neue Aufgabe übernehmen, halte nur immer an dem einen fest: ich tue es für Jesus! Durch Bedrängnis und Schwachheit, durch Kurzgehaltenwerden wirst du erzogen für deinen großen Beruf. Steht dieses dir einmal fest, dann wird es dir nicht so schwer werden, als du dir vorgestellt hattest, Gottes Willen zu erkennen. Du läßt dir Bedrängnis gefallen, weil du nicht mehr dir selbst, sondern deinem Gott lebst. So lernst du deinen Herrn verstehen und erfährst, wie Gott in der Bedrängnis zu uns redet (Hos. 2, 14):

Und muß ich dich auch kurz halten, ich gehe mit dir, ich werde der Fels sein, aus dem du trinkst; ich gebe dir Brot vom Himmel, mich selber; ich werde dein Schild und dein Lohn sein, deine Wolkensäule des Tags und des Nachts dein Licht. Durch die Bedrängnis hindurch löse ich dich von allem, was von unten her ist; denn mein bist du, und mir zu dienen ist dein Leben.

30. Juni

Bekehre dich, Israel, zu dem Herrn, deinem Gott; denn du bist gefallen um deiner Missetat willen. Nehmet diese Worte mit euch und bekehret euch zum Herrn und sprecht zu ihm: Vergib uns alle Sünde und tue uns wohl; so wollen wir opfern die Farren unserer Lippen. Hos. 14, 2. 3

Führt der Prophet Jesaja im 30. Kapitel die Sprache des abtrünnigen Israel an, so schildert Hosea hingegen im 14. Kapitel seines Buches dessen Rückkehr. Vers 4 legt er dem Volk die Worte in den Mund: „Assyrien wird uns nicht retten; auf Rossen wollen wir nicht reiten und zu dem Machwerk unserer Hände nicht mehr sagen: unser Gott." Sie sind geheilt von ihrer Torheit, und zwar durch Gottes Gerichte. Wer sich nicht durch Gottes Wort von seiner Torheit heilen läßt, den muß er durch seine Gerichte heilen. Gott hat allerlei Mittel und Wege, einem trotzigen Herzen zu widerstehen und es von seinem Roß herunterzubringen in den Staub. Warte nur, du wirst noch dankbar sein, wenn du als arme Waise zu Gott kommen und um Erbarmung schreien darfst.

Kehre um, Israel, aber ganz, bis zu dem Herrn (Vers 2)! Mache nicht nur so eine halbe Schwenkung, wo man sich dann wieder besinnt und schließlich doch noch nach Ägypten umkehrt! Über diesen ewigen Schwenkungen eines Menschenkindes, das nicht mehr weiß, was es will und wo es eigentlich daheim ist, geht viel Zeit und Kraft verloren. Kehre um bis zu deinem Gott, wie der verlorene Sohn bis zu seinem Vater zurückkehrte! Deine Rosse können dir nicht helfen. Wenn er dich nicht alsobald hört, so warte hübsch demütig; er will wissen, ob es dir Ernst ist.

„Nehmet diese Worte mit euch" (Vers 3), nicht aber einen Wortschwall, nicht eigene Worte, sondern Gottes Worte! „Mein Herz hält dir vor dein Wort." Du hast gesagt, ich solle und dürfe kommen, ob ich auch noch so lange nach den Blicken der Menschen ausgeschaut habe, anstatt dein Angesicht zu suchen. Wir nehmen nun Gottes Wort mit uns, und wenn er sich auch noch so hart stellt, so wollen wir uns beugen. Und zwar hält mein Herz dir nicht nur dein Wort vor, o Gott, sondern es hält sich selbst seine Ungerechtigkeit vor; es bekennt, welchen tiefen Abstand es damit zwischen sich und seinem Gott geschaffen hat. Wir kommen und sagen dir: „Herr, wir bringen dir nichts als unsere Buße, und selbst von dieser Buße wissen wir nicht, was gut daran ist. So nimm eben an, was du annehmen kannst und was du selbst gewirkt hast; denn du hast uns gezogen. Wir wollen dir dann dafür Dank opfern." „Wer Dank opfert, der preiset mich; und da ist der Weg, daß ich ihm zeige das Heil Gottes." „Wir bringen dir die Frucht unserer Lippen als Schlachtopfer" (Vers 3). Diese Frucht der Lippen ist Lob, Preis und Dank, Buße und Hingabe, Bekenntnis unserer bisherigen Verirrungen und Torheiten nach rechts und nach links. „Assyrien wird uns nicht helfen" — auch nicht die paar Pfennige, die uns jemand gibt, oder auch die Millionen, die würden uns höchstens dazu verhelfen, wieder auf ein hohes Roß zu steigen. Wir haben uns müde geritten und unsere Rosse in den Stall getan mit der Absicht, sie dort zu lassen.

1. Juli

Wir wollen nicht mehr auf Rossen reiten, auch nicht mehr sagen zu den Werken unserer Hände: Ihr seid unser Gott, sondern laß die Waisen bei dir Gnade finden! Hos. 14, 3

Es gibt alle möglichen Rosse, von denen uns der Herr herunterbringen muß. Der Teufel möchte uns um jeden Preis darauf zurückhalten; aber er darf nicht. „Auf Rossen wollen wir reiten", lautet die Sprache des natürlichen Herzens. Sieht man dann, wie weit man damit vom rechten Weg abgekommen ist, so ruft man aus: „O Gott, was habe ich gemacht! Du hast mich vor den Rossen gewarnt, und ich habe nicht hören wollen." Wir haben uns auf das verlassen, was wir mit dem Machwerk unserer Hände fertiggebracht haben, und haben dazu gesagt: unser Gott. Wir werden es schon fertigbringen; denn wir haben noch Kraft genug in unserem Arm. Diese Kraft hat Gott darum erst lahmlegen müssen. Ja, der Herr hat immer noch Mittel und Wege, ein trotziges Menschenkind in den Staub zu beugen.

Wir kommen nun an das letzte Wort des 4. Verses, das alles zusammenfaßt: „Die Waise findet Erbarmen bei dir." Wir wollen uns jetzt den Waisenstand, der uns früher so zuwider war, gefallen lassen. Die hilflose, ohne Stütze und Empfehlung in der Welt zurückgebliebene Waise ist es, die dem Herrn das Herz abgewinnt, gerade wie die Witwe. Witwen und Waisen gehören zusammen. Wie sollte sich Gott nicht seiner wie kahle Mastbäume gewordenen Witwen und Waisen erbarmen? „Er ist ein Gott des Gerichts", heißt es in Jesaja 30; aber Gericht ist nicht sein letztes Wort, sondern seine Gerichte bahnen den Weg für Gnade und Erbarmen bei allen, die sich noch beugen können, die das Roß in den Stall stellen und sich aufs Weinen und Bitten verlegen. Und zwar erbarmt er sich in durchschlagender Hilfe, die darin besteht, daß er in dem Herzen ein Neues schafft, so daß es einem ein für allemal vergeht, sich selbst helfen zu wollen oder bei den Menschen Hilfe zu suchen und dem lebendigen Gott die Treue und das Vertrauen zu kündigen.

Daß du mich erniedrigt hast,
will ich dir, du Höchster, danken.
Unser Herz verliert sich fast
und vergißt die engen Schranken;
aber du machst alles klein,
was verlanget groß zu sein.

Drücktest du nicht unsern Sinn
mit dem Kreuz fein in die Tiefe,
o wo flögen wir noch hin?
Und wer ist, der zu dir riefe?
Aber im Erniedrigtsein
lernt man aus der Tiefe schrein.

Du machst dürr und gibst doch Saft;
du machst arm, uns viel zu geben:
in der Schwachheit deine Kraft,
in dem Tode selbst das Leben.
Ich bin elend, führ mich du
aus der Tiefe himmelzu!

2. Juli

Ich will ihr Abtreten wieder heilen; gerne will ich sie lieben, denn mein Zorn soll sich von ihnen wenden. Hos. 14, 5

„Ich will ihr Abtreten heilen." Ich will mein Volk heilen von dem unheimlichen Zuge, immer nach Ägypten und Assyrien zu schielen. „Ich will sie ewig lieben", sagt unser Gott. „Ich will ihre Ungerechtigkeiten in die Tiefe des Meeres versenken", seien ihrer auch noch so viele. „Mein Zorn hat sich gewendet." O lassen wir doch keine Ruhe, bis sein Zorn sich gewendet und er uns wieder sein Angesicht zugewandt hat! „Ich will für Israel sein wie der Tau." Blühen soll es — wieder aufblühen. Seine Gnade ist jeden Morgen neu. Es soll blühen und wieder Wurzeln schlagen wie die Lilien. Wenn ein neuer Tau kommt — was sicherlich geschehen wird —, wird auch das auserwählte Volk Gottes neu aufblühen. „Und sie sollen wieder unter seinem Schatten sitzen" (Vers 8). Jetzt soll aber aufgeräumt werden, und zwar gründlich. Darauf antwortet der Herr: „Ich habe ihn erhört und auf ihn geblickt." In diesem Blick des Herrn, seines Gottes, liegt dann ein neuer Frühling. „Ich bin", fährt Ephraim fort, „wie eine grünende Zypresse." Er ist ganz erstaunt, daß er nicht nur wieder grünt, sondern sogar wieder Frucht ansetzt. „Aus mir wird deine Frucht gefunden", sagt Gott. Frucht wird gefunden an denen, die ihrem Gott durch alles hindurch stillhalten, sich ausziehen und entleeren lassen von sich selbst und ihrer Eitelkeit; die werden mit seliger Freude staunen und anbeten, wenn sie sehen, welchen Reichtum an Gnade Gott in ihren Lebensgang hineinlegt.

„Wer weise ist, wird das verstehen“ und wird das, was zunächst Israel gilt, auf sein eigenes Leben anwenden. Die Wege des Herrn sind gerade. Im Licht Gottes wird er einen Blick bekommen in seine vergangenen Wege und erkennen, warum ihm Gott hat widerstehen müssen. Es war auf krummen Wegen, und Gottes Wege sind gerade, gangbar nur für die, in deren Herzen gebahnte Wege sind.

Je kleiner ich, je größer du!
O Jesu, mach mich klein;
nimm du in meinem Herzen zu,
ja, nimm du ganz es ein!

Je größer ich, je kleiner du!
Bin ich mir selbst genug,
so acht' ich dich, mein Heil, gering
und fall in bösen Trug.

O stürz von jeder Höhe mich,
darauf ich mich gestellt;
laß mich mir selbst gestorben sein,
gekreuzigt sein der Welt!

3. Juli

Er ward gehorsam bis zum Tode, ja zum Tode am Kreuz. Phil. 2, 8

Und nun noch einen Blick auf den hin, der das große Vorbild und Muster alles stillen Wesens und aller Herzensdemut gewesen ist (Matth. 11, 29)! Tief bedeutungsvoll sind in dieser Beziehung die Worte, mit denen der Apostel Johannes Kapitel 13, 1—3 die Szene der Fußwaschung einführt: „Vor dem Fest aber der Ostern, da Jesus erkannte, daß seine Zeit gekommen war, daß er aus dieser Welt ginge zum Vater: wie er hatte geliebt die Seinen, die in der Welt waren, so liebte er sie bis ans Ende. Und bei dem Abendessen, da schon der Teufel hatte dem Judas, Simons Sohn, dem Ischariot, ins Herz gegeben, daß er ihn verriete, und Jesus wußte, daß ihm der Vater hatte alles in seine Hände gegeben und daß er von Gott gekommen war und zu Gott ging ...“ In dieser entscheidungsvollen Stunde, im Augenblick seines Verrats, im Vollbewußtsein seiner vorweltlichen Herrlichkeit und der vom Vater ihm gegebenen, alles umfassenden Herrscherwürde, liebend die Seinigen bis ans Ende, tut Jesus was? Er kniet auf den Boden und vollbringt Sklavendienste an Jüngern, von denen er wußte, daß sie sich in der gleichen Nacht noch an ihm ärgern würden!

Es muß jemand von oben herab geboren sein, um dienen zu können, um sterben zu können, um sich zu schürzen und zu entäußern, wie er sich entäußert hat; und wir haben so viel Heiligen Geist, als wir Macht haben, uns zu demütigen, uns hinunterzustellen, als wir den Schatten des Zurückziehens liebhaben. Wir haben so viel Heiligen Geist, als wir Liebe haben, und so viel Macht, den anderen neben uns ein Segen zu sein, als wir Macht haben, die geringsten Dienste zu leisten, die die angemaßte, illusorische Majestät gefallener Menschen verachtet. Was gering ist, können sie nicht mehr hochachten, und was wahrhaft keinen Wert hat, das schätzen die Leute hoch. Und willst du in die Fülle des Heiligen Geistes hineinkommen, in die Gottesfülle, in die Liebe Gottes und Christi, die alles Denken übersteigt in ihrer Weite, Breite, Tiefe, Länge, so laß den Herrn machen, der es verstanden hat, selbst herunterzusteigen, zu dienen, sich zu entäußern und Wege zu gehen, zu denen kein Engel bereit gewesen wäre!

Laß ihn machen, halte du ihm still, damit er dir von Demütigung zu Demütigung seinen Sinn einpräge, und greife ihm nicht in die Arme wie Petrus, der sich nicht die Füße waschen lassen wollte, dem dieses Sicherniedrigen anstößig war!

Näher dem Haupt, teure Brüder, näher unserem Heiland! — Je näher wir ihm sind, desto mehr kann er von seinem Geistesadel uns mitteilen, und der offenbart sich in demütig dienender und demütig tragender Liebe. Nur wahrhaft Hochgeborene, nur göttlicher Natur teilhaftig Gewordene haben Macht, bis in die tiefsten Tiefen hinunterzusteigen, die Elendesten und Unwürdigsten als Ebenbürtige zu erkennen und zu behandeln.

Gern in alles mich zu fügen,
mich der Stille still zu freun,
ohne Worte, mit Vergnügen
aller Knechte Knecht zu sein,
nie mit Gaben stolz zu prangen,
Menschenruhm nie zu verlangen:
diese Weisheit fleh' ich mir,
hocherhabener Gott, von dir.

Unbekannte Wege wandeln,
Wege, die dein Aug' nur kennt,
stille dulden, schweigend handeln,
wo kein Menschenmund mich nennt,
das, du freundlicher Gewährer,
aller Demut Quell und Lehrer,
Jesus Christus, lehre mich,
still und schweigend sehn auf dich!

4. Juli

Er erniedrigte sich selbst und ward gehorsam bis zum Tode, ja zum Tode am Kreuz. Phil. 2, 8

Petrus und die anderen Jünger haben nie verstanden, daß alles, was Gott uns durch den Heiligen Geist gibt, nur Ausrüstung ist für den Christen, um Wege der Demütigung weiterzugehen. (Siehe Matth. 16, 21—24.) Nur das kann wesentlich und bleibend unser Eigentum sein, wenn wir stufenweise mit ihm hinuntergehen, mit dem, der hinuntergegangen ist bis ans Kreuz. Seine einzige Erhöhung auf Erden war, als Gehenkter zwischen Himmel und Erde zu schweben. Wir kennen Petri Herz, weil wir uns kennen. Natürlich, wenn der Herr geht, dann müssen die Jünger mit, dann müssen sie den Kelch trinken, den der Meister getrunken hat, müssen sich taufen lassen mit der Taufe, damit er getauft worden ist. Der Herr Jesus hat sich durch den ewigen Geist Gott geopfert; durch die Macht des Heiligen Geistes hat er sich erniedrigt im Gehorsam gegen das Wort. Für ihn war Geist und Wort unzertrennlich. Durch die Macht des Geistes, von dem er gezeugt war, ist er hinuntergestiegen von Entäußerung zu Entäußerung, um für unsere Karikaturmajestät den Weg zu zeigen, uns, denen der Teufel das Gift des Höhenwahns in die Adern gespritzt hatte. Das Otterngift des Höhenwahns bringen wir mit in die Welt. Die Natur unserer ersten Eltern haben wir; hinauf wollen wir, aber nicht hinunter. Jesus Christus hat so tief hinuntersteigen müssen, damit wir, die einen wie die anderen, im entscheidenden Augenblick nicht zurückbleiben. Aber dadurch, daß er starb und auferstand und gen Himmel fuhr, hat er dem ewigen Geist den Weg für uns und zu uns gebahnt. Die Taufe mit dem Heiligen Geist ist vor allem eine Taufe zum Kleinwerden, zum Leiden und zur Demütigung für alle Kinder Gottes. Wir sind in den Tod Christi getauft. Wir sind durch die Taufe in den Tod Jesu unserem Höhenwahn gekreuzigt und begraben. und wir sind Lügner, wenn wir das nicht praktizieren wollen; wir haben nicht verstanden, was die Taufe bedeutet und was Röm. 6 bedeutet.

„Du weißt jetzt nicht, was ich tue; du wirst es aber hernachmals erfahren.“ Petrus will den Herrn hindern: „Nimmermehr sollst du mir die Füße waschen!“ O was wäre dann aus mir und Petrus und der ganzen Menschheit geworden, wenn der Herr damals sich hätte dreinreden lassen! Was wäre aus den anderen geworden, wenn der Herr sich nicht so weit heruntergelassen hätte? Dann wären wir auf ewig verbannt worden und verflucht, im Höhenwahn zugrunde zu gehen und mit den Zähnen zu knirschen, daß es uns nicht gelungen ist, Gott vom Thron zu stürzen. Jetzt ist der Herr Jesus so tief vom Thron herabgestiegen, damit wir durch seine Wunden geheilt würden, geheilt auch vom Höhenwahn und von der Unruhe unseres Wesens.

Gott der Niedrigen und Stillen,
die so gern im Schatten ruhn,
streng und fromm nach deinem Willen
einsam leiden oder tun,
laß, o Vater, mich nicht klagen,
sollt' ich schwere Lasten tragen,
schweigend lieber in mich gehn,
demutsvoll auf dich nur sehn!

Bethel und Pniel

5. Juli

Wie denn geschrieben steht: „Jakob habe ich geliebt, aber Esau habe ich gehaßt." Röm. 9, 13

Die Gestalten in Jakobs Geschichte sind typische, prophetische, klassische Gestalten, worin wir uns selber sehen können. Von Anfang an begegnen wir dem Ärgernis des Kreuzes, der *Gnadenwahl;* über den einen erbarmt sich der Herr, und den anderen verstößt er: Jakob habe ich geliebt und Esau gehaßt. Nicht gehaßt im gewöhnlichen Sinn des Worts, sondern wie Jesus es von seinen Jüngern gefordert hat, daß sie alles hassen sollten, Vater, Mutter, Weib und Kind, dazu das eigene Leben; gehaßt, wie Jesus seine Mutter gehaßt hat, wenn er sie in banger Sorge tagelang suchen ließ, während er sich als zwölfjähriger Knabe mit seinem Gott beschäftigte, oder wenn er sie bei der Hochzeit zu Kana beiseite setzte, während er doch mit zärtlicher Sohnesliebe am Kreuz inmitten der Todesqual ihrer gedachte. Ehe Jakob und Esau geboren waren und also weder Gutes noch Böses getan hatten, hat Gott den Jakob geliebt, d. h. ihn bestimmt zum Träger des göttlichen Segens für andere. Es gibt zwei verschiedene Anschauungen über das Christentum: die einen wollen nur selig werden, während die anderen das Seligwerden mehr als Durchgangspunkt ansehen; ihnen ist die Hauptsache, daß sie sich gebrauchen lassen von Gott für andere, daß sie als Geheiligte für Gott da sind. Gott hat sich die Erzväter erwählt nicht nur, daß *sie* das Leben und den Segen hätten, sondern daß sie Träger des Segens und des Lebens für die ganze Völkerwelt werden sollten. Und so hat er sich Abraham erwählt, den Mann nach seinem Herzen, damit durch ihn alle Völker gesegnet werden. Israel dagegen hat sich nicht von Gott dazu gebrauchen lassen. Dann hat sich Gott eine neutestamentliche Gemeinde gebildet, während er Israel auf die Seite gesetzt hat, bis die Gemeinde vollendet ist. Erst dann erkennt Israel wieder seine Aufgabe und erfüllt sie der ganzen Völkerwelt gegenüber. Gott gibt seine Gedanken nicht auf.

Schauen wir wieder auf die beiden Gestalten Jakob und Esau! Esau ist, äußerlich betrachtet, liebenswürdiger als Jakob, der seinen Vater und seinen Bruder betrogen hat. Menschlich gesprochen ist gar nichts Edles an Jakob; aber etwas ist da, das durch alle Schandflecken der Sünde im tiefsten Grunde seiner Seele erglänzt und nur vom Auge Gottes unterschieden wird, nämlich ein *Sinn für Göttliches,* Ewiges, für das Erstgeburtsrecht, der Träger der Verheißung zu sein, ein Sinn dafür, etwas für andere zu sein. Esau dagegen gehört zu dem Geschlecht derer, die da sagen: Lasset uns essen und trinken; denn morgens sind wir tot! — Liebe Freunde, wissen wir, daß wir für Gott da sind? Der Herr wartet auf uns, und die ganze Schöpfung wartet auf die Offenbarung der Söhne Gottes. Die ganze Schöpfung, die wir verkauft haben an die Eitelkeit, wird betrogen, solange wir nur für uns da sind. Die ganze Schöpfung wartet umsonst, solange wir nur selige Erfahrungen für uns suchen und nicht zum Dienst für andere uns hergeben. Erst müssen Söhne Gottes da sein, deren verborgene Herrlichkeit ausgereift ist, und dann kommt die Offenbarung der Herrlichkeit.

6. Juli

Der Ältere soll dienstbar werden dem Jüngeren, wie denn geschrieben steht: „Jakob habe ich geliebt, aber Esau habe ich gehaßt." Röm. 9, 12. 13

Ein gereinigter, geschliffener Kieselstein ist doch gewiß viel schöner als ein ungeschliffener Diamant. Der rohe Diamant muß eben geschliffen werden, und ein Kenner weiß, daß Diamanten nur durch Diamanten geschliffen werden können. Du möchtest deinen Bruder schleifen und bist selber noch nicht geschliffen. Erst muß an uns die Arbeit der Reinigung geschehen, sonst können wir anderen nicht dienen. Jakob war ein roher Diamant, und nur das Auge Gottes erkannte ihn. Kein Wunder, wenn die Welt auch heute noch nichts Edles an Israel sieht, während Gott weiß, daß in diesem versunkenen und so tief gesunkenen Volk etwas steckt, eine Macht, ein Lebenssaft, aus dem er etwas machen kann. Auch wenn es sich um äußere Dinge nur handelt, so zittert die moderne Bildung vor Israel. Wie wird's erst sein, wenn der Sinn dieses Volkes auf das Ewige gerichtet ist! Jakob wollte das Erstgeburtsrecht haben um jeden Preis.

Die berufenen Heiligen, wenn ihnen in ihrem unheiligen Leben das Heilige angeboten wird, so wachen sie auf und spüren heimatliche Luft. Sie lassen sich herausbringen aus all dem, was den Diamanten verunstaltet, und geben sich gern her, um sich völlig reinigen zu lassen. Ein unseliges Gemisch von Heiligem und Unheiligem schleppt manches Gotteskind oft jahrzehntelang mit sich durchs Leben, ein Gemisch von Natur und Gnade, von Gesetz und Evangelium. Sie rufen und schreien nach der Taufe des Heiligen Geistes, merken dabei aber nicht auf das, was der Herr gesagt hat, daß das Heil so nahe ist: das Wort ist dir nahe in deinem Munde und in deinem Herzen. Dies ist das Wort vom Glauben, das wir predigen. Wir brauchen nicht hinunterzufahren in die Tiefe, um Christus zu holen, und auch nicht hinauf gen Himmel zu fahren, um ihn herabzuholen (Röm. 10, 6—8); er ist dir nahe, darum wache auf! — Als Jakob in Bethel aufwachte, hatte er den tiefen Eindruck: Gott ist da! Und so muß es auch bei uns sein; wenn er da ist, so ist er da, um dir zu helfen. Er bringt uns nicht mechanisch auf eine höhere Stufe des Geistes, sondern er geht mit zarter Hand den verschlungenen Fäden unseres verkrüppelten Christentums nach und schafft Ordnung und heilt uns; und wir wollen ihm Zeit lassen, daß er an uns arbeiten kann und daß wir wie die Jünger des Herrn mit Kraft für die Arbeit ausgerüstet werden. Bei Jakob handelte es sich darum, der Träger der Verheißung zu werden, d. h. für andere da zu sein. Wir sollen besser dienen, darum lesen wir diese Andachten. Gott will uns künftighin noch mehr gebrauchen.

7. Juli

Aber Jakob zog aus von Beer-Seba und reiste gen Haran und kam an einen Ort, da blieb er über Nacht; denn die Sonne war untergegangen. Und er nahm einen Stein des Orts und legte ihn zu seinen Häupten und legte sich an dem Ort schlafen. 1. Mose 28, 10. 11

Die Sonne war untergegangen, als Jakob sich in Bethel hinlegte. Das können wir auch tiefer fassen. Jakob lag da mit einer untergegangenen Lebenssonne; nirgendwo war er daheim. Wenn man sich das Daheimsein unmöglich gemacht hat, dann ist einem die Sonne untergegangen. Was hat aber den armen Jakob dahin gebracht? Er konnte nicht *still warten* auf seinen Gott; er hat mithelfen wollen, um das zu erreichen, was er ahnte und im Sinne hatte. Und wer Gott nachhelfen will, geht immer krumme Wege, wenn auch nicht in so grober Weise wie Jakob. Denken wir nur an seine Lügengeschichte! Es kommt immer Unwahrheit heraus, wenn man nicht warten kann. „Niemand kann sich etwas nehmen“, so hat der letzte Prophet des Alten Testaments gesagt, „es werde ihm denn gegeben von oben.“ Wir können nicht Gottes Uhr schneller laufen lassen, aber aufhalten können wir sie. Wir können für vierzig Jahre in die Ecke gestellt werden wie Mose, wenn die Leute merken sollen, daß Gott uns gebrauchen will (Apg. 7, 23—29), und die Leute haben es nicht gemerkt. Was hat Jakob an diese öde Stätte gebracht, wo er zum Kopfkissen nichts weiter hatte als einen Stein? Einfach die verkehrte Meinung, daß er da, wo Gott etwas zugesagt hatte, glaubte nachhelfen zu müssen, um es zu bekommen. Und so kam es dahin, daß er den Segen stahl wie Rahel später die Götzen ihres Vaters.

Nun, Gott hat solches zugelassen. Es gibt Sünden und Verkehrtheiten, die Gott lange übersehen muß, bis er mit uns darüber reden kann. Er läßt uns erst manche Schule durchlaufen, bis wir erkennen, wo wir Gott aufgehalten haben. Gehe nur deine verkehrten Wege, Israel; zu seiner Zeit werde ich dich finden und mit dir darüber reden. So muß Gott seine Heiligen, die in unheiliger Weise ihm nachhelfen wollen, aufs Trockene setzen, wie hier den einsamen Jakob mit einer verschlossenen Heimat hinter sich.

Und was tut Gott dann? Er öffnet den Himmel über ihm. Jakob hat nicht darum gebetet; er hat noch nicht gewußt, wie verkehrt er gehandelt, und doch kommt ihm der gnadenreiche Gott mit weit geöffnetem Himmel entgegen. Keine Strafpredigt hält ihm sein Gott; Jakob hätte sie auch noch nicht verstanden. Wir sehen nichts als Gnade. Ja, wenn in Jakobs Leben nicht überall Gnade gewaltet hätte, so wäre er verloren gewesen. Gottes Auge reicht noch tiefer als die Sünde, und seine Liebe ist wie ein unermeßliches Meer, und er tut sie uns auf in seiner freien Gnade.

8. Juli

Und ihm träumte; und siehe, eine Leiter stand auf Erden, die rührte mit der Spitze an den Himmel, und siehe, die Engel Gottes stiegen daran auf und nieder. 1. Mose 28, 12

In Stunden, wo alle Hoffnungen dahin sind und kein Platz auf Erden unsere Heimat ist, wo uns alles fremd ist, zeigt uns Gott *die wunderbare Himmelsleiter,* nämlich das, was Christus uns geworden ist. Wir haben den Himmel stürmen und wie Gott werden wollen; dadurch ist der herrliche Garten in eine Wüste verwandelt worden. Erst der zweite Adam, Christus, verwandelte die Wüste wieder in einen Garten. In der Wüste ist er dreimal dem Teufel begegnet, und was Adam dem Feind nicht gesagt hatte, sagte Christus ihm: „Gott hat es gesagt", und damit Punktum! Dann hat der Heiland unsere Sünden getragen auf das Holz, die Handschrift zerrissen, die wider uns war, und den Vorhang beseitigt, der uns vom Vaterherzen trennte. Nun ist die Leiter da, die uns von der Erde bis zum Himmel führt.

Wir sollen jetzt keine Brücken bauen, die hinüberreichen von einem Land zum anderen, um vor Gott zu fliehen wie Kain, der keine Ruhe fand. Es ist nun eine Leiter da an schwülen, bösen, einsamen Orten, deren oberes Ende durch den geöffneten Himmel bis zum Vaterherzen geht. Und diese Leiter steht da, damit wir sie gebrauchen sollen und in Verbindung kommen mit der oberen Welt. Setze auf die erste Stufe dieser Leiter deinen Fuß, du Unbekehrter, und ändere deinen Sinn! Du hast deinen Weg verderbt; erkenne das und siehe auf deinen Heiland, der dich annehmen will, wo und wie du bist! Denke nicht, daß du dich ihm erst entgegenarbeiten müßtest! Am ersten Pfingstfest wurden 3000 Männer vom Schwert des Geistes durchbohrt. Petrus sagte ihnen: Ihr müßt den Heiland, den ihr verworfen habt, im Glauben annehmen, müßt eure Stellung ihm gegenüber ändern. Krönt den Heiland, laßt ihn euren Herrn und König sein, gebt das Regiment an ihn ab! Ihr dürft das jetzt tun in aller Stille; schämt euch über eure eigenen Wege, setzt den Fuß auf die erste Stufe der Leiter, und gewiß, von oben kommt euch der Vater entgegen, und der Heilige Geist hebt euch höher und immer höher, und dann werden vielleicht Letzte noch Erste werden. Ja, die Seelen, die heute den Fuß auf die Leiter setzen, können denen zuvorkommen, die jahrzehntelang ein verknöchertes Christentum geführt haben.

Laßt uns lernen, unter dem geöffneten Himmel zu wandeln und dem Herrn stillzuhalten in allem, was er uns zu sagen hat! Und er hat uns vieles zu sagen, er hat vieles auf seinem großen, weiten Herzen, und er will unsere Herzen erweitern für seine Fülle, wenn wir uns demütigen und ihm Raum machen.

9. Juli

Der Herr stand oben darauf und sprach: „Ich bin der Herr, Abrahams, deines Vaters, Gott und Isaaks Gott; das Land, darauf du liegst, will ich dir und deinem Samen geben. Und dein Same soll werden wie der Staub auf Erden, und du sollst ausgebreitet werden gegen Abend, Morgen, Mitternacht und Mittag; und durch dich und deinen Samen sollen alle Geschlechter auf Erden gesegnet werden. Und siehe, ich bin mit dir und will dich behüten, wo du hinziehst, und will dich wieder herbringen in dies Land. Denn ich will dich nicht lassen, bis daß ich tue alles, was ich dir geredet habe." 1. Mose 28, 13—15

Was sagt nun der Herr dem einsamen Wanderer, der seinen Weg verderbt und das Vaterhaus durch eigene Schuld hinter sich verschlossen hat? „Ich bin Jehova, Abrahams, deines Vaters, Gott und Isaaks Gott." Es ist *lauter Gnade,* die dem unwürdigen Jakob aus dem weit geöffneten Himmel entgegengebracht wird. Es ist das Höchste, was Gott geben kann, wenn er sich selbst offenbart und uns sagt, wer er ist. „Das ist das ewige Leben, daß sie dich, den wahren Gott, und den du gesandt hast, Christus, erkennen." Aller Unglaube beruht auf Unwissenheit, Vergeßlichkeit und Gedankenlosigkeit. Wir verlieren aus den Augen, wer Gott ist, und was wir an ihm haben. Das ist aber gerade das Strafbare. Wir müssen deshalb wieder lernen, was wir alles an unserem gnädigen Gott haben.

„Ich bin Jehova, Abrahams, deines Vaters, Gott und Isaaks Gott." Das lag Jakob am nächsten. Er kannte seines Großvaters und seines Vaters Geschichte. Gott knüpft immer an das an, was da ist im Menschen. Und wie Gott sich im Leben seiner Väter verherrlicht hatte, so wollte er auch an Jakob Großes tun; denn Jehova ist der Bundesgott, gestern, heute und in Ewigkeit derselbe. Nicht weniger als seinen Vätern wollte Gott dem Jakob sein. Nur soll sich Jakob führen lassen vom Herrn und nicht sich selber führen und den Himmel stürmen wollen; er soll seine Hand endlich in seines Gottes Hand legen.

Und dann verheißt Gott dem Jakob das Land, worauf er liegt, das Land, wovon auch nicht ein Zollbreit ihm gehört. Das ist wieder unbegrenzte Gnade. Es braucht viel Geduld von seiten unseres Gottes, bis er uns ganz in sein Licht stellen kann und wir in seinem Licht uns selbst erkennen. „In deinem Licht sehen wir das Licht." Wer kann bei den ewigen Flammen wohnen? Jakob soll sich ausbreiten ohne Grenzen, so verheißt ihm sein Gott. In dir sollen gesegnet werden alle Geschlechter auf Erden. Das ist ein anderes Wort für das Erstgeburtsrecht. Er soll ein Träger des göttlichen Segens und Lebens werden für andere. Wir müssen die Leute mit Gott in Verbindung bringen, das ist unsere Aufgabe, nachdem wir sie so lange an uns gekettet haben; wir müssen anderen zum Segen werden. Kein anderes Verlangen darf in unserer Seele wohnen, als ein Kanal zu sein, durch den sich Gott anderen offenbaren kann. Und da gilt es mehr und mehr abzunehmen, damit er in uns wachsen und uns gebrauchen kann.

„Und siehe", spricht Gott weiter, „ich bin mit dir und will dich behüten überall, wo du hingehst, und dich zurückbringen in dieses Land." Die Tür ist also nicht für immer verschlossen für Jakob; nur soll er erst die Lektionen seines Gottes lernen; „denn ich werde dich nicht verlassen, bis ich getan, was ich zu dir geredet habe".

10. Juli

Da nun Jakob von seinem Schlaf aufwachte, sprach er: Gewißlich ist der Herr an diesem Ort, und ich wußte es nicht; und fürchtete sich und sprach: Wie heilig ist diese Stätte! Hier ist nichts anderes denn Gottes Haus, und hier ist die Pforte des Himmels. 1. Mose 28, 16. 17

Jakob erwachte. Aber wir wollen es nicht machen wie er, der gar nicht daran dachte, daß Gott ihm in der Nacht begegnen könnte: „Gewißlich ist der Herr an diesem Ort, und ich wußte es nicht." Was haben wir gesündigt an Gott und an seinen Dienern, die Woche um Woche uns das Wort Gottes verkündigt haben mit großer Treue und vieler Not! Warum mit vieler Not? Weil sie eine schläfrige, träumende Gemeinde vor sich hatten. Gott schickt uns sein Wort nicht, daß wir so wieder hinausgehen, wie wir gekommen sind. „Er sandte sein Wort und machte sie gesund" (Ps. 107, 20). Manche hören das Wort Jahr für Jahr, aber auf ihrem Herzensacker wachsen Dornen und Disteln mit auf, nämlich die Sorgen, Furcht und Angst, Leidensscheu, die Sucht, ein bequemes Leben zu haben, und dadurch wird das Wort Gottes erstickt. Wenn wir innerlich still sind, so kann Gott mit uns reden. Möchte niemand unter uns erst zu spät aufwachen und sagen: Gewißlich war der Herr an diesem Ort, und ich wußte es nicht!

Da haben wir eine Erweckung. Es wird heute so viel von Erweckungen geredet; wenn einmal die Kinder Gottes aufgewacht sind, dann kann der Herr auch andere erwecken. Wenn die Kinder Gottes nicht schlafend und träumend durchs Leben gehen, sondern unter einem geöffneten Himmel, dann kann der Herr überall herrliche Erweckungen schenken.

Jakob war erschüttert von der Heiligkeit dieses Ortes; denn eigentlich heißt es: „Wie erschreckend ist dieser Ort!" Was war denn zum Erschrecken? Gott mag noch so barmherzig sein, sobald einem sündigen Menschenkind, das noch nicht im Geist wandelt, der Herr nahetritt, so erschrickt es und sinkt zusammen. Johannes sank auf Patmos zusammen in der Gegenwart des Herrn, und er mußte ihm erst die Hand auflegen und ihn stärken, um das zu sehen, was kommen sollte.

O wie wenige werden sich doch der Gegenwart des Herrn wirklich bewußt! Man kann sich durch Jahre hindurch so daran gewöhnt haben, das Wort zu hören, ohne sich darunter zu beugen, ohne im Geist und in der Wahrheit anzubeten, daß man dann mit seinem ganzen ungebrochenen Wesen, mit seiner ganzen Weltlichkeit in die Gegenwart Gottes hereintritt und nicht von ferne daran denkt, daß so die freie Bewegung des Geistes gehindert wird. Wer eine Begegnung mit seinem Gott sucht, der bereite sich auch darauf vor: er gehe in die Stille und lasse den Herrn mit sich reden und besinne sich, wie er zu ihm steht. Wie wichtig ist es, daß Kinder Gottes in solchen Zeiten sich zusammentun und zusammen einstehen, daß der Herr den Himmel öffne und wesenhafter Segen herabkomme, daß es mit den „Traumgesichten" ein Ende habe und ein jedes „zittern" lerne vor dem heiligen, gegenwärtigen, lebendigen Gott!

Liebe Freunde, was wollt ihr tun angesichts des weit geöffneten Himmels, wollt ihr hineingehen und in Verbindung kommen mit dem gnädigen Gott? Man kann nicht sagen, daß Jakob hineingegangen ist. Wie wäre es ganz anders gekommen mit ihm, wenn er einfach getan hätte, wozu ihn sein Gott aufgefordert! Hier wäre der Ort und die Stunde gewesen für Jakob, zu handeln, wie wir im Lied singen:

Ist dann die Nacht vorbei,
leuchtet die Sonn',
weih' ich mich dir aufs neu'
vor deinem Thron,
baue mein Bethel dir
und jauchz' mit Freuden hier:
Näher, mein Gott, zu dir,
näher zu dir!

11. Juli

Und Jakob stand des Morgens frühe auf und nahm den Stein, den er zu seinen Häupten gelegt hatte, und richtete ihn auf zu einem Mal und goß Öl oben darauf und hieß die Stätte Bethel; zuvor aber hieß die Stätte Lus. Und Jakob tat ein Gelübde und sprach: „So Gott wird mit mir sein und mich behüten auf dem Wege, den ich reise, und mir Brot zu essen geben und Kleider anzuziehen und mich mit Frieden wieder heim zu meinem Vater bringen, so soll der Herr mein Gott sein; und dieser Stein, den ich aufgerichtet habe zu einem Mal, soll ein Gotteshaus werden; und alles, was du mir gibst, des will ich dir den Zehnten geben." 1. Mose 28, 22

Was tut Jakob? Er hält erst eine Art Gottesdienst, richtet ein Denkmal auf, gießt Öl auf den Stein und nennt die Stätte Bethel, d. h. Gotteshaus, aber er geht nicht hinein in den geöffneten Himmel, er benützt nicht die herrliche Leiter, d. h. er geht nicht ein auf die wunderbaren Verheißungen. Er stellt sich nicht darauf als auf den neuen Grund, auf den er seine Zukunft baut.

Dafür legt er ein Gelübde ab. Habt ihr es ihm schon nachgesprochen? Es ist nicht recht begreiflich, wie ein Kind des göttlichen Segens so handeln kann. Aus dem geöffneten Himmel bot dem heimatlosen Fremdling der Gott Jehova die Gnadenhand; er streckte sie ihm entgegen. Du hast deinen Weg verderbt, aber es soll dir an nichts fehlen; ich will dich wieder zurückbringen und tun alles an dir und begehre nichts weiter von dir, als daß du dich von mir führen läßt. Und was sagt Jakob? Er stellt seinem Gott lauter Bedingungen und will erst sehen, ob Gott wirklich seine Worte erfüllt; er will erst eine lange Zeit vergehen lassen, bis er Gott seinen Gott sein läßt.

Erkennst du dich nicht selbst in diesem Jakob? Der Herr bot dir auch seine freie Gnade an, und du hattest nur lauter Wenn, Wenn, Wenn; du wolltest erst probieren und warst nicht gewiß, ob du seinen Worten und Zusagen unbedingt vertrauen durftest. Wir sind nicht da. um Jakob zu kritisieren; wir wollen in unser Inneres sehen, und da erblicken wir einen Abgrund, vor dem wir erschrecken müssen. Wer erst probieren will, der vertraut nicht; das „Wenn" ist das Gegenteil von „Vertrauen". So geht man nicht mit Gott um, und so stellt man sich nicht ihm gegenüber. Wie schändlich ist es, wenn Gott uns die Luft reinigt und alle Nebel und Schleier, die wir über uns angehäuft haben, durchbricht und uns den geöffneten Himmel zeigt und wir dann nicht hineingehen, sondern erst Versuche anstellen wollen mit unserem Gott, ob ihm auch völlig zu trauen ist! Laßt uns lernen zu sprechen: *Ich vertraue dir, Herr Jesus;* dann machen wir andere Erfahrungen als Jakob. Wie gut hätte es Jakob gehabt, wenn er gleich dem Herrn vertraut hätte, als der Herr ihm sagte: Ich will dich nicht lassen (Kap. 28, 15). Er hätte gleich eingehen können in die Ruhe des Glaubens und Vertrauens; aber das tat er nicht, sondern etwa 20 Jahre lang versuchte er sich in eigenem Ringen und Arbeiten, und Gott mußte ihm wieder entgegentreten, bis Jakob endlich die Sache umdrehte und sagte: „Ich lasse dich nicht, du segnest mich denn!"

12. Juli

Darum wird der Herr mit Juda rechten und Jakob heimsuchen nach seinem Wesen und ihm vergelten nach seinem Verdienst. Er hat im Mutterleibe seinen Bruder an der Ferse gehalten, und in seiner Kraft hat er mit Gott gekämpft. Er kämpfte mit dem Engel und siegte, denn er weinte und bat ihn; auch hat er ihn ja zu Bethel gefunden, und daselbst hat er mit uns geredet. Hos. 12, 3—5

Man weiß nicht, wieviel Anerkennung oder Tadel in diesen Worten liegt. Es gibt Begegnungen mit Gott, bei denen Jahrzehnte davon abhängen, wenn nicht gar eine Ewigkeit, wie man sich dazu stellt. Paulus erzählt im Galaterbrief seine Bekehrung und bemerkt dabei, daß er sich nicht mit Fleisch und Blut zuvor besprochen hat, sondern sofort zufuhr und den Herrn Jesus annahm. Das hat diesen Mann zu einem Paulus gemacht, daß er sich von der Stunde der Offenbarung Jesu an führen ließ und mit geschlossenen Augen hinging, wohin sein Herr wollte. Einige Tage später beschwichtigte der Herr den Ananias, den er mit jenem Auftrag zu Saul sandte, mit den Worten: „Siehe, er betet!" Er wollte sagen: Mit dem Mann bin ich fertig geworden, der alte Saul ist tot; der Mann, der gebrochen daliegt und betet, ist ein neuer Mensch.

Jakob war im Grund ungehorsam dem göttlichen Willen und ging nicht hinein in die geöffnete Tür. Und was brachte ihm dieser Ungehorsam ein? Zwanzig Jahre sauren Schweißes und vieler Mühsal. Was ist das für ein Resultat, das herauskommt, für ein Fazit, das er später von dieser Zeit zieht? O eine armselige, dürre, jämmerliche, gnadenlose, segensarme Lebensperiode! Ein ödes Sichplagen mit eitlen Dingen, ein Kampf ums Dasein, ohne höhere Lichtblicke, ein Verzehrtwerden der besten Lebenskraft im Kleinkram des Alltags, eine Zeit der krummen Wege, der Gewissenswunden und des Herzwehs. Es mag etwas Übertreibung liegen in der Schilderung Laban gegenüber (1. Mose 31, 36—42). Doch das merken wir klar, wie sehr er sich mit Laban hat herumschlagen müssen. Und warum? Weil er nicht Gott vertraute und auf seine Verheißungen einging.

Behalte mich in deiner Pflege,
du, der dem Tode mich entrückt,
daß nicht der Trug der eignen Wege
mich kaum Erlösten neu umstrickt!
Du kennst mein Herz in seinem Trutze.
du kennst's in seiner Kreuzesflucht;
behalte mich in deinem Schutze,
behalt mich, Herr. in deiner Zucht!

Behalte mich in der Bereitung
des Heil'gen Geistes für und für!
Es würde ohne deine Leitung
ein unbrauchbarer Baum aus mir.
Die Keime selbst der Lieb' und Güte,
die du mir neu ins Herz gelegt,
ach, sie verkümmern vor der Blüte,
wo deine Rechte sie nicht pflegt.

13. Juli

Und er stand auf in der Nacht und nahm seine zwei Weiber und die zwei Mägde und die elf Kinder und zog an die Furt des Jabbok, nahm sie und führte sie über das Wasser, daß hinüberkam, was er hatte.

1. Mose 32, 22. 23

Zwanzig Jahre geht es ohne Gottesoffenbarung im Leben Jakobs weiter. Dann führt der Herr *das Pniel* herbei. Was in den letzten zwanzig Jahren in ihm gekämpft hatte, sollte in der nun folgenden Nacht zum Austrag gebracht werden. Damals in Bethel hatte Gott Jakob segnen wollen und ihm seine allmächtige Gnade angeboten, aber vergeblich; jetzt sollte es zum Ringen kommen und zum Durchbruch. Gott weiß immer, was er tun will; aber wenn wir nicht darauf achten und eingehen, dann geht es in Kampf hinein, und was an heiligem Samen in uns ist, wird zwar durchbrechen; aber wie viele Jahre darüber verlorengehen, die für Gott hätten fruchtbar sein können, das weiß der Herr. Es geht dann nicht ohne Jakobsstunden und Kampf ab.

Vorher finden wir noch das rührende Gebet des Jakob. Der Herr hatte ihm zwei Engelheere entgegengesandt und ihm zur Verfügung gestellt. Noch einmal hatte er ihm den Himmel geöffnet; aber das alles beruhigt und tröstet den Jakob nicht. Vers 3—8 sehen wir, welche Veranstaltungen er traf, um einen Ausweg aus der großen Not zu finden, die ihm das Heranziehen seines Bruders Esau bereitete.

Aber alles half ihm nichts; er sinkt auf seine Knie und bringt seinem Gott das Gebet dar: „Ich bin nicht wert aller Barmherzigkeit und Treue, die du an mir getan hast." Doch kaum ist er aufgestanden, da fängt er an, einzuteilen und zu planen, wie er sich befreien kann aus der großen Not; aber schließlich merkt er doch, es geht nicht. Seine ganze Familie schickt er über den Fluß und bleibt allein. Er hat gebetet zu Gott, rührend gebetet, aber nicht Gott vertraut. —

Wie vieler Gebet geschieht ohne Vertrauen zum Herrn! Und da betrügt man sich selbst. Wenn wir beten, wollen wir im Glauben bitten oder schweigen. Wie wollen wir es auch verantworten, Gott nicht zu vertrauen? „Er bitte aber im Glauben und zweifle nicht; denn wer da zweifelt, der ist gleich wie die Meereswoge, die vom Wind getrieben und gewebt wird. Solcher Mensch denke nicht, daß er etwas vom Herrn empfangen werde" (Jak. 1, 6. 7).

Der Glaub' ist eine Zuversicht
zu Gottes Gnad' und Güte;
der bloße Beifall tut es nicht,
es muß Herz und Gemüte
durchaus zu Gott gerichtet sein
und gründen sich auf ihn allein
ohn' Wanken und ohn' Zweifel.

14. Juli

Er blieb allein. Da rang ein Mann mit ihm, bis die Morgenröte anbrach. Und da er sah, daß er ihn nicht übermochte, rührte er das Gelenk seiner Hüfte an; und das Gelenk der Hüfte Jakobs ward über dem Ringen mit ihm verrenkt. Und er sprach: Laß mich gehen; denn die Morgenröte bricht an. Aber er antwortete: Ich lasse dich nicht, du segnest mich denn.
1. Mose 32, 25—27

Es ist wieder eine Nacht über Jakob gekommen, zwanzig Jahre nach jener Bethel-Nacht. Jetzt schläft er nicht wie damals in Bethel, er hat auch kein Nachtgesicht wie damals; aber ein geheimnisvoller Vorgang, auch ein Gesicht, aber kein Traumgesicht wird ihm zuteil. Der Engel des Herrn mit einem geheimnisvollen Namen, nicht Gabriel oder Michael, sondern *der* Engel des Herrn, der über allen geschaffenen Engeln steht, ringt mit Jakob, bis die Morgenröte hereinbricht. Endlich will der Engel gehen, aber Jakob hält ihn und sagt: „Ich lasse dich nicht, du segnest mich denn." Ringen kann er nicht mehr mit ihm, denn der Engel hat ihm die Hüfte verrenkt; darum legt er sich aufs Flehen. „Er kämpfte mit dem Engel und siegte, denn er weinte und bat ihn; auch hat er ihn ja zu Bethel gefunden, und daselbst hat er mit uns geredet" (Hos. 12, 5).

Mehr als zwanzig Jahre hat Jakob dem Herrn widerstanden seit jenem Wort des Herrn: Ich will dich nicht lassen ...; und wie viele Schwierigkeiten und Widerwärtigkeiten haben es ihm erst zeigen müssen, was es heißt, einen geöffneten Himmel über sich nicht zu benutzen und dem von Erbarmen und Gnade gegen ihn erfüllten Gott lauter Bedingungen zu stellen! Gott hat ihm widerstehen müssen und legt ihn endlich lahm und bricht ihm die eigene Kraft, so daß Jakob als ein Überwundener zu seinen Füßen sinkt und nur noch Tränen und Flehen hat zu seinem Gott.

So macht's Gott auch mit uns; wenn wir die Gnade Gottes nicht achten und annehmen, da führt er uns so schwer unten durch, daß wir zusammenbrechen und er doch den Sieg bekommt über uns und uns an den Boden bringt, dahin, wo er uns allein segnen kann mit der Fülle seiner Gnade. Er ändert sich nicht und schließt auch nicht den geöffneten

Himmel wieder zu, aber er läßt uns die Folgen unserer Verkehrtheiten kosten, und wenn wir unvergänglichen Samen in uns haben, kommt die Stunde des Zusammenbruchs. Wem es wirklich darum zu tun ist, um jeden Preis ein Gesegneter des Herrn zu sein, dem geht es wie Jakob, welcher sagte: „Herr, ich lasse dich nicht!" Wenn deine Hände nicht mehr halten können, dann kommt die heilige Stunde, wo der Herr sagt: „Liebes Kind, du hältst mich nicht; aber ich halte dich!" Jakob wollte den Segen krampfhaft festhalten. Es ging aber nicht; er mußte erst zusammenbrechen. Und doch, liebe Freunde, ist das krampfhafte Festhalten noch besser als das gedankenlose Weitergehen. „Ich lasse dich nicht, du segnest mich denn", das ist ein heiliger Wendepunkt im Leben, wo man nicht mehr sagt: Ich halte ihn, sondern: Er hält mich.

Und da beginnt die Ruhe des Glaubens, wo man bekennt: Der Herr ist mir zu mächtig geworden, und wo das ganze Wesen des Menschen von Gott erfaßt und ergriffen worden ist. So geht es in das Licht der aufgehenden Sonne hinein nach dem göttlichen Willen. Laßt uns treu sein und unter dem Eindruck der göttlichen Begegnung bleiben, solange sie da ist, sonst kommt sie nicht wieder.

15. Juli

Er sprach: Wie heißest du? Er antwortete: Jakob. Er sprach: Du sollst nicht mehr Jakob heißen, sondern Israel; denn du hast mit Gott und mit Menschen gekämpft und bist obgelegen. Und Jakob fragte ihn und sprach: Sage doch, wie heißt du? Er aber sprach: Warum fragst du, wie ich heiße? Und er segnete ihn daselbst. Und Jakob hieß die Stätte Pniel; denn ich habe Gott von Angesicht gesehen, und meine Seele ist genesen. Und als er an Pniel vorüberkam, ging ihm die Sonne auf; und er hinkte an seiner Hüfte. 1. Mose 32, 28—32

Gott sei gedankt, der uns allezeit Sieg gibt in Christo und offenbart den Geruch seiner Erkenntnis durch uns an allen Orten! Denn wir sind Gott ein guter Geruch Christi unter denen, die selig werden, und unter denen, die verloren werden; diesen ein Geruch des Todes zum Tode, jenen aber ein Geruch des Lebens zum Leben. 2. Kor. 2, 14—16

Das Wort, das uns Pniel in das rechte Licht stellt und uns zeigt, wie man Sieger wird dadurch, daß man überwunden wird, steht 2. Korinther 2, 14—16. Gott siegt über uns und hat uns zu seinen Gefangenen gemacht, *er ist mit uns fertig geworden.* Das liegt in diesem Wort ausgesprochen. Am Jabbok ist der Herr mit Jakob fertig geworden. Gott kann uns nur soviel Sieg geben in der Arbeit, im Beruf, im Kampf mit Widerwärtigkeiten in Familie, Haus und Geschäft, als er über uns siegen, uns zu Boden bringen und zu Gelähmten machen kann, die lahmgelegt sind an der eigenen Kraft. „Da du jünger warest, gürtetest du dich selbst und wandeltest, wo du hin wolltest. Wenn du aber alt wirst,

wirst du deine Hände ausstrecken, und ein anderer wird dich gürten und führen, wo du nicht hin willst."

Der Herr muß freie Hand bekommen; wir müssen lernen, mit dem, was unserer Anstrengung spottet, appellieren ans Kreuz, wo Jesus fertig geworden ist mit unserer Natur, mit der Sünde. Finden wir etwas, was sich nicht beugen will, so müssen wir appellieren an seinen Sieg, fragen: Herr, kannst du nicht damit fertig werden und auch darüber triumphieren? Aber wir müssen dabei sein; Jesus muß alles gefangen führen in den Gehorsam des Kreuzes. Das Kreuz muß unsere Heimat werden; dort hat Jesus triumphiert. Dort angelangt feiert er seine Siege und offenbart er seine Siege. Solange der Herr nicht mit uns fertig werden kann, solange es nicht unser Leben gekostet hat, werden wir nie Sieg haben. Wir werden nie einen Süßgeruch seiner Erkenntnis offenbaren, sondern den Gestank unseres eigenen Wesens. Unter dem Kreuz offenbaren wir den süßen Geruch des Namens Jesu; da treten wir selbst in den Hintergrund. Und da vollziehen sich auch um uns herum Scheidungen; die einen finden den Weg zum ewigen Leben, und die anderen gehen verloren.

Gebe uns der Herr Gnade, daß wir uns alle in diese Gefangenschaft Christi einführen lassen! Jesus starb nach Johannes 12 als Weizenkorn, um uns, wenn er erhöht sein würde von der Erde, alle nachzuziehen, nämlich an sein Kreuz. So findet der Herr Träger seines Segens, Erstgeburtsleute, die für Gott da sind, Leute, die in der Gefangenschaft des gekreuzigten und auferstandenen Herrn sich und allem absterben, um ihm zu dienen und ihm zu leben.

Herr, dein getreues Lieben,
so wunderbar,
hat endlich überwunden
mich ganz und gar;
mein Denken und mein Wollen,
den stolzen Sinn,
die Kräfte und die Gaben,
nimm alles hin!

Glaube und Vertrauen

16. Juli

Es wird ein Durchbrecher vor ihnen herauffahren; sie werden durchbrechen und zum Tor ausziehen; und ihr König wird vor ihnen her gehen und der Herr vornean. **Micha 2, 13**

Da erhob sich der Engel des Herrn . . ., und die Wolkensäule machte sich auf. **2. Mose 14, 19**

Ehe die Kinder Israel auf ihrer Wüstenreise sich in Bewegung setzten, erhob sich der Engel des Herrn. Ehe Gott uns auffordert, irgendwelche Glaubensschritte zu tun, geht er vorwärts. Er verlangt von uns durchzubrechen *nur, wo er schon durchgebrochen hat. Es sind Bewegungen in der unsichtbaren Welt, auf die unsere Glaubensbewegungen sich stützen; es sind Gottestaten, längst vollbracht und versiegelt, auf denen unser Glaube ruht.* In diesem Sinne ist es nichts weniger als ein *blindlings* Glauben. Blindlings gilt nur in dem Sinn, daß unser fleischliches Auge nichts sieht. Gott geht immer voraus. *Es ist längst in der unsichtbaren Welt Bahn gebrochen für den Glaubensweg und Glaubenswandel auch der Schwächsten und Elendesten unter uns. Es sind in der Geisterwelt Siege davongetragen, gegen die kein Teufel und keine Hölle protestieren kann. Jesus, unser großer Meister und Heerführer, hat gesiegt, und Gott hat ihm alle Macht gegeben im Himmel und auf Erden, in der Naturwelt, in der Geister- und Geisteswelt, in der Leibes- und Sinnenwelt.* Wo der Engel Gottes aufbricht und seine Stellung ändert, da können auch wir aufbrechen oder eine andere Stellung einnehmen. Er bewahrt, stützt und bricht Bahn.

Alles von Christus erwarten, von dem ersten bis zum letzten Schritt unserer Laufbahn, den Blick von allem abwenden, was zwischen uns und ihn sich eindrängen möchte, um auf ihn zu schauen und ihm stillzuhalten — das bringt Erlösung und Leben. Wir bleiben fest, wenn wir den Löwen Judas anschauen, der überwunden hat und Urheber eines ewigen Heils für alle geworden ist, die ihm gehorsam sind (vgl. Joh. 16, 33 mit 1. Joh. 5, 4).

Freue dich, Seele, der Hölle Macht lieget!
Sünde und Satan und Tod sind besieget.
Der im Triumphe dem Grab sich enthebt,
Jesus, dein Heiland, ist Sieger und lebt!

17. Juli

Aufs erste danke ich meinem Gott durch Jesus Christus euer aller halben, daß man von eurem Glauben in aller Welt sagt. Röm. 1, 8

Am Pfingsttag, als die Dreitausend, der Aufforderung des Apostels gehorchend, Buße taten und sich taufen ließen, empfingen sie zugleich mit der Vergebung der Sünden die Gabe des Heiligen Geistes. Wie kommt es nun, daß heutzutage die Leute bei ihrer Bekehrung so selten den Heiligen Geist in einer Weise empfangen, daß sie sich klar und deutlich ihrer Gotteskindschaft bewußt sind? Meiner Ansicht nach, weil die Gemeinde heutzutage ihrem Gott gegenüber keine rechte Glaubensstellung mehr einnimmt, wie aus den Gebeten ihrer Kinder hervorgeht. Es ist das ein tiefer Schaden, und ich kann leicht verstehen, daß uns der Herr deshalb mehr denn je auf die Probe stellt, ob wir ihm wirklich unser Leben im nackten Glauben anvertrauen, ohne zu spüren, daß irgend etwas in uns vorgeht. Er gibt den „Heiligen Geist denen, die ihm gehorchen“ (Apg. 5, 32). Es wird fortwährend durch nackten Glauben und Gehorsamswege gehen, bis wir das Ziel erreichen, und der einzige, richtige, herrliche, göttliche Weg, um dahin zu gelangen, ist: Tue Buße und gib deinem Heiland die Ehre, ohne auf irgendwelche innere Erfahrungen zu warten!

Brüder, wir müssen lernen, im nackten Glauben wandeln, festen Fuß fassen auf dem Fels des geschriebenen Wortes und nicht immer bitten: „Gib uns Glauben! Gib uns den Heiligen Geist!“, anstatt Gottes Gebot nachzukommen. Er hat Christus gegeben; und wirkt sein Geist nicht treulich in der Gemeinde, indem er jede lautere Verkündigung des Wortes an den Herzen der Zuhörer segnet? Nun, so gehorche deinem Heiland! Wende dein Herz ihm zu! Gib ihm die Ehre, anstatt zu bitten und zu betteln: „Schenke mir Glauben!“, während du im Unglauben und Ungehorsam verharrst. Armes, verkrüppeltes Christenvolk, das du dich von jedem kleinen Windstoß zu Boden werfen läßt, du kannst dem Sturm nicht widerstehen, weil du nicht im nackten Glauben gegründet bist und nicht das selige Geheimnis des Glaubenslebens kennst, wo man auf dem Grund des Wortes und des vollbrachten Erlösungswerkes Christi Tod auch im tiefsten Dunkel vertraut! Jahre und Jahrzehnte hindurch hat mir der Geist Gottes bezeugt, daß ich ein Kind Gottes bin, und zwar in ununterbrochener Weise; dennoch bin ich nie einen Augenblick versucht gewesen, mich auf diese Erfahrung zu stützen. Ich setze meine Hoffnung einzig und allein auf das Blut Christi, auf sein auf Golgatha vollbrachtes Erlösungswerk und auf die durch die Hingabe seines Sohnes geoffenbarte ewige Liebe des Vaters. Mich stützend auf das geschriebene Wort und die am Kreuzesstamm erfolgte Opferung Jesu habe ich Zutritt zu Gott im Glauben.

18. Juli

Unsere Väter hofften auf dich, und da sie hofften, halfst du ihnen aus. Zu dir schrien sie und wurden errettet; sie hofften auf dich und wurden nicht zuschanden. **Ps. 22, 5. 6**

Es ist schade, daß im Alten Testament oft „hoffen“ übersetzt ist, wo es „vertrauen“ heißen sollte. Laß es zur Wirklichkeit werden, was das Lied sagt: „Ich vertraue dir, Herr Jesus!“

O das selige Vorrecht des Vertrauens! Vertrauen kann das kleinste Kind; aber Gott kann uns arme, verschrobene Leute wieder zu kleinen Kindern machen. Wie kann ein Mann geboren werden, wenn er alt ist? Bei den Menschen ist es unmöglich; aber alle Dinge sind möglich bei Gott. Tue Buße über deinen Unglauben und über dein Suchen nach christlichen Erfahrungen und gehe vorwärts, gestützt auf das geschriebene Wort und die Treue deines Heilands, wäre es auch, als setztest du deinen Fuß in einen leeren Raum! Laß dich fallen! Ob dir auch dünken mag, du stürzest in einen Abgrund, du fällst in die Arme deines Hirten. Wer du bist, gib alles preis und vertraue dich Jesus an! Er ist alles in allen; zu seinen Füßen wirst du als schwaches Kindlein das selige Geheimnis lernen, ihm zu vertrauen Augenblick für Augenblick. Das Evangelium findet nur deshalb so schwer Eingang, weil es so einfach, das Menschenherz aber so verschroben ist. Zugleich mit den Anfangsgründen des Vertrauens lerne erst wieder Einfalt, und bitten andere in den Gebetsversammlungen, Gott möge ihnen Gnade schenken, ihm vertrauen zu können, so habe du den Mut, zu sagen: „Herr, ich vertraue dir!"

O wie häufig müssen die Leute in den Gebetsstunden zuerst wieder daran erinnert werden, daß fast durch alle Psalmen und in der Heiligen Schrift aufgezeichneten Gebete der Grundton des Vertrauens hindurchklingt: „Meine Seele vertraut still auf den Herrn." „Unsere Väter haben dir vertraut." Und weshalb sollte ich meinem Heiland nicht vertrauen, während meine Frau und mein Kind mir vertrauen? Sollen die Welt und meine Brüder und Schwestern nicht wissen, daß ich einen Heiland habe, dem ich unbedingt vertraue? Wohin sollte ich sonst fliehen, wo mich bergen? — Und ich brauche einen Zufluchtsort, wo ich Deckung finde gegen mein eigenes Ich und die Welt, Deckung vor Sturm und Hitze. Freude sowohl wie Schmerz würden mich von der rechten Bahn abbringen, wenn ich keinen Heiland hätte, dem ich mich anvertrauen kann. Und je völliger ich ihm mit jedem Tag vertraue, um so leichter wird es mir. Mit jeder neuen Glaubensprobe lerne ich ihn besser kennen. Kinder können ihren Eltern keine größere Ehre erweisen, als daß sie ihnen vertrauen. Ist das zu viel verlangt? Und sollten solche unter euch sein, die das Zeugnis des Geistes, daß sie Gottes Kinder sind, noch nicht in bewußter Weise empfangen haben, so benutzt die euch vom Herrn geschenkte Vorbereitungszeit dazu, ihm euer Vertrauen zu beweisen, bis er euch die Gotteskindschaft versiegelt! Erfreut sein Herz durch Festhalten an seinem Wort: „Wer zu mir kommt, den werde ich nicht hinausstoßen"! Es wirft noch mehr Ruhm für ihn ab, wenn wir ihm im Dunkeln vertrauen, als wenn es licht ist ringsum und alles glatt geht. Die Frucht des nackten Glaubens ist ein Schauendürfen in Ewigkeit, und in welchem Maß du deinem Gott hienieden vertraut hast, wirst du droben der Herrlichkeit teilhaftig werden.

19. Juli

Wegblickend auf Jesus, den Anfänger und Vollender des Glaubens.
Hebr. 12, 2

Dadurch, daß wir einen Gegenstand anschauen, setzen wir uns in Beziehung zu ihm, stellen uns unter seinen Einfluß, geben ihm Macht über unser Herz. Je nach der Natur und dem Charakter des Gegenstands, auf den wir schauen, öffnen wir unser Herz dem Leben oder dem Tod, dem Segen oder dem Fluch, dem Licht oder der Finsternis, der Wahrheit oder der Lüge. Da nun die Welt im argen liegt und unter dem Fluch, da unser eigenes Wesen von der Sünde zerfressen und dem Verderben verfallen ist, so kann es ja nicht anders sein, als daß wir immer tiefer in Finsternis, Tod und Sünde versinken, sobald wir auf die Welt um uns her, auf Geschöpfe und Verhältnisse oder auf unsere eigene Innenwelt hoffend oder fürchtend den Blick richten. Der Blick nach außen, sowie der Blick auf uns selbst, kann nur Befleckung, Entmutigung und Unzufriedenheit, Stolz und Eitelkeit, Lust, Neid oder Sorgen in uns wecken und nähren. Deshalb sagt der Apostel: Lasset uns *wegblicken!* Mit dem Verlust seiner Herrscherkrone ist der Mensch dem Einfluß seiner Mitgeschöpfe verfallen, dem Druck der ihn umgebenden Verhältnisse und Umstände, wenn nicht gar sein Blick gefangenliegt in den Banden seiner eigenen Phantasiewelt, in dem Dichten, Trachten, Sorgen, Fürchten und Hoffen seines ruhelosen Herzens.

In dieser seiner Gebundenheit wäre der Mensch rettungslos verloren gewesen, wenn ihm Gott nicht die Hand gereicht hätte. Damit, daß Gott seinen Sohn in die Welt sandte, hat er in dessen Person dem Gesichtskreis des gefallenen Menschen einen neuen Mittelpunkt geboten, um sich darin zu sammeln und zurechtzufinden, einen Weinstock, aus dem er aufs neue Leben und Lebenssaft schöpfen kann. Jesus Christus ist der Fels, aus dem schon im Alten Bund das Volk Gottes getrunken hat. Der Geist Gottes ist es, der uns fähig macht, dem in unserem Textwort enthaltenen göttlichen Gebot nachzukommen und wegzublicken auf Jesus. Er macht dazu fähig auch die, denen das Reich Gottes bis dahin eine verschlossene Welt gewesen war. Wer dem Geist gehorcht, wenn er ihm das Lamm Gottes zeigt, das für ihn gerichtet worden ist, und vertrauend zu Jesus aufschaut, d. h. *an ihn glaubt*, der hat das ewige Leben (Joh 3, 14—17. 36).

20. Juli

Lasset uns laufen durch Geduld in dem Kampf, der uns verordnet ist, wegblickend auf Jesus, den Anfänger und Vollender des Glaubens!

Hebr. 12, 1. 2

Das Wort „weg“ weist zurück auf Vers 1: wegblickend von der uns rings umgebenden (oder uns eng umschließenden) Sünde, von aller Last, von allem, was uns im Durchlaufen der Rennbahn, im Jagen nach dem vorgesteckten Ziel aufhalten oder beirren könnte. Selbst der Blick auf die vorangegangenen Zeugen kann unter Umständen entmutigen, wo man nicht sofort den Blick erhebt auf den Einen, der mächtig und willig ist, in uns zu wirken, wie er in ihnen gewirkt hat. Christus hat Macht über deinen Lebensweg und deine Zukunft. Er hat Bahn gebrochen, hat alles geebnet und zurechtgebracht. Wo du keinen Weg siehst und keine Kraft spürst, da laß dich von ihm führen; gehe vorwärts ohne Licht und ohne Kraft, im Blick auf ihn! Sein Auge sieht klar, Schritt für Schritt gibt er die nötige Kraft. Wenn du nur im Glauben auf Jesus blickst, so bist du gewiß, daß du nie einer Verlegenheit, einer Trübsal oder einer Versuchung begegnen wirst, die der Herr nicht nach deinem jeweiligen Vermögen auf der Waage des Heiligtums gewogen und der er nicht ein solches Ziel gesetzt hätte, daß du sie nicht nur ertragen, sondern darin weit überwinden kannst (1. Kor. 10, 13. 14; Röm. 8, 37). Vielleicht wird es dem Anschein nach mit deinem inneren Leben rückwärts gehen. Laß es dir nur gefallen! Es kommt dir nicht zu, über deine Fortschritte zu urteilen; du hast nur eins zu tun: Jesus anzuschauen! — Vielleicht wird es von Demütigung zu Demütigung gehen; vielleicht wird es dir immer elender zumute werden; laß es geschehen, es ist der Weg Christi. Laß ihn sein Werk in dir treiben, und ob es auch ganz anders ginge, als du dir geträumt hattest! Wenn er nur am Ruder steht! Senke deinen Anker ein in Jesus, flüchte dich in ihn! Er ist Anfänger und Vollender des Glaubens. Laß dich weder von Stimmungen noch von Umständen hemmen und aufhalten! Widerstehe ihrem Druck und beherrsche sie durch einen entschiedenen, beharrlichen Blick auf Jesus! Warte auch nicht, bis du dich stark genug fühlst, deinem Herrn nachzufolgen; gehe zu ihm in all deiner Schwäche, Menschenfurcht und Fleischesträgheit! Unbekümmert um äußerste Ohnmacht in dir selbst zähle auf ihn und auf seine Kraft zum Überwinden, Zeugen, Leiden und Dienen, und es wird dir geschehen über Bitten und Verstehen. Von Augenblick zu Augenblick laß dir an seiner Gnade genügen, sei es, um — seines Winkes gewärtig — zu tun, was er dich heißt, sei es, um das Kreuz zu tragen, das er dir auferlegt! — Sei darin treu und beharrlich, so wird sein Leben in dir Gestalt gewinnen, ohne daß du dir davon Rechenschaft zu geben brauchst; so wird dein Christentum gesund und lebendig, dein Gang frei und gewiß werden.

So stehe es denn fortan bei dir fest, daß er, der Herr Jesus, dein Leben, dein ein und alles ist, daß es ihm zukommt, alles zu vollenden, was dich angeht, daß es ganz und gar seine Sache ist, die Seele, die er erworben, in den Hafen einzuführen! Was dir zukommt, das ist: deinen Retter und Heiland über dich verfügen lassen, zu ihm aufblicken und dich an ihn hingeben in kindlichem Vertrauen und unbedingtem Gehorsam.

Herr, mein Hirt, Brunn aller Freuden,
du bist mein, ich bin dein,
niemand kann uns scheiden.
Ich bin dein, weil du dein Leben
und dein Blut mir zugut
in den Tod gegeben.

Du bist mein, weil ich dich fasse
und dich nicht, o mein Licht,
aus dem Herzen lasse.
Laß mich, laß mich hingelangen,
da du mich und ich dich
ewig werd' empfangen!

21. Juli

Der Gerechte wird des Glaubens leben. **Hebr. 10, 38**

Der Gerechte lebt des Glaubens, solange er in dieser Welt ist. Der Glaube wird in gewissem Sinn freilich schon jetzt zum Schauen, sofern wir die Erfahrung machen dürfen von dem, was wir geglaubt haben; aber jede Erfahrung ist wieder eine Ausrüstung für neue und höhere Glaubensproben, und wir wandeln so von Glauben zu Glauben.

Je mehr wir auf diesem wunderbaren Pfad vorwärtsgehen, desto gewisser werden unsere Tritte. Die Gnade Gottes wird eine Macht, die uns trägt und umhüllt. Der Geist Gottes treibt die, die sich ihrem Gott völlig überlassen; sie brauchen sich nicht mehr selbst zu treiben und abzuquälen. Fortwährend auf Christus zu blicken, kostet sie keine Anstrengung mehr; sie können und wissen es nicht mehr anders, sie möchten keinen Schritt mehr tun ohne ihn. In dem Kindesverhältnis, in dem sie jetzt mit ihrem Gott leben, wird ihnen Vertrauen, ein unbedingtes, unbegrenztes Vertrauen zur zweiten Natur und zu einer bleibenden Herzensstellung. Die Liebe hat Furcht und Zwang ausgetrieben.

Wer das Glaubensleben nicht aus Erfahrung kennt, dem mag es scheinen, als verzichten wir mit der gänzlichen Übergabe unseres Herzens und Willens an den Herrn auf unsere Eigentümlichkeit, auf die Würde und Stellung, die uns als einer verantwortlichen, sittlichen Persönlichkeit vor Gott und Menschen zukommt; es mag scheinen, als erniedrigten wir uns dadurch zu einer Maschine. In Wahrheit verhält es sich aber umgekehrt. Dadurch, daß wir uns unserem Gott mit unbedingtem Vertrauen überlassen, wird unser sittliches Wesen, werden alle Kräfte unseres Erkennens, Liebens und Wollens erst von dem beengenden und knechtenden Druck erlöst, unter dem die Sünde sie gehalten hatte. Mit dem Eintritt in ein Leben des Glaubens bekommen wir wieder frische Himmelsluft zu atmen, für die wir geschaffen sind, und ohne die keine gesunde, unserer Bestimmung entsprechende Entwicklung möglich ist. Die Gnade, unter deren heilsame, sichere Zucht wir uns mit dem Glauben stellen, ist der heimatliche Boden, auf dem unsere durch die Sünde unterdrückte und entstellte Eigentümlichkeit neu aufblühen und im Rahmen der ihr entsprechenden Lebensaufgabe frei sich entfalten kann.

22. Juli

Ich will mein Vertrauen auf ihn setzen. Hebr. 2, 13

Wißt ihr, was Jesu höchstes Streben war? Daß er am Ende seines Lebens erfunden werde als einer, der Gott vertraut hat. Nie werde ich müde werden, das zu wiederholen. Im zweiten Kapitel des Hebräerbriefs legt der Heilige Geist Christus den im Alten Testament verzeichneten prophetischen Ausspruch in den Mund: „Ich will mein Vertrauen auf ihn setzen" — auf meinen Vater, meinen Gott. Die buchstäbliche Übersetzung des griechischen Originaltextes würde an dieser Stelle lauten: „Ich werde sein einer, der Gott vertraut hat" — gleichsam als wolle er sagen, sein Leben solle sich am Schluß in diese Worte zusammenfassen können: „Ich werde dastehen als einer, der in allen Lagen und Verhältnissen des Lebens seinem Gott vertraut hat." Ihr werdet euch erinnern, daß ihm an jenem schrecklichen Tag, an dem Kaiphas und Pilatus weissagend sprachen: „Sehet, welch ein Mensch!", die Spötter am Fuß des Kreuzes bezeugten: „Er hat Gott vertraut" und hinzufügten: „Der errette ihn!" Aber er vertraute seinem Vater, ohne daß ihn dieser errettete. Obwohl er am Kreuz blieb, vertraute er seinem Gott aufs völligste, und damit hat er mir Bahn gebrochen, daß nun auch ich ihm vertrauen kann. Er führte ein Leben des Vertrauens auf Erden, damit wir Kinder des zwanzigsten Jahrhunderts von ihm lernen, zu vertrauen, wie er dem Vater vertraut hat.

Wer ist nun, bei dem dieser heilige Same durchbricht, den die Herrlichkeit des Glaubenslebens Jesu dahin bringt, daß er sagt: Auch ich will einer sein, der seinem Heiland vertraut, wie er dem Vater vertraut hat bis zum letzten Atemzug? Es dürstet Gott nach Menschenseelen, nach Lebensläufen von Menschen, auf die er seinen Stempel drücken kann, die Ewigkeitsgehalt haben. Es ist so viel Ewigkeitsgehalt in unserem Leben, wie wirkliche Glaubensstellung vorhanden ist. Niemand kommt tiefer in die Heiligung hinein, wenn er nicht von der Sünde des Mißtrauens überzeugt ist und kein anderes Ziel mehr hat als das, mit dem der Heiland in die Welt hineintrat: Ich vertraue dir in allem, in jedem Augenblick. In der Welt, die Jesus überwunden hat, ist auch meine Welt mit einbegriffen; ich darf es meinem Heiland zutrauen, daß er solch einen Weg für mich hat, daß ich nicht zu viel versucht werde; er verrechnet sich nicht. Wenn er etwas von mir verlangt, dann kann ich es auch. Er täuscht sich nicht, er übertreibt nicht. Der Glaube ist die Stellung eines Kindes Gottes, das irgendwelche Aufforderung vom Herrn für innere Fortschritte nie mehr bemißt nach seinen Fähigkeiten oder nach seiner Kraft, sondern allein nach Gottes Verheißung. — O du göttliche Fülle des Segens, Kraft genug für den, der nichts in sich selbst sucht, aber schöpft aus dem unversiegbaren Brunnen des Herrn der Herrlichkeit Gnade um Gnade!

Glaube einfach jeden Tag,
glaube, ob's auch stürmen mag!
Glaub erst recht auf dunkler Spur;
Jesus spricht ja: Glaube nur!

O wie strahlt sein Geist so rein
in mein armes Herz hinein!
Drum vertrau ich seiner Kur;
Jesus spricht ja: Glaube nur!

Glauben will ich, Herr, mein Gott,
glauben fest bis in den Tod,
bis zum Schaun auf Zions Flur;
Jesus spricht ja: Glaube nur!

23. Juli

Durch den Glauben ward gehorsam Abraham, da er berufen ward, auszuziehen in das Land, das er ererben sollte; und ging aus und wußte nicht, wo er hinkäme. Hebr. 11, 8

Wer glaubt, sieht nicht auf das, was vor Augen ist, auf die Heimat, Verwandtschaft und Vergangenheit, von der er sich trennen muß; er baut auf seinen Gott, der ihm ein besseres Land und eine bessere Zukunft verheißen hat, und macht sich auf den Weg, ohne zu wissen, wohin. Er spürt in sich keinerlei Kraft, um sich unter das im Fleisch Christi über ihn ausgesprochene Todesurteil zu stellen, keinerlei Kraft, um mit seinem früheren Leben zu brechen und seine Götzen zu opfern, um sich loszureißen von allem, was ihm hier unten lieb und teuer war. Er fühlt sich gebunden und ohnmächtig. Alles, was er an sich und um sich her wahrnimmt, steht der Verwirklichung der ihm von Gott gegebenen Verheißung entgegen, ja macht sie für menschliches Ermessen unmöglich (Röm. 4, 17—24). Trotzdem traut er seinem Gott, dem starken und wahrhaftigen Gott, der sein Wort nicht brechen kann, der die Toten lebendig macht und dem, was nicht ist, ruft, daß es sei.

Wer glaubt, sieht ab von seinen Stimmungen und Erfahrungen er kümmert sich weder um seinen Gemütszustand noch um die Schwierigkeiten des Weges; mit einem Gotteswort in der Hand geht er vorwärts, ohne etwas zu fühlen oder zu sehen, ohne Vertrauen oder Glauben in sich zu suchen. Der Glaube ist nicht etwas Greifbares, ein Grund und Boden, auf dem wir fußen könnten. Er ist vielmehr eine *Stellung* vertrauenden Harrens und Hingebens an den Gott, der gesagt hat: „Ich will ihr Abtreten heilen“ (Hos. 14, 5) und: „Ich bin der Herr, der euch heiligt“ (2. Mose 31, 13). Der einzige Grund und Boden, auf dem wir festen Fuß fassen können, ist das Werk Christi, die Treue eines lebendigen, mächtigen Hirten, die Verheißung unseres Vaters, der uns zugesicherte Beistand des Heiligen Geistes. Aber dieser Grund und Boden ist dem Auge verborgen, und wer ihn betritt, dem ist es oft, als ob er seinen Fuß in den leeren Raum setzte. Dies ist Glauben. Der Glaube gibt sich nicht Rechenschaft von sich selbst, er gibt sich nicht mit sich selbst ab, er hat es lediglich mit der Natur und dem Wesen des Gegenstandes zu tun, auf den er gerichtet ist. Vom Augenblick an, wo der Gläubige sich selbst und seinen Glauben anschaut, läßt er eben damit nach, zu glauben.

24. Juli

Kämpfe den guten Kampf des Glaubens! **1. Tim. 6, 12**

Wir dürfen nicht verkennen, daß der Glaubensweg des Christen eine Laufbahn des Leidens, der Arbeit und des Kampfes ist. Wenn man, wie es beim Christen der Fall ist, in Feindesland sich bewegt und auf seinem Weg nicht mit Fleisch und Blut, sondern mit unsichtbaren Mächten zu kämpfen hat, wenn man widrigen Winden ausgesetzt ist und Einflüssen, die alle darauf hinzielen, unseren Blick von Christus abzuziehen, so muß man stumm, blind und taub bleiben gegenüber allem, was unsere Aufmerksamkeit in Anspruch nehmen und sich zwischen uns und Christus hineinstellen will. Dies geschieht aber in gewissen Augenblicken nur mit Zusammenraffung aller geistlichen Kraft. Es braucht unerschütterliche Festigkeit, Kampfesstellung in voller Waffenrüstung, um den geraden Weg weiterzugehen, wenn man nichts mehr sieht und nichts mehr fühlt, nichts mehr unterscheiden und nichts mehr verstehen kann, wenn der Herr, wie er es früher oder später mit allen seinen Kindern tut, uns auf nackten Glauben verweist. Ist aber unser Kampf ein Glaubenskampf, d. h. kämpfen wir nicht in eigener Kraft und Anstrengung, sondern in der Kraft, die wir vom Herrn uns schenken lassen, so haben wir dabei ungestörten *Frieden* und volle Ruhe. Sind wir einmal des Herrn, so sind wir versichert, daß durch seine Gnade uns keine Versuchung mehr betreten kann, die über unsere Kräfte ginge; wir *wissen,* daß der Herr seine Hilfe je nach der Versuchung und nach unserem geistlichen Alter bemessen und die Versuchung einen solchen Verlauf nehmen lassen wird, daß wir sie ertragen und überwinden können (1. Kor. 10, 13). Mögen wir es mit inneren oder äußeren Versuchungen, mit Leiden, Schwierigkeiten oder Pflichten zu tun haben, wir wissen, daß wir jederzeit auf einen treuen und barmherzigen Hohenpriester rechnen können, der daran gedenkt, was wir für ein Gemächte sind, und der mit unseren Schwächen

Geduld und Mitleid hat. Wenn die Wogen der Versuchung auf uns eindringen, so lassen wir uns nicht erschrecken, sondern halten uns nur um so fester an die Verheißungen des Herrn und an den Herrn selbst, *gewiß*, daß uns keine Versuchung etwas anhaben kann, solange wir unseren Blick nicht vom Herrn abziehen lassen. Jede Glaubensprobe bringt uns dann eine Erfahrung mehr von der Treue und Macht unseres Gottes, macht uns fester in unserer Ruhe und unserem Frieden.

25. Juli

Lasset uns laufen durch Geduld in dem Kampf, der uns verordnet ist...! Gedenket an den, der ein solches Widersprechen von den Sündern wider sich erduldet hat, daß ihr nicht in eurem Mut matt werdet und ablasset!
Hebr. 12, 1. 3

Aus Hebräer 12 sehen wir, daß der Glaubensweg ein *Erziehungsweg* ist. Gott will uns erziehen; denn wir sind ja noch nicht am Ziel. Das Wort, das hier für Züchtigung steht, bedeutet in der Grundsprache Erziehung, und wenn es sich um Erziehung handelt, wissen wir, daß wir immer vor Proben gestellt werden, in denen offenbar wird, was noch weggeschlagen werden, was noch abfallen muß. Wir sind in den Augen Gottes das, wofür wir uns *in Stunden der Probe*, nicht in gewöhnlichen Verhältnissen ausweisen. Jede bestandene Probe führt uns weiter. Wenn wir nicht vor Aufgaben gestellt werden, können wir auch nicht bewährt werden. O vergessen wir doch nie, daß Gott seine Kinder erzieht und daß jeder Erziehungsweg notwendig Proben in sich schließt! Da gibt es immer wieder Durchbrüche. Es geht uns wie dem Apostel Paulus, der bekannte: „Nicht daß ich's schon ergriffen habe oder schon vollkommen sei; ich jage ihm aber nach, ob ich's auch ergreifen möchte, wozu ich von Christus Jesus ergriffen bin." Er schrak dann aber auch vor keiner Aufgabe zurück, sondern brach einfach durch.

Bewährt sich unser Glaube im Erdulden des Leides, so wird Gottes Erziehungsweg mit uns der Weg der Umgestaltung von Stufe zu Stufe, von Schritt zu Schritt. Vers 10 und 11 sagen uns klar und deutlich, daß Gott mit diesem Erziehungsweg den bestimmten Zweck im Auge hat, daß wir seine Heiligung erlangen. Man kann auch übersetzen: „seine Heiligkeit." Nach Vers 11 soll die friedsame Frucht der Gerechtigkeit herauskommen. Sind wir seiner Heiligkeit teilhaftig geworden, dann steht seinem Kommen nichts mehr im Weg. Dann hat er Leute, die er auf seinen Thron erheben kann. Nur müssen wir uns dann auch alles gefallen lassen, was dahin führt, das heißt: das Kreuz. die Schande und die Schmach erdulden, sowie auch allen Widerspruch. Dadurch offenbart sich, inwieweit wir in den Tod Christi eingegangen sind. Erdulden wir, daß Gott uns etwas durchkreuzt, so weisen wir damit aus, daß wir in dieser Welt sind, wie Jesus in der Welt war. Der Glaube vermag alles, weil er mit Jesus verbunden ist, der sein Leben gelassen hat.

26. Juli

Mein Sohn, achte nicht gering die Züchtigung des Herrn und verzage nicht, wenn du von ihm gestraft wirst! Denn welchen der Herr liebhat, den züchtigt er, und stäupt einen jeglichen Sohn, den er aufnimmt. So ihr die Züchtigung erduldet, so erbietet sich euch Gott als Kindern; denn wo ist ein Sohn, den der Vater nicht züchtigt? Hebr. 12, 5—7

„Mein Sohn, achte nicht gering die Züchtigung des Herrn ...!" Wir dürfen nicht vergessen, hinter aller Züchtigung steht der Vater — nicht der Mensch — und was für ein Vater! Wenn die Züchtigung weh tut, o dann vergeßt doch nicht: der alliebende Vater steht dahinter! Vielleicht siehst du zur Stunde keinerlei inneren Zusammenhang zwischen den äußeren Leiden, Züchtigungen und Demütigungen, die der Herr über dich verhängt, und den inneren Anfechtungen und Versuchungen, denen du besonders ausgesetzt bist; aber beuge dich nur erst unbedingt und jederzeit unter die gewaltige Hand deines Gottes, und du wirst bald innewerden, wie unmittelbar deine äußere Lebensführung reinigend und läuternd auf dein Herz wirken kann bis in dessen verborgenste Falten hinein. Sich beugen unter die gewaltige Hand Gottes ist der Weg, um gebrochen und zerschlagen, um klein und demütig, gering und elend zu werden. Zerschlagene, in sich selbst gebrochene Herzen kann der Herr heilen und segnen und mit Glaubensöl füllen; den Hoffärtigen und denen, die noch eigene Kraft haben, widersteht er.

„So ihr die Züchtigung erduldet, so erweist sich euch Gott als Vater ..." Das charakteristische Merkmal wahrhaft Bekehrter ist das Aushalten, Erdulden. Seelische Leute halten nie aus, wohl aber solche, in denen der Geist Gottes regiert, und die er von allem Seelischen löst. Gebt euch dazu her, erzogen zu werden, anstatt euch wehleidig der Erziehung Gottes zu entziehen! Wer sich hergibt, bindet sich damit an seinen Heiland. Sage: „Binde mich nur fest, wie Abraham seinen Sohn auf den Altar festgebunden hat! Ich möchte der Schule nicht entlaufen; aber es sind noch Dinge bei mir, die könnten mir leicht einen Streich spielen, darum laß mich nicht los!" Sind wir in dieser Stellung, dann kommt er zum Ziel mit uns. Wo solche Unterordnung ist, hört der Widerspruch auf. Da sagt man nicht mehr: „Aber Vater, das kommt nun doch zu dick — dieses Kreuz ist zu schwer!" Hat der Sohn Gottes jemals so gesagt? Nein, niemals! O sei untertan, Gotteskind; widersprich und klage nicht! Wollen wir einen anderen Weg gehen als den, den unser Heiland gegangen ist? Oder wollen wir nach vollendeter Erziehung mit ihm auf den Thron erhoben werden als in sein Bild Umgestaltete? O teure Leser, wir wollen den Glaubensweg gehen, uns von ihm erziehen lassen und nie vergessen, daß wir es mit einem alliebenden Vater und einem barmherzigen Hohenpriester zu tun haben. Er ist der Vater der Geister. Er versteht uns zu behandeln; denn er hat uns aus seiner Hand hervorgehen lassen. So wir haben unsere leiblichen Väter zu Züchtigern gehabt und sie gescheut, sollten wir denn nicht viel mehr untertan sein dem Vater der Geister, daß wir leben? (Hebr. 12, 9.)

O welch wunderbares Lieben,
das seine Kinder so betrüben,
so schwere Wege führen kann!
Um zu ew'gen Seligkeiten
die Lieblinge dir zu bereiten,
setzt du so tief das Messer an.
Und doch trifft unser Schmerz
zuerst dein eigen Herz.
Treuer Heiland,
du tust den Schnitt,
und du fühlst mit,
du Priesterherz, das für uns litt.

27. Juli

Nehmet, meine lieben Brüder, zum Exempel des Leidens und der Geduld die Propheten, die geredet haben in dem Namen des Herrn! Siehe, wir preisen selig, die erduldet haben! Die Geduld Hiobs habt ihr gehört, und das Ende des Himmels habt ihr gesehen; denn der Herr ist barmherzig und ein Erbarmer. Jak. 5, 10. 11

In der Geschichte Hiobs sehen wir Gott vorangehen und von sich aus des Feindes Augenmerk auf seinen Knecht richten. Hast du nicht acht gehabt auf meinen Knecht Hiob (Hiob 1, 8)? Da wehten die Stürme um den Glaubensmann, und die Wogen der Trübsalssee gingen hoch. Solche Stürme und Prüfungen kommen zu Gottes Zeiten, nicht wann der Teufel will. Dessen Wille ist schon lange auf unseren Untergang gerichtet, und er hätte uns schon lange verschlungen. O wie hat Hiob dann aufgemerkt und stillgehalten, als Gott mit ihm redete! Er war zuschanden geworden vor seinen Freunden, die, wie es schien, mit dem Wort Gottes, aber im Grund doch nur mit ihrer Gotteserkenntnis und damit mit ihrem eigenen Maßstab an ihn herangetreten waren, und nun wird er vor seinem Gott zuschanden, weil er mit *seinem* Maßstab an Gott herangetreten war. Hiobs bisherige Frömmigkeit war nur Vorstufe, noch nicht das letzte Wort. Gott wollte diesen auserwählten Knecht des Alten Testaments etwas schauen lassen von der Welt, die er vor Elia eröffnete, als er den Propheten mit dem stillen Säuseln seines Heiligen Geistes umwehte. Er wollte sein Herz, soweit es möglich war, öffnen für den Geist des Neuen

Bundes, und wo der weht, da hört man auf, von Recht und Ansprüchen zu reden. Der Herr hat ihm den Schleier weggezogen von seiner Majestät, und damit ist der Wurm in den Staub gesunken und hat um Gnade geschrien. Und Gott hat sich seiner erbarmt und sich zu ihm geneigt; er hat ihn mit mächtiger Hand aus dem alttestamentlichen Kreis der Schatten auf die Schwelle des Neuen Bundes gehoben; er hat ihm ein Stück seiner Herrlichkeit gezeigt.

Auch im Leben der Kinder Gottes, der einzelnen und der Familien, gibt es Tage und Stunden, wo eins über das andere kommt. Aber wenngleich der Feind auftritt und sich gebärdet, als wäre er souverän, als wäre er Gott, willkürlich kann er doch nicht eingreifen in unseren Gang. Wohl hat er seine Hand im Spiel, aber unter göttlicher Erlaubnis und Überwachung.

Auch in Stunden der Finsternis, wann der Feind über uns Macht bekommt, wo es durch Feuerproben geht und alles zusammenkommen darf, ist es doch immer der Herr, der dem Feind diese Macht gibt, der ihr aber auch Grenzen zieht; es ist alles gemessen, gewogen, geleitet. Es geht ein Brand an, aber nur, bis die Bande versengt sind; echtes Glaubensleben geht gereinigt und geläutert daraus hervor. Nein, wir sind keinem Zufall anheimgegeben; wir wissen, was für eine Hand unentwegt über uns ausgestreckt bleibt, während wir zwischen den Wassermauern der Trübsal hingehen. Es ist Jesu Hand, in die der Vater uns hineingelegt hat, und aus dieser Hand kann uns niemand reißen.

Halt du mich nur bei deiner Rechten,
holdsel'ger Freund, und dann voran!
Sei du der Stern in meinen Nächten,
in meinem Boot der Steuermann,

und sprich, wenn ich im Sturme zage,
zwei Worte nur vernehmlich aus,
sprich nur: „Ich bin's!“, und jauchzend schlage
ich meine Ruder ins Gebraus.

28. Juli

Abraham hat geglaubt auf Hoffnung, da nichts zu hoffen war, auf daß er würde ein Vater vieler Völker; wie denn zu ihm gesagt ist: „Also soll dein Same sein.“ Und er ward nicht schwach im Glauben, sah auch nicht an seinen eigenen Leib, welcher schon erstorben war, weil er fast hundertjährig war, auch nicht den erstorbenen Leib der Sara; denn er zweifelte nicht an der Verheißung Gottes durch Unglauben, sondern ward stark im Glauben und gab Gott die Ehre. Röm. 4, 18—20

Der tiefste Wesenszug des Glaubens besteht darin, daß wir, wie Abraham, nicht sehen auf das, was vor Augen ist. Nach den Gesetzen der Natur konnte er keinen Sohn mehr haben. Gott hatte die Zeit verstreichen lassen. Menschlich gesehen war die letzte Hoffnung entschwunden. Was muß das für Abraham gewesen sein: auf der einen Seite der innere Zwang, die Verheißung festzuhalten, auf der anderen Seite das Erfahren des sicheren, unaufhaltbar fortschreitenden Ersterbens der Leiber! Dieser innere Widerstreit zwischen der Welt des Glaubens und der sichtbaren Welt hat ohne Zweifel auf Abraham schwer gedrückt. Es war für ihn ein Hindurchgehen durch das Tal der Todesschatten, aber es hat an seiner Glaubensstellung nichts geändert. Abraham sah nicht an seinen erstorbenen Leib, sondern hielt sich an Gottes Wort, und also ward er stark im Glauben. Schaue du, liebe Seele, nicht an dein erstorbenes Herz, deine Unempfindlichkeit, deine Marmorkälte! Laß nichts in dir selbst, weder Gutes noch Böses, deinen Blick fesseln; richte ihn auf deinen Gott und laß ihn ruhen auf dem, der dich mit seinem Blut erlöst hat! Gib Gott die Ehre, indem du nicht zweifelst an seinem Wort! Wisse aufs allergewisseste, daß Gott tut, was er verheißt, und verherrliche ihn dadurch, daß du mitten aus deinem Tod heraus dich stützest auf sein untrügliches, lebenbringendes Wort!

Ich weiß, was es ist: glauben, ohne zu fühlen, an dem Herrn zu hangen, wenn Nacht und Todesschatten die Seele umgibt. Ich weiß, was es heißt, zu verharren im nackten Glauben; es ist in der Tat ein Kampf auf Leben und Tod. Ich weiß, wie der Herr zerbrechen und zermalmen kann, wie er uns stellen kann mit unseren Sünden in das Licht vor seinem Angesicht. O Geliebte, laßt ihn machen! Er weiß, was ihr ertragen könnt. — Es kommen dann wieder andere Zeiten, Zeiten, wo der Herr in seiner Gnadenfülle fühlbar dem Herzen nahetritt, wo Reinigungswasser und Geisteskräfte spürbar durch die Seele gehen. Erfahrungen, die bei den einen in wenige Tage, wenn nicht gar in einige Minuten, sich zusammendrängen, sind bei den anderen auf den Zeitraum von Jahren verteilt, und zwar in verschiedenstem Grad und in der verschiedenartigsten Aufeinanderfolge.

Lasset den Herrn machen; lasset ihn mit einem jeden der Seinen besondere Wege gehen! Der Töpfer weiß, wie er seinen Ton behandeln und gestalten soll; bleibt nur still in seiner weisen und väterlichen Behandlung! Du magst fühlen oder nicht fühlen; die Nacht mag noch so dunkel und dein Herz noch so voller Widersprüche sein — es tut nichts. Die Hand Jesu ist ausgestreckt, dich zu retten und zu bewahren. Lege deine Hand in die seinige und glaube es ihm, weil er es sagt, daß er dich annimmt und sicher leitet! Vertraue dich ihm an mit all deiner Unruhe! Vielleicht führt er dich noch länger durch Dunkel und Schatten, vielleicht läßt er dir recht bald die Sonne leuchten — überlaß das völlig ihm, dem treuen Führer, tue du nichts, als ihm folgen und ihm vertrauen! Zu seiner Zeit, die immer die rechte ist, wird er dich erquicken;

im Umgang mit ihm wirst du ihn besser kennenlernen. Die Stunde wird kommen, wo seine Freude dich erfüllen wird, bis du, geleitet von seiner sicheren Hand, eingehst in das ewige Vaterhaus.

Die Proben gehn vorüber,
und Jesus bleibt getreu.

29. Juli

Solches habe ich euch geschrieben, die ihr glaubet an den Namen des Sohnes Gottes, auf daß ihr wisset, daß ihr das ewige Leben habt und daß ihr glaubet an den Namen des Sohnes Gottes. 1. Joh. 5, 13
Ich glaube, darum rede ich. Ps. 116, 10

Der Glaube ist eine Gabe Gottes (Phil. 1, 29) so gut wie die Bekehrung (2. Tim. 2, 25). Wer sie besitzt, besitzt sie als eine *freie, unverdiente Gnade,* die Gott ihm geschenkt hat. Der Heilige Geist wirkt den Glauben, indem er das Herz für die Predigt des Evangeliums aufschließt (Apg. 16, 14; Röm. 10, 14—17); er wirkt ihn aber da, wo *Aufrichtigkeit und Liebe zur Wahrheit ist* (Joh. 12, 32; 8, 46. 47; 18, 37).

Der Glaube ist uns darum auch in der Heiligen Schrift in den bestimmtesten Worten *geboten* (Mark. 1, 15; 11, 22; Joh. 12, 36; Apg. 16, 31; 1. Joh. 3, 23). Wer diesem Gebot Gehorsam verweigert, der mißtraut Gott und seinem Zeugnis, der macht ihn zum Lügner und begeht ein Verbrechen (1. Joh. 5, 10).

Um in unserem Glaubensgang fest und gewiß zu werden, ist wesentlich, daß wir treu zeugen. Der Glaube hat das Bedürfnis, sich auszusprechen; er treibt zu einem Zeugnis in der einen oder anderen Form. „So man von Herzen glaubt, so wird man gerecht; und so man mit dem Munde bekennt, so wird man selig“, sagt der Apostel (Röm. 10, 10, siehe auch Vers 9 und Offb. 12, 11). Wo man im Glauben etwas erfaßt, da handelt es sich darum, sofort eine Stellung einzunehmen, durch die man sich jeden Rückweg abschneidet und jede Hintertür verschließt. Wer vor dem Zeugnis zurückschreckt, beweist eben dadurch, daß er noch nicht alles Mißtrauen gegen Gott aus seinem Herzen verbannt hat.

Wer unter der Zucht des Geistes Gottes steht, wird freilich von inneren *Erfahrungen* oft lange, oft sein ganzes Leben lang schweigen; aber für den Glauben ist es *Lebensbedingung,* sich zu bezeugen, indem er den Gegenstand des Glaubens preist. „Wir *rühmen,* daß du uns hilfst!“

Wie oft finden wir in der Heiligen Schrift, besonders in den Psalmen, solches Glaubenszeugnis (z. B. Psalm 40, 1—6 und Psalm 34, 1—8)! „Meine Seele soll sich rühmen des Herrn, daß es die Elenden hören und sich freuen“ (Vers 3). Solches Zeugnis des Glaubens, oft in dunklen Momenten, hilft einem viel, herauszukommen aus der Höhle, in die der Feind uns einspinnen will. „Ich glaube, darum rede ich. Ich werde aber sehr geplagt“ (Ps. 116, 10). Und wenn ich auch viel geplagt werde, ich rühme dennoch die Treue meines Herrn. „Dennoch! Dennoch!“ — „Dieweil wir aber denselben Geist des Glaubens haben, nach dem, das geschrieben steht: Ich glaube, darum rede ich, so glauben wir auch, darum so reden wir auch und wissen, daß er, so den Herrn Jesus hat auferweckt, wird uns auch auferwecken durch Jesus und wird uns darstellen samt euch. Denn es geschieht alles um euretwillen, auf daß die überschwengliche Gnade durch vieler Danksagen Gott reichlich preise. Darum werden wir nicht müde, sondern ob unser äußerlicher Mensch verdirbt, so wird doch der innerliche von Tag zu Tag erneuert“ (2. Kor. 4, 13—16).

30. Juli

Er ist ein Fels. Vollkommen ist sein Tun, ja alle seine Wege sind gerecht. Gott ist wahrhaftig, ohne Falsch, gerecht und gerade ist er. 5. Mose 32, 4

Hebet eure Augen in die Höhe und sehet! Wer hat solche Dinge geschaffen und führt ihr Heer bei der Zahl heraus? Er ruft sie alle mit Namen; sein Vermögen und starke Kraft ist so groß, daß es nicht einem fehlen kann. Jes. 40, 26

Lerne deinen Gott kennen! Das ist eine große Lektion des Glaubens, ihn, den Unwandelbaren, den Treuen, kennenzulernen. Wer ihn kennt, der kennt die Quelle immer neuer Kraft. Das ist vielleicht das größte Wunder in der Welt und das, was Gott jetzt am meisten verherrlicht, wenn ein Menschenherz durch die Gnade, ihn zu kennen, so fest wird im Herrn, daß es weder dem Feind noch der Welt noch dem Leben mit seinen mannigfaltigen und unerwarteten Vorkommnissen gelingt, das Vertrauen wankend zu machen. — Der Fels gibt nicht bloß Wasser, er begleitet, er trägt jeden einzelnen durch die Wüste hindurch. Er führt von Sieg zu Sieg, d. h. von Gebrochenheit zu Gebrochenheit, von Abhängigkeit zu Abhängigkeit, daß man immer unfähiger wird, einen Schritt allein zu tun, aber immer sicherer und gewisser in ihm. So wird der Wüstenweg Herrlichkeitsweg. Es ist der Weg Gottes. An Gottes Art und Weise muß man sich erst gewöhnen, an diese große, wunderbare Art, mit der er mit uns umgeht. — Jesaja 55, 8. 9: „Denn meine Gedanken sind nicht eure Gedanken, und eure Wege sind nicht meine Wege, spricht der Herr; sondern soviel der Himmel höher ist denn die Erde, so sind auch meine Wege höher denn eure Wege und meine Gedanken denn eure Gedanken.“ — „So spricht der Herr, der Heilige in Israel und ihr Meister: Fraget mich um das Zukünftige; weiset meine Kinder und das Werk meiner Hände zu mir! Ich habe die Erde gemacht und den Menschen darauf geschaffen. Ich bin's, des Hände den Himmel ausgebreitet haben, und habe allem seinem Heer geboten. Fürwahr, du bist ein verborgener Gott, du Gott Israels, der Heiland" (Jes. 45, 11. 12. 15). Solches Sichgewöhnen an die Art Gottes geht freilich nicht an einem Tag. Es darf aber auch kein Tag verloren werden, sonst gibt's Stümperwerk. Was auf der Schulbank in Einübung der Glaubenslektionen versäumt wird, kann einem für immer nachgehen. Nur jetzt keine Zeit verlieren, nur nichts wegphantasieren und nichts sich wegwischen lassen durch Bilder der sichtbaren Welt, des natürlichen, eitlen Lebens! O lerne doch ein jedes sich ans Stillesein gewöhnen und sich Rechenschaft geben über die großen Taten Gottes und über die neuen Glaubensübungen, die Gott uns damit stellt! Lerne doch ein jedes zu sich selber kommen und einen Blick tun in die Größe der Aufgabe und in die Herrlichkeit des wunderbaren Gangs, den wir als Glaubensmenschen zu gehen haben! Und wem einmal die Augen aufgegangen sind für das Wesen Gottes, der sehe zu, daß er sich den Blick rein, frei und einfältig erhalte, sonst wankt der Glaube, und wir liegen wieder in Schwachheit danieder.

Ihn, ihn laß tun und walten,
er ist ein weiser Fürst
und wird sich so verhalten,
daß du dich wundern wirst,
wenn er, wie ihm gebühret,
mit wunderbarem Rat
die Sach' hinausgeführet,
die dich bekümmert hat.

31. Juli

Und wiewohl er Gottes Sohn war, hat er doch an dem, das er litt, Gehorsam gelernt. Und da er vollendet war, ist er geworden allen, die ihm gehorsam sind, eine Ursache zur ewigen Seligkeit. Hebr. 5, 8. 9

Unser Herr hat Gehorsam gelernt an dem, das er litt (Hebr. 5, 8); er ist als Anfänger des Glaubens (Hebr. 12, 2) den Weg der Übungen gegangen (Hebr. 5, 14), und so haben auch wir den Weg der Glaubensübungen zu machen von einer Station zur anderen. Es gilt. nicht faul sein, keinen Phantasien oder unnüchternen Erhebungen sich hingeben, sonst kommt ein Rückschlag. Jakobus 5, 13 heißt es: „Ist jemand gutes Muts, der singe Psalmen!", aber auch: „Leidet jemand unter euch, der bete!" Zuletzt bleibt immer nur eins im Christenleben: der *harrende* Glaube. Damit findet man sich durch. „Hier ist Geduld und *Ausharren* der Heiligen."

Es gilt still werden und auch über den Klängen heiliger Lieder am Roten Meer nicht vergessen, daß wir noch nicht am kristallenen Meer angekommen, daß wir noch unterwegs sind. Was Gott getan hat, das soll sich uns nachher versiegeln, und wir sollen beweisen, daß wir Gottes Tun verstanden haben, indem wir das Erfahrene als Wegzehrung für die Reise verwerten. Wie Elia vierzig Tage und vierzig Nächte durch die Wüste hat ziehen können mit der Gottesspeise, die ihm der Engel unter dem Busch gereicht, so können auch wir mit der Speise einer wunderbaren Erfahrung, einer göttlichen Begegnung unsere Straße weiterziehen, ohne uns zu ermüden oder uns irremachen zu lassen, wenn neue Proben kommen. Das Mehl im Topf und das Öl im Krüglein, alles, was nicht von Menschen gesammelt, sondern von Gott in uns niedergelegt und von ihm uns anvertraut ist, mit einem Wort: Gottes Vorrat reicht, bis der Herr ihn erneuert, von einer Station zur anderen. Mit unseren Anstrengungen und Vorsätzen, mit unseren Reisevorräten ist der Teufel bald fertig, und dann stehen wir wieder ratlos und murrend da. Aber der göttliche Vorrat geht nicht aus; der erneuert sich gerade an neuen Proben. An den gleichen Stätten und bei den gleichen Übungen, wo den einen, die mit eigenem Proviant reisten, dieser ausgeht, wird den anderen ihr göttlicher Proviant von oben herab erneuert. Sie bekommen neue Kraft, neuen Mut und Freudigkeit, neue Stille und Geduld, neue Demut und Einfalt; der Herr spinnt weiter an seinen heiligen Fäden, aber nicht nach Menschenweise.

1. August

Es ist ein köstlich Ding, daß das Herz fest werde, welches geschieht durch Gnade. Hebr. 13, 9

Eine Glaubenssituation ist unerträglich für den, dessen Herz nicht fest geworden ist in Gott. Dann geht's wie bei Lots Weib, man blickt rückwärts. — Es wäre doch schöner gewesen in Ägypten, als dem Herrn nachfolgen, meinen die Kinder in der Wüste. O was sind das für Stimmen! Wie sieht man doch die Dinge der Vergangenheit so ganz anders, als sie wirklich waren, wenn das Herz nicht mehr still ist vor Gott! Wie läßt man sich da erschrecken von Dingen, die gar nicht zu fürchten sind, und anziehen von Gestalten und Bildern, die doch nur trügen! O die fleischlichen Gedanken, das fleischerne Herz (aber fleischern nicht im Sinne von Hesekiel 36, 26)! Man sehnt sich nach den Fleischtöpfen, und die Körbe Ägyptens, mit denen man sich geschleppt hatte, sieht man nicht mehr. Wohin kann man doch kommen, wenn man seinem Gott nicht mehr traut! Dann haben alle Farben des Teufels Raum; da kann er malen, wie er will, und dann kann kein Mensch dich überzeugen, daß du verkehrt siehst. Da taumeln dann die einen in täuschenden Hoffnungen, die anderen liegen in Schwermutsbanden danieder. Weder der einen noch der anderen Herz steht mehr recht zu Gott, und darum hat der Feind Macht, zu erschrecken, zu locken, zu bezaubern.

Für ein gesundes Glaubensleben ist es unentbehrlich, zu wissen, daß der Teufel nicht unendlich ist, daß darum auch keine Versuchung ewig währt. Es hat alles sein Ziel und seine Grenze; jede Schule hat ihren Anfang und ihr Ende. Je größer die Not, desto näher der Retter; werfet nur euer Vertrauen nicht weg; bei Gott ist kein *unbegründetes Verzögern, kein Verschleppen.* Ist in einer Sache das Werk der Geduld bei uns vollendet (Jak. 1, 4), so greift er ein. Hier ist Geduld und Glaube der Heiligen. Wie schade, wenn jemand noch in einer letzten Probe, noch vor Toresschluß, Zuversicht und Hoffnung wegwirft! Ich sage: Schade; aber nicht, als ob es hätte ebensogut anders gehen können. Es gibt keinen Zufall auf diesen Gebieten. Erst am Schluß weist es sich aus, ob jemand ein Kind des Neuen Bundes ist oder ob es bloß hineingeschaut, von den Vorrechten und Kräften dieses Bundes etwas gekostet hat, im Grund aber dem Alten Bund angehört. In letzterem Fall bricht es früher oder später zusammen. Du *mußt* in das Wesen des Neuen Bundes, du mußt in Jesus hineinkommen und in ihm die Bürgschaft fürs Ausharren finden. Und lägen die herrlichsten Erfahrungen hinter dir: Wert hat nur, was dich in nähere Bekanntschaft mit Jesus bringt. Ist Jesus auf dem Plan, so kannst du vorwärtsgehen mit der Losung: *er.*

2. August

Gleichwie du nicht weißt den Weg des Windes und wie die Gebeine im Mutterleibe bereitet werden, also kannst du auch Gottes Werk nicht wissen, das er tut überall. Pred. 11, 5

Fürwahr, du bist ein verborgener Gott, du Gott Israels, der Heiland. Jes. 45, 15

Der Heilige zieht einen Schleier über das Heiligste und Größte, was er tut. Er legt die Wunder seines Eingreifens nicht bloß vor dem profanen, kreatürlichen Auge. Petrus, Jakobus und Johannes haben nicht gesehen, wie der Herr verwandelt wurde auf dem Berg; sie haben nicht gesehen, wie seine natürliche Gestalt zurückkehrte, auch nicht wie Mose und Elia verschwanden. Kein Mensch sah das Manna vom Himmel herabkommen die 40 Jahre lang; das war Gottes verborgene, heilige, wunderbare Hand. So tut Gott immerdar, wie es in obiger Stelle heißt. Lerne du Gottes Heiligtum respektieren, den Schleier ehren, der auf all seinem Wirken ruht! Gehe ein in die heiligen Glaubenslinien, die Gott dich gehen heißt, richte den Blick auf deinen erhöhten, herrlichen Heiland und vertraue ihm, dann kann der Heilige Geist sein Werk in dir haben, unbelauscht von dir, und du wirst jeden Tag finden. was du brauchst. Aber wie er alles bereitet, wie er dir nicht nur Jugend-, Körper- und Geisteskraft, sondern auch Glaube. Liebe und Hoffnung, die Quellen deines inneren Lebens, erneuert. so daß du vorwärtsgehen kannst — das ist Gottes verborgenes Tun. Gott tut keine Schauwunder, wie wir oft so gern alles mögliche vor den Augen anderer ausbreiten möchten, sie zu überführen von dem, was Gott zu tun vermag. Wir können die Welt nicht gewinnen und nicht überzeugen, wenn wir sie in Dinge hineinschauen lassen, die nur für Kinder Gottes sind. Je näher du deinem Gott kommst, je tiefer er mit dir gehen kann, desto mehr wird es Dinge geben, die andere nicht verstehen, auch nicht zu wissen brauchen. Zu seiner Zeit wird Gott den Schleier abtun, aber hier unten nur in dem Maß, als es gut ist in seinen Augen. Es genüge dir, einen Gott zu haben, der für dich sorgt, einen Hüter Israels, der nicht schläft noch schlummert. —

Auch über seine Reichsarbeit und Reichsentwicklung zieht Gott einen Schleier, daß der Schläfrige und Gedankenlose gar nicht merkt, welche Stunde geschlagen hat, was Gott vorbereitet und was im Verborgenen ausreift. Aber seine Auserwählten läßt der Herr Blicke tun in seine Wege, daß sie merken, wo Gott hinzielt, und wie fest er alles in der Hand hält.

3. August

Die ihr durch ihn glaubet an Gott, der ihn auferweckt hat von den Toten und ihm die Herrlichkeit gegeben, auf daß ihr Glauben und Hoffnung zu Gott haben möchtet. 1. Petr. 1, 21

„Aus Glauben in Glauben.“ Wenn es einerseits durch Unglauben in Unglauben geht, so ist es gottlob andererseits so, daß der Glaube sich mit jedem neuen Horizont, der sich ihm eröffnet, vertieft. Wer Gnade in sich aufnimmt, dessen Glaube erstarkt, der lebt auf, seine Lungen öffnen sich wieder, und er atmet neu auf; es strömt ihm Lebensluft, Heimatluft, Ewigkeitsluft zu. Und welcherlei Leiden und Aufgaben auch heute oder morgen oder in kommenden Jahren an ihn herantreten mögen, er fragt sich doch nicht: „Bin ich dem gewachsen, kann ich das auch noch durchmachen?“, sondern er *glaubt.* Er stützt sich weder auf sich selbst noch auf andere Menschen, sondern auf seinen Gott; denn Gott hat seinem Sohn Herrlichkeit gegeben, auf daß unser Glaube zu Gott sei. Und wir können Gott nie zu viel vertrauen; sein Arm ist nie zu kurz, noch sein Auge jemals blöde. Wir glauben an Gott, und damit kommen wir durchs Leben. Täglich erneuert sich der Glaube, und wenn er uns nicht immer gleich in den Besitz, den Vollbesitz dessen einführt, was uns die Schrift vor Augen stellt, so hoffen wir; und in den Dingen, in denen Gott heute nicht mit uns fertig geworden ist, wird er morgen fertig. Wir lernen glauben und üben uns im Glauben; dazu sind die Schwierigkeiten da, die Falten in unserem Charakter und in unserer Phantasie, die nicht immer von einem Tag zum anderen weichen. Wir müssen erst die Schwierigkeiten kennenlernen, die sich in unserem leiblichen und geistlichen Organismus festgesetzt haben. Unser Glaube muß sich erst üben; wir müssen die Macht des Widerstandes kennenlernen — die eigene Ohnmacht unseren Sympathien und Antipathien gegenüber. Alle diese Gebiete müssen erst eins nach dem anderen erobert werden, und dazu kommt uns die Hoffnung zu Hilfe. In bezug auf alle Dinge, Charakter- und Temperamentsfalten, die heute noch Schwierigkeiten bilden, geht es aus Glauben in Glauben. Wo die einen den Mut sinken lassen, fassen die anderen mit jedem Tag neuen Mut und sagen: *„Die Gnade wird doch noch fertig; Gott wird doch noch fertig!“*

„Auf daß euer Glaube zu Gott sei“ — auf Gott vertrauend. Gott ist kein Lügner; er kann nicht lügen und sich auch nicht irren, so wenig er etwas versprechen kann, was über seine Kraft ginge, wie es einmal im Propheten Jeremia heißt: „Du bist wie ein Held, dessen Kraft versiegt ist.“ Er ist der Allmächtige, dessen Arm nie zu kurz ist, und der Allgegenwärtige, der nicht morgen in einem anderen Lande ist und uns gewissermaßen zu verstehen gibt: „Jetzt ist die Reihe nicht mehr an dir.“ So ist unser Gott nicht. Ist unser Glaube auf ihn gerichtet, so stehen wir damit auf Felsenboden, auf Ewigkeitsboden, der auch schwankende Füße trägt, und auf dem auch zitternde Herzen ruhig und still werden. Auf ihm, dem Felsen, steht man nicht nur fest, sondern man wird dort auch nicht von der Brandung berührt, und man beherrscht von dort aus eine weite Strecke. Es öffnen sich neue Horizonte. Es geht aus Glauben in Glauben.

Du wirst erfahren, daß ich der Herr bin, an welchem nicht zuschanden werden, die auf mich harren (Jes. 49, 23).

4. August

Und da Aaron redete zu der ganzen Gemeinde der Kinder Israel, wandten sie sich gegen die Wüste; und siehe, die Herrlichkeit des Herrn erschien in einer Wolke. 2. Mose 16, 10

Seele, tritt vor das Angesicht deines Gottes und wende dich im Glauben gegen die Wüste — gegen deinen heißen und drückenden Lebensweg! Dort, auf dem Weg, vor dem du zurückschreckst, in der Gegend, in der Aufgabe, in der Entsagung, über die der Teufel sein „Unmöglich“ hinzeichnet, *wartet auf dich Herrlichkeit.* Laß dir deinen Gott nicht verleugnen vom Teufel; fürchte dich nicht! Aus dir, dem Kind Ägyptens, macht der Herr einen Sohn, eine Tochter der Wüste, Nachfolger des Lammes. Er wird dich tränken aus dem ewigen Felsen mit Wassern, die nur solche kennen, die gelernt haben, Tag um Tag, Schritt für Schritt aus Glauben zu leben. — Mit der Wüste vertraute Wanderer, die bei allen Wendungen des Wegs stracks dem oberen Jerusalem zugewandt bleiben, kann Gott auch durch Todestäler führen, vorüber an Felsen, die kein Wasser geben, durch dürren Wüstensand, wo weder Palmbäume noch Quellen zu finden sind. *Sie gehen vorwärts, und im rechten Moment ist Wasser und Brot, Kraft und Freudigkeit da.* Wohl gehen sie von einer Entblößung und Entäußerung zur anderen; sie werden ausgezogen bis in die Quellgebiete ihres Daseins hinein. Aber *je tiefer sie in die Wüste hineingehen, desto weiter öffnet sich über ihnen der Himmel.* Der Himmel öffnet sich über allen, die weder dessen achten, was in ihnen vorgeht, noch dessen, daß sie ohne Erquickung, ohne brüderliche Handreichung dahinzugehen haben. Das sind die Wüstensöhne, Herrlichkeitssöhne! Sie bewahren, was Gott sie einmal hat schauen lassen, und murren nie mehr. Das konnte das Alte Bundesvolk nicht. Israel hatte noch nicht den am Kreuz gebrochenen Leib Christi, es hatte nicht den Pfingstgeist. Was niedergelegt ist in den Erfahrungen der Kinder Israel, ist uns zum Vorbild geschehen. Weil wir den Christus haben, der wohl Israel auf seinem Weg durch die Wüste geleitet, den sie aber nicht zu erkennen und zu erfassen vermochten, können wir da feste und gewisse Tritte tun, wo Israel gestrauchelt, können eingehen in all den Reichtum und all das Licht, die Gott in die Erfahrungen eines Wüstenganges niedergelegt hat.

Unsere Herrlichkeit bemißt sich nach den Leiden, die wir auf dem Weg des Glaubens im Glauben durchgemacht haben. Ganz klar sagt dies die merkwürdige Stelle 2. Korinther 4, 17. 18: „Denn das schnell vorübergehende Leichte unserer Drangsal bewirkt uns ein über die Maßen überschwengliches ewiges Gewicht von Herrlichkeit." Aber bei wem? Bei denen, die nicht sehen aufs Sichtbare, auf das, was vor Augen ist. Alles Sichtbare, alle Fleischesherrlichkeit vergeht, aber Gottes Wort und Gottes Herrlichkeit bleibt ewig. Sie ruht auf dem Wüstenwanderer, wird ausgeboren und ausgereift in denen, welche durch den Glauben in den Tod und in das Auferstehungsleben Jesu hineingepflanzt sind und nunmehr trachten nach dem, was droben ist, da Christus ist, zu der Rechten Gottes.

Wohl dir, du Kind der Treue,
du hast und trägst davon
mit Ruhm und Dankgeschreie
den Sieg, die Ehrenkron'.
Gott gibt dir selbst die Palmen
in deine rechte Hand,
und du singst Freudenpsalmen
dem, der dein Leid gewandt.

Die Schule der Gnade

5. August

Darum so begürtet die Lenden eures Gemüts, seid nüchtern und setzet eure Hoffnung ganz auf die Gnade, die euch angeboten wird durch die Offenbarung Jesu Christi, als gehorsame Kinder, und stellet euch nicht gleich wie vorhin, da ihr in Unwissenheit nach den Lüsten lebtet; sondern nach dem, der euch berufen hat und heilig ist, seid auch ihr heilig in allem eurem Wandel! 1. Petr. 1, 13—15

Es ist ein wunderbares, leuchtendes Bild der großen Errettung, die uns durch Jesus Christus geworden ist, welches in der ersten Hälfte des ersten Petrusbriefes vor uns hingestellt wird, ein Bild von jener Errettung, welche die Propheten von ferne geschaut, deren Größe und Herrlichkeit wir nicht ausschöpfen können, die nur immer unergründlicher wird, je tiefer wir sie zu erforschen suchen. Alle diese herrlichen Dinge sind für uns, denen jetzt das Evangelium mit Bezeugung des vom Himmel gesandten Heiligen Geistes verkündigt worden ist. Aber sie sind für uns unter der Voraussetzung, daß wir *Kinder des Gehorsams* sind (Vers 14). Welche Verantwortung haben wir dem Evangelium, dem Heil gegenüber! Kinder des Gehorsams gehen in die Schule, in die Schule der Gnade; in dieser Schule lassen sie sich erziehen, bilden, fertigmachen für die Herrlichkeit. Die Schule fängt an mit der richtigen Haltung, die man einzunehmen hat. Ehe die Kinder etwas anderes lernen, muß ihnen Ordnung und Sitte beigebracht werden. So ist es auch im Geistlichen.

Einem so kostbaren Evangelium gegenüber gilt es sich zusammennehmen und nach der in Vers 13 enthaltenen Mahnung handeln: „Darum so begürtet die Lenden eures Gemüts!" Je wichtiger ein Unterricht ist, um so mehr muß man den Kopf bei der Sache haben und sich selbst und seine Gedanken zusammennehmen. Man hält sein Gewand mit einem Gurt zusammen, damit es nicht nach allen Seiten hin flattere. „Begürtet die Lenden eures Gemüts!" — die Gewänder der Gedankenwelt, damit sie nicht irgendwo hängenbleiben. Nehmt euch in acht mit euren Phantasien und Stimmungen! Das Sichgehenlassen ist in der natürlichen Trägheit des Menschenherzens begründet. Man ist zu träge, um sich zusammenzunehmen; um Konflikte zu vermeiden, verlangt man aber, daß die anderen sich zusammennehmen. So werden wir zu Leuten, die keinen Luftzug vertragen können und allen Schuld geben, nur nicht sich selbst — zu Leuten, die kein Rückgrat, keinen sittlichen Halt haben und blind ihren Stimmungen und Neigungen folgen müssen, weil sie an die eigene Natur verkauft sind. Kann man sich wundern, daß keine Geistesmacht auf dem Plan ist, wenn die Leute so heranwachsen? Jeder sucht das Seine, und schließlich klagt man Gott der Erbarmungslosigkeit an. Woher kommt das? Weil man nie das nötige Erbarmen mit sich selbst gehabt hat, auch einmal fest und schonungslos mit sich selbst zu verfahren. Wie soll aus Kindern, denen die Eltern nie streng entgegentreten, etwas Rechtes werden? Gott ist ein Vater, der sich nicht scheut, energisch gegen uns aufzutreten, wo es sein muß, und er hat ein Recht dazu, nachdem er seines eigenen Sohnes nicht verschont, sondern ihn zu unserer Errettung dahingegeben hat. Nur wenn man nicht weichlich gegen sich selbst ist, kann und darf man auch einmal fest und energisch gegen andere sein. Dann werden in der gegenwärtigen haltlosen Zeit Charaktere herangebildet, die fest stehen, wenn die Stürme losbrechen.

6. August

Darum so begürtet die Lenden eures Gemüts! **1. Petr. 1, 13**

„Gürtet die Lenden eures Gemüts", eurer Gesinnung, eures Sinnes! Die Lenden sind der Schwerpunkt unseres ganzen Körpers. Die einzige Richtschnur für unsere Gesinnung soll sein, gesinnt zu sein, wie Jesus Christus auch war. Er blieb nicht daheim in des Vaters Schoß, in der Herrlichkeit, und ließ die Welt hier unten zugrunde gehen. Nein, er war hart gegen sich selbst und hat sein Leben nicht liebgehabt bis in den Tod. Jesus hat dem Vater zugesagt, daß er als Bürge für die Menschheit eintreten wolle, als es sich für Gott darum handelte, Menschen zu schaffen, die einen freien Willen und somit Macht hätten, zu sündigen. Jesus gab sich zum Bürgen für die Menschheit her, auf daß Gottes Name dadurch verherrlicht werde, daß er Menschen schuf, die sein Bild tragen. Die Gesinnung Jesu Christi war, sich selbst aufs äußerste zu entäußern; und aus Christi Geist sind nur solche gezeugt, die ihr Leben nicht mehr liebhaben. Wer aus Christi Geist gezeugt ist, hat Christi Art, die Lammesart, die aufs Opfer hinzielt, und wer aus dem Lamm gezeugt ist, dem ist das Dienen zweite Natur. Zu dauerndem Segen wird man nur, wenn man sich hergibt. Die Liebe Christi erkaltet nie; sie stammt aus einer anderen Welt als der unteren — die durch Christus am Kreuz geoffenbarte Liebe Gottes gibt uns Macht, unseren Weg als Gegürtete zu gehen.

Gleichsam als erste Frucht dieses Gegürtetseins gehört dazu, daß wir nüchtern sind. Die Sünde macht unnüchtern — da macht man anderen Vorwürfe, läßt sich von seinen eigenen Stimmungen oder von den Worten und dem Verhalten seiner Mitmenschen beeinflussen, läßt sich durch Genuß, durch das Beispiel anderer und durch selbstgemachte Erfahrungen berauschen. Kein Wunder, wenn man sich dann als ein beklagenswertes Opfer ansieht und dazu kommt, mit Gott und Menschen zu hadern. Sobald wir nicht mehr völlig an die Liebe Gottes glauben, werden wir unnüchtern, kommen wir unter die Herrschaft unserer Phantasien und dünken uns Märtyrer, die niemand versteht, werden Irrsinnige, deren Sinne in die Irre geraten sind. Die Geisteskranken sind nicht nur in Irrenhäusern. Unsere Sinne sind durch den Fall in die Irre geraten, wenn wir in den Augen unserer Mitmenschen auch noch so normal sind. Du glaubst nicht mehr völlig an die Liebe Gottes, darum bildest du dir alles mögliche ein und verlangst von anderen, daß sie dir die Rechnungen bezahlen, die du über ihr Tun und Lassen führst. Arme Bettler mit verrückten, aus dem Gleichgewicht gerückten Sinnen! Die Welt ist solcher armseligen Existenzen voll.

In der Schule der Gnade sollen wir aber wieder in Ordnung kommen.

7. August

Seid nüchtern und setzet eure Hoffnung ganz auf die Gnade, die euch angeboten wird durch die Offenbarung Jesu Christi! 1. Petr. 1, 13

Wie wird man nüchtern? Wenn man sich der Gnade Gottes anvertraut und dem Herrn zutraut, daß er es fertigbringen wird, das zerstörte und verwüstete Ebenbild Gottes wiederherzustellen von dem namenlosen Ruin, den der Sündenfall angerichtet hat. Der Petrusbrief ist ein Brief der Hoffnung, in dem der Apostel aber immer wieder auf den Glauben zurückkommt, und das ist höchst nötig; denn wie kann man auf die zukünftige Herrlichkeit hoffen, ohne zu glauben? Du magst noch so sehr vom Feind gebunden sein — und zwar durch eigene Schuld — du magst noch so viel Trauriges von den Vätern ererbt haben, dein Charakter mag noch so schwierig sein — wenn du deinem Gott vertraust und dich auf seine Gnade stützt, so wirst du nicht zuschanden.

Auf Gnade kann man trauen,
man traut ihr ohne Reu.

Es ist nichts von Verwüstung in unser Leibes- und Seelenleben hineingekommen, das Gott nicht gutzumachen vermöchte, das er sich nicht anheischig machte, in göttliche Linien zurückzubringen. Es muß Gott auch schließlich in bezug auf dein Leben noch sagen können, wie er nach vollendetem Schöpfungstag sagte: „Siehe, es war sehr gut." Aus den tiefsten Tiefen des Sündenfalls hebt Gott verlorene Sünder in die höchste Herrlichkeit. Er gönnt sich keine Ruhe, bis die Strahlen seiner Herrlichkeit aus uns hervorleuchten, nachdem wir so lange das Zerrbild unserer eigenen Natur ausgestrahlt haben. Hoffe und vertraue unbedingt der Gnade, die gerade da die höchsten Siege feiert, wo keine Hilfe mehr möglich scheint! Vertraue dem Herrn, daß er auch mit den Versuchungen fertig werden wird, die bisher immer wieder gekommen sind und dich immer wieder zu Fall gebracht haben — Charakterschwierigkeiten, von deren Vorhandensein bei dir vielleicht niemand eine Ahnung hat. Vertraue deinem Heiland, der auch aus dir noch einen Heiligen machen kann, der nur für Gott da ist, anstatt immer an sich selbst herumzumachen! Sag ihm: „Ich vertraue deiner Gnade und komme als ein mit eigener und von den Vätern ererbter Verschuldung schwer beladener Bettler zu dir“! Alles bringt die Gnade wieder zurecht bei denen, die den Mut haben, ihr zu vertrauen.

8. August

Setzet eure Hoffnung ganz auf die Gnade, die euch angeboten wird durch die Offenbarung Jesu Christi! 1. Petr. 1, 13

Hier ist die Rede von einer Hoffnung. Wollen wir in den Versuchungen, die unser heute warten, durchkommen, ohne uns zu beflecken und unserem Heiland untreu zu werden, so müssen wir einen Durchblick haben auf das, was vor uns liegt. Der Glaube schöpft *jetzt* (im gegenwärtigen Augenblick) aus der Gnade mit dem Durchblick auf die Hoffnung, daß der Herr bald erscheinen wird und bei seiner Ankunft ein Volk findet, das sich auf sein Kommen zubereitet hat. Er wartet mehr auf uns, als wir auf ihn warten. Wer einmal das erfaßt hat, säumt nicht mehr, sich von der Befleckung des Fleisches und Geistes zu reinigen. Es ist die Hoffnung auf eine uns entgegenkommende Gnade, einen uns entgegenkommenden Heiland, der uns zu sich hinaufzieht und uns auch dem Leibe nach verklärt, nachdem er unseren Geist und unsere Seele geheiligt hat. Das ist unsere Christenhoffnung, und sie muß immer bestimmter werden. In der Wurzel des griechischen Wortes liegt unter anderem auch der Sinn von Zielbewußtsein; man denkt dabei an einen Menschen, der auf das Ziel zusteuert, auf den das Ziel viel mehr wirkt, viel mehr Anziehungskraft ausübt als das, was man durch Augen, Ohren, Nerven usw. in sich aufnimmt. Dem großen Ziel gegenüber verliert das andere allmählich seine Anziehungskraft; es steht einem nur noch das eine vor Augen: „Ich will meinem Herrn entgegenkommen zur Verwandlung.“

Wir hoffen völlig auf eine erst noch in Erscheinung tretende Gnade — also auf eine Gnade, die noch nicht da ist. Zur Zeit gebrauchen wir die gegenwärtig vorhandene Gnade, und je treuer wir sie dazu gebrauchen, zu überwinden, wo wir zu überwinden haben, um so bestimmter wird unsere Hoffnung auf die Gnade, die uns durch die Offenbarung Jesu Christi gebracht wird. Da geht Gnade in Herrlichkeit über und wird von der Gnade verschlungen; sie geht aber nur denen auf, die zielbewußt auf die Gnade hoffen, deren Anker sich durch das, was andere aus der Fassung bringt, nur tiefer und immer tiefer in die Ewigkeit einsenkt.

Dann gilt es aber auch, die Zeiten der Stille, die der Herr dem einen und dem anderen schenkt, treu auskaufen, sonst kann man zusehen, wie man später durchkommt. Nützt man solche Zeiten der Stille gut aus, so sorgt der Herr dafür, daß der Proviant der Widerstandskraft nicht ausgeht, sondern sich fortwährend erneuert und man auch in der aufreibendsten Tätigkeit immer wieder die nötigen Lichtblicke bekommt, um nicht aus der Welt des Lichts verdrängt zu werden.

9. August

Als Kinder des Gehorsams stellet euch nicht gleich wie vorhin, da ihr in Unwissenheit nach den Lüsten lebtet! 1. Petr. 1, 14

„Als Kinder des Gehorsams", die sich nicht nur am Wort ergötzen und bloße Eindrücke und Anregungen in Gottesdiensten und Versammlungen suchen, sondern denen es bei allem, was sie hören, darum zu tun ist, ihrem Herrn und Meister zu gehorchen, und die wissen, daß der Herr für alles, was er fordert, auch Gnade zum Aufnehmen und Verwerten bereithält — die nicht nur dann und wann gehorchen, sondern Kinder des Gehorsams sind, die gar nicht mehr anders können als gehorchen, weil sie in den Gehorsam hineingeboren sind, weil es ihre zweite Natur ist, Gott gehorsam und treu zu sein, die lieber sterben würden als Gott nicht gehorchen.

„Als Kinder des Gehorsams stellet euch — besser übersetzt: bildet euch ...!" Man redet heutzutage viel von Ausbildung, und Eltern tun, was in ihren Kräften steht, um ihren Kindern eine tüchtige Ausbildung zu geben; wenn die Kinder aber vorher nicht eine gründliche sittliche Ausbildung genossen haben, so bringt die andere Ausbildung sie nur in Hochmut hinein, in Hoffart des Lebens und Ehrgeiz, und ihr Trachten geht dann je länger je mehr darauf hinaus, etwas vorstellen zu wollen.

„Kinder des Gehorsams!" — Durch jeden Gehorsamsakt bilden wir uns selbst — jeder Gehorsamsakt ist eine Ausbildung in das Urbild Christi hinein. Unser Körper ist in einem fortwährenden Verwandlungsprozeß begriffen. So ist auch unser innerer Mensch in einer fortwährenden Ausbildung begriffen durch alles, was er aufnimmt und abwehrt. Es heißt also wohl aufpassen, was man von anderen aufnimmt. Ein gesunder Organismus stößt ab, was ihm nicht taugt. Wo einmal die göttliche Natur in uns angesetzt hat und wir treu sind und über unserer inneren Ausbildung wachen, werden unsere geistlichen Sinne immer zarter, und der Geist Gottes gibt uns Macht über das, was entweder zu unserer Stärkung oder unserer Schwächung dient. Es gilt das besonders für den Umgang mit unseren Mitmenschen; denn gerade da wird durch leichtsinniges Geschwätz viel Gottessame zertreten. Wo das der Fall ist, hört die sittliche Ausbildung auf, und der Mensch wird schwächer und immer schwächer; er nimmt ohne Filtrieren alle möglichen Eindrücke in sich auf, vor denen ihn der Geist Gottes anfangs gewarnt hat. Allmählich verliert er seine Zartheit dem Geist Gottes gegenüber, kommt in Gebundenheit und hat immer weniger Widerstandskraft.

10. August

Als Kinder des Gehorsams stellet euch nicht gleich wie vorhin, da ihr in Unwissenheit nach den Lüsten lebtet! 1. Petr. 1, 14

Bildet euch, sagt unser Schriftwort, in ganz neuem Sinn, nicht in neuen Lüsten, wie ihr in eurer Unwissenheit getan habt, da ihr durch Augen und Ohren allerlei Fremdes, Befleckendes aufgenommen habt, so daß ihr in Fleischesausbildung hineingeraten seid! Bildet euch nicht nach den vorigen Lüsten, nicht nach Hoffart und Fleischeslust! So haben wir es früher getrieben. Wohl uns, wenn das aufgehört hat! Wo eine wirkliche Bekehrung stattfindet, da hört die Fleischesausbildung auf, und man findet von Tag zu Tag mehr Kraft, sich in ein neues Vorbild hineinzubilden. Da steht Christus vor uns, und wo wir irgend etwas an uns und in uns bemerken, was mit diesem Bild nicht stimmt, gehen wir unters Blut und lassen Gott keine Ruhe, bis dieser verderbliche Zug einem neuen Zug des Bildes Christi, in das wir uns hineinbilden, Platz gemacht hat. Dazu ist der Geist Gottes gekommen, und dazu ist das Blut des Lammes geflossen. Wenn das Weizenkorn stirbt, so bringt es viel Frucht; so wachsen aus dem gestorbenen Christus Leute hervor, die sein Bild tragen und die von allen Dingen gelöst werden, die ihnen früher ihren Stempel aufgedrückt hatten. Solche können von ihren Mitmenschen nicht mehr gereizt werden; sie stehen unter dem Eindruck des Bildes Christi und bilden sich immer mehr in dieses Bild hinein, indem sie dem Geist Gottes gehorchen und sich je länger je mehr des Bildes, auf das sie früher so stolz gewesen sind, schämen. Mit allem Hochmut und Ehrgeiz räumt der Geist Gottes auf. Es gibt im Weltall nur einen, in dessen Bild gestaltet zu werden sich der Mühe lohnt, das ist Christus, das Lamm Gottes — das Urbild.

„In eurer Unwissenheit." Ihr habt früher nichts Besseres gewußt und gekannt — jetzt aber ist durch die Predigt des Evangeliums etwas Neues in euren Gesichtskreis gerückt worden. Durch Christus tritt uns eine neue Welt entgegen, und in diese neue Welt sind wir durch den Glauben und Gehorsam eingetreten. Der Glaube kommt zuerst; denn der Teufel sorgt dafür, Unglauben und Mißtrauen in unser Herz zu säen, indem er uns zuraunt: „Bilde dir nur nichts ein, du bleibst doch, wie du bist!" „Nein, ich bilde mir nichts ein, aber ich glaube an die Kraft des Wortes Gottes." Das Wort Gottes hat eine umgestaltende Macht, und die offenbart sich überall, wo jemand im unverrückten Glauben zielbewußt auf die Gnade vertraut zur Umwandlung. — „Nicht in Unwissenheit." — Du hast jetzt von der Macht der Gnade gehört, also vertraue dich ihr auch an! Es gibt nichts Schlimmeres, als wenn man die Gnade mißbraucht — als wenn man die Gnade an sich herantreten läßt und dennoch bleibt, wie man ist, der alte, unartige, unbesonnene, träge Mensch. Die Gnade bildet uns, wenn wir uns dazu hergeben. Früher habt ihr in eurer Unwissenheit gar nicht geahnt, daß es eine Macht gibt, die aus all dem Zeug, das euch so lange schon gebunden hält, herausbringt, sei es auch nur aus der Gebundenheit in der Phantasiewelt. Die Gnade hört nimmer auf, und die Gnade ist allen Menschen rettungbringend erschienen und reicht hinein in alle Gebundenheit der Schwermut, Geisteskrankheit, fixen Ideen, Wahngedanken. Wo das Wort Gottes rein und lauter mit Geistesmacht verkündigt wird, ist die Gnade auf dem Plan.

11. August

Als Kinder des Gehorsams stellet euch nicht gleich wie vorhin, da ihr in Unwissenheit nach den Lüsten lebtet! 1. Petr. 1, 14

Jedermann weiß oder hat wenigstens eine Ahnung davon, wieviel auf Ausbildung oder Durchbildung ankommt. Man spricht mit einer gewissen Geringschätzung von „ungebildeten Leuten", versteht darunter aber meistens Leute, denen es an äußerer Bildung, an gewissen Höflichkeitsformeln fehlt. Man nennt vielfach ungebildet, wenn sich einer ungeschickt ausdrückt, nicht so benimmt, wie es in der Welt Sitte ist; es braucht da gar nichts vorgekommen zu sein, was gegen den eigentlichen tieferen Anstand wäre — kurz, es herrschen in dieser Beziehung in der Gesellschaft Begriffe, die sich nicht mit dem Wort Gottes decken. Für Gott ist alles ungebildet, was nicht dem Bild Christi entspricht; denn der Mensch ist im Bild Christi geschaffen. Christus ist der Urmensch, und alles, was in unserem Bild nicht mit seinem Bild stimmt, ist ungebildet, ist eine Karikatur, ein Zerrbild. Wir können den Bildungsgrad, den wir besitzen, nur daran messen, wie weit Christi Bild in uns durchgedrungen ist und wieviel Falten schon durch die Macht des Lebens Christi aus unserem natürlichen Charakter auseinandergefaltet sind und wieviel Christus entsprechende Falten sich in unserem Charakter gebildet haben.

Wie wir schon gesagt haben, tun kluge Eltern, wenn sie irgendwie die Mittel haben, viel, um den Horizont ihrer Kinder um deren Ausbildung willen zu erweitern; sie suchen sie mit anderen Ländern, Völkern, Denkungsarten, Sprachen usw. bekannt zu machen. Jede Sprache stellt etwas aus der Vergangenheit eines Volkes dar, und es gehört zur Ausbildung, daß der Horizont sich durch Rückblicke auf die Vergangenheit erweitert. Es gehört zu solcher Ausbildung, daß man weiß, was die Menschen da und dort Empfehlenswertes gedacht und gelebt haben; darum wünschen die Eltern, daß ihren Kindern noch anderes Material zur Verfügung steht als dasjenige, welches ihnen in den engen Grenzen der eigenen Familie, des Heimatdorfes oder Vaterlandes zu Gebote steht. Erweiterung des Horizonts ist eine Grundbedingung zu allgemeiner Ausbildung.

Wie bilden wir uns nun aber in biblischen, göttlichen Linien? Durch Gehorsam, indem wir im Gehorsam wandeln, und zwar nicht nur so im allgemeinen, sondern im täglichen Leben vom Morgen bis zum Abend, indem wir nicht mehr fragen, was uns angenehm und was uns unangenehm ist, was uns paßt oder nicht. Es gehört in das Bereich der vorigen Lüste, wenn man immer nur im alten Geleise fortmachen, sich nicht stören lassen will, während wir im Gegenteil aus den alten Geleisen aufgestört werden sollen. Das Leben wird zur fortlaufenden Fortbildungsschule für diejenigen, die nicht faul auf ihren Hefen liegenbleiben, sondern ausgebildete Gottesmenschen werden wollen. Dafür hat Gott gesorgt.

12. August

Als Kinder des Gehorsams stellet euch nicht gleich wie vorhin, da ihr in Unwissenheit nach den Lüsten lebtet! 1. Petr. 1, 14

In allen zivilisierten Ländern ist für gute Schulen gesorgt, und das mit Recht; es fragt sich nur, was wirklich gut ist und was nicht. Gott hat für jede Pflanze einen Boden, in dem sie gedeiht. Es gibt Pflanzen, die nur im Garten, andere, die auf freiem Feld oder im Wald gedeihen. Die Vögel haben ihre Regionen, die Fische ihr Element, die wilden Tiere ihr Gebiet, in dem sie leben und sich entwickeln. So hat Gott auch für jedes Menschenkind den ihm bekömmlichen Boden, in den er es hineingestellt hat, und der sich wie kein anderer für das eignet, was Gott mit ihm bezweckt. Da muß alles dem Ziel Gottes, das er sich mit dem betreffenden Menschenkind gesteckt hat, dienlich, förderlich sein — die ganze Umgebung sowie die klimatischen Verhältnisse usw.

Es ist in der menschlichen Gesellschaft alles durch den Fall verschoben worden, und wenige Eltern haben Macht, ihr Kind in die Schule zu schicken, deren es zur völligen Entwicklung seiner Gaben bedarf.

Bei Gott ist das anders. Gott ist durch den Fall des Menschen nicht endgültig an der Erreichung seines Zweckes verhindert; er hat die Menschen überhaupt nur auf Grund der Bürgschaft seines Sohnes geschaffen, der sich vor Grundlegung der Welt verbürgte, sie auch aus dem tiefsten

Fall wieder zu Gott zurückzubringen. Gott hat trotz des Falles das Regiment nicht aus der Hand gegeben, sondern im Gegenteil die Erziehung jedes einzelnen Menschen, der geboren wird, in die Hand genommen. Er hat für jeden ein Herz und einen Weg, ein Klima, einen Wärme- und Kältegrad, die besondere Temperatur, die ihm zu seiner Entwicklung förderlich ist. Wie jede Pflanze ihre besondere Temperatur braucht, so braucht der Mensch sein besonderes Maß von Wärme und Kälte, von Wohl und Wehe, von Aufgaben, Erquickungen und Demütigungen, von Freund und Feind, von Gotteskindern und Weltkindern. Das alles sind Elemente für unsere Ausbildung, wenn wir einmal mit den ersten Bedingungen einer solchen Ausbildung einverstanden sind, nämlich damit, daß wir alles, was an uns herantritt, *ohne Wahl* aus Gottes Hand annehmen und nicht mehr wehleidig gewissen Dingen aus dem Wege gehen.

13. August

Als Kinder des Gehorsams stellet euch nicht gleich wie vorhin, da ihr in Unwissenheit nach den Lüsten lebtet! 1. Petr. 1, 14

In den Schulen wird stramm gearbeitet — da geht es zuweilen scharf her. In der Schule der Gnade geht es nicht nach den vorigen Lüsten, wo es sich jeder so bequem einrichtet und so angenehm macht wie nur möglich. Dabei werden die Leute zu Schwächlingen, die keinen bösen Blick, kein scharfes Wort vertragen können, ohne aus der Fassung zu kommen. Solche bleiben im Schlamm ihrer eigenen Natur stecken und hüllen sich von Woche zu Woche sorgfältiger ein, damit ja kein Lüftlein an sie herankomme.

Alles, was tagtäglich an dich herantritt, was du innerlich zu verarbeiten hast, ist Material für deine Ausbildung; über dem allem steht die Inschrift: Wer sein Leben liebhat, wächst nicht zum Mannesalter in Christus heran; wer hingegen sein Leben haßt, sich nicht schont, sondern bereitwillig Schweres auf sich nimmt, damit Gott sein Ziel mit ihm erreiche, der bildet sich, der wird ein gut erzogener, ausgebildeter, durchgebildeter Mensch Gottes, fertig zu allem guten Werk, das Gott für ihn bereitet hat, daß er darin wandle und durch Ausführung desselben erzogen werde.

Es gibt keine Tagesarbeit, die uns nicht erzöge. Jeder Tag hat seine besondere Lektion für Leute, die danach streben, daß Christi Bild in ihnen zum Durchbruch komme, sich in ihnen ausbilde, und die allmählich merken, daß alles, was an sie herantritt, von Gott dazu berechtigt ist, ein Element zu ihrer inneren Ausbildung zu werden, damit Gott durch sie verherrlicht werde in ihrem Leib und in ihrem Geist; denn

Gott hatte einen ganz bestimmten Zweck vor Augen, als er sie schuf. Ein Maler, ein Künstler macht sich nie an ein Werk, ohne daß das, was er schaffen oder darstellen will, ihm klar vor Augen stünde. Es muß ihm das Bild dessen, wodurch andere bereichert, erquickt, gebildet werden sollen, wenigstens in deutlichen Umrissen vorschweben. Andere bereichern, erquicken, bilden, ist unsere uns von Gott gestellte Aufgabe; und wollen wir für diese Aufgabe tüchtig werden, so kommt es in erster Linie darauf an, daß wir in Versuchungen und Proben, die uns begegnen, in Freude und Leid, kurz in allem, Gottes Finger und Gottes Meißel sehen, der uns bilden will. Wir haben nichts in unser Leben hineinzulegen, wohl aber das, was Gott hineinlegt, aus seiner Hand zu nehmen für unsere Ausbildung, für unsere Erziehung in Christi Bild hinein; denn was Gott nicht bildet, nicht erzieht, taugt nicht für die Ewigkeit.

O dieses Wort: Bildung, Umbildung, Gleichbildung, Gleichgestaltung! O das Wunderbare, wenn einmal einem Menschenkind das in den Gesichtskreis tritt: „Gott hat mich von Ewigkeit dazu bestimmt, dem Bild seines Sohnes gleichgestaltet zu werden"! Da braucht es eine vollständige Umbildung; denn wir tragen das Bild des ersten Adam in uns.

14. August

Als Kinder des Gehorsams stellet (bildet) euch nicht gleich wie vorhin, da ihr in Unwissenheit nach den Lüsten lebtet! 1. Petr. 1, 14

Der natürliche Mensch weiß nichts Besseres als die Befriedigung seiner Natur, wenn sich das auch nicht in groben Lüsten äußert, sondern vielleicht nur in einem gewissen Sichgehenlassen, bei dem man das Herz voller Vorwürfe gegen seine Mitmenschen hat. Wir meinen, andere sollten sich nach uns richten, uns schonen. Allerdings ist vielfach Unrecht und Ungerechtigkeit auf seiten anderer; aber damit haben wir nicht zu rechnen. Sowohl die zartesten Rücksichten wie die gröbsten Rücksichtslosigkeiten sind Bildungsmaterial seitens unseres Gottes, und wenn es auch den Anschein hat, als komme etwas direkt vom Teufel, so muß für die, welche Gott lieben, alles zu dem einen Guten zusammenarbeiten: zu unserer Ausbildung in das Bild Christi. Alles, was nicht mit dem Bild Christi stimmt, ist Verbildung und Karikatur, bringt andere auf falsche Spur, so daß sie meinen, es sei echte Bildung, während es nur Firnis ist, nichts Durchgeläutertes, wie Gott es will.

„In eurer Unwissenheit." Die Leute wissen gar nicht mehr, was schön und groß und edel ist; sie sind Karikaturen, die sich von der Strömung aus dem Abgrund hinreißen lassen, deren Wellen immer stärker rauschen. Die Einfalt des Evangeliums macht uns weise zur Seligkeit, zur Errettung, so daß wir je länger je mehr lernen, nichts mehr aus uns selbst zu suchen, und nur noch das eine Ziel vor Augen haben, Gott näherzukommen. Es hat jeder Tag seine eigene Plage, seine eigene Gestalt, seine eigene Schule, und wer heute die ihm von Gott verordnete Lektion gründlich lernt, bekommt morgen Neues zu lernen. Christus ist das A und O. Wir haben noch nicht das Alphabet durchbuchstabiert und können Gott darum nicht genug danken, daß er uns noch hier unten läßt. Wie töricht sind wir doch, daß wir uns so wenig Rechenschaft über den Willen und die Ziele Gottes geben und uns über andere beklagen, nachdem doch *alles,* was an uns herantritt, von Gott in unser Leben hineinverordnet ist! O der Herrlichkeit, daß wir die Quellen unseres Lebens in Gottes Hand abgeben und in allem Ausbildungsstoff sehen dürfen, um aus den Lüsten heraus- und in ein Leben des Dienens, des Gehorsams und der Anbetung hineinzukommen! Wie das geschehen kann, werden wir später sehen.

Heil'ge Einfalt, Gnadenwunder,
tiefste Weisheit, größte Kraft,
schönste Zierde, Liebeszunder,
Werk, das Gott alleine schafft.

Alle Freiheit geht in Banden,
aller Reichtum ist nur Wind,
alle Schönheit wird zuschanden,
wenn wir ohne Einfalt sind.

Wenn wir in der Einfalt stehen,
ist es in der Seele licht;
aber wenn wir doppelt sehen,
so vergeht uns das Gesicht.

Einfalt denkt nur an das eine,
in dem alles andre steht;
Einfalt hängt sich nur alleine
an den ewigen Magnet.

15. August

Als Kinder des Gehorsams stellet (bildet) euch nicht gleich wie vorhin, da ihr in Unwissenheit nach den Lüsten lebtet! 1. Petr. 1, 14

Wir haben die Worte betrachtet: „Bildet euch nicht nach den vorigen Lüsten in eurer Unwissenheit!" „Nicht in den früheren, vorigen Lüsten", die für immer und ewig zum Früheren, Vorigen gehören, zu dem, was abgetan ist und eben darum nicht mehr befleckend und störend in die Stellung hereinragen sollte, die wir als Kinder Gottes einnehmen, denen ein neues Ziel in den Gesichtskreis getreten ist. Früher waren wir unwissend, und wer kann da sagen, wie weit die persönliche Schuld geht oder wie weit die Unwissenheit von der Welt kommt, vielleicht auch von unserem Temperament, unseren Charakteranlagen, dem von den Eltern ererbten Blut! Wir waren mit einem Wort unwissend. Wie oft haben wir uns geschämt, wenn wir unsere Dummheit und Borniertheit auf dem einen oder anderen Gebiet erkannten; wie ist uns oft die Röte ins Gesicht gestiegen, wenn man uns in Dingen, in denen andere bewandert waren, der Unwissenheit zeihen konnte, und wie haben wir unsere Unwissenheit zu verbergen gesucht, ohne eine Ahnung zu haben, wie unwissend wir in bezug auf Göttliches waren und wie uns da eine ganze Welt verschlossen geblieben! Wir wußten gar nicht, welchen Mächten wir dienten — Mächten der Finsternis und der Unwissenheit. Unwissenheit und Finsternis gehen Hand in Hand. Hinter der Unwissenheit steht ein Fürst, dessen Gewand Finsternis ist, wie Gottes Gewand Licht ist. Dieser Fürst behandelt uns mit Opium und allen möglichen sonstigen beruhigenden und einschläfernden Mitteln, damit wir uns ja nicht Rechenschaft von unserer Schuld geben. Trotz unserer vermeintlichen Bildung waren wir unwissend in bezug auf unsere Bestimmung, unseren Zustand und Gottes Heiligkeit; unsere Mitmenschen haben uns vielleicht angestaunt, aber wir haben uns doch in der Welt der Unwissenheit bewegt, gerade was das Höchste und Allerhöchste betrifft, haben uns in der Welt der Lüste, in den verschiedenen Formen des Begehrens gehen lassen.

„Du sollst nicht begehren" — dich nicht lassen gelüsten, übersetzt Luther. Begehrliche Leute sind Leute, die sich nie genügen lassen, nie zufrieden sind. Du sollst deine Augen nicht lüstern auf das werfen, was andere haben, sei es auf deren äußere Vorzüge, ihre Herkunft, ihren Stand, ihre Stellung, ihre Bildung, ihr Geld oder dergleichen. Wenn du danach begehrtest, so tatest du es in Unwissenheit, in Verblendung, weil du keine Ahnung hattest, daß die Dinge, um die du andere beneidest, sie gar nicht glücklich machen. Es ist Unwissenheit, Verirrung, Torheit, wenn man scheel sieht auf die Güter anderer und sich danach gelüsten läßt. Du kannst auf der weiten Welt nirgends glücklicher sein als in dem Stande, in den dich Gott hat hineingeboren werden lassen. Es hat kein Mensch Grund, etwas zu begehren, was sein Nächster hat, und es ist pure Einbildung, wenn er denkt, wenn er dies und jenes besäße, wäre er glücklich. Du Tor, in deiner Verblendung merkst du gar nicht, daß es eitel Gnade ist, wenn Gott seine Hand schwer auf dir lasten läßt und dir manches entzieht, was du gern hättest und was dir nur zum Verderben gereichen würde.

16. August

Sondern nach dem, der euch berufen hat und heilig ist, seid auch ihr heilig in allem eurem Wandel! 1. Petr. 1, 15

„Nach dem, der euch berufen hat", sagt Luther; am einfachsten ist es, wenn man übersetzt: „Nach dem, der euch *rief*". Wir müssen zur

Einfachheit zurückkehren. Es handelt sich um die Frage: Hast du nie rufen hören? Ist dir nie, wenn du im Begriff warst, eine Rolle zu spielen, wie dem verlorenen Sohn unterwegs der Ruf ins Ohr gedrungen: „Verlorenes Kind, komm heim, die Welt ist nicht für dich — die Welt der Sichtbarkeit, an die du dein Herz hängst, kann dich nicht befriedigen; kehre um, kehre heim, du hast einen Vater, der auf dich wartet!"

Es ist die Stimme Gottes, die in die Irrwege der Menschen hineintönt, die hineindringt in die Gräber, in die sie ihre Liebsten zur Ruhe legen, die auf den Trümmern ihres Jagens und Schaffens erklingt, auf denen sie über ihr verlorenes Dasein klagen. Ja, nur allzuoft muß der Herr in die tiefsten Tiefen hinabführen, damit wir endlich auf seine Stimme hören. Wohl dem, der dann aufwacht und sich davon Rechenschaft gibt, wieviel Verwesung in den Dingen ist, die einen so schön dünken! Irdisches ist dir nie sicher; wenn du auch meinst, du habest alles noch so gut untergebracht, so kann es plötzlich heißen: „Du Narr, heute nacht wird man deine Seele von dir fordern!" Der Ruf Gottes! — Ein solcher Ruf Gottes ist jedes Wort Gottes, das uns lebendig wird, jede Ahnung, die uns über den Wert des Ewigen und Unsichtbaren aufgeht, jeder Blick, den wir bekommen in die Leere und Öde alles dessen, was dem Menschen begehrenswert erscheint.

Und Gott sprach: „Es werde Licht!", und es ward Licht. Wenn Gott sagt: „Es werde Licht!", so wacht der Mensch auf; mancher aber hat nicht den Mut, umzukehren, will nicht heimkehren, verstockt sich und sucht sich dem Gericht zu entziehen, läßt sich nicht herbei, seinem Gott Rede und Antwort zu stehen. Menschenkind, wenn du ein Rufen Gottes auf dem Weg vernimmst, so stehe still und frage dich, ob du nicht am Ende auf verkehrtem Weg bist! Geh über nichts hinweg, wenn du jenes verborgene Rufen hörst, wenn Gott warnend seinen Finger aufhebt, um dir anzudeuten, daß das, was du für begehrenswert hältst, wurmstichig ist und der Verwesung angehört, die durch Begehren (Begehrlichkeit) in der Welt ist! Wir sind verblendet, wenn wir uns einbilden, irgend etwas Irdisches könne einem Menschenherzen genügen, das Gott für sich, zu seiner Ehre, zu seiner Verherrlichung geschaffen hat. Was tun sich die Leute nicht auf alles mögliche zugute, und es ist doch alles hohl! Schließlich scharrt man so ein Menschenkind in die Erde ein, damit man nichts von Verwesungsgeruch bemerke, bleibt aber selbst ruhig auf dem Gebiet des Verweslichen „in Unwissenheit", die strafbar wird, sobald Gott angefangen hat zu rufen.

17. August

Sondern nach dem, der euch berufen hat und heilig ist, seid auch ihr heilig in allem eurem Wandel! 1. Petr. 1, 15

„Sondern wie der, welcher euch *rief*, heilig ist, seid auch ihr heilig in allem eurem Wandel!" Wenn der Herr uns ruft, so ruft er uns nicht nur aus der Welt der Eitelkeit heraus, sondern auch zu *sich hinein*. Der Mensch sieht nur das, wo er heraus soll, was er lassen soll, wem er alles den Rücken kehren soll; aber er sieht noch nicht das Vaterhaus und das Vaterherz, sondern muß im Glauben gehen. Es will ihm darum hart dünken, daß Gott ihm dieses und jenes nimmt, ihm allerlei Schweres schickt und ihm seine Gärtchen, die er sich mit so großer Mühe angelegt hat, verdirbt. Weil er nur sieht, *woraus* und nicht *wohinein* ihn Gott ruft, und nicht hinter die Kulissen sehen kann, meint er, andere hätten es viel besser als er und Gott verfahre ungerecht ihm gegenüber. Begehren ist Wahnwitz und Verirrung. Es kommt alles darauf an, daß wir dem Rufen Gottes williges Gehör schenken, das Ohr offenhalten für seine Stimme, und der entscheidende Augenblick in der Bekehrung ist der, wenn ein Mensch sich sagt: Ich will umkehren; ich weiß nicht, wie mein Vater mich aufnimmt, aber ich gehe heim. Alles, womit ich bisher meinen Geist gefüttert habe, ist Torheit und Eitelkeit.

Wohin ruft uns Gott? Zu sich, dem Heiligen, und da geht es natürlich durch Gericht, nicht direkt ins Heiligtum. „Wo warst du?" fragt der Herr. „Habe ich dich nicht rufen lassen, und du bist zu den Schweinetrebern zurückgekehrt?" Verantworte dich — Gott ist heilig! Kannst du mit deinem Leben machen, was du willst? Kannst du deinen Leib ruinieren, diesen Leib, der ein Tempel des Heiligen Geistes sein soll? Gott hat dir deine Kräfte nicht dazu gegeben, daß du sie für dich ausnutzest, sondern daß sie Gott zur Verfügung stehen. Gott ist heilig — verantworte dich! Da flieht dann der Mensch. Gott ist heilig, und wenn er uns ruft, so tut er es, damit wir heilig seien, gelöst von der Eitelkeit, gereinigt von Schmutz, Leute, die für Gott da sind. Heilig sein heißt: „dasein für Gott".

„Ihr sollt heilig sein; denn ich bin heilig, der Herr, euer Gott!" Dann kann Gott sich offenbaren als Vater, und man fängt an, seine Torheit einzusehen und sich zu sagen: Wir töricht war ich doch, Schweinetreber zu essen, während beim Vater daheim Brot die Fülle ist! Da tut man Buße, geht heim und sagt dem Vater, was man getrieben hat. Dann fängt es an zu dämmern, und man sieht je länger je mehr, daß es keinen herrlicheren Ruf gibt als den: „Ihr sollt heilig sein; denn ich bin heilig, der Herr, euer Gott!" Wir fühlen uns nun daheim bei dem Gott, dem wir nicht begegnen und nicht parieren, vor dem wir nicht stillstehen wollten.

„Die Heimat der Seele ist droben im Licht." Wenn wir im Glauben der Welt den Rücken kehren, dann tut uns Gott die Tür des Vaterhauses auf, und dann wird es uns das Höchste und Herrlichste, für Gott dasein zu dürfen, für ihn, den Heiligen. Heilig sein heißt abgesondert, aus der Welt herausgenommen, an Gottes Hof versetzt und für seine Majestät dazusein.

18. August

Sondern nach dem, der euch berufen hat und heilig ist, seid auch ihr heilig in allem eurem Wandel! 1. Petr. 1, 15

Es heißt hier nach dem Grundtext buchstäblich: „Nach dem Heiligen, der euch rief, seid auch ihr heilig in allem eurem Wandel!" Wir haben schon das letztemal erwähnt, daß dieser Ruf jeden da erreicht, wo er sich bisher umhergetrieben hat, wo er gebunden war, wo er sich bisher heimisch fühlte, sich genährt hat in der Sinnlichkeit, sei es mit Hohem oder Gemeinem, aber immer mit Dingen, die der unteren Welt angehören. Da gelangte ein Ruf an uns aus der oberen Welt, aus der Heimatwelt, der wir vor dem Fall angehörten, und in die uns nur die Gnade zurückrufen kann.

Wohin ruft uns Gott, der Heilige? Zu sich, zu dem Heiligen. „Nach dem Heiligen, der euch rief", heißt es, „seid auch ihr heilig in allem eurem Wandel!" — denn er kann nichts Unheiliges in seiner Nähe dulden, und heilig werden wir eben dadurch, daß wir dem Ruf zu dem Heiligen, dem Zug zu unserem Gott folgen. In dem Glauben an den Ruf Gottes und in der Annahme dieses Rufs liegt bereits eine lösende Macht, die uns frei macht von der Welt, in der wir uns bisher bewegt, aus der wir bisher unsere Nahrung gesogen und von der wir Schutz in unser Wesen aufgenommen haben. Er ist heilig, und es kann ihm nichts Unheiliges, Dunkles nahen oder gar bei ihm weilen; denn es ist klar und durchsichtig bei ihm wie der helle Tag. Das Wort Gottes, das uns ruft, ist darum ein zweischneidiges Schwert, das bis in die Quellgebiete der Gedanken und Regungen des Herzens durchhaut, und zwar nicht nur richtend, sondern eben damit schneidend und uns von allem lösend, was uns früher angezogen hatte. Sein Ruf führt uns in seine unmittelbare Gegenwart und stellt uns unter seinen unmittelbaren Einfluß.

In Gottes unmittelbarer Gegenwart und unter seinem unmittelbaren Einfluß können wir nicht anders bleiben, als indem wir uns von allem lösen lassen, was nicht vor des Heiligen Angesicht taugt und nicht mit seinem Licht harmoniert, sondern der Schattenwelt, der Zwitterwelt, dem Halbdunkel angehört. Es geht nicht, es ist eine ewige, moralische, absolute Unmöglichkeit. Um in seiner unmittelbaren Gegenwart bleiben zu können, mußt du alles vor der Tür lassen und den Weg durch das Blut des Lammes nehmen. Das ist die Herrlichkeit unserer Berufung, und da scheiden sich die Geister; da kommt es heraus, ob du noch an der Scholle klebst oder ob bei dem Ruf Gottes etwas in dir gezuckt hat, ob du solchen Ruf zu schätzen weißt und Gott mit einem Jubelruf danken kannst, daß er dich gerufen hat, zu ihm zu kommen, wie der verlorene Sohn die alten Lumpen abzulegen, um angetan mit den dir vom Vater geschenkten neuen Kleidern — einem neuen Lebenstrieb und einer neuen Gesinnung — mit und vor ihm zu leben. Da hat man dann gar keine Freude mehr am Alten, sondern es bildet sich je länger je mehr eine Scheidewand zwischen uns und allem, was nicht mit seiner Natur harmoniert. Es stößt uns das alles ab, weil uns Gott gerufen hat.

19. August

Sondern nach dem, der euch berufen hat und heilig ist, seid auch ihr heilig in allem eurem Wandel! 1. Petr. 1, 15

Beachtet, liebe Leser, nun noch das Wort: in *allem* eurem Wandel! „Seid heilig", nicht etwa in einem Kloster, abgeschlossen von den Beziehungen zu der Außenwelt, gar nicht mehr in Berührung kommend mit gewissen Versuchungen, die das Erdenleben mit sich bringt, sondern „in *allem* eurem Wandel"! Johannes 17 bittet der Herr Jesus, der Vater möge die Seinen nicht von der Welt hinwegnehmen, sondern in den Versuchungen des Erdenlebens bewahren, daß sie nirgends hängenbleiben, daß nichts Unheiliges sie mehr beflecke und sie wie ihr Meister durch alles hindurchgehen in der Heiligkeit dessen, den nichts Unheiliges anzutasten vermag. Das ist ein Feuerring, eine feurige Mauer, die der Herr um die Seinen herum aufrichtet, wenn ihnen erst einmal der Sinn für seine Heiligkeit aufgegangen ist.

„Seid heilig in allem eurem Wandel!" — das gehört eben zur Ausbildung, daß wir unseren täglichen Wandel nicht selbst in die Hand nehmen, sondern daß man dadurch, daß man in Gottes Heiligkeit entrückt ist, seine Bewegungen, sein Kommen und Gehen in Gottes Hand legt, gleich in aller Frühe, und dann den Tag über wacht, daß nichts in die eigene Hand zurückgeht, sonst bilden wir uns wieder nach den vorigen Lüsten, den vorigen Falten. Wir kommen sonst nie in ein wirkliches Neues hinein; denn Blicke, Gebärden, Worte und Tun derer, mit denen wir in Berührung kommen, sind mit Weltsinn durchsäuert. Wie Gott heilig ist, so seid auch ihr heilig, unnahbar, wie euer Herr und Meister nahbar war für alle Menschen, aber unnahbar für irgendwelche Befleckung! Jesus läßt die Sünder zu sich kommen und hat sich ihnen auch während seines Erdenwandels nie entzogen. Um die Verlorenen retten zu können, mußte er mit ihnen essen, in ihr Leben hineindringen, aber immer und überall umgeben mit dem Feuerring seines Gottes und sich niemals mit der Art und Denkungsweise von Sündern oder Selbstgerechten befleckend. Er hat für seine Heiligen einen Weg, wo sie den Tiefstgesunkenen nahekommen können, ohne sich innerlich zu beflecken oder aus der Gemeinschaft mit dem Heiligen herauszutreten. Sie haben göttliche Widerstandskraft, und ihr Gott wacht über ihnen und warnt sie. Sie vergessen nie, was für ein Gemächte sie sind, aber sie wissen sich in allen Lagen des Lebens geborgen und tragen überallhinein den Süßgeruch Jesu Christi.

20. August

Denn es steht geschrieben: „Ihr sollt heilig sein; denn ich bin heilig."
1. Petr. 1, 16

Wie der Heilige, der euch rief, seid auch ihr heilig in allem eurem Wandel, denn es steht geschrieben: Ihr sollt heilig sein; denn ich bin heilig, der Herr, euer Gott! Letzteres Wort findet sich mehr als einmal im Alten Testament, z. B. 3. Mose 11, 44. Gerade da kommt es in einem auf den ersten Blick etwas auffälligen Zusammenhang vor. „Und alles Gewimmel, das auf der Erde wimmelt, ist ein Greuel; es soll nicht gegessen werden." Und doch sagt der Herr im Neuen Bund: „Nicht was in den Mund eingeht, verunreinigt den Menschen, sondern was zum Mund ausgeht." Es soll nicht gegessen werden. Gott hat schon unsere Natur dagegen geschützt, indem er einen Abscheu gegen das Gewürm in uns gelegt hat. „Verunreinigt euch nicht mit dem Gewürm, das in beständiger Berührung mit der Erde ist; denn ich bin Jehova, euer Gott" (Vers 44); dann Vers 45, auf Gottes Heiligkeit Bezug nehmend: „Ich bin Jehova, der euch heraufgeführt hat aus dem Land Ägypten, um euch zum Gott zu sein; so seid heilig, denn ich bin heilig!" Ich sage, es hat das auf den ersten Blick etwas Auffälliges, bis Gott den Schleier hinwegzieht und man merkt: Gott will, daß wir uns von allem scheiden, was mit der Erde zusammengebunden ist. Alle anderen Tiere haben die Fähigkeit, sich von der Erde aufzurichten — der Vogel schwebt sogar in der Luft —, die Würmer aber kriechen in die Erde hinein, sind lichtscheu, aus der Erde geboren, mit der Erde zusammengewachsen, haben ihre Nahrung in der Erde. Darum hat Gott schon von Natur einen gewissen Abscheu gegen sie gegeben. Daran ist nichts Zufälliges, sondern es liegt darin die Lehre: Habt nichts mit dem zu tun, was sich nicht von der Erde trennen kann; ihr seid Himmelssöhne und Himmelstöchter, also verunreinigt euch nicht mit der Erde — seid nicht mehr irdisch gesinnt, seid keine Erdenwürmer, die in der Erde wühlen —, ihr seid für eine höhere Welt berufen und gehört einer höheren Welt an. Die Würmer gehören der verfluchten Erde an, und es drückt sich in ihnen der Fluch aus. Wir gehören als Erlöste Gott an und haben nichts mehr auf der Erde zu suchen, als daß wir in allem Erdenwandel Gott Treue halten und durch alles tiefer in die obere Heimat eingegründet werden.

21. August

Denn es steht geschrieben: „Ihr sollt heilig sein; denn ich bin heilig." 1. Petr. 1, 16

Dieses Wort kommt, wie gesagt, wieder und wieder im Alten Testament vor, wie z. B. bei der Berufung des Mose, bei der Erscheinung des Herrn im Dornbusch (2. Mose 3). Er sprach: „Tritt nicht herzu, zieh deine Schuhe aus von deinen Füßen; denn der Ort, darauf du stehst, ist ein heilig Land." Und sprach weiter: „Ich bin der Gott deines Vaters, der Gott Abrahams, der Gott Isaaks und der Gott Jakobs. Und Mose verhüllte sein Angesicht; denn er fürchtete sich, Gott anzuschauen." Und Vers 14: „Gott sprach zu Mose: Ich werde sein, der ich sein werde. Und sprach: Also sollst du den Kindern Israel sagen: Der Herr, eurer Väter Gott, der Gott Abrahams, der Gott Isaaks und der Gott Jakobs hat mich zu euch gesandt. Das ist mein Name ewiglich" — der Unwandelbare, der ist, was er war und was er sein wird durch allen Wechsel der Zeiten hindurch.

Ein wesentliches Merkmal von Gottes Heiligkeit ist seine Unwandelbarkeit. Er ist hoch erhaben über allem Geschaffenen und unabhängig von allem Wechsel der Zeiten. Die Götter der Heiden sind an ihre Werke gebunden; der heilige Gott aber stellt sich uns im Gegensatz zu den Göttern der Heiden als derjenige dar, der uns nach seinem Bild geschaffen hat. Er bleibt heilig und hat lieber seinen eigenen Sohn dahingegeben, als daß er um ein Jota von seiner Heiligkeit und Unwandelbarkeit abgegangen wäre.

Schon dieses eine Wort: „Ziehe deine Schuhe aus!" ist bedeutungsvoll für die Berufung Moses und seines Volkes. Auf den Schuhen tragen wir den Staub der Erde, und mit den Schuhen kommen wir in fortwährende Berührung mit der Erde. Mit dem Augenblick seiner Berufung stellt Gott den Mose auf einen neuen Boden, auf den Boden der Offenbarung und Erlösung, auf den Fleck Erde, den Gott erwählt hat — Horeb und Sinai —, um sich als den Gott Israels zu offenbaren, der Israel aus dem Staub und Schmutz der Abgötterei herausnimmt.

„Ich bin heilig, darum sollt ihr heilig sein", sagt er. Wir können nicht mit Gott in Berührung kommen, ohne uns von unserer Vergangenheit und unseren eigenen Anschauungen zu trennen. Wir können nicht himmlische und irdische Ziele, Wahrheit und Lüge, Heiligkeit und Schmutz miteinander vermengen. Das macht eben die Schwäche der gegenwärtigen Generation aus, daß sie den Sinn für Gottes Heiligkeit verloren hat und nicht mehr an die Möglichkeit glaubt, ein Leben zu führen, wo man nur noch für Gott da ist — denn unsere Heiligkeit besteht in völliger, ungeteilter Verfügbarkeit für Gott. Israels Bedeutung bestand darin, daß es Gott ein Volk des Eigentums sein sollte, und als es seiner Berufung nicht nachkam, hat Gott sich in Jesus ein anderes Volk erwählt und es mit dem Blut seines Sohnes aus dem Schmutz der Sünde erkauft. Heiligkeit, und zwar fleckenlose, makellose, tadellose Heiligkeit, ist die Zierde seines Hauses ewiglich. Das geht durch den ganzen Opferdienst des Alten Testaments hindurch. Die Opferlämmer mußten flecken- und fehlerlos sein, sonst hatten sie keinen Wert für Gott, sondern waren ein Gegenstand des Abscheus für ihn.

22. August

Denn es steht geschrieben: „Ihr sollt heilig sein; denn ich bin heilig."
1. Petr. 1, 16

Alles, was Gott geschaffen hat, hat er für sich geschaffen, und es hat darum nur insoweit Existenzberechtigung, als es für ihn da ist. Was nicht für ihn da ist, ist dem Untergang geweiht, für den Untergang bestimmt. Alles gehört dem heiligen Gott und muß zu ihm zurück, und die ganze Entwicklung der heiligen Geschichte zeigt, daß alles, was nicht zu Gott zurück will, durchs Gericht zu gehen hat, während alles, was sich mit Gott versöhnen läßt, in volle Verbindung mit ihm kommt, auf daß Gott sei alles in allem und die letzten Spuren von Sünde und Unheiligkeit, von eigenem Leben, von dem Selbst-etwas-gelten-Wollen verschwinden müssen in Gericht und Untergang. Alle Wege und Führungen Gottes mit seinen Kindern haben den Zweck, sie zu ihm zurückzubringen, damit sie fortan nicht mehr für sich selbst und den Dienst des Fleisches da seien, sondern für ihn, den heiligen Gott.

Ich bin heilig, und ihr gehört mir; ihr sollt mit jedem Blutstropfen und jedem Gedanken mein Eigentum sein. Da hat sich im Alten Bund Gott ein Volk zum besonderen Eigentum aus der Welt heraus erwählt, und als dieses Volk Götzendienst trieb, anstatt für Gott allein da zu sein, hat sich Gott einzelne erwählt. So sagt er zum Propheten Jeremia: „Ehe ich dich im Mutterleib bildete, habe ich dich geheiligt; zum Propheten an die Nationen habe ich dich gestellt" (Jer. 1, 5). Was Gott als Werkzeug in seine Hand nimmt, ist ihm damit geheiligt, und da hat er sich zum voraus in diesem Mann ein Werkzeug erwählt; noch ehe er geboren war, sagte er: Ich habe von dir Beschlag genommen. Wen und was Gott heiligt, davon nimmt er für sich Beschlag, und wovon er noch nicht Beschlag genommen hat, das ist noch nicht geheiligt. Wir sind heilig, sobald wir uns als Leute ausweisen, die für ihren Gott da sind, anstatt vor Menschen zu reden und zu denken. Gott hat noch Leute, die ihm mit jedem Tag nähertreten, sich heiligen und sich von Tag zu Tag weniger von der Kreatur beeinflussen lassen. Sie lassen sich in ihrem Denken, Reden, Tun und Lassen nicht von Kreaturen bestimmen und entziehen sich der Treiberei der Menschen, die heute aufhalten und morgen hetzen wollen.

Wir haben unsere Heiligung zu vollenden und in allen Dingen, im Essen und Trinken, Arbeiten und Ruhen, Reden und Schweigen auszuweisen, wes Geistes Kinder wir sind, und uns darin zu üben, die Stellung von Leuten festzuhalten, die Gott an seinen Königshof gerufen und die nur noch für ihren König da sind, ob sie in die Welt hinausgehen, um seine Befehle auszurichten, oder ob sie seiner Weisheit lauschen.

23. August

Denn es steht geschrieben: „Ihr sollt heilig sein; denn ich bin heilig."
1. Petr. 1, 16

Ich heilige mich selbst für sie, auf daß auch sie geheiligt seien in der Wahrheit.
Joh. 17, 19

Trotz der vielen Propheten, die Gott sich geheiligt hat, hat er Israel nicht wieder zu sich zurückgebracht. Das verlorene Israel kam nicht wieder. In der Fülle der Zeit sandte er daher einen, den er sich geheiligt hatte. Auf dieses Opfer hin hat Gott die Welt geschaffen, sonst hätte er es wohl überhaupt nicht getan. Seines Sohnes war er sicher, darum hat er ihn nach jenem Wort in Johannes 10, 35. 36 geheiligt und in die Welt gesandt — nicht in die Welt gesandt und geheiligt —, seine Hand auf ihn gelegt als Werkzeug. Seine Sendung in die Welt war Folge seiner Heiligung; Gott hat sich seinen Sohn als Werkzeug ausersehen, über das er frei verfügen konnte, und das als ein ihm völlig zu Dienst stehendes Werkzeug lebte, litt und starb, so daß der Herr Jesus später sagen konnte: „Ich heilige mich selbst", stelle mich dir, meinem Gott, zur Verfügung mit allem, was ich bin und habe, auf daß auch sie Geheiligte seien in der Wahrheit, die Christus auslebte. Er hat ein Heiligkeitsleben ausgelebt und damit Raum gemacht für Existenzen von Geheiligten.

„Ich heilige mich selbst für sie", auf daß auch sie durch mich, herausgestaltet durch meinen Geist, sich selbst heiligen. Durch das Sichselbstheiligen Christi, unseres Heilandes, sind wir gelöst, frei, um uns mit jedem Atemzug, mit allen Kräften, mit allem, was wir sind und haben, Gott zu heiligen. Und je mehr sich die Welt zur Zeit von Gott entfernt und die Mehrheit der Glieder der christlichen Kirche schläft, desto wichtiger ist es, daß da und dort Leute sind, die sich Gott heiligen, ohne zu fragen, was es kostet, ob der Weg leicht oder schwer ist, denen es mit einem Wort nur darum zu tun ist, daß sie mit jedem Atemzug ausleben: „Ich bin einzig und allein für meinen Gott da."

Ein Heiliger sein, ist die höchste Stellung im Weltall. Geheiligte sind zu Gott zurückgekehrte Kinder, die im Blut des Lammes gewaschen und in Christi Gerechtigkeit eingekleidet sind. Sie haben nun kein anderes Ziel mehr in der Welt, als „für Gott da zu sein" und zu lernen, einen heiligen Ring um sich zu ziehen, so daß die Menschen sie nicht mehr beflecken, die Dinge dieser Welt sie nicht mehr belasten und der Magnetismus der Erde dem Magnetismus des Himmels Platz macht, sie über Wasser bleiben, wo andere mit dem Strom fortgerissen werden, und durch die Erfahrung, durch die andere unter Druck, Fleischeslust und Begierde kommen, dem heiligen Gott immer nähertreten und mitten in den Versuchungen, in denen andere unterliegen, das eine festhalten: „Jesus, dir leb' ich; Jesus, dir sterb' ich; Jesus dein bin ich, tot oder lebendig" — rette mich immer völliger heraus aus dem verborgenen Zusammenhang mit der Welt, ihrer Sorge, ihrer Eitelkeit und ihrem Fluche!

24. August

Und sintemal ihr den zum Vater anrufet, der ohne Ansehen der Person richtet nach eines jeglichen Werk, so führet euren Wandel, solange ihr hier wallet, mit Furcht und wisset, daß ihr nicht mit vergänglichem Silber oder Gold erlöst seid von eurem eitlen Wandel nach väterlicher Weise! 1. Petr. 1, 17. 18

Seid heilig in allem eurem Wandel (Vers 15), das heißt: Bewegt euch nicht mehr in den Linien früheren Begehrens, bildet euch nicht mehr nach den vorigen Lüsten! Mit anderen Worten: Laßt euch nicht mehr gehen, öffnet Herz, Gemüt, Phantasie und Sinne nicht mehr dem, was euch aus der Sinnenwelt entgegentritt, sei es anziehend oder erschrekkend, „in der Unwissenheit", weil man nichts Besseres kannte, nichts von einem Felsen wußte, in dem man Bergung vor der Welt der Eitelkeit und Sichtbarkeit finden konnte! Seid heilig in allem eurem Wandel, auf Schritt und Tritt, in der Welt und in der Gemeinde, in der Familie, im Geschäfts- und Gesellschaftsleben sowie in der Einsamkeit, überall und allezeit bildet euch nach dem, der euch aus der Welt der Lüste und Sorgen herausgerufen hat, dessen Ruf ertönt ist in die Wildnis und Wüstenei unserer Wege, Phantasien, Pläne, Erinnerungen und Bestrebungen, und der uns zu sich gerufen hat!

Seid heilig, seid für ihn da, ihm lebend, ihn liebend, ihm dienend in allem eurem Wandel — verliert aus den Augen, was euch früher erschreckt, ergötzt, angezogen hat! Wandelt heilig, denn ihr gehört eurem Gott; er ist euer Mittelpunkt, er ist euer Vater (Vers 17). Ihr braucht nicht Sorge zu haben, ihr müßtet Mangel leiden, ihr kämet etwa zu kurz. O nein! Unser Vater, der du bist in den Himmeln, dein Name werde geheiligt! Der Vatername wird nicht geheiligt, sondern entheiligt, wenn wir die Sorge für unseren Lebensweg, Lebensunterhalt, Dienst usw. selbst in die Hand nehmen. Wir haben einen Vater im Himmel und brauchen darum nicht ängstlich zu fragen wie die Heiden: Was sollen wir essen, was sollen wir trinken, womit sollen wir uns kleiden? Wie soll es gehen, wenn das Leben immer teurer und die Luft immer schwüler wird, wenn bald kein Raum mehr für uns ist? Wir haben einen Vater, der uns hinaufnimmt in die obere Heimat, wenn hier unten kein Raum mehr für uns ist, und der uns nur so lange auf Erden läßt, bis wir zur Aufnahme in die Herrlichkeit bereit sind.

Die Treue des Vaters weiß und sieht. Er sieht, und er *ver*sieht. Er achtet auf jede Woge unserer stürmischen See. Er bringt sicher in den Hafen. Der Vater sitzt am Steuer.

25. August

Und sintemal ihr den zum Vater anrufet, der ohne Ansehen der Person richtet nach eines jeglichen Werk, so führet euren Wandel, solange ihr hier wallet, mit Furcht! 1. Petr. 1, 17

Unser Vater aber ist auch unser Erzieher, kein schwächlicher Vater, wie so manche irdische Väter sind, die das eine oder andere Kind in fleischlicher Weise lieben, so daß sie nicht den Mut haben, es zu erziehen, unter Umständen auch einmal zu züchtigen und in eine stramme Schule zu schicken. Das Ziel ist so hoch, daß seine Erreichung jeder Schule, jeder Beschränkung wert ist, und ohne Beschränkung kommt niemand aus der Eitelkeit heraus und in die Ewigkeit hinein. Die Rebe muß beschnitten werden, wenn es auch noch so viele Tränen kostet. Es muß alles zur Erreichung des Zieles mitwirken, wenn es sich einmal um Heiligkeit handelt. Gott kann oft jahrelang zusehen, kann aber auch zuweilen in entscheidenden Augenblicken kurzen Prozeß machen. Wir haben es mit dem allweisen, allwissenden Gott zu tun, der jedes seiner Kinder durch und durch kennt, der um jede Träne weiß, und dem kein Zucken der Nerven entgeht. Da ist nie eine unnötige Berührung irgendeiner Stelle, nie eine vorzeitige Verpflanzung in eine Schule, in die man noch nicht hineintaugte, sondern eine absolut sichere Behandlung jedes einzelnen Kindes nach seiner eigentümlichen Veranlagung und Hinzunahme jeder Falte, die sich im Lauf der Jahre gebildet hat und die entweder vertieft oder ausgeglättet werden muß. Es ist doch auch nie von Übereilung oder Überforderung die Rede, wie dies bei gewissen Lehrern vorkommt; denn es ist unserem Gott nicht darum zu tun, mit seinen Kindern glänzen, etwas in die Augen Fallendes mit ihnen leisten zu wollen, sondern es muß bei ihm alles durch und durch echt sein und Ewigkeitswert haben. Er nimmt sich Zeit mit unserer Erziehung, er ist barmherzig und, wo es not tut, auch einmal scheinbar unbarmherzig; er vergißt nie, was für ein Gemächte wir sind, er kümmert sich unter Umständen aber auch dann und wann nicht um unser Winseln oder gar unseren Widerstand, sondern setzt unentwegt die Erziehung fort, weil er heilig ist und Leute aus uns machen will, die sein Bild tragen. Macht also auch nichts aus euch selbst, wollet nichts darstellen und sorgt, daß euer Werk dereinst die Feuerprobe aushalte! Es geht alles durch die Probe, ohne Ansehen der Person, und erst, wenn eines Menschen Werk auf göttlicher Waage gewogen und geprüft wird, stellt es sich heraus, wes Geistes Kind er ist. Es wird da nach göttlichem, nicht nach menschlichem Urteil gerichtet und gehandelt.

26. August

Und sintemal ihr den zum Vater anrufet, der ohne Ansehen der Person richtet nach eines jeglichen Werk, so führet euren Wandel, solange ihr hier wallet, mit Furcht! 1. Petr. 1, 17

Weil ihr es nun mit einem solchen Vater, mit einem solchen Richter zu tun habt, dem man nicht Sand in die Augen streuen kann, so nehmt euch zusammen und laßt nichts Fremdes in euren Wandel, in die Bewegungen eures äußeren und inneren Lebens hineinkommen! Richtet den Mantel nicht nach dem Wind; ihr habt es mit Gott zu tun, darum laßt keine Menschengestalt, keinen Brief, keine am Himmel aufsteigende Wolke und keinen Stern, der an eurem Horizont aufgeht, euch von der rechten Bahn abbringen! Ihr steht vor Gott. „Leben wir, so leben wir dem Herrn." So haben wir für nichts anderes mehr Sorge zu tragen, als daß wir es ihm recht machen, so haben wir nur noch sein Wohlgefallen zu suchen. Wandelt vor Gott in heiligem Respekt; ihr habt nichts vom Feind zu fürchten, und wo noch Altes, von den Vätern Ererbtes sich bei euch findet, so löst euch der Herr davon.

„Wandelt die Zeit eurer Pilgrimschaft in Furcht" — die Zeit eurer Schul-, Lehr- und Wanderjahre, während welcher ihr fern von der Heimat als Lehrlinge in der Fremde für spätere Meisterschaft daheim erzogen werdet! Unsere Heimat ist droben, unsere Fremdlingschaft hienieden; wir führen darum unseren Wandel auf Erden mit heiliger Furcht, es dem recht zu machen, welcher recht richtet, damit wir durchgeschulte, wohlerzogene Menschen werden. Schon von Anbeginn der

Welt standen die Werke vor ihm, in denen wir wandeln und unsere Heiligung auswirken sollten; darum wandeln wir in heiliger Furcht vor Gott, um uns durch nichts und niemand aus diesen Werken herausbringen zu lassen, und das um so mehr, als ihr wisset, ganz gut wisset — denn sonst wäret ihr ja keine Christen —, daß ihr erlöst worden seid von eurem eitlen Wandel nach väterlicher Weise (Vers 18).

Laßt euch diese Dinge doch nicht mehr aus dem Gesichtskreis schwinden und wisset, daß jedes Gotteswort, an das man glaubt, aus der Eitelkeit heraushebt und völliger mit Gott verbindet, jedes Wort hingegen, das man anhört, ohne sich gründlich auszuliefern, sittliche Schwäche zur Folge hat! Es gibt gar nichts Schädlicheres, als sich bloß seelisch erschrecken oder rühren zu lassen, ohne tiefer in das Geheiligtsein einzugehen, ohne sich tiefer bewußt zu werden: Ich bin da für Gott, und er verbindet mich, führt mich zusammen, mit wem er will, Freund oder Feind, Nahe- oder Fernstehenden. Er erzieht mich und macht mir meine Zeiteinteilung. Zuerst bringt er mich in eine neue Stellung und öffnet mir den Blick für die neue Stellung von Gottgeheiligten; dann sorgt er dafür, daß die Einflüsse seitens der Menschen nicht zu stark werden, daß wir uns vor Feinden nicht fürchten und uns nicht an Freunde binden. Da ist dann eine einheitliche Linie, ein goldener Faden, der sich aus dem Wort Gottes herausschält, und in dem man Tag für Tag erstarkt, das heißt: der Herrlichkeit entgegen, göttlicher Natur teilhaftig sein.

27. August

Und wisset, daß ihr nicht mit vergänglichem Silber oder Gold erlöst seid von eurem eitlen Wandel nach väterlicher Weise! 1. Petr. 1, 18

In diesem Vers ist nun zum drittenmal vom Wandel die Rede. Eine Sache gewinnt um so mehr an Wert für uns, je mehr sie gekostet hat. Je mehr ein Kind seinen Eltern Kummer und Sorge gemacht hat, um so teurer ist es ihnen. Wir aber bedenken viel zu wenig und können überhaupt gar nicht ermessen, was wir unseren Gott gekostet haben. Wir sind nicht mit dem gewöhnlichen Lösegeld, nicht mit Silber, Gold, Edelsteinen oder dergleichen losgekauft von der Eitelkeit und Knechtschaft der sichtbaren Welt, von der Tyrannei menschlicher Worte, Blicke und Gebärden, von Menschengunst und Menschenfurcht, von dem Hängen an der Kreatur, über dem wir vergessen, daß wir für Gott da sind.

Wir haben den früheren erbärmlichen Wandel nicht selbst erfunden, sondern wir haben ihn infolge des Sündenfalls von unseren Vätern überliefert bekommen. Seit dem Sündenfall zieht sich ein dunkler Faden durch die Welt, und es sind von da ab verhältnismäßig nur wenige mit Gott gewandelt, unter diesen wenigen aber nur einzelne in einer Weise, daß Gott sie ohne Tod hinaufnehmen konnte in die Herrlichkeit. Es hat unseren Gott nichts weniger gekostet als das Blut seines Sohnes, um uns von dem weiten Gebiet der Knechtschaft der Eitelkeit loszulösen. Christus ist auf die Erde herabgestiegen und hat einen Menschenleib angenommen, um von innen heraus alles zu überwinden, was ein Adamskind geknechtet und in eitlen Wandel hineingebracht hat; aber es ist auch ein Lösegeld, gegen das niemand Einspruch erheben kann, auch keine angeborene Gemüts- und Charakteranlage.

Ja, es ist uns viel angeboren; darum kam der Herr Jesus ins Fleisch, um uns aus unseren Naturanlagen zu erlösen. Nur das Blut des Lammes konnte uns von der Knechtschaft der Sünde, der Natur, der Menschenfurcht und Kreaturenliebe losmachen, durch Darreichung eines Lösegeldes loskaufen, vor dem alle Falten eigenen Wandelns und Denkens weichen müssen. Das aber macht gerade die Schwäche dieses Zeitalters aus, daß man das Blut des Lammes geringachtet und sich daran gewöhnt, irgendwelchen Charakterzug, irgendwelche Naturanlage als Großmacht anzusehen, von der man nicht loskommen kann. Es handelt sich nicht nur um die Bewegungen des äußeren, sondern auch um die des inneren Lebens; es handelt sich darum, daß man nicht da oder dort noch in Lüsten gebunden ist. Das fleckenlose Blut des Lammes kauft uns von einer ganzen Lebensrichtung los. Nur durch dieses heilige Blut können auch die Besten unter uns von ihrem unheiligen Blut losgekauft werden.

28. August

Wisset, daß ihr nicht mit vergänglichem Silber oder Gold erlöst seid von eurem eitlen Wandel nach väterlicher Weise, sondern mit dem teuren Blut Christi als eines unschuldigen und unbefleckten Lammes!

1. Petr. 1, 18. 19

Jeder Mensch hat eine doppelte Abstammung: die Abstammung von Gott als Gottgezeugter und die Abstammung von unseren irdischen Vätern. Von letzteren haben wir sündliches Blut überkommen durch unsere Zeugung, von Gott hingegen das reine Blut des Lammes, auf Grund von dessen Opferung uns der Vater nach dem Bild Christi gezeugt hat. Wenn wir Kinder Gottes sind, haben wir dieses kostbare, unbezahlbare, in seinem Wert unberechenbare Blut des Lammes in uns, eines Lammes ohne Fehl und Flecken, und was aus ihm gezeugt ist, ist eine neue Natur. Diese neue, aus Gott gezeugte und im Blut des Lammes gereinigte Natur muß und kann über alles siegen, was wir von den Vätern ererbt haben. Es ist mächtiger als jegliche Angewöhnung, als alle verborgenen Falten, infolge deren man immer wieder mit gewissen Vorstellungen, Einbildungen, Stimmungen und dergleichen zu schaffen hat. Das Blut des Lammes reinigt bis hinein in die Quellgebiete des Blutes und der Nerven und öffnet den Weg zu einem heiligen

Wandel in der Nachfolge des Lammes. Und wärest du der einzige, der aufwacht, so sei der einzige; andere kommen dann nach. Miß dich nicht mit anderen, miß dich an der Statur Jesu Christi!

„Seid meine Nachahmer, wie ich Christi Nachahmer bin!“ sagte der Apostel Paulus. Christus hatte es ihm angetan, darum wurde er sein Nachahmer. Er hat sich einen neuen Charakter gebildet nach dem Bild dessen, der ihm auf dem Wege nach Damaskus begegnete.

Jetzt nimm dir in diesen Minuten der Stille Zeit, dem Urbild deines Heilands näherzutreten und bei jedem Zug seiner Reinheit, seiner Art, seines Redens und Schweigens dir zu sagen: „Das alles nimmt der Heilige Geist und wirkt es in mir aus; ich will ihm stillhalten“! Wenn du jetzt Gott nicht stillhalten kannst, so wirst du in der Ewigkeit sehen, was du in der Zeit deines Erdenwandelns vergeudet hast an heiligen Eindrücken, die Gott in diese hineingelegt hatte, damit du nachhaltig dem Hochdruck der Eitelkeit entrückt werdest und neue Herrlichkeitslinien durch den Heiligen Geist in dir gezogen werden, damit die Neugeburt sich in dir ausgestalte und der Gottesmensch freie Entfaltung gewinne — daß Gott dich in das gute Erbe hineinstellen kann.

29. August

Wisset, daß ihr nicht mit vergänglichem Silber oder Gold erlöst seid von eurem eitlen Wandel nach väterlicher Weise, sondern mit dem teuren Blut Christi als eines unschuldigen und unbefleckten Lammes!

1. Petr. 1, 18. 19

Eine doppelte Überlieferung steht vor dem Auge und Geiste des Kindes Gottes. Erstens das, was unsere Väter uns auf unseren Lebensweg mitgegeben haben, nämlich unreines Blut, einen Fluchzusammenhang mit einer verfluchten, dem Fluch entgegengehenden Welt — denn unserer ersten Geburt nach hängen wir mit der Erde zusammen —, und zweitens die Wiedergeburt; mit dieser beginnt eine neue Geschlechtslinie für uns. Soweit wir wiedergeboren sind, sind wir in Lebenszusammenhang gebracht mit einem anderen Blut, dem Blut des Lammes. — Das Blut des Lammes aber ist vor allem sein Charakter. Es ist ein Unterschied zwischen Lammesblut und Löwenblut; das eine ist mild, das andere hitzig aufwallend. Ein Lamm geht still seinen Weg, ein Löwe brüllend — wie gesagt, das hängt mit der verschiedenartigen Beschaffenheit des Blutes zusammen, das in den Adern des einen und des anderen fließt. „Wir sind mit dem teuren Blut Christi als eines unschuldigen und unbefleckten Lammes erlöst“ — mit einem reinen Blut. Aus dem Zusammenhang der Tradition, dem durch Geburt überkommenen Erbteil der Väter, werden wir nur durch Lebenszusammenhang mit dem Lamm gelöst.

Das Blut Christi ist dem Verweslichen entgegengesetzt; der Feind kann es nicht zersetzen. Allenthalben stehen wir in Gefahr, von dem Feind zu Fall gebracht zu werden; nur wenn wir unter der Deckung des Blutes Jesu stehen, kann er uns nichts anhaben. Es ist ein unendlich kostbarer Preis, gegen den keine Macht der Finsternis aufkommen kann. Darin liegt unsere Sicherheit, absolute Sicherheit. Auf solch unverweslichem Grund stehend, mit unvergänglicher Freude einem unverwelklichen Erbe, das mit der Wiederkunft unseres Herrn und Heilandes Jesu Christi uns entgegengebracht wird (1. Petr. 1, 13), entgegensehend, ruhen unser Glaube und unsere Hoffnung in Gott.

Will man aber von der traurigen Erbschaft, von eitlem Wandel, eitlen Gebärden, eitlen Worten, eitler Phantasie loswerden, so muß man sich das Lamm und dessen Art, zu wandeln, näher ansehen. Wir können das Blut des Lammes nicht durch den Geist mitgeteilt bekommen, solange wir uns nicht einmal Zeit nehmen, nähere Bekanntschaft mit dem Lamm zu machen. Wozu sind uns die Evangelien gegeben, wenn nicht, damit uns die Gestalt des Lammes während seines Erdenwandels vor Augen trete, damit die Gestalt unseres Heilandes, wie er als Lamm durch die Welt ging, uns in klaren Umrissen vor Augen stehe! Dem Lamm muß alles weichen. Wenn dereinst in der Ewigkeit der Glanz des Lammes enthüllt wird, sinkt das ganze Weltall in die Knie. Da müssen und werden sich beugen aller Knie, die im Himmel und auf Erden und unter der Erde sind. Da schwindet in Nacht aller Glanz von Kreaturen, und das Weltall gibt nur noch einem Ehre, nämlich dem geschlachteten Lamm, das im Lichtglanz der Ewigkeit vor uns steht, während es hier unten still, ohne Rumor zu machen, seinen Weg ging.

30. August

Wisset, daß ihr nicht mit vergänglichem Silber oder Gold erlöst seid von eurem eitlen Wandel nach väterlicher Weise, sondern mit dem teuren Blut Christi als eines unschuldigen und unbefleckten Lammes!

1. Petr. 1, 18. 19

„Eines wünsch' ich mir vor allem andern", singen wir im Lied, in dem es heißt: „Unverrückt auf einen Mann zu schauen." Teure Seele, du mußt in die Schule des Lammes gehen, du mußt das Lamm studieren, du mußt es kennenlernen nach allen Seiten hin. Von den Vätern ist uns eitler Glanz überliefert worden; in den Evangelien wird uns der Glanz, die Herrlichkeit des Lammes überliefert, und wenn wir von diesem Gesichtspunkt aus die Evangelien lesen, bekommen wir einen neuen Schlüssel für die Briefe und eine Einleitung für das Buch der Offenbarung, das uns die Herrlichkeit des Lammes droben zur Rechten des Vaters schildert. Dann wird das Bild des Lammes je länger je mehr eine Macht in unserem Leben, so daß alle Charakterzüge der Löwennatur, der trotzigen oder feigen Natur, alles Übel, sei es glänzender oder häßlicher Art, alle Züge der gefallenen Adamsnatur ob dieser Überlieferung weichen müssen. Dann werden wir einmal wirklich mit unserem Naturbild überworfen sein und nicht mehr unser eigenes Bild bewundern, indem wir dem Pharisäer im Evangelium nachsagen: „Ich danke dir, Gott, daß ich nicht bin wie andere Leute."

Wir werden dann nicht mehr schwätzen, wie nur Menschen schwätzen können, die noch nicht tief genug in das Bild des Lammes hineingeschaut haben, um die Lust, sich zu bewundern, für immer zu verlieren. Wir haben dann nur noch das eine Ziel vor Augen, dem Lamm ähnlich zu werden und jeden Tag abzulegen, und zwar gründlich abzulegen, was nicht mit dem Bild des Lammes stimmt. Dazu haben wir die Evangelien, und dazu ist uns der Heilige Geist gegeben.

„Ist erst der Heilige Geist gekommen", sagt der Herr — und er ist gekommen —, „der wird es von dem Meinigen nehmen und euch mitteilen", wie einen z. B. ein Künstler in einer Gemäldegalerie umherführen und etwa angesichts eines neuen herrlichen Bildes fragen kann: „Verstehst du auch, was da für ein Bild vor dir steht?" Der Heilige Geist nimmt von dem, was Christi ist, und stellt es uns so ins Licht, daß sich uns ein Zug des Bildes Christi nach dem anderen aufprägt und so einprägt, daß man ihn nicht mehr loswird. Es ist genau so, wie mancher früher gewisse Stellen eines Romans nicht mehr losgeworden ist oder auch gewisse Züge dieses oder jenes Kunstwerks, weil ihm durch die Hand des Künstlers damit ein ganz neues Licht über Liebe, Schönheit oder dergleichen aufgegangen ist. Was sind aber alle Meisterwerke berühmter Künstler, Dichter oder Schriftsteller, denen Gott Geist gegeben hat, aber nicht den Heiligen Geist —, was sind diese im Vergleich zu dem Meisterwerk, das Gott ins Leben hineingestellt hat mit dem Bild dessen, der sich in allen seinen Bewegungen gebildet hat nach dem Urbild der Ewigkeit, nach dem Bild und dem Willen des Vaters! „Was der Sohn den Vater tun sieht, das tut gleich auch der Sohn." Er hat die Saiten seines Wesens jeden Augenblick nach den Akkorden der Ewigkeit, nach dem Wohlgefallen des Vaters gestimmt.

31. August

Der zwar zuvor ersehen ist, ehe der Welt Grund gelegt ward, aber offenbart zu den letzten Zeiten um euretwillen, die ihr durch ihn glaubet an Gott, der ihn auferweckt hat von den Toten und ihm die Herrlichkeit gegeben, auf daß ihr Glauben und Hoffnung zu Gott haben möchtet.

1. Petr. 1, 20. 21

Schon vor Grundlegung der Welt ersah Gott als Bürgen sich Jesus; denn es war ein gewaltiges Wagnis, verantwortliche Menschen zu schaffen, die fallen konnten. Es handelte sich für Gott darum, den Teufel wegzubringen. Der Mensch sollte sich mit dem Fürsten der Erde auseinandersetzen und ihn dadurch, daß er sich an das Wort seines Gottes hielt, aus der Welt schaffen. Anstatt auf Gottes Wort zu hören, hat er aber auf die Stimme des Teufels gehört; darum mußte einer kommen, der nie auf des Teufels Stimme hörte, sondern als Mensch seinen Gott in den Linien der Schrift kennenlernte. Er war vor Grundlegung der Welt als Bürge ausersehen und ist darum ins Mittel getreten zur Rettung der Welt, aber erst am Ende der Zeiten, vor 1900 Jahren, offenbart worden. Mit seiner Offenbarung ist das Ende der Zeiten gekommen, und die Gemeinde hat keine Ahnung, wie sehr sie vielleicht das Ende verschleppt, weil sie sich nicht hat umbilden lassen in das Bild des Lammes. Mit einem anderen Bild können wir nicht vor Gott erscheinen. Er ist offenbar geworden, und seither wartet die ganze Schöpfung auf die Offenbarung von Söhnen Gottes, die in das Bild des Lammes umgestaltet sind; denn das hat Gott beschlossen — er hat welche prädestiniert aus aller Schande ihres Naturbildes heraus, um in das Herrlichkeitsbild des Lammes hineingestaltet zu werden.

„Geoffenbart um euretwillen." Um der Leser des Petrusbriefes willen ist das Lamm am Ende der Zeiten geoffenbart worden. Aber auch um deinetwillen und um meinetwillen, damit das Gepräge meiner Natur der Offenbarung des Lammes weiche, wie sie mir in heiligen Stunden meines Lebens entgegengetreten ist und wie sie dir entgegentritt, sooft du beim Bibellesen merkst, daß du nicht mit deinem eigenen Auge die Herrlichkeit des Lammes entziffern kannst, daß das nur der Geist Gottes tun kann. Selbst den Jüngern ist erst mit Pfingsten Licht darüber aufgegangen, wer ihr Meister eigentlich war — er wurde geoffenbart am Ende der Zeiten.

Dieses Ende der Zeiten wollen wir nicht mehr in die Länge ziehen, sondern uns durchbilden lassen. Nachdem wir uns nur zu lange nach den vorigen Lüsten gebildet haben, wollen wir uns nun in der Schule der Gnade in die Lammesnatur hineinbilden, damit die Kreatur nicht noch länger auf die Offenbarung von Söhnen Gottes warten müsse.

1. September

Die ihr durch ihn glaubet an Gott, der ihn auferweckt hat von den Toten und ihm die Herrlichkeit gegeben, auf daß ihr Glauben und Hoffnung zu Gott haben möchtet. **1. Petr. 1, 21**

Der Glaube ist nicht jedermanns Ding, hat Luther gesagt, und doch ist jedermann verpflichtet, zu glauben, und verantwortlich, wenn er nicht glaubt, verantwortlich dafür, ob er sich der oberen Welt öffnet oder verschließt, wenn sie ihm im Wort Gottes entgegentritt. „Wer nicht glaubt, wird verdammt werden"; aber kein Verdammter wird einmal sagen können: „Du hast mir den Glauben nicht geschenkt", so wahr es andererseits ist, was unser Schriftwort sagt, „daß wir durch ihn glauben an Gott". Er ist am Ende der Zeiten geoffenbart worden um der Heiligen willen, um der Glaubenden und um derer willen, die durch letzterer Wort an ihn glauben werden. Diese beiden Dinge — wären sie auch noch so widerstreitend für unseren armseligen Menschenverstand — diese beiden Dinge halten wir fest und erkennen demütig an, daß wir alles der Gnade verdanken und keinerlei Ursache haben, uns je unseres eigenen Wollens und unserer eigenen Wahl zu rühmen und zu sagen: „Ich habe gewollt, und dieser oder jener hat nicht gewollt."

Gott hat seinem Sohn mit dessen Auferweckung aus den Toten Herrlichkeit gegeben; seine Auferweckung offenbarte neue Herrlichkeit. Allerdings ist schon durch sein Erscheinen auf Erden Gnade und Herrlichkeit offenbar geworden, und seine Jünger konnten sagen: „Wir haben gesehen eine Herrlichkeit als des eingeborenen Sohnes vom Vater voller Gnade und Wahrheit." Durch Gnade und Wahrheit ist Herrlichkeit in seinem Wandel offenbar geworden schon in der Verborgenheit zu Nazareth — unerkannte Herrlichkeit! Obwohl er ein Menschenkind wie unsereins war, wie ganz anders zeigt sich doch sein ganzes Wesen, Tun und Lassen! Wer aber hatte Augen für diese Herrlichkeit? Niemand weniger als die Bewohner von Nazareth. Nirgends war sein Arm für Offenbarung göttlicher Herrlichkeit mehr gelähmt als in Nazareth. Weil sie gleichgültig an der verborgenen Herrlichkeit dieses Kindes und Jünglings vorübergegangen waren, wurden ihre Herzen verhärtet; denn wie es aus Glauben in Glauben geht, so geht es aus Unglauben in Unglauben.

Es lasse doch niemand Herrlichkeit an seinem Auge vorüberziehen, ohne sie in sich aufzunehmen; sonst wird sein Auge schwach. Herrlichkeit baut sich auf Herrlichkeit auf, und durch Anschauen der Herrlichkeit schärft sich das Auge, während es mehr und mehr an Sehkraft einbüßt, wenn man die Herrlichkeit vorüberziehen läßt, ohne sie in sich aufzunehmen und sich durch sie aus sich herausheben und umgestalten zu lassen. — Wo das Wort Gottes lauter und rein zirkuliert, da offenbart sich Gnade und Gericht, und wer sich dem nicht erschließt, geht dem Gericht der Verstockung entgegen und wird dereinst Rechenschaft davon geben müssen, was er mit dem heiligen Segens- und Gerichtssamen gemacht hat.

Der eine nimmt das Wort auf, und es kann sich Herrlichkeit in ihm offenbaren; der andere nimmt es nicht auf und fragt sich dann noch, warum er keinen Segen empfangen hat.

2. September

Die ihr durch ihn glaubet an Gott, der ihn auferweckt hat von den Toten und ihm die Herrlichkeit gegeben, auf daß ihr Glauben und Hoffnung zu Gott haben möchtet. 1. Petr. 1, 21

Mit der Auferweckung von den Toten hat Gott seinem Sohn Herrlichkeit besonderer Art gegeben, eine Herrlichkeit nach dem Wort: „Wenn das Weizenkorn in die Erde fällt und erstirbt, so bringt es viele Frucht." Wenn die Bewohner Nazareths einerseits dafür verantwortlich waren, daß sie gleichgültig an Jesus vorübergingen, so waren sie doch zur Zeit unfähig, zu erkennen, wer der eigentlich war, der unter ihnen wandelte. Wer glaubt unserer Predigt? Wer versteht sie, und wem ist der Arm des Herrn geoffenbart? Solange das Weizenkorn nicht in die Erde gesunken, bleibt es allein, und das Herrlichkeitsleben, das er gelebt, wird erst durch Tod, Auferstehung, Himmelfahrt und Ausgießung des Heiligen Geistes Eigentum der Seinen. „Wenn er, der Geist der Wahrheit, kommen wird, wird er von dem Meinen nehmen und euch verkündigen." Er wird euch nicht bloß ein schönes Bild vor Augen stellen, sondern von dem Meinen nehmen, euer tiefstes Inneres aufschließen und tief in die Wurzelgebiete eures Seins und Wesens Keime ewigen Lebens einsenken. Das ist Herrlichkeit, Vervielfältigung ins Unendliche, Ausstrahlung in einer Weise, daß die Verlorenen die Strahlen fassen können. Ausstrahlung der Herrlichkeit ist zugleich Öffnung der Augen, Ohren und Herzen durch den Geist.

„Gott hat ihm Herrlichkeit gegeben" — Macht, sein Wesen auszustrahlen durch den Geist, Macht, Keime seines Wesens in seine Kinder niederzulegen — Macht, in Menschenkindern geboren zu werden. Das ist Herrlichkeit ins Unendliche, Fähigkeit, ins Unendliche vermehrt zu werden. Das Gegenteil von Verwesung, von Abgeschlossensein ist Vermehrung, Ausstrahlung des Lichtglanzes der Ewigkeit und des ihm innewohnenden Lebens.

„Denn er hat ihm Herrlichkeit gegeben" — Macht, sich mitzuteilen, Fähigkeit der Vervielfältigung —, „auf daß euer Glaube und eure Hoffnung zu Gott seien". War er doch gekommen, um die verlorenen Menschen wieder mit ihrem Gott zusammenzubringen! Nachdem er sich selbst Gott geheiligt hat — und er hat es getan, damit auch wir Gottgeheiligte seien in Wahrheit —, liegt da ein unendliches Kapital für den Heiligen Geist zur Verwertung, ein verborgenes Christusleben, dessen Keim der Heilige Geist in unsere Seelen einsenkt, und das er still und in heiliger Keuschheit in allen denen ausbildet, die einen Sinn für Göttliches haben, die diesen Keim hochhalten, die lieber sterben würden, als das Heilige verwüsten oder Gras darüber wachsen zu lassen.

3. September

Die ihr durch ihn glaubet an Gott, der ihn auferweckt hat von den Toten und ihm die Herrlichkeit gegeben, auf daß ihr Glauben und Hoffnung zu Gott haben möchtet. 1. Petr. 1, 21

In unseren irdischen Lebensbeziehungen glauben und hoffen wir auch; es ist das aber eitles Glauben und Hoffen. Man glaubt an Menschen, bis sie einen enttäuscht haben und man infolgedessen menschenfeindlich geworden ist und niemand mehr glaubt. Man hofft, bis eine Hoffnung nach der anderen geknickt ist und man sich hoffnungslos einer stumpfen Gleichgültigkeit hingibt, die den Menschen entwürdigt und erniedrigt. Was soll man weiter hoffen, wenn es immer schlimmer anstatt besser wird? Ja, wenn man seine Hoffnung auf das Sichtbare setzt und glaubt, wo nichts zu glauben ist, wie soll es da anders sein? *Unser* Glaube und *unsere* Hoffnung sind ein Ausfluß der Herrlichkeit, die Gott seinem Sohn gegeben.

„Er hat ihm Herrlichkeit gegeben, auf daß unser Glaube und unsere Hoffnung *auf Gott stehen*", auf dem lebendigen Gott, um Leute aus uns zu machen, die wissen, welcher Welt sie entstammen und nach welcher Welt sie ziehen, die wissen, was sie wollen.

So fange einmal an, dich durch das Blut Christi lösen zu lassen von der Torheit eitlen Hoffens auf die Sichtbarkeit! Laß dir einmal das Alte in Trümmer sinken, dann wird Gott einen neuen Grund legen, und es kann dann Raum werden für die Herrlichkeit durch fortwährendes Abstoßen und Ausscheiden aller eitlen Einflüsse aus dem Bereich der Sinnenwelt, und du wirst immer mehr aus der Eitelkeit heraus- und in das Reich der Herrlichkeit, der Heimat hineingehoben.

„Auf daß euer Glaube und eure Hoffnung zu Gott seien." In den folgenden Versen kommt dann noch als drittes Stück die Liebe hinzu — Glaube, Hoffnung und Liebe. Der Glaube und die Hingabe an Gott, der uns einen solchen Heiland gegeben und der seines eingeborenen Sohnes nicht geschont hat — wie sollte uns der mit ihm nicht alles schenken? Wie sollte ich da noch der Schlange mein Herz öffnen, wenn sie mir zuflüstert: „Dein Gott ist ein harter Herr", und was dergleichen Anklagen mehr sind, welche die Schlange in so ein armes Menschenherz hineinzaubert, das nicht durch den Geist gegen diesen Schlangensamen verwahrt ist!

„Glaube und Hoffnung", aber nicht nur die Hoffnung, daß der Herr fertig werden wird, sondern noch eine andere Hoffnung, nämlich die, daß die Arbeit zum herrlichsten Ziel führen wird. Sind wir treu im Abstoßen und Ausscheiden, so kann Gott endlich die Herrlichkeit zum Durchbruch bringen und diejenigen, welche sich also heiligen lassen, hinaufrücken ohne Tod und Grab durch Verwandlung, durch ununterbrochenes Ausscheiden alles Verweslichen, was wir mit dem Blut unserer

Eltern übernommen haben. Die Folge davon ist dann ein Leben der Liebe. Glaube, Hoffnung und Liebe gehören zusammen. Das ist Herrlichkeit aus der oberen Heimat. Da fragt man sich nicht mehr, ob es der Mühe wert ist, sich herzugeben für ein solches Leben. Jawohl, es ist der Mühe wert, und wer sich einmal mit ganzem Ernst daranmacht, der kann nicht mehr davon lassen; er wird von dieser Herrlichkeit gebannt, festgehalten; er wird ein Herrlichkeitsmensch, der verborgene Herrlichkeit in sich trägt und mitten im Reich der Verwesung der Herrlichkeit lebt.

Das Gesetz der Freiheit

4. September

Suchet in der Schrift; denn ihr meinet, ihr habet das ewige Leben darin, und sie ist's, die von mir zeuget. Joh. 5, 39

Wir haben aus 1. Petrus 1, 13—21 gesehen, daß wir uns umzubilden haben, daß wir, die wir uns ja doch bisher in den Linien unserer Lüste, Einbildungen, Hoffnungen, auch unserer Lebensverhältnisse ausgebildet hatten, uns fortan in den Linien des Lammes Gottes zu bilden haben. Um das tun zu können, ist Vorbedingung, daß wir den Herrn von Tag zu Tag besser kennenlernen, um uns nach diesem maßgebenden Urbild umbilden zu können, und dies Urbild finden wir rein und lauter nur in der Heiligen Schrift. Wir kennen ja im allgemeinen Jesu Lebensgeschichte und wissen, was er für uns getan hat; wenn unsere Umbildung aber bisher nur mangelhaft vonstatten gegangen und da und dort noch Altes zurückgeblieben ist, so beruht das wesentlich darauf, daß das Urbild Christi noch in verschleierten Zügen, in mangelhafter Ausstattung vor unserem Geistesauge steht und wir darum den alten Weg gehen müssen, den die Väter, den die Christen aller Zeiten gegangen sind. Wenn wir verbildeten Leute wirklich in Christi Bild umgestaltet werden wollen, brauchen wir das volle Zeugnis, das die Schrift von Christus gibt. Wie der Herr Jesus seine Zuhörer mit den Worten: „Suchet in der Schrift!" auf das Alte Testament hinwies, so hat er nach seiner Auferstehung bei Gelegenheit seiner Begegnung mit den Jüngern von Emmaus dieses Zentralthema sofort wieder aufgenommen. Noch ehe sie ihn erkannten, hat er sich zu ihnen gesellt und ihnen die Schrift aufgetan. Und was war das Zentralthema seiner Schriftauslegung? „Mußte nicht Christus also leiden und zu seiner Herrlichkeit eingehen?" sprach er; und anhebend bei Mose und den Propheten erklärte er ihnen in allen Schriften das, was sich auf ihn bezog. „In allen Schriften." Das ist das Geschäft, das der Auferstandene und Erhöhte durch seinen Geist vollbringt, daß er uns heute noch die Schrift öffnet, wie er damals den Jüngern von Emmaus getan hat. Wollen wir ein vollständiges, ganzes, nach seinen Umrissen und seinem Inhalt klar gezeichnetes Bild von unserem Heiland haben, so müssen wir zu dem Zeugnis der verschiedenen Evangelien das durch den Geist Gottes im Alten Testament gezeichnete Bild Christi hinzunehmen.

Kehr, o Jesu, bei uns ein,
komm in unsre Mitte!
Wollest unser Lehrer sein,
hör der Sehnsucht Bitte:
Deines Wortes stille Kraft,
sie, die neue Menschen schafft,
bilde Herz und Sitte!

5. September

Denn so jemand ist ein Hörer des Worts und nicht ein Täter, der ist gleich einem Mann, der sein leiblich Angesicht im Spiegel beschaut. Denn nachdem er sich beschaut hat, geht er davon und vergißt von Stund an, wie er gestaltet war. Wer aber durchschaut in das vollkommene Gesetz der Freiheit und darinnen beharrt und ist nicht ein vergeßlicher Hörer, sondern ein Täter, der wird selig sein in seiner Tat. Jak. 1, 23—25

Wenn es sich darum handelt, den ganzen Christus in sich aufzunehmen, so erhebt sich aber sofort eine große Schwierigkeit. Wir haben so lange das Bild des alten Adam getragen, uns im Eigenen bewegt, haben so viel aus unserer adamitischen Natur in unser Christenleben hereingeschleppt, daß wir nur ganz langsam aufwachen und es uns nur ganz allmählich zum Bewußtsein kommt, wieviel in unserem Charakter, in unserer Denkungs- und Handlungsweise nicht mit Christi Art stimmt; deshalb müssen wir uns wohl in acht nehmen, nicht allzu schnell dem Apostel nachzusprechen: „Wir aber haben Christi Sinn!“ Fragen wir uns einmal ernstlich vor Gottes Angesicht: Haben wir wirklich Christi Sinn? Sind wir schon gründlich durchgeschulte Leute? Der Herr sagt: „Kommet her zu mir und lernet von mir; denn ich bin sanftmütig und von Herzen demütig!“ Was er ist, das will er auch uns lehren, darin will er uns unsererseits ausbilden. Sind wir sanftmütig und von Herzen demütig wie er, das uns vor Augen gestellte Urbild? Er will es mit uns dahin bringen; es ist sein ausdrücklicher Wille, daß wir es werden. Wie gesagt, da kommt die große Schwierigkeit im Leben des Gläubigen, und leider scheitert die innere Entwicklung vieler daran. Das Schriftwort, das wir heute gelesen, kann uns aber über diesen toten Punkt hinweghelfen.

Es ist hier zunächst die Rede von einem Mann, der sich im Spiegel beschaut und vergißt, wie er aussieht, was an seiner Gestalt nicht in Ordnung ist. Ein anderer aber bleibt stehen, er kommt nicht darüber hinweg, daß der Spiegel ihm unangenehme Dinge in seinem Bild zurückwirft, er bleibt und bleibt und bleibt stehen, bis — ja dieser wunderbare

Spiegel, der hier gemeint ist — bis sein Bild und seine Gestalt sich verändert und erneuert und das Häßliche schwindet. Der Spiegel, in den wir hineinschauen, ist das Wort Gottes, und dieser Spiegel strahlt uns ein Doppelbild zurück, unser Bild und Christi Bild, unseren Schmutz, unsere vermeintliche Hoheit, unseren Hochmut, unsere Ungerechtigkeit und Herzenshärte gegen andere — und seine Milde, seine Demut und Sanftmut; und wenn wir diese beiden Gestalten nebeneinander im Wort Gottes finden und immer mehr erkennen, was wir sind in Gottes Augen und was der Herr ist, so liegt darin schon ein Geheimnis der Reinigung und Verwandlung. Wer da einmal den Weg weiß, der kann nicht neuen Schmutz an sich entdecken und neue Herrlichkeit in Jesus, ohne damit zu der Quelle zu gehen, wo Vergebung, Reinigung, Lösung und Heilung ist.

6. September

Denn so jemand ist ein Hörer des Worts und nicht ein Täter, der ist gleich einem Mann, der sein leiblich Angesicht im Spiegel beschaut. Denn nachdem er sich beschaut hat, geht er davon und vergißt von Stund an, wie er gestaltet war. Wer aber durchschaut in das vollkommene Gesetz der Freiheit und darinnen beharrt und ist nicht ein vergeßlicher Hörer, sondern ein Täter, der wird selig sein in seiner Tat. Jak. 1, 23—25

Woher kommt es, um auf das Bild in unserem Text zurückzukommen, im gewöhnlichen Leben, daß ein Mensch, wenn er einige Augenblicke vor dem Spiegel gestanden ist, wieder vergißt, wie er gestaltet war? Im 21. Vers desselben Kapitels werden wir aufgefordert, alle Unsauberkeit und Bosheit abzulegen. Wenn man vor den Spiegel tritt, sucht man nicht sich selber zu bespiegeln, sondern sich zu überzeugen, daß man keinen Schmutzfleck im Gesicht hat. Wenn nun ein anständiger Mensch vor dem Spiegel stehend einen Rußflecken an sich entdeckt, so geht er nicht fort, sondern bleibt stehen, bis er rein ist. Er will nicht mit einem Rußflecken auf der Wange in die Gesellschaft gehen, und wenn das Entfernen auch noch soviel Mühe kostet. Hat aber der Betreffende etwa ein Muttermal, ein Geschwür oder etwas dieser Art im Gesicht, so kann er es nicht beseitigen. Vielleicht versucht er es eine Zeitlang, er geht zum Arzt, braucht ätzende Mittel, findet aber dann, daß es nicht entfernt werden kann; und nun geht er fort und sucht es sich aus dem Kopf zu schlagen, indem er denkt: es steckt im Blut, es ist nichts dagegen zu machen.

Und so sind viele Gotteskinder. — Sie finden Dinge in sich, die den Muttermalen gleichen: Unsauberkeit, Bosheit, böse Regungen, Leidenschaften. Eine Zeitlang versuchen sie, ob sie diese nicht beseitigen können. Gelingt es ihnen nicht, sie zu beseitigen, so sind sie schließlich froh, zu vergessen, wie sie gestaltet sind. Sie geben das heilige Geschäft auf und sind zufrieden, nicht mehr das Bild ihrer ungeheiligten Art vor sich zu sehen. Die anderen aber, die um uns sind, müssen es sehen, ja sie müssen riechen den unangenehmen Geruch des eigenen Wesens, sie bekommen diese böse Art täglich zu erfahren. O wie steigt uns da die brennende Röte ins Gesicht, wenn wir an gewisse Dinge denken und daran denken, was wir alles mit unserer Ungezogenheit angerichtet haben! Die Braut Jesu soll ohne Flecken und ohne Runzel vor ihm erscheinen, und da müssen alle Charakterflecken, Temperamentflecken, alles, was nicht hineinpaßt in die Herrlichkeit Jesu, durch das Blut Christi beseitigt werden.

Aber dann sind andere, die, anstatt wegzugehen vom Spiegel, weil es ihnen nicht gelungen ist, rein zu werden, ausharren vor dem Spiegel, vor dem göttlichen Wort, bis ihnen durch den Geist ein Blick wird in das vollkommene Gesetz der Freiheit, in die göttliche, *grenzenlos* reinigende, lösende und heilende Kraft des Blutes Christi. Sie merken dann, sie haben sich vergeblich abmühen müssen, damit Raum würde für den Herrn und sein Blut.

Wie können wir Gott für diesen Spiegel danken, in dem uns jeden Tag ein doppeltes Bild vor Augen tritt — unser Schandbild und das Herrlichkeitsbild des Lammes, so daß wir Tag für Tag imstande sind, die beiden zu vergleichen und uns auf diese Weise Rechenschaft zu geben, was in uns noch nicht mit dem Bild Jesu stimmt! Nur so gewinnt das reine Blut Christi seine volle Bedeutung für uns; denn das Blut des Lammes ist geflossen, damit wir für jede Differenz, die uns zwischen unserem Bild und Jesu Bild durch den Geist und die Schrift aufgedeckt wird, unsere Zuflucht zu dem Blut nehmen und mit aller Zuversicht uns sagen können: „Das Blut des Lammes ist geflossen, damit unser eigenes Blut nicht mehr ungehindert durch unsere Adern fließe, damit nichts Zweifelhaftes in unserem Wesen zurückbleibe, das nicht durch das Blut Christi gerichtet würde, und wofür nicht im Blut Erlösung zu schöpfen wäre." „Es ist ein Born, draus heil'ges Blut für arme Sünder quillt", zur Lösung von aller Eitelkeit und allem Selbstbewußtsein.

7. September

Mose aber hütete die Schafe Jethros, seines Schwiegervaters, des Priesters in Midian, und trieb die Schafe hinter die Wüste und kam an den Berg Gottes, Horeb. Und der Engel des Herrn erschien ihm in einer feurigen Flamme aus dem Busch. Und er sah, daß der Busch mit Feuer brannte und ward doch nicht verzehrt; und sprach: Ich will dahin und beschauen das große Gesicht, warum der Busch nicht verbrennt. Da aber der Herr sah, daß er hinging, zu sehen, rief ihm Gott aus dem Busch und sprach: Mose, Mose! Er antwortete: Hier bin ich. 2. Mose 3, 1—4

Es wird hier von Mose erzählt, daß er eines Tages, als er die Schafe am Horeb weidete, einen Busch sah, der mit Feuer brannte. Mose war gleich entschlossen, die Sache zu untersuchen. „Ich will hingehen und besehen dies große Gesicht.“ Und wie Gott sah, daß Mose kam, offenbarte er sich ihm. Gott stellt auch uns in gewissen Entfernungen von uns heilige und himmlische Gesichte auf unseren Weg, während wir unsere Herden weiden, arbeiten oder träumen. In seiner großen, wunderbaren Art, in der er uns nichts aufzwingt, stellt er das Bild Christi dahin, daß wir es sehen müssen, wenn wir wollen. Selig sind, die da aufmerksam und diesem Bild gegenüber still werden! Tritt näher dem Bild des Lammes Gottes, arme, an dich selbst gebundene Seele! — Wenn dann ein solches Gesicht kommt, fallen bei den Ganzen und Aufrichtigen die Hüllen vom Wort Gottes, und es gibt einen Durchblick in das Gesetz der Freiheit hinein.

In Jakobus 1, 25 zeigt uns der Grundtext ein Bild von einem solchen Menschen, der abbiegt vom Weg, sich bückt und sich hinunterbeugt, um bis in die Tiefen hinabzuschauen. Wir denken dabei an den barmherzigen Samariter, der es nicht über sich bringen konnte, auszuweichen, sondern abbog vom Weg, um dem unter die Mörder Gefallenen zu helfen. Ebenso bog Mose ab von seinem Weg; er wollte wissen, was der brennende Busch zu bedeuten hatte. So geht es auch den wahrhaft aus Gott Gezeugten, *die da wollen, daß der Herr die ganze, volle Frucht seines Leidens und Sterbens empfängt,* die nicht Heilige in ihren eigenen Augen sind und sich nicht selber gefallen wollen. Sie wollen nicht auf halbem Weg stehenbleiben und haben schon lange geseufzt über diesen oder jenen Flecken. Die Erinnerung daran werden sie nicht mehr los; sie fangen an, hindurchzuschauen, abbiegend vom Wege, sich „bückend“, wie die Engel sich „bücken“ (das gleiche Wort), und hineinzuschauen in die Tiefe der Erlösung, um einen Blick zu tun bis auf den Grund.

Ich will nicht mehr die Schatten, die zerfließen,
den trügerischen Schein, der bald vergeht;
ich will mich dir und deinem Licht erschließen;
gib mir das Leben, das ewig besteht!

Daß ich nach deinem heil'gen Bilde lebe,
ja nur in dir und nur für dich allein,
das ist das eine Gut, nach dem ich strebe;
gib mir dies eine, und alles ist mein!

8. September

Wer aber durchschaut in das vollkommene Gesetz der Freiheit und darinnen beharrt und ist nicht ein vergeßlicher Hörer, sondern ein Täter, der wird selig sein in seiner Tat. Jak. 1, 25

Wie hat man doch hineingeschaut in ein anderes Gestz und kennengelernt das Gesetz der Sünde! Wie ist man unter der bindenden Macht der Sünde gewesen! Da mußte ein Stärkerer kommen, ein anderes Gesetz. Und dieses Gesetz des Geistes und des Lebens befreite uns, indem es uns an das Kreuz Christi band. Was dem Gesetz unmöglich war, das tat Gott, um mit dem Fleisch aufzuräumen, um unser Fleischesleben ans Kreuz zu nageln, auf daß die Gerechtigkeit des Gesetzes, die gerechten Forderungen des Gesetzes, die sich an unserem Fleischesleben brachen, zur Erfüllung kommen möchten in uns, die wir uns Jesus anvertrauten, die wir durch den Geist uns zu Verfluchten machen lassen, und denen nun Jesus alles wird. Ja, wir müssen uns bücken und hindurchschauen in das vollkommene Gesetz der Freiheit und *„dabei bleiben"*, wie es wörtlich heißt.

Das Gesetz des Geistes des Lebens — gibt es ein höheres Siegel der Majestät eines Wesens, denn ein Mensch zu sein, der *für Gott* da ist, über den Gott unbedingt verfügen kann, und der damit gelöst ist von der bindenden Macht aller Gewöhnungen, aller Tyrannei sklavischer Einflüsse, Kreatur, was es auch sei? Wahrhaft frei ist nur der, den der Sohn frei macht; und er macht uns frei, indem er uns einfügt in einen neuen Organismus, und dieser Organismus ist sein Leib, der Leib, den der Heilige Geist ihm aufbaut in der Kraft auf Grund seines am Fluchholz geopferten Menschenleibes, in den er hineintrat, damit wir nicht mehr geknechtet seien durch die Leidenschaft unserer alten, gefallenen sündlichen Natur, geadelt zu Werkzeugen des Heiligen Geistes.

Wie die Glieder meines Leibes, die Zunge, die ich gebrauche, zu reden, wie alle Glieder meines Leibes meinem Willen gehorchen, so gehorchen wir Geisteskinder, Gottgeheiligte mit allem, was wir sind und haben, unserem Gott, dem Wort Gottes; und wenn unser Fleisch, unsere alte Natur in irgend etwas zögert, Widerstand tut, uns nicht in die volle Freiheit der Sohnschaft eintreten lassen will, dann appellieren wir an das Opfer von Golgatha. Mit dem Blut des Sohnes Gottes sind wir „erkauft vom Satan, von Fleischesmacht", von der eigenen Natur, von unserer adamitischen Abstammung, von dem Einfluß der Kreaturen, von sündlichen Gewohnheiten im Denken, Dichten, Trachten, Fühlen, Tun und Lassen.

Wen der Sohn frei macht, der ist wahrhaft frei, und diese Minuten stillen Gebets sind Befreiungsminuten, in denen wir uns auf den Altar legen, damit er unsere Glieder, unsere Existenzen ihm heilige, indem er uns mit Christus, also einem neuen Lebenselement, zusammenbildet, aber so, daß jedes, dem innersten Lebensgesetz der neuen Kreatur gehorchend, dem Haupt zur Verfügung steht, wie meine Hände, Lippen und mein Mund sich ohne weiteres bewegen und, mir halb unbewußt, meinem Willen gehorchen.

Ungefärbte Bruderliebe

9. September

Machet keusch eure Seelen im Gehorsam der Wahrheit durch den Geist zu ungefärbter Bruderliebe und habt euch untereinander inbrünstig lieb aus reinem Herzen! 1. Petr. 1, 22

Der Abschnitt im 1. Petrusbrief (1, 13—21), den wir neulich betrachtet haben, hat mit Glauben und Hoffnung geschlossen. Gott hat Jesus Christus von den Toten auferweckt, und er lebt nun und vertritt uns zur Rechten des Vaters, und Gott hat ihm Herrlichkeit gegeben, auf daß unser Glaube und unsere Hoffnung auf Gott seien. Das ist Ausstrahlung von oben, Herrlichkeit, ausgestrahlte Herrlichkeit, deren Strahlen uns in der dunklen Nacht unserer Eitelkeit und unseres Selbstlebens erreicht haben, in unserem eitlen Glauben an eine bessere Zukunft, in unserem eitlen Glauben an das, was wir selbst zustande bringen. Dahinein hat die Herrlichkeit des Lammes gestrahlt, das uns durch sein kostbares Blut losgekauft hat von dem eitlen Wandel, von unserer eitlen Art, von unserem eigenen bösen Blut, von der Unart, uns immer um uns selbst zu drehen, von der Gebundenheit an das Sichtbare, von der Abhängigkeit von den Kreaturen, in die wir durch den Fall geraten waren. Da hat uns das Blut Christi losgekauft, damit unser Glaube und unsere Hoffnung auf Gott seien, nicht mehr auf andere Menschen und auf uns selbst. Dazu hat Gott seinem Sohn Herrlichkeit gegeben, damit er uns dieses Leben mitteilen könne.

Mit Glauben und Hoffnung aber ist ganz organisch das Gebiet der Liebe verbunden. Wo Glaube und Hoffnung sind, müssen sie sich in *Liebe* betätigen. Unsere Liebe darf nicht an das gebunden sein, was wir von Menschen erwarten; wir haben Glauben an Gott, und darum lieben wir. Unsere Liebe hängt nicht davon ab, ob wir von anderen verstanden werden oder nicht, sondern sie ist ein Ausfluß unseres Glaubens an Gott. Liebe, die nicht von einer auf Gott stehenden Hoffnung getragen wird, ist eine Karikatur von Liebe, ist Selbstpflege, wo einer sich im anderen liebt und sein Selbstleben stärkt. Es gibt keine Geduld und keine Liebe ohne Glauben und Hoffnung zu Gott, daß er auch in den verworrensten Beziehungen zu unseren Mitmenschen noch Mittel und Wege hat, alles in Ordnung zu bringen. Es gibt Verhältnisse, wo man warten muß, daß Gott alles auseinanderwirre, sonst verwickeln sich die Sachen immer mehr. Oft hat man nicht einmal einen ungetrübten Blick für die eigene Schuld; setzen wir aber dann unsere Hoffnung auf Gott, wo wir alles verworren und verspielt und trotz der besten Absicht alles durcheinandergebracht haben, so wirrt er die Fäden auseinander, wie die Mutter die Maschen und Fäden im Strickstrumpf ihres Kindes auseinanderwirrt, wenn die Kleine ihr den Strumpf in die Hand gibt. Wir haben einen

Vater im Himmel, der die Maschen, die wir fallen ließen, aufhebt, und das tut er mit klarer, sicherer Hand; nur müssen wir ihm Zeit dazu lassen. Auch auf dem Gebiet der Liebe muß Geduld und Glaube der Heiligen sein.

10. September

Nachdem ihr eure Seelen gereinigt habt durch den Gehorsam der Wahrheit zu ungefärbter Bruderliebe. 1. Petr. 1, 22

Was ist Wahrheit? fragt Pilatus. Wahrheit ist, was schon der Prediger sagt: „Eitelkeit der Eitelkeit, alles ist eitel, und alles ist unwahr, und alle Menschen sind Lügner.“ Auf Menschen ist kein Verlaß, darum reinigen wir unsere Seelen, die wir uns auf Menschen gestützt und uns innerlich mit Menschen herumgeschlagen hatten, weil sie uns das tägliche Brot der Rücksicht und Liebe nicht gegeben. Eitelkeit! Ihr seid losgekauft von der Eitelkeit des Wandelns, Denkens und Liebens nach väterlicher Weise durch das Lamm, das Gott erhöht und dem er Herrlichkeit gegeben hat, damit nun sein Liebeswille ausstrahle. Der Geist führt uns in eine neue Welt der Liebe ein, wo man nicht mehr mit dem Bruder rechnet, wo man geben kann, ohne Vergütung zu erwarten. Gebt denen, die euch nichts zurückzahlen können, sät auf Hoffnung: sie werden dereinst schon sehen, wie ihr es gemeint habt. Legt euer Geld auf Zinsen, euer Lieben auf Hoffnung an! Das ist Herrlichkeitsleben im Gegensatz zum Leben der Eitelkeit, wo man immer gleich alles zurückbezahlt haben will.

Er hat seinem Sohn Herrlichkeit gegeben, auf daß euer Glaube und eure Hoffnung auch in bezug auf die Liebe zu Gott und nicht zu Menschen stehen. Dann führt uns alle wahre Liebe, die wir seitens der Menschen genießen, näher zu Gott, anstatt uns an die Kreatur zu ketten. Und wo uns eine Kreatur die Liebe nicht bezahlt, die sie uns schuldig wäre oder die wir beanspruchen zu dürfen meinen, da hadern wir nicht mit der Kreatur, sondern wissen, daß uns Gott den Lohn, die Bezahlung, aufbewahrt. Wir bekommen dann die Bezahlung direkt von oben, einen reinen, heiligen Lohn. Er tröstet die, mit denen ihre Mitmenschen rücksichtslos umgegangen sind, und die darum geneigt sind, zu denken, sie hätten ihre Liebe verschwendet. Säe auf Hoffnung, ohne immer gleich ernten zu wollen! Werde ein Ewigkeitsmensch und lasse dich durch alle schmerzlichen Erfahrungen mit dem göttlichen Anker tiefer einsenken in das Reich der untrüglichen Hoffnung!

„Im Gehorsam der Wahrheit“, der absoluten Wahrheit unserer Erlösung. Wir hadern mit niemand mehr, sondern leben im Glauben und in der Hoffnung auf Gott Liebe aus und werden bestärkt durch alles, was uns unsere Mitmenschen geben oder verweigern. Was sie uns geben, schadet uns nicht, und was sie uns verweigern, bringt uns nicht in Verzweiflung.

Wir haben unsere Herzen gereinigt durch Glauben und Gehorsam gegen die geoffenbarte Erlösung und werden durch diesen Glauben immer fester gegründet, um ungeheuchelt lieben zu können.

11. September

Nachdem ihr eure Seelen gereinigt habt durch den Gehorsam der Wahrheit zu ungefärbter Bruderliebe. 1. Petr. 1, 22

Wenn man dem griechischen Wort „Heuchelei" näher auf die Spur kommt, so liegt der Gedanke darin: „ein Untergrund von richtenden Hintergedanken." Ungefälschte Bruderliebe ohne einen Untergrund von richtenden Hintergedanken sollst du haben. „Wer bist du denn, daß du deinen Bruder richtest?" Das ist keine Herrlichkeit. „Gott hat ihm Herrlichkeit gegeben, auf daß unser Glaube und unsere Hoffnung auf Gott stehen und nicht auf Menschen." O wie haben gerade die, welche auf uns drücken, so nötig, einmal jemand zu finden, durch den sie auf ihren Gott zurückgeworfen werden und der auch den Unlauteren unerschütterliche Liebe entgegenbringt, bis schließlich die Unlauteren, kreatürlich Gesinnten, die sich an uns stoßen, auf einen göttlichen Grund in unserem Lieben kommen, der sie dazu bringt, nachzudenken und sich über die Ansprüche, die sie an uns machen, klarzuwerden! Gott wird sie schon zu finden wissen. Wir lieben sie ohne Untergrund richtender Hintergedanken, ohne uns durch des anderen Art uns gegenüber entmutigen zu lassen, ohne unsere Liebe erkalten zu lassen. Wir stehen unter dem Strahlenglanz göttlicher Herrlichkeit, damit unser Glaube und unsere Hoffnung zu Gott sei und unsere Liebe göttlich sei und unser Lieben sei wie das Lieben Jesu, der sich zu Tod liebte, der auch nicht aufhörte, einen Judas zu lieben. Wie er seine Jünger liebte, obwohl sie ihn so wenig verstanden, wie er sie alle trug bis ans Ende — selbst den Judas, der ihm alle anderen zu verderben drohte —, so wollen auch wir nicht aufhören, zu lieben. Jesus ist durch alles hindurch seinen Jüngern treu geblieben, hat sie nicht gerichtet, aber sich ihnen gegenüber so benommen, daß in seinem tiefsten, verborgensten Geistesleben seine Sendung seitens des Vaters gerechtfertigt wurde. Kein richtender Hintergedanke und keine verborgene Spekulation, wieder geliebt zu werden, sofort Liebe zu ernten. Lerne warten, lerne heiligen Liebessamen auf Hoffnung in anderer Herzen und Leben niederlegen! — Säe einen so reinen Liebessamen, daß auch die anderen merken, daß wir nicht auf Gegenliebe oder sonstigen Lohn gewartet haben und unsere Liebe heute noch ebenso rein ist, wie sie gestern und vorgestern war, ehe wir eine so betrübende Erfahrung gemacht haben, daß man uns mißverstand und falsch beurteilte! Wir sind unüberwindlich, weil wir auf Herrlichkeitsboden stehen, und unsere Liebe wird auf diese Weise eine Offenbarung der Herrlichkeit Gottes, weil wir von der Eitelkeit losgekauft sind. Wir sind so je länger je mehr wandelnde Zeugen der Herrlichkeit Christi, in denen unsere Mitmenschen Liebe, Ewigkeit, Reinheit finden.

12. September

Liebet einander mit Inbrunst aus reinem Herzen! 1. Petr. 1, 22

Mit Inbrunst lieben heißt: lieben mit einer allumfassenden Liebe, die sich auf alle Glieder des Leibes Christi erstreckt, auf alle Kinder Gottes ohne Ausnahme. Die Bedeutung von „inbrünstig" ist auch „intensiv". Je umfassender diese Liebe wird, um so mehr gewinnt sie an Tiefe, an göttlicher Intensität (Kraft). Wurzelnd auf dem Grund eines unverweslichen Samens, gezeugt durch das Wort Gottes, durchbricht sie jede Schranke. Ich unwürdiges Wesen habe Macht, alle die Söhne Gottes, jedes Glied des Leibes Christi mit ungeheuchelter und ungefärbter Liebe zu umfassen durch die Kraft des unvergänglichen Wortes Gottes, das mich wiedergeboren hat: das ist Unverweslichkeit, das kann vom Tod nicht angetastet werden. Zu lange haben wir Verwesliches in uns geduldet. Von dem Augenblick an, da wir auf dem unverweslichen Grund des Wortes Gottes stehen und in die Welt des Unverweslichen versetzt sind, können wir in Kraft des unvergänglichen Lebens gegen alles stehen, was uns in anderen noch an Verweslichem entgegentreten mag — sei es Vorurteil, Kälte, Richtgeist, Mißverständnis, kurz alles, was noch in die verwesliche Fleischeswelt gehört. Wir können die Proben aus unseres Gottes Hand annehmen, und wir werden, was noch Ungöttliches in unseren Brüdern ist, überwinden und tragen in dem Maß, als unser Leben auf dem unbeweglichen Grund unseres Glaubens und unserer Hoffnung gründet.

Brüder, wollen wir überwinden, so müssen wir anfangen, die Macht der Liebe kennen und besitzen zu lernen, die jede Kälte und jedes Vorurteil überwindet.

Die Welt liebt, was nach außen lieblich und schön scheint; aber alle Fleischesanmut ist wie das Gras, das bald verdorrt (Vers 24 und Jes. 40, 7). Solche Liebe hält nicht Stich. Soweit solche fleischliche Liebe noch in uns ist, muß sie erkalten, wenn wir in anderen engherzigen Christen etwas entdecken, was nicht mit ihrem Bekenntnis übereinstimmt, wenn wir Enttäuschungen erleben. Mag das Gras welken und die Blume abfallen, das Wort unseres Gottes bleibt in Ewigkeit (Vers 24 und 25), und die aus dem unvergänglichen Samen des Wortes Gottes gezeugte Liebe, mit der Gott den Sünder, den Verbrecher, die ganze Welt liebt, ist ausgegossen in unsere Herzen und wirkt dort die Freude im Heiligen Geist, verherrlichte Freude, unbegrenzte Liebe.

Möge jeder neugestärkt an sein Tagewerk gehen mit der Gewißheit: Ich bin von der Eitelkeit losgekauft; ich habe nichts mehr mit mir selbst zu tun, nichts mit den Schwierigkeiten in meiner Umgebung; die Liebe Gottes überwindet alles! Aber wohin ihr auch zu gehen und mit wem ihr auch zu verkehren haben mögt, verliert doch nie euren Beruf aus den Augen in dieser armen Welt, die nicht weiß, was göttliche Liebe ist, bis wir, die aus dem Samen des Wortes Gottes gezeugten Kinder, sie ihr darstellen! Der Herr muß solche haben, die durch ihr Leben den Kindern dieser Welt etwas offenbaren können von der Liebe Gottes, die durch nichts überwunden oder ausgelöscht werden kann, von der Liebe, die aus dem Herzen Jesu stammt und durch unser Bleiben in ihm stets in uns erneuert wird.

Anstatt wie früher durch unsere kreatürliche Liebe in anderen das eigene Leben zu nähren, werden wir dann zu Werkzeugen, durch die sich Christus anderen offenbaren kann in seiner eigenen Weise und zu seiner Verherrlichung.

13. September

Liebet einander mit Inbrunst aus reinem Herzen, als die da wiedergeboren sind! 1. Petr. 1, 22. 23

Aus *reinem* Herzen! Man mag sich einbilden, man sei weitherzig, in der Praxis aber geht die natürliche Liebe nicht ins Unendliche, sondern sie hat, wie gesagt, ihre Grenzen und oft recht enge Grenzen. Das Herz ist nicht rein; man sucht noch das Seine. Wenn dann die Liebe nicht erwidert wird, oder man stößt auf allerhand Charakterschwierigkeiten, so lockern sich die Bande, und die Liebe erkaltet, weil sie nicht aus reinem Herzen kommt. Nur wer aus Gott gezeugt ist, kann reines Herzens suchen, was des anderen ist. Der Mensch ist seit dem Fall mit Fluch belastet, und das Wesen des Falles besteht im Suchen des Eigenen und damit des Verderbens, anstatt der Ehre Gottes.

„Aus reinem Herzen." Wie kann das zugehen? „Als die da wiedergeboren sind", heißt es. Es bedarf dazu einer neuen Geburt, nicht einer im Zaum gehaltenen Natur. Mit der Bildung wird ja vieles in Schach gehalten, aber die verborgenen Tendenzen unserer Natur vermag die Bildung nicht zu verändern. Nur durch Neugeburt wird man einer zweiten, nämlich der göttlichen Natur teilhaftig. Gott ist Liebe, fleckenlose, sich selbst hingebende Liebe, die vor keinem Opfer zurückschreckt — nicht einmal vor dem Opfer des eingeborenen Sohnes. Das ist göttliche

Liebe, die in uns gezeugt wird aus dem Wort, aus Christus, aus dem Vater. Darin ist nichts Verwesliches, aber fortwährendes Zunehmen — sie wird immer extensiver und immer intensiver, je mehr das Göttliche in uns den Sieg über das Adamitische davonträgt. Jeder sucht insoweit das Seine, als seine Natur nicht umgestaltet ist. „Nicht aus verweslichem, sondern aus unverweslichem Samen, aus dem lebendigen Wort, das da bleibt." Kein Wechsel, keine Veränderung in der Liebe.

„Die Liebe hört nimmer auf" und wird, anstatt zu erkalten, immer intensiver, je größer der Widerstand ist. „Laß dich nicht überwinden vom Bösen, sondern überwinde das Böse mit Gutem" — mit der Liebe, die in dein Herz ausgegossen ist durch den Heiligen Geist!

Und wenn deine Liebe nicht ausreicht, so vervollständige deine Wiedergeburt! Wo noch etwas vom Alten zurückgeblieben ist, wo du versucht bist, andere für deinen eigenen Vorteil auszunützen, da lerne zuerst in dir überwinden; ziehe neue Gotteskräfte an, wenn deine Liebe nicht ausreicht, und anstatt zu murren, danke deinem Gott, daß du durch den Charakter des anderen auf das in deinem eigenen Charakter Mangelnde geführt wirst!

14. September

Als die da wiedergeboren sind, nicht aus vergänglichem, sondern aus unvergänglichem Samen, nämlich aus dem lebendigen Wort Gottes, das da ewiglich bleibt. Denn alles Fleisch ist wie Gras und alle Herrlichkeit der Menschen wie des Grases Blume. Das Gras ist verdorrt und die Blume abgefallen; aber des Herrn Wort bleibt in Ewigkeit. Das ist aber das Wort, welches unter euch verkündigt ist. 1. Petr. 1, 23—25

Was ist Wiedergeburt, wiedergeboren, wiedergezeugt, von oben gezeugt, nach Johannes 3 „von neuem geboren"? Das ist die Frage, die schon den Schriftgelehrten Nikodemus beschäftigt hat, und über die er im Alten Testament hätte Aufschluß finden können; denn der Herr Jesus sagt zu ihm: „Du bist ein Lehrer in Israel und weißt das nicht?" Und doch können sich heute noch Kinder Gottes fragen: „Was ist eigentlich Wiedergeburt?" „Die ihr", sagt der Apostel, „nicht wiedergeboren seid aus verweslichem Samen, sondern durch das lebendige und bleibende Wort Gottes" — durch dasselbe und aus demselben. Alles, was aus verweslichem Samen gezeugt ist, ist Fleisch, und „das Fleisch ist wie Gras, und alle Herrlichkeit des Menschen ist wie des Grases Blume. Das Gras ist verdorrt, und die Blume ist abgefallen, aber des Herrn Wort bleibt in Ewigkeit", und alles, was aus dem Wort Gottes gezeugt, durch das lebendige und bleibende Wort Gottes wiedergeboren ist, das ist unverweslicher Same. Haben wir nun als Gottgezeugte — haben wir wirklich nichts Verwesliches mehr in uns? Und wenn auch unser Leib noch der

Verwesung anheimfallen sollte, ist nichts Verwesliches mehr in unserem inneren Menschen, in unserem Wesen? Und wie weit können wir das Verwesliche zu überwinden hoffen?

Soviel ist gewiß: sowohl der Apostel in diesem Wort wie der Herr Jesus im Gespräch mit Nikodemus reden von großen, wunderbaren Dingen, die wir viel zu viel entwertet und heruntergesetzt haben, als ob es nur aus der Natur herausgegriffene Bilder wären, vergessend, daß alle Bilder aus dem Reich der Natur Vorbilder sind von dem, was wesenhaft in der Welt des Geistes vor sich geht. Die Realität der Geisterwelt darf nicht hinter den Bildern zurückbleiben. Von allem Verweslichen geht Verwesungsgeruch aus; das Unverwesliche ist Herrlichkeit, das Verwesliche aber Gemeinheit und verbreitet einen üblen Geruch. Überall, wo wirklich eine neue Geburt ist, wird sich der Süßgeruch des Evangeliums verbreiten. Ist jemand von oben her geboren und von oben her gezeugt, so hat er neue Triebe, einen neuen Lebensmittelpunkt bekommen, er steht auf einem neuen Boden, wird in seinem Tun und Lassen, Reden und Schweigen nicht mehr von der Natur, sondern vom Heiligen Geist bestimmt; und wir haben alle Ursache, uns darüber zu beugen, daß der Ewigkeitssame noch nicht in alle Gebiete durchgedrungen oder wenigstens nicht allmählich in alle Gebiete unseres Wollens, Wirkens und Schaffens hineingeleuchtet hat. Eine neue Geburt ist eine Wiedergeburt aus dem Geist, und sie muß alles Alte beherrschen, bis alles neu geworden ist, wie im Weltall alles, was im Himmel und unter der Erde ist, die Knie beugen muß, bis Gott alles in allem sei.

15. September

Als die da wiedergeboren sind, nicht aus vergänglichem, sondern aus unvergänglichem Samen, nämlich aus dem lebendigen Wort Gottes, das da ewiglich bleibt. 1. Petr 1, 23

Wie kommt es doch, daß man oft kaum unterscheiden kann zwischen einem Wiedergeborenen und einem von Natur edel angelegten Menschen, deren es, Gott sei Dank, noch welche gibt? Es bleiben viele Kinder Gottes in ihrer Entwicklung hinter noch nicht Wiedergeborenen zurück, die aus verhältnismäßig edlem Samen gezeugt, von ihren Eltern eine gute Erziehung genossen und sich nicht mit allen möglichen Lastern befleckt haben. Es gibt edle und gemeine, schmutzige Naturen. Bei letzteren dringt der Same des Wortes Gottes natürlich schwerer durch, und wenn ihnen nicht der göttliche Same in seiner ganzen Reinheit geboten wird. so bleiben sie leicht in ihrer Entwicklung und Umbildung stecken. Wiedergeboren sind sie ja, aber es ist eine Art Mißgeburt, es bleibt irgend etwas auf dem Gebiet des Denkens, Handelns und Liebens, das nicht vom göttlichen Samen durchdrungen ist; man stößt immer wieder auf Dinge, die nicht gerichtet worden sind. Solche Mißgeburten laufen zu

Tausenden und aber Tausenden in der Welt herum, und es lohnt sich wohl der Mühe, einen Augenblick bei solchen Fragen stillzustehen. Wenn ein Weib ein wenig Sauerteig in den Teig mischt, so wird der ganze Teig durchsäuert. Und meint ihr, Gott ruhe, solange irgendein Gebiet unseres Lebens noch nicht von diesem unverweslichen Samen des Wortes Gottes beherrscht ist? Da redet man leichthin von Bekehrung und Wiedergeburt und bleibt unterwegs stecken, bringt es nur zu einer teilweisen Entwicklung, anstatt sich gründlich umbilden zu lassen und zum Mannesalter in Christus heranzuwachsen. Und wenn man einmal in ernster Stunde einem anderen das Herz ausschüttet und ihn um Rat und Hilfe bittet, bekommt man in den meisten Fällen die Antwort: „Ja, lieber Freund, mir geht es auch nicht anders; ich bin auch nicht weiter."

Es müssen bei einem Wiedergeborenen alle Bewegungen des inneren und äußeren Lebens in Haus, Familie, Ausgang und Eingang, in Blicken und Gebärden, Eindrücken und Stimmungen auf Geistesboden unter die Herrschaft des Geistes kommen — heraus aus dem Bereich des Verweslichen, des Fleisches, der Sinnlichkeit, der Selbstbespiegelung, Selbstgefälligkeit und Eitelkeit —, sonst bleibt die neue Geburt etwas Schattenhaftes, Unreelles, und die Welt findet sich in uns nicht zurecht.

Wir sind durch und durch Kinder der Verweslichkeit und des Verderbens gewesen, gänzlich durchfressen von der Eitelkeit, die wir von unseren Vätern ererbt und mit in die Welt gebracht haben; aber wir sind mit einem unverweslichen Preis losgekauft worden, mit dem Herrn Jesus selbst, der ins innere Heiligtum eingegangen ist und als unsterblicher Hoherpriester dort einsteht für uns, die wir durch eine unverwesliche Macht, den unverweslichen Samen des Wortes Gottes, wiedergeboren sind. Weil aus dem unvergänglichen Samen des Wortes Gottes gezeugt, haben wir nun unvergängliches Leben in uns, ein ganz neues Leben, das uns zu dem Unverweslichen führt. Durch das lebendige Wort Gottes hängen wir eng mit Christus zusammen, der selbst das Wort ist.

Das Gebet des Herrn

16. September

Und es begab sich, daß er war an einem Ort und betete. Und da er aufgehört hatte, sprach seiner Jünger einer zu ihm: Herr, lehre uns beten, wie auch Johannes seine Jünger lehrte! Er aber sprach zu ihnen: Wenn ihr betet, so sprecht: Unser Vater im Himmel, dein Name werde geheiligt! Dein Reich komme! Dein Wille geschehe auf Erden wie im Himmel! Unser täglich Brot gib uns heute! Und vergib uns unsere Schuld, wie wir unseren Schuldigern vergeben! Und führe uns nicht in Versuchung, sondern erlöse uns von dem Übel! Luk. 11, 1—4

Es kam je und je vor, daß der Herr Jesus sich abends spät zurückzog oder daß er morgens früh hinausging in die Wüste, zu beten. Es geschah, daß er ganze Nächte zubrachte mit dem Vater. Das hat den Jüngern zu denken gegeben. Und als er wieder einmal an einem Ort besonders war und zurückkam, da sagte einer der Jünger: „Herr, lehre uns beten, wie auch Johannes seine Jünger beten lehrte!“ Was Johannes seinen Jüngern über das Gebet gesagt, wissen wir nicht. Soviel aber wissen wir: er konnte sie nicht beten lehren, wie Jesus seine Jünger beten lehrte. Johannes konnte nicht in dem Gebetsumgang mit Gott stehen wie Jesus, obgleich auch Johannes von Mutterleib an erfüllt war mit dem Heiligen Geist. Es ist nur *einer,* der uns beten lehren kann: „der eingeborene Sohn, der in des Vaters Schoß ist.“ „Niemand kennt den Vater denn nur der Sohn, und wem es der Sohn will offenbaren“ (Luk. 10, 22).

Bei diesem Geheimnis des Betens, in das die Jünger eingeführt sein wollten, kommt alles darauf an und hängt davon ab, daß man den kennt, zu dem man betet. Wenn wir etwas brauchen, so wenden wir uns an solche, die es besitzen, und von denen wir erwarten können, daß sie es uns bereitwillig geben. Ich muß die Leute kennen; auch wendet man sich an solche, vor denen man sich nicht zu genieren braucht. Die Kinder bitten am liebsten von den Eltern und schämen sich nicht, auch wenn die Eltern die Bitte abschlagen. Die Eltern wissen, warum sie die Bitte jetzt nicht erfüllen können, und das Kind kommt deshalb mit Vertrauen ein anderes Mal doch wieder.

Wenn nun der Herr Jesus nach dem damaligen Verständnis der Jünger auf ihre Bitte eingeht, so ist es bedeutsam, wenn das Gebet, das er ihnen gibt, anfängt: *„Unser Vater in dem Himmel.“* Wirklich beten und freudig beten können nur die, die einen Vater haben in dem Himmel, dem sie alles sagen können, der alle Dinge weiß — „euer Vater weiß, daß ihr des alles bedürfet“ —, der vom Himmel herab in alle Nöte, in alle Gebiete des menschlichen Ringens und Suchens hineinschaut und alle Fäden in seiner Hand hat.

17. September

Unser Vater in dem Himmel. **Luk. 11, 2**

Die Eingangsworte des Vaterunsers stellen uns vor die Herrlichkeit unseres himmlischen Vaters. Es heißt eigentlich nicht: „Unser Vater im Himmel“, sondern „Unser Vater in den Himmeln“. Das ist das Herrliche, daß wir einen Vater haben, der in dem Himmel ist, und den die Himmel der Himmel nicht fassen können, der aber alles — Berge und Täler, Tiefen und Höhen — in seiner Hand faßt. Einen solchen Gott, den die Himmel der Himmel nicht fassen können, haben wir zum Vater. Und Kindern, die einen reichen, hochgestellten Vater haben, die Tag für Tag Überfluß am Tisch sehen und wissen, daß sich von den überbleibenden Brocken noch viele sättigen können, die nicht zur Familie gehören — solchen Kindern fällt es nicht ein, besorgt zu sein für das tägliche Brot; denen kommt der Gedanke gar nicht in den Sinn, daß sie möglicherweise einmal betteln gehen müßten, wie es selbst den Fürsten und Gewaltigen dieser Welt zuweilen geht. Auch die höchsten und allerhöchsten Herrschaften können von ihren Thronen gestoßen werden und ihre Kinder dann in die Lage kommen, betteln gehen zu müssen. Bei unserem Vater ist das ein Ding der Unmöglichkeit; er steht über dem Wechsel der Lebensverhältnisse. „So hoch der Himmel über der Erde ist, so hoch waltet seine Gnade und Barmherzigkeit über denen, die ihn fürchten." Und wenn die Not am häuslichen Herd, in Amt und Beruf höher steigt und man kaum mehr Luft zum Atmen hat, so steht er immer höher und füllt alle Dinge mit Gnade und Herrlichkeit. Diesen Gott dürfen wir in Christus Jesus Vater nennen, und zwar in noch ganz anderer Weise, als es die Juden zu fassen vermochten. Ihnen konnte der Herr Jesus dieses herrliche Vorrecht sozusagen nur prophetisch geben; denn es mußte noch die furchtbare Kluft, die die Sünde gegraben hatte, ausgefüllt werden — der Herr Jesus mußte zuerst durch alle Himmel hindurchgehen, ehe für den Sünder der Weg zum Vaterherzen ganz frei wurde. Jetzt aber hat er durch seinen Triumphzug alle Himmel durchgangen, damit er alles mit seiner Herrlichkeit und Gnade erfülle.

18. September

Unser Vater in dem Himmel. **Luk. 11, 2**

Jesus Christus ist auf die Erde gekommen, uns den Vater zu offenbaren. Unsere Sünden haben uns von Gott geschieden. Der Sohn Gottes ist gekommen, uns den Vater zu bringen. Durch ihn ist Gott unser Vater geworden. Wir waren von Gott abgewichen und mußten erst wieder mit ihm versöhnt werden, um sagen zu können: „Unser Vater." Es war eine Spannung da, nicht der Zug des Kindes zum Vater, sondern vielmehr Entfremdung. Ach, wie treibt es nicht Hunderte und Tausende von verlorenen Söhnen und Töchtern hinaus in die Fremde, fern vom Vater und Vaterhaus! Es ist ihnen überall wohler als bei Gott und Gottes Wort. Sie müssen erst wieder lernen: „Unser Vater." Wenn dich dein Gewissen und der Teufel verklagt und die Sünden über dem Haupt zusammenschlagen wie Wellen — Gott ist doch dein Vater, und du mußt einen Vater haben. O schlage in dich und sprich: „Ich will mich aufmachen und zu *meinem Vater* gehen und zu ihm sagen: Vater, ich habe gesündigt in den Himmel und vor dir, ich bin nicht wert, daß ich dein Kind heiße; mache mich zu deinem Taglöhner!" (Luk. 15, 18. 19). Zu einem Taglöhner? O Kind, das Vaterherz denkt ganz anders; es erwartet dich. *Wir* hatten uns die Türen verschlossen; aber der Herr macht sie uns wieder auf. Verlorenes Kind, komm *heim!* — Ja, darin liegt das Geheimnis des wirklichen Betens, daß wir uns nicht aufhalten oder jedenfalls nicht stehenbleiben bei den Anklagen unseres Gewissens, in denen der Feind sagt: Niemals nimmt dich Gott an. Vielleicht vor einem Jahr, da hätte es noch sein können, aber jetzt nicht mehr. So sagt der Lügner und will einem auf jede Weise den Rückweg abschneiden, nachdem er zuerst gesagt hat, es habe gar nicht so viel auf sich mit diesem und jenem, dieses und jenes zu tun oder zu lassen. So macht's der Lügner. Solange die Sünde nicht geschehen ist, hat es nicht viel auf sich; ist aber die Sünde vollbracht, dann ist keine Hilfe, keine Rettung mehr, dann ist alles schwarz, dann ist's die Hölle. Höre nicht, was der Teufel sagt! Lerne deinen Gott kennen, wie ihn dir der Herr Jesus offenbart, aber nicht, wie ihn dir deine Gefühle zeigen! Und wenn du vor Gott trittst und betest, so nimm Gottes Wort mit dir, wie es in Hosea 14, 3 heißt, und nicht deine Gefühle! O nur nicht mit unseren Gefühlen uns in den Himmel schwingen wollen oder uns durch diese zu Boden drücken lassen, sondern wir nehmen Gottes Wort mit und halten uns an das, was uns unser Gott sagt. Das ist ein Grund, der hält, während unsere Gefühle täuschen und unsere Vorstellungen unter Umständen ganz haltlos sein können.

Wohl dem, der sich an das hält, was Jesus ihn beten lehrt! Der kommt in wirkliche Verbindung mit Gott; er lernt beten.

19. September

Unser Vater in dem Himmel. **Luk. 11, 2**

Wir wollen bei den ersten Worten des Vaterunsers noch einen Augenblick stehenbleiben. „Unser Vater." Er ist ja dein Vater und mein Vater, lieber Bruder, liebe Schwester; aber wir haben bereits den ersten Schritt aus unserer Not heraus getan, wenn wir nicht nur *„mein"*, sondern *„unser* Vater" sagen. Anstatt uns untergehen zu lassen in der eigenen Not — die einen immer größeren Maßstab annimmt, je mehr uns durch Befassen mit derselben der Blick getrübt wird —, anstatt uns untergehen zu lassen in unserer Not, sage ich, legt uns die Schrift mit dem heiligen Gebet, das der Herr seine Jünger lehrte, ein „Unser" in den Mund und öffnet damit unseren Kerker, der uns nur noch sehen ließ, was wir persönlich durchmachen, und uns den Ausblick auf die Not des Bruders und der Schwester unmöglich machte. „Wisset, daß ebendieselben Leiden über eure Brüder in der Welt gehen!" (1. Petr. 5, 9). Wenn einem die Wellen schier über den Kopf zusammenschlagen, ist das schon eine große Hilfe. Es erweitert den Horizont; man schließt dann die anderen mit ins Gebet ein, und weit entfernt, daß wir dadurch persönlich zu kurz kämen, schafft uns Gott im Gegenteil eine Hilfe damit, daß wir nicht in der schwierigen Lage, in der wir uns befinden, bei der Gegenwart stehenbleiben.

„Unser Vater." Was ist das für ein Schmerz für einen irdischen Vater und eine irdische Mutter, wenn sie kein Brot mehr haben, wenn sie am Ende ihrer Weisheit angelangt sind, wenn die Kinder durch Tiefen gehen, wo man ihnen nicht mehr helfen kann oder wo sie sich nicht mehr helfen lassen wollen! Welche Beruhigung ist es da für einen solchen Vater und eine solche Mutter, wenn sie ihre Augen aufheben und im Blick auf ihre Kinder sagen dürfen: „Unser Vater, du bist in den Himmeln; ich weiß nicht, was in dem Nachbarland vorgeht: ich kann nicht hinreisen und mich nach meinem Kind umsehen, aber du kannst es erreichen." O was ist das für eine Erleichterung, den Weg direkt zum Thron hinauf nehmen zu dürfen, hinauf an den Ort, wo ein Vater wohnt, dessen Auge den Südpol und Nordpol durchschaut! „Unser Vater, der du bist in den Himmeln" — nicht nur gerade über uns, sondern in den Himmeln, die die Erde umschließen, alle Schwermutshöhlen, Knechtschaften, Gebundenheiten. In allen Verfolgungswahn, in alle möglichen Verdunkelungen, in das alles hinein greift unser Vater. „Besuche meinen Bruder, meine Schwester, mein Kind, Vater; ich kann ihnen nicht helfen, tue du es!"

20. September

Unser Vater in dem Himmel. **Luk. 11, 2**

„Unser Vater." Je höher wir hinaufsteigen, je näher wir im Glauben dem Thron stehen, desto mehr erweitert und erhebt sich unser Horizont; denn wenn wir Jesus Christus im Geist durch alle Himmel hindurch gefolgt sind, so haben wir durch ihn, den Sohn, Verbindung mit dem Thron. Von dort aus kann sich unser Geist dann dahin und dorthin wenden, und wo wir vorher zusammengebrochen wären vor Herzeleid, da legen wir nun die Lasten, die eigenen und die der anderen, vor dem Thron nieder, von wo aus allen, die Menschenhilfe nicht erreichen kann, Hilfe gespendet wird. Das schafft Herzerweiterung für Leute wie unsereiner, die mehr oder weniger alle an Herzverengung leiden. Das Evangelium löst uns, verbürgt uns das Durchkommen, hilft uns und ermöglicht uns zu beten: „Unser Vater, der du bist in den Himmeln, sende Hilfe nach rechts und nach links, nordwärts und südwärts, nach Osten und nach Westen hin!" Geh nur einmal aus dem Käfig des „Mein" heraus! Je völliger du aus allem Eigenen heraustrittst, desto mehr legt Gott in das „Unser" hinein. „Unser aller."

Welche Summe von Leiden ist nicht zur Stunde unter den Himmeln angehäuft! Alles schreit nach Rache, und wir schreien nach Erbarmen, indem wir an den appellieren, der seines eigenen Sohnes nicht verschont hat. Erbarme dich, Gott! Erbarme dich! Näher, mein Gott, zu dir, der du bist in den Himmeln, der du einen tieferen Einblick in meine Not hast als ich selbst —, der du aber auch vom Himmel aus den Ausgang siehst, dessen Hand zurückgreift in die Vergangenheit!

„Unser Vater, der du bist in *den Himmeln.*" Auf Erden ist es schwül und dunkel. Der Vatername ist die Brücke zwischen Erdendunkel und Himmelslicht. Ich will heimgehen; ich habe einen Vater, eine Heimat. Jesus Christus ist die Brücke und die Leiter. Er offenbart dir Gott als Vater, macht, daß Gott *Vater* wird, und dadurch hast du eine Brücke ins Himmelslicht, ins Himmelsleben, aus den Unruhen und dem Dunkel und den Sümpfen der Erde. Kind, geh zum Vater!

21. September

Dein Name werde geheiligt! **Luk. 11, 2**

Der Name eines Vaters, der in den Himmeln ist und von dort aus die Erde beherrscht — des Herrn Himmels und der Erde, der von den Himmeln aus alle Fäden in seiner Hand hält — die Fäden der Welt-, der Völker- und der Familiengeschichte und Familienentwicklung — Geburt, Lebensgang, Erziehung, Sterben — und deine persönliche Erziehung, lieber Leser, deinen persönlichen Weg, deine Geschichte, deine Erfahrungen, deine Freude, dein Leid, dein Wohl und dein Wehe. Ihm ist nichts zu groß, daß er sich im Großen verliere, und nichts zu klein bis in die Mikrobenwelt hinunter.

„Dein Name werde geheiligt!" Heiligen heißt: absondern. Einen Namen heiligen heißt, ihm eine Sonderstellung geben. Es ist aber nur *ein* Name, der in dieser Welt Anspruch auf eine Sonderstellung hat — das ist der Name des Vaters, des Sohnes und des Heiligen Geistes, auf den wir getauft sind; alle anderen Namen sind in den Sand eingeschrieben und müssen erst ins Lebensbuch eingetragen werden auf Grund der Stellung, die wir dem einen Namen gegenüber einnehmen, in dem alle Rettung zu finden ist. Nur einer kann uns von der Zaubermacht lösen, die unser eigener Name auf uns ausübt; dieser eine ist unser Gott und Erlöser. Was tut man nicht alles seinem guten Namen zuliebe, und wie empfindlich sind nicht die Menschen — sind nicht du und ich — von Natur, wenn man unserer Ehre, unserem guten Namen irgendwie zu nahe tritt! Ein Mensch, dem es völlig einerlei ist, was andere von ihm denken, ob sie seinen Namen in den Kot ziehen oder nicht, muß in sittlicher Beziehung sehr tief gesunken sein. Damit aber, daß wir nicht in dieser heidnischen Abgestumpftheit gegen das sittliche Gefühl stehen, ist noch nicht alles getan — damit, daß wir ängstlich über unseren Namen wachen, kommen wir noch keineswegs auf die wahre sittliche Höhe. Sich gleichgültig über das Urteil seiner Mitmenschen hinwegsetzen, das kann auch der natürliche Mensch; zu welcher ganz anderen sittlichen Höhe aber können wir gelangen, seit *der* in die Menschheit hineingetreten ist, der nicht seine Ehre gesucht hat, sondern seinen Namen mit Schmach und Speichel bedecken ließ und in der dunkelsten Stunde seines Lebens, im Augenblick, als ihm der Vater den Kelch reichte, sagte: „Jetzt ist meine Seele betrübt. Was soll ich sagen? Vater, rette mich aus dieser Stunde?" (Es ist eine Frage.) Soll ich sagen: „Vater, errette mich aus dieser Stunde?" Nein, lieber will ich sagen: „Vater, verherrliche deinen Namen!" Verklären heißt verherrlichen. „Dein Name werde herrlich und heilig gehalten über alle anderen Namen!" Darum war es dem Sohn Gottes während seines Erdenwandels zu tun, daß des Vaters Ehre gerettet, daß seines Gottes Rechte gehalten würden.

22. September

Die Siebzig aber kamen wieder mit Freuden und sprachen: Herr, es sind uns auch die Teufel untertan in deinem Namen. Er sprach aber zu ihnen: Ich sah wohl den Satanas vom Himmel fallen als einen Blitz. Sehet, ich habe euch Macht gegeben, zu treten auf Schlangen und Skorpione, und über alle Gewalt des Feindes, und nichts wird euch beschädigen. Doch darin freuet euch nicht, daß euch die Geister untertan sind! Freuet euch aber, daß eure Namen im Himmel geschrieben sind! Luk. 10, 17—20

Die Stelle Lukas 10, 17—20 gibt uns bei näherer Betrachtung viel Licht in bezug auf die Namen — den Namen unseres Gottes und unsere eigenen Namen. Die Siebzig kamen nach Vers 17 mit Freuden zum Meister zurück und sagten: „Herr, auch die Dämonen sind uns untertan in deinem Namen." Die lieben Leute hatten noch gar keine Ahnung von dem Kontrast, der zwischen ihren Namen und dem Namen Jesu bestand; diesen mußte ihnen der Meister erst klarmachen. Wäre dieses „in deinem Namen" nicht ein bloßes Anhängsel im Mund der Jünger gewesen, so hätte der Herr Jesus ihnen gewiß nicht geantwortet: „Darüber freuet euch nicht, daß euch die Teufel untertan sind!" Er hätte dann das „in deinem Namen" nicht einfach streichen können. Es wäre ja dann alles in Ordnung gewesen. „Auch die Teufel sind uns untertan in deinem Namen." Offenbar hat der Nachdruck auf dem „uns" anstatt auf dem „in deinem Namen" gelegen. Worauf liegt bei dir der Nachdruck, wenn du etwas tun durftest? Liegt er darauf, da *du* es tun durftest und nicht ein anderer, oder daß du es in seinem Namen tun durftest? Die ganze Keuschheit des inneren Lebens hängt davon ab, daß du dir darüber klar wirst, ob der Weihrauch bei allem, was dir gelingt, ganz und unvermischt zum Vater im Himmel aufsteigt, der dir die Kraft gegeben hat, damit dir darüber die Augen aufgehen für die Gaben, die er dir vorenthalten und einem anderen gegeben hat, und du dich freuen lernst über das, was er durch andere tut, anstatt eines schönen Tages zum Meister zu sagen: „Herr, wehre doch meinem Bruder oder meiner Schwester; denn sie folgen dir nicht mit *mir* nach.“ .

Sein Name werde geheiligt durch alles, was du und ich in unserer Armut durch den Namen Gottes, zu dessen Verherrlichung tun dürfen! Nur *durch* den Namen Gottes können wir etwas *für* den Namen Gottes tun. Es kommt nicht darauf an, ob wir im engsten Familienkreise in Liebe, Demut und Sanftmut unseren häuslichen Pflichten obliegen, oder ob wir dazu berufen sind, auf einem größeren öffentlichen Schauplatz für den Herrn zu wirken, im Gegenteil, wir haben alle Ursache, Gott zu danken, wenn wir dem Namen Jesu zuerst in aller Stille Frucht bringen dürfen und unser eigener Name vor der Herrlichkeit seines Namens verschwinden darf. Sollte dich die Güte und Gnade deines Gottes, die dir Kraft schenkt, ihm Frucht zu bringen, nicht in den Staub beugen, anstatt daß du dich darob innerlich über andere erhebst und denkst: „Ich kann es besser als dieser und jener“? Alle, die jetzt Teufel ausgetrieben haben, müssen später wie Mücken zusammensinken vor der Macht der Finsternis. Dort in Gethsemane wären sie für ewig verlorengegangen, wenn Jesus nicht gebetet hätte: „Vater, verkläre deinen Namen! Trage mich durch!“, und wenn ihn der ewige Geist nicht durchgetragen hätte.

23. September

Die Siebzig aber kamen wieder mit Freuden und sprachen: Herr, es sind uns auch die Teufel untertan in deinem Namen. Er sprach aber zu ihnen: Ich sah wohl den Satanas vom Himmel fallen als einen Blitz. Sehet, ich habe euch Macht gegeben, zu treten auf Schlangen und Skorpione, und über alle Gewalt des Feindes, und nichts wird euch beschädigen. Doch darin freut euch nicht, daß euch die Geister untertan sind! Freuet euch aber, daß eure Namen im Himmel geschrieben sind! Luk. 10, 17—20

Der Herr Jesus sagt seinen Jüngern rundheraus: Freuet euch nicht, daß ihr Erfolge habt, daß ihr eine Rolle spielt, im Vordergrund steht; eure Freude sei, daß eure Namen im Himmel angeschrieben sind, daß ihr, nachdem ihr hier unten in meinem Namen gedient habt, droben ruhen dürft in Ewigkeit, daß ihr als meine Knechte und Mägde zu eures Herrn Freude eingehen dürft!

Die größte, alle anderen Freuden beherrschende Freude ist: etwas für den Meister tun zu dürfen, der keinen in seinem Namen gereichten Trunk Wassers übersieht, sondern ihn als ihm gereicht annimmt. Alles, was wir für ihn tun, findet schon hienieden seinen Lohn. Wie manchem ist es schon eine Belohnung, wenn ein Mitmensch, dem er einen Dienst geleistet hat, ihm freundlich zulächelt! Wieviel mehr sollten wir uns begnügen, wenn unser Meister uns zulächelt und uns durch seinen Geist Zeugnis gibt, daß unser Dienst ihm wohlgefällig ist! Wir gehören ihm an; denn wir sind auf seinen Namen getauft. Hüten wir uns darum, der Menschen Knechte zu werden und bei Kreaturen betteln zu gehen! Hat uns einmal der Herr zu der unaussprechlichen Herrlichkeit berufen, vor seinem Angesicht stehen zu dürfen, so ist uns jenes zu gemein. Je durchschlagender eines Menschen Wirksamkeit ist, desto mehr bedarf er der Deckung, und desto gründlicher muß er sein „Vaterunser" durchbuchstabiert haben, damit sein armseliger Name bedeckt sei von Jesu Namen und er bis in die tiefsten Tiefen seines Wesens durch des Meisters Namen gereinigt werde. Der Herr will den ganzen Menschen mit seiner Herrlichkeit ausfüllen. Ob ihr hier unten — sei es für eine Zeitlang oder für immer — in die Ecke gestellt werdet oder ob ihr in der Öffentlichkeit Großes tun dürft, darauf kommt nicht viel an; weit wichtiger ist die Frage: Für wen lebst und leidest, wen liebst du? Stehst du vor Gott oder vor Menschen? Ist es dir um den herrlichen Namen deines Gottes oder um deinen befleckten Namen zu tun? Freuet euch, wenn der Name des Herrn geheiligt wird, und was euren Namen betrifft, so gibt es keinen größeren Trost als das Bewußtsein, die Siegesgewißheit: „Mein Name ist im Himmel angeschrieben."

„Unser Vater, der du bist in den Himmeln, dein Name werde geheiligt" — geheiligt auch durch die Stellung, die wir hienieden unserem Namen gegenüber einnehmen! Räumen wir seinem Namen die ihm gebührende Stellung ein, so dürfen wir dereinst im Widerglanz des dreieinigen Gottes leuchten.

24. September

Dein Reich komme! **Luk. 11, 2**

Diese Bitte können nur Leute beten, denen es wirklich ein Herzensanliegen ist, daß Gott zu seinem Recht, zur Herrschaft komme, daß er das Regiment führe. Wer nicht vor allem nach dem Reich Gottes, nach dem Reich und der Gerechtigkeit des himmlischen Vaters trachtet, kann nicht in Wahrheit beten: „Dein Reich komme!"; denn im Grundtext heißt es eigentlich: „Trachtet am ersten nach seinem Königtum und nach seiner Gerechtigkeit" — also nach dem Reich und der Gerechtigkeit des himmlischen Vaters! Nur Kinder Gottes können überhaupt das Vaterunser im Geist und in der Wahrheit beten — und eine wirkliche Sohnschaft dem Vater gegenüber ist nur da vorhanden, wo der Pfingstgeist und mit ihm die Liebe Gottes ins Herz ausgegossen ist. Dem, der noch nicht Kind ist im Vaterhaus und noch nicht im Geist und in der Wahrheit sagen kann: „Mein Vater", „Unser Vater, der du bist in den Himmeln", sich im Geist zusammenschließend mit allen, die den Geist der Kindschaft haben und „Abba, lieber Vater!" rufen können, dem fehlt die Vorbedingung für das Verständnis des Vaterunsers.

Die Bitte: „Vater unser in den Himmeln, dein Reich komme!" schließt unsere Abdankung in sich. Wir bekennen damit, daß wir lange genug die Herrschaft geführt haben — in den meisten Fällen vielleicht auf Kosten anderer; denn wer selbst das Regiment in Händen haben will, drückt in der Regel andere beiseite. Der Teufel wollte Gott vom Thron stoßen, darum hat er den Samen des Mißtrauens ins Herz unserer Stammeltern niedergelegt und ihnen ins Ohr geraunt: „Ich kann es besser als Gott." Sein Besserkönnen und Bessermachen aber besteht darin, daß er den Menschen, die seiner Stimme Gehör schenken, allerlei Kniffe und Unsauberkeiten ins Herz gibt; denn er will sie absolut in seinen tiefen Fall, in die Auflehnung gegen Gott mit hineinziehen. Das ist satanisch, und wir dürfen uns nicht verhehlen, daß etwas Satanisches darin liegt, wenn wir irgendwo in unserem Lebenskreis die Herrschaft an uns reißen wollen, sei es auch nur im engsten Familienkreis. Der Herr Jesus hat sich während seines ganzen Erdenwandels keinen Augenblick um etwas anderes gekümmert als darum, es seinem Vater recht zu machen; nie kam ein Moment, wo er sich nicht auch in den dunkelsten Führungen unter den Willen des Vaters gebeugt hätte.

25. September

Trachtet am ersten nach dem Reich Gottes und nach seiner Gerechtigkeit, so wird euch solches alles zufallen. Matth. 6, 33

Trachtet am ersten danach, daß Gott zu seinem Recht komme; denn das Reich Gottes ist eben da, wo er zum Recht, zur Geltung kommt. Macht, daß alles, bis in die Quellgebiete eures Denkens, Fühlens, Liebens und Hoffens, in Gottes Hand zurückkomme! Jesus ist der große Wiederbringer, der die Welt aus der Herrschaft, vom Regiment des Teufels erlöst hat und sie zu Gott zurückbringt, der den wehleidigen Menschen gegenüber Gottes Recht geltend macht.

Trachtet in erster Linie nach dem Reich Gottes, d. h. fangt damit an, daß ihr die Fäden eurer Haushaltung, eures Geschäfts, eurer Kindererziehung usw. in Gottes Hand zurückgebt, in die Hand dessen, der zu regieren versteht! Er zwingt dir das Regiment nicht ab, wenn du es krampfhaft festhalten willst. Regiere nur selbst weiter; aber wundere dich dann auch nicht, wenn du im Alter an den Toren der Ewigkeit wehmütig auf den Trümmern der an dich gerissenen Herrschaft stehst und dir zu spät die Augen darüber aufgehen, wieviel besser du hättest wirtschaften können, wenn du Gott erlaubt hättest, das Regiment zu führen! „Macht euch Freunde mit dem ungerechten Mammon", damit ihr droben von denen bewillkommnet werdet, die ihr auf dem Weg der Selbstherrschaft aufgehalten und unter das Zepter dessen zurückgebracht habt, der sich das große Ziel gesteckt hat, alles zum Vater zurückzubringen! Fange damit an, daß du deine Tränen trocknest und Buße darüber tust, daß es dir Tränen entlocken konnte, wenn es von einer Absetzung zur anderen, von einem Zukurzkommen zum anderen, von Mißlingen zu Mißlingen ging! Du versündigst dich damit, wenn du heidnisch bei den Werkzeugen stehenbleibst, die Gott zu deiner Absetzung gebraucht, anstatt die erziehende Hand deines Gottes zu erkennen, der dich nur absetzen will, um die Herrschaft über dich völlig in seine Hand zu bekommen. „Trachtet am ersten nach dem Königtum Gottes und der Gerechtigkeit eures himmlischen Vaters" — nach dem Königtum Gottes unter Hinweis auf den himmlischen Vater! Es ist ein Vater, der regieren will, und zwar in den Linien seiner eigenen Gerechtigkeit. Das Losungswort des Herrn Jesus Christus seinen Feinden, Hassern und Verfolgern gegenüber lautete: „Also geziemt es uns, alle Gerechtigkeit zu erfüllen."

26. September

Dein Wille geschehe auf Erden wie im Himmel! **Luk. 11, 2**

Diese Bitte schließt sich an jene andere an: „Dein Reich komme!" Es gibt ein Sprichwort auf dieser armen Welt, das lautet: „Der Wille eines Menschen ist sein Himmelreich." Hier ist nicht vom Willen des Menschen, sondern vom Willen Gottes im Gegensatz zum Willen des Menschen die Rede. Das Reich Gottes und der Wille Gottes? Wer verlangt, daß das Reich Gottes komme, opfert damit seinen Willen dem Willen Gottes. Es handelt sich hier um eine direkte Bitte: „Dein Wille geschehe!" Wie wir ums tägliche Brot bitten, so bitten wir um das Geschehen des Willens Gottes. Wo eine Bitte ist, da liegt ein Verlangen zugrunde, oder es ist eine heuchlerische Bitte. Wo man nicht wirklich begehrt, was man erbittet, ist man nicht wahr. Es handelt sich in dieser dritten Bitte des Vaterunsers nicht um einen Akt der Resignation. Sich in Dinge ergeben, die man nicht ändern kann, ist etwas ganz anderes, als etwas so sehnsüchtig verlangen, daß man darum bittet. Um bitten zu können: „Dein Wille geschehe wie im Himmel also auch auf Erden!", muß man auf den eigenen Willen verzichtet haben. Schon daraus sieht man, was das Vaterunser voraussetzt; denn um es im Geist und in der Wahrheit bitten zu können, muß unser Wünschen und Wollen auf den Altar gelegt sein, muß eine Umwandlung stattgefunden haben.

Dein Name werde geheiligt! Dein Reich komme! Dein Wille geschehe! — von den Menschen, unter den Menschen, unter den Geistern und unter den Dämonen. Überall, überall soll Gottes Name zur Geltung kommen durch Jesus Christus. Er allein kann beten lehren, durch ihn allein kann der Name Gottes wieder zur Geltung kommen. Auf welche Höhe stellt uns das „Vaterunser", wenn wir es in seiner ganzen Fülle nehmen, einfach nehmen, wie es dasteht! Was nun darin schon liegt: ehe wir an uns, an unsere Bedürfnisse denken, Gottes Sache vertreten zu dürfen: „Dein Name, dein Reich, dein Wille!" Nicht daß wir uns nur fügen, wenn unser Wille nicht zur Geltung kommt, sondern es ist unser Wunsch, unser Verlangen, unsere Bitte, daß Gottes Wille geschehe. Wir haben uns ganz auf Gottes Seite gestellt, und es ist unser tiefstes Verlangen, daß Gottes Wille geschehe „auf Erden wie im Himmel".

27. September

Dein Wille geschehe auf Erden wie im Himmel! **Luk. 11, 2**

Bekehrung heißt: mit *seinem Willen* auf Gottes Seite treten. Das ist neutestamentliche Gnade, daß man Wollen und Vollbringen von Gott gewirkt bekommt und dann aber auch alles in Gottes Hand abgibt. Dann lodert immer heller der Wunsch auf, daß durch unseren Wandel hienieden Gottes Wille geschehe.

Was haben nicht manche Leute aus Liebe für ihr Vaterland für Opfer gebracht! Und der Herr Jesus sollte es nicht fertigbringen können, daß wir uns ohne Hintergedanken ihm auf den Altar legen, uns ihm frank und frei zur Verfügung stellen — ein williges Volk am Tage seiner Macht, das keine dringendere Bitte kennt als diese: „Dein Wille geschehe auf Erden wie im Himmel!"? Das ist Erneuerung und Umgestaltung in den tiefsten Tiefen unseres Wesens, in der Sinnesrichtung — und daraus wächst hervor die Fähigkeit, prüfen und unterscheiden zu können, was Gottes Wille sei.

Mehr denn je blicke ich voll Beugung und Staunen hinein in den Ozean der Liebe, die mir in dem geschlachteten Lamm entgegentritt — dem Lamm, das auch aus mir und dir ein Lamm machen will und kann, so daß ich bitten darf: „Dein Wille geschehe!", daß ich mit anderen Worten ein Mitarbeiter Gottes werden darf. Wem einmal ein Strahl dieser Herrlichkeit aufgegangen ist, bei dem fällt eine Kette nach der anderen, bis ihn schließlich nichts mehr hindert, zu bitten: „Dein Wille geschehe!" Das ist dann Anbetung im Geist und in der Wahrheit, Anbetung bis hinauf nach Morija. Das heißt: Gott wieder auf den Thron setzen, ruhen in seinem Willen und bei aller Ohnmacht auf seine Treue und Allmacht rechnen.

„Dein Wille geschehe im Himmel und auf Erden" und noch herrlicher auf Erden als im Himmel! Die Erlösung stellt uns über die Engel, die nie gefallen sind, die vermöge ihrer Natur gar nicht anders können, als Gott dienen. Die Herrlichkeit eines durch das Blut des Lammes erlösten Sünders, der, eben weil er die Sünde und das eigene Leben gekostet hat, auch ein ganz anderes Bewußtsein davon hat, was die Gnade ist und was er ihr verdankt, übertrifft bei weitem den Glanz der Engelwelt — es ist noch etwas ganz anderes, wenn ein solch erlöster Sünder bitten darf: „Dein Wille geschehe!"

Wir wollen, anstatt an der Frage unseres Glaubens und Willens herumzumachen, auf den Herrn blicken, unsere zitternde Hand in seine starke Hand legen, so wird er sie in seiner Hand verschließen und unsere Schritte in seiner Nachfolge fest und gewiß machen und sicher führen. Er, der die Lämmer an seinem Busen trägt und die Schafmütter sachte führt, geht mit jedem von uns seinen eigenen Schritt, bis wir hineinwachsen in die Herrlichkeit eines Lebens, wo es uns zur zweiten Natur geworden ist, den Willen Gottes zu tun, weil wir umgestaltet, weil wir neue Menschen geworden sind.

28. September

Unser täglich Brot gib uns heute! **Matth. 6, 11**

Ich möchte heute auf einen an sich sehr einfachen Punkt kommen, nämlich auf die Brotfrage, die alle Schichten der menschlichen Gesellschaft je länger je mehr beschäftigt bei der immer zunehmenden Zerrüttung der Verhältnisse, wo einer dem anderen das Brot abjagt. Diese Frage wird auf dem Boden des Evangeliums außerordentlich einfach: „Trachtet am ersten nach dem Reich Gottes und nach seiner Gerechtigkeit, so wird euch solches alles zufallen." Mit anderen Worten: „Trachtet, daß ihr es dem großen König recht macht!" Er sorgt für das Brot seiner Knechte und ruft keinen aus der Welt heraus in seinen Dienst, ohne zugleich die Sorge für seine eigenen und der Seinen leibliche Bedürfnisse zu übernehmen. Was braucht es doch, bis ein Menschenkind ein Christ im wahren Sinn des Wortes wird, d. h. göttlich, biblisch, einfach denken lernt und endlich merkt, daß zweimal zwei vier ist, daß Salomo niemand in seinen Dienst nimmt, ohne für sein tägliches Brot zu sorgen! „Glückselig deine Knechte, die vor dir stehen!" sagt die Königin von Reicharabien. Und hier ist *mehr* denn Salomo (Luk. 11, 31).

„Unser täglich Brot gib uns heute!" Gib uns jeden Tag das Brot, das wir brauchen, wie es die Bedürfnisse des Tages erfordern! „Es ist genug, daß ein jeder Tag seine eigene Plage habe." Für jeden Tag brauchen wir Brot, Licht, Freude, Kraft und Hilfe, Glauben, Liebe,

Hoffnung, mit einem Wort die mancherlei Gaben, wie sie für den besonderen Charakter des Tages nötig sind. So wie jeder Tag seinen besonderen Charakter hat, so will der Herr für die Bedürfnisse jedes einzelnen Tages sorgen. Wenn er nun die Jünger beten lehrt: „Unser täglich Brot gib uns *heute!*“, so ist das das Wichtigste, daß wir den kennen, an den wir uns wenden. Wir müssen Gott kennen und müssen wissen, ob er bereit ist, uns zu geben, was wir brauchen, und ob er überhaupt über die Sachen verfügt, die wir verlangen. Daß der Herr den Jüngern diese Bitte in den Mund legt, ist ein absoluter Beweis, daß er Tag für Tag geben will, solange die Tage dauern.

Was das Leben auch bringen mag, was die Bedürfnisse des Tages auch sein mögen — der Herr sorgt, und aus seinen Händen dürfen wir jeden Tag nehmen, was wir brauchen. Wir können nicht leben von den Vorräten des vorigen Tages. Als die Kinder Israel Manna sammelten auf morgen, da wuchsen Würmer darin, es war nicht mehr genießbar. Er gibt Tag um Tag das Brot des Tages. Wir haben nicht nötig, es zu machen wie jener unglückliche Narr: „Liebe Seele, du hast einen großen Vorrat auf viele Jahre, iß ..., habe Ruhe, iß, trink und habe guten Mut! Aber Gott sprach zu ihm: Du Narr, diese Nacht wird man deine Seele von dir fordern; und wes wird's sein, das du bereitet hast?“ (Luk. 12, 19. 29).

29. September

Unser täglich Brot gib uns heute! **Matth. 6, 11**

Der Herr richtet unser Leben so ein, daß wir von Tag zu Tag abhängiger von ihm werden und daß wir verstehen, daß wir Tag für Tag nötig haben, alles von ihm zu erbitten; denn offenbar bedeutet hier „tägliches Brot“ alle unsere Bedürfnisse.

Was hülfe uns das Essen morgens, mittags und abends, wenn der Herr uns in eine Lage kommen ließe, die andere Notdurft mit sich brächte und er uns da uns selbst überließe, unserer Weisheit und Macht, unserem eigenen geistlichen Können, wenn er da wollte, daß wir uns selbst aus der Verlegenheit ziehen, wie man einen Sohn in die Fremde schickt mit einer gewissen Summe zum Anfang und zu ihm sagt: Sieh, wie du nachher durchkommst!

Wir werden immer abhängiger von unserem Gott, und das ist der wahre Fortschritt, das rechte Mannesalter, wenn wir keinen Schritt mehr tun können ohne ihn, wenn wir nicht mehr auf eigenen Füßen stehen. „Ohne mich könnt ihr nichts tun; bleibet in mir!“ (Joh. 15, 5.) Er will uns gehen lehren in seiner Kraft, in seiner Weisheit, daß wir nichts mehr tun können ohne ihn, sondern immer abhängiger werden von ihm, hilfloser in uns selbst, aber zugleich uns stützend auf ihn und ruhend *in ihm,* der für alles sorgt, auf den wir uns verlassen können, der vom Himmel herab alles auf Erden regiert und jeglichem Fleisch *seine* Nahrung gibt. Da werden wir immer wieder erinnert an das Wort vor der ersten Bitte: „Unser Vater in dem Himmel." Bleiben wir uns bewußt, daß Gott sich nicht verändert, daß er stets die Lage beherrscht, so daß das Bedürfnis nie über seine Mittel hinausgeht! Er ist im Himmel. Was auch geschehen mag in unserem Leben, in unserer Familie, in unserem Beruf, Gottes Kraft ist über alles, Gottes Kraft trägt über alles hinweg. Und wenn du sagen mußt: Ich weiß nicht mehr, was tun, ich habe keinen Weg mehr, er ist mir entschwunden, ich habe keinen Raum mehr, keine Luft mehr zum Atmen, ich sehe nicht mehr hinaus — was tut's? Er macht *heute* deinen Fußsteig richtig, daß du deinen schwankenden Fuß darauf setzen kannst. Er ist Stütze, Hoffnung, Licht, Wegbereiter und Nachhut. Er ist alles.

30. September

Unser täglich Brot gib uns heute! **Matth. 6, 11**

Der Herr gibt Brot. Du darfst zu ihm kommen, wie das Kind zum Vater, und darfst ihm sagen: Du hast mich in meine Verhältnisse gesetzt, an diese Aufgabe gestellt, du kennst meine Bedürfnisse, du hast in mir einen Hunger geweckt und einen Durst, der von nichts in dieser Welt gestillt werden kann. Und du solltest den Durst, den du geweckt, nicht löschen, wenn Durst und Hunger da sind, sie nicht stillen? — „Selig sind, die da hungert und dürstet; denn sie sollen satt werden." Vater! Du kennst mich, dein Kind, du hast mich bisher geführt; ich weiß nicht mehr, wie weiter, gib mir Erfrischung, schlage den Felsen, gib mir Wasser in der Wüste, oder ich komme um! *Dir* gehöre ich, ich habe ein Recht an dich. Du hast mir gesagt: „Bitte, rufe mich an!" Gib mir Tag für Tag mein Brot für Leib und Seele! — Da kommt Trost und Ruhe in das Herz, und man ist erstaunt, daß man hat unruhig werden können, und man errötet und betet an den, der auf den Ruinen unserer eigenen Kraft seine Kraft beweist, betet an den, der gesagt hat: „Ich will dich in die Wüste führen und freundlich mit dir reden" (Hos. 2, 14).

Der die Tausende in die Wüste geführt hat, der hat sie auch gesättigt. Wo die Jünger den Herrn bei sich hatten, hatten sie nicht nötig, die hungernde Menge fortzuschicken. Am Tag, als Noah aus der Arche ging, da hat der Herr seinen Bogen in die Wolken gesetzt und gesagt: „Solange die Erde steht, soll nicht aufhören Samen und Ernte, Frost und Hitze, Sommer und Winter, Tag und Nacht." Aber zugleich mußte der Mensch verstehen, daß er nicht vom Samen abhängig ist, sondern von Gott. Wer im Glauben lebt, hängt direkt von seinem Gott ab, nicht vom Samen. Das ist die Herrlichkeit der Erlösten, daß sie von ihrem Gott abhängen. Im Neuen Testament ist der Herr für den Leib und der Leib für den Herrn. Während das Volk Israel in der Wüste war, mußte es wissen, daß der Herr auch ganz besonders eingreifen kann, je nach den besonderen Bedürfnissen, und es ist durch eine Schule von 40 Jahren gegangen, um da ein für allemal zu lernen, daß der Mensch und Menschensohn nicht vom Brot allein lebt — nicht vom Brot abhängt, von Sonnenschein oder Regen, vom Willen seines Brotherrn, von seinem Lohn. Er hängt nicht ab von wohlfeilen Zeiten oder von Teurung, von Krieg und Frieden, von der wirtschaftlichen Zerrüttung oder Blüte eines Landes, von Geschäftsstockung oder Überproduktion. Es gibt wohl finstere Mächte —, aber der Mensch hängt von Gott ab. Ein Familienvater soll nicht sagen: Ich bin jetzt krank, wer wird meine Familie ernähren? Es ist wahr, du sollst arbeiten, und du sollst auch essen. Aber, armer Mensch, Gott will dein Vater sein, und er nährt dich in der Wüste. Er gibt dir Brot vom Himmel, damit du wissest, daß der Mensch nicht von seinen Ersparnissen lebt noch von der Kraft seines Armes und den Errungenschaften, die er gemacht hat. Wir sind Kinder eines Vaters, bei dem keine Veränderung ist, dessen Hilfsmittel sich nur nach unseren Bedürfnissen ändern. Ihr Kinder des zwanzigsten Jahrhunderts, lernt das und nehmt wieder die klassischen Lehren an, die Christus mitunterzeichnet hat!

1. Oktober

Und vergib uns unsere Schulden, wie wir unseren Schuldigern vergeben!
Matth. 6, 12

Im Grundtext heißt es eigentlich: „Wie wir vergeben *haben* unseren Schuldigern." Es ist nicht nur eine Bitte um Vergebung mit dem Vorsatz, dem Versprechen oder der Inaussichtnahme, anderen auch unsererseits zu vergeben, sondern etwas bereits Abgeschlossenes. „Wir *haben* unseren Schuldigern vergeben; vergib uns nun auch, Vater in den Himmeln!" In Matthäus 6 steht das Zeitwort in der Vergangenheit, in Lukas 11 hingegen in der Gegenwart.

Wieviel das Vaterunser, wenn in der Nähe betrachtet, voraussetzt, das sehen wir aus den ersten Bitten desselben. Soll es dem Herrn gelingen, uns aus dem Schlamm unserer Eigenart herauszuheben, so kann er nicht anders, als uns die ganze Herrlichkeit unserer Stellung ihm gegenüber vor Augen zu malen. Mit diesem wunderbaren Gebet, das wir von Kindheit auf kennen, dessen Tiefen wir aber nie zu erschöpfen vermögen, kleidet uns der Herr ins Priestergewand. Schon in den drei ersten Bitten kommt uns so recht zum Bewußtsein, welchen Adel uns der Herr damit anvertraut, daß er uns diese Bitten in den Mund legt, und welche Herrlichkeitsstellung er uns damit gibt, daß er uns erlaubt, priesterlich für andere einzutreten. Sklaven, die auf der Erde kriechen, die noch an ihren Egoismus, ihren eigenen Namen und eigenen Willen gebunden sind, denen ihr Wille noch ihr Himmelreich ist, können das nicht. Dazu kommt noch: wenn Gott uns solche Bitten in den Mund legt, uns eine solche priesterliche Stellung anvertraut, ja sie sogar von uns fordert, so sind für uns Kinder des Neuen Bundes alle Forderungen, die uns früher erschreckt hatten, ein Angeld für die adlige, herrliche Stellung, die der Herr Jesus denen geschaffen hat, die durch die Gnade des Herrn auf Bergeshöhen gestellt, in Priestergewand gekleidet sind, und deren Herzen sich öffnen für die Interessen des Vaters. Wenn der Soldat Blut und Leben für den König hingibt, um wieviel mehr das Kind Gottes, wenn ihm Gott die Ehre erweist, es für sich zu wecken! Das ist Bergesluft für aus Gott Gezeugte. Solche können dann bitten: „Vergib uns unsere Schuld, wie wir vergeben unseren Schuldigern!" Wie können wir freimütig zum Vater kommen, wenn wir etwas gegen den Bruder auf dem Herzen haben! Gehe hin zu ihm — vielleicht hast du selbst Unrecht getan und gar keinen Blick dafür gehabt, daß du ihm weh getan hast. Wir dürfen nicht riskieren müssen, daß, wenn wir unser Vaterunser beten, in irgendeinem Winkel des Herzens Erinnerungen an eine noch ungetilgte Schuld oder an Dinge in uns aufwachen, die wohl vergessen, aber nicht vergeben sind.

2. Oktober

Und vergib uns unsere Schulden, wie wir unseren Schuldigern vergeben!
Matth. 6, 12

Darum, wenn du deine Gabe auf dem Altar opferst und wirst allda eingedenk, daß dein Bruder etwas wider dich habe, so laß allda vor dem Altar deine Gabe und gehe zuvor hin und versöhne dich mit deinem Bruder, und alsdann komm und opfere deine Gabe (Matth. 5, 23. 24)! Erst wenn du *vor Gott* trittst, fällt es dir ein, wenn zwischen dir und deinem Bruder etwas nicht in Ordnung ist. Da erst fällt dir manches ein, an was du in deiner Gottesferne nicht gedacht, allerhand Feindschaft und Unversöhnlichkeit, die du meintest vergeben zu haben; aber vergessen kannst du sie nicht und bist froh, wenn du dieser Person nicht begegnest. Gott vergibt wie wir: „Vergib uns, wie *wir* vergeben!" Er muß sich da auch fern von dir halten, vergeben, wie du vergibst. Und wenn du deinem Bruder vergibst, aber ihm nicht nahekommen willst (Vers 24), ihm nicht begegnen willst —, nun, dann macht dir's Gott auch so, du kommst nicht in Gottes Nähe. Und wiederum: Erst wenn du betest, deine Gabe auf den Altar legst, wird dir Gott manches in Erinnerung bringen, und manches wacht in dir auf, auf das du nicht gekommen bist fern von Gott. Aber wenn du auf dem Weg zu Gott bist, so wird dir Gott aufdecken, was noch von Unversöhnlichkeit in deinem Herzen ist. O unterbrich das Vaterunser! Du kannst Gottes Wort nicht umgehen, du mußt zuerst in Ordnung bringen, was da nicht richtig ist. Es heißt: „Denn auch wir vergeben *allen,* die uns schuldig sind" (Luk. 11, 4).

Man kann sich nicht mit Verdecken begnügen, man muß wieder zu seinem Gott hinkönnen, und Gott muß sich seinem Volk wieder nahen können. „Wie wir vergeben." Bleibe zu Haus mit deinem: Ich möchte vergeben, aber ich kann nicht vergessen. Man kann Gottes Wort nicht drehen. Entweder vergib, und dann bete: „Vergib uns, wie wir vergeben haben", geh, versöhne dich, und dann komm und mache weiter in deinem Beten, oder (Vers 25): „Du wirst überantwortet dem Richter und dem Diener und in den Kerker geworfen" und der Gerechtigkeit übergeben. Aber dann wird auch die Gerechtigkeit ihren vollen Lauf haben, und dann wirst du zusehen, wie es dir geht (Vers 26).

Es können also im Grund nur Kinder Gottes das Vaterunser beten. Trotzdem ist es aber ein Gebet für alle, daß alle merken, wir müssen zu Gott und zu den Menschen ins rechte Verhältnis kommen. Jetzt bist du noch auf dem Weg, du kannst noch hingehen und das Vaterunser unterbrechen und dich versöhnen; aber das Vaterunser liegenlassen, das ist schrecklich. O macht alles in Ordnung! Es kommt eine Zeit, wo man nichts mehr in Ordnung bringen kann.

Vergib, wie wir vergeben, wie ich vergebe! Du gehst zugrunde, wenn du nicht lernst, es mit der fünften Bitte genau zu nehmen. Ach, wie heillos geht man mit der Bibel um; Blatt für Blatt wird aus ihr herausgerissen, so daß viele erst fragen müssen, was Gottes Wort und was Menschenwort ist. Es gibt Leute, die keine Bibel wollen. Aber es gibt auch Christen, die ließen sich um keinen Preis Blätter aus ihrer Bibel reißen; aber im Praktischen, da reißen sie selbst Blätter heraus und wissen nicht, was das Vaterunser ist. Du kannst mit Gottes Wort nicht umgehen, wie du willst. „Es steht geschrieben", und nach diesem geschriebenen Wort wirst du einmal gerichtet.

3. Oktober

Und vergib uns unsere Schulden, wie wir unseren Schuldigern vergeben!
Matth. 6, 12

Nicht nur ein Kind Gottes mußt du sein, um das Vaterunser beten zu können, sondern ein *gelöstes* Kind Gottes. In Matthäus 18 lesen wir, wie der Herr dem Knecht seine furchtbare Schuld erlassen. Er ging hinaus, aber er war innerlich nicht gelöst und würgte seinen Mitknecht ob einer Kleinigkeit. Und nun steht seine ganze alte Rechnung wieder da:

Jetzt bezahle, was du mir schuldig bist! „Also wird euch mein himmlischer Vater auch tun“ (Vers 35). Das ist ein furchtbares Wort.

Die ganze Schuld kann erlassen sein, und du vergibst deinem Bruder nicht — nun kommt deine alte Schuld wieder zum Vorschein. Ich weiß nicht, wie es aussieht in den Kerkern da unten; ich gehe nie hinein. Mein Herr hat mir vergeben. Aber es gibt hier schon Kerker, und wie manche Kinder Gottes sind in einem Kerker! Was ist das oft für ein Weinen und Ringen, was können wir da alles sehen in Häusern, wo die Menschen unter die Zucht des Wortes Gottes kommen und die Gerichte Gottes bei ihnen anfangen! Ja — heißt es da oft — es weiß kein Mensch, was ich durchmache. O gib acht, daß du nicht in den Kerker kommst! Und willst du nicht hinein, so respektiere Gottes Wort, und dann komm, dann ist der Himmel offen, und du bist frei!

Also noch einmal, du mußt ein *Kind Gottes* sein und nicht nur Versammlungen besuchen, und zweitens mußt du ein *gelöstes* Kind Gottes sein. Gelöst, d. h. am Kreuz, im Blut des Lammes nicht nur Tilgung der Sünden der Vergangenheit gefunden haben, sondern Loslösung von deinem natürlichen, selbstgerechten, harten, unversöhnlichen Wesen. „Bei ihm ist die Vergebung, *auf daß man ihn fürchte.*“ Wo bei den kleinsten Dingen, die bei uns vorkommen, die Gottesfurcht nicht zunimmt, da geht es abwärts. Wenn der Herr dem Petrus sagt, daß er seinem Bruder siebenzigmal siebenmal zu vergeben habe, so geht daraus klar hervor, daß Gott noch weit mehr bereit ist, zu vergeben. Er ist kein Pharisäer, der anderen Lasten auflegt und selbst diese mit keinem Finger anrührt. Die Vergebung hat bei Gott kein Maß. Was wäre aus uns geworden, wenn Gottes Vergeben ein Ziel hätte? Wir wollen nur nie vergessen, wenn Gott im Vergeben noch ein Maß hat, daß es das Maß ist, das *wir* ihm auflegen. Soweit wir Gott nicht binden durch Unglauben oder Unversöhnlichkeit, hat Gottes Vergeben kein Maß; aber — „auf daß man ihn fürchte“ und mit jeder Vergebung Gott mehr Raum gewinnt in Herz und Leben und Haus und es uns schwer wird, uns an Gott zu versündigen, und wäre es auch nur in einer Regung. Bei Vergebung, die Gott nicht *mehr* Raum macht in uns, setzt sich Unrat und Schlamm an. Wer weiß, daß Gott die Liebe ist, und daneben vergißt, daß er heilig ist, der hat noch nicht den rechten Blick in seine Liebe und versteht nicht, wie sich die Heiligkeit mit seiner Liebe verbindet.

4. Oktober

Und vergib uns unsere Schulden, wie wir unseren Schuldigern vergeben!
Matth. 6, 12

Der Herr geht in dem, was er den damaligen Juden und auch seinen Jüngern sagt, über den Rahmen ihrer Zeit hinaus. Er fordert Dinge von ihnen, zu denen sie gar nicht fähig sind, ehe der Heilige Geist auf sie herabgekommen ist. Das Evangelium enthält eben Weissagungen, sonst wäre es nicht Evangelium, sondern Gesetz. Der Herr Jesus geht immer weiter als der Alte Bund, und das wäre zermalmend, wenn er nicht von dem ausginge, der da ist die Erfüllung des Alten und des Neuen Bundes, in dem auch das Unmögliche möglich ist, und das gerade in bezug auf diejenigen Dinge, in denen wir trotz redlichsten Abmühens zuschanden geworden sind. Dazu hast du ja gerade einen Heiland, daß du als ein Wurm zu seinen Füßen abdankst und alles von ihm erwartest, der dir Macht und Ausrüstung gibt, zu überwinden, wo du, vom menschlichen Standpunkt aus betrachtet, zu kurz kommen müßtest. Dazu hast du ja eben einen Heiland, daß er dir durch seinen Geist Wollen und Vollbringen schenke zu seiner Verherrlichung, damit du endlich das Vaterunser beten und nicht immer nur „mein", sondern „dein" sagen lernst. Das bringt das Gesetz nicht fertig — dazu muß Christus kommen, damit durch seinen Geist, nachdem er Bahn gebrochen hat, das Gesetz auch in uns und durch uns erfüllt werde.

O der Herrlichkeit des Evangeliums, tief wie Meerestiefen, Welt ohne Ende, heimatliche Luft für einen gefallenen Sünder, der fast erstickt ist in der schwülen Atmosphäre seines eigenen Jagens nach Gerechtigkeit und Heiligkeit — Horizont, der sich weiter und immer weiter ausdehnt, je tiefer der Mensch den Blick hineintaucht! Daß wir das Ziel erreichen, dafür haben wir die Garantie im Blut Christi, das die Sünde ganz und vollkommen tilgt, damit der Geist Gottes ganz und vollkommen Raum bekomme.

Warum wird es vielen so schwer, anderen *ganz* zu vergeben? Warum stecken sie immer wieder armselige Grenzen? Erstens ahnen sie gar nicht, wie groß ihre Schuld Gott gegenüber ist, fallen dann aber über ihren Bruder her und würgen ihn. Erkennt man einmal die eigene Schuld und die Tiefe seines eigenen Falles Gott gegenüber, so hat man nicht solche Mühe, dem Bruder zu vergeben. Zweitens verstehen sie noch nicht die tiefe Bedeutung jenes Wortes: Denen, die Gott lieben, dienen alle Dinge zusammen zum Besten — zur Ausreifung in die Herrlichkeit, zur Umgestaltung in Christi Bild. Zuweilen benutzt Gott gerade die Unart des Bruders oder der Schwester, um uns die eigene Unart aufzudecken.

5. Oktober

Und vergib uns unsere Schulden, wie wir unseren Schuldigern vergeben!
Matth. 6, 12

Wodurch hat uns Christus erlöst? Dadurch, daß er alle Ungerechtigkeit der Menschen auf sich nahm und sich niemals beklagte. Wir brauchen keine Sünde zu büßen — das hat unser Heiland getan —, aber Gott braucht das Zukurzkommen unseres Bruders, um uns unsere eigenen Rückstände unserem Gott gegenüber zum Bewußtsein zu bringen. Sieh, wie weh es dir tut, wenn der Bruder dich zurücksetzt, und wie bist du mit deinem Gott umgegangen? Vielleicht weiß der Bruder gar nicht, daß er dir weh getan hat. Merke doch endlich, daß du in Gottes Hand bist und daß niemand dir einen Nadelstich zufügen darf ohne Gottes Willen! Es fällt kein Tropfen Wermut oder bittere Arznei in unseren Becher ohne Gottes Willen, d. h. kein Tropfen, der nicht ein Heilmittel sein könnte gegen unsere Unart, der nicht zugelassen wäre, uns zu wecken, zu reinigen oder in die Tiefe zu führen, damit wir durch das, was uns seitens unseres Bruders so weh tut, unserer an Gott und den Brüdern begangenen Unart auf die Spur kommen. Das Vergeben und Tragen wird leicht, ja kann sogar süß und selig werden, wenn wir in denen, die uns Unrecht tun, Mitarbeiter an unserer Seligkeit sehen, Mitarbeiter an der Ausgestaltung des vollen Heils. Nicht nur muß alles zum Besten dienen, sondern es dient buchstäblich alles zum Besten. Es ist eine ganze Werkstatt, wo alles unter einer Leitung steht zur Erreichung eines ganzen Erfolgs, zur Erreichung dessen, was Gott sich vorgenommen, nämlich die Umgestaltung eines adamitischen Wesens in die Gestalt Christi — von Herrlichkeit zu Herrlichkeit, aus Gnade in Gnade — nicht mit einem Schlag, aber auch nicht ziellos ins Blaue hinein. Zielbewußt arbeitet der Herr an der Umgestaltung unseres Wesens, der Ausbildung und Zubereitung zur Wohnungnahme im Vaterhaus.

Wenn wir das einmal erkennen, sehen wir hinter der Hand des Bruders die Hand des Vaters. Dann ist das Ertragen nicht mehr so schwer; dann gibt man dem Bruder zurück, aber nicht Schlag für Schlag, man häuft feurige Kohlen auf sein Haupt. Solche brennen; aber das können wir ihm nicht ersparen. Diese Art Rache ist erlaubt; aber man kann die Gelegenheit dazu nicht, wie man sagt, vom Zaun reißen, sondern muß warten, bis uns Gott den Bruder in die Hand liefert, wo er es sich gefallen lassen muß, sich einen Dienst von uns erweisen zu lassen. Wir tun es dann ganz einfältig, ohne ihm irgend etwas aufzurücken. „Vergib uns unsere Schulden, wie wir vergeben unseren Schuldigern!“

6. Oktober

Führe uns nicht in Versuchung! **Matth. 6, 13**

Auf diese Bitte, die gewiß uns allen schon köstlich und unentbehrlich geworden ist, näher einzugehen, ist keine so leichte Sache. Ich sage, es ist gar nicht leicht, die verschiedenen Aussprüche der Heiligen Schrift über die Frage der Versuchung in vollen Einklang zu bringen. Vor allem geht schon aus Jakobus 1 hervor, daß das Wort „Versuchung“ durchaus nicht überall die gleiche Bedeutung hat, daß es durchaus nicht immer das gleiche Gebiet umspannt, noch sich auf die gleichen Erfahrungen bezieht. Man darf ja nur Vers 2 mit dem, was später kommt, vergleichen: „Achtet es für eitel Freude, wenn ihr in mancherlei Anfechtungen fallt!“, sowie mit Vers 13 und 14: „Ein jeglicher wird versucht, wenn er von seiner eigenen Lust gereizt und gelockt wird.“ Wie können wir uns freuen, wenn wir in diesen Linien und nach dieser Richtung hin versucht werden? Wie sollen wir uns freuen, wenn irgend etwas von Lust und Sinnenreiz in den Tiefen unseres Wesens aufwacht oder aufgewacht ist? Es ist keine Ursache zur Freude, wenn auf diesem Gebiet und nach dieser Richtung hin Versuchungen auftauchen. Dann wiederum jene andere Schwierigkeit, Vers 13: „Niemand sage, wenn er versucht wird, daß er von Gott versucht werde; Gott ist nicht ein Versucher zum Bösen, er versucht niemand“ — nämlich zum Bösen. Gott hat Abraham versucht (erprobt, auf die Probe gestellt) — ein neuer Beweis, daß das Wort „Versuchung“ verschiedenerlei Bedeutung hat. Das liegt ja schon in dem Text: „Gott kann nicht versucht werden zum Bösen; er selbst versucht niemand“; aber er kann gerade seine Auserwählten, die er zum Aufbau seines Reiches gebrauchen will, nicht unerprobt lassen. Sie müssen durch Proben gehen und müssen in der Prüfungs-, in der Versuchungsstunde ausweisen, daß sie Gott um jeden Preis ehren wollen, selbst auf Kosten ihres eigenen Lebens. Diese Art von Versuchung wollen wir auch nicht abweisen; von ihr können wir nicht erwarten, daß Gott sie uns erspare. Alles Gold muß im Feuer erprobt werden, wie Abraham über Morija gehen mußte. Das war auch eine Feuerprobe, die Gott in Abrahams Weg legte, damit das reine Gold sich herausschäle zur Ehre Gottes des Vaters. Gottlob kommt es ja in göttlichen Dingen nicht darauf an, daß die Sachen logisch formuliert werden, wenn wir nur lauteren Herzens aufnehmen, verstehen und verwerten, was das Wort Gottes uns sagt, sei es zu unserer Warnung oder zu unserer Ermutigung.

7. Oktober

Führe uns nicht in Versuchung! **Matth. 6, 13**

Es soll nun im folgenden gesagt werden, warum dies Gebet unentbehrlich ist, auf beide Seiten hin, ob in bezug auf Jakobus 1, 2 und 12 oder in bezug auf Vers 13 und 14. Was auch in meiner Natur schon überwunden sein mag, wovon mich das Blut Jesu schon gelöst haben mag, ich lebe doch nur in der Freiheit, ich kann doch nur in Liebe und Geduld ausharren, soweit Gott mich *bewahrt*, und dadurch, daß Gott über mich wacht, daß durch die Begegnung mit der Kreatur nichts in mir geweckt wird von meinem Verderben, daß die Lust nicht empfängt. Die eigene Lust ist die sündliche Natur, in der die Stoffe sind, die Feuer fangen können. „Locken und reizen" und sich regen kann sie nur, wenn wir nicht im Geist wandeln. „Empfangen" kann sie nur, wo der Geist nicht mehr auf dem Plan ist. Aber ich darf mich nie darauf verlassen, daß ich soundso viel Geistesmensch bin, sondern ich bin immer abhängig von meinem Gott, daß er mich *bewahrt*. Es können sonst Sachen kommen, wo ich doch unterliegen würde.

Du darfst es also nicht wagen, in Situationen hineinzugehen, wo Versuchliches an dich herantritt, ohne zu beten: „Führe mich nicht in Versuchung!" Führe mich, Herr, so, daß ich bewahrt bin; sei es, daß ich gedeckt bin vor mir selbst, meinem inneren Verderben, gedeckt vor Hochmut und Lust oder gedeckt vor äußeren Umständen, wenn die Wellen zusammenschlagen. Wir sind keine Helden, daß wir sagen können: es komme, was da wolle! Nein, wir sind nicht unantastbar. Wenn der Herr nicht über uns wacht bei unserem Ein- und Ausgehen, so sind wir bald am Boden und unterliegen. Es ist da auf einmal etwas da, was uns aus der Fassung bringen kann. Wer betet: „Führe uns nicht in Versuchung!", der ist von Gott und seiner Leitung abhängig, der spürt alle Tage und Stunden, daß Gott ihn hält. Er weiß, was er mir zumuten kann; *ich verlasse mich auf ihn.*

Und gerade dieses ist auch so wichtig in allen Fragen der Entscheidung. Es liegt große Gefahr darin, in Zeiten der Entscheidung, wo uns etwas nach rechts oder nach links zieht und der Herr noch kein Licht gegeben, daß wir dann in einen Wirrwarr kommen. Wir sind fremden Einflüssen ausgesetzt und können des Wegs verfehlen. O da haben wir zu beten: „Führe uns nicht in Versuchung! Gehe du mit, decke mich, leite mich!"

8. Oktober

Führe uns nicht in Versuchung! **Matth. 6, 13**

Diese Bitte ist zugleich ein Akt der Anbetung: Herr, ich weiß, alle Umstände sind in deiner Hand! Man darf meine Glocke nicht mehr ziehen, als du erlaubst; man darf mich nicht länger herausfordern, als du zuläßt. „Führe mich nicht in Versuchung!" Ich hänge von dir ab. Du weißt, wie weit du heute mit mir hineinkannst in Proben, ins Feuer. Du hast das Thermometer, du weißt die Hitze, du kennst meine Tragkraft: Führe mich nicht in Versuchung! Du kannst mir die Proben nicht ersparen, und ich will es auch nicht; aber, Herr, bewahre mich, daß ich nicht in die Hände des Argen, des Feindes komme, daß ich in der Einfalt bleibe.

Es darf nur einmal jedes in die rechte Stellung zu Gott kommen und in der rechten Einfalt vor Gott wandeln, dann wird es immer mehr seiner Abhängigkeit von Gott innewerden, und der Herr selber wird ihm dann aufschließen, was in dieser Bitte liegt.

Es kann uns alles zur Versuchung werden, Freude oder Trauer; es kann uns alles von Gott ab- und ins Eigene hineinziehen, Mißlingen und Gelingen. Der Teufel steht sozusagen vorn und hinten und geht darauf aus, alles zu vergiften und zu verderben. Es sind da immer zwei Seiten: Gott steht da, um uns zu erproben, und der Teufel steht da, um uns zu vergiften, von Gott abzuziehen. Darum bete: Herr, ich befehle meinen Geist in deine Hände, meine Sinne und Gedanken, Augen und Ohren; am Tage und in der Nacht sei zwischen mir und den Menschen! Bewahre mich vor mir selbst, bewahre mich, daß *ich* mit niemand in Berührung komme; sei *du* zwischen mir und meinem Nächsten! Ich werde nicht erbaut durch Menschen, sondern zurückgebracht, wenn du nicht zwischen uns bist. Sie können mir nichts Gutes tun, als was durch dich vermittelt ist. Herr, bewahre *du* mich! Führe mich nicht in Versuchung, gib mich nicht preis dem Argen! Hand, die nicht läßt, halte mich fest!

Du mußt, was du begannst, vollenden;
aus mir wächst Heil'ges nicht hervor.
Behalt in deinen Meisterhänden
mich weiches Wachs, mich schwankes Rohr!
Ob milde Lüfte wehn, ob Stürme,
o laß mich nimmer, nimmer los;
behalte mich in deinem Schirme
und deiner Liebe treuem Schoß!

9. Oktober

Führe uns nicht in Versuchung! **Matth. 6, 13**

Es gibt Stunden, wo alles uns zu Boden drücken will, und zwar nicht nur von außen her. Es gibt Stunden, wo alles um uns her dunkel werden darf, wo es keinen Ausblick mehr gibt. Da kommt 1. Korinther 10, 13 in Betracht — eine Stelle, die mir in meinem Leben besonders nützlich gewesen ist, und an der ich durch alles hindurch einen Anker und unbeweglichen Halt gehabt habe: „Es hat euch noch keine denn menschliche Versuchung betreten; aber *Gott ist getreu,* der euch nicht läßt versuchen über euer Vermögen, sondern macht, daß die Versuchung so ein Ende gewinne, daß ihr es könnt ertragen." — Keine denn *menschliche* Versuchung — vielleicht auch im Zusammenhang: es war nichts Dämonisches, Übermenschliches in der Versuchung. Es war etwas, was sich einerseits mit unserer menschlichen Natur verträgt, und wobei wir immer auf

Gottes Treue rechnen können — ja, nicht nur auf seine Treue, sondern auch auf seine Allwissenheit und Allweisheit.

Wir haben gleich im Anfang gesehen, daß, um beten zu lernen, die Hauptbedingung ist, daß wir Gott kennen. Deshalb fängt das Vaterunser an: „Unser Vater in dem Himmel." Das ist die ganze Kunst des Betens: Gott kennen, wer er ist. Das ist aber eine große Kunst, daß du richtig, biblisch von deinem Gott denkst. Du darfst nicht von dem ausgehen, was wir sind, sondern von dem, was Gott ist, und deshalb mußt du wissen: „Gott ist getreu und läßt uns nicht versuchen über Vermögen." Unser Vater in dem Himmel, du bist getreu, und nie, nie, nie läßt du über Kräfte versucht werden. Es liegt also das Gebet in der sechsten Bitte: Leite alles so, daß alles Leiden, jede Schule, jede Prüfung und Not so ende, daß es meine Tragkraft nicht übersteigt; ob du dann die Not abkürzest oder die Kraft erneuerst, das ist deine Sache.

Damit ist freilich nicht ausgeschlossen, daß unter Umständen unser Körper nicht zusammenbrechen könnte. Von einer solchen Probe redet Paulus in 2. Korinther 1, 8—11: „Denn wir wollen euch nicht verhalten, liebe Brüder, unsere Trübsal, die uns in Asien widerfahren ist, da wir über die Maßen beschwert waren und über Macht, also daß wir auch am Leben verzagten und bei uns beschlossen hatten, wir müßten sterben. Das geschah aber darum, daß wir unser Vertrauen nicht auf uns selbst sollen stellen, sondern auf Gott, der die Toten auferweckt, welcher uns von solchem Tod erlöst hat und noch täglich erlöst; und wir hoffen auf ihn, er werde uns auch hinfort erlösen." Das sind ernste Sichtungszeiten, in denen offenbar wird, wie weit die eigene Kraft reicht, damit man hofft auf Gott, daß er eintritt mit seiner Lebenskraft. „Wir hoffen auf ihn." Die Sichtung ist dazu da, daß alles Eigene, alle eigene Lebenskraft und Lebensfreudigkeit — auch bei aller Freudigkeit des Dienens, — alles Unsere aufgezehrt wird, damit er sein Leben offenbaren kann auf den Trümmern unseres eigenen, natürlichen Lebens. Wie viele setzen ihre Hoffnung noch auf sich; sie haben einen eigenen Lebensfonds: es ist noch nicht alles in die Brüche gegangen.

„Wir hoffen auf ihn, er werde uns auch hinfort erlösen durch Hilfe eurer Fürbitte" (Vers 10). Wie nötig, daß die anderen Kinder Gottes für uns beten, ohne daß man sich besonders ihrer Fürbitte empfiehlt! Je mehr der Herr ein Werkzeug braucht, desto mehr hat die Gemeinde für dasselbe einzustehen; sie hat lange genug die Werkzeuge ausgesogen und ihnen Weihrauch gestreut. Vers 11: „Auf daß über uns für die Gabe, die uns gegeben ist, durch viel Personen viel Dank geschehe", wenn das Leben Christi siegt über die Kräfte des Todes, die in einem Werkzeug hausten, um es hinunterzubringen. Das ist der Sieg seines Lebens in den Leibern. Und jeder Sieg bereitet den Tag vor, wo der Herr den vollen Sieg feiern wird in den Seinen bei seiner Erscheinung und ihrer Entrückung.

10. Oktober

Führe uns nicht in Versuchung! **Matth. 6, 13**

Das Wort: „Gott ist getreu“ steht in enger Verbindung mit dem: „Darum fliehet den Götzendienst!“ (1. Kor. 10, 14). Die Abgötterei besteht darin, daß man Zwischenursachen fixiert — daß man Sonne, Mond und Sterne anbetet, sich vor Gewittern, Kriegen usw. fürchtet, anstatt in allem zu der obersten Ursache zurückzugehen und zu sagen: „Mein Gott, ich stehe in deiner Hand!“ Es hat euch noch keine denn menschliche Versuchung betreten; denn wir sind nicht nur Menschen, sondern individuell angelegte Menschen, und als solche sind wir weder an uns selbst noch an äußere Verhältnisse verkauft. Wir treiben keine Abgötterei; wir haben nicht einen Gott der Berge und einen Gott der Täler, die sich miteinander bekriegen wie die Götter der Mythologie, sondern wir haben es in allen Stücken mit dem einen wahren Gott zu tun, der obersten Quelle aller Dinge, der auch die verwickeltsten Dinge in seiner Hand hat, und dessen Hand niemand weder uns selbst noch die Fäden der Weltregierung oder unserer persönlichen Verhältnisse entreißen kann.

Hütet euch vor Götzendienst! In allen Dingen erhebt eure Augen zu den Bergen empor, von denen Hilfe kommt! Hebt eure Augen empor zu dem, der die Berge geschaffen und nie die Regierung in irgendeinem Stück aus der Hand gegeben, der uns erlöst hat, damit wir sozusagen mit Sack und Pack in seine Hand zurückkommen und fortan in allen Stücken, auch in den verwickeltsten Verhältnissen, es nur noch mit ihm allein zu tun haben! Wenn ich mir sage: „Mein Vater sieht auch durch die verwickeltsten Verhältnisse hindurch“, werde ich vor Abgötterei bewahrt, und es wird keine Versuchung über mich kommen, die über meine Kräfte ginge. Dann bleiben die Sachen in Gottes Hand; Gott aber ist treu und wird nicht zulassen, daß ich über mein geistliches Alter, meinen Horizont, mein Vermögen versucht werde. Wenn die Versuchung auftaucht, ist Gott auf dem Plan, um ihr Grenzen zu stecken.

Wir sehen das sehr deutlich aus Hiobs Geschichte. Mit jeder Versuchung ist zugleich ein Ausweg vorgesehen, es ist ihr von Gott die Grenze gezogen. Das macht ruhig, sonst könnte einem auf Schritt und Tritt angst werden, und man könnte sich beständig fragen: Was soll daraus werden?, weil man absolut nicht mehr durchsieht. Gott sieht durch (für ihn gibt es kein Gestern noch Heute). Darin ruht das Glaubensauge und das Herz eines Kindes Gottes, und sooft der Feind sich geltend macht, wenn etwas Erschreckendes und Lähmendes an dasselbe herantritt, betet es: „Führe mich nicht in Versuchung; die Versuchung ist zwar da, aber behalte mich und behalte die Versuchung in deiner Hand, damit ich im Gleichgewicht bleibe, nicht innerlich befleckt werde und sichere, rechtzeitige Hilfe finde!" Dazu gehört, daß die Versuchung nicht länger daure, als Gott es für gut findet.

11. Oktober

Führe uns nicht in Versuchung! **Matth. 6, 13**

Es ist selig und herrlich, sich bei jeder neuen Aufgabe sagen zu dürfen: „Führe mich nicht in Versuchung, Vater!" Wie kostbar ist es auch, wo es sich nur um einen Besuch handelt, wenn ich vielleicht noch vor der Tür einen Augenblick stillstehen darf, um ein Vaterunser zu beten oder um auch nur zu sagen: „Führe mich nicht in Versuchung — nimm die Sache jetzt in die Hand; nimm die Leute in die Hand, mit denen ich zu tun habe; bewahre mich, daß man mich nicht etwa durch irgendeine Frage auf einen schlüpfrigen Weg bringe, daß man mich nicht übervorteile und ich in nichts hineinkomme, das mich schwächen und zu deinem Dienst unfähig machen könnte! Herr, wenn du einen Augenblick vergäßest, wie schwach ich bin, wie sehr ich der Bewahrung bedarf, so würde ich vergehen, dich verleugnen; aber ich verlasse mich auf dich, daß du treu bist. Ich habe keine Errungenschaft, kein geistliches Alter; aber du bist treu." Wir brauchen das immer tiefer werdende Bewußtsein der Gefahr von innen und außen. So läßt es sich weitergehen. So läßt es sich singen: Gott sei Dank, der Sieg gibt immerdar durch Feindesheere hindurch, der aber das Bewußtsein der Abhängigkeit in uns schärft und vertieft. Nie, nie, gar nie versucht uns Gott über Vermögen. Nie habe ich diese Erfahrung machen müssen. — Es muß erst alles in der Ruhe vor Gott filtriert werden, und da kann es vorkommen, daß man lieber noch im letzten Augenblick umkehrt, als riskiert, eine Schlappe davonzutragen.

Wie viele Kinder Gottes tragen Schlappen davon, von denen sie sich ihre Lebtage nicht mehr erholen — dunkle Punkte in ihrer Vergangenheit, die sie hindern, mit Gott in ein Verhältnis zu treten, das ihnen die Garantie bietet: sie haben einen Gott, der für die Armen eintritt, wenn sie in Gefahr sind, bedrückt zu werden. Wenn wir nichts für uns selbst mehr suchen wollen, so kann uns niemand drücken. Dann befehle ich meine Sache Gott, und er bleibt nie hinter seinen Verheißungen zurück. Wohl aber kann es einmal vorkommen, daß er über Bitten und Verstehen tut — nach seinem Wohlgefallen. Wie gesagt, von dem Augenblick an, wo wir in eine Versuchung eintreten, sieht er schon Grenze und Ausgang. Mit der Versuchung wird er den Ausweg schaffen, so daß ihr sie ertragen und mit dem Apostel Paulus sagen könnt: In dem allen überwinden wir — knapp? — nein, in dem allen sind wir mehr als Überwinder. Durch unseren Heldenmut? Nein, durch unsere Schwachheit, durch unsere Abhängigkeit von ihm, dem Starken, der den Schwachen mächtig macht, dessen Kraft sich nicht mit menschlichem Heldenmut paart, sondern die Großen und Reichen zuschanden werden läßt und die Armen durch alle Schwierigkeiten gnädig hindurchträgt.

12. Oktober

Erlöse uns von dem Bösen! Matth. 6, 13

Wir wissen, daß, wer von Gott geboren ist, der sündigt nicht; sondern wer von Gott geboren ist, der bewahrt sich, und der Arge wird ihn nicht antasten. Wir wissen, daß wir von Gott sind und die ganze Welt im argen liegt. Wir wissen aber, daß der Sohn Gottes gekommen ist und hat uns einen Sinn gegeben, daß wir erkennen den Wahrhaftigen; und wir sind in dem Wahrhaftigen, in seinem Sohn Jesus Christus. Dieser ist der wahrhaftige Gott und das ewige Leben. 1. Joh. 5, 18—20

Wenn wir nun herantreten an die Bitte: „Erlöse uns von dem Bösen!", so wollen wir zuerst stillstehen bei dem Sieg, den der Wahrhaftige über den Argen davongetragen hat. Wenn es bei allem darauf ankommt, daß wir Gott kennen als unseren *Vater*, der bereit und mächtig ist, uns zu helfen, so ist es wiederum wichtig, uns bewußt zu sein, was er schon getan hat, zu wissen, daß die Erlösung geschehen *ist*. Wie können die Leute das ganze Jahr und Jahrzehnte um Vergebung der Sünden bitten und wissen nicht, daß das Lamm Gottes sie getragen hat, daß er ihre schuldbefleckte Vergangenheit *getilgt hat*, daß Gott unsere Sünden auf ihn gelegt *hat* — aber wir müssen sie dort sehen.

„Gott warf unser aller Sünden auf ihn." Da können wir noch so lange beten und doch nichts bekommen, wenn wir uns die Augen nicht öffnen lassen für das, was geschrieben steht. Und so können wir lange beten: „Erlöse uns von dem Argen!", wenn wir uns nicht stellen auf den Sieg des Herrn Jesus über den Argen. Ich bete immer: „Erlöse uns von dem Bösen, dem Argen!" Luther übersetzt „Übel"; allein es ist das gleiche Wort wie in 1. Johannes 5, 19. Da ist nicht gemeint „Übel", sondern es stehen sich zwei Personen gegenüber: der Arge und der Sohn Gottes. Es ist schauerlich zu sagen: „Die Welt liegt im argen" — schlummert, ist eingelullt in den Armen des Teufels. Und wir, die nach Vers 18 aus Gott geboren sind, *sind in dem Wahrhaftigen* (Vers 20). „Und wer aus Gott geboren ist (Vers 18), der bewahrt sich, und der Arge wird ihn nicht antasten" Es gibt also eine Stellung, in der uns der Arge nicht antasten kann. Da muß ich vor allem wissen, was der Herr Jesus getan hat, wissen, welche Stellung der Herr Jesus dem Feind gegenüber einnimmt; und wer *in ihm* ist, tritt in die gleiche Stellung ein. „Unser Glaube ist der Sieg, der die Welt überwunden hat", und Glauben ist nichts anderes als Stellung nehmen in Jesus dem Argen gegenüber. „In der Welt habt ihr Angst; aber seid getrost, ich habe die Welt überwunden."

Ja, unser Herr hat den Feind überwunden. Und wohl denen, die nie vergessen, daß sie einem grausamen Gewaltherrscher gegenüberstehen, der die Welt für sich in Anspruch nimmt, der mit Frechheit dem Herrn Jesus entgegengetreten: Dieses alles ist mein, und ich gebe dir's, wenn du mich anbetest! — Aber Jesus machte die Rechte Gottes geltend, und wohl denen, die wie Jesus Gottes Ansprüche und Rechte geltend machen dem Feind gegenüber! Wie Lämmer sind wir mitten unter den Wölfen, aber wir halten hoch die Mächte des Sieges über „den Gott dieser Welt", wie ihn die Schrift heißt.

13. Oktober

Erlöse uns von dem Bösen! **Matth. 6, 13**

Wenn wir beten, „Erlöse uns von dem Bösen!", so beten wir auch, von dem eigenen Leben erlöst zu werden. Soweit das eigene Leben reicht, so weit reicht die Macht des Bösen. Wir haben uns durch den Feind von Gott loslösen lassen, und dadurch kamen wir in seine Gewalt, und er macht seine Rechte geltend. Und wenn es sich um Überwindung des Feindes handelt, so kann sie nur geschehen durch Auslieferung dessen, was ihm gehört, durch Auslieferung unseres eigenen Lebens an den Herrn, der uns losgekauft hat, frei gemacht von der Gewalt des Feindes. Wir müssen Stellung nehmen gegen unser eigenes Leben und uns auf Gottes Seite stellen. Solange du *dein* Leben, *deine* Interessen, *deine* Rechte, *deine* Ansprüche, *deine* Ehre verteidigst, so lange hat der Feind Zutritt. Gott hat den Stab gebrochen über unser eigenes Leben. „Wer sein eigenes Leben schont, der wird es verlieren"; wer es preisgibt, der findet durch Grab und Auferstehung hindurch das wahre Leben. Und wenn du noch vom eigenen Leben etwas in dir entdeckst, so wisse: du hast dafür Deckung und Bergung im Blut des Lammes. Aber all dein eigenes Leben muß in den Tod, und das geht durch das ganze Leben hindurch. Jesus allein kann dich erlösen, kein eigenes Bemühen.

Aber dann kommt die Erlösung, die noch aussteht (Röm. 8, 23. 24). Jetzt ist der Leib noch dem Teufel verfallen. Er hat des Todes Gewalt; der Tod ist der Sünde Sold. Wir haben kein Recht mehr ans Leben. Durch seinen Tod hat der Menschensohn dem, der das Recht an unseren Leib hatte, und mit dem der Erzengel Michael sich um den Leichnam Mose stritt, die Macht genommen und unsere Leiber errettet *für sich, für seinen Dienst*. Er hat die Glieder, die vom Dienst der Sünde geknechtet und dem Teufel verfallen waren, losgekauft. „Der letzte Feind, der überwunden wird, ist der Tod." Der letzte Sieg, die letzte Frucht des

Erlösungswerkes Christi, die noch der Offenbarung harrt, ist, wenn unsere Leiber den rechtmäßigen, ursprünglich natürlichen Weg wieder gehen, nicht mehr durch den Tod müssen, sondern verwandelt werden. Und wenn wir uns ausstrecken nach der Entrückung, nach dem Kommen des Herrn, so dürfen wir nicht vergessen, daß unsere Leiber dem Tod verfallen sind und daß wir kein Recht haben an unsere Leiber. Er hat uns losgelöst, und wenn Rechte da sind, so sind es Rechte Jesu Christi. Wir warten, daß er auch unsere Leiber dem letzten Feind, dem Tod, entrissen haben wird. Einstweilen vergessen wir nie: unser Leib, unser alles ist dem Tod verfallen. Wie weit es dem Herrn gefallen wird, auch in unseren Leibern jetzt schon seine Auferstehungskräfte zu offenbaren, das ist seine Sache. Wir folgen Schritt für Schritt nicht unseren Ideen, sondern dem Lamme nach bis zum Berg Zion.

14. Oktober

Dein ist das Reich und die Kraft und die Herrlichkeit. Matth. 6, 13

Sehr wahrscheinlich hat nicht der Herr Jesus diese Worte gesprochen, sondern sie sind das Amen der ersten christlichen Gemeinde; denn in den wichtigsten Handschriften findet man sie nicht. So groß nun auch der Unterschied zwischen Gottes- und Menschenwort ist, so tritt doch in diesem Fall der Unterschied zurück, eben weil es das Amen der Gemeinde ist auf das einzigartige Gebet, das der Herr Jesus seine Jünger gelehrt hat und das für alle Geschlechter gilt. Er hat seine Jünger beten gelehrt: „Dein *ist* das Reich." Sie *glaubt* an die Erhörung des Gebets, das der Herr in ihren Mund legte, und antwortet „Amen" darauf. Mit dem Gebet, das wir ihm darbringen, nimmt er auch unser Amen an.

Dein ist die Kraft! Indem der Herr und Heiland alle Kräfte Leibes, der Seele und des Geistes aus Gott schöpfte, hat er uns nicht nur vorgelebt, was ein Leben aus Gott, sondern auch, was ein normales Menschenleben sein soll. Nachdem der Herr Jesus aus den Wassern des Jordans heraufgestiegen war, wurde er voll Heiligen Geistes (nach Luk. 4, 1), vom Geist in die Wüste geführt, und Vers 14 heißt es von ihm, daß er in der „Kraft des Geistes" nach Galiläa zurückkehrte. „Gott hat uns nicht einen Geist der Furcht gegeben, sondern der Kraft, der Liebe und der Zucht." In der Kraft des Geistes hat der Herr Jesus gepredigt, gezeugt, gewirkt, und in der Kraft des Geistes hat er sich geopfert. Für alles, was der Menschensohn zu tun und zu leiden hatte, hat er alles, was er brauchte, von Gott dem Vater bekommen und genommen. „Ich tue nichts von mir selber", hat er gesagt, und aus dem Hebräerbrief wissen wir, daß er sich durch den ewigen Geist geopfert und den Leidenskelch bis auf die Hefe geleert hat. „Durch den ewigen Geist", und doch kam ein Augenblick, wo er körperlich zusammengebrochen wäre, wenn ihn nicht ein Engel vom Himmel gestärkt hätte. Der Geist Gottes gibt auch dem Leib neue Elastizität; dennoch kam eine Stunde für unseren Heiland, wo Gott ihm unmittelbar durch einen seiner Boten Hilfe sandte zur physischen Stärkung für einen Kampf, dessen tiefste Bedeutung uns vielleicht erst in der Ewigkeit vollkommen klar werden wird. — Dadurch, daß er durch Todesschwachheit hindurchging, ist es uns möglich, aus seiner Kraft für unsere Schwachheit zu nehmen. „Wohl dem Menschen, dessen Stärke in dir ist, in dessen Herzen Zuversicht wohnt! Wenn solche durch das Tränental wandern, so machen sie es zum Quellort, und der Regen von oben bekleidet es mit Segen. Sie schreiten von Kraft zu Kraft, erscheinen vor Gott in Zion" (Ps. 84, 6—8).

15. Oktober

Dein ist die Kraft. **Matth. 6, 13**

In Gott ist eine unerschöpfliche Kraftfülle. Was sind nicht z. B. allein in der Natur für Kräfte tätig, die Gott in der Hand hat, durch deren Zusammenpressung die wunderbaren Erfolge der menschlichen Wirtschaft erzielt werden, an die man vor einem halben Jahrhundert noch kaum gedacht hat! Gottes Kraft ist unerschöpflich, und wenn wir am Ende unserer Kraft angelangt sind, werden uns die Schwingen erneuert wie den Adlern, wenn wir nur nicht in der eigenen Kraft fortmachen wollen. Unser Herr und Heiland hat vor seiner Himmelfahrt scheidend das Wort gesprochen: „Mir ist gegeben — von Gott dem Vater, dessen die Kraft ist — mir ist gegeben alle Gewalt im Himmel und auf Erden ... Gehet hin in alle Welt und lehret alle Völker und taufet sie im Namen des Vaters, des Sohnes und des Heiligen Geistes, und lehret sie halten alles, was ich euch empfohlen habe! Und siehe, ich bin bei euch alle Tage bis an der Welt Ende" (Matth. 28, 18—20). Wo wir vollständig mit der eigenen Kraft zu Ende sind, kann uns der Herr dennoch Aufträge geben, die weit über unseren Horizont gehen, wenn wir nur erst wieder glauben gelernt haben, daß er zu allem, was er fordert, die nötige Kraft selbst darreicht. Wir haben keine Kraftfülle in uns — wir sind keine Maschinen, in denen soundso viel Kraft angesammelt wäre; aber in unserem Gott — in Gott dem Vater, dem Sohn und dem Heiligen Geist — ist eine unerschöpfliche Kraftfülle, aus der wir im Glauben nehmen, immer ärmer und schwächer in uns selbst und damit reif werdend für Mitteilung göttlicher Kraft, in deren Natur es liegt, vor aller Mischung zurückzuschrecken.

„Dein ist die Kraft." Und wenn du am Ende deiner Kraft angelangt bist, nicht nur deiner körperlichen, sondern auch deiner geistlichen Tragkraft — wenn dir das Tragen der Charaktere, mit denen du es im täglichen Leben zu tun hast, zu schwer werden will — wenn dir da jeder Tag neue Lasten bringt, so wisse, das ist die Schule, in der du beten lernen sollst: „Dein ist die Kraft" — sonst kommt man leicht dazu, auf andere herabzusehen oder sie falsch zu beurteilen, wenn sie zusammenbrechen. Gott allein weiß, was jeder einzelne durchmacht; aber wir müssen alle unterliegen, zu kurz kommen und unsere Kraft zum Tragen, Lieben und Ausharren aus ihm schöpfen lernen.

„Dein ist die Kraft." Auch hier gilt das Wort: Übung macht den Meister. Aber diese Übung ist etwas ganz anderes als Kraftanhäufung. Paulus kannte Jesus zu gut, um nicht zu wissen, daß keine Kraftvorräte, die er ansammeln könnte, für den Dienst im Reich Gottes genügen würden, sondern daß er Tag für Tag aus der Fülle Gottes Kraft, Weisheit, Liebe und Tragkraft schöpfen müsse. Nur was stracks von oben kommt, fault nicht, verwest nicht, setzt keinen üblen Geruch der Selbstbefriedigung ab, sondern verbindet den Menschen je länger je mehr mit der oberen Welt, damit sich je länger je mehr die göttliche Kraft offenbaren könne. Das ist heilige Erziehung.

16. Oktober

Dein ist das Reich. **Matth. 6, 13**

Mit diesen Worten gehen wir auf den Inhalt des ganzen Gebets ein und geben die Zügel in die Hand Gottes des Vaters ab, von dem alle Dinge sind, und in dessen Hände alle Dinge zurückkommen sollen. Jedes Beten des „Vaterunsers" ist ein Abdanken. Ich sage damit gewissermaßen: „Ich will mich nicht mehr selber regieren; ich will mich nicht mehr ärgern, wenn andere mich absetzen." Der Herr Jesus hat in allen Dingen nur den Willen des Vaters gesucht und hat es fertiggebracht, die schimpflichste Todesart über sich ergehen zu lassen. Das war auch eine Abdankung. Und welche Ruhe liegt darin, nicht mehr regieren zu müssen, und das nicht etwa, weil einem aus Müdigkeit die Zügel aus den Händen fallen; wir lassen die Zügel nicht zur Erde, sondern in seine Hand fallen. Dann kommt Ruhe ins Geschäft und ins Gemüt, und es genest dann auch der Körper wieder. Wir danken ab, anstatt uns abzuquälen mit einer Arbeit, die nicht für uns ist. In dem Kreis und in der Aufgabe, in der wir stehen, wollen wir nur noch seinen Willen ausführen.

Dieses „Dein ist das Reich" hängt eng mit der vorhergehenden Bitte zusammen: „Erlöse uns von dem Übel!" Wir haben gesehen, daß 1. Johannes 5 der „Böse" im Gegensatz zum „Wahrhaftigen" steht und daß der Sieg des letzteren an den Sturz des Bösen gebunden ist. Soweit der

Arge Boden verliert, so weit gewinnt das Reich Gottes Wurzel — zunächst in den Herzen der Gläubigen und dann in der Völkerwelt. Nach Offenbarung 12, 9 „wurde ausgeworfen der große Drache, die alte Schlange, die da heißt der Teufel und Satanas, der die ganze Welt verführt, und ward geworfen auf die Erde, und seine Engel wurden auch dahin geworfen", und danach ertönt im Himmel der Jubelgesang Vers 10 und 11: *„Nun ist das Heil und die Kraft und das Reich unseres Gottes geworden und die Macht seines Christus,* weil der Verkläger unserer Brüder verworfen ist, der sie verklagte Tag und Nacht vor Gott. Und sie haben überwunden durch des Lammes Blut und durch das Wort ihres Zeugnisses und haben ihr Leben nicht geliebt bis an den Tod." Das Reich Gottes kommt dadurch, daß der Teufel überwunden wird, und wir können nicht ehrlich sagen: „Dein Reich komme", solange der Teufel noch irgendwie Raum in uns hat. Nur durch des Lammes Blut, durch das Wort unseres Zeugnisses und dadurch, daß wir unser Leben bis in den Tod hassen, wird er überwunden — er wird nur dadurch überwunden, daß wir Mitgekreuzigte werden, in denen die Versöhnung durch Christi Blut zur Ausgestaltung gelangt. Das Lamm hat uns durch Vergießen seines Blutes vom Gericht erlöst, und dieses Blut dürfen wir nun trinken, und je tiefer sich die Natur des Lammes in uns gestaltet und die Löwennatur verschlingt, um so völliger und wesentlicher werden wir Bürger des Reiches Gottes — um so mehr gewinnt das Reich Gottes in uns, und dann können wir auch sagen: „Dein Reich komme" in unsere eigene kleine Welt, in unseren Familienkreis, in unser Geschäft, in all unser Tun und Lassen.

Dein ist das Reich. Du, Lamm Gottes, bist zur Herrschaft gekommen und gründest sie immer tiefer.

17. Oktober

Dein ist das Reich. **Matth. 6, 13**

Der Sturz des Teufels und damit das Kommen des Reiches Gottes geht durch verschiedene Phasen. Wir wollen die großen Züge dieser Phasen etwas verfolgen.

Lukas 10, 18 lesen wir, daß der Herr Jesus zu den Jüngern sagte: „Ich sah den Satan wie einen Blitz vom Himmel fallen." Es war ein erster Sieg, den die Jünger über die Macht der Finsternis davongetragen hatten; nur ist, wenn ich recht verstehe, nicht von einem *Herabgestürztwerden,* sondern von einem *Sichherabstürzen* die Rede. Beim Anblick des Abbruchs, der seinem Reiche auf Erden geschieht, stürzt er sich herab, um seinen Dämonen zu Hilfe zu kommen.

Johannes 12, 31 gibt ein Wort des Herrn Jesus wieder, das er in den letzten Tagen seines Erdenwandels sprach: „Jetzt wird der Fürst dieser

Welt hinausgeworfen werden", und Vers 32: „Und wenn ich erhöht werde von der Erde, so will ich sie alle zu mir ziehen."

Als Petrus seinen Herrn und Meister vom Weg des Leidens zurückhalten wollte, war er das Organ des Teufels. Allerdings ist und bleibt es wahr, daß der Herr Jesus durch die Macht der Finsternis gekreuzigt worden ist. Ebenso wahr ist es aber auch, daß der Teufel den Herrn am liebsten vom Leiden und Sterben abgehalten hätte, weil er wußte, daß es sein Untergang war, wenn Jesus sein Leben zum Opfer darbrachte. Er hat sich darum des Mundes des Petrus bedient, und gerade in Johannes 12, 31 sagt der Herr Jesus, daß mit dem Gericht, das über die Welt ergeht, Satan hinausgeworfen wird, und daß zugleich alle, die Satan vom Leiden abhalten wollte, hineingezogen werden in seine Leidens- und Kreuzesgemeinschaft.

Vers 32: „Und ich, wenn ich erhöht werde von der Erde, so will ich sie alle zu mir ziehen." — „Dann habe ich Macht, die Wehleidigkeit, Leidensscheu und Todesfurcht in meinen Erlösten zu überwinden. Ich ziehe sie mir nach an mein Kreuz" — und mit jedem Hinaufsteigen eines Kindes Gottes ans Kreuz erfolgt ein tieferer Sturz des Teufels, verliert der Teufel an Macht. Wo immer ein Kind Gottes den Lammesweg geht, verliert der Fürst dieser Welt an Boden. Jedesmal, wenn ein menschliches Wesen sein Leben hergibt, anstatt es zu pflegen, ist das ein Eingriff in das Reich der Finsternis. Die Welt und der Fürst der Finsternis sagen: „Laß dir's nicht gefallen; räche dich!" Das Evangelium hingegen sagt: „Tu deinen Mund nicht auf!" — es ist das der Weg, den das Lamm gegangen ist zur Herrlichkeit. Es zieht dich ihm nach. Wenn du schweigst, wird das Reich Gottes gefördert. In dieser Gemeinschaft mit dem sterbenden Lamm haben wir Macht, ihm nachzufolgen. Damit geschieht dem Reich der Finsternis Abbruch, und der Teufel verliert je länger je mehr Einfluß auf sein Reich.

18. Oktober

Dein ist das Reich und die Kraft und die Herrlichkeit. Matth. 6, 13

Er hat ausgetilgt die Handschrift, die wider uns war, welche durch Satzungen entstand und uns entgegen war, und hat sie aus dem Mittel getan und an das Kreuz geheftet; und hat ausgezogen die Fürstentümer und die Gewaltigen und sie schaugetragen öffentlich und einen Triumph aus ihnen gemacht durch sich selbst. Kol. 2, 14. 15

Aus der Kolosser-Stelle wissen wir, daß der Herr Jesus durch seinen Kreuzestod nicht nur unseren Schuldbrief getilgt und die Handschrift, die wider uns war, zerrissen hat, sondern daß er damit auch die Fürstentümer und die Gewalten ausgezogen und sie öffentlich zur Schau gestellt hat, indem er durch das Kreuz über sie einen Triumph hielt. Doch auch damit hat nicht alle Macht des Fürsten der Finsternis aufgehört.

Nach Epheser 1 ist unser Herr nach seiner Auferstehung zur Rechten des Vaters eingeführt worden und hat sich dort über dieses Fürstentum und jede Gewalt, Kraft und Herrschaft ... gesetzt, und nach Epheser 2, 6 werden die mit ihm Gekreuzigten und Auferweckten mit ihm niedergesetzt in den himmlischen Örtern *jetzt schon.* Sind wir mit ihm gestorben und auferweckt, so sitzen wir schon jetzt *in* ihm — nicht *neben* ihm — über allen Fürstentümern und Gewalten, über der Macht der Finsternis, im Geist — mit Christus Jesus zum Ruhm des Vaters.

Wohl sind auch die Fürstentümer vorläufig noch in den himmlischen Örtern — selbst für die Gemeinde. Das geht aus Epheser 6, 12 hervor, wo es heißt: „Unser Kampf ist nicht wider Fleisch und Blut, sondern wider die Fürstentümer, wider die Gewalten, wider die Weltbeherrscher dieser Finsternis, wider die geistlichen Mächte der Bosheit in den himmlischen Örtern." Es ist das gleiche Wort im Grundtext wie in Epheser 1, 20 und Epheser 2, 6: „in den Himmlischen." Aber sie stehen nicht mit ihm gleich. Er ist darüber hoch erhöht, sie sind ihm unter die Füße getan. Alles kommt also darauf an, daß wir, die wir mit der Wiedergeburt in die himmlischen Örter verpflanzt sind, in Christus Jesus *über* diesen Mächten stehen und in Christus Jesus in den himmlischen Örtern die Schlange unter unseren Füßen haben.

Von dem letzten Sturz des Teufels ist Offenbarung 12 die Rede. Der Kampf, welcher hier beschrieben ist — der Kampf zwischen Michael, dem Fürsten des alten Bundesvolkes, und dem Drachen und seinen Engeln endet damit, daß im Himmel keine Stätte mehr für den Teufel und seine Engel gefunden wird. Damit bricht das antichristliche Reich an, und es kommen die letzten furchtbaren Verfolgungen, bis der Teufel schließlich nach 3½jähriger Schreckensherrschaft in die Unterwelt gestürzt wird — aber einstweilen nur für 1000 Jahre —, bis er schließlich *für immer* in den Abgrund gebunden wird.

„Es sind die Reiche der Welt unseres Herrn und seines Christus geworden, und er wird regieren von Ewigkeit zu Ewigkeit. Und die vierundzwanzig Ältesten, die vor Gott auf ihren Stühlen saßen, fielen auf ihr Angesicht und beteten Gott an und sprachen: Wir danken dir, Herr, allmächtiger Gott, der du bist und warest, daß du hast angenommen deine große Kraft und herrschest" (Offb. 11, 15—17).

19. Oktober

Dein ist die Herrlichkeit. **Matth. 6, 13**

Gott hatte über die ganze Schöpfung Herrlichkeit ausgegossen. Als er dem Menschen die Schöpfung zuführte, wie eine Braut dem Bräutigam zugeführt wird, war Herrlichkeit über ihr ausgebreitet. Er hat den Menschen mit Herrlichkeit gekleidet, nach seinem Bild geschaffen und mit wirklicher Herrlichkeit zum Herrscher über alles Geschaffene ausgerüstet. Da kam die Schlange, der Lügner, und hat ihm in der verbotenen Frucht eine besondere Herrlichkeit, eine besondere Anziehung, einen besonderen Reiz vorgeblendet. Das gelang ihm aber erst, nachdem sich im Herzen des Menschen schon ein Anfang von Fall geltend gemacht hatte damit, daß er überhaupt der Schlange das Ohr lieh und insofern von Gott zurückwich, daß er anderswo als in den Linien Gottes Befriedigung suchte. Damit hatte er sich bereits unter die Schöpfung verkauft und war nicht mehr deren Herrscher.

Trotz des tiefen Falles der Menschheit ist indes keineswegs alle Herrlichkeit aus der Schöpfung geschwunden. Der Herr Jesus sagt in bezug auf die Lilien auf dem Feld, daß auch Salomo in aller seiner Herrlichkeit nicht bekleidet gewesen ist wie derselben eine. In der Rose, in der Lilie, in den Blumen des Feldes, in dem Gesang der Vögel ist noch etwas von der früheren Herrlichkeit, aber mit Verwesung gepaart. Die Anmut und Herrlichkeit alles Fleisches vergeht. Was müssen Königs-, Fürsten- und Kaisersöhne empfinden, sofern sie wirklich einen königlichen Sinn haben, wenn sie hinter der vermeintlichen Größe alsbald Würmer, Verwesungsgeruch, Scheinherrlichkeit, Untergang entdecken müssen! Auch dem zweiten Adam hat der Teufel etwas vorzuzaubern gesucht und als Fürst dieser Welt in einem Gesicht die ganze Herrlichkeit der Welt vor ihm ausgebreitet; aber den Sohn Gottes und der Maria Sohn konnten Vorspiegelungen nicht bezaubern — er hat sich vom Fürsten dieser Welt nichts schenken lassen; er war der Sohn des Herrlichen und hat mit Abscheu auf das herabgeblickt, was Satan oder Kreaturen ihm geben konnten. Als Sohn des Herrlichen hatte er Herrlichkeit, und Johannes, sein Lieblingsjünger, konnte noch im hohen Greisenalter von ihm sagen: „Wir sahen seine Herrlichkeit — eine Herrlichkeit als des eingeborenen Sohnes vom Vater, voller Gnade und Wahrheit.“ Voller Wahrheit — da war nichts von Verwesung, nichts von Lüge, nichts von Vergänglichkeit.

20. Oktober

Dein ist die Herrlichkeit. **Matth. 6, 13**

Durch sein Leiden hat Jesus ganz neue Bahnen der Herrlichkeit geöffnet, so daß wir im 1. Petrusbrief lesen: „Wenn ihr leidet nach Gottes

Willen, so ruht der Geist der Herrlichkeit und Gottes auf euch." Jetzt gibt es eine ganz andere Herrlichkeit als die des Genießenwollens — die Herrlichkeit des Leidens. Diese ist Gottes, wie alle wahre Herrlichkeit, und nur indem wir Gott nähertreten, enthüllt sich das Geschaffene in seiner Eitelkeit — nur dadurch verliert das Leiden seine Schrecken, der Genuß seine Anziehungskraft und die Kreatur ihr Lockendes, so daß wir nicht mehr von den Vorspiegelungen geblendet werden und nicht mehr auf verbotenen Wegen Größe, Herrlichkeit und Höhe suchen. „Dein ist die Herrlichkeit." Da riskieren wir dann keine Enttäuschung, wie sie etwa heranwachsende Königssöhne erleben, wenn sie einen Einblick in die Hohlheit irdischer Größe bekommen. Da gibt es *unergründliche Tiefen, Ruhe, heimatliche Ruhe* für unseren nach Ewigkeit und Herrlichkeit dürstenden Menschengeist, der nach Gottes Bild geschaffen ist, und den daher nichts befriedigen oder auch nur locken kann, was dem Dahinwelken, der Verwesung unterstellt ist.

„Dein ist die Herrlichkeit." Um für die Offenbarung dieser Herrlichkeit Raum zu machen, muß Gott oft jahre- und jahrzehntelang Hügel und Höhen abtragen, über unsere Höhen dahinfahren, uns einerseits den Kopf drunten halten und uns andererseits mit treuer, sicherer Hand aus den Schwermutshöhlen herausholen, in die wir uns in Weltschmerz und Wehleidigkeit hineinverloren haben. Alle Demütigungen, die uns zustoßen, sind Bahnbrecherarbeit des Heiligen Geistes, die Raum machen soll für die Offenbarung der Herrlichkeit Gottes. Der Teufel hatte uns mit eingebildeter Herrlichkeit bezaubert. Da meint jeder, er habe etwas vor den anderen voraus, er habe diesen oder jenen Vorzug, so daß uns Gott erst entkleiden, ausziehen, in unserer Nacktheit darstellen muß, um uns dann in wirkliche Herrlichkeit kleiden zu können — in ein mit Christus in Gott verborgenes Leben, in eine Herrlichkeit, die offenbar wird, wenn Christus offenbar werden wird.

Alsdann werden wir mit ihm geoffenbart werden in Herrlichkeit, in der Herrlichkeit Gottes, im Triumph Gottes über den Teufel, im Triumph der Wahrheit über den Schein, der Wesenheit über die Lüge. Ob darüber Jahre, Jahrzehnte hingehen, wissen wir nicht — und tausend Jahre sind vor der Herrlichkeit Gottes wie ein Tag, und je müder wir der Herrlichkeit des eigenen Wesens sind, desto weniger bleiben wir Söhne und Töchter der Zeit, klagend über das, was der gestrige Tag fortgenommen, fürchtend, was der morgende Tag bringen könnte — des Lebens überdrüssig. Der Geist Gottes und der Geist der Herrlichkeit kommt auf uns herab, und da rechnet man nicht mehr mit dem, was die Zeit bringt oder nimmt, sondern sieht in allem die erziehende Hand Gottes, der uns von Tag zu Tag mehr von der Sichtbarkeit, von Menschengestalten, von irdischen Aussichten löst und uns zu Ewigkeitsmenschen macht, auf Ewigkeitsboden stellt. „Dein ist die Herrlichkeit", und alles, wozu du dich nicht bekennst, ist Scheinherrlichkeit und trägt den Todeskeim in sich.

21. Oktober

Dein ist das Reich und die Kraft und die Herrlichkeit in Ewigkeit. Amen.
Matth. 6, 13

Der Teufel sagte: „Die Reiche der Welt sind mein." Aber unser Herr hat ihm durch seinen Sieg geantwortet: „Nein, sie sind mein!" Noch ist es nicht offenbar, daß alle Dinge ihm untertan sind. Laßt uns harren, bis er alle Feinde zum Schemel seiner Füße gelegt hat! Der Satan ist überwunden, und „der Gott des Friedens wird zertreten den Satan unter eure Füße in kurzem" (Röm. 16, 20). Der Satan ist unter den Füßen Jesu, und es kommt die Stunde, wo der Satan unter den Füßen der Gemeinde sein wird, wo der Gott des Friedens dem Streit ein Ende machen wird. „Sie haben ihn überwunden durch des Lammes Blut"; sie haben sich vom Heiligen Geist einführen lassen, von Stufe zu Stufe, von Sieg zu Sieg, in das ganze Erbe, das der Sterbende am Kreuz ihnen hinterlassen hat. Das Haupt hat überwunden, nun können die Glieder auch überwinden. Und wenn Geschlecht um Geschlecht darüber vergeht, wenn Jahre und Jahrzehnte dahinrauschen und der Kampf immer heißer wird, ehe seine Glieder die Offenbarung seines vollen Sieges, seine Macht und Herrlichkeit sehen, es bricht ihnen der Mut nicht, sie singen Tag für Tag: „Dein ist das Reich und die Kraft und die Herrlichkeit in Ewigkeit. Amen." Es wird ihnen lebendig, daß der Sieg Jesu Christi unendlich tiefere Bedeutung hat, als sie je geahnt haben. Gott senkt mit jedem neuen Trübsalstiegel mehr Ewigkeitsleben in ihre Herzen.

Wir sind Ewigkeitskinder, und denen wird die Zeit nicht zu lang wie den Kindern der Zeit. Dem leiblichen Tod können gewiß nur solche enthoben werden, wenn der Herr kommt, welche hier schon ein Entrückungsleben geführt haben und dem nagenden Zahn der Zeit entrückt waren, weil sie Ewigkeitsleben hatten. Denen wird der Kampf nicht zu heiß. Sie beten an, wo sie vorher ungeduldig zu werden versucht waren! und singen immer von neuem: „Dein ist das Reich!" Sie lassen sich vom Teufel nicht imponieren. Und wenn es scheint, als sollten sie den Boden unter den Füßen verlieren — sie lassen sich nicht schrecken, sie singen das Lied des Lammes. Mag ich noch so schwach werden, mag mir alles genommen werden, mag ich auch in deinem Dienst Positionen räumen müssen, mag ich keinen Ausweg mehr sehen: „Dein ist das Reich und die Kraft und die Herrlichkeit in Ewigkeit." So gehen sie von Sieg zu Sieg. Und wo der Feind seine Siege zu feiern glaubt und ihnen scheinbare Niederlagen bereitet, da sehen sie auf Jesus, weil sie immer tiefer eingeführt worden sind ins verborgene Leben mit ihm. Dort sind Überwindungskräfte. Sie sind nicht von dieser Welt, sie stammen von oben und liegen in den Wunden Jesu. Er hat überwunden, und sie überwinden durch des Lammes Blut. Halleluja!

Dein ist das Reich, die Kraft und die Herrlichkeit in Ewigkeit! Amen.

Anbetung

22. Oktober

Da fing Jesus an, die Städte zu schelten, in welchen am meisten seiner Taten geschehen waren, und hatten sich doch nicht gebessert. Zu dieser Zeit antwortete Jesus und sprach: Ich preise dich, Vater und Herr Himmels und der Erde, daß du solches den Weisen und Klugen verborgen hast und hast es den Unmündigen offenbart. Matth. 11, 20. 25

Die Verse Matth. 11, 20—30 lassen uns tief hineinblicken in die Nöte des Dienstes, den unser Herr und Heiland nach dem Willen des Vaters in seinem Erdenleben getan hat. Er hatte in Chorazin, Bethsaida, Kapernaum sich ausgegeben. Er hatte sich sozusagen erschöpft diesen Städten gegenüber. Er hatte sie von allen Seiten zu fassen gesucht — und nichts hatte sich in ihnen geändert. Je größer der Einsatz, desto drükkender das Bewußtsein des Mißerfolgs. — Alles vergeblich — nun hatte er nichts mehr zu bieten! Wir stehen hier vor einer der ernstesten Stunden im Leben Jesu. Dunkelheit, schwere, undurchdringliche Rätsel belasteten seinen Geist und drückten sein Gemüt danieder.

Der Acker, den er bearbeitet hatte, brachte ihm keine Frucht. Statt dessen aber trug er Dornen und Disteln. Das war ja der Fluch, der beim Sündenfall über den Erdboden ausgesprochen war. „Dornen und Disteln soll er dir tragen." Unser Herr selbst mußte, um zu Gott zurückbringen zu können, was ihm durch die Sünde entfremdet worden war, den über den Erdboden ausgesprochenen Fluch wie kein anderer auskosten, sonst hätte er diesen Fluch nicht aufheben können. Er hatte sich unter die Mühsal eines um der Sünde des Menschen willen verfluchten Lebensackers gestellt, und er hat während seines Erdenlebens die schmerzliche Erfahrung gemacht, daß ihn niemand, nicht einmal die eigene Mutter, verstand, und daß seine eigenen Jünger ihn den Weg nicht gehen lassen wollten, den der Vater ihn gehen hieß. Wo er seine größten, herrlichsten Taten getan, erntete er nichts als Undank und Verhärtung. Da gedenkt er des Gerichts, das einst über Sodom und Gomorra hereingebrochen war, und die Verantwortung, die die Städte auf sich luden, die jetzt das Zeugnis des Gottes- und Menschensohnes gehört hatten, stand mit erdrückender Gewalt vor ihm. Das sind tief ins Fleisch dringende Dornen, das sind Leiden des Geistes, die wie ein Todeshauch gespürt werden. Die Welt ist der Acker, und die Menschheit im allgemeinen, die Städte, Dörfer, die der Herr gesandt war zu bebauen, schienen nur Dornen und Disteln zu tragen.

Wie nun aber kommt Jesus durch diese dunklen Stunden hindurch? Durch diese Stunden, wo ihm die Hölle ins Ohr brüllt: „Umsonst! Vergebens! Laß ab von deiner Liebesmühe um die Menschen! Du siehst, sie wollen noch nicht, sie werden ganz gut ohne dich fertig! Du vermagst nicht, sie aus den tiefgegrabenen Lebensgleisen herauszubringen. Du vermagst mit allen deinen Wundern nicht, ein Neues bei ihnen werden zu lassen." — Wenn alles dazu angetan ist, ihn zu entmutigen oder gar zu ärgern, wenn er vor Erfahrungen steht, auf die er nicht vorbereitet gewesen war, so zieht er sich zu seinem Vater zurück und beugt sich unter seinen Vater, betet den Gott an, mit dem allein er es auch in den schmerzlichsten Erfahrungen zu tun hat. Er betet an, gibt Gott die Ehre und stillt sein Herz im verborgenen Ratschluß Gottes: Zu der Zeit antwortete Jesus und sprach: „Ich preise dich, Vater und Herr Himmels und der Erde, daß du solches den Weisen und Klugen verborgen hast und hast es den Unmündigen offenbart. Ja, Vater; denn es ist also wohlgefällig gewesen vor dir. Alle Dinge sind mir übergeben von meinem Vater. Und niemand kennt den Sohn denn nur der Vater; und niemand kennt den Vater denn nur der Sohn, und wem es der Sohn will offenbaren" (Matth. 11, 25—27).

23. Oktober

Zu der Zeit antwortete Jesus und sprach: Ich preise dich, Vater und Herr Himmels und der Erde, daß du solches den Weisen und Klugen verborgen hast und hast es den Unmündigen offenbart. Ja, Vater; denn es ist also wohlgefällig gewesen vor dir. Alle Dinge sind mir übergeben von meinem Vater. Und niemand kennt den Sohn denn nur der Vater; und niemand kennt den Vater denn nur der Sohn, und wem es der Sohn will offenbaren.
Matth. 11, 25—27

Die Städte haben eine furchtbare Verantwortung auf sich geladen, und diese Verantwortung spricht Jesus aus; zugleich schüttet er aber auch sein Herz vor Gott aus, indem er sagt: „Vater, es ist also wohlgefällig gewesen vor dir. Du hast solches verborgen den Weisen und Klugen, um den Unmündigen dein Heil zu offenbaren." Das ist der Weg, um den Dornen und Stacheln von Disteln zu entgehen, welche die Erde trägt; das ist der Weg, den beugenden und niederdrückenden Erfahrungen eines Menschenlebens zu entrinnen. Er besteht darin, daß man in den schmerzlichsten Erfahrungen nicht mehr das Werk des Teufels, der Menschen, des Falles sieht, sondern den über allem waltenden Ratschluß

Gottes. „Du hast es ihnen verborgen — sie können es nicht sehen", sagt der Herr gewissermaßen zum Vater, und des Vaters Wille ist nicht etwas, worunter er sich nur mit Mühe und erst nach langem Widerstand beugt — nein — er preist den Vater, daß er so handelt, wie er handelt. Er ruht im Vaterwillen — das Wohlgefallen des Vaters ist auch sein Wohlgefallen; denn der Vater hat ihm alles übergeben, und niemand kennt den Vater denn nur der Sohn, und wem der Sohn ihn will offenbaren. Der Sohn will nichts anderes, als was der Vater will. Er orientiert sich immer wieder an seinem Vater, und das Ärgerliche in dieser oder jener Situation bringt ihn nur immer tiefer ins Vaterherz hinein. Das ist der Weg, auf dem Fluch in Segen verkehrt wird, auf dem die Dornen und Disteln eines Menschenlebens fruchtbar werden für Gott.

So führen uns die Ärgernisse, die, menschlich gesprochen, dazu angetan wären, uns aus der Ruhe herauszubringen, tiefer ins Vaterherz Gottes hinein. Weil er das alles durchmachen und sich ins Vaterherz zurückziehen mußte, um sich im Erdendienst nicht zu ärgern, darum konnte er die Beladenen, unter der Mühsal des Lebens fast Zusammenbrechenden zu sich einladen, damit sie bei ihm, der allein Fluch in Segen zu verwandeln vermag, ihr Herz stillten.

24. Oktober

Ich preise dich, Vater und Herr Himmels und der Erde, daß du solches den Weisen und Klugen verborgen hast und hast es den Unmündigen offenbart. Matth. 11, 25

Wenn der Herr dir oder mir ein Stück Himmel aufschließt, wenn er durch die finsteren Wolken deiner Lebenserfahrungen hindurch einen Strahl des Trostes fallen läßt, so ist es der Geist Gottes, der uns vor Ärgernis bewahrt und uns durch die Schuld der Menschen hindurch auf die Quelle blicken läßt — der unseren Blick auf den Vater lenkt. „Ja, Vater, also ist es wohlgefällig vor dir." Der *Vater* hat es getan. Menschliche Verantwortung und göttliche Vorausbestimmung greifen ineinander. Es muß alles erfüllt werden, was der Vater vorausbestimmt hat. Da heißt es, was auch geschehen möge, die zweite Bitte des Vaterunsers beten, den Namen Gottes heiligen, anstatt die Menschen zur Verantwortung zu ziehen, wenn sie uns nicht aufnehmen. Es hat alles zwei Seiten; aber wir müssen uns wohl hüten, im eigenen Geist Feuer vom Himmel herabzurufen. Von 1. Mose 1 bis Offenbarung 22, vom ersten bis zum letzten Buchstaben der Schrift gehen die beiden Linien nebeneinander her: der allwaltende Gott und die Verantwortung der Menschen, die den Herrn nicht aufnehmen. Wie das zugeht, wird uns erst klarwerden, wenn wir nicht mehr in den engen Grenzen unserer menschlichen Logik eingekerkert sind.

Damit, daß der Herr Jesus seinen Vater anbetet, den Namen des Vaters auch in den dunkelsten Führungen heiligt, wird er sich seiner eigenen Herrlichkeit bewußt und sieht in der bitteren Erfahrung, die er in Chorazin und Bethsaida machen muß, keine Niederlage. Chorazin und Bethsaida sind keine uneinnehmbaren Städte, über die er sich ärgern mußte, sondern eins mit dem Vater kann er sprechen: „Alle Dinge sind mir übergeben von meinem Vater, und niemand kennt den Vater denn nur der Sohn, und wem es der Sohn will offenbaren." Hat denn der Sohn in Chorazin den Vater nicht offenbaren wollen? Auch hier sind wieder Tiefen göttlicher Gedanken, in die unsere armselige Logik nicht hineinreicht; auch da heißt es: stillstehen, anbeten und sich nicht ärgern — „Gott sitzt im Regimente und führet alles wohl." Nicht viel Hohe, nicht viel Edle, nicht viel Große hat er erwählt. „Kommt her zu mir, ihr Mühseligen und Beladenen", sagt der Herr Jesus; „wenn die großen Städte nichts von mir wollen, so wende ich mich zu den kleinen. Kommt nur her zu mir, ihr dürft eure Lasten auf mich abladen — ich habe deren noch schwerere getragen als ihr." Die ganze Schuld der Menschheit hat Gott auf seinen Sohn gelegt, und alles, was wir auf unserem Pilgerweg zur Heimat zu tragen haben mögen, ist nichts im Vergleich zu der Riesenlast, für die der Vater auf Erden niemand fand, dem er sie hätte auflegen können.

Teure Seele, welche schwere Last liegt heute auf dir? Der Herr Jesus ging mit der Last, die er zu tragen hatte, zu seinem Vater, und das gab ihm Elastizität. Mache du es wie er! Er machte die Sachen im Heiligtum durch und wurde darum davor bewahrt, an seinem Vater irre zu werden, obwohl er, nachdem er Johannes dem Täufer hatte sagen lassen: „Selig, wer sich nicht an mir ärgert", die Versuchung des Irrewerdens an seinem Vater auch durchkosten mußte.

25. Oktober

Kommet her zu mir alle, die ihr mühselig und beladen seid; ich will euch erquicken. Nehmet auf euch mein Joch und lernet von mir; denn ich bin sanftmütig und von Herzen demütig; so werdet ihr Ruhe finden für eure Seelen. Denn mein Joch ist sanft, und meine Last ist leicht.

Matth. 11, 28—30

Kommet her, ihr Mühseligen, legt eure Last bei mir ab; ich habe die meine soeben beim Vater niedergelegt. Er heiligte den Namen des Vaters, und je mehr er den Vater anbetete, um so mehr konnte er den Mühseligen und Beladenen dienen. Lernen wir das Anbeten vom Meister, so können wir andere, anstatt uns an ihnen zu ärgern, zu dem weisen, bei dem wir Ruhe gefunden haben. „Kommet her zu mir alle, die ihr schwer arbeitet, die ihr euch mühvoll dahinschleppt!" Als ob wir in der Welt wären, um Frondienste zu tun! Wir dürfen sein Joch tragen, dürfen uns in ihm bergen gegen das, was uns die Menschen auflegen möchten. Wir lernen zu seinen Füßen Lasten abweisen, die uns Gott nicht zugedacht hat, um frei zu bleiben für Mittragen der Lasten derer, denen wir nach Gottes Willen helfen sollen. „Kommt her!", sagt der Herr Jesus, nicht: „Geh weg — ich habe selbst genug durchzumachen!" Wir sollen uns nie von irgendeiner schweren Erfahrung so belasten lassen, daß wir nicht mehr imstande sind, andere Beladene zu trösten. Zuweilen schickt uns der Herr in schweren Zeiten Beladene und Mühselige, um uns über die eigene Last hinüberzuhelfen, und das ist die herrlichste Hilfe, die er uns zuteil werden lassen kann. Wenn wir die eigene Last weglegen, um anderen Belasteten zu helfen, machen wir es wie unser Herr und Meister, der bis in die schauerlichste Nacht hinein ein Herz für den Jammer der Mutter hatte, in deren Seele ein Schwert gedrungen war, und liebend des Jüngers gedacht, der an seiner Brust gelegen hatte. „Ich will euch erquicken", eigentlich: Ich will euch zur Ruhe bringen — pensionieren — euer Herz nicht nur augenblicklich von einer Sorge befreien, sondern auch höher heben, euch an mein Herz nehmen, wo die Sorgen euch dann nicht mehr bedrücken.

„Wer mir nachfolgen will", sagt Jesus, „der nehme sein Kreuz auf sich und folge mir", der gehe ins Joch hinein und verleugne sich selbst, kümmere sich nicht darum, ob ihm etwas wohl oder weh tue, sondern darum, daß er fruchtbar werde für Gott, der lasse sich lösen von aller Furcht, von der Furcht vor Abbruch des eigenen Lebens und von aller knechtischen Furcht vor Gott. Er verleugne sich selbst. Man gibt einen Freund preis, wenn man sagt, man kenne ihn nicht. Brich die Beziehungen mit dir selbst ab durch Pflege der Beziehungen mit Jesus!

26. Oktober

Kommet her zu mir alle, die ihr mühselig und beladen seid; ich will euch erquicken. **Matth. 11, 28**

„Kommet her zu mir!" sagt Jesus. Was euch auch für Mühsal treffen mag infolge des Falles, kommet her zu mir! Er hat den Fluch in Segen verwandelt; er ist der Schlangentreter. Ihr Belasteten, von Mühsal Gequälten, ich bringe euch zur Ruhe. Mitten in allem Aufregenden, Ärgernden, Bekümmernden, was ihr da und dort im täglichen Leben zu erfahren haben möget, gebe ich euch Ruhe an meinem Herzen. Die gleichen Disteln und Dornen, die den Garten in einen Acker verwandelt haben, führen uns schließlich tiefer in die Ruhe der Ewigkeit ein und in die Erkenntnis der Vaterliebe und der Sohnesliebe, als es auf irgendeinem anderen Weg geschehen wäre. Das sind auch wieder Geheimnisse, und es wird vielleicht einmal die größte Wut des Feindes heraufbeschwören, in der er sich verzehren wird, wenn er merkt, daß er durch Anreizung zum Sündenfall Veranlassung zur Offenbarung der Herrlichkeit Gottes gegeben hat. Wenn wir zu Gott kommen, so zieht er uns höher hinauf und tiefer hinein in seine Erkenntnis. Er ist der Wiederbringer. Einen anderen Weg zu Gott gibt es nicht, und anstatt uns zu beklagen, daß es so viel Schweiß kostet, wollen wir bei jeder neuen schmerzlichen Erfahrung unserem Gott inniger danken, daß er uns vom Fall wiedergebracht, daß er uns einen Heiland gegeben, an dessen Herz wir ruhen können, wo die schmerzlichsten Erfahrungen die süßesten Früchte der Erkenntnis der heilbringenden, alles wiederbringenden Gnade reifen. „Kommet her zu mir!" Er ist der Mensch, in dem jedes Menschenleben den Schlüssel für das unbegreifliche Ärgernis des Lebens und der Erfahrung findet.

„Kommet her zu mir!" Ich habe es durchgemacht und habe auch nicht immer gleich alles verstehen können. Wer sollte diese Burgen Chorazin und Bethsaida einnehmen können, wenn sie sich durchaus nicht ergeben wollen? „Also, Vater, ist es wohlgefällig vor dir, und du offenbarst es den Kleinen, Unmündigen." O nur einfach, klein und still werden, dann eröffnen sich uns neue Tiefen des Vaterherzens, und es lösen sich im Licht des Wortes Gottes schon jetzt Rätsel, die uns früher verletzt und geknickt hätten.

„Kommet her zu mir, alle ihr Mühseligen und Beladenen; ich will euch erquicken und euch Ruhe geben." Wir können unser eigenes Herz und können das Räderwerk unserer Gedanken, Phantasien, Stimmungen usw. nicht zur Ruhe bringen, darum kommt zu ihm!

Lasset fahren, liebe Brüder, was euch quält,
was euch fehlt; ich bring' alles wieder.

27. Oktober

Nehmet auf euch mein Joch und lernet von mir; denn ich bin sanftmütig und von Herzen demütig, so werdet ihr Ruhe finden für eure Seelen.
Matth. 11, 29

„Nehmet auf euch mein Joch!" Laßt euch zusammenjochen mit mir! Unter einem Joch ist immer Platz für zwei. Ich und mein Heiland — du und dein Heiland — der Bruder und sein Heiland, zusammengejocht. Er stellt sich unter unsere Last, und wir dürfen diese auf ihn werfen. Er trägt sie, und wir können aufatmen. Dann ruft er uns Worte des Trostes zu. „Sein Name ist eine ausgeschüttete Salbe“, und von ihm strömt uns Himmelsluft zu, Mut und Freudigkeit — er erneuert uns die Lebenskraft. O diese armselige Beschränkung unserem Herrn gegenüber, wenn wir meinen, wir dürfen nur in geistlicher Beziehung Hilfe von ihm erwarten und unser Leib sei ihm gleichgültig! Fange wieder an, seinen Namen zu heiligen; komme mühselig zu ihm, so wird er dich erquicken. Er kann dich so erquicken und dein unvernünftiges Denken so zurechtstellen, daß selbst dein Leib daran genest.

Der Schlangentreter, der der Schlange den Kopf zertreten hat, führt uns durch alles hindurch in die oberen Gemächer des Vaterhauses und des Vaterherzens ein, wo sich denen, die sich beugen und das Joch Jesu auf sich nehmen, alle Rätsel lösen. Man entgeht dem Joch der Dornen und Disteln nur dadurch, daß man sich unter Christi Joch stellt. Das ist auch ein Joch. „Wir gingen alle in der Irre wie Schafe; ein jeglicher sah auf seinen Weg, aber der Herr warf unser aller Sünde auf ihn.“

Bei ihm werdet ihr Ruhe finden, Lösung für alle Fragen des äußeren und inneren Lebens. Alles Schwierige, Nichtzubeantwortende findet seine Lösung, sobald wir still werden vor Gott. Wenn er uns die Dinge auch nicht sogleich erklärt, werden wir doch ruhig über sie, und später sehen wir ein, warum es so kommen mußte. Zuerst heißt es still werden, weil er sich niemals täuscht und weil uns alle Disteln und Dornen nur tiefer in das Herz dessen einführen sollen, der uns vom Fall wiedergebracht hat.

Liebe, die mich hat gebunden
an ihr Joch mit Leib und Sinn;
Liebe, die mich überwunden
und mein Herz hat ganz dahin:
Liebe, dir ergeb' ich mich,
dein zu bleiben ewiglich!

28. Oktober

Nehmet auf euch mein Joch und lernet von mir; denn ich bin sanftmütig und von Herzen demütig, so werdet ihr Ruhe finden für eure Seelen.
Matth. 11, 29

„Ich will euch pensionieren“, spricht Jesus, „in Ruhestand versetzen, zur Ruhe bringen“ — nicht dadurch, daß ich euch alles ins einzelne hinein erkläre — das geschieht dereinst in der Ewigkeit —, sondern indem ich das Ärgernis von euch nehme. Die Dinge ärgern einen dann nicht mehr, und schließlich muß es sich ja ausweisen, daß Gott recht hat. Ruhe im Glauben, dann wird es still, und du merkst dann, wie notwendig du dieses zur Zeit unverständliche Joch brauchtest, um deinem Gott näherzukommen. Das ist ja eben das Merkwürdige im Joch Christi. Es hat Stacheln, aber du fühlst nie einen Stachel im Joch Christi, solange du einwärts gehst, tiefer ins Joch hinein. Von Jesus zurückweichen, nicht unter seinem Joch bleiben, das ist Sünde, das ist Verleugnung der Herrlichkeit dessen, der uns vom Fluch der eigenen Wege lösen will. Da merkt man, der Weg geht tiefer ins Joch hinein, nicht aus ihm heraus. Schließlich wollen wir gar nicht mehr heraus, sondern danken unserem Gott, daß Stacheln da sind, die uns zeigen, daß wir ins Fleisch hineingeraten, wenn wir der Verstimmung und den Klagen Raum geben. Nur tiefer ins Joch hinein! Wie sich der Herr Jesus in das Joch des Vaters hineingestellt hat, so wollen wir es auch machen in der Kraft Jesu, in der Kraft seiner Gnade.

„Näher, mein Gott, zu dir!“ Bei dir verwandelt sich das Ackerfeld wieder in einen Garten; dort wachsen neue Blumen, dort erwächst neue Herrlichkeit in der Nachfolge des Lammes, unter seinem Joch. Dieses Joch ist beruhigend, sanft und leicht, jedes andere Joch hingegen drükkend. Es geht uns dann allmählich der Blick dafür auf, wie wunderbar die Dinge in unser Leben hineingeordnet sind und wie sie im engsten Zusammenhang stehen mit der Bildung unseres Charakters — wie Gott durch Großes und Kleines den noch ungeschliffenen Seiten unseres Charakters, den verborgenen Regungen und Neigungen auf die Spur kommt, die bei uns noch nicht überwunden sind. Da müssen dann Freunde und Feinde mitarbeiten zum Guten, nämlich zur Ausreifung von Lämmern, die über niemand mehr klagen, sondern merken, es ist nichts Zufälliges in irgendeinem Weh, das Freund oder Feind über uns bringt, in dem Mißlingen irgendeiner Arbeit; es trägt alles Zinsen für die Herrlichkeit. Näher, mein Gott, zu dir, näher ins Licht, gereinigt durch die Trübsal! Durch das, was andere erbittert, werden wir geschützt und zurechtgebracht.

Jesus, du bist unaussprechlich
herrlich deinem Kind!
Gnad' und Friede, Heil und Leben,
Herr, in dir ich find'.

29. Oktober

Mein Joch ist sanft, und meine Last ist leicht. **Matth. 11, 30**

„Mein Joch ist sanft, und meine Last ist leicht.“ Unter diesem Joche finden wir Ruhe für unsere Seelen, Ruhe für die umherirrenden Geister, die ruhelose Phantasie, Ruhe vor uns selbst. Wer will uns beunruhigen, wenn wir vor uns selbst Ruhe gefunden haben am Herzen Jesu? So muß uns der Fall näher zu Gott bringen und uns tiefer die Herrlichkeit aufschließen, als wir je geahnt hätten. Gott führt uns nicht zurück in die Unschuld des paradiesischen Zustands, sondern er führt uns in die Sanftmut und Liebe und Demut Christi ein und erschließt uns die Tiefen der Erkenntnis Gottes. Der Geist Gottes erkennt alle Dinge und schließt die Tiefen der Gottheit auf, durch die Tiefen des Falles hindurch. Wenn uns niemand versteht, wenn die Burgen nicht fallen wollen, wenn die Dinge uns erdrücken wollen — näher, mein Gott, zu dir!

„Nehmet auf euch mein Joch!" Joch und Kreuz sind zwei Bilder, die sich ergänzen. Es gilt, seine Wege durchkreuzen zu lassen und dann mit dem Gekreuzigten unter einem Joch dahinzugehen. Durch Aufnahme des Jochs kommt man zur Ruhe. In allem Schweren, das ihr durchmacht, sind Lektionen verborgen, nichts Überflüssiges, nichts Zufälliges, nichts, was euch hätte erspart werden können; darum: „Lernet von mir!" Hätte Gott euch dieses und jenes erspart, so wäre damit euer Religionsunterricht verstümmelt gewesen. Stellt euch mit mir, durch mich, um meinetwillen unter alles, was ihr zu tragen habt! Niemand kann euch etwas auflegen, wozu ich nicht meine Unterschrift gebe, und was nicht in eure Erziehung hineingehört.

Seele, nimm deinen Platz ein am Herzen und unter dem Joch deines Heilands! Da kommt der Geist der Anbetung über dich, der Geist der freudigen Stille, der Geist neuer Liebe. „Die auf den Herrn harren, kriegen neue Kraft", auch neue Tragkraft, unter die Menschen zu gehen, ihnen zu dienen, sie zu lieben und nicht müde darin zu werden.

Du reichst uns deine durchgrabene Hand,
die soviel Treue an uns gewandt,
daß wir beim Gedächtnis beschämt dastehen,
und unser Auge muß übergehen vor Lob und Dank.

Zum Reformationsfest

30. Oktober

Weil du von Kind auf die Heilige Schrift weißt, kann dich dieselbe unterweisen zur Seligkeit durch den Glauben an Christus Jesus. 2. Tim. 3, 15

Wir müssen treu sein, jeder in dem, was er bisher bekommen hat. Wie die Kirche in mittelalterlicher Nacht geseufzt und wie die Katholiken unter der Knechtschaft ihrer Priester stehen, so daß sie nicht einmal mit eigenen Augen ihre Bibel lesen dürfen, so herrscht heute noch auf allen Gebieten und in allen Zweigen der evangelischen Christenheit das katholische Prinzip: „Glaube, was die Gesamtheit glaubt!" Jeder Zweig der sogenannten evangelischen Christenheit hat so seine eigenen Lehrsätze, seine eigene Bibelauffassung, und der einzelne fühlt sich verpflichtet und wird dazu angehalten, bei den Auffassungen zu bleiben, in denen er erzogen ist, während die Reformation den Grundsatz auf den Leuchter gestellt hat, Leute aus uns zu machen, von denen jeder einzelne in persönlicher Beziehung zu Christus steht und, von seinem Geist erleuchtet, die Bibel liest; wo jeder so mit Christus in Berührung kommt, daß er gern von dem geringsten seiner Brüder lernt, aber doch das Recht und die Vollmacht hat, sich vom Herrn selbst die Bibel aufschließen zu lassen, wie die Jünger von Emmaus noch vor Pfingsten taten.

Der Auferstandene, der uns danach den Pfingstgeist hinterließ, öffnet heute noch jedem einzelnen die Schrift, und es ist bei dir eine Verstopfung der inneren Kanäle vorhanden und ein tiefer Mangel in der Wiedergeburt, wenn dir die Schrift nichts sagt, sobald du sie ohne menschliche Kommentare liest. Du bist dann gar nicht wirklich ein evangelischer Christ, sondern ein katholischer. Alle Werkzeuge sollen uns in persönliche Beziehung zu Christus bringen, damit Christus uns unterwegs die Schrift aufschließen könne und wir mitten im Verkehr mit anderen Herz und Augen nach oben gerichtet behalten. So bekommst du dann einen gesunden Organismus, kannst von allen lernen, mit denen du in Berührung kommst, und weißt, was du aufzunehmen und auszuscheiden hast von dem, was du siehst und hörst.

Bist du in allen Lebensbewegungen, im Lesen sowohl wie in Anwendung der Heiligen Schrift, ein evangelischer Christ, ein wirklicher Protestant, dem der Herr die Augen hat öffnen können, und läßt du deinem Gott keine Ruhe, bis sich deine Augen für die untere Welt geschlossen haben, so wirst du ein fruchtbarer Christ und begehst nicht mehr die Sünde, daß du deinem Gott Grenzen steckst und — wie damals das Volk Israel — sagst: „Wasser hat er fließen lassen, aber wird er auch einen Tisch decken können in der Wüste?“ Er kann alles tun, was geschrieben steht. Er wird die ganze Schrift erfüllen, aber durch uns, durch den Glauben. Er wartet auf Glauben, und wir sind ihm schuldig, daß wir ihm den Lohn seiner Schmerzen nicht schmälern und ihn nicht daran hindern, den ganzen Fluch des Falles aufzuheben, damit offenbar werde die Frucht seiner Liebe.

31. Oktober

So halten wir nun dafür, daß der Mensch gerecht werde ohne des Gesetzes Werke, allein durch den Glauben. Röm. 3, 28

Was mögen für Kämpfe durch die Geisterwelt gegangen sein, bis zur Zeit der Reformation endlich wieder das Licht von der Rechtfertigung durch den Glauben durchbrach, bis den Leuten endlich wieder zum Bewußtsein kam, daß die Vergebung der Sünden den Menschen nicht durch das Meßopfer zuteil wird, sondern durch das Opfer, das unser Heiland am Kreuz dargebracht hat! Es waren verhältnismäßig immer nur einzelne, die die Versöhnung durch den Opfertod Christi annahmen, und was hat es in den letzten Jahrzehnten für Kämpfe gekostet, bis sich in der Gemeinde endlich wieder das Licht Bahn gebrochen hat, daß der Mensch nicht durch eigenes Ringen, sondern durch den Glauben zur Heiligung gelangt! „Er ist uns gemacht zur Gerechtigkeit, zur Heiligung, zur Erlösung." Wie wir nicht durch Bußübungen, sondern durch Buße und Glauben in das Erbe der Rechtfertigung, das heißt der Gerechtigkeit Jesu Christi, eintreten, und wie wir nicht durch eigenes Ringen, sondern durch Glauben in das Erbe seiner Heiligung und Heiligkeit eintreten, so treten wir auch durch den Glauben in das Erbe der Erlösung des Leibes ein.

Es gibt eine Erlösung, die vor der Heiligung steht, nämlich die Vergebung der Sünden. In seinem Blut haben wir Vergebung der Sünden — das ist das Fundament. Sich auferbauend auf diesem Fundament, kommt dann ein Leben der Heiligung — keine Selbstheiligung, sondern ein Eingehen in das Werk Christi, wo man aufhört, für sich selbst zu leben. Ich habe als erlöstes Gotteskind Macht, keinen Augenblick mehr mir selbst zu leben, und zwar habe ich diese Macht nicht mir selbst errungen, sondern ich besitze sie als ein Gottgeheiligter. Wenn ich ein Kind Gottes bin, so habe ich Macht, nicht zu sündigen, so habe ich Macht, mich durch das Blut Christi meinem Gott zu heiligen.

Als drittes kommt dann die Erlösung des Leibes; denn eine normale Heiligung muß notwendigerweise dahineinmünden. Wer einmal erkannt hat, daß er für Gott da ist, der duldet keine Neigung und keine Regung mehr in sich, die nicht für Gott wären, der geht mit allem, was sich in ihm regt, zu seinem Gott und setzt der Erneuerung seines Wesens bis hinein in das Gebiet der Eindrücke und Stimmungen keine Grenzen mehr. Wer Gott in diesem Punkt Grenzen steckt, begeht die Sünde, mit der das Volk Israel seinen Gott entrüstet hat; denn er sagt gewissermaßen: „Von diesem und jenem hast du mich ja erlöst, wirst du mich auch von unreinen Traumbildern erlösen, wirst du auch meine Phantasie reinigen können?" Als ob nicht jeder Fußbreit Landes, den die Gnade erobert, und auf dem wir den Sieg Christi erfahren haben, ein Angeld für die Eroberung eines weiteren Fußbreit Landes wäre! Die Schuld ist nicht unendlich, das ist einzig und allein die Gnade Gottes.

Familien- und Berufsleben zur Ehre des Herrn

1. November

Höre, mein Volk, laß mich reden; Israel, laß mich unter dir zeugen: Ich, Gott, bin dein Gott! **Psalm 50, 7**

Die Grundlagen des christlichen Familienlebens sind die unverbrüchlichen heiligen Ordnungen, die Gott in die Schöpfung hineingesenkt und die kein Mensch antasten darf, ohne Fluch über sich und sein Haus zu bringen. Überall in den irdischen Lebensverhältnissen steht der Herr obenan, und es soll uns darum zu tun sein, daß wir es ihm recht machen, damit diese heiligen Ordnungen sich wieder Bahn brechen; denn in der Natur, der Völkerwelt und der von Gott losgetrennten Gesellschaft nimmt die Verkehrung aller von Gott eingesetzten Ordnungen mehr und mehr überhand. Christliches Familien- und Berufsleben aber ist fern davon, sich dem Geist dieser Zeit anzupassen.

Wir haben einen Gott, der da *zeugt,* solange noch ein Volk, solange noch solche da sind, die hören können und wollen, die sich noch um Gott kümmern, denen es noch darum zu tun ist, es Gott recht zu machen, und die ihren Weg, ihr Leben, ihr Tagewerk nach Gottes Sinn ordnen wollen, anstatt danach zu streben, den Menschen zu gefallen, Leiden auszuweichen und möglichst viel Genuß zu haben. *Gottesfurcht, das Verlangen, es Gott recht zu machen, muß in all unserem Tun und Lassen, Reden und Schweigen die leitende Triebfeder sein.* Gott redet, sage ich. Wenn ein Mensch Gott gefallen will, so redet Gott zu ihm, so deckt er ihm eins nach dem anderen auf und legt seinen heiligen Finger auf alles, was in Herz und Leben nicht stimmt, was Gott mißfällt, was in Gottes Augen und nach Gottes Urteil in Unordnung ist, ob es uns noch so ordentlich dünkt. Wir gehören nicht uns selbst an und haben nichts selbst zu entscheiden, sondern unseren Weg zu richten nach Gottes Wort. *„Wie wird ein Jüngling, eine Jungfrau, irgend jemand seinen Weg unsträflich gehen? Wenn er sich hält nach Gottes Wort."* Das gilt für alle Altersstufen und alle Zeitalter; denn vom Paradies an hat der Teufel den Menschen durch sein Dreinreden auf falsche Bahnen gebracht, ihn in Furcht und Lust verstrickt. Indem er die Gottesfurcht in Menschenfurcht verkehrte, hat er in den Lebensgang der Menschen fremde Gesichtspunkte hineingestellt, und es ist die Entwicklung der Völkerwelt, der Familien und der einzelnen in Unordnung gekommen, weil man seinen Weg nicht mehr nach Gottes Willen einrichtete, sondern selbst darüber bestimmte.

2. November

Wer seinen Weg ordnet, den werde ich das Heil Gottes sehen lassen.
Psalm 50, 23

Welche zerrissenen und zerrütteten Lebensverhältnisse bringen doch in den heutigen antichristlichen Zuständen viele als ein böses Erbteil des alten Lebens in den Gnadenstand hinein! Da sind es die letzten Worte des 50. Psalms, die mir vorschweben: „Wer seinen Weg ordnet, den werde ich das Heil Gottes sehen lassen."

Welches ist nun die Bedingung, unter der wir Gottes Heil sehen, unter der uns immer wieder Gottes Heil, neues Licht, neue Gerechtigkeit, neue Rettung aufgeht? Antwort: Daß wir unseren Weg einrichten, ordnen. Das geschieht aber nur, indem Gott zu seinem Recht kommt, indem man Gott wieder zu Wort kommen läßt. Sein Wort aber ist nicht nur ein schaffendes, wie bei der Schöpfung der Welt, sondern es ist auch ein zeugendes, wie wir aus Vers 7 sehen: „Ich will wider dich zeugen", will dir sagen, wo dein Gang aus dem rechten Geleise gekommen ist. Wie man Gott nur durch Glauben gefallen kann, so kann auch ein Lebensweg nur durch Glauben in die rechten Linien gebracht werden. Wollen wir selbst wiedergutmachen, was wir verderbt haben, so häufen wir nur Wirrwarr auf Wirrwarr — Gott muß die Sachen in die Hand bekommen, und wir müssen ihm im Glauben zutrauen, daß er auch den verworrensten Lebensweg wieder zurechtbringe, und zwar so, daß er nicht mit dem Lebensweg unseres Nachbarn von rechts oder links zusammenstößt.

In der Welt sucht jeder seinen eigenen Vorteil und ist ängstlich darauf bedacht, daß nur sein Weg nicht beeinträchtigt werde, und da gibt es dann natürlich Zusammenstöße; fängt einer aber einmal an, Gott die Ehre zu geben und ihm zuzutrauen, daß er die verworrenen Fäden seines Lebens auseinanderwirre, so wird es bald anders, wenn auch nicht über Nacht. Da führt er zu seiner Zeit dieses oder jenes herauf, entfernt anderes und gibt unserem Leben allmählich eine andere Gestalt; wir dürfen *erfahren,* was wir geglaubt haben, und uns mit Anbetung überzeugen, daß Gott die Sachen in die Hand genommen hat. Es wird Luft, man sieht durch, und das, was Gott bisher in Ordnung gebracht hat, ist uns Bürgschaft, daß er auch das, wo *wir* zur Zeit noch nicht durchsehen, in Angriff nehmen und zu seiner Zeit ordnen wird, und daß mittlerweile das noch nicht Geordnete dazu dienen muß, uns im Glauben zu reinigen, in heiliger Zurückhaltung und geduldigem Harren auf Gottes Eingreifen zu üben. Unsere Zeiten, die Zeiten einer Haushaltung, einer Arbeit sind in Gottes Hand. Ist jemand da, der seinen Weg göttlich einrichtet, so kommt Heil über die betreffende Haushaltung und über die betreffende Arbeit; es bricht dann ein neuer Tag für diese an. Es ward Abend, und es ward Morgen, ein neuer Tag hat sich Bahn gebrochen. Was in der Schöpfung vor sich ging, ist nur ein Bild von der Neuschaffung unseres inneren Menschen und auch von der Umwandlung unseres äußeren Lebensganges.

3. November

Lasset das Wort Christi unter euch reichlich wohnen in aller Weisheit.
Kol. 3, 16

Der Haushalt des alttestamentlichen Bundesvolkes war göttlich geordnet: Nach des Herrn Wort zogen sie, und nach des Herrn Wort lagerten sie.“ Das Leben Jesu war auch göttlich geordnet bis ins einzelne, auch in seinen Beziehungen zu den anderen Menschen, zu seinem Jüngerkreis, zu seiner Mutter und seinen Brüdern, zu seinen Freunden. Ergaben sich daraus auch oft Schwierigkeiten, Verwicklungen, Zusammenstöße mit den Interessen anderer, eben durch das treue Gebundensein an den Willen Gottes — durch das Wandeln vor Gott kam alles zur rechten Stunde in den rechten Einklang. „Wenn du hier gewesen wärest, so wäre unser Bruder nicht gestorben“, sagt Martha (Joh. 11). Ja, und jetzt, Martha? Ist jetzt alles aus? Für Menschen allerdings; für Gott aber nie, solange jemand da ist, der sich weder nach rechts noch nach links aus der Bahn bringen läßt, sondern vor Gott wandelt.

Der Herr Jesus war für die Proben, die in den letzten Tagen seines Lebens an ihn herantraten, stufenweise vorbereitet worden. Gott läßt nie Proben an uns herantreten, die nicht für unser dermaliges geistliches Alter taugen; nur wenn man die Vorbereitungsstufen nicht in göttlicher Weise durchgemacht hat, kann es vorkommen, daß die Schwierigkeiten einem über den Kopf wachsen. Da gilt es dann aber Buße tun. Wahre Buße bringt den Lebensgang in Gottes Hand zurück. Eine Buße, die den Lebensgang nicht in Gottes Hand zurückbringt, ist eine verkümmerte, verstümmelte, unklare Geschichte. Wahre Buße bringt des Menschen Weg in Gottes Hand zurück, indem sie sein Herz zu Gott zurückbringt. Da beugt sich das Herz über die Verkehrtheit, daß man seinen Lebensweg selbst in die Hand genommen hat, anstatt ihn in Gottes Hand zu lassen, daß man sein Leben bei Kreaturen oder irgendwie im Dienst sich selbst gesucht hat. Buße ist das Aufwachen eines Menschen, zu dem Gott sagt: „Menschenkind, *ich* habe dein Leben einzurichten, nicht *du;* ich will dir schon zeigen, wo die Dinge hinauswollen, wenn es dir darum zu tun ist, es mir recht zu machen, wenn zur Stunde dein Weg auch noch so verworren.“ Durch die Schwierigkeiten der Umkehr wird unsere Buße erst recht ernst — da merken wir erst, wie verkehrt wir alles gemacht haben, und da kommt die Stunde, wo Gott uns zeigt: „Da habe ich dich gar nicht gerufen; dies und das war gar nicht mein Wille.“ Solange wir uns nicht von Gott sagen lassen, wo wir aus dem rechten Geleise, unter falsche Gesichtspunkte geraten sind, kann unser Lebensweg nicht zurechtgebracht werden. Gott ist ein Gott des Lichts, und er redet. Wenn er redet, so nimmt ein Menschenleben, ein Charakter, ein Lebensgang eine neue Gestalt an. Gott ist kein Götze, er will wider dich zeugen; er will dir sagen, was ihm in deinem Charakter und deinen Bewegungen auch des äußeren Lebensganges nicht gefällt. Ich bin dein Gott, sagt er, und bin bereit, mich als solcher an dir zu bezeugen, wenn du nicht mehr dein eigenes Programm machen willst. Ich bin dein Gott, und ich werde reden. Es gilt also, die Fäden in deiner Berufsstellung und deinem häuslichen Leben zurückzugeben in Gottes Hand und, wenn kein Durchsehen ist, auszuharren vor Gott; er führt neue Situationen herauf.

4. November

Darnach ging Jesus aus und sah einen Zöllner mit Namen Levi am Zoll sitzen und sprach zu ihm: „Folge mir nach!“ Und er verließ alles, stand auf und folgte ihm nach. Luk. 5, 27. 28

Siehe, ich habe dir geboten, daß du getrost und freudig seist! Laß dir nicht grauen und entsetze dich nicht; denn der Herr, dein Gott, ist mit dir in allem, was du tun wirst. Jos. 1, 9

Wenn sich jemand vor die große, heilige Frage gestellt sieht, ob er mit Gott wandeln will, mag sich ihm wohl der Gedanke aufdrängen: Werde ich es in meinen Verhältnissen auch hinausführen können? Werde ich auch die Kraft haben, dem Herrn, meinem Gott und Heiland, überallhin nachzufolgen?

So tief das Verderben zur Zeit eines Noah war, war es im allgemeinen doch nicht mit dem Verderben zu vergleichen, das jetzt in der Welt herrscht. Es sind daher in unserer eigenen schwachen Natur und in der Umgebung und Lebensaufgabe, in der wir stehen, hunderterlei Dinge, die uns zurufen: „Du bringst es nicht fertig, mit Gott zu wandeln — du kannst es nicht hinausführen“ — und im Grund ist das richtig. *Wir* können es nicht hinausführen; aber wenn wir nicht mehr Fleisch für unseren Arm halten und unsere Ohnmacht erkannt haben, in schwierigen Umständen auszuharren, so wissen wir doch andererseits, daß alle, die sich entschließen, der Welt und ihrer Eitelkeit den Rücken zu kehren und Jesus nachzufolgen, Schritt für Schritt auf ihn rechnen dürfen. Er hat die Welt überwunden — und zwar nicht nur die Welt im allgemeinen, sondern er hat *deine* Welt überwunden, die kleine Welt, in der du dich bewegst, mit allen Schwierigkeiten, die sich dir bieten bei deinem Temperament, deiner Umgebung, deinem zum Leichtsinn oder zur Schwermut geneigten Gemüt; er hat für dich, welches auch deine Anlage sein mag, eine Erlösung, Bergung, Deckung.

Wenn wir uns nun heute in die Nachfolge des Herrn begeben, seiner Aufforderung, mit ihm zu wandeln, gehorchen, so rechnen wir nicht mit uns selbst, sondern mit seiner Hirtentreue und damit, daß er uns mit Namen kennt und alles überwunden hat, was wir nimmermehr hätten überwinden können. Der gleiche ewige Geist, durch den sich Christus geopfert hat, hat heute noch Macht, uns über alles hinüberzuheben und durch alles hindurchzuführen, was uns aufhalten könnte, mit Gott zu wandeln. Es kommt schließlich alles darauf an, wie weit uns der Herr den Blick für die Herrlichkeit unserer Berufung öffnen kann. Das geht stufenweise. Der Apostel Paulus sagt im Rückblick auf jene wunderbare

Erfahrung auf dem Weg nach Damaskus: „Ich war nicht ungehorsam dem himmlischen Gesicht.“ Er besprach sich nicht mit Fleisch und Blut.

5. November

Und nun spricht der Herr, der dich geschaffen hat, Jakob, und dich gemacht hat, Israel: Fürchte dich nicht, denn ich habe dich erlöst; ich habe dich bei deinem Namen gerufen: du bist mein! Denn so du durch Wasser gehst, will ich bei dir sein, daß dich die Ströme nicht sollen ersäufen, und so du ins Feuer gehst, sollst du nicht brennen, und die Flamme soll dich nicht versengen. Jes. 43, 1. 2

Das Irdische verliert nur seine Anziehungskraft und sein Abschrekkendes, wenn etwas Höheres und Größeres in unseren Gesichtskreis tritt, wie es bei Saulus von Tarsus auf dem Weg nach Damaskus geschah. Und wenn dein Herz noch zittert bei dem Gedanken an das, was du verlassen mußt, um Jesus nachzufolgen — wenn dir der Feind den Weg der Nachfolge als einen öden, einsamen, traurigen darstellt, so laß dir die Augen für die Herrlichkeit deiner Berufung öffnen! Auf der einen Seite blicke in die schauerliche Öde, die du erwählst, wenn du dich nicht zur Nachfolge Jesu entschließt, und auf der anderen Seite laß dir die Herrlichkeit eines Lebens der Liebe zeigen und mache dir klar, daß, der das Werk in dir angefangen hat, es auch hinausführen wird auf den Tag seiner Zukunft. Es kommt nicht darauf an, wieviel Kraft du in dir fühlst, inwieweit dir Gott die Herrlichkeit Christi und die Herrlichkeit deiner himmlischen Berufung hat offenbaren können. Dann geht es von Licht zu Licht, von Lösung zu Lösung, von Kraft zu Kraft, tiefer hinein in die Nachfolge Christi und damit in einen Wandel mit Gott, wo du nicht wie Petrus darauf zurückschielst, was der Bruder und die Schwester machen. Der ist nicht wert, Jesu Jünger oder Jüngerin zu sein, der seine Nachfolge davon abhängig macht, ob dieses oder jenes Familienglied, dieser oder jener Freund usw. auch mitgeht. Eine Frau muß Jesus nachfolgen, ohne ihren Mann zu fragen — ein Kind muß nachfolgen, ohne seine Eltern zu fragen. Wenn der Herr jemand ruft, so muß alles andere zurücktreten. Wie das z. B. für eine Frau möglich sein kann, die doch an ihren Mann gebunden ist — ja, da sieht man nicht durch, sonst wäre es kein Glaubensschritt. Dein Gott hat einen Weg des Durchkommens für dich, einen Weg, auf dem er dich durchbringt ohne Straucheln, und wo alles denen weichen muß, die es um jeden Preis ihrem Gott recht machen wollen. Was ein Tag auch bringen mag, und so unzuträglich die Lebensverhältnisse, in denen du stehst, für einen Wandel mit Gott sein mögen, der Herr Jesus hat Bahn gebrochen für dich.

Sieh dir jetzt nur deinen Heiland etwas näher an, laß deine Stimmungen beiseite und frage deinen Herrn, ob er dich in seine Nachfolge nehmen will und ob er dich auch gegen alle Klippen deines Charakters und gegen alle offenen oder heimlichen Widerstände deiner Umgebung decken will! Frage ihn, ob er es mit dir unternehmen will, er antwortet dir ganz gewiß: „Ja — es kommt nur darauf an, ob du mir vertrauen kannst. Der Vater hat mir Macht über alles Fleisch gegeben."

„Dem aber, der euch kann behüten ohne Fehl und stellen vor das Angesicht seiner Herrlichkeit unsträflich mit Freuden, dem Gott, der allein weise ist, unserem Heiland, sei Ehre und Majestät und Gewalt und Macht nun und zu aller Ewigkeit!" (Judas 24.25.)

6. November

Und er ging mit ihnen hinab und kam gen Nazareth und war ihnen untertan. Luk. 2, 51

Die natürliche Familie, die Gemeinde Jesu Christi und das Reich Gottes bilden drei konzentrische Kreise. Die irdische Familie steht im Mittelpunkt und bildet die Vorschule, die auch Jesus durchgemacht hat. In ihr lernen wir die Anfangsgründe selbstverleugnender, sich unterordnender Liebe, in ihr lernen wir widerwärtige Charaktere tragen und widerwärtige Erfahrungen verarbeiten, um auf diesem Weg zu reifen zu christlichen Charakteren, tüchtig zu werden zur Einfügung in den Leib Christi. Die irdische Familie gehört der Zeit an. Wer im Zeitlichen und Irdischen nicht treu ist, wer im engsten Kreis nicht Probe hält, seinen Mann stellt und überwindet, dem kann Gott nichts Ewiges anvertrauen, nichts Heiliges offenbaren. So jemand seine Hausgenossen nicht versorgt, sagt der Apostel, der ist ärger denn ein Heide; ihm bleibt der Leib Christi, die biblische Gemeinde, eine verschlossene Welt.

O denke doch nicht, es sei dir zu viel aufgebürdet, wenn du in deinem Heim Tag für Tag solche zu tragen hast, die den Herrn noch nicht kennen, und deine Geduld also immer wieder auf neue Proben gestellt wird! Keine einzige Prüfung ist zu viel oder unnütz — eine jede hilft dazu, daß wir unseren Posten auf dem Kampfplatz des Reiches Gottes besser ausfüllen lernen. Das Familienleben ist besonders deshalb eine praktische Schule für uns, weil wir in ihr allezeit Umstände und Menschen finden, *die uns in der Demut üben.* Machst du diese Primärschule nicht durch und bestehst in ihr dein Examen nicht, so erwarte nicht, daß du im Reich Gottes bestehen wirst! Wieviel Demut, Sanftmut, Selbstverleugnung und Adel des Geistes bedarfst du z. B., wenn du siehst, wie andere es ungeschickt und verkehrt machen!

Wie manches Kind Gottes hat in seiner Familie noch nie von Grund auf die Lektionen der freundlich tragenden und schließlich alles überwindenden Liebe durchbuchstabiert! Und wie manche gibt es, die den häuslichen Prüfungen, wenn sie ihnen schwer erscheinen, entflohen sind und sich in einen sogenannten christlichen Beruf, in irgendeine Reichgottesarbeit „gerettet“ haben, ja — sogar in den Missionsberuf! Aber kann Gott Himmlisches anvertrauen, wenn man im Irdischen nicht treu gewesen ist? Wie will man den ungleich schwereren Proben begegnen, wenn man in den leichteren sich nicht bewährt hat?

Wir haben vielleicht Familienglieder, Dienstboten oder Mitarbeiter, Nachbarn oder Freunde, deren Charakter und Art uns ein gewaltiges Hindernis zum Vorwärtskommen zu sein dünken; aber wie das Evangelium in Linien läuft, die wir nicht immer verstehen, so ist es auch mit unserem inneren Leben. Was da Schweres hineinkommt, uns reizen und ärgern möchte, das ist von Gott eingerechnet in unsere Erziehung, damit wir endlich einmal gründlichere Gefangene des Herrn Jesus werden, um dann auch andere in die Gefangenschaft des Kreuzes und des Lebens Jesu einführen zu können. Nur Gefangene des Herrn können andere in die Gefangenschaft des Kreuzes und unter die Botmäßigkeit des Wortes Gottes bringen.

Die Lebensverhältnisse, in die wir von Gott hineingestellt sind, sind also die Rahmen, in denen sich der Glaube entwickelt. Gerade die Punkte, die uns besondere Schwierigkeiten machen, sind die Stufen auf der Himmelsleiter, durch die wir durch Nacht und Dunkel ins Reich der Wahrheit und des Lichts durchbrechen.

7. November

Über alles aber ziehet an die Liebe, die da ist das Band der Vollkommenheit! Und der Friede Gottes regiere in euren Herzen, zu welchem ihr auch berufen seid in einem Leib; und seid dankbar! Kol. 3, 14. 15

„Über alles aber ziehet an die Liebe“, die Liebe, die ihre Nahrung im Herzen des Vaters und des Sohnes findet, die die Unliebenswürdigen liebt und trägt! Diese Liebe ziehen wir dadurch an, daß wir nichts in uns, sondern alles in Jesus suchen und jede neue Anforderung an unsere Liebe ansehen als eine uns vom Heiligen Geist geschenkte Gelegenheit, tiefer in Christus einzudringen, damit neue Liebesschätze in ihm flüssig werden und in uns überfließen.

„Die Liebe, die da ist das Band der Vollkommenheit“ — alles beherrschend —, in der dann alles sich begegnet und harmonisch und symmetrisch zusammengebunden ist. Man kann dann aus Liebe auch einmal ernst und streng sein, wo es sein muß. Die Liebe kann manches sagen, was ohne Liebe nicht gesagt werden könnte. Treibt uns die Liebe, etwas zu sagen, so finden wir in unserem Herrn und Heiland auch Kraft dazu.

Und der Friede des Christus regiere in euren Herzen! „Den Frieden lasse ich euch“, hat der Herr in seinen Abschiedsreden gesagt. „Meinen

Frieden gebe ich euch; nicht gebe ich, wie die Welt gibt." Der Friede dieser Welt ist bald gestört, nicht aber der Friede, den Jesus gibt. „Euer Herz erschrecke nicht und fürchte sich nicht", wenn Waffengeklirr sich erhebt, wenn der Friede gefährdet ist, wenn das Verhältnis zwischen Mann und Weib, zwischen Bruder und Schwester momentan gestört wird. Der Friede Gottes wird alles überwinden; er wird in unserem Herzen zum vollen Sieg gelangen, denn wir sind durch göttliche Berufung zu *einem* Leib berufen, und da darf nichts Friedestörendes hereinkommen, damit die Zirkulation des Lebens unter den Gliedern nicht einen Augenblick gehemmt sei — damit die Liebe Gottes in unseren Herzen und in allen unseren Lebensbeziehungen freien Lauf habe.

„Und seid dankbar!" Anstatt über andere zu klagen, seid dankbar, und seht auch in den zeitweiligen Störungen der Zirkulation der Liebe und des Lebensblutes nur einen Antrieb mehr, euch enger mit dem Haupt zusammenzuschließen, um mit dem Haupt auf der ganzen Linie den Sieg davonzutragen, um der Liebe und damit dem Gedanken Gottes und der Ausgießung seines Geistes Raum zu machen! — Und wenn wir da Mangel empfinden — wie es je und je vorkommt —, so wollen wir der Mahnung nicht vergessen: „Seid dankbar!" Vergeßt nicht, was ihr aneinander habt, was ihr einander verdankt; dann wird die augenblickliche, zeitweilige, lokale Störung nur dazu dienen, die Zirkulation in Herz und Leben freier zu gestalten und alles wieder auf göttlichen Boden zu stellen. Es geschieht das dadurch, daß wir das Wort Gottes reichlich in uns und unter uns wohnen lassen.

8. November

Lasset das Wort Christi unter euch reichlich wohnen in aller Weisheit; lehret und vermahnet euch selbst mit Psalmen und Lobgesängen und geistlichen lieblichen Liedern und singet dem Herrn in eurem Herzen!
Kol. 3, 16

„Lasset das Wort Christi reichlich in uns und unter uns wohnen!" Ehe es *unter* uns wohnen kann, muß es *in* uns wohnen. Soweit es in uns Wurzel faßt, wirft es auch seine Strahlen nach außen. Licht kann nicht verborgen bleiben. Wo Leben aus Gott ist, leuchtet es. Wo Gottes Wort in uns Gestalt gewinnt, wohnt es auch unter uns, alles regulierend, so daß nirgends Fleischliches sich behaupten kann und man sich untereinander auch nicht seelisch beeinflußt. Das alles beherrschende, für alle Aufgaben passende, allen Anforderungen gewachsene Wort Gottes laßt reichlich unter euch wohnen, damit es euch nicht fehle, wenn ihr dessen notwendig bedürft! Lasset es reichlich unter euch zirkulieren, damit es sich erschließe in seiner Höhe, Breite, Länge und Tiefe und alle Lebensbeziehungen beherrsche!

„In aller Weisheit" — in der Weisheit, die von oben, friedlich, keusch, gelinde ist —, wo keine menschliche Berechnung im Spiel ist. „Euch gegenseitig lehrend und ermahnend." Da ordnet sich alles symmetrisch. Es können dann auch Ernst und Strenge und Liebe in den richtigen Proportionen zum Durchbruch kommen.

Zum Anstimmen und Festhalten des rechten Tons, der das häusliche Leben beherrscht, haben wir die Psalmen zu unserer Verfügung. „Psalmen und Lobgesänge und geistliche liebliche Lieder." Schon ein weltlicher Dichter hat einmal gesagt: „Wo man singt, da laß dich freudig nieder; böse Menschen haben keine Lieder."

Durch Loblieder können wir Verstimmungen bekämpfen und immer wieder unsere Harfen stimmen, wenn sie keinen recht klaren Ton mehr von sich geben.

Wir sollen uns nie unter Druck bringen lassen, sondern dagegen reagieren, indem wir unserem Gott singen. Auch wo wir Schwierigkeiten haben mit diesem oder jenem Familienglied, sollen wir Gott lobsingen. Es gilt wirklich, sich allezeit zu freuen und sich auch in der dunkelsten Stunde die Freude am Herrn nicht trüben zu lassen. Das aber nicht nur, damit sich auf uns selbst keine Wolke ablagern könne und wir schließlich zu nichts mehr nütze sind, sondern damit wir auch denen dienen können, in deren Mitte wir leben, und die wir nicht bedrücken wollen durch unseren Trübsinn; denn Wolken verbreiten sich leicht und können den Horizont eines ganzen Hauses und Familienkreises trüben. Wenn jemand eine schwere Last auf dem Herzen hat und noch nicht gelernt hat, seine Lasten auf Jesus abzuladen, so ziehen sich die Wolken immer weiter am Firmament hin — es sei denn, daß jemand da ist, der in einer anderen Atmosphäre lebt und gegen den Hochdruck der herrschenden Stimmung zu Felde zieht.

9. November

Alles, was ihr tut mit Worten oder mit Werken, das tut alles in dem Namen des Herrn Jesus und danket Gott und dem Vater durch ihn!

Kol. 3, 17

Ist es euch noch nicht aufgefallen, warum sich die Briefe immer von selbst in zwei Hälften teilen? In den ersten Kapiteln zieht der Herr vor unseren Augen große, heilige Linien, dann aber läßt er sein Wort auch hineindringen, erleuchtend und durchleuchtend in die Gebiete des täglichen Lebens, in die Verborgenheiten der Alltagswelt, auf daß wir uns durchrichten können, damit wir keine Schwätzer werden, sondern *durchgebildete* Kinder Gottes. Es gibt nichts Traurigeres und Abstoßenderes als ein bloßes Schwätzen von heiligen Dingen. Dagegen gibt es nichts, das uns weiterbringen könnte, als wenn wir andere in ihrem Alltagsleben treu dem Herrn nachfolgen sehen. Die höchste Reinigung wird dadurch erzielt, wenn wir Brüdern begegnen, welche im Licht wandeln. Deswegen heißt es in der Bergpredigt: „Ihr seid das Salz der Erde. Wo nun das Salz dumm wird, womit soll man's salzen? Es ist hinfort zu nichts nütze, denn daß man es hinausschütte und lasse es die Leute zertreten. Ihr seid das Licht der Welt. Es kann die Stadt, die auf dem Berge liegt, nicht verborgen sein. Man zündet auch nicht ein Licht an und setzt es unter einen Scheffel, sondern auf einen Leuchter; so leuchtet es denn allen, die im Hause sind. Also laßt euer Licht leuchten vor den Leuten, daß sie eure guten Werke sehen und euren Vater im Himmel preisen!" (Matth. 5, 13—16).

„Das Christentum fängt", nach den Worten eines Knechtes Gottes über Kolosser 3, „im Himmel an und hört in der Küche auf." Es erobert sich nach und nach alle Gebiete unseres täglichen Lebens. Was ist dazu von unserer Seite nötig? Die Heilstaten Christi können ihre erlösende Macht über unser Herz und Leben nur so weit ausüben, als der Heilige Geist sie uns ins Licht stellt, und darum sind wir auch persönlich verantwortlich für unseren Unglauben nur, soweit wir Licht haben. „Glaubet an das Licht, dieweil ihr's habt, auf daß ihr des Lichtes Kinder seid!" (Joh. 12, 36). Zum Glauben an das Licht gehört, daß man sich dem Licht ausliefert, jeden Lichtstrahl sorgsam bewahrt und ihm nachgeht. Unglaube ist Vergeßlichkeit und Gedankenlosigkeit (Ps. 78, 11 und 42). Hängt die Zukunft unseres inneren Lebens in erster Linie von der Bereitwilligkeit ab, mit der wir uns jedem Strahl göttlichen Lichts hingeben, so hängt sie in zweiter Linie ab von der zarten und gewissenhaften Treue, mit der wir die uns aufgeschlossene Wahrheit verwerten. Alles, was wir vom Wort Gottes und vom Werk Christi erfaßt haben, muß sofort in unserem Leben seinen Ausdruck finden. *Alle Erkenntnis der Wahrheit, die keine Selbstverleugnung wirkt, die Charakter und Leben nicht umgestaltet, ist unserem inneren Menschen verderblich.* Im häuslichen Leben, in Amt und Beruf verwerten, was man empfangen hat, ist der sicherste Weg, um mehr zu bekommen. Nur auf diesem Weg weicht aller Nebel des Unglaubens und kann die Wahrheit uns leuchten mit voller Kraft, reinigend und befreiend.

Nachdem wir aber lange mit verbundenen Augen dahingegangen und durch Anhäufung unfruchtbarer Erkenntnis uns selbst und andere um die Wahrheit betrogen haben, wollen wir nicht mutlos werden, wenn es uns vorerst schwer wird, die volle Wirkung von Christi Erlösungstat in die Erfahrung unseres Alltagslebens umzusetzen. Sei nur treu in dem, was dir der Herr bisher gezeigt hat; beuge dich demütig unter alles, was dir entdeckt wird, geschieht es auch auf unzarte Weise von Menschen, die neben dir stehen, und von denen du meinst, daß sie dir nicht wohlwollen! „Denn Ausdauer habt ihr nötig, damit ihr nach Erfüllung des Willens Gottes die Verheißung davontragt" (Hebr. 10, 36).

10. November

Ihr Weiber, seid untertan euren Männern in dem Herrn, wie sich's gebührt! Ihr Männer, liebet eure Weiber und seid nicht bitter gegen sie! Kol. 3, 18. 19

In den folgenden Versen geht Paulus auf Einzelheiten des Familienlebens ein. Offenbar hat der Apostel vor allem die verheirateten Frauen im Auge. Die verheiratete Frau soll ihrem Mann untertan sein, nicht über ihn herrschen oder herrschen wollen. Sie kann sich ja dazu versucht fühlen, wenn sie mehr Charakterstärke besitzt als der Mann — was im Grund nicht sein sollte; aber in der gegenwärtigen Weltzeit ist eben viel Unordnung eingerissen. Deshalb ist es sehr wichtig, daß wir in bezug auf alle Lebensverhältnisse zurückkommen auf die großen, einfachen Linien des Wortes und Willens Gottes, damit von dort aus das einzelne reguliert werde.

Die Stellung der Frau ist nach Gottes Willen die der Unterordnung. Es geziemt sich „im Herrn", daß die verheiratete Frau ihrem Mann untertan sei. Was sich dem Weib überhaupt geziemt, das ist Zucht, züchtiges Wesen, züchtige Kleidung, Zurückhaltung — ein Vermeiden alles dessen, was die Augen des Mannes — vielleicht vor allem des jungen Mannes — auf sich ziehen könnte.

In ihrem ganzen Benehmen soll die Frau es in erster Linie darauf abgesehen haben, was sich in den Augen des Herrn für sie geziemt.

„Ihr Männer, liebet eure Weiber und seid nicht bitter gegen sie!" Des verheirateten Mannes Aufgabe ist vor allem die, daß er seine Frau liebt. Ist er einmal verheiratet, so kommt es gar nicht darauf an, ob die Frau liebenswürdig oder unliebenswürdig ist, auch nicht darauf, wie sich ihr Charakter im Lauf der Jahre entwickelt. Er hat sie zu lieben, so wie sie ist. Im Epheserbrief, wo der Apostel das gleiche Thema behandelt, geht er zurück auf die Stellung, die Christus der Gemeinde gegenüber einzunehmen hat. Nicht eine liebenswürdige, sondern eine im Staub und Schmutz der Sünde liegende Gemeinde hat der Herr geliebt und erkauft; für sie hat er sein Leben hingegeben. Ein Mann aber, der nicht unter Umständen bereit wäre, sein Leben für seine Frau hinzugeben, kann nicht als Ehemann so leben, wie es der Herr verlangt. Er kann wohl Ansprüche machen, nicht aber sein Leben hingeben. In allen Lebensverhältnissen hat der Herr es darauf abgesehen, daß wir durch Leiden, Lieben, Warten und Schweigen für eine andere Welt erzogen werden, daß der innere Mensch nach dem Bild Christi ausgebildet werde.

„Seid nicht bitter gegen sie" — seid vielmehr zart und rücksichtsvoll, „und" — fügt der Apostel hinzu, „wenn einer Klage hat wider den anderen, so vergebet einander, wie Christus euch vergeben hat, also auch ihr!"

Von Jesus getragen zu sein, gibt Tragkraft anderen gegenüber. Was uns der Herr Jesus in bezug auf tragende Liebe schenkt, soll zirkulieren und wiederum anderen zugute kommen. Andere sollen merken, daß wir Gegenstände tragender Liebe sind; denn wo sollen wir sonst tragende Liebe hernehmen, wir selbstsüchtigen Kreaturen, wenn nicht aus dem Herzen Jesu und dadurch, daß wir täglich tragende Liebe von unserem Heiland erfahren?

11. November

Ihr Kinder, seid gehorsam den Eltern in allen Dingen; denn das ist dem Herrn gefällig. Ihr Väter, erbittert eure Kinder nicht, auf daß sie nicht scheu werden! Kol. 3, 20. 21

In der geistlichen Welt des Neuen Bundes ist Gehorsam das Lebensgesetz, das nicht drückt und quält. Wohl dem Menschen, der für den Gehorsam dem Gesetz des Geistes des Lebens gegenüber vorbereitet ist, indem er als Kind seinen Eltern gehorchen gelernt hat! Jeder, der im *Glaubens*gehorsam steht, wird heute noch Gott preisen, daß er sich in Gnaden über ihn erbarmt und durch dieses und jenes den Trotz seiner Natur gebrochen hat, damit es ihn nicht mehr gelüstet, sich den Ordnungen Gottes zu entziehen.

Unwillkürlich denkt man da an unser Vorbild in allen Lebensverhältnissen, den Herrn Jesus Christus. Er war seinen Eltern untertan, und nur einmal hat ihm seine Mutter einen Vorwurf gemacht; aber da war dieser Vorwurf unangebracht. „Mußte ich nicht sein in dem, das meines Vaters ist?" Selbst über den Ansprüchen der leiblichen Eltern stehen die Ansprüche Gottes, des Gewissens, der Heiligen Schrift und der göttlichen Ordnungen. Das ist dem Herrn wohlgefällig, wenn die Stellung der Kinder zu den Eltern und umgekehrt — sowie alle anderen Lebensverhältnisse — von ihm geordnet sind. Ist das der Fall, so gehen wieder Lebenskräfte von dem Haus aus in die Welt.

Luther hat einmal gesagt: „Eine Kindesseele ist wie ein Faß, das man füllt. Es riecht immer nach dem ersten Inhalt, der hineingetan ist, und man muß ihm große Pein antun, es ausräuchern und ausschwefeln, wenn man den ersten Geruch herausbringen will."

„Ihr Väter, ärgert, erbittert eure Kinder nicht, auf daß sie nicht mutlos werden!" Reizt sie nicht, fordert sie nicht heraus, um sie nicht zu entmutigen! Um das zu vermeiden, muß der Vater in seinen Ansprüchen an die Kinder unter göttlicher Zucht stehen — nicht etwa unter dem Einfluß seiner Launen, so daß er heute alles gehen läßt und morgen überfordert. Nur zu leicht kommt dann von den Kindern sklavische Furcht ins Verhältnis zum Vater, knechtische Furcht anstatt der kindlichen Zuversicht und des kindlichen Vertrauens.

Im Gegensatz zu dem Geist, der jetzt in vielen Elternhäusern herrscht, wo man Kinder als eine Last verspürt und ihre Zahl durch verwerfliche Mittel einschränkt, steht die Tatsache, daß die Kinder in den Augen Gottes besonders wertgehalten sind und daß, wie Luther einmal gesagt hat, Gott uns Alten aus dem Kindertopf mitessen läßt. Habt ihr gelesen in 1. Mose 21, 17, wie Gott zu den Kindern steht: „Da erhörte Gott die Stimme des Knaben. Und der Engel Gottes rief vom Himmel der Hagar und sprach zu ihr: Was ist dir, Hagar? Fürchte dich nicht; denn Gott hat erhört die Stimme des Knaben, da er liegt.“ Wir blicken oft so geringschätzig auf die Tränen eines Kindes herab. Das tut Gott nie. Die Tränen eines Kindes fallen für ihn mehr in die Waagschale als die Verzweiflungstränen einer Hagar. Wollen wir auf die Hilfe Gottes rechnen, so müssen wir zuerst wieder Kinder werden. „So ihr nicht werdet wie die Kinder, so könnt ihr nicht ins Reich Gottes kommen“, sagt der Herr Jesus. Ihr irrt dann in der Wüste des Lebens umher und wißt nicht mehr, was ihr wollt. Geh heim, du Vater oder Mutter, werde du selbst erst wieder Kind, tritt in die volle Kindesstellung zu Gott, dann wirst du auch die rechte Stellung zu deinem Kind einnehmen können.

12. November

Ihr Knechte, seid gehorsam in allen Dingen euren leiblichen Herren, nicht mit Dienst vor Augen, als den Menschen zu gefallen, sondern mit Einfalt des Herzens und mit Gottesfurcht! Alles, was ihr tut, das tut von Herzen als dem Herrn und nicht den Menschen, und wisset, daß ihr von dem Herrn empfangen werdet die Vergeltung des Erbes; denn ihr dienet dem Herrn Christus. Wer aber unrecht tut, der wird empfangen, was er unrecht getan hat; und gilt kein Ansehen der Person. Kol. 3, 22—25

Herr und Knecht! In der Stellung ist als Folge der Zeitrichtung am meisten Unsicherheit eingetreten. Es gilt für beide Teile, zu den *göttlichen Ordnungen* zurückzukehren, wenn das beiderseitige Verhältnis nicht immer mehr ein unerträgliches werden soll. „Ihr Herren, gewährt euren Knechten, was recht und billig ist“ — überfordert sie nicht! Sie sind nicht dazu da, überfordert zu werden. Wer das Wohl seiner Knechte und Mägde im Auge hat, wird sie niemals überfordern; wer aber andere ausnützen will, der vergißt, was er ihnen schuldig ist, und dann geht es schief, dann bekommt er dafür droben eine Rechnung vom Herrn. Ihr könnt hienieden nicht tun, was ihr wollt, ihr Herren, ihr habt droben eine Abrechnung zu gewärtigen. Ihr habt einen Herrn droben im Himmel, der Rechenschaft von euch verlangen wird, wie ihr eure Knechte hienieden behandelt habt.

Ihr Knechte, gehorcht in allem, was nicht gegen das Gewissen geht, was euch nicht mit den Ansprüchen Gottes in Zwiespalt bringt, euren

Herren nach dem Fleisch! Den Herren nach dem Fleisch gehorchen *vom Geist regierte Knechte* „nicht mit Dienst vor Augen". Augendienst ist etwas ganz anderes, als den anderen etwas an den Augen absehen. Kinder können ihren Eltern — und Knechte und Mägde ihrer Herrschaft — an den Augen absehen, was sie wünschen, ohne auf ausdrückliche Befehle zu warten. Das ist nicht Augendienst, sondern Liebe. Augendienst ist, wenn man der Herrschaft nicht aus Gottesfurcht gehorcht, sondern weil man es gut haben, weil man die Herrschaft an sich ketten will. Das ist Fleisch. Es gibt überall Entgleisungen. Neben dem Heiligtum kann eine Karikatur hergehen, die nicht im Geist der Heiligen Schrift, sondern in unlauterer Absicht nachgemacht ist. Dazu steht der Herr nicht.

Überhaupt sagt die Schrift zu den Dienenden und Arbeitenden: „Was irgend ihr tut, arbeitet von Herzen als dem Herrn und nicht den Menschen" — welches auch die Arbeit sei, ob angenehme oder unangenehme, leichte oder schwere, tut sie als dem Herrn; er wird euch dann euren Lohn geben. Und wo die Kraft nicht reichen will, wo ihr gegen gewisse Dinge, die nicht gegen Gottes Willen sind, einen Widerwillen habt, da fürchtet den Herrn, arbeitet für den Herrn, dient ihm im Bewußtsein, daß ihr die Vergeltung von ihm empfangen werdet! Wenn ihr auch hienieden Knechtesstellung einnehmt, habt ihr doch droben Kindesstellung. Gottesfürchtige Knechte und Mägde haben ihr Erbe droben, wenn ihnen auch ihre irdische Herrschaft hienieden nichts vermacht. Das gibt ihnen Mut und Kraft zum Ausharren. Das verleiht einem Knechtsdienst und einer Knechtsstellung Herrlichkeit, wenn ein Knecht sich sagen kann: Ich diene meinem Heiland; er hat mich dahin gestellt, wo ich stehe; da soll ich ein Zeuge sein von dem, was Christus ist; da soll ich den Süßgeruch Christi hineintragen.

13. November

Die da Weiber haben, daß sie seien, als hätten sie keine; und die da weinen, als weinten sie nicht; und die sich freuen, als freuten sie sich nicht; und die da kaufen, als besäßen sie es nicht; und die diese Welt gebrauchen, daß sie dieselbe nicht mißbrauchen. Denn das Wesen dieser Welt vergeht. **1. Kor. 7, 29—31**

Bei allem Vertrauen auf den Herrn, was unsere persönlichen Bedürfnisse betrifft, müssen wir jedoch auch lernen, uns durch nichts binden zu lassen, was zu unserem irdischen Heim gehört. „Die, welche leben, sollen hinfort nicht ihnen selbst leben." Nur wenn wir unseres Gottes harrend und ihm zur Verfügung stehend, nach Römer 12, 1. 2, auf dem Altar liegen, können wir herausfinden, was Gott an jedem besonderen Tag und zu jeder besonderen Stunde unseres Lebens von uns will. Christi Herz war allezeit überströmend von Liebe und Gnade, aber immer unter des Vaters Kontrolle stehend (vgl. Joh. 11, 1—11), und auch wir müssen uns, was unsere Angehörigen und unsere häuslichen Verhältnisse überhaupt betrifft, unter seine Kontrolle stellen. Er weiß, was uns das kosten mag, ihm Raum zu lassen, daß er seinen angefangenen heiligen Weg mit uns zu Ende gehe; aber wir haben uns durch keinerlei Furcht vor den Konsequenzen oder dem Unwillen von Freund und Feind abhalten zu lassen, unserm Gott zu gehorchen.

In Wartezeiten stellt es sich heraus, ob du den königlichen Geist, ein königliches Vertrauen zu deinem Heiland hast. Saul hatte diesen königlichen Geist nicht, als das Heer Israels zerstreut wurde; er nahm die Dinge in seine eigene Hand und verlor die Krone darüber. Nicht jeder von uns hat durch Proben zu gehen, wie unser Herr und Meister sie in dieser Beziehung durchzumachen hatte; aber tritt an uns die Probe heran, unsere Lieben allein in Gottes Hand lassen zu müssen, so werden wir hierfür hinreichend Gnade bei unserem Gott finden.

Merken wir also, daß der Herr nie von uns verlangt, daß wir an zwei Orten zugleich seien: Sollen wir mit unserem ganzen Sein und Wesen auf dem Altar liegen und unserem Herrn Tag und Nacht nicht nur für unsere eigenen Bedürfnisse, sondern auch für die unserer Lieben vertrauen, so müssen wir es uns unter Umständen gefallen lassen, mißverstanden zu werden, wenn uns der Herr deutlich gezeigt hat, daß wir da oder dort für den Augenblick nichts zu tun haben; es ist das die Herrlichkeit und der Adel der Stellung, die wir unserem Gott gegenüber einnehmen, und nie dienen wir den anderen mehr oder wahrhafter, als wenn wir im Gehorsam gegen Gottes Weisung darauf eingehen. Wir helfen ihnen damit mehr als mit unserer rein menschlichen Liebe, wenn Gott es für gut erachtet, daß sie durch diese Schule gehen.

Laßt uns unsere Lieben nicht fleischlich pflegen — o tun wir das nie, niemals! Wie viele Kinder werden von ihren Eltern durch fleischliche Verzärtelung in Grund und Boden verderbt, und wie vielen Erwachsenen schaden wir durch weichliche Liebe an ihren Seelen! Gott kann das Fleisch opfern; er hat des Fleisches seines eingeborenen Sohnes nicht geschont. Er kann unser Fleisch drangeben, um das Leben des ewigen Gottmenschen in uns zur Ausgestaltung zu bringen. Wandle ich im Licht, so kann ich meine Lieben getrosten Herzens in völligem Vertrauen Gott überlassen; denn ich weiß, daß sie in seiner Hand sicherer sind als in der meinen.

14. November

Ringet darnach, daß ihr stille seid und das Eure schaffet und arbeitet mit euren eigenen Händen, wie wir euch geboten haben, auf daß ihr ehrbar wandelt gegen die, die draußen sind, und ihrer keines bedürfet!

1. Thess. 4, 11. 12

Die Arbeit ist nicht in erster Linie um des Verdienstes willen da, sondern sie ist eine sittliche Forderung, sie ist ein Gebot, eine Ordnung Gottes. „Im Schweiß deines Angesichts sollst du dein Brot essen, bis daß du wieder zu Erde werdest" (1. Mose 3, 19). Sie gibt dem Menschenleben an sich Gehalt und Inhalt. „Unser Leben währt 70 Jahre, und wenn's hoch kommt, so sind's 80 Jahre, und wenn's köstlich gewesen ist, so ist es Mühe und Arbeit gewesen" (Ps. 90, 10). Die Arbeit ist dazu da, daß wir uns innerlich und äußerlich durch sie entwickeln und ausbilden; aber das tägliche Brot ist nicht daran gebunden: „Er gibt Brot allem Fleisch." Ist man aufs Trockene gesetzt, wenn man nicht mehr arbeiten kann? Der Mensch ist ursprünglich auf seinen Gott und nicht auf seiner Hände Arbeit angewiesen. Was dem Menschen bei seinem Fall verlorenging, das gilt wieder voll und ganz für Jesus Christus, den wahren Menschensohn, und gilt für seinen Samen. Die Kinder des Menschensohnes leben auch nicht in erster Linie von dem Brot, das durch den Ertrag des Feldes gewonnen wird; sie leben nicht von dem, was sie zustande bringen, nicht von dem, was auf den gewöhnlichen Wegen des Verkehrs und Austauschs, der Hände Arbeit, des Erbes, des Geschenks oder der Ersparnisse in ihre Hände kommt; sie haben es Tag für Tag, Woche für Woche, Jahr für Jahr direkt und unmittelbar mit ihrem Gott zu tun. Er sorgt für sie. Sie kreuzen nicht die Arme oder gehen träumend dahin, nein, sie arbeiten. Sie arbeiten, weil sie treu erfunden werden wollen vor ihrem Gott nach der Ordnung Gottes, die er ein für allemal eingesetzt hat: Wer nicht arbeitet, soll auch nicht essen (2. Thess. 3, 10). Aber die Frage ihrer Zukunft und ihres Unterhalts ist für sie in keiner Weise an die Arbeit gebunden. Nimmt uns der Herr die Arbeit aus der Hand, finden wir uns zur Arbeit unfähig, so weiß ein Glaubensmensch: er lebt von jedem Wort, das aus dem Mund Gottes kommt; er wird von seinem Gott versorgt. Die aus dem Sohn Gottes Gezeugten sind Königskinder, Wundersöhne und Wundertöchter; für sie gilt die Wüstenregel, die der Herr durch alle vierzig Jahre der Wüstenwanderung Israels hindurch bestätigt hat.

Einmal kann der Herr erlauben, Ersparnisse zu machen, und ein andermal können Würmer oder Motten und Rost daran kommen, das Feuer oder die Diebe rauben es, oder es geht in einem Bankkrach oder in Kriegs- und Revolutionszeiten und dem Zusammenbruch der ganzen Wirtschaft eines Volkes unter. Es hängt nicht an der Natur und Beschaffenheit des von Gott Dargereichten, sondern daran, ob du die Vorsorge für dein Brot fleischlich in deine Hände nimmst oder deinem Gott die Ehre gibst.

Vergiß denn nicht: Der Mensch kann sich nichts nehmen, es werde ihm denn gegeben von oben! Laß dich in kein Rennen, Jagen und Schaffen hineinziehen! Du kannst nicht mehr an dich reißen, als in deinen Lebensgang, als in deinen Rahmen hineintaugt. Aber ebensosehr hüte dich vor Trägheit! Verlange nicht vor der Zeit in die Ruhe, denkend, es sei nun genug gearbeitet! Hüte dich vor Fahrlässigkeit! Laß nichts zu Boden fallen von dem, was der Herr in deinen Lebensweg hineingelegt, was er dir anvertraut hat! Laß es dich auch nicht verdrießen, wenn der Herr dir ein gut Teil Lasten und Schwierigkeiten als Übung zumißt; gerade darin liegt ein großer Reichtum.

15. November

Alle eure Sorge werfet auf ihn; denn er sorget für euch. 1. Petr. 5, 7

Auch im Vaterunser steht die Bitte „Unser täglich Brot gib uns heute!" im Mittelpunkt, und zwar mit allem, was die Brotfrage in sich schließt. „Mangelt jemand Weisheit, so bitte er von Gott." Wir wissen ja gar nicht, in welche Lage wir heute kommen; also bitten wir: „Gib uns Brot, Leitung, Bewahrung, Erquickung, wenn letztere nötig ist, Ermutigung — kurz alles, was wir bedürfen! Sorge für uns, Herr; wir legen die Sache in deine Hand; die Fragen, welche der Regelung warten, ordne heute, wie du gestern getan hast!" Es muß alles aus unseren Händen in Gottes Hand kommen, und die äußeren Schwierigkeiten sind nur die geheimen Fäden, durch die Gott allmählich den ganzen Menschen zu sich zieht. Durch alles hindurch will der Herr Kinder haben, die ihm vertrauen, Heilige, die ihn loben. Die gleiche Welle, die uns gestern halb verschlungen hat, trägt uns heute tiefer ins Tal der Demütigungen hinab und höher hinauf in die Gemeinschaft mit dem Herrn.

Jetzt werdet einmal still, und was ihr von schweren Lebensfragen, von Arbeits- und häuslichen Fragen auf euch liegen habt, das legt gewissenhaft und ehrlich zu den Füßen des Herrn nieder, der wirken wird, während er jetzt mit dir redet, und der deiner ganzen inneren und äußeren Haushaltung von heute auf morgen eine andere Gestalt geben kann, wenn du ihn endlich einmal verstehst und anbeten lernst, anstatt zu sorgen! Vielleicht soll es dazu kommen, daß es nicht mehr reicht, daß keine Existenzmöglichkeit mehr für dich vorhanden ist, aber nur damit der Herr seine Herrlichkeit offenbaren könne, und zwar nicht nur auf dem Berg, sondern auch im Tal, nicht nur in bezug auf das Brot, sondern auch in bezug auf deinen Leib. Das Brot dient zur Stärkung des Leibes; nagt aber ein geheimer Krankheitsstoff an unserem Leib, so kann das Brot nicht heilen. Wir dürfen dem, dessen Güte ewig währt, auch unsere Krankheit bringen; das gilt für alle Zeiten. Trachte am ersten nicht nach dem Brot, sondern nach dem Reich Gottes, danach, daß Gott zur Herrschaft komme — und nach seiner Gerechtigkeit, danach, daß du es ihm recht machst; für alles übrige wird er dann sorgen.

16. November

Rufe mich an in der Not, so will ich dich erretten, so sollst du mich preisen. Psalm 50, 15

Welch weitgehende Verheißung und wunderbare Zusage! Das heißt wahrlich, uns Kindesrechte einräumen! Wir haben einen Vater, der kann nicht sehen, ohne zu versehen. Er wird's versehen; genug, daß er es weiß. Er weiß, wo du wohnst, in welchem Gefängnis, und er hat vorausgesorgt. — Es ist eine heidnische Vorstellung, zu denken, Gott könnte uns eines Tages vor eine verschlossene Tür stellen und durchgehen heißen, ohne aufzutun; wir könnten einmal in eine Notlage kommen und auf uns selber angewiesen sein — als ob nicht in jedem Ausgehen unserer Kräfte und Hilfsmittel eine Verheißung läge für ein neues Eintreten Gottes, des himmlischen Vaters.

Kinder Gottes, die in der Not Gebetserhörungen erleben wollen, müssen aber vor allem gehorsame Kinder dieses treuen Vaters sein. Zu diesem Gehorsam gegen Gott gehört in erster Linie, daß man Gott mit sich reden läßt. Wie Gott unbekehrte Sünder erhört, so erhört er auch ungehorsame Kinder. Würde er es aber immer gleich auf den ersten Ruf tun, so würde er seine Liebesabsicht nicht erreichen. Anstatt ihn für die schleunige Erhörung zu preisen und uns dankbar an ihn zu halten, würden wir uns alsbald wieder in eigene Wege verlaufen. Darum müssen wir, nachdem wir zum Herrn geschrien haben, ihm nun auch das Wort lassen und stillhalten, um zu hören, was er uns zu sagen hat. Nicht nur aus augenblicklicher Not will Gott dich erretten, sondern deinen innersten Seelenschaden will er heilen; er will deinem Jammer auf den Grund gehen; und da sollst du dir deinen Schaden erst aufdecken und es dich nicht verdrießen lassen, wenn er deinen Notschrei zum Anlaß gebraucht, um dich beiseite zu nehmen und mit dir ins Gericht zu gehen. Soll es bei dir wieder zu einer Vereinigung mit deinem Gott, zu einem Gebetsleben kommen, so mußt du dich erst an den Jakobsbrunnen führen lassen, damit der Herr da unter vier Augen *Haussuchung* mit dir vornehme und seinen heiligen Finger lege auf jeden wunden, faulen Fleck in Herz und Leben, auf alles, was in Haus und Beruf nicht in Ordnung ist — mit einem Wort, du mußt dich selbst ihm hingeben.

17. November

Die Kriegsleute aber in Syrien waren herausgefallen und hatten eine Dirne weggeführt aus dem Lande Israel; die war im Dienst des Weibes Naemans. Die sprach zu ihrer Frau: Ach, daß mein Herr wäre bei dem Propheten zu Samaria! Der würde ihn von seinem Aussatz losmachen.
2. Kön. 2. 3

Die Geschichte Naemans ist um deswillen so eigenartig, weil wir es hier mit zwei Gefangenen zu tun haben. Von Naeman heißt es: „Durch ihn gab der Herr Heil in Syrien." Gott hatte ihn dazu benützt, sein eigenes Volk zu demütigen. Der erste Minister, der mächtige Kriegsheld, jedoch ein furchtbares „Aber", er war aussätzig! Welch eine Gefangenschaft! Die Gefangenschaft eines zum Tod Verurteilten; aber durch Gottes Hand nimmt die Gefangenschaft eine wunderbare Wendung. Naeman hätte nicht die Herrlichkeit des Herrn kennengelernt, wenn er nicht aussätzig gewesen wäre. Gerade unsere Gebundenheiten, das Weh, worüber wir seufzen, das wir vielleicht keinem Menschen sagen können, das braucht Gott, um uns in die volle Freiheit hineinzuführen. Naeman war vom Samen Abrahams. Davon zeugt, daß er, der Mächtige, den Rat einer Magd nicht verachtet. Das ist wahrhafte Größe, die das Kleine werthält und daran denkt, daß Gott oft in das Geringe seine wunderbaren Offenbarungen hineinlegt.

Aber nun die andere Gefangene! Können wir uns in die Lage des jungen Mädchens hineindenken, das, aus der Heimat verschleppt, nun im fremden Hause Sklavendienste tun mußte? Sie war sicher aus vornehmem Stand, sonst wäre sie nicht in den Palast des Mächtigsten im Reich nach dem König gekommen und dort die Kammerjungfer der Gemahlin Naemans geworden. Einsam in der Fremde! Aber sie denkt dort nicht an ihre Lage, sie verzehrt sich nicht in Wehleidigkeit und seelischem Heimwehgefühl, sie hängt nicht weichlichen Erinnerungen an die Vergangenheit nach, sie dreht sich nicht um sich selbst, sie hat ein geöffnetes Auge für die Not der anderen, sie dient anderen. Das zeugt davon, daß sie vom rechten Samen Abrahams war. „Wenn doch mein Herr wäre bei dem Propheten in Israel, der würde ihn von seinem Aussatz losmachen!" Wie es kam, daß dies geraubte Mägdlein mit dem Propheten Elisa bekannt geworden war, wissen wir nicht; sie war die einzige unter Hunderttausenden, die ein Verständnis hatte für das, was Jehova seinem Volk gegeben hatte durch ihn.

So geht es immer. Es können die meisten wie Schlafwandelnde von Predigt zu Predigt, von Zeugnis zu Zeugnis taumeln, sie vernehmen nichts, und ihre Herzen bleiben erstarrt. Die anderen aber hören vielleicht nur einmal ein Wort, einen Ton aus der Ewigkeit, und ihre Herzen werden entzündet für den Herrn. Ja, jenes Mädchen war eine echte Tochter Abrahams; in ihr war göttlicher Same verborgen, und der bricht durch. Göttlicher Same mag lange verborgen liegen, aber er muß doch durchbrechen. Erzählt man doch, daß in den Pyramiden Weizenkörner Tausende von Jahren verborgen gewesen sind, und als man sie dann gepflanzt hat, hat der Lebenskeim in ihnen sich doch entfaltet, und es gab Ähren.

Lernen wir von diesem Mädchen, was das Lied sagt: Wohin er mich dann mag senden, weih' ich ihm mein Leben zum Preis!

18. November

Da ging er hinein zu seinem Herrn und sagte es ihm an und sprach: So und so hat die Dirne aus dem Lande Israel geredet. 2. Kön. 5, 4

Wenn wir die Geschichte Naemans mit Jesu Auftreten in Nazareth (Luk. 4, 16—20) vergleichen, so wird die erste noch wunderbarer. In Nazareth konnte der Herr wenig tun, weil die Bewohner der Stadt ihm nicht glaubten. Sie hatten ihn aufwachsen sehen unter sich. Sie mußten an dem Knaben und Jüngling, der stets freundlich und hilfsbereit, bescheiden und demütig war und doch so hoch über ihnen stand, der nie die gleichen Sünden wie die anderen mittat, sie mußten an diesem Knaben etwas Außerordentliches entdecken. Aber sie setzten sich nie mit diesem Außerordentlichen auseinander. Das ist eine geistige Trägheit und sittliche Faulheit; wenn wir uns mit dem Höheren, das Gott uns in den Weg legt, nicht auseinandersetzen, dann kommen wir herunter. Stufenweise in dem Maß, wie Christus heranwuchs, verhärteten sich die Einwohner von Nazareth. Und so war es bei dem Volk Israel in der Zeit Elias; sie hatten sich an das Außergewöhnliche der Prophetengestalt des Elia und an die Wunder seines Nachfolgers Elisa gewöhnt, sie verhärteten sich immer mehr. Die Aussätzigen mehrten sich; niemand war da, der die Heilkraft, die Elisa anvertraut war, ihnen zuteil werden ließ. Jenes Mädchen aber glaubt an den Propheten, wenn auch ihr ganzes Volk ungläubig ihm gegenübersteht. Und als sie alles lassen und mit in die Fremde ziehen muß, nimmt sie ihren Glauben noch mit.

Sie hat durch des Herrn Geist erkannt, daß im Herzen Naemans zubereiteter Boden ist, und da kümmert sie sich nicht darum, was die anderen von dem Propheten denken; sie zeugt ruhig.

Willst du, liebe Seele, da, wo Gott dich hingestellt hat, Abrahams Verheißung an dir erfüllt sehen: „Ich will dich segnen, und du sollst ein Segen sein", so ziehe Abrahams Art an und laß dich an den Platz führen, den Gott für dich bestimmt hat, und sei dort für ihn da, auch wenn du durch Krieg oder Revolution oder anderes Unglück dorthin verschleppt wirst! Es ist die treue Hand deines Gottes, der dich dorthin gestellt hat, damit du ein Werkzeug für ihn bist. Dein Glaube muß unabhängig werden von dem Glauben oder Unglauben derer, aus deren Kreisen du stammst. Wir können uns nie genug gegenseitig warnen, vor der Luft, die wir atmen, auf der Hut zu sein. Wir müssen absehen von allem um uns her und fußen auf dem ewigen Wort Gottes. So geht es in die heiligen Linien hinein, in denen man fruchtbar wird für die Ewigkeit.

19. November

Jesus rief ein Kind zu sich und stellte das mitten unter sie und sprach: Wahrlich, ich sage euch: Es sei denn, daß ihr euch umkehret und werdet wie die Kinder, so werdet ihr nicht ins Himmelreich kommen.

Matth. 18, 2. 3

Es war nur ein Kind, durch das der Herr im Hause Naemans so Großes ausrichtete. Laßt mich dieses Kind heute mitten unter euch stellen und die Worte Jesu euch ins Herz hineinrufen: „Es sei denn, daß ihr euch umkehrt und werdet wie die Kinder, so werdet ihr nicht ins Himmelreich kommen!" Dieses Kind hatte noch nicht viele geistlichen Erfahrungen gemacht; man hätte denken sollen, seine innere Entwicklung wäre durch den jähen Wechsel ganz unterbunden worden. Was hat dieses Mägdlein im zarten Alter doch alles innerlich und äußerlich entbehren müssen; aber es steht vor uns glaubend, dienend, zeugend. Gott braucht keine Großen; wenn wir nur werden wie die Kinder, so einfältig und einfach ihm vertrauen und uns nicht bekümmern um das, was uns andere vorleben und vorsagen, sonst geht alles für uns verloren, was uns der Herr in heiligen Stunden geschenkt hat. Wahre Abrahamskinder lassen sich nicht irremachen, sie sind ihres Weges sicher und gehen ihn unbeirrt.

Wenn der Herr uns brauchen will für andere, dann nimmt er uns aus dem Kreis, in dem wir bisher gelebt haben, dann verpflanzt er uns auf fremden Boden; es geht nicht anders, es kostet unser eigenes Leben. Wer wählt sich da noch das Land, wo er seinem Gott dienen will? „Herr, ich will doch sehen, wie du mich brauchen kannst, was du mit mir machen kannst, wenn du mich auch durch Raub und Gefangenschaft an mein Plätzchen führst!" Das sind die Grundlagen für jeden Dienst für den Herrn. Nie sich mit der Vergangenheit abgeben, nicht sich selbst gürten und führen, sondern dem Herrn volle Freiheit erlauben, uns dahin zu führen, wohin er will, nie daran denken, was wir haben hingeben müssen, was der Dienst uns kostet, was wir durchmachen müssen. „Herr, ich will, daß mein armseliges Leben, das so erstaunlich schnell dahingeht, etwas abwirft für dich und für die, unter die ich gestellt bin!" Paulus hat auch nie damit gerechnet, was er durchmachen mußte — und durch was für Wehen führte ihn der Herr! Aber er hat nicht wehleidig sich mit sich selbst abgegeben, sondern er hat sich in Ketten legen lassen auf dem Weg nach Damaskus und hat nie an seinen Ketten gerüttelt, bis er sie niederlegen durfte vor seinem König.

So laß dir denn, der du dich einsam, fremd fühlst und unbehaglich in den Verhältnissen, in denen du stehst, den Horizont öffnen und sieh dein Leben von diesem neuen Gesichtswinkel aus an! Fürchte nicht, daß der Herr dir in deiner Gefangenschaft etwas fehlen lassen wird! Er gibt allen seinen Geschöpfen, was sie brauchen; aber am allertreusten denkt er an die, die ihm dienen. Er schenkt jeder Pflanze, jedem Tier unter seinem Himmel Luft, Licht, Speise, alles, was nötig ist zum Gedeihen und Wachsen. Er gibt auch dir, was du bedarfst zum Weiterkommen, zum Vollendetwerden; er sorgt für alle deine Bedürfnisse, er hat Stärkung, Himmelsspeise für dich, wenn du um jeden Preis möchtest, daß er zum Ziel mit dir komme und keins seiner Worte auf die Erde falle. Und sollte es wirklich hier unten keinen Platz mehr für dich geben, dann hat er solchen noch in der anderen Welt, dann holt er dich hinauf, dann hast du auf der Erde nichts mehr zu tun, ja er hat ein Plätzchen für die, die es ihm recht machen wollen. Fürchte dich nicht, glaube nur!

So gehe also, wenn es sein muß, deinen Weg allein, und zage nicht; nähre dich vom Heimat- und Hausbrot, vom Worte Gottes und gehe heilig um mit dem, was der Herr Heiliges niederlegt in deinem Leben!

20. November

Und die Salbung, die ihr von ihm empfangen habt, bleibt bei euch, und ihr bedürft nicht, daß euch jemand lehre, sondern wie euch die Salbung alles lehrt, so ist's wahr und ist keine Lüge, und wie sie euch gelehrt hat, so bleibet bei ihm! 1. Joh. 2, 27

Das Charakteristische des Neuen Bundes ist, daß alle von Gott gelehrt sein und ihn kennen sollen (Jer. 31, 34; Jes. 54, 13; Hebr. 8, 11). Die Salbung lehrt sie alle, die Kleinen wie die Großen, die Niedrigen wie die Hohen. Wer auf den Herrn harrt und von seinem Geist sich leiten läßt, ist dadurch in seiner Arbeit über zahllose Befürchtungen, Rücksichten und Hemmnisse hinweggehoben. Er ist in seinen Bewegungen nicht mehr aufgehalten; er kann nun laufen in den Wegen göttlicher Gebote. Sein Herz und sein Sinn sind frei, um ausschließlich die Anforderungen des Dienstes, den der Herr ihm nach seinem Wohlgefallen aufgetragen, ins Auge zu fassen. In allem übrigen, auch in Fragen der Rücksicht und Pflege des Leibes, vertraut er der Leitung des Herrn. Der Herr ist die einzige unfehlbare Autorität, und ihm steht in allen Dingen das letzte, entscheidende Wort zu. — Aber auch solche, die die Salbung haben, ständen nicht mehr recht, wenn sie es verschmähten, Hilfe, Rat oder Warnung von denen anzunehmen, die Gott einem schickt. Mose hat z. B. bei Jethros Besuch nicht gesagt: Was kann von Midian Gutes kommen? Er läßt sich raten und helfen (2. Mose 18).

Wir können, ohne es selber zu merken, in etwas hineinkommen, das uns mit der Zeit lahmlegen würde. Da ist es eine Hilfe, wenn von draußen jemand herkommt, der die Sache vorurteilsfrei ansieht und uns sagt, was ihm auffällt.

Zweierlei ist wichtig für den gesunden Gang eines Gotteskindes. Einerseits muß es seiner Stellung zu Gott gewiß sein, daß man sich nicht immer wieder durch Menschen, und wären es auch christliche Autoritäten, erschüttern läßt in dem, was Gott einem gegeben, anvertraut und aufgeschlossen hat. Wir können uns nicht auf alles einlassen, was der eine oder der andere an uns zu ändern wünscht. Andererseits aber dürfen wir auch nicht meinen, daß wir nun gar nichts mehr zu lernen hätten. Es hat sich so viel Ungesundes im Christentum eingeschlichen, in Gebräuchen, Gewohnheiten und Redensarten, selbst in Bewegungen und Gebärden, daß wir uns nicht wundern dürfen, wenn der Herr uns auch einmal aus der Welt her Zurechtweisung zukommen läßt, wenn er ehrliche und gottesfürchtige, aber noch nicht wiedergeborene Menschenkinder braucht, uns Handreichung zu tun und Winke zu geben. Jedes klare und nüchterne Urteil weckt. Wohl dem, der sich gern sagen läßt!

Es kann ja geschehen, daß wir mit klarem Blick an einem anderen etwas sehen, worüber ihm die Augen noch nicht aufgegangen sind, und wir können berufen sein, etwas vor ihn hinzulegen, was er erst später brauchen kann, worüber ihm zur Stunde sein Gott nichts gebietet. Jeder hat es mit seinem Gott zu tun. Es geht da nach der Richtschnur von Philipper 3, 15: „Lasset uns also gesinnt sein! Und solltet ihr sonst etwas halten, das lasset euch Gott offenbaren!" Verachtest du aber einen Wink, weil du nicht mehr nüchtern, nicht mehr klein und demütig bist, so magst du dich auf bittere Erfahrungen gefaßt machen.

21. November

Du machst dich zu müde, dazu das Volk auch, das mit dir ist. Das Geschäft ist dir zu schwer, du kannst's allein nicht ausrichten. 2. Mose 18, 18

Meine Hand soll ihn erhalten, und mein Arm soll ihn stärken. Ps. 89, 22

Es kann einem in der Unruhe der heutigen Zeit so gehen, daß Geschäft auf Geschäft sich häuft; eines erwächst aus dem anderen, und man weiß oft nicht, wo anfangen und wie sich wehren. Da macht mancher weiter, als könnte es nicht anders sein, als sei es eine ausgemachte Sache, Gott wolle es so haben. Wenn wir merken: so kann es auf die Dauer nicht gehen, das ist zu schwer, zu viel, so müssen wir unsere Lage und unsere Verhältnisse vor Gott bringen, ihm zutrauen, daß er sie in die Hand nimmt. Der Wolken, Luft und Winden gibt Wege, Lauf und Bahn, der für jedes Pflänzchen seinen Boden hat, da es wachsen kann, der allem Geschaffenen Raum gibt, sich zu entfalten, der wird sorgen, daß auch wir die nötige Luft zum Atmen, den nötigen Raum zu gesunder Entwicklung haben, daß wir zu uns selbst kommen und bei uns selbst bleiben, nicht vom Strudel der Aufgaben fortgerissen werden. Gott kann dir auch einen Jethro schicken, damit du wieder zu Atem kommst. Er greift ein von einer Seite her und in einer Weise, wie du es nie gedacht hättest; und es geht wieder. Nur mußt du zu denen gehören, die sich nicht in ihren eigenen Gang verrennen, sondern das Ohr offen behalten für ein Wort und einen Wink ihres Gottes, durch irgendwelchen Boten gesandt. Sobald die immer drückender werdende Last das ausgerichtet hat, was sie ausrichten sollte, schafft Gott Luft und Raum; er denkt an die Seinen, er sorgt für jedes.

Eine überaus herrliche Erfahrung, die jedes Kind Gottes machen kann, liegt in der übernatürlichen Kraft, die der Herr für besondere Zeiten und Aufgaben schenkt. Für Nachtwachen bei Kranken, für den Dienst am Armen und Verlassenen, in Predigt und Seelsorge, aber auch sonst in den verschiedensten Lebensstellungen, wo immer uns der Herr klar und bestimmt eine Aufgabe zuwies, für die wir weder Kraft noch Zeit, weder Weisheit noch Geschick hatten, da ist der Herr eingestanden und hat uns hindurchgetragen. Er hat uns zu einer Erquickung und Stärkung werden lassen, was uns nach menschlicher Voraussicht und nach dem natürlichen Gang der Dinge hätte erschöpfen und zu Boden drükken müssen.

Der Herr verlangt dabei immer nur das eine, daß wir uns als echte Kinder Abrahams ausweisen, nicht auf unseren erstorbenen Leib, auf unser Vermögen oder Unvermögen blicken (Röm. 4, 19), sondern „harren auf den Herrn".

22. November

Lasset euch genügen an dem, das da ist! Denn er hat gesagt: „Ich will dich nicht verlassen noch versäumen." Hebr. 13, 5

Wo der Herr nicht das Haus baut, so arbeiten umsonst, die daran bauen. Wo der Herr nicht die Stadt behütet, so wacht der Wächter umsonst. Es ist umsonst, daß ihr früh aufsteht und hernach lange sitzet und esset euer Brot mit Sorgen; denn seinen Freunden gibt er's schlafend. Ps. 171, 1. 2

Da man's mit dem Gomer maß, fand der nicht darüber, der viel gesammelt hatte, und der nicht darunter, der wenig gesammelt hatte; sondern ein jeglicher hatte gesammelt, soviel er für sich essen mochte. 2. Mose 16, 18

Diese Schriftworte reden eine tiefe, bedeutungsvolle Sprache. Es liegt nicht am Sammeln oder Anhäufen irdischer und geistlicher Güter, nicht am Frühaufstehen oder Spätzubettgehen, nicht am Sorgen und Einrichten, Gott gibt jedem, was und wieviel er braucht, dem einen wenig, dem anderen viel. Es ist das Allertörichtste, andere zu beneiden, die Häuser bauen, Vermögen ansammeln, Schätze des Wissens und Erkennens aufspeichern können. Gehe du einfach deinen Weg, arbeite, wenn es Zeit ist zum Arbeiten, und ruhe, wenn es Zeit ist zum Ruhen! Tritt Gott dir in den Weg, daß du nicht ausführen kannst, was du gern gewollt, so laß die Sache in deines Gottes Hand, und es wird sich finden am Schluß des Tages, der Woche oder des Jahres, daß dein Gott dir genau gegeben hat, was du brauchst, nicht mehr und nicht weniger. Die Leute, die nie satt werden, nie stillstehen können, immer anspruchsvoller Genuß auf Genuß häufen, haben schließlich doch nicht mehr als du in deinem Dachstübchen, oder wo sonst dein Plätzchen sein mag. Du hast vielleicht nur wenige Minuten zwischen der Tagesarbeit fürs Bibellesen, während andere stundenlang dran sitzen können; schließlich haben sie nicht mehr bekommen, als dein Gott dir gibt. Können andere Bäder besuchen, in ein warmes Klima gehen, Bergluft genießen, sich schonen: Dir bleibt Golgatha! Da strömt deinem Leib, den du deinem Heiland zur Pflege übergeben, Bergluft zu, Auferstehungs- und Lebenskräfte nach deinem Bedürfnis, und du kommst noch besser weg als die anderen. — Es gibt reich ausgestattete Naturen, reiche Lebensläufe, und es gibt weniger ausgestattete Naturen, einfältige Leute, die still ihren Gang gehen. Sie kommen zum gleichen Ziel, die Reichen wie die Armen, die Großen wie die Kleinen, die Schwachen wie die Starken. Selig sind die Armen am Geist. Ich preise dich, Vater, sagt Jesus (Matth. 11,25), daß du solches den Weisen und Klugen verborgen hast und hast es den Unmündigen offenbart. Die Unmündigen sind nie verkürzt; der große Gott gelangt schneller und leichter in den Gedankenkreis und zur Auffassung der Einfältigen, als wenn er sich durch den Wust und Staub menschlicher Gelehrsamkeit, Größe und Höhe einen Weg bahnen muß. Die Leute, an denen man so hoch hinaufgesehen, sie sind am Abend ihres Lebens, wenn sie messen, was sie an Glück, Genuß und Gewinn davongetragen haben, um kein Haar reicher als der Arme. Es hat jeder sein Maß von Sonnenschein, von Prüfung, von Arbeit und Heimsuchung.

Will auch nicht ängstlich flehen:
Herr, gib mir dies und das!
O nein, was er ersehen,
das ich mir auch erlas.
Ist auch der Weg verborgen,
der heim mich führen soll,
bin dennoch ohne Sorgen,
den Führer kenn' ich wohl.

23. November

Es lag aber einer krank mit Namen Lazarus, von Bethanien, in dem Flecken Marias und ihrer Schwester Martha. Da sandten seine Schwestern zu ihm und ließen ihm sagen: Herr, siehe, den du liebhast, der liegt krank!
Joh. 11, 1—3

Alle Züchtigung aber, wenn sie da ist, dünkt uns nicht Freude, sondern Traurigkeit zu sein; aber darnach wird sie geben eine friedsame Frucht der Gerechtigkeit denen, die dadurch geübt sind. Hebr. 12, 11

Krankheit ist eines der Zuchtmittel, die der himmlische Vater gebraucht, um uns zu Gefangenen seines Sohnes zu machen, zu dessen überwundenen und willigen Untertanen. Wie gesegnet Krankheit bei Bekehrten oder Unbekehrten wirken kann, um sie auf Gottes Stimme aufmerksam zu machen, ist bekannt. Wie mancher verlorene Sohn, der vom Vaterhaus fliehend niemals auf die Fragen geantwortet hätte: Wo kommst du her? Wo gehst du hin?, ist durch Krankheit zum Stillstehen, zu sich selbst und zur Umkehr gebracht worden! Und von wie manchem Kind Gottes gilt das gleiche! Wie mancher Knecht Gottes ist mitten in der Arbeit für seinen Herrn dem Vaterhaus und Vaterherzen wieder fremd geworden! Während er, um nur ein Beispiel anzuführen, draußen im Dienst anderer seine Kraft verzehrte, hat er sich im Kreis der Seinen, in der Verborgenheit des Familienlebens der Selbstsucht schuldig gemacht, und es hat Krankheit, oft lange und schmerzliche Krankheit erfordert, um ihm die Augen zu öffnen. Er hatte sich als ein beklagenswertes Opfer angesehen und nicht geahnt, wieviel Frau, Kind und Hausgenossen unter ihm zu leiden hatten.

Ist ein Kind Gottes durch die Krankheit erst wieder zu sich selbst gekommen, steht Herz und Leben wieder unter dem Schein göttlichen Lichtes, so kann ihm nun die Krankheit zu einer gesegneten Schule werden, und zwar vor allem zu einer Schule der Selbstverleugnung. Vom Wort und vom Geist Gottes geleitet, erkennt der Kranke, wohin ihn Gott führen will, daß er nämlich allen irdischen Hoffnungen und Aussichten entsage, die Frage seines Auskommens und seiner Zukunft und so manches, was er bisher selbst besorgt hat und nun anderen Händen überlassen muß, vertrauensvoll Gott übergebe. Er erkennt es, und durch die Macht der Gnade lernt er es. Er lernt Geduld und vergebende Liebe üben, wo er bei anderen nicht die zarte Rücksicht und ausdauernde Teilnahme findet, zu der ihn sein Leiden zu berechtigen schien. Er lernt so manches andere, was er in Zeiten der Gesundheit zu lernen versäumt hatte.

Je näher ein Kind Gottes seinem Vater steht, desto eifersüchtiger ist der Vater für seinen Sohn, daß er in diesem Kind die volle Frucht seines Todes schaue, einen vollen Sieg an ihm habe. Macht sich Satan oft an die gefördertsten und brauchbarsten Kinder Gottes und sucht durch

Krankheit wenigstens einen Teil ihrer Kräfte und Glieder dem Herrn zu entziehen, so ist dies nicht nur göttliche Zulassung, sondern Gott gibt unter Umständen gerade diese seine gesegnetsten Kinder für eine Zeit an die Krankheit dahin, bis alles eigene Leben in ihnen gerichtet ist, bis sie sich wieder als Gottgeheiligte erkennen, um als solche ihrem Gott zu leben.

24. November

So demütigt euch nun unter die gewaltige Hand Gottes, daß er euch erhöhe zu seiner Zeit! 1. Petr. 5, 6

Ehe wir daran denken können, für den Herrn und zu seiner Ehre Gesundheit in Anspruch zu nehmen, müssen wir also erst gründlich in der Schule der Selbstentsagung geübt sein, die uns der Herr mit der Krankheit eröffnet hat. Wir dürfen Krankheit nicht mehr als Vorwand benützen, um unseren Launen und Einfällen nachzugeben, unsere Selbstsucht und unseren Eigensinn zu pflegen, anderer Zeit und Aufmerksamkeit in Anspruch zu nehmen und uns bedienen zu lassen. Wieviel wird in dieser Hinsicht namentlich von Eltern bei ihren Kindern gefehlt! Wie bei manchem von Natur nervenschwachen Kind ist von christlichen Eltern die Sünde großgezogen worden, weil sie aus Furcht vor nervösen Krisen oder anderen Zufällen dem Eigenwillen und der Selbstsucht des Kindes nicht entgegenzutreten wagten und so den Leib auf Kosten der Seele pflegten! Die Schrift sagt: „Trachtet am ersten nach dem Reich Gottes und nach seiner Gerechtigkeit, so wird euch solches alles zufallen" (Matth. 6, 33). „Es ist dir besser, daß du zum Leben lahm oder als ein Krüppel eingehst, denn daß du zwei Hände oder zwei Füße habest und werdest in das ewige Feuer geworfen" (Matth. 18, 8). Jedoch erschrecke niemand! Wer im kindlichen Glauben seinen und seiner Kinder Leib dem Herrn zur unmittelbaren Pflege anvertraut, der darf erfahren, daß der Herr alle Verantwortung übernimmt und alle üblen Folgen abwendet, auch wo ärztliche Wissenschaft solche aufs bestimmteste vorhergesagt hat. Wer wie Abraham nicht auf den Leib, sondern auf den Herrn sieht, der bekommt Kraft und Mut, auch ein krankes oder schwaches Kind in der Zucht zu halten, die für dessen geistliches Wohl geboten ist.

Vor allem aber hüte dich in Krankheitszeiten vor deinen eigenen Stimmungen! Spinnst du daran weiter, so kommen Phantasiebilder: Wenn ich noch lange so krank daliege, oder mein Kind oder mein Vater usw. liegen krank, und ich habe doch gesagt, der Herr soll mein Arzt sein, und ich will keinen anderen — was soll dann werden? So hört man auf alle möglichen Stimmen und läßt sein Auge ruhen auf Bildern, bis man nicht mehr weiter kann in Sumpf und Schlamm. Die Stimme Gottes aber: „Fürchtet euch aber vor ihrem Trotzen nicht und erschrecket nicht;

heiligt aber Gott den Herrn in euren Herzen!" (1. Petr. 3, 14. 15) hört man dann nicht. Ich bin der Herr, dein Arzt, dein Gott; laß mich nur machen und habe du Sorge, daß dir durch die Krankheit endlich die Ohren aufgehen! Du hast die Ohren so voll vom Geräusch der Welt, von dem, was andere Christen sagen und was du von Kindheit an gehört hast — voll von dem, was man sagen wird, wenn du nicht gleich geheilt bist, wenn die Krankheit wiederkommt, voll wohl auch von manchem, was dir nie hätte gesagt werden dürfen! Was soll Gott mit einem Menschenkind anfangen, das nicht still werden kann? Faßt er dich nicht deswegen an deinem Leib und läßt dich nicht mehr los, du aufgeregtes, zappelndes, unstetes Wesen? Du willst schnell fertig sein und kannst nicht still werden in deinem Gott!

Wir müssen in die göttliche Wahrheit erst hineinwachsen, und wir wachsen hinein durch Stillwerden, durch fleißiges Horchen. „So du fleißig horchen wirst auf die Stimme des Herrn." Wer Musik lernen will oder eine neue Sprache, der horcht auf die Töne, die ihm entgegentreten. Das Wort ist eine neue Sprache, eine neue Welt; da kommen neue Klänge an uns heran. Alle Führungen Gottes sind eine Gottessprache. In deiner langen Krankheit, in deiner Unruhe, in deiner Gebundenheit, im Druck deines Gemüts kannst du eine Sprache deines Gottes merken. Die Dinge sind nicht hineingeschneit in dein Leben, wie heidnischer Sinn es meint; Gott weiß, was er tut.

25. November

Fürwahr, er trug unsere Krankheit und lud auf sich unsere Schmerzen. Wir aber hielten ihn für den, der geplagt und von Gott geschlagen und gemartert wäre. Jes. 53, 4

Wir möchten unseren teuren Kranken nun noch ein Wort inniger und herzlicher Teilnahme zurufen. Vergeßt nicht, möchten wir ihnen sagen, daß das Wort Jesaja 53, 4 in einem tiefen und bedeutungsvollen Sinn jetzt schon seine Anwendung für euch findet, auch wo ihr auf seine völlige Erfüllung noch zu warten habt! Jetzt schon dürft und sollt ihr die Last eurer Krankheit, so gut wie jede andere, auf den Herrn werfen, und ihr werdet bei ihm ein offenes, teilnehmendes Herz finden. Er hat, ausgestreckt zwischen Himmel und Erde, die Bitterkeit und das Weh leiblicher Schmerzen an sich selbst erfahren. Mit Freudigkeit dürfen wir nun seinem Thron nahen, gewiß, Gnade und Barmherzigkeit, Trost und Hilfe bei ihm zu finden, wie uns not ist (Hebr. 4, 16).

Wo einem Kind Gottes der Vater die Krankheit noch nicht nehmen kann, überläßt er es deshalb keineswegs ihrer Willkür; im Gegenteil: er umgibt es mit der zartesten Pflege; „er stärkt es auf seinem Siechbett; all sein Lager wandelt er in seiner Krankheit" (Ps. 41, 4). Hier gilt das

Wort: „Das zerstoßene Rohr wird er nicht zerbrechen, und den glimmenden Docht wird er nicht auslöschen" (Jes. 42, 3). — „Er kennt, was für ein Gemächte wir sind; er gedenkt daran, daß wir Staub sind" (Ps. 103, 14). Es handle sich um körperliche Schmerzen oder um innere Leiden und Trübungen, wie Krankheit sie so vielfach im Gefolge hat: jederzeit und unter allen Umständen darf sich der Kranke getrösten, daß Gott ihn nicht über seine Kräfte wird versucht werden lassen, daß er mit der Versuchung einen solchen Ausgang schaffen wird, daß sein Kind es ertragen kann (1. Kor. 10, 13).

Wo dann der Herr erbarmend eingreift und die Schmerzen lindert, wo er einem Kranken, der nur noch flüchtig zu ihm aufgeschaut oder aus der Ferne zu ihm geseufzt hat, wieder Freiheit und Raum gibt, vor ihn zu treten und vor ihm zu stehen, da eröffnet sich diesem ein hoher und heiliger Beruf. — In ernster und strenger Schule hast du, lieber Leidender, Selbstentsagung und Unterwerfung gelernt; du hast gelernt, dich mit rückhaltlosem Vertrauen der Liebe deines Gottes zu überlassen; nun bist du deinerseits fähig geworden, einen segensreichen Beruf der Liebe auszuüben, und das mitten in der Krankheit. Du hast in Christus einen Hohenpriester gefunden, der deine Last auf sich genommen hat; tritt ihm näher und lerne zu seinen Füßen, wie man anderer Lasten trägt; laß dich von ihm zum Priester salben (Offb. 1, 6)!

Zur Ausübung dieses unseres königlichen Priestertums (1. Petr. 2, 5. 9) soll uns heranbilden, was wir in Krankheit oder sonst einer Schule gelernt haben. Es ist der Beruf, für den wir erschaffen sind, zu dem unsere Erlösung uns zurückführt, und der somit jedem Christen obliegt. Priester aber ist, wer Gottes Sache zu der seinen macht, wer für Gottes Ehre und Interessen, für einzelne, für Gemeinden und Länder in den Riß steht, wer anderer Lasten trägt (Gal. 6, 2), liebend, fürbittend, mitleidend. Wo ein Kranker diesen Beruf erkennt und erfaßt, da wird sein Krankenbett ein Lebens- und Wärmeherd, dessen Wirkung unberechenbar ist, dessen Strahlen weit über die Grenzen seiner unmittelbaren Lebensbeziehungen hinausreichen.

26. November

Der Leib dem Herrn und der Herr dem Leibe. **1. Kor. 6, 13**

Es sollen aber unsere Kranken auch wissen, daß, obwohl wir noch nicht die Erlösung des Leibes haben, dennoch herrliche und vollgültige Verheißungen in bezug auf die Heilung und Aufrichtung unseres Leibes gegeben sind. Aus Jesaja 53 ersehen wir, daß das Lamm Gottes auch unsere Krankheit getragen hat. „Er trug unsere Krankheit und lud auf sich unsere Schmerzen", heißt es dort Vers 4. Niemand denkt daran, das

Wort auf eine besondere Zeit, wie etwa auf die zur Zeit Jesu und der Apostel lebenden Geschlechter, zu beschränken. Daß aber damit nicht nur geistliche Übel und Gebrechen, sondern wirklich leibliche Krankheiten und Schmerzen gemeint sind, erhellt aus Matthäus 8, 16. 17: Am Abend aber brachten sie viele Besessene zu ihm; und er trieb die Geister aus mit Worten und machte allerlei Kranke gesund, auf daß erfüllt würde, was gesagt ist durch den Propheten Jesaja, der da spricht: „Er nahm unsere Krankheiten weg." — Der Herr soll an uns nach *Leib und Seele* die volle Frucht seines Leidens schauen dürfen. „Darum daß seine Seele gearbeitet hat, wird er seine Lust sehen und die Fülle haben" (Jes. 53, 11). — Ebenso bestimmt ist die Stelle Jakobus 5, 14—16: „Ist jemand krank unter euch, der rufe zu sich die Ältesten von der Gemeinde, daß sie über ihm beten und ihn salben mit Öl im Namen des Herrn! Und das Gebet des Glaubens wird dem Kranken helfen, und der Herr wird ihn aufrichten; und so er hat Sünden getan, werden sie ihm vergeben sein. Bekenne einer dem anderen seine Sünden und betet füreinander, daß ihr gesund werdet! Des Gerechten Gebet vermag viel, wenn es ernstlich ist."

Gestützt auf die Schrift, die nicht gebrochen werden kann, erbitten und erwarten wir unsere Heilung mit unerschütterlicher Zuversicht, wie lange und wie schwer auch die Prüfung sein mag, der unseren Glauben zu unterwerfen Gott gefällt, was auch die äußeren oder inneren Hindernisse sein mögen, die der augenblicklichen und vollständigen Verwirklichung des göttlichen Willens in uns entgegenstehen. Aller „Gehorsam der Wahrheit durch den Geist", alles „im Glauben" geschehene Festhalten einer geoffenbarten Wahrheit reinigt das Herz (1. Petr. 1, 22; Apg. 15, 9). Durch Reinigung und Läuterung aber werden wir zubereitet, um die Verwirklichung dessen, was wir geglaubt haben, schauen zu können. Hängt die Verherrlichung Gottes auf Erden von der Entschiedenheit ab, mit der unser Glaube seine Verheißungen erfaßt, so kommt es bei einem kranken Kind Gottes vor allem darauf an, eine bestimmte und entschiedene Antwort auf die Frage zu geben: „Willst du gesund werden?"

Vergiß nicht, lieber Kranker, wo Gott neue Aufgaben gibt, da gibt er auch neue Kräfte im entsprechenden Maß! Denke nicht, der Herr werde deinen Leib heilen, ohne der Seele neue Heils- und Lebenskräfte zuströmen zu lassen, ohne dich innerlich neu auszurüsten für die Tage der Gesundheit! Laß deine Furcht fahren, vertraue deinem himmlischen Arzt! Und fragt er dich: „Willst du gesund werden?" — so antworte kühn und fest, im Blick auf seine Gnade und Treue: „Ja, Herr, um deinetwillen und zu deines Namens Ehre!"

27. November

So ein Glied leidet, so leiden alle Glieder mit. **1. Kor. 12, 26**

Gedenket der Gebundenen als die Mitgebundenen und derer, die Trübsal leiden, als die ihr auch noch im Leibe lebet! **Hebr. 13, 3**

Ist jemand krank, der rufe zu sich die Ältesten von der Gemeinde, daß sie über ihm beten und ihn salben mit Öl in dem Namen des Herrn! Und das Gebet des Glaubens wird dem Kranken helfen, und der Herr wird ihn aufrichten; und so er hat Sünden getan, werden sie ihm vergeben sein. Bekenne einer dem anderen seine Sünden und betet füreinander, daß ihr gesund werdet! Des Gerechten Gebet vermag viel, wenn es ernstlich ist. **Jak. 5, 14—16**

Es ist Sache der Gesunden, derer, die den freien Gebrauch ihrer Gebets- und Glaubenskräfte haben, für ihre gebundenen Brüder in den Riß zu treten. Sie sind ihnen den Liebesdienst schuldig, den die vier Männer im Evangelium dem Gichtbrüchigen geleistet haben; sie sollen ihre Kranken dem Heiland zu Füßen legen und dort lassen, bis er sich ihrer erbarmt.

Ist die Aufmerksamkeit des Vaters kranken Kindern in besonderer Weise zugewandt, so ist es selbstverständlich die Aufgabe der gesunden Glieder des Leibes Christi, in ihres Vaters Sinn einzugehen und ihren kranken Geschwistern mit warmer Teilnahme, mit rücksichtsvoller Scheu zu begegnen. „Ich bin krank gewesen, und ihr habt mich besucht ..." Da werden sie ihm antworten: Herr, wann haben wir dich krank gesehen und sind zu dir gekommen? Und der König wird antworten und zu ihnen sprechen: „Was ihr getan habt einem unter diesen meinen geringsten Brüdern, das habt ihr *mir* getan" (Matth. 25, 36—40).

Leidende wollen mit zarter Hand berührt sein; an ein Schmerzenslager tritt man mit ausgezogenen Schuhen.

Wir haben von unserer Berufung gesprochen, Gottes Mitarbeiter zu sein, und sehen aus der Jakobus-Stelle, wie der Apostel bei der Frage der Heilung der Kranken auf Elia zurückgreift, um seinen Brüdern an diesem Beispiel die Macht eines gläubigen Gebets vorzuhalten. Aber im Grund ist dieses Wort des Apostels nicht an die Kranken, sondern an die Ältesten gerichtet. Der Kranke ist aufgefordert, die Ältesten kommen zu lassen; aber die Ältesten haben über ihm zu beten und ihn zu salben. Von ihnen erwartet die Schrift das Gebet des Glaubens, das dem Kranken helfen soll. Sie müssen Buße tun, wenn ihr Gebet kein „ernstliches, vielvermögendes", wenn es nicht das Gebet „des Gerechten" ist. Das Haupt gebeugt wie Elia, haben sie zu stehen vor Gott, bis er ihnen aufgedeckt hat, was ihr Gebet unwirksam macht, worin es mit ihnen selbst oder worin es mit der Gemeinde, deren verantwortliche Vertreter sie sind (Hebr. 13, 17), nicht recht steht. Liegt dem Zustand des Kranken Bann oder Gebundenheit, Finsternis oder Verhärtung zugrunde, hat er Sünde getan, die bekannt oder wiedergutgemacht werden muß

(Jak. 5, 15. 16), so wird der Herr den Ältesten, die sich persönlich oder mit der ganzen Gemeinde demütigen, einen prüfenden Prophetenblick oder ein lösendes Prophetenwort für den Kranken geben. „Der Herr wird ihn aufrichten."

Gebe der Herr seiner Gemeinde bald wieder Älteste, die fähig sind, Gottes Mitarbeiter zu werden, willig in der Aufrichtung ihrer Kranken, ausdauernd in alles überwindendem, heiligem Mittragen! Möge er bald einen neuen Lebenshauch durch seine Gemeinde gehen lassen, damit sie sich aufraffe und ihrer Verpflichtungen gegen ihre gebundenen Glieder eingedenk werde!

28. November

Danket dem Herrn; denn er ist freundlich — denn seine Güte währet ewiglich. **Psalm 136, 1**

Dieser Psalm ist einer der merkwürdigsten Psalmen, der mit keinem anderen verglichen werden kann. Er hängt sehr eng mit den Fragen unseres häuslichen und beruflichen Lebens zusammen, die wir behandelt haben, und ist eine Offenbarung der Geduld Gottes mit seinen schwerhörigen und hartherzigen Kindern. In diesem Psalm wiederholt der Geist Gottes sechsundzwanzigmal: „Seine Güte währet ewiglich." Die Herrlichkeit der Schöpfung wird an uns vorübergeführt und von Vers 10 an das Gebiet der Erlösung, der Auszug aus Ägypten und die Offenbarung der starken Hand des allmächtigen Gottes. Bei jeder einzelnen Aufzählung der Herrlichkeit und Wunder Gottes in der Schöpfung und Erlösung — bei jedem neuen Zug, der an uns vorübergeführt wird, heißt es: „Seine Güte währet ewiglich." Ja, sagt vielleicht der eine oder der andere, das war freilich schön damals; aber so ist es heute nicht mehr. Es ist wie ein gelinder, liebreicher Vorwurf, daß unser Vater im Himmel seinen vergeßlichen Kindern diese Lektion von seiner ewigen Güte sechsundzwanzigmal wiederholt. Uns ermüdet es vielleicht, dasselbe so oftmals zu lesen; aber ihm ist es nicht zu viel, es sechsundzwanzigmal seinen ruhelosen, kleingläubigen Kindern zu sagen. Sechsundzwanzigmal bei allem, was Gott je getan, die Zusage, daß man den Herrn in jeder Lage, in jeder neuen Schwierigkeit den gleichen finden wird, daß seine Güte alle Morgen neu ist.

„Seine Güte währet ewiglich"; und hinter seiner Güte steht seine Allmacht. Das ist göttliche Geduld, daß der Gott des Himmels, der über allem steht, sich herabläßt, so zart mit uns umzugehen und es uns immer wieder zu sagen, bis unsere Herzen es gefaßt haben. Es wäre nun mehr als Hartherzigkeit von uns, wenn wir Angst haben wollten, daß er, der heute so wunderbar eingegriffen hat, morgen nicht helfen werde. Hat er dich doch niemals stecken lassen — höchstens eine Zeitlang, um deinen

Unglauben zu offenbaren; aber endgültig hat er dir's nie an der nötigen Hilfe fehlen lassen. Unter solchen Wundertaten hat Israel erfahren dürfen, daß der Herr nicht nur zweimal speiste, sondern vierzig Jahre lang Tag für Tag, und der Heilige Geist hat ein Siegel der Ewigkeit unter die Brotspende gesetzt; denn auch nach dem: „Er gibt Speise" steht: „Seine Güte währet ewiglich"; und das gilt nicht nur für Israel, sondern für jeden von uns. „Was Gott tut, das besteht ewig" (Pred. 3, 14). Wir haben das Siegel seiner ewigen Liebe empfangen. Wir sind von seinem Erbarmen umringt, eingeschlossen.

„Preist den Herrn", heißt es, „der große Wunder tut, dessen Güte und Wundertaten ewiglich währen!" — für alle Lagen und alle Schwierigkeiten ewiglich, bis ins zwanzigste Jahrhundert und bis in die gegenwärtige Stunde der Weltentwicklung, wo in ganz anderem Sinn noch als früher das Wort gilt: „Hütet euch, daß eure Herzen nicht beschwert werden mit Fressen und Saufen und mit Sorgen der Nahrung!"; wo die Kinder Gottes mit den Fragen ihres äußeren Lebens durchaus auf göttlichen Boden kommen müssen, wenn ihnen überhaupt noch Zeit zu Begegnungen mit ihrem Gott bleiben soll!

29. November

Ziehe hin mit Frieden! **2. Kön. 5, 19**

Es hat schon mancher angefangen, nachdem Gott so Herrliches an ihm getan wie an dem Kämmerer aus dem Mohrenland (Apg. 8) und hier an dem Syrer Naeman, seine Straße fröhlich zu ziehen. Aber auf einmal sind seine Gedanken vorausgeeilt. Er hat sich schon daheim gesehen in seinen vier Wänden, in seinen Lebensverhältnissen, und da sind ihm Bedenken und Besorgnisse aufgestiegen, die seinen Lauf hemmten. Da sieht sich der Feldhauptmann, der Generaladjutant des Königs, dem Hofzeremoniell daheim gegenüber: „Wenn mein Herr ins Haus Rimmons geht, daselbst anzubeten, und er sich auf meine Hand lehnt" — was dann? Solche, welchen der Herr begegnet ist, und die er gewaschen hat, können keinem anderen Gott mehr dienen; aber der Teufel will sie erschrecken, als gäbe es keinen Weg dafür. Auf Naemans Bitte (Vers 17—19) antwortet Elisa mit dem königlichen Wort: „Ziehe hin mit Frieden!" Er geht nicht ein auf die Bedenken, er läßt scheinbar die Sache zunächst auf sich beruhen, er legt dem Syrer kein Gesetz auf; denn er weiß, es ordnet sich alles im höheren Licht, zur rechten Stunde, wenn Naemans Herz nur ganz dem Herrn gehört.

Wenn wir an eine Unmöglichkeit kommen, so gibt das dem Herrn Gelegenheit, sich neu zu offenbaren nach dem Maß seiner Gnade. Er kommt auf den *Wellen* daher. Alle Umstände deines Lebens, alles, was dein Herz am meisten befürchtet — es sind die feurigen Wagen und

Rosse, die ihn zu dir bringen. Arme Seele, laß ihn seinen Weg mit dir gehen, folge ihm, gehorche ihm! Dann wird dir in allen Lagen deines äußeren, in allen neuen Entwicklungsstufen deines inneren Lebens seine Majestät und Herrlichkeit so nahe sein, daß du verlernst, dich zu erschrecken vor Vorspiegelungen des Widersachers, vor unmöglichen Forderungen, als müßtest du noch in das Haus Rimmons gehen. Es gibt einen Weg, ungeschlagen durchzukommen in Haus und Familie, in Geschäft oder Gesellschaft, im Laden, im Büro, in der Küche und auf der Kanzel. Ziehe hin mit Frieden! Dein Herr, der dich geheilt, hat die verwickelte Welt deiner Lebensverhältnisse so völlig überwunden, daß du nirgends Kompromisse zu schließen, nirgends zu kapitulieren, nirgends Zugeständnisse zu machen brauchst.

Ziehe hin mit Frieden! Steige hinab in das Tal der Prüfung, der Schwierigkeiten — dein Herr und Heiland steigt auf den Berg, um für dich zu beten! Dort in des Vaters Gegenwart sind seine Hände über dich ausgestreckt, während du hinabsteigst in das tiefe, dunkle Tal. Alle Täler, in denen Finsternis und Todesschatten liegt, hat er durchwandelt, und wo der Fuß deines Heilandes gestanden hat, kommst auch du durch.

Wie er mich durchbringt, weiß ich nicht;
doch dieses weiß ich wohl,
daß er, wie mir sein Wort verspricht,
mich durchbringt wundervoll.

Wie er die Nacht vor mir erhellt,
ja, wie, das weiß ich nicht,
doch dies, daß es mir niemals fehlt
für einen Schritt an Licht.

Wie er die Macht des Feindes bricht,
die mir das Herz macht schwer,
das weiß ich armes Kind noch nicht,
glaub nur: Sie bricht der Herr!

In seine Hand hineingelegt,
bleib' ich in stiller Ruh';
wie er mich führt, wie er mich trägt,
das stehet ihm nur zu.

Der Adventstrost

30. November

Tröstet, tröstet mein Volk! spricht euer Gott; redet mit Jerusalem freundlich und predigt ihr, daß ihre Dienstbarkeit ein Ende hat, denn ihre Missetat ist vergeben; denn sie hat Zwiefältiges empfangen von der Hand des Herrn für alle ihre Sünden. Jes. 40, 1. 2

Das 40. Kapitel des Propheten Jesaja ist das klassische Trostkapitel, das Wort Gottes an das in der Gefangenschaft weilende Volk, das von seinem Heimatboden und Tempel getrennt und unter der Hand der Heiden geknechtet war. „Tröstet, tröstet mein Volk, spricht euer Gott; redet mit Jerusalem freundlich!" Ja, wir kennen diese freundliche Stimme noch ganz anders als das alttestamentliche Volk Israel; wir wissen, wie sie redet mit Mühseligen und Beladenen, mit solchen, die sich unter ihre Schuld beugen und sagen: „Ich habe alles verdient, ich habe mir mein Leben selbst so zuschanden gemacht." Er kommt, er kommt mit Willen, ist voller Lieb' und Lust, all' Angst und Not zu stillen, die ihm an euch bewußt!

In den folgenden Versen hören wir Näheres über die tröstende Stimme dessen, der da kommt. Sie ist eine Stimme in der Wüste, in der öden, lautlosen Wüste, wo kein Heimatklang mehr an das Ohr dringt, kein Trost ein Herz erreicht, kein Stern mehr leuchtet. Gott muß mit seinem Trostwort oft erst warten, bis alles wüste geworden ist, woran wir Freude gehabt haben; sonst trösten wir uns immer noch mit anderen, und sein Trost wird verachtet. Nur in der Nacht leuchten die Sterne. „Ebnet auf dem Gefilde eine Bahn unserem Gott!" Die dunkelsten Verhältnisse, in denen wir stehen, müssen Gott Bahn machen in unserem Herzen. — „Alle Täler sollen erhöht werden, und alle Berge und Hügel sollen erniedrigt werden, und was ungleich ist, soll eben, und was hökkericht ist, soll schlicht werden; denn die Herrlichkeit des Herrn soll offenbart werden" (Jes. 40, 4. 5).

Es ist jetzt eine Wehmut über die Welt ausgegossen, ein Geist des Weinens und der Entmutigung. So viele ziehen sich in ihre Schwermutshöhlen zurück, um auf den Trümmern der verlorenen Herrlichkeit zu weinen. Das ist auch vom Teufel; der spiegelt uns erst falsche Herrlichkeit vor, und wenn sie dann vergangen und wenn die Folgen des Sündigens offenbar werden, dann lockt er in dunkle Täler hinunter. So hat sich der eine in ein dunkles Tal verloren, der andere auf Berge des Höhenwahns verstiegen, und sie finden sich nicht mehr zurecht. Die Berge und Hügel, die uns den Horizont für die obere Welt verdecken, müssen abgetragen, die Täler der Wehleidigkeit erhöht werden, das Krumme muß gerade gemacht, das Höckerichte geebnet werden. Ja, wieviel haben wir an unserem eigenen Lebensweg zerstört durch unseren Ungehorsam gegen Gott! Wie lange braucht es im Christenleben, bis gerade Linien gezogen werden, eine ebene Bahn zustande kommt! Und doch muß Gott Raum gemacht werden. Die falsche Herrlichkeit, von der in den Versen 6—8 geschrieben steht, dieser faule Zauber der sichtbaren Welt, muß dahinwelken, unser Leben muß zu seinem Ursprung, zu seinen Quellen zurückkehren. Erst dann dringt das Trostwort in uns hinein, erst dann wird die Herrlichkeit uns geschenkt, die mit dem ersten Kommen des Herrn in ein mit Christus verborgenes Leben hineingesenkt und mit seinem zweiten Kommen offenbar werden wird.

1. Dezember

Zion, du Predigerin, steig auf einen hohen Berg; Jerusalem, du Predigerin, hebe deine Stimme auf mit Macht, hebe auf und fürchte dich nicht; sage den Städten Judas: Siehe, da ist euer Gott! **Jes. 40, 9**

Steige auf einen hohen Berg! Auch der Teufel führt auf hohe Berge. Wir wissen, daß Christus von ihm auf einen solchen gebracht wurde, damit er von dort aus die Scheinherrlichkeit einer gefallenen Welt überblicke; aber er ließ sich durch nichts blenden. Und Gott heißt das neutestamentliche Israel auf die Berge Gottes steigen, wo einen der Zauber der Sichtbarkeit nicht mehr erreicht, wo sich einem die obere Welt offenbart und man dann über die Berge hinüber verkündigen kann, was Gott einem an Trostesworten für die Müden und an Hoffnungsworten für sein Volk aufträgt. Der Herr kommt mit Kraft — in ihm ist Herrlichkeit, und seine Herrlichkeit wird sich offenbaren. So weine denn nicht mehr auf den Trümmern deines Lebensglückes und deiner Lebenshoffnungen, über die Enttäuschungen deines Lebens oder über die Gebrechen des Alters! Steige auf einen Berg, damit Gott dir die Dinge zeige, wie sie sind, und du alles im Licht der Herrlichkeit Gottes sehest!

Auf einen Berg hat der Herr Jesus einmal drei seiner Jünger geführt, die ihm am nächsten standen. Auf diesem Berg sollten sie einen Blick in die Herrlichkeit tun dürfen — einen Blick hinein in die Herrlichkeit ihres Herrn. Da hat sich Gott bezeugt in seinem Sohn, und da war der Herr selbst in Herrlichkeit und Lichtglanz gekleidet. Wenn uns der Herr auf einen Berg führt, so tut er es, damit wir mit neuem Herrlichkeitsblick in die Schule des Lebens hinuntersteigen und bezeugen, daß nicht nur unser Gefühl angeregt ist, sondern daß wir Ausrüstung für unseren Lebensweg bekommen haben. „Ihn sollt ihr hören", wenn er vom Ausgang redet, den er zu Jerusalem nehmen sollte. Durch Leiden zur Herrlichkeit ging Jesu Weg, und diesen Weg kann niemand mehr für seine Jünger verrammeln, es sei denn, daß sich letztere durch Wehleidigkeit aufhalten lassen, in den Geist Christi einzutreten und in die Herrlichkeit der Nachfolge Jesu eingekleidet zu werden — in die Herrlichkeit des Lammeslebens, in die Herrlichkeit, Gott durch Stillesein und Ausharren zu verherrlichen, bis er kommt — und er steht vor der Tür!

„Das Wort Gottes bleibt in Ewigkeit", steht am Schluß des 8. Verses, und weil es bleibt, bleibt auch unsere Aufgabe, Herolde Gottes zu sein und in die dunkelsten Kreise der Welt und der menschlichen Gesellschaft hineinzutragen die Botschaft von einem Erlöser, den Gott gesandt hat in die Welt, Sünder selig zu machen, von einem Vater, der auf seine irrenden Kinder wartet. Wir sind Träger einer Freudenbotschaft. Laßt euch Gnade schenken, diese Freudenbotschaft, dieses Wort, das da bleibt in Ewigkeit, weiterzutragen mit freudigem Auftun eures Mundes, auch wenn ihr selbst an der Kette liegt!

2. Dezember

Sage den Städten Judas: Siehe, da ist euer Gott! Denn siehe, der Herr Herr kommt gewaltig, und sein Arm wird herrschen. Siehe, sein Lohn ist bei ihm, und seine Vergeltung ist vor ihm! Er wird seine Herde weiden wie ein Hirte; er wird die Lämmer in seine Arme sammeln und an seinem Busen tragen. Jes. 40, 9—11

Fürchte dich nicht, du Verkündigerin froher Botschaft; sprich zu den Städten Judas: Siehe da, euer Gott! Siehe, der Herr kommt mit Kraft, und sein Arm übt Herrschaft aus (Vers 10). Sein Arm wird sich Recht verschaffen, aber Recht für die Untertretenen; er wird die Unterdrückten erlösen, sein Lohn ist bei ihm und seine Vergeltung vor ihm. Wenn Gott uns auch an Heimsuchungen hingibt, er wird nie dulden, daß man uns mutwillig knechtet. Wir stehen unter dem Schutz seiner Majestät. „Weh dem, der seinen Augapfel antastet!“ läßt er durch seine Propheten, sagen; sein Augapfel sind seine Erlösten. Mag sein, daß wir schwach sind und daß andere uns über das Haupt fahren, wir wollen uns nicht fürchten, ihm zu gleichen, „der uns ein Vorbild gelassen hat, daß wir sollen nachfolgen seinen Fußtapfen; welcher keine Sünde getan hat, ist auch kein Betrug in seinem Mund erfunden; welcher nicht wiederschalt, da er gescholten ward, nicht drohte, da er litt; er stellte es aber dem heim, der da recht richtet“ (1. Petr. 2, 21—23). Wenn wir auch kleine Lämmer sind, die Lämmer haben die herrliche Verheißung: „Er wird die Lämmer in seine Arme sammeln und an seinem Busen tragen“ (Vers 11). Ein Hirte kann, wenn er sich sehr anstrengt, wohl zwei oder drei Schafe in seinen Arm nehmen und tragen, mehr jedoch nicht. Aber im Arm unseres Hirten ist Raum für alle Lämmer. In seinem Arm und an seinem Herzen ist Raum für dich; es macht dir niemand den Raum streitig am Herzen des Hirten, und du kannst niemand anders sein Plätzchen streitig machen. Er trägt uns alle, Tag für Tag trägt er uns mit unserer Last.

Aber wie soll sich diese wunderbare Verheißung an einem in Gefangenschaft gebundenen Volk erfüllen? Wie er das tut, wie er mit den starken Feinden fertig wird, wie er die Ketten zerbricht und in die Freiheit hineinführt, das ist seine Sache; und darüber, daß das allein seine Sache ist, gibt uns die wunderbare Bildersprache von Vers 10—25 Aufschluß. Was sind das für majestätische Worte, die uns in die Größe und Weisheit unseres Bundesgottes hineinschauen lassen! Vertiefe dich in diese Sprache hinein und lerne dem Großen und Weisen vertrauen! Er hat keine Ratgeber und braucht keine; er hat niemand um Rat gefragt bei der Gründung der Berge, er hat niemand um Rat gefragt bei der Erlösung seines Volkes. Die Erlösung der Gemeinde ist allein durch den Sohn Gottes geschehen; er hat die Kelter allein getreten, und ihm verdanken wir alles. Dazu ist der Sohn Gottes erschienen, daß er die Werke des Mächtigsten zerstöre und sein Volk in die Freiheit hineinführe. Was sind vor Gott Völkerkolosse wie Babylon, das Israel in die Gefangenschaft geführt hatte! Die Völker sind wie ein Tropfen am Eimer; jetzt hängt er noch, aber im nächsten Augenblick ist er herabgefallen. Sie sind wie ein Stäublein in der Waagschale; ein klein wenig Staub macht die Waagschale noch nicht sinken. Er hebt die Inseln auf wie ein Sandkörnlein; er macht die Großen dieser Welt, die Fürsten, die Reichen, die Mächtigen, die Stolzen, die sein Volk geknechtet und unterdrückt haben, so machtlos, als wären sie nie dagewesen. Kaum hat er die Weltreiche gepflanzt, kaum haben sie Wurzel gefaßt — ein Hauch von Gott, so verdorren sie, und der Sturmwind nimmt sie dahin wie Stoppeln. O welch ein Trost, einen solchen Gott zum Vater zu haben, der am Steuer sitzt! „Ja, *mein Vater sitzt am Steuer*", sagte der kleine Sohn des Steuermanns, der an Bord des Schiffes spielte, während die Matrosen schreckensbleich im tosenden Sturm herumgingen.

Hebt eure Augen in die Höhe und seht, ein ewiger Gott ist der Herr! Wir haben es mit ihm allein zu tun! „Mein Vater sitzt am Steuer!"

3. Dezember

Hebet eure Augen in die Höhe und sehet! Wer hat solche Dinge geschaffen und führet ihr Heer bei der Zahl heraus? Er ruft sie alle mit Namen; sein Vermögen und seine starke Kraft ist so groß, daß es nicht an einem fehlen kann. **Jes. 40, 26**

Der Geist Gottes führt den Propheten zu seiner eigenen Belehrung und zu der seines Volkes an einem hellen Abend vor die Sternenwelt. Nachdem er ihm gezeigt, wie Gott die Fürsten zunichte gemacht und die Richter auf Erden in Nichtigkeit verwandelt und wie er das Volk Israel von allem, was ihm auf Erden Furcht einflößen konnte, befreite, erinnert er ihn daran, daß, wenn Jakob auch nur ein kleines Häuflein ist, es doch das Volk ist, das er wohl durch Demütigungen, Züchtigungen und tausendjährige Verbannung führt, das aber immer noch für Gott im Mittelpunkt der Völkerwelt steht.

„Hebt doch die Augen empor!" Es könnte einem jedoch dann und wann schwindlig werden, wenn man um sich her sieht. — „Hebt eure Augen empor", sagt der Herr zu Israel, „und lernt von der Sternenwelt die Größe eures Gottes — sündigt nicht mehr gegen ihn, indem ihr klein von ihm denkt!" Der Heilige Geist zeigt dem Propheten die Sternenwelt, und in dieser kennt Gott sich aus. Kein Astronom wird je die Tiefen der Sternenwelt ausmessen können; Gott aber kennt jeden einzelnen Stern mit Namen. Das Gebiet, das die Astronomen mit ihren Teleskopen beherrschen, bleibt immer noch ein Sandkörnlein im Vergleich zu dem Universum. Gott ist unendlich, und seine Schöpfung ist unendlich, und so zahllos das Heer der geschaffenen Körper ist, gibt es deren nicht einen einzigen, dessen Bahn nicht Tag und Nacht vor ihm stünde. Er ruft sie alle mit Namen; „wegen der Größe seiner Macht und der Stärke seiner Kraft bleibt keines aus".

Die Naturgesetze sind nichts anderes als die Unwandelbarkeit Gottes. Von äußerem Zwang ist da keine Rede. Was wir Naturgesetze heißen, ist nur ein Schattenbild von den heiligen Gesetzen der Geisteswelt, in denen der Herr seine Heiligen erzieht; es herrscht da weder Zwang noch Zufall noch Willkür. Daß nie ein Stern ausbleibt, ist eine Wirkung der Kraft Gottes, du blinder, abergläubischer Heide, der du immer nur Naturgesetze siehst, wo du Gottes Hand sehen solltest, die sie Tag für Tag heraufführt.

Was der Prophet von Herrlichkeit Gottes an seinem Volk vorüberführt, ist nur ein Bild von dem, was Gott an seinem Volk insgesamt und an der einzelnen Menschenseele tut. Da geht es nach anderen Ordnungen als in der Natur — da ist alles voll Bewegung und Wechsel, da gibt es immer Neues und Unerwartetes in der Erziehung für die Herrlichkeit und für die Ewigkeit, eben weil jeder seinen eigenen Namen, seine besondere Aufgabe, seine Eigentümlichkeit, sein besonderes Gewicht und seine besonderen Gefahren hat.

O gottlob, daß ein heiliges Auge über uns wacht und ein starker Arm über uns waltet! Der große Gott weiß, was gut sei oder schade dem sterblichen Geblüt. Er vergreift sich nie in der Auswahl der Mittel und der Wege. Er sieht, und er versieht.

4. Dezember

Hebet eure Augen in die Höhe und sehet! Wer hat solche Dinge geschaffen und führt ihr Heer bei der Zahl heraus? Er ruft sie alle mit Namen; sein Vermögen und seine starke Kraft ist so groß, daß es nicht an einem fehlen kann. Warum sprichst du denn, Jakob, und du, Israel, sagst: Mein Weg ist dem Herrn verborgen, und mein Recht geht vor meinem Gott vorüber? **Jes. 40, 26. 27**

Übersteigt doch nun die Regierung des Weltalls niemals Gottes Kräfte, und brauchen wir nie wie die Heiden zu fürchten, daß es Krieg unter den Göttern geben könnte oder daß unserem Gott die Zügel eines Tages aus der Hand fallen könnten, so denke doch nicht, Jakob, und du, Israel: Mein Weg ist vor dem Herrn verborgen; mein Gott hat zu große Dinge zu verwalten, als daß er sich mit dem Würmlein Jakob abgeben könnte. Der Herr verkauft weder sein Volk noch irgendeinen seiner Erlösten, sei er auch noch so tief gefallen; er gibt ihn auch nicht dahin in Fällen, wo sein Weg sich mit denen anderer kreuzt. Bei Gott wird niemand verkürzt. Armer Wurm, glaubst du wirklich, dein Gott könne dich einen Augenblick aus den Augen verlieren oder dich an die Willkür deiner Freunde und Feinde dahingeben, von denen keiner dich leiten, regieren kann? Er allein kennt deinen Namen, und solange du Gott nicht kennst, kennst du deinen eigenen Namen nicht. Nur in dem Maß, in dem Gott sich dir aufschließt, gehen dir die Augen über deine Person auf. Nur soweit du Gott kennst, lernst du dich in seinem Licht kennen. Was weißt du von dir selbst? Höchstens das, was die Menschen, das Leben, die Verhältnisse aus dir gemacht haben; aber worauf Gott durch alles hindurch mit dir zielt, und welche Aufgabe du dereinst am Firmament des neuen Geisteshimmels zu erfüllen haben wirst, das weiß nur Gott. Dein Name ist allezeit vor ihm, und durch alles Tun und Lassen deiner Mitmenschen, sei es, daß sie dich erheben oder verdrängen, durch tiefe und immer tiefere Demütigungen — wenn Gott deinen Weg durchkreuzt, um dich wieder in die rechte Bahn zu bringen — durch das alles hindurch verfolgt er seine heiligen Ziele mit dir. Er mißt, er beherrscht alles — kein Sandkörnlein entgeht ihm, wie auch kein Menschenkind, das in irgendeinem Winkel oder Gefängnis seufzt. Du kommst erst zu deinem Recht durch das, was du leidest. In der Leidensschule wirst du zurechtgebracht; da öffnet sich dir das Verständnis für die Predigt der Sternenwelt. Du Tor, kein Atemzug, den deine Lunge tut, kein Schmerz, der dein Herz durchzuckt, entgeht deinem Gott. Sei kein Götzendiener, sondern laß dir an der Gnade deines Gottes genügen, und buhle nicht darum, von den Menschen verstanden und gewertet zu werden! Sie können es doch nicht.

5. Dezember

Warum sprichst du denn, Jakob, und du, Israel, sagst: Mein Weg ist dem Herrn verborgen, und mein Recht geht vor meinem Gott vorüber? Weißt du nicht? Hast du nicht gehört? Der Herr, der ewige Gott, der die Enden der Erde geschaffen hat, wird nicht müde noch matt; sein Verstand ist unausforschlich. Jes. 40, 27. 28

„Mein Weg ist verborgen vor Gott." Wie kannst du das sagen? „Wegen der Größe seiner Macht und der Stärke seiner Kraft bleibt keines aus." Also hast du kein Recht, so zu sprechen. Entgeht ihm keinen Augenblick der Gang eines Weltkörpers, so entgeht ihm dein Recht auch keinen Augenblick. Sage nicht: „Mein Gott ist müde geworden; er bringt es nicht fertig, mir meinen Weg zu sichern, mein Recht festzustellen!" Schätzest du deinen Gott so gering? Keine Biegung deines Weges, kein Nadelstich von Freundes- oder Feindeshand, kein Tropfen deines Herzbluts ist ihm verborgen. Warum sprichst du, Jakob, und redest du, Israel: „Mein Weg ist verborgen vor dem Herrn, und mein Recht entgeht meinem Gott. Warum kümmert er sich nicht mehr um mich? Warum hört er nicht mehr meine Gebete?" — Weißt du es nicht, hast du es nicht gehört: *Ein ewiger Gott ist der Herr!?* Was er war zur Pfingstzeit und zur

Zeit der Reformation und zu allen Zeiten, wo er sich uns geoffenbart hat, ist er heute noch. Er hat sich nicht geändert. Hast du es nicht gehört: *Ein ewiger Gott ist der Herr!?* Kein Wandel von Licht und Finsternis im Pfad des Lichts! Der Schöpfer, der die Erde geschaffen, ermattet nicht und ermüdet nicht. Unergründet ist sein Verstand. Er altert auch nicht, wie ein irdischer Vater altern kann, daß er seinen Kindern nicht mehr helfen kann, wie er ihnen früher geholfen hat. Er gibt dem Müden Kraft und Stärke genug dem Unvermögenden.

Geh hinaus, Seele, laß dein Klagen und Sorgen; laß dich's nicht bekümmern, daß du nicht alles hast, was du haben möchtest; siehe ab von den Möglichkeiten und Unmöglichkeiten deines Lebens — geh hinaus und hebe deine Augen auf gen Himmel! Willst du rechnen, willst du sehen, ob du etwas zu hoffen hast, so zähle die Sterne, *rechne mit himmlischen Faktoren;* versenke deine müde, niedergeschlagene Seele ins Himmelsblau, in die Unendlichkeit, in die Gewißheit der göttlichen Verheißungen, und gehe vorwärts auf dem Weg des Glaubens!

O heilige Stunde, wo uns Gott aus dem Druck der Sichtbarkeit herausholt, wo er uns der schwülen Luft dunkler Täler entrückt und uns herausführt aus allem, was uns den inneren Horizont verfinstert hatte, unter seinen klaren Sternenhimmel und uns in freier Gottesluft vor seine Werke hinstellt! Siehe gen Himmel und schau deinen Gott an, so schwindet alles Leid!

6. Dezember

Er gibt den Müden Kraft und Stärke genug dem Unvermögenden.
Jes. 40, 29

Er hat zu mir gesagt: Laß dir an meiner Gnade genügen; denn meine Kraft ist in den Schwachen mächtig. Darum will ich mich am allerliebsten rühmen meiner Schwachheit, auf daß die Kraft Christi bei mir wohne. 2. Kor. 12, 9

Der Herr führt uns auf allen Gebieten von Armut zu Armut, von Entblößung zu Entblößung, um uns auf Grund tieferer Erfahrung unserer Ohnmacht in seine Kraft kleiden zu können, damit es uns nicht einfalle, uns der Kraft, die Gott uns für seinen Dienst anvertraut hat, zu brüsten. Selbst der Apostel Paulus hat in diesem Punkt seine Erfahrungen machen müssen — und vielleicht noch in ganz anderer Weise als unsereiner. Weil er ein solch auserwähltes Rüstzeug war, hat ihn der Herr durch tiefe Demütigungswege geführt, auf denen der starke, tatkräftige Mann gebrochen werden mußte. Wer könnte sagen, was der Pfahl im Fleisch war, von dem der Apostel redet? Weil ihm so viel anvertraut wurde, weil er schon im Leib soviel Herrlichkeit schauen durfte, hat ihm Gott als Gegengewicht einen Pfahl ins Fleisch gegeben, damit er sich nicht überhebe, sondern klein und schwach in sich selbst bleibe, damit die Kraft nicht des Apostels, sondern Gottes sei, damit zwischen Göttlichem und Menschlichem heilige Scheidelinien gezogen bleiben. Es war keine Kleinigkeit für den Apostel, etwas an seiner Person mit sich herumzutragen, was scheinbar ein Ärgernis für seine Mitmenschen war, weil sie es nicht verstehen konnten, und was den Leuten, wenn er predigte und heilte, vielleicht soundso oft die Bemerkung entlockte: „Arzt, hilf dir selbst!" Wir brauchen nicht auf alles zu antworten, sondern können ruhig abwarten, daß der Herr die Sachen klarmacht. Allewege ist Paulus durch Schwächezustände, Nöte, Verfolgungen und Ängste aller Art gegangen, um ein schwacher Mensch zu bleiben, der keinen Kraftvorrat hatte, nicht aus eigener Fülle schöpfte, sondern in dessen Schwäche und Armut Gottes Kraft sich offenbarte.

Dazu braucht es Geistessalbung. Wir haben nicht einen Geist der Furcht empfangen, sondern der Kraft und der Liebe und der Zucht. Es braucht Geisteskraft und Geistesleben, um eine solche Lebensordnung auf sich nehmen zu können. Es braucht Gotteskraft, wenn ein Mensch in äußerster Schwachheit und Gebrochenheit mit einem Pfahl im Fleisch seinen Weg gehen soll. Um im Glauben vorwärtsgehen zu können, wenn man, anstatt an Kraft zuzunehmen, immer schwächer in sich selbst wird, dazu bedarf es der Einkleidung in den Geist Gottes. Die Nöte des Dienstes sind die Schule, in der die Kinder Gottes für die Herrlichkeit der oberen Welt erzogen werden.

Wenn du bei aller körperlichen Schwachheit und Gebundenheit nur frei bist, dem Herrn zu leben, und wenn du nur durch alle Triebe natürlicher Liebe und eigenen Eifers hindurch unterscheiden lernst, was dein Gott von dir getan haben will, für das du ihm dann aber auch zutraust, daß er dir, als ein Arzt, Leben und Kraft erneuern wird, so wirst du immer wieder erfahren, daß Gottes Kraft in unserer Schwachheit sich offenbart. Meine nicht, er müsse dir eine bewußte, greifbare Ausrüstung, einen Kraftvorrat mitgeben; gehe du nur deinem Lehrer nach und ehre ihn durch Glauben; in der Wüste, auf dem Wege des nackten Glaubens wird er dir mit neuer Gnade begegnen.

7. Dezember

Die Knaben werden müde und matt, und die Jünglinge fallen; aber die auf den Herrn harren, kriegen neue Kraft, daß sie auffahren mit Flügeln wie Adler, daß sie laufen und nicht matt werden, daß sie wandeln und nicht müde werden. Jes. 40, 30. 31

Weil Gott ewig ist, reibt er sich nicht auf; er verliert nicht die Elastizität, wie unser Körper sie verliert, so daß man nicht mehr ertragen kann, was man früher ertragen hat. Er ermüdet nicht und kommt nie zu kurz mit seinem Verstand. Wir kommen beständig auf Gebiete, die wir nicht mit unserem Verstand ergründen können, und wo wir also auch anderen nicht helfen können. Nicht so der Herr! Er ergründet alles, er umspannt unseren Lauf, unsere Tragkraft, mißt die Versuchungen, durch die wir heute gehen, und er gibt uns dementsprechend Kraft, so daß wir *wissen,* woher die Kraft kommt. Gottes Kraft steht denen zur Verfügung, denen die Arme sinken. So weit muß Gott es kommen lassen. Erst wenn uns die Kraft ausgeht, kann er einsetzen mit seiner Kraft. Es muß die Stunde kommen, wo wir unseren Bankrott erklären, und zwar einen so vollständigen Bankrott, daß wir uns nicht mehr davon erholen. Selbst den schon Müden, die nichts mehr fertigbringen, entzieht er noch seine Kraft, bis sie völlig zusammenbrechen und er ihnen dann Stärke darreichen kann aus seiner Kraftfülle. Es geht alles durch Schiffbruch. Er gibt dem Müden gerade genug Kraft.

Es geht eben im Geistlichen wie im Natürlichen. Junge Männer fallen hin — ihre Jugendkraft ist angetastet, und es kommen große Krisen zwischen Charakterstärke und Gotteskraft. Da gibt es dann Scheidungen, und der Mensch kommt auf einen Punkt, wo er nur noch harren kann. Gott läßt uns zuweilen auch einmal auf den Trümmern unserer Charakterstärke sitzen — und in Trümmer muß alles fallen, was nicht rein vor Gott ist, jegliche Mischung. Harren lernt man nur auf Trümmern, die man nicht mehr aufbauen kann. Die Zeit des Harrens ist keine verlorene. Sie kann gesegneter sein als die des Erfüllens. Viel wichtiger kann es sein, daß wir harren, als daß unsere Wünsche erfüllt werden; denn in der Zeit des Harrens wird der Herr mit uns tief ins Gericht und ins neue Leben gehen können. Wie die Wächter auf das erste Morgenrot des neuen Tages harren, so harrt die zerbrochene Seele auf einen neuen Lichtstrahl aus der Herrlichkeit, und heller, reiner denn je geht neues Morgenrot über die auf, denen der Herr das Handwerk eigener Heiligkeit gelegt hat und die nun mit allem auf Gott geworfen sind.

„Die auf den Herrn harren, kriegen neue Kraft." Da öffnet sich die Kraftfülle dessen, für den alle Erschöpfung und Enttäuschung unsererseits nur ein neuer Anknüpfungspunkt ist für die Offenbarung seiner Kraft. Es gibt tiefere und tiefere Scheidungen, bis man nur noch auf den Herrn harrt. Neue Kraft, die man nie gehabt, etwas Reineres, Tieferes, Ruhigeres. Die Adler erneuern ihr Gefieder — wir erneuern unser Gebets-, Liebes- und Geduldsleben und verstehen heute besser als gestern, was Gott meint, und nach jedem Zusammenbruch geht die Sonne der Gnade heller über uns auf. Hat der Herr Raum gewonnen in unserem Leben für seine unverfälschte Kraft? Kind des Neuen Bundes, fürchte dich nicht davor, auf Trümmern anzugelangen! Wenn du nicht mehr bauen kannst, so räumt der Herr die Trümmer hinweg, und dann braucht er nicht erst zu bauen, dann schält sich deinem staunenden Blick das Heilige heraus, was er schon gebaut, was er schon bereitet hat: *deine*

Erziehung. Dann verstehst du besser denn je seine Ziele; anstatt zu klagen, betest du an, daß dein Gott dich bankrott gemacht, damit er dir alles in allem sei wie noch nie und die Quelle deines Lebens aus deiner Hand in Gottes Hand komme.

Hast du, liebe Seele, nun in diesem Kapitel deinen Gott gesehen? Den Schöpfer, den Erlöser, den Tröster? O selig der, der ihn so kennenlernen darf! „Tröstet mein Volk, spricht der Herr, euer Gott!"

Das Kommen des Herrn

8. Dezember

Weil wir solches wissen, nämlich die Zeit, daß die Stunde da ist, aufzustehen vom Schlaf (sintemal unser Heil jetzt näher ist, denn da wir gläubig wurden; die Nacht ist vorgerückt, der Tag aber nahe herbeigekommen): so lasset uns ablegen die Werke der Finsternis und anlegen die Waffen des Lichts! Laßt uns ehrbar wandeln als am Tag, nicht in Fressen und Saufen, nicht in Kammern und Unzucht, nicht in Hader und Neid; sondern ziehet an den Herrn Jesus Christus und wartet des Leibes, doch also, daß er nicht geil werde! Röm. 13, 11—14

Ermuntert euch, ihr Frommen,
zeigt eurer Lampen Schein!
Der Abend ist gekommen,
die finstre Nacht bricht ein.
Es hat sich aufgemachet
der Bräutigam mit Pracht;
auf, betet, kämpft und wachet,
bald ist es Mitternacht!

Mehr und mehr haben die Gläubigen das Gefühl, daß es Abend geworden und daß der Herr nahe ist. Die Macht der Finsternis wird offenbar, und der Teufel zeigt einen Zorn, aus dem wir ersehen können, daß er wenig Zeit mehr hat (Offb. 12, 12). Gleichgültigkeit und Leichtsinn in den ernstesten Fragen, ein Geist des Unglaubens und der Gottentfremdung nehmen in der Welt überhand, ja drohen sogar in der Gemeinde Christi einzureißen. Alles mahnt uns ernst und dringend: Wachet auf! Haltet euch wach!

Von Aufwachen und Wachbleiben kann aber keine Rede sein, solange man einen Christenwandel führt, der Christus Schande macht, und den jedes ehrliche Gewissen verurteilen muß, solange man über sein Sündenelend seufzt, ohne entschlossen zu sein, aus ihm herauszukommen. Man gewöhnt sich dann mehr und mehr daran, nicht zu sein, was man sein möchte und sein wollte, und es kann leicht dazu kommen, daß man gar nicht mehr an die Möglichkeit eines Gott wohlgefälligen Wandels und Lebens glaubt, daß der Schlaf zum Todesschlaf wird. Dieser unser Beruf zu einem heiligen, Gott wohlgefälligen Leben, zu einem Wandel mit reinem Herzen und unbeflecktem Gewissen im Hinblick auf das Kommen des Herrn soll in dieser Adventszeit den Kindern Gottes ins Bewußtsein zurückgerufen und sie aufgemuntert werden, mit der Sünde gänzlich und für immer zu brechen in der Kraft des Blutes und des Geistes Christi, gestützt auf sein Wort.

Wenn sich ein Christentum, das sich zwischen Fallen und Aufstehen hin und her bewegt, und bei dem man sich immer wieder überwinden oder beflecken läßt, vor der Schrift nicht halten kann, wenn es eine Tatsache ist, daß Jesus Christus Welt, Sünde und Teufel überwunden hat, wenn wir zu einem Leben steten und völligen Sieges über die Sünde berufen sind und der Herr bereit ist, uns in dieses Leben einzuführen und darin zu bewahren: wie kommt es, daß so wenige Christen darin wandeln?

Es gilt, sich ans Wort zu halten. Lange genug hat die Gemeinde Gottes geseufzt über ihre Ohnmacht, das ihr anvertraute Pfund zu verwerten und ihr Licht leuchten zu lassen. Wenn das Salz einen guten Teil seiner Kraft verloren hat, kommt es nicht vor allem daher, daß die Christen Gebote und Verheißungen ihres Gottes nicht mehr hoch und wert halten? Dadurch, daß wir sie in ihrem vollen Sinn wieder erfassen und glauben, werden wir der Welt von der Wahrheit des Evangeliums wieder den überzeugenden Beweis liefern, den sie von uns erwartet; und dieser liegt in einem echt biblischen Christentum, in einem Christentum, das Herz und Leben umgestaltet.

9. Dezember

Denn sie selbst verkündigen von euch, was für einen Eingang wir zu euch gehabt haben, und wie ihr bekehrt seid zu Gott von den Abgöttern, zu dienen dem lebendigen und wahren Gott und zu warten auf seinen Sohn vom Himmel, welchen er auferweckt hat von den Toten, Jesus, der uns von dem zukünftigen Zorn erlöst. 1. Thess. 1, 9. 10

Paulus schreibt den Thessalonichern, daß sie bekehrt sind von den Götzenbildern, um erstens dem lebendigen und wahren Gott zu dienen und zweitens zu warten seines Sohnes vom Himmel (1. Thess. 1, 9. 10). Wie der Leib ohne Geist tot ist (Jak. 2, 26), so ist auch der Glaube ohne Werke tot. Ein Glaube, der sich nicht in einem Leben der Liebe und des Dienstes ausweist, ist ein Leichnam. Gott dienen heißt nicht bloß Missionar oder Evangelist oder sonst etwas sein, das einen Namen hat, sondern es ist einfach: Gottes Willen tun, wo man geht und steht, die Stellung, die er einem anweist, auch wirklich einnehmen und betätigen in allen Lebensverhältnissen, den einfachsten und verwickeltsten. Gott dienen heißt also: als solche leben, die von der Welt und von sich selber erlöst sind und darum ihm jeden Augenblick zur Verfügung stehen.

Das zweite Stück, das Paulus als Zweck der Bekehrung nennt, ist die Hoffnung. Wir sehen, darunter ist nicht die Hoffnung aufs „Seligwerden nach dem Tod“ verstanden, sondern die Hoffnung auf die persönliche Wiederkunft des Herrn. Solange ein Leben nicht getragen und durchleuchtet ist von dieser Hoffnung, behalten Glaube und Liebe etwas Mangelhaftes. Der „Helm des Heils“ (Eph. 6, 17), der ein „Helm der Hoffnung“ ist (1. Thess. 5, 8), ist ein unentbehrliches Stück der Waffenrüstung, wie sie uns in Epheser 6 dargeboten wird; wir müssen die *ganze* Waffenrüstung haben, wenn wir errettet werden wollen „vom kommenden Zorn“ (wörtliche Übersetzung von 1. Thess. 1, 10 Schluß). Die kommenden Zorngerichte stehen im Gegensatz zu der kommenden Seligkeit, der Erlösung, d. h. der Verwandlung und Verklärung unseres Leibes der Nichtigkeit zur Gleichförmigkeit seines Leibes der Herrlichkeit. Dieses Kommen des Herrn ist also ein Gegenstand der Hoffnung und Erwartung der Kinder Gottes. Im Blick darauf reinigen sie sich, „gleichwie er rein ist“, fahren fort mit der Heiligung in der Furcht Gottes (2. Kor. 7, 1; Offb. 22, 11 Schluß) und stärken ihre Herzen (Jak. 5, 8) im Ausharren und Glauben der Heiligen. Der griechische Ausdruck für „erwarten“ in 1. Thessalonicher 1, 10 schließt in sich ein „Dabeibleiben“. Er ist verbunden mit einer Präposition, die auf ein in aufsteigender Richtung durch Hindernisse Sichdurcharbeiten hinweist, ein Festhalten, Sich-nicht-Wegstoßenlassen von dem eingenommenen Standpunkt, bis da kommt, was man erwartet.

Solch ein hoffendes, abwartendes Ausschauen nach seinem Kommen führt uns immer wieder Ewigkeitsluft aus der oberen Heimat zu, richtet auf bei allem, das uns aus der Fassung bringen will, stärkt zu unermüdlicher Treue in den täglichen Aufgaben der Gegenwart, bewahrt aber auch vor einem seelischen, egoistischen Hoffnungsleben.

10. Dezember

Wie den Menschen gesetzt ist, einmal zu sterben, darnach aber das Gericht: also ist Christus einmal geopfert, wegzunehmen vieler Sünden; zum andernmal wird er ohne Sünde erscheinen denen, die auf ihn warten, zur Seligkeit. Hebr. 9, 27. 28

... zu dienen dem lebendigen und wahren Gott und zu warten auf seinen Sohn vom Himmel. 1. Thess. 1, 9. 10

Des Herrn *letztes* Wort für die Gemeinde ist nicht der Tod. Er starb, um dadurch, daß er den Tod kostete, uns, der Gemeinde, den Weg zu bahnen, daß sie ihm ohne Tod entgegengerückt werde. Er kam das erstemal, um unsere Sünden auf das Kreuz zu tragen; sein zweites Kommen für die Seinen hat nichts mehr mit der Sünde zu tun. Er erscheint dann zu deren Seligkeit oder Errettung, und diese Errettung ist „die Entrükkung", das Verschlungenwerden des Verweslichen durch das Unverwesliche. Dienen wir dem lebendigen und wahren Gott! Nachdem wir so lange den Götzen und unserem elenden Eigenleben gedient haben, dienen wir nun Gott im Familien- oder Gemeindeleben, im Missions- oder Diakonissenwerk, wo immer er uns hinstellen mag; aber tun wir diesen Dienst in Erwartung des Augenblicks, da auch für die Gemeinde die zwölfte Stunde des Tages schlagen wird! Laßt uns auch den herrlichsten Dienst hienieden in der Erwartung verrichten, daß uns unser Gott stets höher hinaufrufe!

Als die Königin von Saba vom anderen Ende der Welt kam, um die Weisheit Salomos zu hören, beneidete sie die Knechte, die Tag und Nacht vor dem König stehen und seinen Worten lauschen durften. Es bedarf einer Zeit des Stehens vor Gott, damit er uns die Ohren wecken könne und wir uns nicht im eigenen Geist in die Arbeit stürzen, ohne gründliche Unterweisung von unserem Herrn und Meister empfangen zu haben. Zeiten des Alleinseins, in denen wir unseren Gott Auge in Auge mit uns reden lassen, beugen der Gefahr vor, daß unser innerer Mensch in der Arbeit Schaden leide.

Die Arbeit mit ihren verschiedenerlei Schwierigkeiten und scheinbaren Unmöglichkeiten macht Bahn für die Offenbarung neuer Schätze göttlicher Weisheit, die wir vielleicht nie entdeckt hätten, hätten uns nicht gerade die betreffenden Schwierigkeiten getrieben, unsere Zuflucht zu der Macht und Weisheit Gottes zu nehmen. Dienend und wartend verbringen wir Stunde um Stunde, bis mit dem Nahen der zwölften Stunde unser Dienst zu Ende geht. In des Herrn Belieben ist es, die Zeit abzukürzen oder zu verlängern, je nachdem ihn gut dünkt. Möge er seinen Liebesrat hinausführen, und möge er uns williger finden als bisher, ihm höher hinauf zu folgen, so daß wir bei seiner Wiederkunft bereit erfunden werden, ihm entgegenzugehen!

11. Dezember

Denn das sagen wir euch als ein Wort des Herrn, daß wir, die wir leben und überbleiben auf die Zukunft des Herrn, werden denen nicht zuvorkommen, die da schlafen. Denn er selbst, der Herr, wird mit einem Feldgeschrei und der Stimme des Erzengels und mit der Posaune Gottes herniederkommen vom Himmel, und die Toten in Christus werden auferstehen zuerst. Darnach wir, die wir leben und überbleiben, werden zugleich mit ihnen hingerückt werden in den Wolken dem Herrn entgegen in der Luft, und werden also bei dem Herrn sein allezeit.

1. Thess. 4, 15—17

Die ersten Christen haben immer damit gerechnet, bei Lebzeiten von ihrem Bräutigam heimgeholt, zu ihm hin entrückt zu werden. Paulus und Petrus sahen wohl so tief in die Dinge hinein, daß sie auch an einen längeren Verzug dachten (2. Petr. 3, 9; 2. Kor. 5, 1—5). Damit bleibt aber die Entrückung nicht weniger ein unserem Glauben vorgestecktes Ziel, das wir nicht aus den Augen verlieren dürfen. Erwarten nicht nur, sondern auch beschleunigen sollen wir die Zukunft des Tages des Herrn und damit den Tag unserer Entrückung. Wir tun dies durch gläubiges, anhaltendes Gebet, indem wir sprechen: „Komm, Herr Jesus!" Wir tun es, indem wir in der fortwährenden Erwartung unserer Heimholung den Dingen der Welt fremd bleiben und sie nur berühren, soweit wir Gott damit dienen und seinen Namen verherrlichen. Wir tun es, indem wir uns „reinigen von jeglicher Befleckung des Fleisches und des Geistes und die Heiligkeit vollenden in der Furcht Gottes" (2. Kor. 7, 1).

Es war gewiß eine in die fernere Entwicklung der Gemeinde Christi tief eingreifende Untreue, wenn sie mit den ersten Todesfällen von Christen und später mit dem Hinscheiden der ersten Geschlechter von Gläubigen die Hoffnung ihrer ersten Liebe, die bestimmte Erwartung, ohne leiblichen Tod dem Herrn entgegengerückt zu werden, mehr und mehr aufgab und schließlich auf den Punkt kam, wo man darauf rechnete, sterben zu müssen, wo man den Tod als etwas Selbstverständliches ansah, als eine von Gott gewollte Ordnung, in die man sich ohne alle Einsprache zu fügen habe. Wohl ist es etwas unaussprechlich Großes, von aller und jeder Todesfurcht für immer befreit zu sein (Hebr. 2, 15); und wo ein Kind Gottes wie Paulus es einmal vom Herrn bekommen hat, daß es für sich persönlich auf Verwandlung des Leibes verzichten und sich nach der ersten Auferstehung ausstrecken muß (Phil. 3, 11), da wird auch der Tod zum Gewinn (Phil. 1, 21) als der allein übrigbleibende Weg zur Heimat. Der Tod wird dann für ein Kind Gottes die entscheidende und feierliche Gelegenheit, Jesu Christi Triumph über Tod und Teufel wenigstens in dem Sinn zu offenbaren, daß wir durch seinen Tod von Knechtschaft und Todesfurcht befreit sind (Hebr. 2, 14. 15); es ist ein Augenblick, in dem der Jünger seinen Herrn in besonderer Weise preisen und verherrlichen kann (Phil. 1, 20; Röm.. 14, 7. 8; Hebr. 13, 7). Wer aber nun deshalb den Tod „Freund" nennt, der verläßt den Boden der Heiligen Schrift; er denkt nicht mehr, wie Gott denkt. Der Tod ist und bleibt ein *Feind* (1. Kor. 15, 26) — ein Feind, den Christus überwunden hat. Es ist ein Feind, gegen dessen Eingreifen und Umsichgreifen wir so lange wie möglich zu stehen haben, gewiß, daß, wo wir es um des Herrn willen, auf dem Boden der Heiligen Schrift und unter der Leitung des Heiligen Geistes tun, wir den Herrn auf unserer Seite haben, bis das Wort, das geschrieben steht: „Der Tod ist verschlungen in den Sieg" (1. Kor. 15, 55), sich in seiner ganzen Tragweite erfüllen wird.

12. Dezember

Er aber, der Gott des Friedens, heilige euch durch und durch, und euer Geist ganz samt Seele und Leib müsse bewahrt werden unsträflich auf die Zukunft unseres Herrn Jesu Christi! Getreu ist er, der euch ruft; er wird's auch tun. 1. Thess. 5, 23. 24

Warum ist die Hoffnung der ersten Christen, nämlich die Erwartung der persönlichen Wiederkunft des Herrn, in den späteren Zeiten in den Hintergrund getreten? Wie kam es, daß im Lauf der Jahrhunderte die Gemeinde des Herrn diesen Helm der Hoffnung ablegte? Die Antwort darauf erscheint schmerzlich einfach.

In 1. Thessalonicher 5, 23 und manchen anderen Stellen sehen wir, daß Christus bei seiner Wiederkunft eine durch und durch geheiligte, ihm selber gleichgemachte Braut vorfinden muß; eine andere kann er nicht heimholen. Darum hat Paulus so unablässig danach gerungen, dem Herrn in den Gemeinden eine reine Jungfrau darzustellen (2. Kor. 11, 2). Den Ephesern hält er im 4. Kapitel vor, wie der Herr Jesus heruntersteigen mußte in die untersten Örter der Erde und wiederum hinauffahren in die Himmel, um alles zu erfüllen (Vers 10) und für seine erkaufte Gemeinde alles zu empfangen, was irgend nötig war zu ihrem harmonischen, symmetrischen Aufbau. Da hat es in nichts gefehlt. Er hat „etliche gegeben als Apostel und etliche als Propheten und etliche als Evangelisten und etliche als Lehrer zur Vollendung der Heiligen für das Werk des Dienstes, für die Erbauung des Leibes Christi". Unter „Erbauung" ist aber, wie wir schon sahen, nicht verstanden, was man heutzutage in diesen Begriff hineinlegt — nicht Erfrischung, Eindrücke, seelische Bewegung —, sondern es ist ein Gebäude darunter verstanden, das aufwärts strebt, seiner Vollendung, seinem Schlußstein entgegen. Dieser ist aber für die Gemeinde das persönliche Wiederkommen ihres Herrn und Hauptes. Wann wird dieses Gebäude vollendet sein? In Vers 13 sehen wir, was dem Apostel vorschwebt: „Bis wir alle hingelangen zu der Einheit des Glaubens und der Erkenntnis des Sohnes Gottes, zu dem erwachsenen Mann, zu dem Maß des vollen Wuchses der Fülle Christi." Dieses „wir alle" hebt der Apostel besonders in Kolosser 1, 27—29 hervor: „Denen Gott kundtun wollte, welcher da sei der herrliche Reichtum dieses Geheimnisses unter den Heiden, welches ist Christus in euch, der da ist die Hoffnung der Herrlichkeit. Den verkündigen wir und vermahnen alle Menschen und lehren alle Menschen mit aller Weisheit, auf daß wir darstellen einen jeglichen Menschen vollkommen in Christus Jesus; daran ich auch arbeite und ringe, nach der Wirkung des, der in mir kräftig wirkt." Das ist mehr als Evangelisationsarbeit. Der Apostel hatte das Amt, Christen in Christusähnlichkeit zu bringen, zu einer Gerechtigkeit, die besser ist als die der Pharisäer (Matth. 5, 20), zu „der Wahrheit im Inwendigen" (Ps. 51, 6). Was Paulus geschrieben hat, das hat er durch den Geist empfangen; und es war somit *Gottes Gedanke*, daß die ganze Gemeinde zusammen hineinwachse in die Vollendung und in die Reife einer seinem Sohn ebenbürtigen Braut.

13. Dezember

Denn ich eifere über euch mit göttlichem Eifer; denn ich habe euch vertraut einem Mann, daß ich eine reine Jungfrau Christus zubrächte.
2. Kor. 11, 2

So tut nun Buße und bekehret euch, daß eure Sünden vertilgt werden, auf daß da komme die Zeit der Erquickung von dem Angesicht des Herrn, wenn er senden wird den, der euch jetzt zuvor gepredigt wird, Jesus Christus, welcher muß den Himmel einnehmen bis auf die Zeit, da herwiedergebracht werde alles, was Gott geredet hat durch den Mund aller seiner heiligen Propheten von der Welt an. **Apg. 3, 19—21**

Ist es dem Paulus gelungen, das ihm vorgestellte Ziel mit der Gemeinde zu erreichen? Nein, trotz aller seiner Treue. Schon im Philipperbrief finden wir einen sehr ernsten und bedeutsamen Ausspruch in Kapitel 2, 20: „Ich habe niemand gleichgesinnt" — d. h. der meine Gesinnung so teilte, der von Herzen für das Eure besorgt wäre —; „denn alle (die anderen Arbeiter) suchen das Ihre und nicht das, was Jesu Christi ist." So also stand es bereits damals, daß auch Arbeiter im Reich Gottes — und damit ist nicht gesagt, daß es bewußte Heuchler waren — nebenher Privatinteressen verfolgten und dabei das Interesse des Hauptes, damit aber auch das der Gemeinde, versäumten. Und im letzten Brief, den der alternde Apostel schrieb, heißt es 2. Timotheus 4, 16: „Bei meiner ersten Verantwortung stand mir niemand bei, sondern alle verließen mich; es werde ihnen nicht zugerechnet." Der Apostel mußte erfahren, daß die Gemeinde sich aus dem Kindesalter der ersten Pfingstzeit nicht hat emporgehoben, sich nicht hat hineingestalten lassen in das Mannesalter Christi. Sie hat ihrem Herrn und Haupt den ihm gebührenden Platz nicht gegeben und so vielleicht gerade die Sünde begangen, vor der der Apostel sie Epheser 4, 30 ausdrücklich gewarnt hatte. Damit hat sie ihre Bereitung auf die persönliche Wiederkunft ihres Herrn aufgegeben und den Tag der Erlösung hinausgeschoben. — Wir wissen, welch großen Raum das Wort vom Kommen des Herrn in der Schrift einnimmt. Wird aber eine Schriftwahrheit beiseite gesetzt, so füllt man die entstandene Lücke mit etwas anderem aus. Das zeigt ein Blick in die Kirchengeschichte. Wie vielfach sehen wir in unseren Tagen die Erwartung der Gläubigen auf besondere Geistesausgießungen und Geisteserweisungen gerichtet, mehr als auf die persönliche Ankunft des Sohnes Gottes! Auch das heute gelesene Wort in Apostelgeschichte 3, redet deutlich von der Wiederkehr der Person Jesu Christi. Paulus hat da klar gesehen und es in seinen Pastoralbriefen aussprechen müssen, was wohl das Schmerzlichste war, das ihn treffen konnte, und was der Geist ihn hat wissen lassen (1. Tim. 4, 1), daß nämlich die Gemeinde zunächst einer Abfallszeit entgegengehe.

14. Dezember

Dieweil die Ungerechtigkeit wird überhandnehmen, wird die Liebe in vielen erkalten. Matth. 24, 12

Wir leben in einer Zeit, von welcher der Herr sagt: *„Die Liebe wird in vielen erkalten"* (Matth. 24, 12). Warum erkaltet die Liebe? Weil „die Ungerechtigkeit überhandnimmt". Warum kannst du denn kein Unrecht ertragen? Der eine sagt: „Von Gottes Hand will ich alles annehmen, aber nicht von Menschen." Ein anderer sagt: „Von der Welt will ich mich wohl verachten und verfolgen lassen, aber so und so von Kindern Gottes behandelt zu werden, das ist zu stark, das geht zu weit." Mein Bruder, so denken und reden Heiden. Der Heide sieht überall Zwischenursachen, hat es mit Untergöttern zu tun. Der Jünger Jesu hat es nur mit seinem Gott zu tun. Er ist in *Christus;* ihn kann nur erreichen, was das Haupt unterzeichnet hat und was zur Umwandlung in des Lammes Bild dient. Da wundere dich nicht und laß dich's nicht befremden (1. Petr. 4, 12), wenn es an ein Reiben und Schlagen, Hobeln, Meißeln und Schmelzen geht; das gehört zu deiner Umbildung. Wie kann deine Liebe erkalten, wenn du durchschaust und hinter allem, was dir durch und von Menschen geschieht, den Gott der Liebe erblickst, auf dessen Seite du dich gestellt! und dem du es überlassen hast, dich um jeden Preis zu seinem Ziel zu bringen? Und er kommt zum Ziel; er ist seiner Sache so gewiß, daß der Geist in Römer 8, 30 in der Vergangenheit reden kann; er *hat* gerechtfertigt, er *hat* herrlich gemacht.

Je näher ein Glied dem Haupt steht, desto enger schließt es sich mit den anderen Gliedern zusammen. Ist ihm erst die Einheit des Leibes aufgegangen und zum Lebensgesetz geworden, so kann man aus ihm nicht mehr einen Sektierer machen. Verstehen uns die Brüder nicht, so fragen wir nicht danach, was sie uns, sondern was wir ihnen schuldig sind —, ihnen, mit denen das Blut und der Geist Christi uns unzertrennlich verbunden hat. Schande und Schmach über uns, wenn wir nur da lieben, wo man uns zustimmt, und wo wir hängenbleiben an dem, was uns paßt! Das Geheimnis der Liebe ist: „niemand mehr kennen nach dem Fleisch" (2. Kor. 5, 16). Dazu aber mußt du am Feuerherd der ewigen Liebe wohnen. „Niemand hat größere Liebe denn die, daß er sein Leben läßt für seine Freunde" (Joh. 15, 13). Ist die Liebe Gottes ausgegossen in dein Herz, so lernst du dein Leben lassen für andere, lernst deine Befriedigung, deine Rechte, deine Bequemlichkeit lassen auch für solche, die dich nicht verstehen. Wurde Christus anerkannt, als er am Kreuz sein Leben für die Welt ließ? Er erwartete nicht, verstanden zu werden in seiner

Liebestat. „Er kam in das Seine, und die Seinen nahmen ihn nicht auf." Seine Liebe erkaltete nicht, wenn seine Jünger ihn nicht verstanden. „Wie er geliebt hatte die Seinen, die in der Welt waren, so liebte er sie bis ans Ende." *Dein* Liebeseifer ist bald erschöpft; darum öffne dein Herz der Liebe *Gottes!* Von ihr kann dich nichts scheiden (Röm. 8, 39), auch nicht die Sünde der Gemeinde, auch nicht das Mißtrauen der Brüder. Das Göttliche ist stärker als das Menschliche, die Liebe mächtiger als der Tod. Wohnt diese Liebe in dir, so kann weder Lieblosigkeit noch Schläfrigkeit noch Gleichgültigkeit in deiner Umgebung deine Liebe erkälten. Eine Liebe, deren Quelle Gott ist, überwindet alles.

15. Dezember

Christus hat geliebt die Gemeinde und hat sich selbst für sie gegeben, auf daß er sie heiligte, und hat sie gereinigt durch das Wasserbad im Wort, auf daß er sie sich selbst darstellte als eine Gemeinde, die herrlich sei, die nicht habe einen Flecken oder Runzel oder des etwas, sondern daß sie heilig sei und unsträflich. Eph. 5, 25—27

1. Mose 2, 18—24 redet von dem heiligsten Verhältnis im menschlichen Leben, von der Verbindung zwischen Mann und Weib. Wir sehen in Adam und Eva ein Vorbild auf Christus und seine Gemeinde. Alle Verhältnisse des menschlichen und des kreatürlichen Lebens sind Abschattungen vom Himmlischen. Die Gleichnisse des Herrn waren nicht von ihm erdachte; es waren göttliche Gedanken, vom Vater in die Natur gelegt, wie z. B. Johannes 15, Matthäus 13 u. a. m. Wer vom Geist geöffnete Augen und Ohren hat, schaut und versteht sie und ahnt noch Tieferes, als man verstehen kann. Die sichtbaren Dinge aber sind zeitlich und werden vergehen, ja sie müssen erschüttert werden, damit das Unerschütterliche erscheine — die unsichtbaren Dinge jedoch bleiben ewig (Hebr. 12, 26—28; 2. Kor. 4, 18). Die irdischen Dinge sind nur die Staffeln an der Leiter, auf der wir zu den ewigen Realitäten (Wesenheiten) ansteigen.

Lesen wir 1. Mose 2 aufmerksam durch, so tritt uns ein zweifacher Grund entgegen, weshalb Gott alles Erschaffene Adam, dem König der Schöpfung, vorführte. Gott hatte gesagt: „Es ist nicht gut, daß der Mensch allein sei." Der Mensch ist so angelegt, daß er eines anderen Wesens bedarf, das ihm entspricht, das ihn versteht und imstande ist, seine Bedürfnisse und Interessen, sein Leben mit ihm zu teilen. Adam soll sich nach einer Gehilfin umsehen; das kann kein untergeordnetes, es muß ein ihm ebenbürtiges Wesen sein.

Völlige Befriedigung kann das menschliche Herz aber nur in Christus finden, der Quelle der Reinheit, dem Erlöser von all dem, das gemein und unrein ist.

Der zweite Grund, weshalb die ganze Schöpfung an Adam vorübergehen mußte, auch wenn sich in ihr keine Gefährtin für ihn fand, war, daß er Besitz nehmen sollte von seinem Königtum. Wir sehen, er hatte vor seinem Fall die Fähigkeit, den Gedanken Gottes bei Erschaffung eines jeden einzelnen Wesens in der Pflanzen- und Tierwelt zu erkennen: er durchschaut die Art und Eigentümlichkeit eines jeden und bezeichnet sie mit dem entsprechenden Namen. Erinnert uns das nicht daran, wie der Herr tief in Petrus hineinschaut, bis in das Verborgenste seines Wesens, Besitz von ihm nehmend, ihm einen neuen, seinen Charakter bezeichnenden Namen gibt? — Wie tief ist Adam gefallen, als er durch eines der Geschöpfe, über die er gesetzt war, sich verführen ließ, Gottes Wort und Gebot in Frage zu stellen! In jenem Augenblick warf er seine Herrschermacht und Gabe hin, ward zum Sklaven der Schlange.

Adam hatte keine Gehilfin gefunden in dem ihm übergebenen Königreich. Wenn es dem ersten Adam durchaus fern lag, ihm völlig undenkbar und unmöglich war, mit einem ihm untergeordneten Wesen sich zu verbinden — meint ihr, der zweite Adam wollte oder könnte sich eine Gehilfin erwählen, die nicht seiner Natur, also ihm nicht ebenbürtig wäre?

16. Dezember

Christus hat geliebt die Gemeinde und hat sich selbst für sie gegeben, auf daß er sie heiligte, und hat sie gereinigt durch das Wasserbad im Wort, auf daß er sie sich selbst darstellte als eine Gemeinde, die herrlich sei, die nicht habe einen Flecken oder Runzel oder des etwas, sondern daß sie heilig sei und unsträflich. Eph. 5, 25—27

War es des Apostels Paulus heiliges Ziel, die Gemeinde als eine „reine Jungfrau" Christus zuzuführen — wie könnte der Heilige Geist die Gemeinde nehmen, wie sie ist, voller Flecken und Runzeln, mit Makeln behaftet, und sie Christus darstellen? Wir sehen, Pauli Dienst konnte nicht den göttlichen Charakter dieser Jungfrau zur Ausgestaltung bringen — denkt ihr, der Tod werde mehr ausrichten, mehr als der Heilige Geist durch Gottes Wort auf Grund des vergossenen Lammesblutes?

Niemals Geliebte, aber — unser Gott kann warten. Hat er schon im Alten Bund bei aller Untreue des Volkes Israel dem Überrest desselben Treue bewahrt — wie könnte er die neutestamentliche Gemeinde, seine berufene und erwählte Braut, die aus seiner Seite genommene Gehilfin, die aber auch nicht treu gewesen ist, gänzlich aufgeben und verlassen? Nimmermehr! Aber der Herr behandelt sie nicht wie eine Sklavin, er respektiert ihre Freiheit: „Daß ihr nicht wecket noch aufwecket die Liebe, bis es ihr selber gefällt" (Hohesl. 2, 7; 3, 5; 8, 4). Er zwingt nicht seine Erwählten, ihm zu folgen.

Jesus Christus ist uns zur Weisheit gemacht von Gott, zur Gerechtigkeit, Heiligung und Erlösung (1. Kor. 1, 30), damit unser Geist ganz samt Seele und Leib durch und durch geheiligt werde, so daß Gott vor Teufel und Hölle und vor dem ganzen Universum gerechtfertigt ist, wenn er diejenigen, die bereit sind für die Ankunft seines Sohnes vom Himmel, d. h. die seinem Bild gleichförmig (Röm. 8, 29) gemacht sind, hinaufnimmt in seine Herrlichkeit.

Selbst das Sehnen nach Heiligung und Bereitung ist ein jämmerliches Ding, wenn es nicht in die Ausgestaltung derselben führt. In all deinem Verlangen nach Reinigung und Heiligung drehst du dich im Kreise, solange du noch in deinen Fortschritten Befriedigung suchst. Hast du denn noch nicht verstanden und durchgeschaut, daß wir „berufen, gerechtfertigt, geheiligt, verherrlicht" werden (Röm. 8, 29) nicht um unseretwillen, sondern weil einer im Himmel wartet, daß seine Gehilfin für ihn bereit werde? Dafür verließ er den Thron der Herrlichkeit. Weder Engel noch Erzengel konnten ihm genügen; seine Gehilfin mußte aus seiner Seite genommen werden, Fleisch und Bein von ihm selber. Er nahm unsere menschliche Natur an sich, damit Gott verherrlicht werde durch Umwandlung des Menschen in seine göttliche Natur. „Er hat die größten und kostbaren Verheißungen geschenkt, daß ihr durch dieselben *Teilhaber der göttlichen Natur werdet.*" „Seine göttliche Kraft hat uns alles in betreff des Lebens und der Gottseligkeit geschenkt" (2. Petr. 1, 3. 4), daß wir, die wir unserer ersten Natur nach Kinder der Erde waren, Himmelskinder würden, damit der König der Könige, das Lamm auf dem Thron in uns seine Gehilfin finde.

17. Dezember

Christus hat geliebt die Gemeinde und hat sich selbst für sie gegeben, auf daß er sie heiligte, und hat sie gereinigt durch das Wasserbad im Wort, auf daß er sie sich selbst darstellte als eine Gemeinde, die herrlich sei, die nicht habe einen Flecken oder Runzel oder des etwas, sondern daß sie heilig sei und unsträflich. Eph. 5, 25—27

Hat diese himmlische Erkenntnis: „Der König begehrt meiner" je deinen Horizont erreicht? Oder kannst du noch deine eigenen Interessen verfolgen, auch in seinem Dienst? Hast du noch Raum für Murren, für Neid und Ehrgeiz? Strebst du noch danach, dich hier unten festzusetzen, um in deiner Häuslichkeit ein bequemes Leben zu führen? Kannst du noch einen Gedanken haben, der nicht für ihn ist und darum unwürdig eines Gliedes seiner Gemeinde?

Jakob diente sieben Jahre um ein Weib, und sie waren in seinen Augen wie einzelne Tage, weil er sie liebte (1. Mose 29, 20). Der König der Himmel gab sein Leben für die einzige, die ihm der Vater gegeben. Ist es dir zu viel, dich zu reinigen ohne Unterlaß von allem und jedem, das der Geist für unrein und untauglich erachtet? Oder hast du deine Berufung, ein Glied dieser Gemeinde zu sein, erkannt und bist bereit, dich von Schmelztiegel zu Schmelztiegel führen zu lassen, bis er sein eigenes Bild in dir erblickt? Nicht um rein zu sein in deinen eigenen Augen, nein um seinetwillen reinigst du dich, gleichwie er rein ist (1. Joh. 3, 3).

„Das Weib ist des Mannes Herrlichkeit" (1. Kor. 11, 7). Die Braut ist des Lammes Herrlichkeit. Sein Charakter, seine Art tritt in ihr von Tag zu Tag mehr in Erscheinung — das Irdische macht dem Himmlischen Platz.

Wie droben die Lebewesen um und in dem Thron Tag und Nacht nicht aufhören können zu sagen: „Heilig, heilig, heilig ist der Herr, Gott der Allerhöchste" (Offb. 4, 8), so spricht die Braut, eins mit dem Geist, durch ihr ganzes Sein und Leben ununterbrochen: „Komm!" (Offb. 22, 17).

Soll der Herr Jesus noch weiter warten von Zeitalter zu Zeitalter, oder denkst du etwa, der Herr werde sich zuletzt doch noch entschließen, seine Gemeinde zu sich zu nehmen, wie sie ist, gleichviel in welchem Zustand?

Er wartet, die obere Gemeinde wartet, die ganze Schöpfung ist hingehalten und wartet, daß die „Söhne Gottes" eingehen in ihren hohen Beruf. Der Geist ist treu, er wird es zustande bringen, dem Lamm eine auch in seinen Flammenaugen makellos reine Braut darzustellen, die mit ihm eingeht in des Vaters Haus, wo sie im Allerheiligsten, im Thron, bei ihm sein wird von Ewigkeit zu Ewigkeit.

18. Dezember

Ich hörte wie eine große Stimme einer großen Schar und wie eine Stimme großer Wasser und wie eine Stimme starker Donner, die sprachen: Halleluja; denn der allmächtige Gott hat das Reich eingenommen. Lasset uns freuen und fröhlich sein und ihm die Ehre geben; denn die Hochzeit des Lammes ist gekommen, und sein Weib hat sich bereitet. Offb. 19, 6. 7

Das Kapitel der Brautwerbung Isaaks (1. Mose 24) ist das Kapitel des Verlöbnisses, die wunderbare Geschichte der Sendung, die von dem treuen Knecht Abrahams ausgeführt wurde, um für dessen Sohn Isaak ein Weib in sein Haus zu bringen. Des Herrn Führung mit Elieser war in jedem einzelnen Zug so wunderbar und so genau, daß keine andere Geschichte in der Bibel in solchem Maß als ein Vorbild von dem Werk angesehen werden kann, das der Heilige Geist vollbringt, indem er die von Gott für seinen Sohn bestimmte Braut aus der Welt nimmt und sie ihrem Herrn entgegenführt. Lesen wir vom 63. Vers an: „Und Isaak ging hinaus aufs Feld zu beten um die Abendzeit und hob seine Augen auf und sah, daß Kamele daherkamen." Welche Freude muß es für Jesus gewesen sein, als er, am Jakobsbrunnen sitzend, Leute zu sich kommen sah! Er freute sich, ihre Herzen bereit zu finden wie Felder, die schon „reif zur Ernte“ sind. Was wird es erst sein, wenn er seine Braut ihm entgegenkommen sieht!

„Und Rebekka hob ihre Augen auf, und als sie Isaak sah, stieg sie vom Kamel.“ Denn sie hatte zu dem Knecht gesagt: „Wer ist der Mann, der uns entgegenkommt auf dem Felde?“ Und der Knecht hatte geantwortet: „Es ist mein Herr; *darum* (dies ist das Wort, auf das ich den Nachdruck legen möchte) nahm sie einen Schleier und verhüllte ihr Angesicht.“ Es konnte nicht anders sein; es muß ein Beben durch ihr ganzes Wesen gegangen sein, als sie ihren Bräutigam zum erstenmal sah. Sie bedeckte sich mit ihrem Schleier, um von keinem gesehen zu werden als von ihm. Sie hatte ihres Vaters Haus und ihr Heimatland verlassen, entzückt Elieser zu folgen, gleichwie die Braut des Lammes jener herrlichen, geheimnisvollen Person folgt, welche dem Sohn gleich zum Knecht wird — dem erhabenen Heiligen Geist, dessen höchster Dienst jetzt in der Zubereitung eines Weibes für den Sohn gipfelt. Die Braut hat die Stimme des Dieners Gottes, des Heiligen Geistes, gehört, und jetzt ist sie am Ziel der Reise. Es mag eine lange Reise durch Jahrhunderte hindurch gewesen sein; und da sie eine verlobte Braut ist, fühlt sie instinktiv, daß der Bräutigam nahe ist. Er muß es sein. Die Braut kann seine Fußtritte hören, die anderer Ohren entgehen. Die Braut hat scharfe Ohren. Sie erkennt in der Bewegung der Völker, in der Auflösung des Familien- und Geschäftslebens, in allem Auseinandergehen und Aufhören den Beweis für das, was der Bräutigam ihr sagte: „Ich komme, ich klopfe an die Tür“ — und jetzt durch ihren Verlobten von jeder anderen Verbindung gelöst, hört sie keine andere Stimme mehr als die seine.

19. Dezember

Euer Leben ist verborgen mit Christus in Gott. Wenn aber Christus, euer Leben, sich offenbaren wird, dann werdet ihr auch offenbar werden mit ihm in der Herrlichkeit. Kol. 3, 3. 4

Das Leben der Braut Jesu muß notwendigerweise täglich verhüllter werden, mit Christus verborgen und begraben. Rebekka „verhüllte sich“, und ich bete, daß viele von uns sich von nun an auch mehr als je gedrungen fühlen werden, verschleiert durch die Welt zu gehen. Seien wir bereit dazu, daß unsere Motive, unsere Aufrichtigkeit von anderen außer von ihm unerkannt seien! Der Bräutigam kann nur eine reine Braut freien, rein im Innersten; mit Eifersucht danach trachtend, daß sie mit Christus in Gott verborgen sei, mit Eifersucht darauf bedacht, daß sie nur von dem Bräutigam erkannt werde, damit er sich freuen könne an der Schönheit, die er an sie gelegt hat. Allzulange ist die Gemeinde jenem elenden Weib gleich gewesen, welches den Schmuck, den er ihr anlegte, anderen hingab (Hes. 16, 11. 12. 17).

Der Braut entgegenzugehen, das gehört dem Bräutigam zu. Rebekka tut den letzten Schritt; vom Kamel herabgestiegen, geht sie zu Isaaks Haus, mit dem Schleier verhüllt. Geliebte, verwundert euch nicht, wenn der Herr selbst die Wahrheit, die von der Braut handelt, verhüllt hat! Das bleibt aber nicht immer so.

Betrachtet den Unterschied zwischen den zwei großen prophetischen Büchern des Alten und Neuen Testaments! Habt ihr die letzten Worte, die zu Daniel geredet wurden, vergessen, daß die Worte verschlossen und versiegelt sein sollten bis zu der Zeit des Endes? „Es gebührt dir nicht, solches zu wissen; gehe hin an deinen Ort!" Was finden wir aber in dem letzten Kapitel der Offenbarung? „*Versiegle nicht die Worte der Weissagung in diesem Buch;* denn die Zeit ist nahe" (Offb. 22, 10).

Und doch hat sich die Gemeinde gewöhnt, dieses wunderbare Buch als ein versiegeltes anzusehen, obschon der Herr selbst eine besondere Verheißung und Ermutigung für die, welche dasselbe lesen, gegeben hat und einen Fluch auf die legt, welche von den Worten der Weissagung, die in diesem Buch geschrieben stehen, hinwegtun. Wahrlich, es ist für uns gemeint. Unser Verstand aber ist versiegelt gewesen, und wir haben das Geheimnis des Herrn nicht erkannt. Anstatt daß wir uns verhüllt haben mit dem verborgenen Leben mit Christus in Gott, haben wir eine Decke vor den Augen und sehen die allerheiligsten Dinge Gottes nicht. Er wird seine Geheimnisse nicht solchen anvertrauen, die nicht mit Christus in Gott verborgen sind.

Der Tag dämmert, die Finsternis geht vorüber, *das wahre Licht scheint schon jetzt* (1. Joh. 2, 8). Glaubet an das Licht, auf daß ihr des Lichtes Kinder seid! Wir müssen an das Leben glauben, denn der Bräutigam hat uns frei gemacht; alle unsere Angelegenheiten sind ins reine gebracht; wir gehören zur Braut; wir stehen auf sicherem Boden. Er hält unsere Seelen im Leben durch seine Gnade, nur für sich selbst, und nur solange es ihm gefällt. Die Zeit rückt nahe, da zum letztenmal der Leib eines Gliedes der Gemeinde durch den Tod zu gehen hat. Das Zeugnis des Lebens Henochs eröffnet einen weiten Blick. Die letzte Frucht des Todes Christi ist sein Sieg über den Tod. Es ist das letzte Stück seiner Erlösung. Der Tod ist der letzte Feind; und die Braut wäre nicht Braut, wenn der Bräutigam genötigt wäre, jenen letzten Feind zu überwinden, ohne sie teilnehmen zu lassen an dem Sieg, ohne sie verstehen zu lehren, daß es die letzte Stunde ist. Haltet euren Atem an, seid still; laßt kein Geräusch menschlicher Füße stattfinden, kein Eigeninteresse, keine Rede mehr von Leben oder Tod erwählen; es gilt nur noch hören, was er sagt, an das Leben glauben, dieweil er das Leben ist, so daß ihr Kinder des Lebens werdet, weil das Leben Christi das Licht der Welt ist.

20. Dezember

Wir werden ihm gleich sein; denn wir werden ihn sehen, wie er ist. Und ein jeglicher, der solche Hoffnung hat zu ihm, der reinigt sich, gleichwie er auch rein ist. 1. Joh. 3, 2

Die Hochzeit des Lammes ist gekommen, und sein Weib hat sich bereitet. Offb. 19, 7

Wir haben gesehen, dem Lamm (Offb. 19, 7) wirbt und bereitet der Geist die Gehilfin; der *Lammes*gestalt muß sie also „gleichförmig" werden. Schon der Prophet Jesaja führt uns in seinem 53. Kapitel das von der Welt verachtete Lammesbild vor, das Reis, das aus dürrem Erdreich emporschießt. Nichts Begehrenswertes für das Fleisch ist in diesem Bild (Vers 2). Wieviel „anziehender" klingt das Wort, mit dem einer der 24 Ältesten vor dem Thron den Apostel Johannes tröstet, wenn er sagt (Offb. 5, 5): „Siehe, es hat überwunden der Löwe aus dem Stamm Juda!" Aber als Johannes sich umschaut nach einem Löwen, siehe, da erblickt er ein „Lämmlein, wie geschlachtet".

Das ist das Geheimnis des Überwindens. Willst du ein „Überwinder" sein, so laß dich umgestalten in Lammesart und Lammesnatur! Nur wer von des Lammes Art überwunden wird, kann überwinden. In seiner Herrlichkeit kann der Herr nur mit denen verbunden werden, die hier im Leben der Niedrigkeit mit ihm, als dem Lamm, sich verbinden lassen, die mit seiner Kreuzesgestalt Verwachsene sind (Röm. 6, 5).

O wieviel kann man von den Bildern der Offenbarung lernen! Aber wie schmerzlich wären diese Wahrheiten, wenn wir nicht den *Einen* hätten, das Lamm, das nie etwas Eigenes wollte, nie etwas aus sich selber geredet oder getan hat! In völligster Abhängigkeit vom Vater lebte er sein Menschenleben bis ans Kreuz und hat uns damit den Weg und die Möglichkeit erkauft, nicht mehr an den verwesenden Leichnam unseres Ich gebunden zu sein, sondern in gänzlicher Abhängigkeit ohne Furcht (Luk. 1, 74) Gebundene, Gefangene, Überwundene des Lammes zu werden. In dieser Stellung allein ist Freiheit und Herrlichkeit.

So wird Glied um Glied in der Stille bereitet und stufenweise von Klarheit zu Klarheit geführt, bis zur Gleichförmigkeit mit seinem Bild. Wie viele Christen haben noch kein Bewußtsein davon, daß ihr Leben ein Zeugnis zu sein hat von dem, was der Gekreuzigte und Auferstandene ist und schafft, und daß es ein Zeugnis sein soll für das geschriebene Wort, das wie am Haupt so auch an den Gliedern bis ins kleinste erfüllt werden muß!

Er findet seine Züge an seiner Braut;
sie wird nun ebenbürtig ihm angetraut,
sie teilt mit ihm auf ewig Thron und Gewalt.
O Seligkeit! Herr Jesus, ach komme bald!

21. Dezember

Wenn aber dies anfängt zu geschehen, so sehet auf und erhebt eure Häupter, darum daß sich eure Erlösung naht! Luk. 21, 28

Jeder gründlich Bekehrte kommt durch die Gnade Gottes früher oder später einmal auf den Punkt, wo er vor dem Tod keine Furcht mehr hat. Oft ist aber in bezug auf die drückenden Ereignisse, die dem Kommen des Herrn vorausgehen, und von denen in unserem Schriftwort geschrieben steht, in dem physischen, nervösen Organismus der dem Herrn Geheiligten noch eine gewisse Bangigkeit. Manche haben noch Furcht, nicht vor dem Tod, sondern vor dem, was sie erleben, ehe der Herr kommt. Aber was sagt Paulus 1. Korinther 3, 21? „Alles ist euer", Leben und Tod. Das Leben ist ja auch euer, nur gebt eure Rücksicht auf euer eigenes Leben auf; im Grund steckt doch Leidensfurcht dahinter, daß man vom Herrn pensioniert werden möchte. Wenn der Herr dich ruft zum Märtyrertod, dann gehe hin, aber so wie Paulus, der sagen konnte: „Hinfort ist mir beigelegt die Krone der Gerechtigkeit, welche mir der Herr an jenem Tage, der gerechte Richter, geben wird; nicht mir aber allein, sondern auch allen, die seine Erscheinung liebhaben." O daß doch dein Leben nicht enden möchte im Nebel, sondern daß es eine Lücke ins Reich der Finsternis hineingerissen haben möchte! Wirket, bis daß er kommt! Lerne von Tag zu Tag dem Herrn vertrauen, daß er auch deine Welt überwunden hat und daß dein Leben, wie es sich auch gestalten möge, eine dir geschenkte Gabe ist! Sich heraussehnen, das ist keine Herrlichkeit; bei wem die Herrlichkeit durchgebrochen ist, der erhebt das Haupt und wartet. Was oben uns erwartet, muß hier im Glaubensleben sich schon Bahn gebrochen haben.

Die Ewigkeit hängt ab von der Art, wie wir die Zeit mit allem Drückenden nehmen, und wer auf den Herrn wartet, wartet von Tag zu Tag auf neue Gnade, die mit dem Kommen des Herrn zusammenhängt. „Habt die Lenden eures Gemüts umgürtet, laßt euch nicht erschrecken, nicht verlocken, seid nüchtern und hoffet völlig auf die Gnade, die euch gebracht wird bei der Offenbarung Jesu Christi!" Wo die alte Gnade nicht mehr reicht, da hofft auf eine neue Gnade, die sich offenbart, je näher der Herr kommt, die mit den Morgenstrahlen gebracht wird, wenn er kommt. Da erheben die müden Streiter das Haupt. Die Gnade wird uns entgegengebracht; darum hofft zielbewußt auf die Offenbarung Christi und die Gnade mit ihm! Laßt euch das Ziel nicht verrücken und harret aus; denn noch über ein kleines, und der Kommende wird kommen, heißt es Hebräer 10, 37. Solche Gnaden- und Herrlichkeitskinder, in das Morgenrot der Ewigkeit getaucht, sind Wirklichkeiten. Aber habt den Mut, zu leben; das Leben ist unser. Er legt uns seine Hand aufs Haupt und sagt: „Ich war tot, und siehe, ich lebe. Ich lebe, und ihr sollt auch leben. Ich habe die Schlüssel des Todes und der Totenwelt." Die hat er mit hinaufgenommen in den Himmel. Alle Fragen des Lebens und des Todes sind und bleiben in der Hand des Herrn, bis er kommen wird.

Wir warten dein, o Gottessohn,
und lieben dein Erscheinen;
wir wissen dich auf deinem Thron
und nennen uns die Deinen.
Wer an dich glaubt,
erhebt sein Haupt
und siehet dir entgegen;
du kommst uns ja zum Segen.

Das Weihnachtsevangelium

22. Dezember

Euch aber, die ihr meinen Namen fürchtet, soll aufgehen die Sonne der Gerechtigkeit und Heil unter ihren Flügeln. Mal. 3, 20

Das erste Kommen unseres Heilands wird in der Schrift öfter mit dem Aufgang der Sonne verglichen. „Es werde Licht!" Das hat der Geist Gottes schon dem Zacharias und durch ihn den anderen kundgemacht: Durch die herzliche Barmherzigkeit unseres Gottes hat uns besucht der Aufgang aus der Höhe (Luk. 1, 78).

Die Sonne ist die belebende, schaffende Macht, sie ist *Himmelslicht*. Der Mond dagegen ist entlehntes Licht, er macht nicht fruchtbar. Es ist, wie wir alle zugeben werden, im Grund ein Fehler, daß die Sonne im Deutschen weibliches Geschlecht hat. (Die Franzosen drücken sich da richtiger aus, wenn sie aus „Sonne" ein männliches — „le soleil" — und aus dem Mond ein weibliches Wort — „la lune" — machen.) Der Mann schafft, das Weib fühlt, und beides hat seine Berechtigung; aber es ist hohe Zeit, daß *männliches* Christentum unter uns Platz greift. Ob wir von Natur weiblich oder männlich sind, darauf kommt es nicht an, aber auch die Frauen müssen — nebenbei in aller Weiblichkeit —, wenn sie aus dem Geist gezeugt sind, durchdringen zum Sonnenlicht der Erkenntnis Jesu Christi und nicht stehenbleiben bei dem, was sie fühlen oder nicht fühlen.

Christus und den Geist, der ihn gesandt hat, zu erkennen, das ist ewiges Leben. Solange wir stehenbleiben bei unseren Erfahrungen, Seelenzuständen und Gefühlen, so lange sind wir schwächliche, nicht weibliche, sondern weibische Leute, Feiglinge und Weichlinge, so lange hängen wir ab von dem Wind, der weht, von dem Blick, mit dem man uns anschaut, von der Kälte oder Wärme, Lahmheit oder Intensität des Händedrucks, mit dem man uns begegnet, sind gebunden an die Stimmungen anderer und können nicht siegen über das, was an uns herantritt, in der Kraft des Sonnenlichtes. Wenn wir in der Erkenntnis dessen wurzeln, was wir in Gottes Liebe haben, dann können wir, wenn es sein muß, auch die Gemeinschaft der Geschwister entbehren, ohne Stoiker zu werden. Wir wandeln im Licht, weil wir an der Lichtquelle sind. In der Erkenntnis Gottes, daß er die Liebe ist, und in der Erkenntnis Christi, der uns sagt, wie uns Gott geliebt hat, indem er seinen eingeborenen Sohn nicht verschonte, können wir dann auch uns und andere verschonen mit seelischem Wesen und Gefühlen; wir sind keine Feiglinge und Weichlinge, sondern Leute, die den Sonnenaufgang erlebt haben und nicht auf Mondlicht angewiesen sind. Die Erde kann uns mit ihren Nebeln die Sonne wohl verdecken, aber die wahre Sonne kann uns nicht verdeckt werden, uns, die wir Kinder des Tages sind und nicht der Nacht, des Sonnenlichts und nicht des Mondlichts.

Ich lag in tiefer Todesnacht,
du wurdest meine Sonne,
die Sonne, die mir zugebracht
Licht, Leben, Freud' und Wonne.
O Sonne, die das werte Licht
des Glaubens in mir zugericht't,
wie schön sind deine Strahlen!

23. Dezember

Euch aber, die ihr meinen Namen fürchtet, soll aufgehen die Sonne der Gerechtigkeit und Heil unter ihren Flügeln. Mal. 3, 20

Es erschien ein großes Zeichen im Himmel: ein Weib mit der Sonne bekleidet, und der Mond unter ihren Füßen. Offb. 12, 1

Wir haben im 12. Kapitel der Offenbarung das Bild von einem Sonnenweib, das eben damit sich ausweist als Sonnenweib, daß es in die Sonne gekleidet ist und den Mond unter ihren Füßen hat. Es liegt sehr viel in diesem Bild. Es ist kennzeichnend für eine Masse von Erscheinungen. — Hysterie, Schwermut und Trübsinn kann die Leute nur lähmen, sie zu armen, verkommenen Gestalten machen, die überall um etwas Anerkennung betteln, als wäre für sie kein Platz an der Sonne.

Mondlicht! — Träumerische Gefühlsmenschen! Sie sind nicht an der Quelle, sie nähren sich nicht von der Sonne, von der Liebe, mit der Gott liebt, sind sklavisch gebunden an den Wechsel der Liebe anderer. Sie haben eine schlechte Nacht gehabt, und darum sehen sie einen anders an als am Tag zuvor. Träumerisches Wesen! So können wir nicht wirken, wenn wir an diese Zustände gebunden sind. Wer im Mondlicht lebt, ist noch nicht erstarkt als „Männlicher".

Damit ist niemand geholfen, daß wir uns an Leid und Schwermut nähren. „Sage es Jesus!" — Er war Mensch, und alles wahrhaft Menschliche hat ein Echo in ihm. Sage ihm deinen Schmerz, damit er nicht ausarte in Schwärmerei, damit er fruchtbar werde an anderen und du nicht Gefallen habest an dir selbst! Arme und verkommene Wesen, die sich ihren Platz nicht an der Sonne zu schaffen wissen! Sie sind nicht aus Gott gezeugt, oder die göttliche Zeugung ist nicht durchgebrochen. Sie sind noch im Erdenlicht und mit Fäden an die Erde gebunden. Wir haben das Heil in dem Kind von Bethlehem, das Erlösungswerk Christi noch nicht erfaßt, wir sind noch nicht von der Krippe über das Kreuz, von Bethlehem über Golgatha nach dem Ölberg gegangen, wir sind noch nicht Mitgekreuzigte, Mitbegrabene, Mitauferstandene, Mitsitzende an himmlischen Örtern, solange wir nicht unseren Platz an der Sonne einnehmen.

Bade dich im Sonnenlicht! Kleide dich in die Sonne hinein! Birg die Dunkelheit deines Wesens in der Gnadensonne von Bethlehem!

Drum, Jesu, schöne Weihnachtssonne,
bestrahle mich mit deiner Gunst!
Dein Licht sei meine Weihnachtswonne
und lehre mich die Weihnachtskunst,
wie ich im Lichte wandeln soll
und sei des Weihnachtsglanzes voll!

24. Dezember

Euch aber, die ihr meinen Namen fürchtet, soll aufgehen die Sonne der Gerechtigkeit und Heil unter ihren Flügeln. Mal. 3, 20

Dies ist das wahrhaftige Licht, das in die Welt gekommen ist. Joh. 1, 9

Der Mensch hat die Aufgabe, sich die Erde untertänig zu machen, im Paradies erhalten. Unser Heiland will uns in diese verlorene Herrscherstellung zurückbringen, indem sein Kommen vom Himmel herab uns von der Erde, von irdischem Sinn und Staub, von Mondeinflüssen, von entlehntem Licht und vom Nachmachen anderer löst. Sind wir denn nicht erlöst worden, um uns im Sonnenlicht der Bibelschrift zu baden? Müssen wir denn immer nur entlehntes Licht haben? Brauchen wir immer menschliche Werkzeuge als Segensvermittler? Dürfen wir nicht an die Quelle gehen, die Schrift mit eigenen Augen lesen und nach unserer eigenen Persönlichkeit studieren? Wir wollen Sonnensöhne sein, immer „weiblicher" und abhängiger Jesus gegenüber, nichts in uns selbst sein und suchen und wissen, nicht über andere uns erheben, auch von den geringsten Brüdern und Schwestern etwas lernen, selbst wenn sie an Mondlicht gebunden sein sollten, und bei alledem einzig dem Heiland vertrauen. So wird man zum Sonnensohn in gliedlichem Zusammenhang mit der Gemeinde, deren Haupt Christus ist, und doch wieder horizontal von rechts und links nichts endgültig in die innere Entwicklung aufnehmend, was nicht in der Gemeinschaft mit Christus filtriert, untersucht und gereinigt worden ist, damit von ihm und in ihm Mond- und Sonnenlicht, Brauchbares und nicht Brauchbares geschieden und die Nahrung unseres inneren Menschen rein und gesund wird. —

Kein Evangelium zeigt uns die vorweltliche Herrlichkeit Christi so wie der Prolog des Johannes (Joh. 1, 1—14). So hat er in die Tiefen des Wortes hineingehört, daß er beim Schreiben seines Evangeliums selber sich den Jünger nennen darf, der an Jesu Brust lag. Das heißt aber mehr, als daß er nur neben ihm saß. Er hat an seiner Brust gelegen und dort in die Tiefen des Wortes hineingeschaut, und so hat er auch von da aus in die Tiefen des Heils in Christus geschaut. „Und das Wort ward Fleisch und wohnte unter uns, und wir sahen seine Herrlichkeit, eine Herrlichkeit als des eingeborenen Sohnes vom Vater, voller Gnade und Wahrheit. Und von seiner Fülle haben wir alle genommen Gnade um Gnade“ (Joh. 1, 14. 16).

Nicht umsonst hat die Gemeinde gerade Johannes mit dem Adler verglichen. Die Adler fliegen der Sonne zu. Er hatte an der Brust Jesu gelegen und hat in die Tiefe der Sonne hineingeschaut wie kein anderer. Er hat sich vom Sonnenlicht, von Gnade genährt. Gnade gegen Gnade! Gnade muß es sein, Gnade ganz allein! Alles Eigne geht in Stücke, ist nur eine schlechte Krücke. Gnade muß es sein, Gnade ganz allein!

Wir werden unabhängig von unseren Seelenzuständen und Erfahrungen, von der Art, wie uns andere Leute begegnen, dadurch, daß wir (mit den Worten des Hohenliedes) uns lehnen an unseren Freund, den Sohn, dessen Herrschaft ist auf seiner Schulter, der da heißt: Wunderbar, Rat, Kraft, Held, Ewig-Vater, Friedefürst (Jes. 9, 5).

25. Dezember

Ich will Feindschaft setzen zwischen dir und dem Weibe und zwischen deinem Samen und ihrem Samen. Derselbe soll dir den Kopf zertreten, und du wirst ihn in die Ferse stechen. 1. Mose 3, 15

Sieh dir, lieber Leser, am heutigen Weihnachtstag unser Schriftwort genau an, dieses tief bedeutsame, bis in die Äonen der Äonen hineinreichende Wort! Der Schlangentreter ist das Kind in der Krippe, dein Heiland Jesus Christus, in dem alles geschaffen worden ist, was geschaffen ist, der seinem Vater bei der ersten Schöpfung sowie bei der Wiederherstellung der Erde Bürge war. Er ist der große Wiederbringer, der Eine, auf den sich Gott unbedingt verlassen konnte. — Auf dem Mailänder Dom stehen zwei Statuen, die mir in Erinnerung geblieben sind. Auf der einen Seite des Turmes Adam und auf der anderen Eva. Die beiden Gestalten haben einen tiefen Eindruck auf mich gemacht, und ich sehe heute noch den Ausdruck namenlosen Wehs auf dem schönen Antlitz Adams. Da steht er auf seinen Spaten gestützt und blickt wehmütig zurück auf das verlorene Paradies, vor das Gott den Engel mit dem flammenden Schwert gestellt hat, und dessen Eingang kein Mensch und kein Engel erzwingen konnte.

Ja, infolge des Falles ist der Mensch aus dem Garten hinausgestoßen worden, damit er fortan den Erdboden bebaue, und wenn er sich jetzt noch so viele Gärtchen anlegt und sich das Leben noch so leicht zu gestalten sucht, es gelingt ihm nicht — ein Wurm nagt an allem Glück und an aller Pracht, so daß es zu keiner wahren Ruhe und Freude kommt.

Was kein Engel vermocht hatte, das hat Jesus getan — er hat den Eingang wieder geöffnet, die Rückkehr zum Vater wieder ermöglicht, nicht indem er für hier unten wieder einen Zustand geschaffen, wie er im Paradies war, sondern indem er uns in eine Verbindung mit Gott gebracht hat, wie wir sie uns nie hätten träumen lassen.

Der zweite Adam führt uns nicht nur zu Gott zurück, sondern auf Höhen, zu denen wir eben nur durch ihn gelangen können. Die Erlösung erhebt uns weit hinaus über das, was Adam vor dem Fall gewesen war — nicht nur wird die Sünde getilgt, sondern der Mensch wird durch die Erlösung in eine nie dagewesene, wunderbare Stellung zu Gott gebracht. Gott stellt nicht nur wieder her, was durch den Fall verlorengegangen ist, sondern er führt den Menschen höher, und es ist vielleicht ein wesentliches Element im Höllenfeuer, das den Teufel verzehrt, wenn er sehen muß, daß der in die ganze Erlösung eingehende Mensch in innigere Beziehung zu Gott tritt, als früher jemals möglich gewesen wäre. Sind wir einmal so zu Gott zurückgebracht, so können wir gar nicht anders, als ihn lieben von ganzem Herzen, von ganzer Seele und von ganzem Gemüte; dann fangen wir an durchzubuchstabieren, was wir unserem Gott verdanken, und es entsteht eine tiefe Kluft zwischen uns und unserer Vergangenheit.

Heut schließt er wieder auf die Tür
zum schönen Paradeis,
der Cherub steht nicht mehr dafür;
Gott sei Lob, Ehr' und Preis!

26. Dezember

Euch ist heute der Heiland geboren. **Luk. 2, 11**
Gott aber sei Dank für seine unaussprechliche Gabe! **2. Kor. 9, 15**

In dem 9. Kapitel des 2. Korintherbriefs, das mit obigem Schriftwort schließt, stellt der Apostel Paulus gewisse Forderungen an die Glieder der Gemeinde in Korinth. Er tut es aber nicht, ohne immer wieder von der überschwenglichen Gnade in Christus Jesus zu sprechen, z. B. Vers 8: „Gott aber kann machen, daß allerlei Gnade unter euch reichlich sei, daß ihr in allen Dingen volle Genüge habt und reich seid zu allerlei guten Werken.“

Es wird in den Kreisen der Gläubigen leider noch oft die Frage laut: Wie läßt sich das vereinbaren, daß einerseits so hohe sittliche Anforderungen an uns gestellt werden, andererseits auch immer wieder gesagt wird, wir könnten und brauchten gar nichts dazu zu tun? Daß überhaupt so etwas geredet werden kann, ist ein tief beschämendes Zeugnis dafür, daß man gar nicht weiß, was Gnade ist, und gar nicht in Wirklichkeit die unaussprechliche Gabe Gottes in Christus Jesus kennt. Man steht mit verklebten Augen da und schaut nicht hinein in die wunderbare Welt der Gnade, die uns geschenkt ist. Der Sohn Gottes ist dafür herabgekommen und hat sich in die Krippe gelegt, er ist dafür ans Kreuz hinaufgestiegen, er hat dafür des Grabes Nacht durchbrochen, er hat dafür eine völlige Erlösung mit hinaufgenommen in den Himmel, daß wir nun ein Kapital hätten, das für alles ausreicht, das kein Defizit zurückläßt. Er hat ein Heil gebracht, das den Bedürfnissen eines vollständig aufgewachten Gewissens genügt, ein Heil, das restlos der Heiligkeit und Gerechtigkeit Gottes genügt und deswegen vom Satan nicht angetastet werden kann. Heil für die Seele und den Geist, Heil für den durch die Sünde zerrütteten Leib — Heil, gegen das keine Gebundenheit, keine Erfahrung, keine Nervosität, kein Charakterschaden, wie tief er auch sei, kein hinderndes Verhältnis, das auf dieser Erde besteht, aufkommen kann. Laß es doch wirklich licht werden bei dir und schaue in die Morgenröte des Gnadentages von Bethlehem! Es gibt keine sittliche Forderung, die im Neuen Testament gestellt wäre, für die nicht eine volle Deckung gefunden würde in der unaussprechlichen Gabe Gottes. Die Gnade trägt dich durch, daß du gottselig leben kannst. Wie in diesem gegenwärtigen Zeitlauf die Verhältnisse sich gestalten mögen — für uns ist etwas Neues da in der unaussprechlichen Gabe Gottes. Sieh ab vom Sichtbaren, suche nichts mehr in dir selbst und suche nichts mehr für dich, verlaß dich auf die allgenugsame Gnade Gottes!

Die Gnade ist erschienen! Gott sei Dank für seine unaussprechliche Gabe!

Die ihr arm seid und elende,
kommt herbei, füllet frei
eure Glaubenshände!
Hier sind alle guten Gaben
und das Gold, da ihr sollt
euer Herz mit laben.

27. Dezember

Siehe, ein Mensch war zu Jerusalem, mit Namen Simeon; und derselbe Mensch war fromm und gottesfürchtig und wartete auf den Trost Israels, und der Heilige Geist war in ihm. Und er nahm das Kind Jesus auf seinen Arm. Luk. 2, 25. 28

Es muß ein tief ergreifender Anblick gewesen sein, als der Greis sich über das Kindlein gebeugt hat. Welches Leuchten mag über das verwelkte Angesicht gezogen sein, der Widerschein des großen Hoffens, das der Welt aus den Zügen des Kindes entgegenleuchtet! Es heißt von Simeon: der Heilige Geist war in ihm. Es war zwar nicht der Pfingstgeist, aber es war doch eine stufenweise Offenbarung des Geistes.

Simeon war ein Mann, der einen Ausblick hatte; er wartete auf den Trost Israels. Er hat nicht vorzeitige Tröstungen an sich gerissen, er ist bei keinem Trost stehengeblieben, mit dem andere sich trösteten und beruhigten über das Elend des unerlösten Volkes. Er hat seine Sehnsucht hindurchgetragen und vorbeigetragen an allen Gelegenheiten, sie niederzusetzen. Er war dem Wort und Geist gehorsam; beide wiesen ihn allein hin auf den, dessen Ankunft die Väter erwartet hatten. Und so konnte es kommen, daß er eine genaue Weisung des Geistes erhielt, die ihn zu der bestimmten Stunde in den Tempel trieb. Nun ruhte seine Sehnsucht auf dem Kind: „Herr, nun lässest du deinen Diener im Frieden fahren; denn meine Augen haben deinen Heiland gesehen!"

Glückselig der, dessen geistliche Augen auf nichts anderem haften bleiben! Sie sehen in die Ferne hinein und warten auf den, der da kommen soll. Man kann bei dem alten Simeon von einer *Schule* des Wartens auf den Herrn sprechen. Sein Geist war in den Jahren des Wartens dazu gereift, das Kind gleich zu erkennen; es hat gewiß keinen Heiligenschein gehabt. — Wir werden ihn sehen, wie er ist, dann kommt unsere Sehnsucht zur Ruhe; früher darf sie nicht einschlafen.

Simeon hat nicht nur persönlich auf den Heiland gewartet; in seinem Verlangen ruhte die unausgesprochene Sehnsucht Israels. Wie damals alles hingedrängt hat auf die Ankunft des Trostes Israels, so sehnt sich unbewußt die ganze Welt nach seiner Erscheinung. — Herr, komm, komm! Es wartet alles auf dich! Komm, um die Zügel der Weltregierung in deine königliche Hand zu nehmen, die den Regierenden je länger, je mehr aus den Händen fallen! Komm, um über der stets hoffnungsloser werdenden Zerrüttung der Völkerwelt dein Zepter auszubreiten! Das Geflüster des Seufzens und Sehnens in der Schöpfung, das Geflüster der Schlachtopfer der Sünde, das Geflüster aus den finsteren Stätten der Erde zeugt von dem Verlangen nach dir, o Jesus! Herr, ich danke dir, wenn du mir vergönnt hast, auch nur einem Sünder aus seiner Sünde zu helfen und ihr auf deine Zukunft warten zu lehren!

Das unerschütterliche Reich

28. Dezember

Sehet zu, daß ihr den nicht abweist, der da redet! Denn so jene nicht entflohen sind, die ihn abwiesen, da er auf Erden redete, viel weniger wir, so wir den abweisen, der vom Himmel redet; dessen Stimme zu der Zeit die Erde bewegte, nun aber verheißt er und spricht: „Noch einmal will ich bewegen nicht allein die Erde, sondern auch den Himmel."

Hebr. 12, 25. 26

Wir gehen der Umwandlung von Himmel und Erde entgegen, dem neuen Himmel, der nicht verwandelt wird. Je stürmischer die Bewegungen auf unserer Erde werden, desto näher ist nach der Schrift die große Bewegung, von der der 26. Vers spricht: „Noch einmal will ich bewegen nicht allein die Erde, sondern auch den Himmel." Wir sind in die Zeit hineingetreten, wo alles in Bewegung gekommen ist hier unten. Die Kräfte der Erde bewegen sich, und in der Völkerwelt ist alles in Aufregung und kann nicht zur Ruhe kommen. Da müssen auch wir in Bewegung sein, in der Aufwärtsbewegung in die ganze Fülle Gottes hinein. Dazu ist nötig, daß wir handeln nach dem, was Vers 25 sagt: „Sehet zu, daß ihr den nicht abweist, der da redet! Denn so jene nicht entflohen sind, die ihn abwiesen, da er auf Erden redete, viel weniger wir, so wir den abweisen, der vom Himmel redet." Es kann auch übersetzt werden: Gebt acht, daß ihr den, der da redet, nicht abweist!

Das Wort „abweist" oder „abwenden" kommt im 25. Vers zweimal vor. Sich abwenden ist die erste Bewegung unseres Herzens, wenn der Herr vom Himmel zu uns spricht und noch etwas Weltliches in uns verborgen ist und sich noch in uns betten kann. Das Wort Gottes findet uns da, wo wir nicht hingehören. Die Sünde will nicht aufgefunden sein, der Fluch unseres eigenen Wesens will nicht in seinen Schlupfwinkeln und Verstecken entdeckt sein. Man verbirgt sich wie Adam hinter den Bäumen des Gartens. Auch Israel hat sich geweigert, die Stimme des Wortes zu hören, das am Sinai zu ihnen gesprochen wurde (Vers 19 und 20). Aber Israel stand im Alten Bund; sie mochten es nicht ertragen (Vers 20). Wir aber, wir Kinder des Neuen Bundes, wir sehen in diesen Versen unsere größere Verantwortung, entgegen der landläufigen Ansicht, daß die Gnade dazu da sei, im alten Wesen bleiben zu können, weil das Alte doch immer wieder durch die Gnade zugedeckt würde. Nein, der Herr redet vom Himmel her. Und was redet er? „Die Gnade ist erschienen und züchtigt uns, daß wir verleugnen das ungöttliche Wesen und die weltlichen Lüste" (Tit. 2, 11). Die Gnade ist nicht da, daß man desto mehr sündige, sündige auf Gnade hin. Das ist die Stellung der trägen, verrosteten Heiligen. Seien wir doch keine Heuchler, die erst den Herrn bitten, sich ihnen zu nahen, und dann sich doch von ihm abwenden! Nur wenn unser ganzes Wesen gebeugt ist vor Gott, wird es uns nie lästig, wenn er redet. Lernen wir ihm stillhalten, und öffnen wir ihm unser ganzes Wesen! Man kann sich auch weigern, ihn zu hören, wenn man nur mit *halbem* Ohr zuhört und gleich wieder mit seinen Gedanken bei der Welt ist. Oft machen es seine Erlösten noch so. Jene entgingen nicht, die ihn abwiesen, als er auf Sinai redete. Alles findet sich wieder: die Weltgeschichte ist das Weltgericht. So ist's auch im Leben der einzelnen.

So halte ihm denn still, teure Seele, und neige dein Ohr zu dem, der zu dir redet! Bedenke die Verantwortung, die du hast dem gegenüber, der nicht vom Sinai, sondern vom Himmel herunter zu dir spricht!

29. Dezember

Welches Stimme zu der Zeit die Erde bewegte, nun aber verheißt er und spricht: „Noch einmal will ich bewegen nicht allein die Erde, sondern auch den Himmel." Aber solches „Noch einmal" zeigt an, daß das Bewegliche soll verwandelt werden, als das gemacht ist, auf daß da bleibe das Unbewegliche. Hebr. 12, 26. 27

Wir sahen gestern, daß wir der Umwandlung von Himmel und Erde entgegengehen. Das Bewegliche soll verwandelt werden, auf daß da komme das Unbewegliche. Alles, was gemacht ist, muß erschüttert werden. Die Erde ist dazu gemacht, daß sie erschüttert wird, damit das Unerschütterliche komme. An Stelle der provisorischen Gestalt der Erde, wie sie jetzt ist, tritt dann die bleibende, ein neuer Himmel und eine neue Erde. Aber das geht nicht anders als durch die Krisen hindurch, von denen der Herr in seinen letzten Reden zu seinen Jüngern spricht.

Lassen wir uns doch durch diese ernste Tatsache daran erinnern, daß wir nur *Zeltbewohner* sind hier unten und uns kein festes Schloß bauen dürfen! Wir müssen uns lösen lassen von dem Beweglichen, damit wir nicht in dem Zusammenbruch mit untergehen. Gott macht es mit uns wie ein Adler mit seinen Jungen: er stöbert das Nest auf, auf dem sie sitzen. Ihr sollt keine Nestbewohner sein, ihr sollt eure Fittiche entfalten, ihr sollt durch die Weiten der Luft, durch die Räume eilen, ihr sollt der Sonne entgegenfliegen. Trachtet nach dem, das droben ist, da Christus ist! Wir sind Nester bauend, solange Gott uns nicht gelöst hat. Wer noch seine Häuslichkeit ausgestaltet, um darin ein bequemes Leben zu führen, ist noch nicht wirklich ein Jünger des Gekreuzigten geworden.

In solchen Zeiten der Krisen, wie die sind, die jetzt über die Welt hereinbrechen, werden die Existenzen auf der Waage des Heiligtums gewogen. Da wird es offenbar, wie weit wir eingegangen sind in die Fremdlingschaft des Glaubenden. Es ist Schonung, höchste Schonung, wenn Gott Gewalt braucht, uns aus unserem Nest herauszubringen, bis uns schließlich das Verziehen und Verschleppen vergeht. Lot wußte, daß

Sodom dem Untergang geweiht war; aber er mußte sich doch erst noch heraustreiben lassen. Mache dich auf, Kind Gottes, schüttle den Staub von deinen Füßen, mache dich los von den Banden deines Halses! „Mache dich auf, mache dich auf, Zion! Zieh deine Stärke an, schmücke dich herrlich, du heilige Stadt Jerusalem!" (Jes. 52, 1. 2.)

Die meisten Kinder Gottes sind Bastarde in dem Sinn, daß sie mehr der unteren als der oberen Welt angehören. Sie sind nicht heimisch in der oberen Welt, und die göttlichen Verheißungen sind keine maßgebenden, bestimmenden Kräfte für sie, unter deren Macht die Sichtbarkeit allmählich ihren Zauber verliert. Da muß man in Andachten und Privatbegegnungen immer wieder drängen und treiben, und die meisten gewöhnen sich auch daran, während nur einzelne tiefer eindringen in die Realität der ewigen Realitäten.

„Sehet zu, daß ihr den nicht abweist, der da redet!" (Hebr. 12, 25).

30. Dezember

Aber das „Noch einmal" zeigt an, daß das Bewegliche soll verwandelt werden, als das gemacht ist, auf daß da bleibe das Unbewegliche. Hebr. 12, 27

Indem wir in diesen letzten Tagen besonders unter dem Eindruck der Vergänglichkeit des Sichtbaren stehen, wollen wir uns doch immer mehr für den großen Auszug anschicken, dem wir entgegengehen. O wir dürfen weniger denn je Niedergelassene sein hier unter! Danke Gott, wenn er dich immer wieder daran erinnert, daß du ein Fremdling bist, wenn er dir dein Werk, das du hier unten vorhast, nicht gelingen läßt, wenn er dich aufstöbert aus dem Nest deiner Annehmlichkeiten, aus deinen Erinnerungen und Hoffnungen, deinen täglichen Gewohnheiten! Laß dich lösen, wo andere sich festklammern! Alles, was gemacht ist, wird erschüttert werden, auch das, woran du dich geklammert hast. Wir müssen mehr denn je auf der Hut sein vor dem Erdenmagnetismus. Wenn man auf hohem Turm steht, zieht's einen mit Macht herab auf die Erde. So zieht's uns ins Irdische, bis der Herr uns anziehend macht die neue Welt vom Himmel herab. Wir machen es ihm so schwer, dies zu können. Er bringt es nur durch Gerichte und Wehen, durch Zertrümmerung unserer Nester fertig, und es ist uns gut, wenn er sie zertrümmert; je früher, desto besser, dann geht's mit den wenigsten Schmerzen. Einmal müssen sie ja doch zerstört werden. Aller Wandel bereitet uns für die Himmelsbürgerschaft zu.

So gehe nun deinen Weg, und wenn dir eins nach dem anderen genommen wird, so bemitleide dich nicht und laß dich nicht bemitleiden! Wir sind nicht bemitleidenswert. Wir haben nicht einen Vater, der weichlich vor starken Mitteln zurückschreckte, uns zuzubereiten für den Thron. Wir haben Gnade (Vers 28). Gnade! Welch ein Unterschied ist doch zwischen Natur und Gnade! Die Natur bindet uns an die Sichtbarkeit, die Gnade löst uns von der Sichtbarkeit. Die Natur kristallisiert (im Sinne von fest = starr werden), die Gnade gibt uns Flügel, die Gnade führt uns weiter. Durch die Trümmer unseres in Stücke geschlagenen Lebens führt der Herr uns zielbewußt zum unbeweglichen Reich, zum Königreich, zum Thron.

Wir haben einen Vater, der weiß, wie er uns zu behandeln hat; er geht nicht so rasch mit uns, er überspringt nie eine Klasse, er repetiert eher. Ach, er muß leider zu oft repetieren; da geht soviel Zeit und Kraft verloren. Er führt uns zielbewußt weiter zu den verschiedenen Stationen unseres Lebens; er führt uns auch durch Elims; aber wir dürfen nie länger bei den Palmbäumen verweilen, als er uns erlaubt, sonst gibt es immer wieder neue Kämpfe, schmerzliche Lösungen, und zuletzt glaubt man gar nicht mehr daran, vollständig gelöst werden zu können. Nein, wir wollen doch zugleich brechen mit dem Gedanken und Wunsch, es gut haben zu wollen hier unten; das ist ein gemeines Ziel. Wer nicht vom Erdenmagnetismus angezogen werden will, muß ein anderes, höheres Ziel haben. Dazu haben wir Gnade. Es heißt ausdrücklich: *Laßt* uns sie haben! Wir haben Gnade, damit wir sie nehmen können, aber ärmer und leerer wird es in uns, wenn wir diese Gnade brachliegen lassen.

31. Dezember

Darum, dieweil wir empfangen ein unbeweglich Reich, haben wir Gnade, durch welche wir sollen Gott dienen, ihm zu gefallen, mit Zucht und Furcht. Hebr. 12, 28

Und nun noch ein letzter Ausblick! Alle wahren Söhne Gottes sind Königskinder; sie werden zubereitet für das Königreich. Unser erstgeborener Bruder wartet darauf, bis er in Gemeinschaft seiner jüngeren Brüder das Reich einnehmen und die Herrschaft antreten kann. Deswegen heißt es im 28. Vers ausdrücklich „Königreich"; es ist derselbe Ausdruck, wie wir ihn in Offenbarung 19, 6 finden. Dieser Thron der Ewigkeit ist unerschüttert; denn seine Fundamente sind aufgerichtet auf den rauchenden Trümmern der usurpierten, zeitweiligen Herrschaft Satans. Der Herr wartet, bis durch den Dienst der Heiligen der Fürst der Finsternis hinausgeworfen wird, nachdem er selbst im Prinzip ihn vorher überwunden hat (Offb. 12, 11).

Sind wir nun Königskinder, so müssen wir uns üben, königlich zu denken. Sklavisch Gesinnte gelangen nicht auf den Thron. Sklaven der Lust und der Furcht haben keinen Anteil an dem Reich. Er hat für uns alle den Tod geschmeckt (Hebr. 2, 15), damit wir nicht mehr unter der Furcht des Todes zu schmachten brauchen. Wir brauchen nicht mehr die Segel zu streichen vor den Befürchtungen des Erdenlebens. Was dich heute anzieht, ist dir morgen vielleicht zum Ekel; worüber du dich heute erschreckst, da staunst du morgen, wenn du es im Ewigkeitslicht erblickst, daß du dich hast einschüchtern lassen. Wir müssen das Reich einnehmen. Da gilt es für uns: Fürchte dich nicht, glaube nur! Josua durfte sich nicht fürchten, als er das Gelobte Land einnehmen mußte (Jos. 1). Wir können das Reich nicht einnehmen, wenn wir uns fürchten. Die Kinder Israel konnten wenigstens Stücke einnehmen; aber das ist bei uns nicht möglich! entweder es wird ganz eingenommen oder gar nicht. Alle Furcht muß ertränkt werden im Blut des Lammes. Dazu brauchen wir nicht Anstrengungen, sondern Gnade. Habe den Mut, das Leben unter die Füße zu nehmen durch Gnade! Wir haben eine allgenugsame Gnade, eine Gnade, die sich mit allen Vorkommnissen deckt. 2. Korinther 12, 9 heißt es eigentlich: „Meine Gnade reicht aus.“ Es ist eine *gegenwärtige* Gnade.

Aber wir können nur von der sklavischen Furcht erlöst werden, wenn wir Gott dienen, wie es ihm wohlgefällig ist, mit Furcht und Zittern, d. h. in wahrhaftiger Frömmigkeit und Ehrfurcht (1. Thess. 1, 9. 10). Wenn du dem Geist Gottes gehorsam bist, erfüllt er dein Herz mit heiligem Schauer vor Gott. Nur wenn du in dieser Gottesfurcht stehst, sinkst du nicht wieder in Sklavenfurcht zurück, der Erdenmagnetismus zieht dich nicht wieder an, du wirst nicht aufgehalten durch weichliche Erinnerungen, durch Furcht vor dem Rückblick auf die Vergangenheit, durch Furcht vor dem Ausblick auf die Zukunft.

Ihn fürchten heißt: ihm Raum geben. O wir müssen ihm den Platz geben, der ihm gehört, in unserer täglichen Arbeit, in der Küche, in der Haushaltung, in der Arbeit für sein Reich; wir müssen ihm den Platz einräumen, der ihm gebührt, damit die Menschen sehen, auf welchen Platz er in einem Menschenleben gestellt sein muß. Das heißt ihm wohlgefällig dienen: nicht wenn wir uns verzehren in der Inbrunst frommer Gefühle, wenn wir uns Opfer auferlegen, uns zerarbeiten im Rennen und Jagen in seinem Dienst, sondern indem wir ihm Raum schaffen, indem wir unser ganzes Wesen, unsere Lippen, die Blicke der Augen bewahren, daß wir uns nicht selbst produzieren. Machen wir nicht so viel Geräusch mit uns selbst! Je weniger man unseren Fuß rauschen hört, desto besser; da wird seine Stimme nicht übertönt, nicht gedämpft.

In diesen ernsten Augenblicken der Einkehr wollen wir es ins Auge fassen, daß es unser einziges Ziel hier unten und droben sei, ihm wohlzugefallen. Auch unser Gott, nicht nur der Gott vom Sinai, ist ein verzehrendes Feuer (Vers 29). Entweder es geht zuletzt doch alles im Feuer unter drüben in der anderen Welt, oder wir kommen ihm näher und näher, und unser Weg endet dann da, wo der unseres erstgeborenen Bruders geendet hat: am Thron.

Dem, der uns geliebt hat und gewaschen von den Sünden mit seinem Blut und uns zum Königreich von Priestern gemacht vor Gott und seinem Vater, demselben sei Ehre und Gewalt von Ewigkeit zu Ewigkeit! Amen.

VERZEICHNIS DER BIBELSTELLEN

Jakob Kroeker/Hans Brandenburg

Das lebendige Wort

Eine Einführung in die göttlichen Gedankengänge und Lebensprinzipien des Alten Testaments

Insgesamt 3992 Seiten. Kartoniert

Diese Auslegungsreihe will die heilsgeschichtlichen Zusammenhänge und die Lebensprinzipien des Alten Testaments für den Bibelleser heute aufschließen und verständlich machen.
Bei den meisten alttestamentlichen Texten wird dabei versweise und unter Benutzung einer eigenen Übersetzung aus dem Grundtext vorgegangen. Das erleichtert den Gebrauch der Auslegungsreihe für den Mitarbeiter im Verkündigungsdienst. Andere biblische Bücher werden stärker im Überblick und mit Hinweis auf die geschichtliche Situation der Umwelt dargestellt.
Jeder Band ist in sich abgeschlossen und auch einzeln erhältlich.
„Das lebendige Wort" will zum Bibelstudium anleiten. Es ist ein wertvolles Hilfsmittel für Mitarbeiter in der Gemeinde, im Haus- und Jugendkreis.

Band 1 Schöpfung – Noah (1. Mose 1–11)
Band 2 Abraham – Isaak – Jakob (1. Mose 12–50)
Band 3 Israel (2.–5. Mose / Josua / Richter / Samuel / Könige)
Band 4 Amos und Hosea
Band 5 Jesaja I (Jesaja 1–39)
Band 6 Jesaja II (Jesaja 40–66)
Band 7 Jeremia
Band 8 Hesekiel
Band 9 Daniel
Band 10 Die kleinen Propheten I
(Joel / Obadja / Jona / Micha / Nahum / Habakuk / Zephanja)
Band 11 Die kleinen Propheten II
(Haggai / Sacharja / Maleachi mit Esra und Nehemia)
Band 12 Das Buch Hiob
Band 13 Die Psalmen I (Psalm 1–72)
Band 14 Die Psalmen II (Psalm 73–150)
Band 15 Sprüche, Prediger und Hohelied

BRUNNEN VERLAG GIESSEN

Zeugen des gegenwärtigen Gottes

Die bekannte Reihe mit Kurzbiographien gibt einen guten Überblick über Leben und Werk bedeutender Persönlichkeiten aus Kirche und öffentlichem Leben. Die Erfahrungen dieser Männer und Frauen vermitteln wichtige Grundsätze und Denkanstöße zu Fragen des Glaubens, der Gemeindearbeit oder der gesellschaftlichen Verantwortung auch für heute.

Folgende Bände sind lieferbar:

Ernst Bunke
August Hermann Francke
Ein Mann des Glaubens und der Tat
112 Seiten. ABCteam Taschenbuch. 3. Auflage

Arno Pagel
Marie Durand
„Résistez! Widerstehet!"
64 Seiten. ABCteam-Taschenbuch. 7. Auflage

Friedrich Seebaß
Mathilda Wrede
Ein Leben für die Gefangenen und die Armen
112 Seiten. ABCteam-Taschenbuch. 4. Auflage

Rudolf Wentorf
Paul Schneider
Der Zeuge von Buchenwald
144 Seiten. ABCteam-Taschenbuch. 3. Auflage

Rudolf Wentorf
Jochen Klepper
„Sein Wort will helle strahlen, wie dunkel auch der Tag"
144 Seiten. ABCteam-Taschenbuch

BRUNNEN VERLAG GIESSEN